《深圳改革开放二十年》
《中国经济特区产业结构演进与趋势》

《中国经济特区年鉴》
《深圳三十年——改革开放与社会主义现代文化建设》
《移民文化及其伦理传播的文学新视点——深圳作家作品探究》
《深圳传媒三十年》
《未走完了的长三十年的传媒之路》
《中国经济特区年鉴》

《中国经济特区导论》
《特区经济学基础理论》
《特区文化及其伦理价值集成》
《中国经济特区史要》
《中国经济特区创新史》
《未来三十年的中国经济》

《深圳改革开放三十年》
《中国经济特区产业结构演进与趋势》

纪念中国经济特区成立 **30** 周年丛书

纪念中国经济特区成立30周年丛书

深圳文化三十年
——民间视野中的深圳文化读本

吴俊忠　主编

商务印书馆
2010年·北京

图书在版编目(CIP)数据

深圳文化三十年：民间视野中的深圳文化读本/吴俊忠主编.—北京：商务印书馆，2010
(纪念中国经济特区成立30周年丛书)
ISBN 978-7-100-07218-2

Ⅰ.深… Ⅱ.吴… Ⅲ.文化－研究－深圳市 Ⅳ.G127.653

中国版本图书馆CIP数据核字(2010)第108074号

所有权利保留。

未经许可，不得以任何方式使用。

深圳文化三十年
——民间视野中的深圳文化读本
吴俊忠　主编

商　务　印　书　馆　出　版
(北京王府井大街36号　邮政编码　100710)
商　务　印　书　馆　发　行
三河市尚艺印装有限公司印刷
ISBN 978-7-100-07218-2

2010年8月第1版　　开本 787×1092　1/16
2010年8月北京第1次印刷　印张 40½
定价：72.00元

"纪念中国经济特区成立 30 周年丛书"编委会

主　　任：章必功
副 主 任：陶一桃　李凤亮
委　　员：（按姓氏笔画为序）
　　　　　刘志山　李凤亮　吴予敏　吴俊忠　苏东斌　陈家喜
　　　　　姜　安　相南翔　郝　睿　钟　坚　钟若愚　袁易明
　　　　　章必功　陶一桃　黄卫平　鲁志国　魏达志

主　　编：李凤亮
副 主 编：苏东斌　姜　安
组织策划：王　瑜

我欣赏深圳文化，欣赏她的
现代与开放；

我认同深圳文化，认同她的
青春与活力；

我享受深圳文化，享受她的
大气与宽容；

我反思深圳文化，反思她的
浅显与不足。

——主编题记

总序

2008年是中国改革开放30周年，2010年是中国经济特区创办30周年。相隔有岁，但特区之建立与改革开放之推行有如孪生弟兄，相继着力，共推中国走向现代文明。若言中国新一轮现代化自改革开放始，其坚实之第一步，则从建立经济特区起。1980年，党中央、国务院以非凡勇气建立经济特区，30年过去，如今各级各类经济开发区已遍地开花，与当年的先行者——经济特区一道，映射中国经济发展之铿然足音。其中，尤以深圳经济特区最具代表性。特区的价值难以尽数，最重要莫过于其试验性。"摸着石头过河"，社会之变革无法在电脑上模拟，任何不慎都可能导致不菲的代价。特区之试验性，上至决策者的政令，下至创业者们义无反顾地"南下"，热血满腔，而前途难知。所幸家国有幸，大事得成。今日，经济特区的建设已是成绩斐然，堪称伟业。凡此种种，无须赘言。

先贤语："三十而立。"30年中，特区在争议声里昂然前行，以速度迅捷与财富累积彰显优势。30年之后，昔日之茁壮少年已成长为成熟稳重的青年，提高城市现代化水平、注重社会综合协调发展成为摆在特区建设者面前新的课题。年岁的增加给了我们盘点的机会，角色的转换更需我们多加理性审视。回顾30年来之成就与缺陷，斟酌当下纠结之矛盾与困境，对于特区而言，此种反思与审视，大有裨益。30年历程，固非一帆风顺，个中甘苦，非回顾，无以显其曲折与别致，面对当今，则无从知晓成就与困顿之所由来。"疏通知远，书教也"，贯通30年历史，恰可观其中之丰赡与缺漏，正可作今天与明日之风帆。而此举，于深圳大学，更是当仁不让之责任。

深圳大学作为深圳经济特区目前唯一一所综合性大学，本身即改革开放之产物。建校虽略晚于特区，但深圳大学自创立始，即秉承"脚踏实地、自强不息"之精神，与特区之发展同声气，为特区之进步尽心力。大学诸君虽身处"滚滚天下财富，岁岁人心浮动"之境地，但能力戒浮躁、潜心向学，自觉加强学养、恪守学范，以做真学问为研究之精义，以追求独立思想为著述之信仰，以回馈社会、造福人民为修学之旨归。历时二十七载，孜孜不倦，本套丛书即为研究成果之一束。

丛书以"纪念中国经济特区成立30周年"为统摄，既宏观中国，又微观深圳，以特区经济研究为主，兼及政治、文学、文化、传媒等社会发展诸方面的论述。各位著者均为学林翘楚，术有专攻，又多在深圳特区工作、生活有年，耳闻目睹鹏城扶摇之历程，切身感知特区变革之硕果，可谓学界中有实力亦最恰当之发言者。丛书之编纂，既为展示深圳大学特区研究这一特色学科之部分成果，更乃致贺深圳特区而立嘉年之薄仪寸礼。丛书本欲涵盖特区教育、法律、艺术等诸方面，但因另有他述，或限于条件，未能周全，亦存憾意。

雄关漫道，迈步从头。特区发展30年为一节，30年之后亦为一始。年初汪洋书记曾三问深圳：而立之年，立起了什么？迎接30年，深圳要做什么？未来30年，深圳要干什么？诚然，30年之中，成绩彪炳，但年岁日增，积年必有陈陋。如何总结过往，破旧立新，谋大格局，成大事业，领航未来，任重道远。

期冀本套丛书能引起关注、批评，并为特区之继续发展略尽薄力。

是为序。

章必功

2010年5月

目录 Contents

序言：文化引领向未来（胡经之）………1
前言：深圳文化的十大论题
　　——深圳文化三十年焦点述评（吴俊忠）………6

上篇　文化现象与文化感思

"时间就是金钱，效率就是生命"的口号怎样面世（涂俏）………41
蛇口风波："陈腐说教与现代意识的激烈交锋"（马立诚）………52
邓小平画像创作始末（邓妍）………62
邓小平塑像诞生记（滕文金）………66
《孺子牛》雕塑诞生背后的故事（潘鹤）………73
大鹏鸟、开荒牛、红树林：深圳的精神符号（刘深）………78
文稿拍卖敲响精神产品市场化的第一槌（陈冰）………82
我们爱读书
　　——深圳读书月宣言（读书月组委会）………90
阅读十年：想象力让一座城市飞翔（王绍培）………92
琴城筑梦：从李云迪到张昊辰（王俊）………99
图书馆之城：公平享有文化权利（程亚男）………102
设计之都：世界对创意深圳的褒奖（靳豹）………108
设计与都市和谐
　　——'07深圳设计论坛综述（周举）………110
"申都"之路（王奋强）………113

深圳动漫：漫漫原创路（丁为民）……… 117

靠知识实现城市理想
　　——为"杰出的发展中的知识城市"叫好（特报评）……… 122

深圳歌声标记中国足迹（王俊）……… 124

深圳市民文化大讲堂越讲越红火（韩小蕙）……… 129

文化生活与生活文化
　　——关于社会科学普及周的文化思考（胡鹏　张嫱）……… 132

关爱行动：温暖别人也温暖了自己（杨黎光）……… 137

今天，我们送丛飞（匡天放）……… 139

文博会：为中华文化插上腾飞的翅膀（马璇）……… 141

一张报纸开启一座城市的记忆（马强）……… 147

追寻深圳书香的时空坐标
　　——从解放路书店到中心书城（王俊）……… 151

大家乐舞台：打工文化的形象标志（吕露）……… 155

特色鲜明的深圳文化形象（段亚兵）……… 160

深圳文艺的生机与活力（李意珍）……… 167

关于歌词创作的答问（蒋开儒）……… 172

深圳大学：高校之林　后来居上（王奋强　金涌）……… 175

深职院成国家示范性高职院校（秦小艳）……… 179

深圳大学城的功能与定位（张儒林）……… 181

特区文化研究中心：深圳学派的"孵化器"（尹博）……… 188

中国经济特区研究中心：书写特区研究新篇章（钟坚）……… 191

揭开尘封的国学研究所（刘敬文）……… 193

"深圳文化周"在海外（黄士芳）……… 199

大运会举办权：深圳的一道国际化考题（尹晓莹　刘晓玲）……… 205

大芬村：创造中国油画的奇迹（周笑冰）……… 209

学院版画展在观澜版画基地闪亮登场（周举）……… 216

城市雕塑与城市文化（孙振华）……… 221

滨海深圳的海洋文化符号（刘莎莎）……… 229

深圳有个华侨城（周笑冰）……… 233

《深圳大学学报》：打造深圳的学术文化高平台（沈金浩）……… 240

《深圳青年》：面向青年的文化关怀（众人）……… 243
"文化广场"：亮丽的文化窗口（尹昌龙）……… 248
文化深圳的大众广场（杨宏海）……… 250
深圳需要"精神后花园"（曾华国）……… 257
家园亦可在天涯（胡经之）……… 261
深圳的夜空不寂寞（霞光）……… 264
从百家争鸣到深圳学派（京生）……… 267
超越"参照"：关于深圳文化创新的思考（吴俊忠）……… 274
关于"两城一都"建设的思考（王京生）……… 278
文化立市的实质是文明立市（苏东斌）……… 285
人文精神：一座城市的时代光芒（孙琬）……… 287
大学是罗丹的《思想者》（章必功）……… 292
大学：城市智慧的心脏（陈继会）……… 295
深圳文化人应有大家风范（刘申宁）……… 300
渐趋成熟的深圳文化人（关志钢）……… 303
深圳涵养"文化绿洲"
　　——写在首届文博会闭幕之际（胡谋）……… 305
深圳正在奔向"文化绿洲"（胡野秋）……… 309
一座城市与一个时代（陶一桃）……… 314
从"大鹏所城"到"鹏城"深圳（汪开国　刘中国）……… 318
《大鹏所城》——深圳历史文化的崭新坐标（邵汉青）……… 329
冷冷热热说历史（胡洪侠）……… 332
深圳文化三人谈（老亨　金心异　我为伊狂）……… 334

中篇　文化理念与文化研究

建构深圳文化的理论形态（王京生）……… 343
风雨不归路：深圳的文化梦寻（尹昌龙）……… 350
关于深圳特区文化发展战略的思考（苏伟光）……… 355
深圳建成现代文化名城的目标选择（杨宏海）……… 362

深圳实施文化立市战略的意义、内涵与目标（乐正　王为理）……… 368
提升深圳文化软实力的战略思考（陈威）……… 375
坚持先进文化的前进方向，努力促进公民文化权利的实现（王京生）……… 385
社会主义初级阶段文化与深圳的文化选择（倪鹤琴）……… 397
深圳文化发展理念的历史沿革（吴俊忠　党凯）……… 402
"文化沙漠论"的成因与深圳文化的特色（郁龙余）……… 409
深圳文化市场的实践及其理论思考（杨广慧）……… 415
物化与文化：能否良性互动？
　　——从纽约、上海、香港看深圳文化的模式选择（乐正）……… 426
论深圳国际性城市的文化含量和走向（刘学强）……… 430
关于深港文化关系的思考（李小甘）……… 436
深圳特区企业文化建设之我见（姜忠）……… 443
论深圳文化的特色与定位（吴忠）……… 450
深圳文化资源的快速积累（毛少莹）……… 458
深圳文化精神略论（于晓峰）……… 465
深圳文化市场现状分析（陈新亮）……… 472
提升深圳文化品位的若干认识问题（汪田霖）……… 480
探索中国特色现代城市文化发展模式（黄发玉）……… 485
"深圳市民文化大讲堂"的成功实践（汤庭芬）……… 492
文化产业发展与国际化城市建设（彭立勋）……… 500
海洋文化在深圳地区传承的回溯（崔燕）……… 509
建设国际化城市的文化思考（乌兰察夫）……… 514
深圳发展旅游产业的文化特征（刘红娟）……… 523
深圳建设国际化城市景观体系的若干思考（吴予敏）……… 530
改革开放以来深圳学术文化的发展（深圳市委宣传部理论处、市社科院科研处）……… 539
深圳文学三十年（节选）（胡经之　黄玉蓉）……… 548
深圳建设学习型城市研究（江潭瑜）……… 556
试论教育在文化立市中的地位与作用（杨移贻）……… 565
大众传播与深圳移民文化的融合（王晓华）……… 573

下篇　文化名家论深圳文化

深圳，新兴的"文化开发区"（刘梦溪）········ 583
特区文化研究责任重大（刘忠德）········ 589
深圳是个有独特文化的地方（孙家正）········ 591

附录　深圳文化三十年大事述略（1980—2010）（胡鹏［辑编］）········ 596
编后记 ········ 630

序言
文化引领向未来

胡经之

深圳创造了经济奇迹，从一个边陲小镇迅速成长为一座现代化大城市，举世瞩目。可我一向更为关注着这里的文化，一直盼望有人能对这里作些文化研究，对深圳文化30年的历程有个梳理。所以，当吴俊忠把他主编的《深圳文化三十年》书稿送我浏览时，我不由得感到一阵欣慰，心存感激。

我在"知天命"之年落脚深圳时，正属特区初创，有缘亲眼目睹了这里的文化发展。所以，读这部书稿，不时引发起我的今昔对比，浮想联翩，感慨万千。

过去，虽常有人把深圳贬为"蛮夷之地"，但我到这里后感觉，不能说是文化沙漠。这里也有历史文化的积淀，大鹏湾畔发现了7000年前人类活动的遗迹，600年前这里就建有海防寨所。岭南文化、客家文化在这里留下深深的痕迹，大鹏所城、南头古城、赤湾、皇岗等，反映着中华民族的历史沧桑。水围村里，庄子的子孙后代，一直在延续着自己的文脉；凤凰山麓，文天祥的后裔，仍在高扬着先辈的浩然正气。

但也不能否认，相较于传统文明而言，深圳起飞时的现代文明，基础确实较为薄弱。1984年初夏我来时，深圳大学正刚筹建，就在原宝安县政府住下，到东门老街一走，只消半天就把全城转完。那时，深圳给我的印象，就像我在1952年初到北大去过的海淀一样，只是一个小镇，比我老家苏州周边古镇，如同里、荡口、甪直等差远了。稍像样的设施也就寥寥数家：深圳戏院、南国影院、工人文化宫、新安酒家、华侨旅社，还有一家是新华书店。我听老深圳人说，这里的主要文化生活，就是到戏院听粤剧，到电影院看电影，到文化宫跳舞、学画，到书店买书，还有就是看香港电视台播放的粤语节目。

我亲身感受到了深圳初创时期文化生活的贫乏。有8年时光，我都住在后海湾的校园里。虽然歌舞厅最早在深圳兴起，但我并不适应那种喧闹，就只能偶尔去蛇口，在黄宗英创办的碧涛影院看过电影。那时，深圳电视台初建，没有什么文化节目。于是，晚上漫长的夜晚，除了看书、著文，就只能看香港几家电视台播放的电影。幸好，所放的影片，大多是历年获得奥斯卡金像奖或其他国际大奖的名片，配有中文字幕。那几年，一晚上可以连看两三部影片，这就把几乎所有得过奖的电影都看过了。看多了，也就知道好莱坞影片的一些基本模式，渐渐也就觉得乏味，不再看了。那时，想多接触深圳本地的文化，但能看到的，也就是《深圳特区报》的文艺副刊和《特区文学》这样为数不多的报刊而已。

在第一次创业时期，深圳就已意识到了要重视文化，所以在当时经济实力还很薄弱的情况下，就立志要建起八大文化设施，这力度可谓十分了得。但在这最初10年，文化发展的力度还是跟不上经济发展的力度，文化力量在整体上还很微弱。我清楚记得，90年代初，深圳首次举办文艺评奖，邀我参加评审。《深圳特区报》副总编辑许兆焕用车把我们七八个人拉到大鹏湾畔的东山上，找个地方住下来。山上孤零零的一座茅草屋，里面安放了近10张双层旧木床。我们这些50岁上下的评委就住在这里看作品、写评语，热烈讨论着。这是个什么地方？原来这里是改革开放前那些知识青年上山开荒时的住宿之地。想不到深圳建市10年之后，我们这些文人还要住到这里来评奖，虽说倒也别有风味，却也反映出了当时深圳的"文化力"也就是这个样子。

深圳的第二次创业，提出要建设国际化城市、现代文化名城，随之也加大了文化发展的力度，努力提升这个城市的"文化力"。在新的文化理念的引领下，文化发展的方式也发生了变化，从而在深圳形成了新的文化格局。这本深圳文化读本，收入了有关深圳文化研究的论著，超过百篇，对深圳文化发展30年的重大事件作了述略，全面反映了这个城市的文化发展历程。主编对深圳文化30年10大焦点的评述，更使我们感受到了深圳文化创新的丰富多彩和突出成就。

综观全书，所论深圳的文化发展，给我留下的深刻印象有三：

一是文化理念的不断创新。初创时期，深圳人胆大敢闯，实干兴邦，"时间就是金钱，效率就是生命"是当时最突出的理念。深圳以"只争朝夕"的精神来拼经济，杀出一条血路，使特区得以生存、发展。这时，文化只是为了经济，"文化搭台，经济唱戏"成为初创时期的文化理念。到第二次创业，开始思考如何建设国际化城市，就出现了建设现代文化名城的文化理念，文化在城市中的地位、作用日益提升。发展到新世纪初，深圳更进而确立了文化立市的重大方略，在国内率先倡导要实现公民的文化权利，逐步提升城市文化软实力，加强学术文化的建设。新的文化理念引领了深圳文化的迅速提升，赢得了"设计之都"、"知识城市"的美誉。

二是文化发展方式的巨大变革。新世纪以来，深圳不仅加快建设新的现代化文化设施（音乐厅、图书城等），大力发展文化产业，举办文博会等，而且竭力发展社会文化，致力于构建公共文化服务体系，开展读书月活动、市民文化大讲堂、创意设计月、社会科学普及周等多种方式，推进深圳的文化发展和提升品位。

三是形成文化发展新格局。大众文化在深圳发展得最早，像我这样一向关在书斋中的书生，也都读过琼瑶、亦舒、梁凤仪的通俗小说，听过邓丽君的歌唱，看过梅艳芳、汪明荃的表演，这些都曾使我耳目一新。深圳的大家乐、歌舞厅早就有声有色，并逐渐形成深圳特色。但深圳很快意识到，这里也要发展高雅文化。于是，大剧院、音乐厅、歌舞团都在想方设法促进高雅文化向大众普及。而高扬主旋律的主流文化，在深圳更是蒸蒸日上，这使得深圳的文化和香港的文化有了区别。

此外，书中还收有国内一些文化名人和深圳本地人对深圳文化现象所发的文化感言和文化思考。这些文章有感而发，生动具体，显示出了深圳文化的丰富多彩，为本书增色不少。

《深圳文化三十年》为这座城市的文化发展勾画出了历史全貌，从而，可以启发我们更好地反思过去，有助于我们设计未来，引领我们走向更美好的明天。

我相信，文化在深圳的未来发展中，将起到越来越重要的作用。加拿大著名学者谢弗写了一本学术专著《文化引导未来》，在分析了世界正面临的各种危机如环境破坏、人口膨胀、贫富悬殊等等之后，他鲜明地提出：人类需要重新寻找"未来的灯塔"，引导我们的新的未来。"只有文化提供了这座灯塔。"因此，他呼吁人类要比过去任何时候更要重视文化引导未来的作用，对此，我深有同感。

只是，我觉得尚需对文化自身作更进一层的分析研究。依我看来，文化自身是一个多层次的价值体系，至少具有三大层次：一是物质文化层次，属表层。这是为了满足人的物质生活需要而创造的物质环境，乃"器物"文化。二是社会文化层次，属中层。这是为了满足人的社会生活需要而创造的人文环境，既有人的行为文化，又有社会的制度文化。三是精神文化层次，属深层。这是为了满足人的精神生活而创造的精神文明，其核心是价值理念、精神追求。正是这种价值理念、精神追求引导着我们走向未来。回顾深圳过去的发展历程，我们的物质文化层次发展得最快，随后我们努力促进社会文化的发展，继而不断推动精神文化的发展。深圳的物质文化，真可说得上飞跃发展。"东西南北中，发财到广东"，孔雀东南飞，首选到深圳，在这里创造了巨大的物质财富。在以前，我每次去海外经香港归来，从飞机上看到香港的夜晚，灯火辉煌，而一到深圳就感到全城灰暗，心有戚戚。而如今，深圳的夜晚也像香港一样辉煌，物质文化已渐赶上香港，值得自豪。但应清醒看到，比起物质文化来说，我们的社会文化、精神文化的发展就较为滞后。一些发了家的室内装修，奢侈豪华，正在攀比欧洲；可走出家门，周边环境脏乱差，又如走入非洲。我看深圳的今后发展，应在继续提升物质文化水平之上，加快社会文化的发展，更要重视精神文化的建设，才能使"文化立市"的方略真正实现。

文化需要创新，只有不断创新才能把我们引向新的未来，但创新的核心还是价值取向。国际著名创新生态学家德弗尔说得好："创新是将知识和想法转变为价值的过程。"城市的创新设计，本身就是"美学和文化价值的一种表达"。文化发展的根本目的是什么？固然，文化能推动经济的发展，但这只是外在目的，它的内在目的不是为经济唱戏搭台，而是如英国著名文化学者阿诺德所说："文化是，或应当是一种对完美的探索和追求。"

人类之所以需要文化，是为了追求完美，使我们的未来更美好。这里的文化，不仅只是人文文化，也包含着科学文化。人类善于把人文文化和科学文化结合成一体，既按照人的尺度又按照物的尺度来创造。这就如马克思所说：人和动物不一样，"懂得按照任何一个种的尺度来进行生产，并且懂得怎样处处都把内在的尺度运用到对象上去；因此，人也按照美的规律来创造"。我相信，深圳的未来发展，既重视科学理性，更重视价值理性，将会把人文精神和科学精神密切融合起来，以创造美好的未来。

俊忠早在20世纪80年代就从北京来深圳大学任教，和我一起开办特区文化研究生班，并开始了特区文化研究，近年更扩展到城市文化研究。他对深圳的文化发展，不仅有深切的感受，而且有深入的思考。《深圳文化三十年》凝聚了他的感受和思考。这个文化读本和去年出版的由姜威主编的《深圳读本》各有特色。姜威的《深圳读本》，受流传甚广的《美国读本——感动一个国家的文字》一书的启发，所收的是对深圳有所感动、而且感动过深圳人的文字，所以副题为"感动一个城市的文字"。全书按照散文、诗歌、歌词、小说、报告文学等分类，多为文学作品。而俊忠主编的这本《深圳文化三十年》，所收的乃是曾对深圳文化30年发展有过影响的对深圳文化的感受和思考，记录的是"文化记忆"。这两个读本，各有千秋，交相辉映，从不同侧面反映了深圳的文化发展,我都为他们高兴。

在这不到 2000 平方公里的土地上,深圳人口已从 30 万左右激增至 1400 万。深圳已成世界上移民最多的移民城市,97% 以上人口均是外来移民。不过,和纽约不一样的是,深圳移民大多来自国内(包括港、澳、台),少量乃为海归(深圳和北京、上海乃为海归最多的城市),而纽约人口 800 多万,但国际移民达 45%。深圳的移民带来了不同的文化,各种文化在这里相遇、融合,必将提升为一种自成特色的崭新文化:洋溢时代精神,富有创新智慧,人民喜闻乐见。

祝愿深圳的文化发展,增创优势,更上层楼,为深圳人真正构建一个能在此"诗意栖居"的美好的精神家园。

2010 年始于望海书斋

前言

深圳文化的十大论题
——深圳文化三十年焦点述评

吴俊忠

深圳经济特区建立30年来,"各个方面都取得了举世瞩目的伟大成就,创造了世界工业化、城市化、现代化史上的罕见奇迹"(温家宝语)。一个充满活力的特区新兴城市,以令世人惊叹的发展速度和现代形象崛起在南国边陲,成为当今世界关注和研究的对象。

深圳是经济特区,一段时间内,世人很自然地把关注的目光投向深圳的经济发展速度和发展成就,而对深圳的文化建设和文化创新则关注不够。但是,进入21世纪以来,深圳的文化建设与文化创新风生水起,各种新的文化理念和文化现象不时从深圳产生并传出,在媒体的关注和传播下,影响波及全国乃至世界。这时,世人开始以文化的眼光重新打量深圳,发现深圳的"文化角色非常可爱"(余秋雨语),文化形象独特新颖。于是,研究、评价、肯定深圳文化的声音越来越多,并逐渐形成气候。联合国教科文组织授予深圳"设计之都"称号;世界知识城市高峰会议在深圳召开,会议决定授予深圳"杰出的发展中的知识城市"称号;全国城市研究会经过调研,宣布深圳城市文化竞争力在全国大中城市排名第一;深圳被评为全国文化体制改革先进单位、全国文化信息资源共享工程示范城市。一时间,对深圳文化创新和文化成就的赞誉,似乎超过了对深圳经济发展的肯定,深圳文化由一度被忽视转而成为关注、学习和研究的对象。

回顾深圳文化30年的发展历程,纵观深圳市委、市政府文化发展理念和战略思路的历史沿革,审视文化学者对深圳文化研究和文化评价的褒贬不一,感受民众的文化参与和文化认同,可集中归纳为十大基本论题,这就是:"文化沙漠"论、"底蕴不足"论、"现代文化名城"论、"文化立市"论、"高品位文化城市"论、"两城一都"

论、"文化权利"论、文化创新论、特色地位论、"文化绿洲"论。剖析、解读这十大论题，可以在较大程度上反映深圳文化建设和文化发展的进程与概貌，揭示深圳文化创新的成就与经验，反思深圳文化的缺憾与不足。

一、"文化沙漠"论

"文化沙漠"论是深圳特区创建初期及此后一段时间评价深圳文化的一种论调。产生和形成这种论调的原因是多方面的，科学、全面地分析"文化沙漠"论的成因，在一定程度上也是对深圳文化的重新认识和评价。

深圳大学郁龙余教授和笔者把"文化沙漠"论的成因归纳为以下六个方面：

（一）对深圳历史的无知或知之甚少

郁龙余在 2000 年发表的文章中指出："深圳已有建制历史 1600 多年，而且一直在经济、军事上占有重要地位。我们许多人不了解深圳的历史，以为深圳只是一个'一夜城'，只有短短 20 年历史。"在他们看来，"文化靠历史的积淀，没有历史就没有文化"。实际上这是因对深圳历史的无知或知之甚少而导致的对深圳文化的错误认识和错误评价。

（二）辉煌的深圳经济奇迹掩盖了深圳的历史与文化

郁龙余认为："深圳自成立经济特区，各项建设突飞猛进，以'深圳速度'创造了当今世界的东方神话。经济总量在全国大中城市中跃居前四五位——这种经济奇迹，令许多人惊叹不已。"也正是这种经济奇迹掩盖了深圳的历史与文化，使许多人的目光只投向经济，而看不到深圳文化的历史基因和当下成就。

（三）深圳文化成就与深圳经济成就相比较，不免相形见绌

郁龙余指出："按一般规律，一个地区的崛起，通常总是经济先行，等经济有了

一定的基础,才会有相应的文化。经济和文化需要协调发展。""但是,如果某一地区在某一时期,其经济得到超常规发展,其文化的发展可能会不相匹配。深圳特区就出现了这种情况。"但这种经济和文化在发展速度上的差异,并不等于文化一无成就,也不能据此就判定深圳是"文化沙漠"。

(四)重传统轻现代的思想

郁龙余认为:"人们对文化的看法,总是厚古薄今,看重皇宫皇陵、宫观寺庙、文物典籍、诗书礼教等传统文化,不太看重现代文化。作为改革开放的试验场和排头兵,深圳的现代文化在许多方面在全国是领先的。""另外,深圳的观念文化也一直领先,像'时间就是金钱,效率就是生命'、'清谈误国,实干兴邦'等思想观念,一直引领着国人现代化的前进步伐。"但是,许多人看不到这一些,忽视深圳的现代文化内涵,从而产生了片面的看法。

显然,郁龙余教授对深圳"文化沙漠"论成因的分析是很深刻、很有见地的。但笔者以为,还有另外两个原因也值得我们重视和研究。

(五)对深圳特区创建初期的文化状况缺乏科学认识,形成想象与现实的心理落差

20世纪80年代初,深圳特区刚刚创建,尚处于铺摊子、打基础阶段,党中央和全国人民对特区寄予厚望,希望深圳特区为全国的改革开放探索一条新路,摸索和积累加快经济发展的成功经验。那时的深圳虽然是一座新兴城市,但强化和发挥经济特区的功能是第一位的,深圳在客观上担负着为全国改革开放和经济发展发挥试验田、窗口和排头兵作用的历史重任。在那样的历史背景下,改革和经济建设无疑是首当其冲、重中之重,文化建设不但缺乏必要的财力,甚至在时间和精力上似乎一时也顾不上。再加上深圳原来只是一个仅有2万人口的边陲小镇,文化基础十分薄弱,不可能在短期内形成一个现代城市的文化形象。然而深圳特区从开始创建之日起就成为国人关注、议论的焦点,成为改革的弄潮儿向往和投奔的地方。古人云:"盛名之下,其实难副。"特区的"新"与"特",很自然地会使人们对她产生一种合乎自身心理需要的想象。但新建的深圳特区并没有人们想象的那么完美,在文化方面还客观存在着"三无"状态,即无本地主流媒体(既无本地报纸,也无本地

电台和电视台），无像样的文化设施，无大师级的文化名人。于是乎，把深圳想象得过于完美和对创建特区本来就有不同意见甚至不看好的人，共同发出一个声音："深圳是文化沙漠。"这个声音经过各种各样具有不同心理之人的放大和渲染，就演变成为一种评价早期深圳的论调："文化沙漠"论。

（六）错误地评价香港的文化特征，并不切实际地将其作为评价深圳文化的参照系

深圳毗邻香港，与香港的文化联系密不可分。人们通常也习惯把香港作为深圳参照和比较的对象。在许多人看来，既然香港也被称为文化沙漠，那么，紧靠香港而又后起的深圳自然也是文化沙漠了。其实，这是一个明显的认识误区。香港不但不是"文化沙漠"，而且在很大程度上已是一个"文化输出城"。曾任香港中文大学校长的金耀基教授对香港文化有独到的研究和精辟的见解。他在1997年香港回归祖国时指出："'香港是文化沙漠'的说法，在50年代、60年代比较流行。"然而，"按照人类学的观点来看，任何社会都有其生活形态，都有其文化，'文化沙漠'的说法根本是不能成立的。但是，如果从一般所讲的精英文化的层面上去理解，这个说法也曾经是一个事实。然而，从20世纪60年代以后，经过70年代、80年代的发展，到了今天90年代，随着香港经济的快速增长，文化也得到了空前的跃升。可以说——香港的文化表现出相当的活力，无论影响的强度，还是影响的广度，都是令人瞩目的"。"香港是一个高度现代化的城市，在它从传统的社会形态转型为现代化社会形态的过程中，文化起了巨大的作用。""在娱乐文化方面，电影、电视是香港最有代表性的通俗文化。它不只是在技术上有水准，在制作内涵上也不乏新的创意，对东南亚乃至整个海外华人社会，都有相当大的影响。——香港经过20多年的发展，已由一个'文化输入城'逐步转变为一个'文化输出城'。"

金耀基教授关于香港文化的这段论述，清楚地告诉我们，不但说香港是文化沙漠没有理由，而且说深圳是文化沙漠同样也是站不住脚的。因为，从政治文化、经济文化、管理文化等广义的文化层面来看，深圳在学习借鉴香港的文明成果方面确实受益匪浅，但这不但没有使深圳降低文化层次，相反使深圳同香港一样，成为中西文化交融的标本，推进了深圳的社会文明和文化发展。

如今，"文化沙漠"论虽已成为历史，但其中引发的问题仍值得我们思考：由于深圳的特殊地位，世人对深圳的文化建设与文化发展始终有较高的要求和较高的评价

标准，深圳必须一如既往地重视文化建设，不断提升城市文化品位，必须切实做好历史文化的发掘和整理工作，必须正确、全面地认识深圳与香港的文化关系，有所学习，有所借鉴，有所引进，有所抵制，不断加强和促进深港文化交流。

二、"底蕴不足"论

"底蕴不足"论是继"文化沙漠"论之后评判深圳文化的又一种说法。这种说法的影响和延续时间较长，至今仍有不少人对此表示认同。实际上，底蕴不足作为一种文化感受有其存在的合理性，因为每个人的文化感受都不一样，有一部分人感觉深圳文化底蕴不足，是非常正常的。但如果作为评判深圳文化的标准和结论，就有失偏颇，或者说，也是陷入了认识误区。

笔者以为，"底蕴不足"论的形成主要有三方面的原因：

（一）对深圳历史文化缺乏全面了解，不切实际地将新兴城市深圳与历史文化名城进行比较

深圳是个移民城市，各地移民都是在我国改革开放之后才来到深圳，看到的是一个正在发展中的现代深圳，而对深圳的历史文化几乎不了解或知之甚少。在这种情况下就会觉得"深圳没有京味文化的皇家风范，没有海派文化的洒脱伶俐，也没有长安文化的悠远沧桑，甚至身居南粤也还缺乏岭南文化的务实品位"。这种感觉既反映出对深圳历史文化的不了解，也是不切实际地将新兴城市深圳与历史文化名城进行比较的结果。

深圳建市建特区的时间虽然不长，但同样具有悠久的历史文化，而且历史文化的深远影响一直绵延至今。据史料记载，早在汉武帝时，深圳南头就成为珠江东岸的经济重镇。至宋代，随着人口增长，盐业有很大发展，广东沿海共设有 17 个盐场，南头盐场是广东最大盐场之一，在广东乃至全国都有重要的经济地位。如今的深圳简称"鹏城"，而鹏城与历史上的"大鹏所城"有着密不可分的史承关系。汪开国、刘中国合著的《大鹏所城——深港六百年》，以翔实的史料形象而又生动地告诉我们：深圳不但有历史、有"童年"，而且有着深厚的历史文化积淀。如果人们只知道虎门销烟，

而不知大鹏所城，那是一种历史缺憾。据《大鹏所城——深港六百年》记载：明太祖朱元璋于 1381 年在现在的深港地区设定了大鹏守御千户所。1394 年，广州左卫千户张斌在大鹏半岛开始兴建大鹏所城。从那时起，大鹏所城一直是明、清两代岭南海防重要军事基地，在抗击倭寇和葡萄牙等殖民者的入侵中发挥了重要作用。2001 年 7 月，国务院公布第五批全国重点文物保护单位，大鹏所城系其中之一。由此可见，大鹏所城不仅是古代岭南海防的重要军事基地，而且是深圳辉煌历史和爱国主义历史传统的重要见证，是深圳历史文化的崭新坐标。正如《大鹏所城》的作者在该书的《引子·城市与童年》中所说的：＂由＇大鹏所城＇而＇鹏城＇深圳，不仅仅是地名沿革时简单的约定俗成，也不应该是暴发户造家谱式的欺世愚人。恰恰相反，维系＇大鹏所城＇、＇鹏城＇深圳和东方明珠的，应该是一脉相承的民族精神。＂当你读着这样的章句，你怎能说深圳没有历史文化底蕴。由此延伸出另外一个道理：把深圳与北京、西安、上海等历史文化名城进行简单比较也是不科学的。鸦片战争之后，深圳作为岭南重镇的地位开始衰退，经济及社会文化发展也相应落后，无法也不可能产生国家首都或省会城市那样的文化规模和文化影响。但历史文化精神的延伸，是潜在的，一脉相承，不能简单地依据文化规模或文化影响来作出判断，关键在于现代人对历史文化精神内涵的自觉汲取和深刻感受。

（二）对深圳文化的丰富内涵缺乏全面认识，过分夸大了学术文化相对滞后的负面影响

所谓文化底蕴，其实质是历史文化传统和现代文化内涵融合而成的文化精神。深圳是改革开放的产物，改革创新在客观上使深圳具有丰富的现代文化内涵。深圳所以能在全国大中城市中城市文化竞争力排名第一，就是缘于现代文化精神内涵的有力支撑。中国城市研究会对城市文化竞争力的调研评比主要依据四个指标体系，即价值取向、创业精神、创新氛围、交往操守。深圳在改革开放进程中所形成的敢闯经验、创新意识、竞争心理、拼搏精神、平等观念、包容心态、法制观念、协作精神等等，无可争辩地成为四个指标体系的题中之意，全面展现出浓厚的现代文化氛围和丰富的现代文化内涵，理所当然地呈现出足够的城市文化竞争力，成为深圳文化底蕴的外显和展示。正如著名文化学者刘梦溪教授所指出的：＂那种两眼只盯着历史文化积存，认为没有文化积存或文化积存较少，便是没有文化，便是文化沙漠的观念该更新一下了。越是活跃在现实生活中的文化,越能代表未来的文化发展方向。"

认为深圳文化底蕴不足的另一个理由就是深圳学术文化发展相对滞后,高等学校少,科研机构少,人文知识分子少,缺乏与这个城市的整体地位相匹配的学术文化氛围。诚然,这个理由具有一定的客观现实性,但仍不足以据此就判定深圳文化底蕴不足。文化底蕴是个综合的整体概念,历史文化传统、现代文化精神、通俗文化因素、精英文化内涵都包括其中,学术文化只是其中的一部分,更何况深圳的学术文化并非空白。深圳虽无足够数量的高校、科研机构和足够数量的人文知识分子,但经过30年的发展和积累,已初步展现出学术文化的特色与品位,已有一批在全国有影响的学术成果和独创的理论观点,涌现出一批能与国内一流学者平等对话的知名学者,形成了若干在国内有地位的科研基地,所有这些都表明,深圳学术文化的繁荣发展已是蓄势待发,只要假以时日,一定能乘势而上,蔚为大观。因此,笔者以为,仅凭学术文化发展相对滞后就判断深圳文化底蕴不足的论调,是不无片面、有失公允的。

(三)对深圳文化的现代特色缺乏理性认识,片面地冠之以"快餐文化"的帽子

谈论、评价深圳文化,不可忽视深圳文化的现代特色。许多文化名家和著名学者都对深圳文化特色有过精辟的概括和论述。中国社会科学院李德顺教授认为,"深圳文化,就是那种海纳百川、唯实唯物、尊重多样化、追求竞争的文化";原国家文化部长孙家正认为,"深圳是个有独特文化的地方,是有着生机勃勃、洋溢着时代精神的中华民族文化的地方。我们应该这样评价深圳的文化";著名文化学者刘梦溪教授认为,"深圳在经济改革上先行一步,已经为传统文化与现代文明的融合,提供了一个必要的契机。在深圳兴起的诸多文化现象中,已经包含着传统文化与市场经济相交融的成分"。专家们的这些论述表明,深圳文化的现代特色是深圳文化的亮点,洋溢着时代精神,在一定程度上代表着未来的文化发展方向。对深圳文化的现代特色视而不见或缺乏理性认识,看不到这是深圳文化底蕴的重要体现,匆忙地判定深圳文化底蕴不足,这是不客观,也是不科学的。

与上述忽视深圳文化现代特色相伴随的是对深圳文化现象的浅层认识。许多人认为,深圳文化无论是文化形式还是文化活动,大多是政府文化主管部门组织策划的,虽然声势大、活动多、影响也较广,但相当一部分活动仍停留在轰轰烈烈、热热

闹闹的形式层面，没有能化作文化精神深入人的内心，未能起到抚慰人的心灵、提升人的精神境界的文化滋养作用，只是一种热闹一阵即过场的快餐文化，而且在许多方面还带有香港娱乐文化的商业气息。显然，这里存在着如何看待大众文化、如何注重文化感受的问题。现代意义上的大众文化并不能等同于低层次的通俗文化，而是大众创造、大众参与、大众认同、大众享受的现代新型文化，在很大程度上与精英文化是相互交融的，你中有我，我中有你。如市民文化大讲堂、读书月、社会科学普及周这类活动，在形式上是大众化的，实质则充满着高层次的精英文化内涵。问题的关键在于，参与这类文化活动的大众如何感受其中的文化意蕴，汲取其中的文化精华。有的市民在听完市民文化大讲堂的讲座后，曾发出这样的感慨："我没有读过博士，享受的却是博士的待遇，那么多博导给我们做讲座，实际是把我们引入高端文化的思想领域和精神殿堂。"这充分说明，大众文化活动的主体的文化感受是十分重要的，文化底蕴正是通过文化感受而被主体所发掘和认同。至于有些文化活动在市场运作过程中所体现的商业文化气息，同样有一个怎么认识、怎么看待的问题。某些文化形式或文化活动的"快餐化"或"功利化"，是市场经济条件下不可避免的一种文化现象，但"快餐化"只是形式特征，"功利化"仅是操作目的，其后面仍然隐含着丰富的文化内涵。金耀基教授在分析香港"快餐文化"现象时曾深刻地指出："如果我们换一种角度，从积极的方面去看待这种文化特点，就会发现一些同样很有价值的东西，譬如说，在重视功利的背后，我们是否可以看到重视效率和效能的理性主义精神？在拼命追逐物质利益的背后，我们是否可以看到勤劳苦干、分秒必争、依法行事等等文化取向？"金教授的这段话对于我们全面正确地认识深圳文化的某些快餐化或功利化特征，无疑是具有指导作用的。它同时也告诉我们，对于深圳的文化底蕴需要用现代文化观念去进行深层的发掘，而不宜轻易地斥之为"底蕴不足"。

当然，我们在不认同"底蕴不足"论的同时，仍要正视深圳客观存在的人文文化氛围不浓、学术文化相对滞后的现象，要采取有效措施，加强城市人文精神建设，促进学术文化快速发展。令我们感到欣慰的是，深圳市委、市政府对此已予以高度重视，2007年明确提出了加强城市人文精神建设的战略思想，2008年作出了设立"鹏城学者"的战略决策，大力促进学术文化的发展；2009年，召开首届学术年会，打造学术交流平台，提升学术文化水平。与此同时，专家学者发出了构建深圳学派的呼唤；深圳大学开设了"经典精读"选修课；深圳市委党校、深圳市社科院也都采取了一系列有效措施，提升学术文化水平。可以预见，随着时间的推移和深圳文化品位的不断提升，深圳的人文文化氛围将会越来越浓，学术文化发展的相对滞后现象也一定会得到明显改变。对此，我们充满信心。

三、"现代文化名城"论

"现代文化名城"这一概念是作为深圳市的文化发展目标，于 1995 年由主管文化工作的市领导在深圳市文化工作会议上正式提出来的，后写进了《深圳市文化事业发展（1998—2000）三年规划及 2010 年远景目标》。

时至今日，已经 15 年过去了。"现代文化名城"也由一个创造性的概念和拟定的发展目标，变成了一个辉煌的现实。回顾"现代文化名城"概念的提出和引起的争议，以及为建设现代文化名城而实施的一系列创新举措，可以让我们从一个角度看到深圳文化的发展轨迹。

据资料反映，深圳提出"现代文化名城"概念缘起国家文物局和建设部命名历史文化名城的活动。

全国被命名为历史文化名城的城市数以百计。这些名城的命名依据，有的是基于丰厚的历史文化积淀，如北京、西安等；有的是源于某个文化古迹、某个历史名人，如佛山的祖庙，韩愈对潮州的历史贡献等；有的则是革命斗争的产物，如延安、遵义；有的则因具备独特的文化形态，如梅州、上海。深圳虽然有着久远的历史，但相比之下，深圳的辉煌主要不在于历史，而在现代。于是，深圳的一批文化人经过深入思考后，产生了建设"现代文化名城"的创意。他们认为，深圳既然不能成为历史文化名城，那么，就应该避历史之"短"，扬现代之"长"，努力建设特色鲜明的现代文化名城。当时，恰逢深圳市委、市政府发出"第二次创业"的号召，确立了建设多功能、国际性城市的发展战略，这就在客观上使现代文化名城的想法有了战略依托，成为国际性城市的重要内涵和显著标志。因此，"现代文化名城"的概念被决策层所采纳，在 1995 年召开深圳市文化工作会议时，时任深圳市副市长的李容根同志，作了题为"增创深圳文化优势，建设现代文化名城"的主题报告，明确指出："为早日把深圳建设成为现代文化名城而努力奋斗。"

"现代文化名城"这一概念从提出伊始就受到了质疑，有人斥之为"文化冒进主义"。

《深圳商报》"文化广场"周刊曾刊载一篇题为《误区：文化冒进主义》的文章，文章在谈到深圳文化的几个概念误区时这样写道："一个误区是，一说要建设深圳文化，就急于谈如何把深圳建设成'世界文化名城'，接着便是畅谈要建设多少个文化设施，持这一观点的人，认为只要有了文化建筑这样的硬件，深圳便已是文化名城，或者至少是成为文化名城倚马可待。此等诸君又犯了'文化冒进主义'的错误。"一石激起千重浪。此文一出，对"现代文化名城"论持赞同观点的人立即予以反驳。反驳者认为："文化就是一首畅想曲，一首意境深远的抒情诗，她离不开理想主义，离不开想象力。""文化上的'冒进'主义自然是要不得……文化上的'跃进'现象却比比皆是，古今中外不乏其例。"在人类文化发展史上，所谓'文化名城'大概有两类：一类是在漫长的历史发展过程中自然而然形成的具有深厚的文化积累、鲜明的文化特色、众多的文化名人的文化名城，即历史文化名城。如法国的巴黎，德国的法兰克福，中国的北京、西安、广州等；一类是凭借雄厚的经济实力进行文化高速积累、具有雅俗共赏的艺术品种、领导文化潮流的文化名城，如美国的纽约、洛杉矶，澳大利亚的悉尼以及中国的上海等城市，即"现代文化名城"。"深圳这个年轻城市缺乏的就是时间，不能重复历史文化名城的老路"；"只能走'建设现代文化名城'的'高速公路'——利用深圳的优势，吸收人类现代文明成果，通过文化的高速积累，在不远的将来，将深圳建设成像纽约、上海等城市那样充满活力、领导文化潮流的'现代文化名城'"。

上述可见，对"现代文化名城论"质疑的焦点是，靠经济实力加快建设作为硬件的文化设施，虽然可以速成，但仅有高档次的文化设施，缺乏相应的文化内涵，仍不能称为文化名城。而文化内涵的积累是需要时间的，既不能打突击，也不能搞速成。城市文化建设没有"高速公路"可走。而反驳者则依据纽约、上海等城市文化快速发展的先例，认为完全可以依靠经济实力进行文化高速积累，可以走文化建设的"高速公路"。两种观点，泾渭分明，各有道理，都要靠事实来检验。虽然深圳今天文化发展的客观现实，证实了当年提出"现代文化名城"概念的创造性和可行性。但笔者仍以为，质疑者和反驳者各有其突出的可贵之处。质疑者的可贵在于对文化建设所保持的一份理性的清醒，提出了不能搞文化大跃进的警示，这在今天仍有积极意义。反驳者的可贵在于敢想敢试的理想主义精神和丰富的文化想象力。实践证明，文化创新必须要有理想主义情怀，也离不开文化想象力，试看今日深圳，"设计之都"从提出口号到变为现实，申办"大运"从明知不易到努力争取终于成功，哪样不是敢于想象、敢于创新的结果。

"现代文化名城"从提出之日起，它就不仅仅是一个口号或一个概念，而是被赋予丰富的内涵。

李容根同志在深圳市文化工作会议的报告中对"现代文化名城"的内涵进行了具体阐述："围绕建设多功能、现代化国际性城市的目标，逐步使深圳发展成为我国中外文化交流的窗口、文化商品交易的市场、现代文化产品生产的基地、文艺精品和优秀文化人才荟萃的中心，使之形成具有开放性、兼容性、先导性并充满活力的国际性都市文化，营造高层次、高质量的人文环境和健康良好的文化氛围，努力把深圳建设成为现代文化名城。"这段论述表明，决策者心目中的现代文化名城是个综合概念，涉及文化交流、文化市场、文化产业、文艺精品、文化人才等多个层面，具有较高的层次和明确的标准。现在看来，后来深圳文化的发展正是沿着这个基本思路，不同层面齐头并进、全面发展，才有了今天这样欣欣向荣的文化发展局面。

"现代文化名城"的核心要素是"现代"，一个城市只有具备明显的现代性特征才能称之为现代文化名城。

当年倡导提出"现代文化名城"概念的杨宏海等人认为，"现代"一词，是指文化设施的现代化、文化观念的现代化、艺术品种的现代化和文化管理的科技化。《深圳市文化发展规划》更是高屋建瓴地指出："建设现代文化名城就是建设面向现代化、面向世界、面向未来的，民族的、科学的、大众的现代城市文化。"这种关于"现代"的释义和解读，是深圳人的一大创造，表明了深圳人对深圳文化发展的想象与追求。15年后的今天，当深圳已呈现出现代文化名城的基本形态之时，对照深圳的文化现状，我们深深感到，当年想象和设定的"现代"内涵，如今都有了形象的具体显现：

从深圳特区建立之初兴建的"老八大"文化设施，到后来增建的"新八大"和"新六大"，已构成了文化设施的现代化景观。深圳图书馆新馆、中心书城、深圳音乐厅、深圳少年宫、关山月艺术馆、华夏艺术中心等一批高档次文化设施，不仅提升了深圳的城市文化形象，而且散发出浓浓的现代文化气息。

从特区建立初期"时间就是金钱、效率就是生命"的口号震撼全国，到后来的短篇小说《你不可改变我》，再到"深圳不相信眼泪"、"无约不访、有约守时"、"深圳没有流行色"、"崇尚创新、宽容失败"等说法的流行，充分展现出深圳文化观念现代化的历史轨迹。

从报告文学《深圳的斯芬克斯之谜》，到长篇小说《花季·雨季》、《世纪贵族》，再到歌曲《春天的故事》、《走进新时代》、《走向复兴》，深圳一批文艺精品在全国产生重大影响；深圳拍摄的《家风》、《钢铁是怎样炼成的》等电影、电视作品几乎家喻户晓；深圳成功举行全国流行音乐金钟奖大赛，成为全国流行音乐的重镇。这一切充分表明，艺术品种的现代化在深圳已成为现实。

从深圳文化竞争力在全国大中城市排名第一，到获得国际认可的"设计之都"、"杰出的发展中知识城市"等荣誉称号，深圳以雄厚的文化实力和良好的文化形象向世人展示了面向现代化、面向世界、面向未来的现代城市文化。

如果说15年前提出建设现代文化名城，只是设定了一个富有想象力的城市文化发展目标，那么，到今天，深圳虽然尚无现代文化名城的头衔，但实际上已经全方位地展现出现代文化名城的雄姿，或者说，当年的理想今天已变成了现实。这足以令深圳人感到欣慰和自豪。深圳再一次雄辩地证明：文化创新需要想象力，需要理想情怀。

四、"文化立市"论

2004年3月2日，深圳市实施"文化立市"战略工作会议在深圳会堂召开，时任广东省委副书记、深圳市委书记的黄丽满同志作了题为"大力实施"文化立市"战略，努力把深圳建设成为高品位文化城市"的报告，这标志着深圳市委、市政府确立的"文化立市"战略正式进入实施阶段。

"文化立市"战略的提出和确立，最早可追溯到1999年。

那年8月，广东省委、省政府在深圳召开"全省经济特区和珠江三角洲改革开放工作座谈会"。会上，调研组的同志在汇报关于深圳如何建成率先基本实现社会主义现代化示范市的调研成果时，明确提出深圳"必须确立'文化立市'的战略思想"。"文化立市"战略在深圳正式确立，是在2003年1月召开的中共深圳市委三届六次全会上。这次会议根据党的十六大精神，进一步明确了深圳经济特区的目标定位和战略思路，决定确立"文化立市"战略，树立文化经济理念，把深圳建设成为高品位的文化—生态城市。

"文化立市"战略的提出和确立，有着特定的文化背景。

至20世纪末和21世纪初，深圳人均GDP已超过5500美元，人民群众的精神文化需求日益增长，文化的作用日益突出，而深圳又客观存在着文化积淀不厚、文化实力不强的现实状况。此外,在世界范围内,城市之间的竞争,由拼经济、拼管理发展到拼文化,已成为客观现实和发展趋势。用时任深圳市委宣传部副部长的李小甘同志的话说:"深圳的决策者和所有的深圳人都不得不面对一个老生常谈而又历久弥新的话题——文化。"因此,如何增创文化优势,增强文化实力,就成为深圳市委、市政府迫切需要考虑的现实问题。大家普遍认识到,国家以文化比强弱,城市以文化论输赢。当代任何一个国家和地区要增强自己的竞争实力,就必须顺应当今世界文化与经济发展相互交融的新趋势,提出既具有超前意识和创新意识、又切实可行的文化发展战略。从这个意义上说,深圳确立和实施"文化立市"战略,既是一种顺势而行的选择,也是城市文化发展需求内在驱动的自然结果。因此,2003年底召开的深圳市委三届八次全会,又进一步提出要坚定地实施"文化立市"战略,努力建设文化强市。

确立并实施"文化立市"战略,强调并发挥文化在城市建设和发展中的重要地位和支撑作用,也是深圳市委、市政府在城市发展战略上的一个重大调整,是把城市发展战略与文化发展战略有机统一起来,通盘考虑、全面部署的一个创举。

黄丽满同志在实施"文化立市"战略工作会议上的报告中明确指出:"实施'文化立市'战略,建设高品位文化城市,这是我市率先基本实现社会主义现代化的重大战略选择。""如果我们不对文化给予高度重视,并采取有效措施和手段推进文化的发展,我们深圳的发展优势势必会逐步下降、弱化"。"因此'文化立市'战略不仅是文化自身发展的战略问题,更是经济社会发展的战略全局问题,是环境、经济、社会、科教、文化、政治等领域,政府、社会、企业、单位、个人各层次都相关的战略问题。"

深圳实施"文化立市"战略也是与广东建设文化大省战略部署相呼应的创新举措。

2002年12月,广东省委九届二次全会作出关于加快建设文化大省的战略部署,通过了《广东省建设文化大省规划纲要》;2004年2月,《关于加快建设文化大省的决定》颁布。《决定》要求"深圳要依托对外开放和体制创新示范区的优势,加快建设文化强市"。由此可见,实施"文化立市"战略在客观上成为贯彻广东省委、省政府建设文化大省的战略决策,建设文化强市的重要途径,同时也是更好地发挥深圳在广东建设文化大省进程中的示范和带头作用的重大创新。

"文化立市"战略具有丰富的文化内涵和明确的目标追求。

深圳市社会科学院院长乐正教授对"文化立市"战略的文化内涵概括为以下三个方面:(一)努力实践以人为本、全面协调和可持续发展的科学发展观,促进人与社会的全面发展；（二）加快发展深圳的文化事业和文化产业，积极推进文化体制改革，增强深圳的综合文化实力；（三）努力提升深圳的城市品位，塑造具有高品位文化内涵的国际化城市形象（《深圳特区报》2004年3月3日）。应该说，这一概述还是比较全面的。那么，如何把这些内涵变为深圳文化建设和文化发展的现实，使"文化立市"战略在实施过程中取得明显成效呢？黄丽满同志在报告中提出"三个坚持"的原则：一是坚持以人为本原则，明确"文化立市"在一定意义上也是"文化立人"，要从各个方面努力，全面提高全市干部群众的精神境界、道德水平和文化素质；二是坚持全面协调发展的原则，正确处理统筹好经济建设与文化发展、政治文明建设与文化发展、城市建设与文化发展、特区内与特区外、常住人口与暂住人口、硬环境文化与软环境文化、民族文化发展与吸收国际先进文化成果、政府作用与市场作用及民间社会力量这八个方面的关系；三是坚持可持续发展的原则，通过文化的发展，提升深圳经济社会的持续发展能力，实现深圳经济社会的持续发展。

"文化立市"战略实施至今已有6年时间。6年来，当年设定的文化内涵与战略目标正在逐步实现，各个方面都取得了可喜的成就。深圳城市竞争力紧随香港，排名第二，文化竞争力排名第一；文化体制改革成为全国试点城市之一；公共文化服务体系建设惠及全市人民，成为全国先进典型；市民文化大讲堂等文化形式创新在全国产生很大影响；文化产业快速发展，引起国家媒体的广泛关注和集中宣传，联合国教科文组织授予深圳"设计之都"称号。实践证明，确立并实施"文化立市"战略是深圳城市文化发展理念的重大创新，在深圳文化今后的发展进程中必将产生更加广泛、更加深远的影响。

五、"高品位文化城市"论

建设高品位文化城市，是进入21世纪后深圳根据文化发展的现实要求和发展趋向而提出的一个文化发展战略目标。

2003年1月，中共深圳市委三届六次全会提出深圳建设国际化城市的五个战略目标：建设高品位的文化——生态城市、高科技城市、现代物流枢纽城市、区域性金融中心城市、美丽的海滨旅游城市。同时确定了"文化立市"战略。高品位文化城市既是国际化城市的五个战略目标之一，也是"文化立市"战略的目标追求。

深圳提出建设高品位文化城市，是把城市发展战略和文化发展战略有机地统一起来，既是城市未来发展的战略需要，也是城市文化发展的客观需求，旨在提高深圳的城市竞争力，建构特色鲜明的现代城市文化形象。

倪鹤琴博士在她的《文化致远——深圳建设高品位文化城市研究》一书中指出："深圳建设高品位文化城市，是基于建设国际化城市的背景上，而国际化城市建设不是孤立的，必须参与全球性国际化竞争……在全球国际竞争的大舞台上，文化所扮演的角色越来越重要，越来越突出。……深圳正处在重要的历史发展机遇期，在今天的全球竞争格局中，深圳要杀出重围，不仅要拼经济、拼管理，更要拼文化……深圳要以文化立市战略赢得新的制高点，而文化立市战略不是空洞口号，需要一系列高瞻远瞩又切实可行、想象力与实践性并重的文化构想和举措，更需要明确的目标。建设高品位文化城市，便是一个响亮的回应。"倪博士的这一段论述，充分回答了深圳为什么要提出建设高品位文化城市的现实问题，阐明了建设高品位文化城市的深远意义。

究竟什么是高品位文化城市，其定义和内涵应该怎样科学界定？

彭立勋教授和尹昌龙、黄士芳博士在他们的论文《深圳建设高品位文化城市研究》中提出了明确的见解："'城市品位'概念实质上是一个城市美学概念，是城市所给人的印象和感受，是城市空间、城市布局、历史文化、建筑风格、城市环境、经济支柱、文化积淀、城市景观、人文精神等要素有机结合而成的可以感受的表象和可以领会的内涵，也即对这个城市的外观和内涵、硬件和软件的印象、感受上的一种综合判断。""'城市文化品位'在广义上指的是城市的视觉系统、理念系统以及行为系统所具有的文明程度或文化含量，主要体现在市民的文明素质、城市景观的风格和内涵、社会科学成果的学术含量、文学艺术作品的美学含量、经济活动的文化含量以及社会政治活动的科学化和规范化程度等方面。""所以建设高品位城市，不是指一般意义上的城市文化发展，实质是指城市整体文化品位的提升，即城市文化由以前的数量和规模的发展上升到质量和品牌的飞跃。"

文化学者、时任深圳市文化局局长的王京生先生把高品位文化城市的"高度"归纳为七个"高"：（一）市民的整体文化素养和文明程度高；（二）代表城市文化的标志性设施档次高；（三）文艺精品和优秀艺术人才的产量高；（四）文化产业所占国民生产总值的比例高；（五）市民享受文化权利的程度高；（六）公共文化行政体制的运作效率高；（七）在借鉴吸收世界先进文化的同时，捍卫文化主权、使中华民族的传统文化在国际上的威望高。

上述几位专家学者对高品位文化城市的定义及内涵的界定表明：高品位文化城市具有明确的高标准，深圳建设高品位城市必将是一个动态的全面发展过程，既不能操之过急，也不能盲目乐观、草率认定。

战略目标确定之后，如何采取有效措施，切实推进文化创新，尽快把深圳建设成为高品位文化城市，同样是一个必须高度重视、努力落到实处的现实问题。文化学者吴忠先生认为，要着重解决好经济意识与人文意识、大众文化与精英文化、实用追求与审美考量、历史传统与文化创新的认识问题，努力强化人文意识，促进大众文化与精英文化和谐发展，提升市民的审美修养与审美水平，发掘继承历史文化的优良传统，不断推进文化创新。目前最需要重视的是四个方面的问题：第一，培育城市文化精神；第二，发展学术文化；第三，提高景观文化的水准；第四、提升产业结构的文化层次和产品的文化含量。

笔者认为，提升深圳城市文化品位必须对照其应有的文化内涵，对深圳城市文化的现状进行全面的科学评估，认清优势，发现其不足，扬长避短，有针对性地进行整体提升和重点提升。

深圳现有的一系列文化优势，是建设高品位文化城市的良好基础和前提条件。深圳客观存在的文化积淀和文化韵味不足、"亚文化"纷杂无序等问题，是必须着力改变和解决的重要方面。

深圳现有的文化优势主要表现在以下七个方面：

一是文化开放和文化兼容的态势好。开放的文化心态，灵活的文化机制，多元的文化观念，形成了海纳百川、尊重多样、追求竞争的文化态势，显现出与开放城市和市场经济相适应的文化活力。

二是文化集聚和文化辐射的力度大。多元并存的移民文化，中西融合的港台文化，特征迥异的西方文化，以及本土的岭南文化等，在深圳自然融合，并通过多种形式对广东乃至全国产生着广泛的影响。

三是文化引领的先导性强。面向现代化的新颖文化观念，面向世界的开阔文化视野，面向未来的超前发展意识，充分体现出深圳文化特质的先进性和引领文化发展趋向的先导性。深圳成为全国公认的思想观念最新、发展变化最快、现代气息最浓的城市。

四是深圳的物质文化、制度文化和精神文化，各具优势，相互辉映，形成了良好的文化结构。

五是各类高档次的文化设施，显现出深圳文化发展的硬件优势，建构了具有现代特色的城市文化形象。

六是深圳市人大的地方立法权，彰显出深圳政治体制改革和社会制度完善的法制优势。

七是宽松的社会人际关系，以及市民自我实现和自我解放的现代观念意识，展现出市民素质提升的良好思想基础。

所有这些优势表明：深圳建设高品位文化城市具有较好的基础和条件，在此基础上实现战略目标，具有明显的可行性和客观必然性。

对于如何提升深圳城市文化品位，笔者以为可采取以下六项具体对策：

（一）进一步明确深圳城市发展理念和城市形象定位，要有相对科学和固定的准确表述，不宜经常变换。同时要强化城市发展和城市形象定位的外在标志，如大鹏形象、开荒牛形象等。

（二）进一步凝练和提升深圳城市精神，体现高品位、国际化城市的精神追求，如开拓创新、务实高效、开放兼容、尊重个性、科学理性、以人为本、全球意识、浪漫情怀等都可以作为深圳城市精神的概括和表述。

（三）培育全面发展的现代市民群体，不断提升市民的文化素质，加强对外来劳务工的现代城市文明教育，在广大市民中提倡科学、文明、健康的生活方式和行为方式，充分发挥城市精英群体的文化影响和文明示范作用。

（四）打造文化品牌，建构深圳城市文化的品牌形象。积极创办高层次文化艺术节，创建一批媒体名牌，推出一批文艺精品，建立一批名牌培训机构，全方位地塑造文化品牌形象。

（五）大力发展学术文化，提升深圳文化的整体层次。搭建高层次学术平台，引进、培育一批学术名家，推出一批学术精品，建立一批重点学术研究基地，形成较浓厚的学术文化氛围。

（六）加强深圳主体文化建设，强化深圳的文化特色，确定深圳的文化角色和文化地位，传播深圳文化的精神价值和文化意义，构建一个全新的、熔古今中外文化于一炉的观念文化体系，并使之广泛传播，深入人心，为深圳市民所乐意接受并自觉奉行。

建设高品位文化城市作为一个文化发展战略目标，从2003年提出，至今已有7年时间。7年来，深圳的文化形象逐步完善，文化特色更加鲜明，文化地位不断提升，初步显示出城市文化的高品位。虽然与一个整体意义上的国际化、高品位文化城市尚有距离，但雏形已经形成，影响正在扩大。我们相信，假以时日，深圳建设高品位文化城市的战略目标一定能全面实现。

六、"两城一都"论

"两城一都"的理念最初源自深圳一些文化学者的文化畅想，后成为深圳市实施"文化立市"战略的重要内涵和目标选择之一。

2004年3月2日，深圳市实施文化立市战略工作会议召开。时任深圳市委书记的黄丽满同志在报告中指出："要大胆增创深圳的文化特色，努力打造'图书馆之城'、'钢琴之城'和'设计之都'。"这表明，文化学者们关于创建深圳文化特色的设想已被决策层所采纳。

文化学者、市委宣传部长王京生先生在他主编的《文化立市论》绪论中这样写道："'文化立市'战略的实施，建设高品位文化城市，必须确立强有力的战略支撑点。为此，我们提出建设'两城一都'，也就是把深圳建设成为'图书馆之城'、'钢琴之城'和'设计之都'。将图书馆事业、钢琴艺术和设计业的发展与城市今后一段时间的发展目标联系在一起，一是因为这三者都具有与世界接轨的普遍价值，体现的是对城市文化发展状态和水平进行判断的一些基本尺度；二是因为从现有的文化资源基础看，深圳在这几个方面已经有了一定的现实基础，形成了相对优势……'两城一都'建设目标的提出，就是要把我们现有的这种文化发展的相对优势转化为绝对优势，再把绝对优势变成深圳文化的特色。从更深远的意义分析，我们建设'两城一都'，就是要建设一个学习型社会，探索一种艺术的表现形式和鼓励创新的能力。"王京生先生的这段论述，全面阐述了提出"两城一都"理念的基本出发点和战略思想，阐明了把"两城一都"作为"文化立市"战略支撑点的深刻原因。

城市是一个抽象的整体概念，需要有突出的文化特色而使其形象变得鲜明起来。如称维也纳是音乐之城，称澳门是赌城，都是对其鲜明特色的形象表述。深圳要建设高品位文化城市，必须要强化文化特色，要有看得见、表得明，一句话就能说清楚的实实在在的东西。在高等学校或科研机构，对一位专家学者的介绍，通常都是一句话就能说清楚，如深圳大学的吕元礼教授是新加坡研究专家，深职院的刘洪一教授是犹太文化研究专家。一座城市也如同一名学者，如果一句话说不清楚，那就说明他没有特色或特长，啥都是又啥都不是。深圳要建成国际化城市，就不能停留在经济特区这一称谓上，必须形成鲜明的文化特色，让外界介绍或辨识深圳时也能一句话说得清楚。从这个意义上讲，建设"图书馆之城"、"钢琴之城"、"设计之都"就是要强化深圳在这三个方面的文化特色，使之成为深圳的三张城市名片，成为代表性的城市符号和城市象征。这个设想和目标一旦成为现实，那么人们对深圳的评价和称谓就不仅仅是作为改革开放试验场的经济特区，而是享誉海内外的文化名城，"图书馆之城"、"钢琴之城"、"设计之都"就会成为人们耳熟能详的常用话语。到那时，深圳的文化形象和文化地位就可想而知。

"图书馆之城"必须拥有相当数量的高档次的图书馆，拥有相当数量的图书馆藏，拥有畅通无阻的图书网络信息，拥有快速、便捷的图书资料检索系统，同时要有市民喜欢书、爱读书的阅读文化氛围。经过30年的建设与发展，深圳在这方面已经具备较好的基础。早在20世纪80年代，深圳决定兴建"八大文化设施"时，图书馆就是其中之一。截至2007年底，全市拥有公共图书馆604座，其中市级公共图书馆2座，区级公共图书馆6座，街道公共图书馆51座，达标社区图书馆536个。全市公共图书馆馆舍总面积约28.46万平方米，总藏书1225.23万册。常住人口人均拥有图书馆和藏书量远远超过全国和广东省的指标。2008年，深圳又创建了城市街区24小时自助图书馆系统，进一步提升了全民阅读的服务水平。此外，深圳图书馆还与国家图书馆等大型图书馆进行联网，扩充了图书信息资源，方便读者检索和查阅。尤其是，从2000年创办读书月以来，深圳已连续举办了10届读书月，形成了全民阅读的良好氛围。国际级和国家级的高层次阅读论坛先后在深圳举办，进一步扩大了深圳推崇阅读、引领阅读的文化影响。所有这一切都表明，深圳建设"图书馆之城"，既有经济实力，又有文化基础，既有群众需求，又有政府主导，只要假以时日，愿望必将成为现实。

"钢琴之城"必须拥有一定数量的钢琴，钢琴艺术教育具有广泛性和普遍性，钢琴演奏艺术也达到较高的水平和成就，市民普遍显示出对钢琴艺术的理解和钟情。深圳的钢琴拥有量、教育基础、艺术成就在国内城市中处于领先水平，涌现出李云迪、陈萨、张昊辰等一批在肖邦国际钢琴大赛、利兹国际钢琴大赛等世界顶级钢琴比赛中获得奖项的钢琴人才，学习钢琴演奏、欣赏钢琴艺术，在深圳也已蔚然成风。国外文化界的许多朋友对深圳的了解大多也是缘自钢琴。由此可见，深圳提出建设"钢琴之城"不是浪漫主义的畅想，而是具有较好的现实基础的战略思想。它的创新意义在于，给一个商业气息比较浓厚的新兴城市，设置了一个高品位的艺术象征，营造了一种浓郁的艺术氛围，激发了市民欣赏和崇尚高雅艺术的审美趣味，从而提高了城市的文化品位。可以想见，当国内外人士都把深圳与钢琴联系在一起的时候，深圳的文化品位和艺术素养也就显而可见了。

"设计之都"意味着一座城市不仅要成为设计文化之都，同时也要成为设计产业之都。构成设计之都的基本内涵是具有一批高水平的设计人才和设计作品；有一批在国内乃至国际上有相当影响的设计公司；有影响不断和辐射力广泛的设计活动；有较高的设计行业产值；有较高的设计理论研究水平；政府对设计的发展和意义有较强的文化自觉意识；市民对设计有较广泛的普遍认知和较高的鉴赏水平；归根结底一句话，要有层出不穷的文化创意。对照这"八个有"，深圳已有陈绍华、韩家英、张达利等一批优秀的设计师和国内最先进的设计辅助产业，有崇尚设计的现代意识和对设计执著追求的设计师群体，更有政府对设计文化和设计产业发展的高度重视和大力支持。深圳提出建设"设计之都"既是现实的期待，也是努力的方向。它的创新意义在于，把设计看作物化了的精神，提升了设计的文化价值和产业价值，使之与城市发展战略和文化发展理念联系起来，从而使设计从设计师群体和设计行业中超拔出来，成为全市人民共同关注、共同支持的文化事业和文化产业，成为城市文化形象的突出标志。2008年，联合国教科文组织授予深圳"设计之都"的称号，既使深圳建设"设计之都"的愿望变成了现实，得到了国际组织的认同，同时也给深圳的"设计之都"建设提出了新的更高的要求，因为深圳建设设计之都，终究不是为了一个称号，而是要扎扎实实地充实城市的文化内涵，提升城市的文化品位。从这个意义上说，深圳建设设计之都仍然是刚刚起步，要走的路还很长，不能有半点懈怠。

综上所述，深圳提出建设"两城一都"，在短短几年的时间内，已局部地由理念变为现实，"图书馆之城"、"钢琴之城"、"设计之都"建设取得了显著成效。深圳的文化特色和文化形象，已在国内外引起了广泛的关注，这既是实施"文化立市"战略的可喜成果，也是深圳城市文化品位提升的显著表现。每一个深圳人都应当为此感到欣慰和自豪。

七、"文化权利"论

深圳在全国率先提出"实现公民的文化权利"这一文化理念，引起了广泛的关注,并成为深圳文化创新与文化发展的重要指导思想。

早在2000年12月,深圳首届读书月刚刚闭幕不久,时任深圳市文化局局长的王京生先生在《深圳特区报》发表了其思考读书月的意义及影响的专题文章:《实现市民的文化权利》,这是深圳媒体最早出现"市民文化权利"的概念。王京生在这篇文章中指出:"创办深圳读书月的目的就是要从读书这一最基本的文化行为、文化权利入手,使更多的市民群众能参与到这一活动中来,享受读书的乐趣,满足求知的渴望,达到提升自我以适应社会和未来之目的。"这可以视之为王京生先生思考文化权利问题的最初发端。两年后,王京生在《深圳文化研究》发表了《坚持先进文化的前进方向,努力促进公民文化权利的实现》一文,从建设先进文化的高度,全面、系统地阐述了文化权利的理论内涵、文化权利的实现与先进文化建设的关系、文化权利的实现方式等问题,从理论上阐明了经济发达城市强化和重视实现市民文化权利的必要性和具体途径。此文以其思想理论创新的鲜明特色获得了文化部颁发的优秀论文奖,也为深圳正式确立"实现市民的文化权利"这一文化发展理念发挥了理论先导作用。

应该指出的是,提出"文化权利"这一理念并不是王京生的创造,最早可追溯到联合国于1966年12月通过、1976年1月正式生效的《经济、社会及文化权利国际公约》。该公约指出:"按照世界人权宣言,只有在创造了使人可以享有其经济、社会及文化权利,正如享有其公民和政治权利一样的条件的情况下,才能实现自由人类享有免于恐惧和匮乏的自由的理想。""本公约缔约各国承认人人有权:(甲)参加文化生活;(乙)享受科学进步及其应用所产生的利益;(丙)对其本人的任何科学、文学或艺术作品所产生的精神上和物质上的利益,享受被保护之权利。"目前,世界上已有143个国家批准或加入该公约。我国政府于1997年10月27日签署加入该公约,公约对我国同样生效。这表明,从国家层面看,我国早在1997年就认同并接受承认保障公民文化权利的理念,只是因为种种原因,尚未在全国形成广泛的思想舆论,没有成为政府文化行政的基本理念和指导思想。也正是在这个意义上,深圳率先提出和强调实现公民文化权利,具有创新意义。

长期以来,我国的宣传文化工作侧重于弘扬主流意识形态,传播和推崇主体价值观,往往忽视公民文化权利的实现程度,作为政府文化行政主体的文化官员,也很少有实现公民文化权利的思想意识。因此,深圳率先提出实现公民文化权利,并把它与政府文化行政理念和文化行政方式联合在一起,在客观上实现了宣传文化工作从侧重弘扬主流意识形态向弘扬主流意识形态与实现人的文化权利并重的转变。这一转变是历史性的，其意义和影响，怎么评价也不为过。

王京生担任市委常委、宣传部长后，进一步强调政府对实现市民文化权利应尽的责任。他在其主编的《文化立市论》的绪论中明确写道："实现市民文化权利，最根本的问题是政府要确立新的文化行政理念。政府是实现市民文化权利的主要推动力量，特别在现阶段中国，政府主要担当着对文化资源的调控。因此，如何按照市民文化权利实现这一目标要求，来确立新的政府文化行政理念，调整改革政府自身的文化行政方式，将决定着整个社会的文化权利的实现程度。""市民文化权利的实现程度又是衡量政府文化工作绩效的基本指标，如果这种权利得不到有效的实现，那就意味着政府的失职。也就是说，在文化权利问题上，市民是'主'，而政府是'客'，尊重、保护和实现市民文化权利不是政府的'恩赐'，而是政府的'义务'，不是主观上愿不愿意做的问题，而是客观上必须这么做，这是现代公民社会政府必须承担的责任。"我相信，每一个深圳市民如果听到或看到这一段话，都会受到鼓舞，感到欣慰。

从理论上讲，"公民文化权利包括四个基本层面的内涵：享受文化成果的权利、参与文化活动的权利、开展文化创造的权利以及对个人进行文化艺术创造所产生的精神上和物质上的利益享受保护权"，"文化权利与经济权利、政治权利有着紧密联系，但它具有独立性；由于一定的历史文化原因，以往文化权利常常被忽视；马克思主义对经济、政治和文化的理解以及当今世界对三者关系的认识，决定了在公民权利问题上，经济权利是基础，政治权利是保证，文化权利是目标"。（参见《文化权利：回溯与解读》）

深圳的创新与可贵不仅在于率先提出实现市民文化权利，更在于对应公民文化权利的基本内涵创造性地建构实现条件，使之真正落到实处，为民所得。

为了让市民获得享受文化成果的权利，深圳市委、市政府和各级文化行政部门积极构建公共文化服务体系，全方位创造文化服务条件，提高文化服务水平。深圳构建公共文化服务体系以实现市民的文化权利为目的，以服务外来劳务工、服务基层为重点，在加快公共文化设施建设、创新公共文化活动形式、加强文艺精品创作、开展文化进社区活动、加强公共文化信息服务、完善公共文化服务的保障体制等多个方面，都取得了明显的成效。创办了"美丽星期天"、深图艺苑、戏聚星期六、周末剧场、周末文化广场、深圳晚八点等有效活动形式。截至2009年，各类在建和建成的市级文化设施共有32个，全市共有群艺馆和文化馆62个，各级各类的文化广场197个，各类博物馆19个，为人民群众享受文化成果提供了方便，创造了条件。

为了让市民充分地享有参与文化活动的权利，深圳宣传文化部门创办了大家乐舞台、读书月、市民文化大讲堂、社会科学普及周等多种文化活动形式,免费给市民提供参与文化活动的机会和条件,在全国率先将市属博物馆、美术馆、画院、群艺馆、图书馆等全部免费向社会开放,让市民闲时有去处,去后有收获,使市民在参与文化活动的过程中,知识得到扩充,素养得到提升,心情得到愉悦。

为了保障市民开展文化创造的权利,深圳营造了良好的文艺创作环境,设立了宣传文化基金,鼓励和资助文化艺术家和广大市民开展各种形式的文艺创作活动。还通过签约等形式,鼓励文艺家们出成果、出精品。正是因为有了这样的氛围和条件,才涌现出《春天的故事》、《走进新时代》、《走向复兴》、《家风》、《花季·雨季》等一批深圳创造的文艺精品;正是因为市民开展文化创造的权利在深圳得到制度层面的保障,才能出现李云迪、郁秀、陈绍华、蒋开儒等一批优秀的艺术人才。

为了保护市民文化创造成果的精神和物质利益,深圳通过评奖、展览、文博会等形式,让各类文化创造成果的社会文化效益得到充分的肯定,让文化艺术产品能及时进入文化市场,物有所值地转化经济效益。与此同时,严格加强知识产权的申报和管理,确保各类文化创造成果在权益上不受到侵犯。尤其值得一提的是,深圳早在20世纪90年代初创办的文稿拍卖活动,可以说是开创了通过市场形式保护文化创造成果的精神和物质效益的先河,至今仍给我们留下了不尽的思考。

进入21世纪以后,特别是深圳构建公共文化服务体系、促进文艺精品创作的成功经验得到全国认同并获得一系列奖项之后,回头再看当年深圳提出实现公民文化权利这一创新理念的战略眼光和远见卓识,就会使深圳市民和国内外一切关注深圳文化发展的人士意识到,文化发展不仅需要有理想情怀和想象力,同时更需要有以人为本、促进人的全面发展的坚定信念。人们常说,文以化人,文化建设说到底是为了满足人民群众精神生活多方面的需要,是"以科学的理论武装人,以正确的舆论引导人,以高尚的精神塑造人,以优秀的作品鼓舞人"(江泽民语),作为一座城市而言,就是要培育现代市民群体。也正是在这个意义上,深圳率先提出实现市民文化权利,其革新意义必将久远常存。

八、"文化创新"论

"当深圳在全国率先实行市属公益性文化场馆免费对外开放,当'深圳制造'的原创文艺精品频频走向国际国内文艺舞台,当深圳文化体制改革交出一份份满意的答卷时,人们发现,深圳文化创新的步伐越来越快,越来越有活力"。

这是记者采写深圳文化软实力建设状况时的一段感言,在一定程度上概括了深圳文化创新的成就。

深圳作为经济特区,作为一座在改革开放中诞生的新兴城市,本身就是创新的结果,创新是深圳的根与魂。改革开放初期深圳提出"时间就是金钱,效率就是生命"的口号,可视为深圳早期文化创新的典型例证。随着深圳的快速发展,尤其是随着深圳经济实力的不断增强和市民物质生活水平的不断提高,深圳逐步增强了文化创新的自觉意识,加快了文化创新的步伐,主要表现为以下五个层面:

(一) 创新文化发展理念

早在 20 世纪 80 年代中后期,在深圳文化基础尚不雄厚,文化事业发展刚刚起步的情况下,深圳市委、市政府就提出了"创造有深圳特色的社会主义文化"的发展理念。这是非常有远见的战略思路,较早地赋予深圳文化建设的创新使命,奠定了深圳文化的发展方向。

90 年代初,深圳市委、市政府根据建设国际化城市战略目标的需要,创造性地提出了增创深圳文化优势、建设现代文化名城的发展理念,描绘出深圳文化发展的宏伟蓝图。在思维习惯上把文化建设从精神文明建设中单列出来,使深圳人开始自觉地增强文化创新意识和文化发展意识,激发文化想象力,逐步形成关注、参与和促进深圳文化建设的"文化情怀"。进入新世纪以后,深圳进入了构建"和谐深圳,效益深圳"、促进经济社会文化全面协调发展的新阶段,加大文化建设力度,增强文化软实力和文化竞争力成为重要任务。深圳市委、市政府审时度势,创造性地提出了实施"文化立市"战略、建设高品位文化城市的发展理念,追求城市发展和文化发展的战略统一,并相应地提出建设"两城一都"、实现公民的文化权利等全新的文化理念,开创了深圳文化建设与文化发展的新阶段。

(二) 创新公共文化服务

为了创造实现市民文化权利的必要社会条件,深圳从理论与实践的结合上积极探索公共文化服务体系的建设途径，创新公共文化服务形式。进一步加大公共文化设施的规划、投入和建设力度，在全国率先实施公共文化服务设施免费向社会开放制度，建立高雅艺术补贴机制，创办丰富多样的公共文化活动形式，组织文化活动进基层、进社区，制定《深圳公共文化服务指引》，以优质的公共服务和产品完善公共文化服务体系，努力体现公共文化服务的公平性、便利性、多样性、公益性和公民参与性，创造性地推出"周末"、"流动"、"高雅艺术"等三大系列公共文化活动，受益观众达数十万人次。深圳荣获文化信息资源共享工程示范城市光荣称号。

（三）创新文化品牌

为了增强文化形式的吸引力和影响力，深圳致力于把文化形式做精、做细，使之发展成为文化品牌，产生品牌效应。进入新世纪以来，深圳创建了读书月、市民文化大讲堂、外来青工文化节、社会科学普及周、中国（深圳）国际钢琴协奏曲比赛、鹏城春秋艺术节、深圳国际文化旅游节、青春之星电视大赛、大家乐舞台、中国（深圳）国际文化产业博览交易会等十大文化品牌。这些文化品牌丰富了深圳的城市文化内涵，给市民提供了高层次的文化艺术享受，同时也扩大了深圳的文化影响。如中国（深圳）国际文化产业博览交易会让世界进一步了解深圳，强化了深圳的国际化城市形象。读书月已受到全国的普遍关注，荣获 2008 年度公共阅读文化推广奖。市民文化大讲堂被许多城市借鉴、"克隆"，影响遍布全国。

（四）创新文化体制、机制

为了健全公共文化服务体系，使市民文化权利得到较充分的实现。深圳作为全国文化体制改革的试点城市之一，较早开始文化体制改革，努力创新文化体制和运作机制，出台了一系列改革和规定，组建了报业、广电、出版三大文化集团，政府的文化管理功能实现了由办文化为主向管文化为主的转变。经过多年的不懈努力，已初步建立起设施比较齐全、产品比较丰富、服务质量较高，体制比较健全的公共文化服务体系和规范有序的文化管理运作机制，在完善公共文化传播体系、提升公共文化福利、规划和完善公共文化政策等方面，率先走出了具有深圳特色的文化建设新路子。2008年 4 月 11 日，在北京召开的全国文化体制改革工作会议上，深圳构建公共文化服务体系的经验获得好评。2009年5月6日，新华社播发"新华调查"，称赞深圳文化建设已融入百姓日常生活，形成了"先进文化的全民共享模式"。

（五）创新文化产业

深圳高度重视文化产业的创新与发展，把文化产业作为支柱产业之一。近年来在文化产业发展方面作出了一系列创新和探索，成效显著，硕果累累。首先，政府之手，大力推动，坚持文化产业发展的规范化和制度化，先后出台《关于大力促进文化产业发展的决定》、《文化产业发展"十一五"规划》等一系列指导性文件，明确文化产业发展目标，为深圳文化产业发展指明方向；其次，加强文化产业基地建设，确定建立"企业示范基地"、"孵化基地"和"教学和培训基地"这三类文化产业基地，命名华侨城集团、深圳报业集团、深圳职业技术学院等9个单位为"深圳文化产业示范基地"，发挥他们的示范带头作用；此外，创办文化产业博览会，使之成为文化产品展示、文化项目交易和文化信息交流的三大平台。2009年3月9日，新华社播发长篇通讯：《深圳文化产业成"经济寒冬报春花"》，报道深圳文化产业发展的"早春现象"；3月23日，《人民日报》刊发长篇通讯《深圳文化产业启示录——"报春花"今年别样红》，认为深圳文化产业逆势飘红快速发展是一个应该认真研究的"标本"。

30年来，尤其是进入新世纪以来，深圳文化创新已逐渐由"创新现象"发展成为"创新功能"，或者说文化创新已成为深圳特区有规律的必然现象，其突出标志是，文化创新的自觉意识增强，创新的形式趋于系统化和多样化，创新的内容与当代中国的文化选择和文化创新有了内在的一致性和统一性。这种文化创新功能既是经济特区基本功能的延伸，也是对创办特区初衷的一种超越。尤其在深圳经济特区，这种"延伸"与"超越"，已形成气候，产生影响，成为新形势下经济特区所担负的新功能、新使命的一个重要组成部分，必将促进我国文化的大发展和大繁荣，必须高度重视，深入研究。

深圳经济特区的文化创新功能是在深圳改革开放和经济社会发展的历史进程中自然形成的，形成文化创新功能的原因是多方面的：有经济特区历史使命的推动，也有外来文化观念的影响；有经济快速发展的带动，也有文化自强意识的激发。归根结底，是社会变革和文化变迁导致了深圳文化创新功能的生成与发展。也有学者认为，深圳的文化创新已逐渐演变、催生出创新文化，并有其自身的成长机制。创新文化的基本内核是鼓励创新、宽容失败、脚踏实地、追求卓越，支撑这一基本内核的是忧患、革新、求异、竞争、先锋、开放、多元、宽容等八大基本要素，政府应引导和支持创新文化成长。显然这也是一种颇有见地的观点，值得我们关注和重视。

九、"特色地位"论

文化特色是一座城市的文化个性特征的显现。深圳无论是作为改革开放"试验田"和"窗口"的经济特区，还是作为南中国的新兴城市，都有着鲜明的文化特色。特色使深圳名扬海内外，特色使深圳广受关注，各种议论和评价持续不断，时常翻新。

究竟什么是深圳的文化特色？理论上该怎样概括和表述？学者们众说纷纭，莫衷一是。文化大家们高屋建瓴，把深圳放在中国乃至世界文化的大空间中加以评说，对深圳文化特色的表述凸显出思想高度和理论色彩；深圳本土的文化学者，结合自身的文化感受来谈论深圳文化特色，似乎更加贴近和务实。

请看深圳文化特色的如下表述：

> 深圳的文化从整体上来说，便会形成一种生机勃勃的多元状态，具备青春文化的所有特征——波荡不定，此起彼伏，接连不断，快速转移……
> ——余秋雨（文化名家）

> 深圳文化就是那种海纳百川、唯实唯物、尊重多样、追求竞争的文化。
> ——李德顺（中国社科院教授）

> 深圳是个有独特文化的地方，是有着生机勃勃、洋溢时代精神的中华民族文化的地方。
> ——孙家正（原国家文化部长）

> 深圳是一个移植文化区，是各地文化、各个方面文化乃至各个文化进行嫁接和移植的特殊区域，也可以说是一个新兴的"文化开发区"。
> ——刘梦溪（著名文化学者）

深圳文化是伴随着经济的快速起飞和现代化建设的迅速推进逐步形成的，这是一种在中国先进文化规范指导下，以市场理论为经济基础，以对外开放为现实背景，与深圳的工业化、现代化相适应的新都市文化，是一种正在焕发勃勃生机的朝阳文化。

——吴忠（深圳文化学者）

以上关于深圳文化特色的表述，就其核心内涵而言，可归纳为"现代"、"开放"、"青春"、"活力"这四个关键词。

"现代"是指深圳文化具有现代气息、现代观念和现代氛围，反映了现代文化世俗化、技术化、市场化和多元化的大趋势。"开放"是指深圳文化的结构开放和深圳人的文化心态开放。前者体现为多元文化相容并存，各种文化成分都有其存在的合理性；后者表现为深圳人能接受、认同各种文化观念，尊重人的个性特征和文化选择，宽容大度，兼收并蓄。"青春"是指这个城市年轻（建市只有30年）和市民群体年轻（平均年龄29岁），具备青春文化的所有特征，文化现象多姿多彩，文化观念变化不定，文化选择偏重感性……"活力"是指这个城市不断涌现新事物、新现象、新思想和新观念，创新、求异、求变是深圳普遍存在的社会文化心理，敢闯、敢试、敢为天下先，是深圳人的共同特征，竞争意识、闯荡意识、开拓精神、创造精神是深圳人普遍具有的思想意识和精神动力。

现代、开放、青春、活力的共同点是创新，创新是深圳文化的主要精神内涵。吴忠先生在他的《论深圳文化的特色与定位》一文中，把深圳文化的精神内涵归纳为创新求异、务实致用、宽容大度、兼收并蓄、大众为先这五个方面，其中对务实致用和大众为先的解读尤其有新意。他认为，深圳文化与市场和经济生活的结合度高，文化资源配置和文化产品生产都要考虑市场的需求和受众的需要，文化发展必然会形成不尚务虚、讲求实效的务实致用品格。此外，他还认为，深圳的文化消费群体主要是青年，这就使得深圳文化在品位上以通俗性、娱乐性为特色。在文化结构上以大众文化为主体。大众为先体现出深圳文化的平民色彩，正是这一特色使得深圳文化极富活力和生命力。

文化地位是一座城市文化形象的集中显现，也是城市文化竞争力的突出标志。深圳作为经济特区，在我国改革开放的历史进程中，具有无可替代的重要地位。但作为一座城市，能否取得与经济特区相匹配的文化地位，用余秋雨先生的话来说，取决于她在中国文化大空间中能发挥什么样的作用。余秋雨先生在深圳多次做讲座或接受记者采访,他对深圳的文化地位始终给予高度的肯定。他认为:"深圳的文化人,不能不对深圳文化有一种理直气壮的自信。在面对21世纪文化这一点上,年轻的深圳和中国的其他城市完全平等,没有矮人一截的地方。""如果深圳今后的文化构建对未来前景特别有想象力,而这个想象力又那么有魅力,那么便于付诸实现,因此又那么能够裹卷其他城市,那这个城市在新世纪的文化地位就非同小可了。""深圳应该争取20世纪中华文化各个领域的'结算权'。"

笔者认为,深圳的文化地位是在深圳文化软实力和文化竞争力发展到一定程度后自然形成的,既不能靠文化大家的"恩赐",也不能自封。衡量深圳文化地位的主要标志是外界对深圳文化的认同度和深圳文化的对外影响力和辐射力。经过30年的建设与发展,尤其是深圳实施"文化立市"战略以来所取得的显著成就,使国内外对深圳文化的认同度明显提升。埃及共和国驻华大使穆罕默德·阿拉姆2006年在接受记者采访时表示:"多元化和新兴化也可以形成一种文化精神,对于深圳正在兴建的图书馆、博物馆和音乐厅等众多文化基础设施,我认为这一思路是对的,先有设施,然后构成一种氛围,最后培养出独特的文化精神。"深圳文化周在德国和法国举行时,德法两国的有关领导人对深圳青少年钢琴家的演奏水平给予了高度评价,称赞深圳的音乐教育了不起。

此外,深圳获得的"设计之都"、"知识城市"等荣誉称号,都反映出国际社会对深圳文化的认同。从国内来看,深圳获得的一系列奖项,以及中央媒体对深圳的文博会、读书月、市民文化大讲堂等文化品牌的集中报导,充分说明深圳文化创新与文化发展的成就已引起了国人的普遍关注和广泛认同。

深圳文化的对外影响力和辐射力,除了深圳创建的读书月、市民文化大讲堂等文化活动形式被其他城市或地区借鉴或"克隆"外,更重要的是深圳文化创新在当代中国文化转型中发挥了先锋和导向作用。深圳革新和创建了一个有利于文化创新和文化发展的新型文化体制,逐步形成了一个把传统文化、外来文化、内地文化、本土文化与党和政府倡导的主流文化融会一体的新的观念文化体系,在客观上担当了新世纪我国新文化模式的试验角色。正是在这个意义上可以讲,深圳的文化地位由创新而得、由创新而立,从现状和趋势来看,同样具有某种程度的不可替代性,这同前面所说的深圳特区凸显文化创新功能具有内在的一致性。虽然许多人目前尚未认识到这一点,但已是一个不争的客观现实。

十、"文化绿洲"论

深圳提出"文化绿洲"概念，客观上是对"文化沙漠论"的对应和反驳。

可以想象，怀着满腔热情从四面八方来到深圳闯世界、干事业，并决心在深圳长期扎根的深圳人，一顶"文化沙漠"的帽子对于他们来说是何等的不舒服。因此，他们的心中萌发着一种强烈的愿望：一定要甩掉"文化沙漠"的帽子，誓将"沙漠"变"绿洲"。正是这样一种社会文化心理，促使深圳的文化人早早就使用"文化绿洲"的概念，不管深圳是否真正已变成"文化绿洲"，反正"绿洲"这个词让深圳人听起来舒坦，有着希望和奔头。

据《现代汉语词典》解释：绿洲是沙漠中有水、草的地方。据此，有学者反对"文化绿洲"的提法，他们认为，如果深圳是"绿洲"，那岂不是深圳周边的地区和城市都成了"沙漠"。事实上，"文化绿洲"只是对深圳文化发展所取得的成就和变化的形象比喻，或者说，因为以前曾有"文化沙漠"之说，所以才有人提出"文化绿洲"，是通过比较来反映深圳文化的发展和变化，大可不必太拘泥于词语的本意。

关于深圳文化，最早提出"文化绿洲"概念的是《光明日报》驻深记者易运文和《深圳特区报》记者杨华，他们俩在20世纪90年代初发表的《给特区铸入文化的灵魂——深圳文化建设评述》一文中这样写道："仅仅是10年前，深圳一直是被戴上'文化沙漠'的帽子的。深圳人是怎样在短短的时间内，就甩掉了这顶帽子，在文化的'沙漠'上浇灌出一片葱郁的'文化绿洲'呢？"这段话表明，这两位记者提出"文化绿洲"概念，本身就是一种对应性比较：如果说深圳以前是"文化沙漠"，那么，如今已在"沙漠"上浇灌出一片"绿洲"。这种表述侧重的是发展和变化，而不去细究内涵的成分和比例。

关于"文化绿洲"比较谨慎的提法是《人民日报》记者胡谋。2004年11月，首届中国（深圳）国际文化产业博览会在深圳开幕，在国内外引起了很大的反响。文博会闭幕后，《人民日报》发表了胡谋采写的长篇通讯，题目是：《深圳涵养"文化绿洲"》。"涵养"这个词表明，深圳目前还不是"文化绿洲"，但正在涵养之中，呈现出良好的发展势头。

深圳文化学者胡野秋先生关于"文化绿洲"的说法比较明确、直接。2009年4月27日，《南方都市报》发表了胡野秋在《南都公众论坛》上的演讲内容，用的标题是："深圳正在奔向'文化绿洲'"。文中写道："深圳已然不是'文化沙漠'了，但也还未成'文化绿洲',而是正在去'文化绿洲'的路上。"很显然,胡野秋不认同深圳已是"文化绿洲"的说法,但他同样乐观地认为深圳正在奔向"文化绿洲"。这个"奔"字和上述的"涵养"两字,虽然表述不同,但异曲同工,强调的都是一个变化、发展过程,比较容易被人们所接受。

笔者认为,提出"文化绿洲"概念,对于深圳而言,既有其合理性,也有其不科学性。合理性在于,它客观、形象地展现出深圳人的文化自强心态。既然早些年别人可以针对深圳文化的某些不足武断地扣上"文化沙漠"的帽子,那么,在深圳文化建设和文化发展取得显著成就后,深圳人为什么不能自豪地比喻为"文化绿洲"呢?以"绿洲"对"沙漠",形象明确,概念清晰,对比合理,差别明显,无论从哪个角度来讲,都是言之有理、无可非议的。"文化绿洲"提法的不科学性在于,它反映出深圳文化建设缺乏一种从容不迫的心态,过于看重目标的追赶,对文化建设的客观规律认识和重视不够。古人云:盛名之下,其实难副。虽然深圳文化建设的成就有目共睹,但并不需要急于给自己贴上什么标签,冠上什么头衔。如果说外界认同和授予的"设计之都"、"知识城市"等称号,是对深圳文化建设成就的赞赏和鼓励,如果说深圳自身提出建设"现代文化名城"、"两城一都"是为了确定文化发展的目标,那么,深圳在文化建设的进程中,就要始终有一种"在路上"的心态,着力于"涵养"和"奔",而不是急于宣告已到达目的地。文化建设需要一个由少到多、由小到大的积淀、发展过程,这是文化发展的客观规律,既不能操之过急,也不能试图速成。笔者在一家文化企业做演讲时,有一位听众问我:"深圳文化什么时候才能变得有韵味、有诗意?"我的回答是:"一座城市就像一个人一样,当他不是为了追赶某个目标,达到某个目的,而是从容地按自己的意愿生活时,他就具备了韵味和诗意。"这虽然只是即兴的回答,未能作周密的理论阐述,但确是我长期思考的结果。深圳文化建设和文化发展需要有目标,但文化建设和文化生活并不是为了追赶目标,更不宜总是处于一种"赶"的状态,而是要从容地前行。

正如一位阿拉伯诗人所说的:"即便你是奔着一个远大的目标,但你千万不要忘记,你现在走的每一步都是生活。"一个人应该有这种意识,一座城市同样需要有这种意识。

胡野秋先生在《南都公众论坛》的演讲中讲道:"我们的'两城一都'不应该是给人看的,而是实实在在供我们自己享受的,并且是我们自己能够消费的。""现在的文化工程重心还在硬件上,还在活动上,这也许是一种惯性。活动必须要搞,尤其是形成品牌的活动,更要下大力气推进,更多地发掘和辐射。但一个城市不可活动太多，活动太多了，城市会虚胖。"这两段话提出了一个需要我们深入思考的问题：深圳的文化建设应重在造型还是重在立魂？"造型"就是给"绿洲"着色，让它更像"绿洲"，目的是为了给人看。"立魂"是重视文化软件建设，重视内涵建设，赋予城市文化更多的韵味和诗意，让市民去享受和体验，真正感受到"文化绿洲"内核的"绿"。毫无疑问，在"文化立市"战略已经取得显著成就的今天，立城市之魂，加强人文精神建设，已成为深圳文化建设的突出任务，这应该成为所有深圳人的共识，更应成为文化官员的文化行政理念。

深圳文化的十大论题，也是深圳文化30年发展的十大焦点，较为全面地反映了深圳建特区30年来文化建设、文化创新、文化发展、文化评价的不同层面，勾画出一幅简洁明了的"深圳文化地图"。通过评述这十大焦点，无论对深圳文化持何种评价观点的人，至少可以在以下三个方面达成共识：

1. 深圳作为改革开放的经济特区和我国现代化建设的先锋城市，担负着党和国家赋予的重要历史使命，承载着人们太多的希望和期盼。无论是贬之为"文化沙漠"，还是赞之为"文化绿洲"，都是源于对它的希望和期盼。深圳就像一个站在舞台上表演的演员，观众有权利要求她形象靓丽、表演出色，无论观众对她怎样评头论足，她都必须坦然面对，她唯一能做的是努力表演得更加出色，以博得观众的认同和掌声。

2. 先进的文化发展理念和雄厚的经济实力是深圳文化快速发展的根本原因。文化发展理念确立了深圳文化的发展方向和发展目标，激发起文化创新的想象力和创造力。经济实力为高档次文化设施建设和文化事业发展提供了物质基础，建构了现代城市文化形象。如果说文化发展理念是"软件"，那么"经济实力"就是"硬件"，软件和硬件同时发挥作用，才使深圳文化有了今天的发展成就。

3. 时至今日，深圳文化仍客观存在着文化积淀不厚、文化韵味不足等现实问题。这些问题的存在是由文化发展的自身规律所决定的，文化积淀需要时间的延续，文化韵味源自文化内涵的丰富。深圳文化建设的决策者所能做的是正视这些问题，遵循文化发展的客观规律，切实加强城市人文精神建设，重视人文的积累，重视人文学科建设，促进学术文化的提升与发展，不断丰富精英文化的内涵，加大精英文化在深圳文化结构中的比重，使深圳真正成为具有一流文化品位的国际化大都市。

理论是灰色的，生命之树常青。我们有理由相信，已经取得显著成就的深圳文化，一定会在现有基础上取得新的更大的发展。深圳文化的明天一定更美好！

| 上篇
文化现象与文化感思

"时间就是金钱，效率就是生命"的口号怎样面世

涂俏

> 涂俏，记者、作家，先后供职于《深圳晚报》与香港《文汇报》，现为深圳海天出版社编辑。本文选自其专著《袁庚传》，作家出版社2008年版，标题系编者另拟。

一、袁庚首次提出此口号，引起争议

1981年开春以来，一直在工地、工区、工程以及进度、预算、调拨等事务性工作中忙得昏天黑地的袁庚，始终没有忘却精神层面上的东西，总是在寻找、思考、发现最能体现当下蛇口人精神风貌的警句或者格言，捕捉蛇口改革开放的精魂，或者说在归纳、总结、提炼最能表达领导意愿和客观规律的口号一类的东西。3月下旬，在香港的袁庚提议召开工业区干部会议，商定与日方合作的事宜。第二天，他坐船赶到蛇口来，波翻浪涌中，他的思绪也在起伏跌宕。船体擦着海面飞驶，浪头赶过来，又迅猛地退回去，拍打过来的海水溅起白沫，转瞬被抛到了船后。水流千转不回头。流水似光阴，光阴似流水，真的，日子过得真快，流水般地掠过再也不肯回头。就在这个时候，袁庚暗夜中的思绪突然开了一扇窗，漏出太阳月亮的光，他摸出一张32开的白纸，掏出圆珠笔，趴在起伏颠簸的舷窗边，在纸头上写写画画，看了看，又调整了几个字，然后很郑重地递给梁鸿坤、招商局资料室的日文翻译李炳盛。看看吧，我这是十月怀胎，一朝分娩。

"怎么样？还可以吧？"他指指刚写下的几句口号，急切地希望他捕捉住的思想

火花能够得到下属的理解和赞赏,又像一个小学生呈交考卷后眼巴巴地盼望老师当场给一个高分。他不知道,这些口号中的前两句在日后竟然成为影响当代中国思维观念的最杰出的代表作之一。

这几句口号是:"时间就是金钱,效率就是生命,顾客就是皇帝,安全就是法律。"

梁、李二人都认为这几句话提得不错,确实能把蛇口工业区的精神概括起来,也体现了工业区的任务、责任和要求,但也担心口号属于上层建筑的精细活,中央从来就强调不得乱提口号,他们这一级别的领导能不能提,有没有什么政治风险,都需要慎重考虑。

因袁庚在香港、蛇口两头奔波,工业区领导班子开会,一般都由常务副总指挥刘清林主持,如果袁庚在蛇口参加会议的话,刘清林照例谦让一番。上午的会,已经过了9点半钟开会的时间,刘清林看看袁庚,不知说什么才能切入正题。"今天开会是袁董昨天在香港提议召集的,看来这个会应该请袁董来主持。今天怎么个开法呢?我也不知道!"他面带微笑,"袁董,还是你来主持吧!"

袁庚摆摆手:"工业区的事情平素都是你在管,还是你来主持吧!"

刘清林停顿了一下,顺势说:"好吧,开会吧,先请袁董讲话。"

袁庚一开口,就离原定的与日方合作的议题足足有十万八千里。

"工业区要搞一点精神上的东西,不能老在沙滩上搞点建设。没有精神上的东西是不行的。现在精神文明的东西很多,上个月,国家提倡'五讲四美'。那个东西虽然不错,但我认为,我们得搞一点有蛇口特点的东西,现在社会上的大话很多,我不想搞大话。"

他从深铁灰色的西装口袋里摸出一张32开的白纸,展开来说:"我在船上写了几句话,和梁鸿坤、李炳盛他们聊了聊,想搞点精神文明上的东西,起一点凝聚力和号召力的作用。你们听听,提提意见。"

袁庚用急促的声音念完四句口号,在四周悄悄的议论声中,重提起华益铝厂日本人拼命的故事,他所经历的"香港第一课":"买楼的时候,香港人为了算利息,车子不熄火,力争在下班之前10分钟拿支票送进银行,这两天的利息有多少钱呢?因为时间就是钱嘛。小时候,我们读书都读过一句话——'一寸光阴一寸金,寸金难买寸光阴。'所以说,时间就是金钱。此外,效率也是很重要,一个企业没有效率,企业就不能生存,效率就是一个企业的生命啊。"他挥了一下胳膊,强调他所说的重要性。

今天，这四句口号，看起来是福至心灵，偶尔得之，却是创建工业区以后长期积累、长期思考的结果，他自信是正确的，能起到暮鼓晨钟的作用。他接着说："香港美丽华大酒店的杨老板是怎么做生意的？他一个大老板，恭恭敬敬地站在门口迎候客人，每进来一位客人，他就给人家鞠一个躬。而我们呢，我们的营业员你不买东西就给你脸色看。过去，我们中国还有句话叫：老百姓是做官人的衣食父母。所以，顾客很重要，是我们的皇帝啊。"

解说第四句的时候，袁庚重重地叹了口气："国内办事不太重视安全，事故多，出了事故领导同志不用负责任，一个健全的法制社会不是这样的，出了事情，要坐牢，警察局要抓人的，我想安全很重要，想把安全提到法律的高度来认识，'安全就是法律'。"

袁庚话音刚落，副总指挥杜庭瑞便开了腔："你这个思想很新的，在内地却不能这样啊。内地一杯茶，一根烟，磨磨蹭蹭大半天。那个东西，唉，是不行的，好，你提的这个，对工业区提高办事效率，少拖拉有好处。"

"好！"许智明迫不及待地附和道，"袁董，你这几句话站得高。"

梁鸿坤、孙绍先、刘清林一一发表了赞同的意见。

办公室主任熊秉权提出了自己的看法："袁董，'时间就是金钱'与'效率就是生命'，我认为都不错。但是，顾客是皇帝这一句嘛，我们是共产党啊，怎么可能说顾客就是皇帝呢？"

片刻缄默过后，袁庚调转了话题，开始商议与日本合作的问题。

会后，袁庚一行离开了蛇口。走之前，他叮嘱许智明落实口号上墙的事。之后，许智明找了自己的老友——旅游文化服务公司的总经理邹富民，商议将前两句口号做个广告牌，公开亮出去。一个星期后，邹富民布置美工在一块三合板上，用红漆写上"时间就是金钱，效率就是生命"两句话，竖立在指挥部几栋楼房前面。不幸的是，这块木板问世不过两三天，许多人还没有看到，就被当地农民拆掉当柴火烧了。

过了大半年，袁庚去园坛庙培训中心讲课，再次谈到四句口号，他那激昂而富有感染力的说法将培训班学员的心再次燃亮。11月底，他的几句口号正式登场亮相，在蛇口最热闹的商业街，也就是在花苑酒家门前的小广场上，竖起一块标语牌，牌子并不大，亦不气派，比一人稍高一点。标语牌上书："时间就是金钱，效率就是生命！事事有人管，人人有事管！"

这块牌子许多人注意到了，也议论开了。

到了翌年春天，一场针对改革开放的非议不期而至。3月28日，谷牧一行视察蛇口，乘车看到"时间就是金钱，效率就是生命"的标语牌，谷牧一边看一边念，袁庚说："写这标语时，我就准备戴帽子了，有人说这是资本主义的口号。"听到这话，谷牧笑了。就在这个月，上海某报公开刊登《旧中国租界的由来》。面对如此严峻的形势，为了不牵扯到谷牧，袁庚再三考虑，还是私下授意让人将这块牌子悄悄拆除掉。

又过了一年多，1983年8月间，周为民就任工业区宣传处副处长，他很想再做一块这个口号牌，为此，专门请示了管委会副主任王今贵。

"我觉得这个口号没有什么错吧？"王今贵用的虽然是反问句，持的却是肯定的态度。周为民接了这一"招"，立即布置制作标语牌。不到一个星期，由宣传处制作的大型巨幅标语牌"时间就是金钱，效率就是生命"，以极其醒目与娇艳的姿态矗立在港务公司的门前。

当袁庚踏上蛇口港码头，发现这块新标语牌时，停下来看了一眼，并没有追问是谁擅作主张又竖起这两句敏感的口号，只觉得心头一热，分明感到工业区干部的心都是相通的，大家劲往一处使，为了国富民强都在抢时间，争效率。让他欣慰的是，这块牌子重新沐浴在阳光下、海风中，也说明政治环境相对地宽松起来了。

"时间就是金钱，效率就是生命。"

袁庚嘴里念念有词。

他相信，这是晨钟暮鼓，是铜琶铁板。蛇口人正以全新的观念在与光阴赛跑，在用生命锻造辉煌。

对这两句口号，袁庚思摸着，什么时候中央最高层领导视察蛇口，让他点个头，表个态，嗬，那就真是东风吹，军号响，战旗飘飘了！

二、邓小平肯定争议性"口号"

泰国归侨余为平在中央调查部广东局干了25年，和直接分管广东情报工作的中调部一局副局长袁庚初识于1961年。在他的记忆中，为打通国外的通道输送情报，袁庚在60年代中旬来广东检查工作时，提出了一些很独特的想法。"他甚至提出培养红色资本家，用商业手法做掩护。"余为平很赞同袁庚的想法，认为这位副局长很有魄力。"文革"开始不久，袁庚为他独特的想法付出了沉重的代价：广东省调查部

"造反派"猛力批判他的大字报铺天盖地。

1981年10月,蛇口工业区的接待任务日益加重,袁庚为加强外事接待力量,向广东调查部部长杜长天提出要人,余为平奉命来到蛇口,就任蛇口工业区办公室副主任,专门负责外事接待工作。

2006年1月,晚年已定居新西兰的余为平回蛇口度假,应我的请求,向我披露了一些袁庚的"秘密"。

"在1984年小平来蛇口的前一天,你知道袁庚干了一件什么事情吗?"

78岁的余为平开心地笑了。

因一个保守了多年的秘密,他很得意。

1984年1月22日上午9时20分,香港招商局大厦袁庚办公桌上的电话急促地响了起来,是余为平从蛇口打过来的:"袁董,邓小平过两天会来深圳视察,听说会来蛇口。"

"这件事情我已经知道了。"袁庚不仅知道,而且将预定视察、参观的线路及早向有关部门作了汇报,并秘密地布置了接待准备工作。"但是,具体什么时间来蛇口还不清楚。"这些天来,他一直处在极度的幸福和极度的忐忑不安之中。他只知道自己是改革开放试验场上的一名考生,不知道他目前的这份蛇口答卷,是否能让总设计师给个"及格"的分数。

"深圳市还不肯透露。"余为平有些焦虑。

"那是因为他们也不确定。"袁庚用肩膀夹住听筒,腾出一只手来在黄色便笺纸上记录下相关要点,叮咛余为平道,"这两天,你到处打听一下具体时间,密切关注邓大人什么时候到。今天,给蛇口各有关接待部门通告,做好一级战备。"他翻了翻笔记本,"好吧,一有情况,我就赶回蛇口。"

三天后,1月25日下午2时35分,袁庚再次接到余为平的电话。"袁董,邓大人明日上午到。"他说,深圳市委接待处的黄处长透露,首长到了深圳,一路上都没有明确表态。对外口径只是度假。

"知道了,我要出席3点钟一个商会的开幕式剪彩,仪式一完,我即刻赶回来。两个小时后,你通知党委委员和管委会副主任以上干部开会。"袁庚还不忘提醒说,"你把许指挥也叫上。"许智明已改为顾问,袁庚等人还是按老习惯叫他。

1月25日下午4时,袁庚参加完剪彩后,招商局的香港司机马树德飞速将他送至文锦渡口岸,通过陆路过关。他一路上都在冥想着、思忖着,如何在第二天的汇报中，让邓小平全面而精确地了解蛇口工业区。经过整个夏秋两季的劳碌奔波，他晒黑的身板显得十分结实，体重增加到76公斤，他在过去的20年里从未达到过76公斤这个数字。

丰田面包车疾驶着穿过深圳市中心，经过深南大道旁正在规划建设中的深圳大学路口时，袁庚瞥见一块竖立的路牌，上面一个箭头往左拐，标明到蛇口工业区8公里。顷刻间，一个出奇制胜的念头，在他的脑海里电光石火般闪烁起来。

步入蛇口地界，马路两旁的店铺与茶餐厅已经开始掌灯了。路上车辆明显稀少。面包车抵达工业区办公大楼门前开阔的底层，至少有七八名干部早就等候在喷水池旁了。袁庚一下车就看到了一脸焦急的乔胜利，问："都知道了吧，明天首长就要来了！我们从哪一块说起？"在干部们的簇拥下，他们一同钻进电梯，迈进七楼会议室。

这是一个相关部门的紧急扩大会议，有许多问题需要落实与安排，而袁庚只有少许摸底的时间，老实说，在路上他已经想好了诸多方面，但他还是希望集思广益。他问："各方面筹备的工作做到哪一步了？"

乔胜利飞快地翻阅着笔记本，告诉袁庚，到目前为止一切还算顺利。"我们大致都安排妥当了。"

"汇报时间只给我们半个小时，地点布置好了吗？"

"没问题。"王今贵回答，"就在这间房间，我们把沙盘再挪到显眼的位置上。"

"中午，就定在'海上世界'吃饭，饭菜准备得怎么样了？"袁庚补充道，"通知厨房准备一两盘辣菜，首长原籍是四川人。"

"好！"管委会副主任熊秉权回答得很响亮。

"王潮梁，"袁庚点着海上世界总经理的名字说，"你们的接待任务很重要，中午，首长们要在那里休息一两个小时，你们，只许成功不准失败。"

前天晚上，袁庚突然到"海上世界"检查工作，单独交代王潮梁，做好重大接待任务准备。紧接着，陆续有中央、省、市的保卫人员频繁地上船检查。现在，得知是邓小平要来视察，王潮梁显得异常兴奋，响亮地回答："是！"

"谁能告诉我，小平同志到底能喝多少白酒？"袁庚看了乔胜利一眼，"要落实这个问题，问一问广东省接待办的人，首长到底能喝一杯，还是两杯？"

乔胜利点点头："我已经问好了，医生规定他最多只能喝三杯。"乔胜利的岳父是广东省委专事接待的副秘书长关相应，他已经从老丈人那里了解了小平同志的一些生活习惯和餐饮口味。

"准备让首长上微波山看看，那里的视界开阔，可以看清工业区的全貌。路上清扫的情况如何？干净吗？"

"已检查了两遍。"许智明答道。

袁庚透过老花镜斜视着一本巴掌大的记事簿："看来，准备工作做得不错。现在，你们需要帮我干一件事了。"

所有的眼睛都盯着他，不知道他又要玩什么花样。

"通知工程公司连夜加班，埋水泥柱，漆上油漆，用五六米长的铁皮和三脚架，把'时间就是金钱，效率就是生命'的牌子重新做一个，放在从深圳进入蛇口的分界线上。"袁庚的声音中透出一股威严，"我要让首长路过时看到那个标语牌。"

5年来办工业区的这条路到底对不对？"时间就是金钱，效率就是生命"这条口号究竟是对还是错？现在，到了该理清方向，弄明蛇口工业区究竟能走多远的时候了。

"我们要试一试，一定要试试。"袁庚用几乎是耳语的语调说道。

这个决定令所有人都看着袁庚，猜测他哪根神经搭错了线？余为平正在喝一口茶水，差点被噎住。那个争议颇大的口号，省省吧。他摇摇头，老头子真疯了，他难道真的没有听到那些闲言碎语吗？再说，港务公司的大门口不是有一个同样的口号牌吗？首长从微波山上下来或许能看见呢？

"袁董，我能理解你的想法，"许智明说，"还是慎重一点好，你要冒很大的风险。万一……"

"没有万一，有万一也要干。"袁庚打断许智明的话，对余为平交代道："小余，这个任务交给你，你赶紧去落实。明天早晨我要看到标语牌。"

"老许，你这个老顾问，帮我把这件事情办好！"袁庚又对许智明重复了一遍，以往他凡事只交代一遍，这次算是破例了。他挠了挠脑袋，若有所思，"我就是想让小平同志鉴定一下，这个口号到底行不行！"

"好了，耽误了大家的吃饭时间，我请大家吃工作餐。然后，我要逐一检查各个部门的工作。"当参观内容、汇报材料、吃住事宜等一一商量落实后，袁庚最后说。

时间已经是10点多钟了，袁庚领着乔胜利登上灯火通明的"海上世界"，仔细地检查各项准备工作。这时候船上只有袁庚、乔胜利、王潮梁三个人知道明天将要接待的首长是谁。在研究接待用餐问题时，负责餐饮部的海上世界股份有限公司副总经理赵艳华问："应该准备点什么？"袁庚有针对性地说："老人嘛，新鲜一点，煮烂一点就可以了。"赵艳华又追问道："老人是什么口味，要不要加辣？"袁庚再一次违背了保密原则,脱口而出:"要一点。"兴奋中的乔胜利忍不住吐出一个"邓"字,又立即捂住了自己的嘴巴,斜睇着袁庚。袁庚没有批评他,只是会心地一笑。

"可不可以请首长题个词?"王潮梁犹豫着请示。

"这个,呃,这次有规定,不能向领导提出任何要求,包括题词。"袁庚思忖片刻,拿不定主意,"你随机应变吧!"

"好,我先把笔墨准备好!"王潮梁指挥手下人到处寻找砚台与毛笔,一直到午夜1时才从旅游服务公司总经理邹富民的家里借到了一套,连夜在龙凤餐厅主桌旁放了一张写字台,铺上文房四宝。

自蛇口工业区创办、深圳经济特区建立以来,邓小平一直关注着深圳这棵改革开放幼苗的成长与发展。1982年初,蛇口工业区拟聘请外籍人士当企业经理,遭到一些人的责难。邓小平给予了极大的支持:可以聘请外国人当经理,这不是卖国……明天,明天要向他老人家汇报。

这一晚袁庚并没有睡好,即便在睡梦中也在反复掂量着如何汇报得既准确又生动,既全面又简洁,既平实又出彩……

清晨5时30分,当余为平被吉普车的喇叭声吵醒时,窗外仅仅呈现了鱼肚白的微光。等许智明的吉普车在水湾头的街边停好,余为平很快就穿戴得整整齐齐地下来了。

"小余,我想,他们应该做完了?!"坐在驾驶室副座上的许智明自问自答。天色尚早,他不忍心叫醒司机,就把自己的二儿子——北方公司发展部经理许国强叫起来当差。在工业区筹建的前几年里,他总是"逼"着二儿子替他开车在工业区转悠、察看。

"那还用说,'时间就是金钱,效率就是生命'嘛!"余为平眺望着车窗外,"要是没有做完,我们可就惨了。"

20分钟后,他们看见了他们想要的东西。在蛇口与深圳的交界处,经过通宵的加班赶工,一块巨大的广告牌迎风伫立,蓝底铁皮板上写了12个白色的巨幅大字:"时间就是金钱,效率就是生命"。无论是口号透出的精神底蕴还是醒目的形式上,不说是"绝后",但绝对是"空前"。

"哈,哈,竖起来了,"许智明兴奋地在寒风中搓着手,"那帮工程公司的人还真不赖。"

"当然啦,他们也赚了加班费。"

"总之,今天老头子肯定高兴啦,不过……万一……"许智明突然打住话头,像是吞食口水一样将嘴边的话咽了回去。

余为平对他做了个鬼脸。是的，他们有同样的担忧。

1984年1月26日上午9时30分，小平同志在中央、省、市负责同志王震、杨尚昆、刘田夫、梁灵光、梁湘等陪同下开始视察蛇口工业区。

"首长来工业区视察，是蛇口工业区全体员工多年的愿望，今天终于盼到了！"在蛇口工业区办公大楼门前，袁庚发表了极其简短的欢迎词，随即提出要求道，"我请求首长和全体接待人员合影留念，以满足全体员工的心愿。"

"可以，可以。"邓小平微笑着答应了。

趁着接待人员排队准备合影的机会，袁庚有意安排刘清林、郭日凤、许智明三位老将依次向前与邓小平同志握手问候，让摄影师为他们分别拍照，三位退居二线的老同志各自留下了终生难忘的时刻。

小平视察蛇口，摄影记者们拍下的集体照片里面，身穿中山装的是省、市领导，蛇口干部们一律穿西服打领带。

随后，在蛇口工业区办公大楼七楼会议室，袁庚站在工业区全景模型前，向邓小平等人介绍工业区的全貌。此刻，一股奔涌的情怀在袁庚的心中激荡。这个沙盘是4年前工业区为首次赴港招商而制作的全景模型，是微缩版的蛇口工业区。现在，他像一个考生期待老师的点评。

在袁庚的右手边，中共中央政治局常委、中央顾问委员会主任邓小平同志，正含笑地望着袁庚，这位运筹帷幄的智者，此刻，真像一个主考官。

两天前，小平同志抵达深圳，听取了市委书记的汇报，登国贸大厦远眺，造访富甲一方的深圳渔民村，参观深圳中航技术进出口公司……一路上只是看，饶有兴致地看，但是还没有明确表态。

得知情报后，袁庚的心情更加忐忑不安。

"1979年，蛇口一片荒滩，路面坑坑洼洼，连厕所和洗脸水都没有。如今道路四通八达，厂房林立，一个现代化工业区已初具规模……"

袁庚对蛇口如数家珍，这里是他的桃花源。"党中央的对外开放政策在蛇口工业区两平方多公里土地上发挥了巨大的威力，建设这样一个工业区，却没有花国家一分钱……"

袁庚立即换了一个关于工业区码头的话题。他指着模型内的码头模型给小平同志一一介绍："工业区的首项最大工程就是建设码头，花了一年时间建成了600米顺岸码头，可停泊3000吨至6000吨的货轮，与香港通航已有两年时间了。"

小平同志移步窗前观看繁忙的码头，说："你们搞了个港口，很好！"

这是小平莅深后的第一句："很好。"他对港口、码头兴趣正浓，问了一连串的问题："码头夏天能游泳吗？有没有沙滩？你们是怎样搞法的，招标吗？"

面对连珠炮似的问题，袁庚一一细心地作了回答。当他汇报到工业区所有工程建造都是采用投标形式时，不动声色的小平有点激动了。

"这几年来工业区的基本建设资金全靠自筹，其中大部分是贷款，一部分是招商局5年不上缴利润的十分之一。"

杨尚昆笑眯眯地插了一句："他们的好处是一家人说了算，没有人干涉，他们也不希望别人干涉。"

小平同志满意地笑了："怎么，去看一看吧？"他按捺不住地想看看这个新型工业区。

"小平同志，请再给我5分钟。"袁庚大胆地请求道。他动情了，4年，1460天，飞跃的蛇口，创业艰难百战多，作为蛇口工业区第一号人物，袁庚是多么渴望彻底地倾诉啊！

小平同志点点头："没关系，等会儿再看。"

袁庚轻舒了一口气，接下来的汇报，他用了20多分钟的时间，更加充满自信，他希望这份自信能使他的汇报如虎添翼。"创办蛇口工业区之前，这块土地是人口外逃外流的必经之地。自从办了特区后，不但制止了人口外流，反而使人才回流，资金回流。工业区创办4年来，由客商独资或合资兴办了74家企业，其中51家已经投产，14家开始盈利……"

袁庚强调："这几年蛇口工业区冒了点风险，进行了一系列改革……如人事劳动制度实行了招聘制和合同制，工业区领导班子实行民主选举和企业经理聘用制。这点改革不知道是成功还是失败？"他顿了顿，再次用目光询问着邓小平。

小平同志再一次微笑点头。

"应该说是成功的，蛇口是深圳经济特区的一个先行点。"深圳市长梁湘在一旁帮腔。

谢谢！你是好人，袁某错怪你了！

袁庚瞥了一眼梁湘，既有感激又有冰释前嫌的意思。

最后，袁庚抛弃一切顾忌，很激动亦很自然地，右手轻轻按了一下小平同志的手臂，抛出了分量最重的一个问号。

"小平同志，我们提出了一个口号，叫做：时间就是金钱，效率就是生命。不知道这提法对不对？"

全场百多人突然寂静无声，大家都屏住呼吸。

"哦，我们在进来的路上看到了，是块标语牌上写的。"小平同志的小女儿毛毛提示说。

"对！"小平同志的语气短促有力。

袁庚终于吁出了口气。这个在当时颇具争议性的口号，获得了邓小平的肯定，让人欣慰。

汇报结束时，面对小平同志欣赏的目光，袁庚由衷地露出了激动的笑容。今年春来早！今天，他和他所领导的蛇口工业区获得了小平同志的赞许！

蛇口风波:"陈腐说教与现代意识的激烈交锋"

马立诚

> 马立诚,曾任《中国青年报》社评论部副主任、《人民日报》社评论部主任编辑、凤凰卫视评论员。本文选自其专著《交锋三十年》,江苏人民出版社2008年版。

有些事情看起来并不大,却蕴含着深沉而凝重的历史意义。

谁能想到,蛇口招商大厦九层一个普通会议室的一个小小风波,竟震荡全国,久而不息。

这是1988年1月13日晚,会议室外的海报表明了远道客人的身份:青年教育专家与蛇口青年座谈会。

三位专家均为中国青年思想教育研究中心的报告员。他们是,北京师范学院(现为首都师范大学)德育教授李燕杰、某部调研员曲啸、前中央歌舞团舞蹈演员彭清一。

座谈会由共青团蛇口区委负责人主持,近70名蛇口青年参加。会议没有中心议题,主持人先请三位专家谈谈来特区的观感。

三位专家在观感演说中对蛇口青年的创业精神给予了很高评价。如果没有后来发生的事情,也许就平淡地结束了。

风起于青萍之末。先是一位青年站起来问了一个问题:内地人对深圳到底是什么印象?

曲啸说:内地青年有很多人想到这里来,想来的中间有两种人,有创业者,也有淘金者。在个别人的思想里,到这里来干什么呢?淘金,挣钱,玩。凡在人群之中,必定有先进的、落后的、中间的。到这里创业，这是大多数，有没有淘金者？有。

导火索在这个问题上第一次点燃了。

一位青年问道："我想问问，我们一些青年到这里承包、租赁，这些人是不是淘金者呢？三位老师对淘金者有没有一个明确的概念？是来挣钱、搞商品经济的就是淘金者吗？"

曲啸回答说："我说的淘金者不是为深圳特区的发展来创业，不是为了创业献出自己的全部力量，而是看上了这样一个经济非常活跃、利也很厚的地方，为了个人利益到这里来，图这里生活好，工资收入高。"

一位青年站起来反驳说："我们来蛇口为什么不能赚钱呢？淘金者赚钱，但没有触犯法律，无所谓对错。淘金者来蛇口的直接动机是赚钱，客观上也为蛇口建设出了力。比如一个个体户开餐馆，他的目的是谋生赚钱，但他给国家上缴税金，也方便了群众，这样的淘金者有什么不好？除了投机倒把、经济犯罪之外，凡是正常的经济活动，都是用自己的汗水和生命创造财富，对社会发展起着推动作用。"

曲啸仍然坚持自己的观点，他说，青年人应该考虑到祖国的命运，而且应该把这个放在第一位。到深圳、蛇口来，到底是为享受还是为创业？为创业，我认为是好样的，如果为了享乐而来，那是很危险的。

一位青年站起来反驳说：情况往往是，创业和淘金，为自己打算和为社会考虑，这些东西在人身上是交织在一起的，不大容易分得清。

曲啸问他：那你现在为什么工作？

青年回答说：第一是为生存，这是五个基本需要的最低层次；第二是安全；第三……首先是为生存干活，就是这样。有些时候，我觉得中国有些东西，挺虚的，而且挺伪的，加起来就是虚伪。

另一位青年说：其实，干就是了，做完之后我们看效果。创了半天业，闹个大赔本，不也挺可笑吗？淘金有什么不好？美国西部就是靠淘金者的活动发展起来的。创业和享受二者并不矛盾。

彭清一对青年的发言不以为然，他说，美国是美国，怎能和我们特区相比？美国姓资，搞的是资本主义，我们是建设社会主义的特区，两者没有共同之处。

蛇口青年认为，这样僵化地划分姓社姓资，不利于改革深入发展，不利于吸收全人类的文明成果。

另一青年发言说，看问题要实事求是，讲求实际，不要用空洞的词汇吹得那么高。比如几位老师说我们爱学习，我们的确刻苦，原因是我们在这里没有父母也没有兄长，一个人孤军奋战，如果自己不努力，就有可能被淘汰。我们今天坐在这里工作，很难说明天还能不能再坐在这个地方。这就是我们学习的动力，这是很实际的一个事。

彭清一赞扬蛇口青年"很坦率，很诚恳"。

另一个争论的问题是，如何表达对祖国的爱，双方也展开了交锋。

争论是由一位青年的发言引起的。这位青年说，三位老师的思想在蛇口没有市场。蛇口很多青年在独资公司干活，我对你们说这些话不怕，香港老板不会炒我的鱿鱼，在内地就不敢了。

曲啸：我问你，你说我们的思想在深圳没有市场，你说我们是什么思想？

青年：我想你们是希望蛇口青年带着对国家的爱，为蛇口创业的思想来干，并为此而骄傲。这不符合这里的人的实际。我想，如果蛇口独资、合资企业都撤走，我不知道蛇口还有什么东西。蛇口青年都知道，你们是空头的，虚无缥缈的。我们讲实际，我们用自己的劳动表达对祖国的爱。我们自己劳动了，劳动成果自己享受，蛇口青年挣了钱，他也创造价值，他大可不必每件事想着我现在是为了国家。应允许蛇口青年通过劳动的方式表达对祖国的感情。

彭清一：明天我就在一个大会上讲你讲的话，你叫什么名字？明天你们市长都要去。在笑声中，这位青年递上了自己的名片。

座谈会快要结束的时候，又围绕着进口小汽车争论了一番。

先是曲啸在发言中提到，我看到我们国土上跑着那么多外国车，我感到难受。

青年问道：你生什么气呢？

曲啸：我们落后。

青年：有外国车不奇怪，因为我们的汽车制造业起点低，再说落后是次要的，二次大战以后，日本比我们更落后。日本那个时候衰败到了什么程度，为什么不多几年就起来了？光看到落后算什么？关键是制度问题、体制问题。

还有的青年认为，在全球经济贸易逐渐趋于一体的形势下，没有一些外国的东西倒是落后的。

李燕杰说，今天双方发言中有一些不同见解，这不要紧，相互间可以同意也可以不同意，彼此是有启发的。我很喜欢"海纳百川，有容乃大"这句话。

座谈会一结束，情况就变了。三位报告员动作很快，座谈会后两天，1月15日，一份以北京师范学院青年教育研究所（李燕杰任所长）的名义起草的题为"'蛇口座谈会'始末"的材料就写了出来，从深圳分送给中央和有关单位领导，那个递名片的青年的名字也上了材料。

这份材料在叙述座谈会的情况时提到："坐在门口一个带眼睛、穿西装的青年突然发难，把恳谈会引向斜路。"材料叙述了当天的辩论情况之后说："会场上，曲啸、彭清一、李燕杰同志力图对上述较为明显的错误言论进行说服、诱导和批评、帮助，但是他们的发言经常被打断，整个气氛是不让他们说话的，是嘲弄的甚至是敌对的。"这份材料落款是"北京师范学院青年教育研究所，1988年1月15日"。

蛇口方面的同志称这份材料是一个"小报告"。共青团蛇口区委副书记谢鸿说："其实类似这样的争论在蛇口是司空见惯的，比这更激烈的也有。这里的青年思想活跃，敢想敢说，并不是要跟哪一位过不去。三位老师的观念有些跟蛇口人想不到一块，没想到几位老师把问题看得那么严重。大家议论说，这几位老师可能在内地总是听到掌声、欢呼声，不习惯这种讨论问题的方式。"

当时的《蛇口通讯报》的总编辑张梦飞说，一开始没打算报道这件事，因为争论在蛇口很寻常。但第二天，曲啸在深圳市演讲，专门用一段话贬损蛇口青年，电视也放了，以后又冒出那份不光彩的材料，我们才感到不能沉默。报社记者魏海田、王克朴正好参加了座谈会，才开始报道出来。

2月1日，《蛇口通讯报》在头版发表一条消息《蛇口青年与曲啸、李燕杰坦率对话——青年教育家遇到青年人挑战》，概要介绍了双方在如何看待淘金者、如何看待进口汽车、如何表达对祖国的爱等问题上的讨论。

紧接着，老资格的《羊城晚报》在2月12日头版显著位置刊登了通讯《"热门话题"和它的余波——记蛇口青年的一次座谈》。文章委婉地批评了三位报告员口头上说理解青年，实际上又对座谈会十分不满的情绪。

3月28日，《蛇口通讯报》刊登魏海田的一篇长文《蛇口：陈腐说教与现代意识的一次激烈交锋》。4月11日，《蛇口通讯报》再度发表魏海田的长文《蛇口青年与曲啸等同志还有哪些分歧》。这两篇文章从不同侧面对三位专家的工作方法提出质疑，说真正的教育专家应该对蛇口青年敢于思考、敢于提出问题的精神给予鼓励才对。

事情迅速波及全国，可谓吹皱一池春水。6月4日，《天津青年报》发表一篇综述性文章《李燕杰、曲啸在蛇口遇到青年挑战》。文章介绍了双方争论的三个问题，以及在会上质问名字的事件和北师院青年教育研究所的材料，还刊登了蛇口工业区主要领导袁庚就这场争论发表的重要谈话。

6月11日《天津青年报》头版再度刊出报道《"挑战"给青年留下的思考》。文章说，我们一些干部嘴上说加快民主进程，实际上却听不得不同意见。这怎么能让青年信服呢？

北京《新观察》（半月刊）在1988年6月第12期刊出《求是》杂志文艺部主任、杂文家牧惠的杂文《蛇口青年的名片与答丢夫的手帕》。文章引述了法国剧作家莫里哀笔下的人物答丢夫因为一块手帕而丢丑的故事，然后说，假如在过去，或假如在内地某处，这位被问到名字的青年大半会马上败下阵来，缩到人群之中，甚至逃之夭夭，并且为此忐忑不安。果如此，这岂不是十分可悲？"对比之下，我却不禁为三位青年教育家惋惜。我觉得，这一问实际上是认输。它意味着，尽管这三位在座谈会开头时盛赞特区青年可爱……声明有什么问题可以敞开问，答的不对可以不同意，可是这一问却把这些好话全勾销了。"

《中国青年报》、《南京日报》《文摘周报》等等纷纷发表蛇口风波的消息，蛇口风波由南向北涌动起来。

在北京《人民日报》社大院9号楼4层——当时的中国社科院研究生院新闻系所在地——一间研究生宿舍里，一位来自广东的31岁的研究生把有关蛇口风波的报道都收集起来。他叫曾宪斌。曾宪斌生于广东韶关市南雄县，1976年入伍成为海军战士，1978年考入吉林大学中文系，本科毕业后回到部队。1986年9月又以优异成绩考入中国社科院研究生院，攻读新闻硕士学位。他到《人民日报》社评论部实习的时候，就以"蛇口风波"为题写了一篇短评，送给评论部征求意见。

当时我正在评论部担任编辑，最早读了这篇文章。评论部领导和报社主管评论的副总编辑范荣康看了这篇评论之后，觉得一篇短评难以说清楚蛇口风波这件大事，经过研究之后，就委派曾宪斌回广东，围绕蛇口风波进行采访，写一篇报道，把各方面的态度客观地反映出来，使读者既能了解李燕杰、曲啸、彭清一的看法，也能了解蛇口青年以及各有关方面的感受，以便由此开展一次如何改进思想政治工作的讨论。

7月初曾宪斌开始采访，先在北京采访了李燕杰、曲啸、彭清一，然后南下深圳采访了蛇口座谈会的组织者和参加者，还采访了蛇口党政负责人。7月下旬，曾宪斌完成采访，写出7000字长文《"蛇口风波"答问录》。

这篇报道分为四个部分：（一）这次座谈会是突然发难吗？（二）会上争论有哪些问题？（三）名片插曲和"材料"怎么回事？（四）对这次座谈会应如何评价。

这篇文章以记者提问方式有名有姓地记录了各方一共13人评述蛇口风波的发言。他们分别是李燕杰、曲啸、彭清一、郭海燕（北师院青年教育研究所外国青年教育研究室主任）、袁庚（蛇口招商局董事长）、谢鸿、荆跃（招商局蛇口培训中心副主任）、张梦飞、余昌民（蛇口经济发展研究室主任）、梁宪（蛇口招商局集团有限公司研究部总经理）、魏海田、李云忠（递名片的青年、蛇口招商进出口贸易公司）、吴厚信（珠江电影制片厂导演）。

其中，李燕杰说："我一贯主张对青年一代要做到深入、信任、理解、爱护。"同时又说："蛇口那几个人的做法可以概括为五不对：立场不对，观点不对，事实内容不对，路子不对，手段不对。"

曲啸说："对于那极少数别有用心、专事制造谣言、挑拨是非的人，我们还想奉告一句，如果认为我们在任何时候都不会或不敢运用法律武器维护自己的正当权益，那就错了。"

抗日战争时期的老战士袁庚说："有两点可以表态：（一）既然不是到这里来传经送道，就不能只允许一家之言；既然是座谈，就大家都可以谈。曲啸、李燕杰同志可以有自己的观点存在，也应该允许其他的观点存在。我们还是要提倡，坚持不论对内对外，不论是谁，不论是什么流派，什么观点，只要不反党，不搞人身攻击，都可以让他们在这里发表，在这里交流，在这里探讨。但有一点要讲清楚，我们不欢迎教师爷似的空洞说教，听不得不同意见，甚至要问你是哪个单位的，叫什么名字。这种作风连我这个老头都不能容忍，青年人是不会欢迎的。（二）我非常赞赏这句话：'我可以不同意你的观点，但我誓死捍卫你发表不同意见的权利。'希望记者同志一定要把这个观点报道出去，这是保卫宪法赋予的言论自由的神圣权利。所以，对那位被追问姓名并上了什么材料的青年人，我们一定要加以保护。即使他的发言有什么不妥，也不允许在蛇口发生以言治罪的事情。"

这篇文章完成之后，在广东的曾宪斌把文中李燕杰、曲啸、彭清一和郭海燕的发言部分分别寄给这四位审核，得到反馈之后，又吸收了他们改稿的部分重要内容。最后，《"蛇口风波"答问录》一文由我负责编辑，于1988年8月6日在《人民日报》头版转二版发表。

文章一发表，立刻引起不同反响。

评论部领导让我打电话给李燕杰征求意见，李燕杰对此文意见很大。他问我，为什么在发表之前只是把他的发言部分给他审核，而没有把全部13人的发言给他看，这样做，无异于突然袭击。他说："袁庚的讲话很坏。"8月27日，李燕杰等人以北京师院青年教育研究所的名义，写了一份《关于"蛇口风波"报道群众来信来访情况综述》的材料，报送中央并扩散到社会上。这份材料说，《人民日报》发表《答问录》一文是"组织这样大块的文章批判新的'三家村'"。另外还说："为特区建设作出贡献的袁庚同志的言论和做法，实在令人吃惊。""袁庚的表态，亦像是'文革'中站出来支持造反派的角色。""我们想问一个问题，蛇口还走不走社会主义道路？"

重庆出版界的一位老同志来信说："《问答录》的出现算不算一项推动现代化的新纪录？我深切地相信，是的，也希望会是这样。"

鉴于这种情况，报社领导决定就蛇口风波展开一场讨论。对李燕杰等人，既肯定他们的贡献，也指出他们面临一些新问题，需要继续改进提高；对蛇口青年，在鼓励他们实事求是敢想敢说的同时，也要指出一些做法不尽妥当。讨论的重点，放在探讨如何改进思想政治工作的课题上来。选稿和编辑的工作，主要由我承担。

8月8日，《人民日报》在第三版右上角刊出了《关于"蛇口风波"的议论》这个专栏，专栏第一期问世的两篇文章别开生面，以《人民日报社内部评报两种意见》为题，把8月6日《答问录》发表当天报社内部评报栏上两篇针锋相对的短评搬到了报纸上。

一篇蹙眉叫苦，认为"李燕杰等同志碰了那样的大钉子，简直不好理解，思想工作总不能一味地哄你上天吧？"

另一篇则给予好评，说这篇文章"反映了不可避免的争论，这场争论迟早要发生，藏也藏不住"。

这是件新鲜事。各报社都有评报栏，但不对外。每天报纸一出，编辑记者即兴挥笔，说长道短，总结得失，有些评报甚至表露了编辑部内部的矛盾，因此只能"供内部参考"，不便公开。《人民日报》破了这个例，一来是为了加强编辑部和读者的沟通；二来是抛砖引玉，促进读者解放思想，踊跃来稿。

果然，从8月8日起，到9月14日该专栏结束，短短1个月零6天，1531件信稿从全国各地和海外涌到人民日报社。

信稿的50%是各地及部队的思想政治工作者写来的，可见大家憋了一肚子的话要说。另外，1531件信稿中，有266件赞同李燕杰、曲啸、彭清一的观点，占全部信稿的17.4%。

这 1531 件信稿我都一篇一篇地仔细看过，它们有以下两个特点：

一是全部来信来稿不管持什么样的观点，都赞成《人民日报》展开这个讨论。许多人在来信来稿中说，类似蛇口的争论早就在各地、各单位以及家庭、朋友间进行了，而且远远尖锐得多。这不用大惊小怪，在历史转型时期，如果没有这样的讨论，反倒是不正常的、不可思议的。报纸把这场争论刊登出来，是件好事。

二是许多信稿对改进思想政治工作进行了探讨，提出了不少好建议。国防大学黄宏将军在来稿中说，三位老师在蛇口受到诘难，尽可能有多方面的原因，但商品经济的发展使得思想政治工作的改进不可延缓，是一个不容回避的事实。蛇口青年有较强的权利意识，显然与商品经济发展密切相关，我们的思想政治工作过去很少讲人们应有的社会权利，存在片面性。民主是人民群众的利益在政治上的表现，有了民主就必然要说出自己的主张，改进思想政治工作应该把民主作为自己工作的准则，应该把展开不同意见的争论，也作为思想政治工作的一种形式。

美国明尼苏达大学的博士生来信说："蛇口风波这样的报道能够刊登出来，是过去没有的，这些报道牵动着这里所有关心祖国的人。看到《人民日报》新闻改革迈出大步，我们深表赞赏，增加了对改革的信心，也增加了早日报效祖国的决心。"

也有来稿批评蛇口青年"只认钱，没有责任感"。

可惜的是，《人民日报》的讨论专栏限于版面，只刊出 39 篇讨论文章，这 1531 篇来信来稿，有的是从千里之遥的山村供销社写来的，有的是在护卫舰巡航途中写来的，有一位受伤的工程师是在病床上写的，有一位在挪威工学院留学的学生是在打工间隙写的……那时候电脑还未普及，作者们都是一笔一画辛辛苦苦写在纸上，然后修改抄写，再从邮局寄来。这么多的思考，这么多有价值的建议，丢了多可惜。

庆幸的是，当时在中国新闻出版社副总编王兆军鼎力协助下，我从 1531 篇来信来稿中选取了 110 篇反映不同观点的文章，编辑出版了《蛇口风波》一书，于 1989 年 1 月出版，算是给研讨思想政治工作留下了一个重要资料，也留下了一个历史记录。很久之后，还有些信稿的作者跟我保持着联系。

尽管 1531 篇来稿中，赞同李燕杰等人的文章只占 17.4%，但是在《人民日报》发表的 39 篇讨论文章中，赞同李燕杰等人的文章共有 17 篇，占全部见报文章的 44%，远远超出了来稿的实际比例。

在讨论过程中，报社邀请李燕杰等人来报社商谈，他们说工作忙来不了。《人民日报》社副总编辑范荣康和当时的评论部副主任于宁，于 9 月 7 日前往北京师范学院看望李燕杰等三位，向他们解释了报社的想法，征求他们的意见。此后，李燕杰、曲啸、彭清一合写了《我们到底讲了什么？》一文，表达了他们的观点。《人民日报》于9月12日在讨论专栏中全文发表此文。

9月14日是专栏讨论结束的日子。这一天的专栏，以《人民日报》社内部评报依然两种意见"为题，发表了一组文章。为结束讨论而写的编者按，也没有作定论，提出了今后在思想上和实践中继续议论，继续探索。

如果说，前一段蛇口和天津等地的讨论是"风起于青萍之末"和"吹皱一池春水"的话，《人民日报》在全国推动了讨论热潮，则可谓"卷起千堆雪"了。自8月中旬到11月中旬，全国几百家报刊纷纷发表文章讨论蛇口风波。唐山市政工程公司的一位思想政治工作者发表文章说："感谢《人民日报》讨论这个问题，这个问题太重要了。这些问题不仅蛇口有，内地也有。究竟应该怎样看待这些问题，实在应该认真地讨论一番。"大多数文章都指出思想政治工作需要改革，才能适应商品经济发展的新形势。有的报刊还提出了"应该有一个使人免于恐惧的环境"。

《四川日报》8月31日刊登的《朱伯儒谈"蛇口风波"》一文尤其引起读者的兴趣。成都军区空军政治部副主任、思想政治工作专家朱伯儒将军说："'蛇口风波'客观上向我们提出了改进教育方法的问题……对话的双方在地位上都是平等的，在探索真理的道路上，双方都能从对话、交流、争论中受到教育，得到启迪，得到提高。"他说："如果'淘金者'是在商品经济条件下，通过自己的诚实劳动，进行合法经营，获得合法收入，尽管他的直接动机是赚钱，也应该肯定。"

许多媒体在讨论中说，蛇口风波所折射的，是我们这个民族从传统向现代的转型期中，在道德观念、行为准则和价值体系等诸多方面所发生的变化。它所发出的呼吁是，深化改革不能仅仅偏重经济，中国的改革是一场整体的改革，只有同步推进思想观念变革和政治体制变革，才能更好地推进现代化。

就当时情况来看，只有我掌握了这次讨论最为详尽的资讯，为了给这一次难得的讨论留下一份历史记录，我在讨论结束之后立即开始撰写一篇长文，题为"蛇口风波始末"。1988年底完稿，近4万字，发表在上海《文汇月刊》1989年3月号上。我这篇文章和我主编的《蛇口风波》这本书以及袁庚的言论，在80年代末90年代初遭到"左"的人物忌恨，那是后话，在本书"我和袁庚有神交"一节中作了简略介绍。

在蛇口风波讨论结束20年之际，我在清华大学遇到了曾宪斌，当初锐气十足的年轻研究生,鬓发已经露出白霜。曾宪斌后来在广东下海做房地产生意,成了中国房地产营销界有名的大佬。北京东长安街万达国际广场等一系列著名项目,都留下了曾宪斌的策划足迹。他目前兼任清华大学教授,在房地产总裁班授课。提起曾宪斌,房地产界无人不知,也可谓是"桃李满天下"了。我们回忆起 20 年前的蛇口风波讨论,不仅感慨万端。

邓小平画像创作始末

邓妍

> 邓妍,《晶报》记者。本文原载《晶报》2008年3月24日,标题略有改动。

位于深南大道和红岭路交叉路口的小平画像是深圳著名的人文景观,成为了来深游客必到的合影留念胜地。这幅画像从1992年竖立至今,共经历了四个版本的修改更新。深圳的美术师陈炳林曾参与了前三个版本的创作。近日,陈炳林将珍藏多年的第一、第二版本的画稿捐赠给了深圳博物馆改革开放史展。

第一幅画多次易稿

在罗湖区田苑新村,记者见到已过花甲之年的陈炳林。他是土生土长的深圳人,参与小平画像创作的经历也成为了他一生的荣誉。他告诉记者,小平画像第一版本的创作开始于1992年6月,正是小平第二次南方视察后。陈炳林所在的深圳美术广告公司接到了深圳市委宣传部的指示,画一幅宣传改革开放的大型宣传画,基本内容是展现深圳欣欣向荣的面貌,这幅画将要立在红岭路和深南大道交叉路口。画面长30米、高10米,整个画面要显得气势恢弘。公司召集大家商讨设计方案。大家分头行动,一部分人去收集资料,另一部分人设计草图。初步设计出来草图中只写着"不坚持社会主义,不改革开放,不发展经济,不改善人民生活,只能是死路一条"的字样，整个画面的线条不清晰。陈炳林和他的同事们想到，是否能将小平头像画入其中。公司向市委宣传部请示后得到同意。

于是，他们想到将小平同志在仙湖的照片作为参考，画在宣传画上。经过半个月的设计工作，陈炳林等画完的草图由公司交给市委宣传部。当时宣传部认为这幅画充分体现了小平视察深圳的深刻内涵，但小平的头像应重新作一些调整。初稿中，小平的右手手指略向下，修改后小平右手指向前方，头像更正一点，象征着指点江山。

化整为零创作巨幅油画

定稿之后，接下来就是绘制工作。当时，深圳还没有喷绘技术，更谈不上电脑合成技术，只有通过油画绘制才能完成。这幅宣传画以镀锌铁皮为底版，30米长、10米高，达300平方米。"当时，这样巨幅的油画该是国内最大的了！"陈炳林说。由于画面太大，陈炳林和他的同事们只能化整为零，一块一块地画，然后再运到现场拼起来。"那么大的画，一个指头就快有一个人那么高，工作量很大。我们苦战了十几个昼夜，当画终于完成时，我们的右手累得都快举不起来了。"陈炳林笑着回忆说。

1992年6月28日，小平画像终于矗立街头了，这是巨幅宣传画首次面世。画面中，身着米黄色夹克衫的小平同志目光睿智、神采奕奕，他右手指向前方，尽显指点江山的伟人英姿。下方是深圳的高楼群，背后是云蒸霞蔚的天空。画面右上角选用了小平同志在深圳讲话中的一句话："不坚持社会主义，不改革开放，不发展经济，不改善人民生活，只能是死路一条。"

陈炳林说，小平画像甫一面世，就有很多市民和游客前来拍照合影。当时，小平画像前还有一堵围墙，拍照不太方便，都要跑到路对面去，照到的景观也比较小。但是前来拍照的人仍旧络绎不绝。也就从那时起，小平画像就已经成为了深圳一个标志性景点。

陈炳林说，第一版画像后来由岭南美术出版社印刷出版。出版社社长将其中的10张画送给了邓小平的女儿邓楠。当邓楠将画交给父亲时，小平看后点了点头，很高兴。

每年需修复添色两次

陈炳林的家中还保留着很多关于小平同志的宣传画册。他正翻看着画册讲述过往历史，一张大日历轻轻地从里面滑出。这是1997年2月19日的日历，上面是陈炳林用黑墨写着的：小平先生今晚辞世。

"没有小平，就没有我们今天的生活。我们都很感谢小平！"跟很多深圳人一样，陈炳林一直把对小平的那份感激和深厚情感深存在了心里。

陈炳林捐赠给博物馆的两幅画稿中，就有第二版小平画像的水粉画稿，上面还可见色块墨迹。陈炳林介绍说，当时的创作过程都是先画底稿，然后变成小幅画稿，最后照着画稿进行宣传画创作。

第二版的画面是1994年5月修改的。画面中的小平同志身着浅灰色中山装，慈祥、端庄地注视前方，底下是深圳的景色和逶迤起伏的青山、长城，背景是蓝天白云，寓意深圳经济特区乃至我国改革开放事业的广阔前景。上面的字改为了"坚持党的基本路线一百年不动摇"。

第一版和第二版小平画像矗立街头后，由于是油画，在日晒雨淋中，画像也比较容易受损，需要定期的维护和添色。所以，每年6月份和12月份，陈炳林和他的同事都会给小平画像进行添色。他告诉记者，从1992年至1996年，每年都要给画像添两次色，保证颜色鲜艳，线条清晰。添色前，都要像建房那样搭很高的台，由于宣传画太大，每次添色都是大工程，需要10多天才能完成。

从人工修补到电脑喷绘

直到1997年，第三个版本的小平画像绘制时，开始采用电脑喷绘技术，才结束了原来的人工添色。

1997年6月，小平画像第三版竖立街头。第三版在香港回归之前完成了更换，它采用国内先进的彩色电脑喷绘技术，画面更稳定。还对整幅宣传画进行了全面技术改造，原来铁架支撑的结构换成了稳固的墙体结构，底座用大理石砌成。修改的画面正是现在所熟悉的画面：蓝天白云下，小平同志以高瞻远瞩、和蔼亲切的目光投向深圳现代化建筑群，他身边是青草绿树和鲜艳的杜鹃花，画面左上方仍然是"坚持党的基本路线一百年不动摇"14个红色大字。

2004年8月15日,小平画像第四版面世,第四版画像是在小平诞辰100周年纪念日到来前完成的。新画像中,小平的形象没有变,"坚持党的基本路线一百年不动摇"几个字没有变。深圳具有代表性的建筑物国贸大厦、地王大厦、市民中心等在画像中一字排开。画像中朵朵白云,在天空舒展。天空下面是蓝蓝的海水、绿的树木、红的簕杜鹃。这体现了深圳是一座现代化滨海城市的特点。

站在小平巨幅画像前,陈炳林心情很愉悦。"画像里的小平深情凝望着深圳,它的矗立成为这座城市最受人瞩目的景观。"陈炳林笑着说。

邓小平塑像诞生记

滕文金

> 滕文金，原深圳雕塑院院长、著名雕塑家、邓小平塑像的创作者。本文原载《深圳特区报》2008年10月18日，滕文金口述，刘远记录整理，丘盘连编审。

说起莲花山的邓小平塑像，我要感谢几个人。

首先，我要感谢建筑师吴良镛，他是清华大学教授、中国科学院和中国工程院两院院士，也是深圳城市规划的总顾问。感谢他在作规划的时候，留下了莲花山。本来，在莲花山的对面，还有一个小山头，与莲花山大小呼应，规划的时候作为一种城市景观被保留下来了，但后来因为建其他建筑，找哪儿都不合适，最后选址在小山头的位置，这样，小山头连同小公园都被推平了。现在的莲花山，成了一块风水宝地。再一位，我要感谢周鼎，是他把我从广州调来深圳。我还要感谢李灏，是他让我成立了雕塑院。那时，我来得正是时候，俗话说，来得早不如来得巧。我还要感谢厉有为，在他主政的时候决定制作邓小平的塑像。以前记者采访我的时候，我也表示过这样的意思，感谢他们这几位，正是因为有这么多的机遇，我才会接受这样的使命，并最终完成莲花山邓小平的塑像。

做邓小平像的动议，应该是在1994年

记得大概是1994年七八月份吧，当时，深南中路的邓小平画像是贴皮画，油漆

收缩系数大，容易爆裂，过半年就要换一张，每改一次都想改得好一些。随之背景也要改，长城也画过，深圳的全景也画过。每次改动，香港记者就要问，为什么？有什么意图？此后，香港记者经常关注画像的事，不光要追访负责画像的宣传处等部门，还要找主管文化的市领导，当时主管文化的副市长是李容根。我去向李容根汇报雕塑工作的时候，进了他的办公室，他一见我，就说，哎呀，滕院长，你来得正好，你能不能想个办法，让邓小平画像不用每年改两次，好不好？我说，哎呀，李市长，这个太容易了，做个塑像，两千年都不用改，铸铜的，青铜器两千年都不会腐蚀。再说，邓小平这个人物也很适合做纪念碑，纪念碑本来就是给伟人名人做的一种雕塑形式。李容根一听，就说："哎，你这个想法不错嘛。我给想办法报一报，看看怎么样。"大概到了九月底，李容根打电话叫我去。他说，有门儿啦，厉有为书记基本同意这个意见，改为塑像。又说，你赶紧给我拿出照片来。

要得很急，但雕塑创作不同于一般的创作，也来不及构思。正好，那时候我中央美院的同学白澜生做了一个邓小平的塑像，被历史博物馆收藏了，报纸作了报道。一想这是现成的。我马上给他打电话，问他留没留照片。他说有。10月4日，我飞到北京，拿回5张照片，交给李容根。李容根说，全部都要放大到9英寸，要18套，交给几套班子来讨论。

但说老实话，拿来照片，我自己看了也不太满意。我觉得，制作邓小平的塑像，做老年，谁都知道，90多岁的人，外形肯定缩小了，身子变矮了。对我来说，这样的形象是不满意的。虽然几套班子讨论的结果没提出什么意见，但我自己还是觉得不满足。

于是，我就想到去咨询邓小平身边人的意见。我打电话跟邓琳联系，并带了照片，到北京交给她看，她对这些照片也不满意。她介绍说，老爷子最大的一个特点是走路快。20世纪80年代初期的时候上黄山，她们兄弟姊妹都跟不上他。她又拿出一些新出版的画册给我看，上面有张在宾馆拍的照片，邓小平穿着拖鞋，但仍然可以看出，走起路来步履矫健。另外，她还说了一些生活方面的特征，又提到了改革开放的步子再大一些。她的体会是，老爷子就是喜欢快。这样，就选择了走的姿态。那么，在身材上，后来我们主要采用他60年代的身材。60年代给我印象最深的一张照片是他到莫斯科谈判时的那一张，很高大。摄影记者说，他是蹲下来拍的，感觉很高，很潇洒。那张照片《人民日报》也发表过。后来，我们基本上采用了60年代的身材，并参照了60年代初到延安时的照片。另外，邓小平最大的一个特点是"帅"，要把那个帅气做出来。所以，我们采用了 60 年代的身材，80 年代的形象，我们的根据是，邓小平的完整思想是 80 年代形成的。

这个钱政府应该出

一米稿是 1995 年定下来的，当时，市几套班子的领导都到我的工作室看过，也拿给邓小平的家人看过。正式动手做的时候是在 1996 年以后，正式放大到 6 米。在北京做的过程中，隔一段时间，就把照片拿给邓小平身边的人看。其实，据我推测，这个像邓小平自己也可能看过。因为，我既然把照片拿给他身边的人看，她拿回去，肯定每次都要研究一下，看一下。还有一个理由是，邓小平家的一个特点是，不管儿子女儿都要住在一起，少一个也不行。儿女出去都要请假，说什么时候回去，一定回去。吃饭的时候少一个人，都要问一下，干什么去啦。在 1997 年邓小平去世之前，塑像就已经做好了，所以，他很可能看过。

最后的定稿他身边的人也看过，比较满意，大的方面没什么问题，就是个别地方不太满意，主要是衣纹。我给她解释说，大衣的衣纹只能这样处理，才能看出人体的结构来。我们在大腿部拐了一个弯，主要是为了体现腹部和大腿的结构关系。她还提出，能不能一条腿着地，我说，画画儿可以，雕塑不行。她说，也像古希腊雕塑那样，后面搞块石头，拦住就行了。我说，那不好看。所以，我们还是两条腿着地，整体中心靠前。

1997 年的 2 月初，模型做好了，厉有为、邵汉青等去北京，还有北京的著名雕塑家曾竹韶、王克庆、盛扬、程允贤、李得力等一块儿验收，大家基本上一致肯定。2 月 19 日，邓小平去世。2 月 25 日，我们在军事博物馆的小屋里开始准备翻石膏。到了 2 月 28 日，忽然来了好多的各国驻华使节，还有美国的、英国的、意大利的记者，蜂拥而至。我们都感到奇怪了，这些人是怎么知道的？记者们来了以后马上就拍照、摄像，进行采访报道，发到了全世界。我的一些在国外的同学给我打电话开玩笑说，滕文金，我们在电视上看到你的形象了。他们采访时问得最多的一个问题是，你们是不是早就知道邓小平去世？我说，你们说哪里去了，我们在他没去世的时候就做好了。再说，我们早在 1994 年就开始筹划了，正式发文是在 1995 年 1 月 6 日。据我后来了解，在 1994 年底，厉有为接到市民和小学生的来信，希望制作邓小平的像，有的小学生甚至倡议，每人捐出一块钱，来建邓爷爷的像，也有些公司愿意出资制作这个像。市委开会讨论，我也参加了这个会，讨论究竟是要小孩募捐或是接受公司捐助呢，还是市政府出钱，讨论来讨论去，大家觉得前两项都不合适。没有邓小平就没有深圳，这个钱政府应该出，这样就决定政府出钱。

选来选去还是选择在莲花山

当时，给出两个地点，会议纪要里有记载，一个是市民中心前面深南大道中间的那块孤岛，另一个是莲花山。我考察了一下深南大道的孤岛，不行。要是立在孤岛上，人没办法进去，没法合影，过马路不方便，太危险了。另一个是莲花山，起初我是反对的，作为一个专业工作者，我要尽这个责任，实话实说。我打了报告说，中国人死了才上山，活着是没有上山的，在外国也是神上山，在山顶上。我觉得活人雕塑上山，不太恰当。两个点都否定了以后，叫我重新找点。后来考虑还是放在宣传画那个地方，但最大的问题是没广场，从哪个角度都不行，这个点也给否定了。后来又考虑放在宣传画对面的农业银行前面的三角草坪上，选完了以后一看，不可能面对着地王大厦，只能朝西对着蛇口的方向，但照相总是照背光，又否定了。也有领导提出过，火车站最好，理由是，每天有7万人走过，是一块旺地。后来，又考虑把市政府的大院退后100米，一直退到开荒牛那个地方，市政府的人以后上班走侧门，正门不开，这个方案也拿出来讨论过，也给否定了。后来选到哪儿呢？就是现在的中信广场，原来叫文化广场，市委对面。大家觉得在那个地方，坐西朝东。这个方案都已经定了，当时讨论就说，也不要叫小平广场，以后自然形成。在市委扩大会上都已经拍板，我也参加了。但后来因种种原因，这个地点也给否定了。

到了1996年元旦，厉有为坐不住了，因为这个像决定要上，上的理由是邓小平曾说1997年香港回归他一定要去香港看一看，就借这个机会竖起来。现在地点都没找到，厉有为就急了。他就叫分管城建的副市长、国土局、城管局的领导以及有关的局长，带着再去找地点。那时，市民中心已经施工了。当时还想放在市民广场前面，但感觉广场又太小。厉有为说，到1997年邓小平来看的时候，正好是施工高潮，完全是个工地，那怎么进去人呢？所以，方案又否了。在都没有地方的情况下，元旦休假的时候，厉有为叫了一些有关人员，重新又找回了莲花山，莲花山就是这么定的。

本来在1995年定的时候让我给否了,到了这个时候,市民中心雏形出来了,我也喜欢那个地方了。为什么呢?莲花山正好是市民中心中轴线的底端,底端的位置过去只有皇帝才可以坐。所以,这个时候,我也没意见了。你现在看邓小平塑像的前脚,正好对着中轴线。

定了以后,就马上爬山勘察了,那时的莲花山,山没有改造过,杂草丛生,树木很多。我们就低一步高一步扒着草上了山顶。莲花山没平之前海拔是113米,现在平出来的广场,南北削了两个山头,削掉5米,所以,现在的实际高度是108米。前后72米,东西44米,这么一个广场,这个像在这个广场放什么位置呢?建筑师们也都没经验,我说,一般来说,外国的广场前面要留出观赏的角度,就要留大一点儿,留42米,后面是30米。按照原来的设计,广场的前面还有一层观景台,现在是搞到一起了。所以,只能按30米来求邓小平的像有多高,应该多大,这样就求出连底座总高度12米。这样,在20米至30米处,就可以照全景。因为一般来说,不用变焦照全景要离开物像两倍到两倍半的距离。这也是根据建筑和视角的关系求出来的。做多高是根据广场来定的,不能想做多大就做多大。

精心保管邓小平的塑像

后来,1998年又决定不上了。

事后我才知道,主要是因为邓小平一去世,沿海14个开放城市连同他的老家,都提出要做邓小平像。中央就怕失控,到处是邓小平的像。这个我完全可以理解。所以,当时的意思是做好的没做好的,通通停下,一律不准上。后来我退休了,就把像放在我的院子里,用塑料布包起来。但我相信,以后一定能上。

到2000年的时候,宣传处又找我,说做邓小平的资料还有吗?我说有。经过我手的有60多份文件,有的还是原件,其中有3份绝密文件。市委宣传部来人说,今年可能有几个机会上,一个是特区成立20周年,一个是10月份要开高交会。准备给市政府打报告,我听到后非常高兴。

当时已经动手了,首先改造的是底座,说太高,我原来的底座是3层,根据邓小平三起三落,最后达到高峰,是这么设计出来的,改造后从6米变成了3米,总高度不到10米。对此,我很有意见,但国土局领导说,已经定了,不要再提意见了。我心里有数，这个像必须要找我，不找我就上不去。当时，把我的名字都去掉了。当然，后来又补钉上去了，上面是白澜生、滕文金、刘林、杨金环，我们4个作者的名字。白澜生是第一稿的作者，中央美院创作室的，刘林是军博的雕塑家，杨金环是北雕的。

　　为什么一定要找我呢？因为这个像在上海铸好了，我去验收。我去了以后就发现，把梯子往邓小平的手那儿一放，梯子直晃，深圳又有台风，这怎么成？我就请上海结构研究所的两位工程师帮助解决问题，大家研究后认为，主要是重心在上面，下面太轻了。所以，要解决，在里面灌15吨水泥，也就是5立方米水泥，在大衣下面的部分，把重心降下来。为了要灌水泥，就要在背上开个天窗，天窗的铜板和脚底下灌水泥那块铜板，本来放在车间，我一退休，为防止被人卖了，又放到我办公室了。所以，我心里有数，要上邓小平的像，最后必须找我拿这两块铜板。

邓小平的像把天都映红了

　　后来，有关领导就指示要我负责安装。所以，从2000年的9月12日，我就正式负责了，紧锣密鼓地抓好各项安装工作。

　　市委决定，2000年11月14日，特区成立20周年的纪念大会在深圳召开，深圳市要隆重召开纪念大会。邓小平塑像要在大会前揭幕。到了11月9日，市政府要我们把板子拆掉，10日预演，先排练。市政府要求我们9日下午6点以后再拆，但那天全天都是阴天，没下雨，我一天都在山上，到下午4点钟天就有些黑了。工人就提意见说，到了6点什么都看不到了，灯也不好，怎么拆？问是不是4点就开始？反正那时也没人上山，我们就同意了。一直拆到5点多钟，把西面的板子一打开，哇，就出彩了，晚霞出来了，太阳只剩那么一点点了，哎哟，我来深圳那么多年，从来没看到那么漂亮的晚霞。后面的工人们在喊，滕老你快回头，我一看，从笔架山到地王大厦，一条彩虹，我的天老爷呀，奇景！大家大喊："快叫记者来拍。"可根本就来不及。没想到，施工队藏了一架傻瓜相机，本来是用于拍现场，修修改改的，怕忘记了，施工前拍一张，施工后再拍一张，这架傻瓜相机派上了用场。当时就拍下来了。这段时间大约持续了10分钟，到5点一刻就没有了。后来，我把这张照片寄给邓小平身边的人，开玩笑说，老爷子真厉害，我们把西面的板子一打开，他把天都映红了。

塑像安装好后，就等着揭幕那一天。当时，市委要求要用红布把整个塑像包起来，揭幕时红布要一拉就能掉下来。为了保证揭幕时顺利，我们作了各种各样的试验。功夫不负苦心人，当我们最后一次预演时，市委书记张高丽来了，一拽就打开了，他哈哈大笑，很满意。

我没白来深圳

正式揭幕是 2000 年 11 月 14 日。江泽民当时正好访问泰国，后来又转到文莱，中间来深圳就是为开这个会，就 4 个小时的时间，在体育馆作报告，然后到莲花山揭幕。揭幕那一天，700 多人参加。

前后做了 7 年，总算完成了一件任务，了却一桩心愿。我对邓小平有着深厚的感情，没有他也就没有我的今天。我第一次见邓小平是 1956 年，那时我还在首钢当工人。那天下班，过铁路给火车拦住了，我也在那儿，过来一辆车好像是灰色的伏尔加，就一部，也没窗帘，我一看，邓小平就在里面，后面是刘少奇，到我们厂调查，参观了焦化车间。我 1952 年进首钢当工人。当时首钢也是招农民工，好多人带着老婆孩子来的，一个月三四十元钱的工资。那时候邓小平考察完后，就定出个 12 元的最低生活标准，家属不够 12 元就补够 12 元。所以，我是直接受益者。这是第一次看到他，也是唯一的一次，距离不超过 1 米。后来，我又有幸和他女儿邓琳是同学，同学了两年，在学校就和她熟，她是国画系，我是雕塑系。

我的感想是，给深圳人做了一件应该做的事，没有白来深圳，也可以说对得起那些老首长把我调来，并成立雕塑院。我觉得，我很满足。

《孺子牛》雕塑诞生背后的故事

潘鹤

> 潘鹤，广州美术学院终身教授、著名雕塑家、《孺子牛》塑像的创作者。本文由潘鹤口述，深圳市档案馆整理，原载《深圳特区报》2008年9月4日。

当你走过美丽的深南大道，你留意到坐落在市委大院门口的深圳《孺子牛》雕塑了吗？当你在欣赏这座雕塑的曲线美和惊叹它栩栩如生的神态美之余，你有没有想到这座象征深圳特区精神的雕塑是如何诞生的？出自哪位名家之手？设计时又有哪些鲜为人知的故事？值中国改革开放30周年之际，深圳市档案馆特访问了深圳《孺子牛》雕塑的作者、我国著名雕塑家——潘鹤教授。潘鹤教授为我们讲述了《孺子牛》雕塑诞生背后鲜为人知的故事。

"大鹏"虽好，放在院子里却不合适

深圳特区刚成立那一年，深圳市委、市政府希望能在市委、市府大院内建一座雕塑，来表达特区建设精神，以鼓舞广大干部群众。当时的有关部门找到了我。

第一次讨论时，市领导最初的构想是雕塑一个"大鹏"，既蕴含着深圳历史，又能代表特区一飞冲天，可我经过沉静的思考后提出了自己的意见，我认为，深圳特区的发展前途无量，虽然现在深圳市最高的楼房不超过五层，但是以后肯定高楼大厦拔地而起,把"大鹏"放在山冈上还可以,但是把"大鹏"放进四周都是高楼大厦的市政府大院里,像是关进了"鸟笼",怎么能展翅呢?结果是适得其反的。市领导们都同意这个说法,结果这个方案被否定了。

莲花"出污泥而不染",但"污泥"到底指向何物?

时隔三年,到了1983年夏天,深圳市有关部门又找到了我,因为当时特区五套领导班子已把莲花作为市花,想在市委大院做一个莲花喷水池,理由是:改革开放搞特区,引进外资,长期地和资本主义国家打交道,社会主义国家的特区深圳一定要做到"出污泥而不染",我却认为不要建这个莲花喷水池为好,原因是"污泥"指向不明确,是指西方国家吗?是指香港吗?是指资本主义吗?搞改革,建特区,将外界称为"污泥"不妥也不礼貌,不利于以后发展和跟国外的长期合作。雕塑不同于娱乐,雕塑是经过百年后都能起作用的,而且自己用"不染"来赞誉自己更加不可取,当时的市长梁湘很赞同这个说法,于是,建"莲花喷池"的方案也被否定了。

"狮子"威严是有的,但不平易近人

随后,有领导对我说:"做一个大'狮子'怎么样?"提出要我为市府大院做一个"狮子"雕塑的想法,跟中南海国务院的雕塑保持一致,显示威严。我提出了不同意见,我认为中南海的狮子雕塑是明清两宫遗物,是祖国宝贵的文化遗产,模仿它不但没有收到效果,而且现在改革开放了,政府部门新作"狮子"就代表封建衙门、摆架子,拉开和群众的距离,特区建设应该是开放的,贴近群众的。梁湘听到这个意见后也表示赞同,于是做一个"狮子"雕塑的想法当场被否决了。

调侃之余得来灵感

过了一年半载,我和梁湘开玩笑说:"梁市长,'文革'期间你当过'牛鬼蛇神'

吗?"梁湘说:"当过呀,我们这代人'文革'时期做牛做马都做习惯了。"我说:"现在搞改革,国家正是百废待兴呢,要求我们这一代习惯了牛马生活的人来带头,重新开荒哪!"我随即一个情景在脑海一闪而过:"特区里那些忙碌着的推土机、拖拉机、汽车和建设者不都像是一群牛吗?"于是我向梁湘提出了自己的想法:改革开放、搞特区建设,深圳特区从无到有,要求我们这一代人奋斗到底,雕塑一个"开荒牛"最合适不过了。这个想法得到了梁湘的认同,梁湘当天就让我住在市委招待所,当天晚上就起草雕刻图纸,不要让创作灵感及激情流失了。牛的形象是确定下来了,但怎样去表现这头牛,当天晚上我还只是有一个朦胧的初始想法。

几天后,我到关外宝安县办点事,偶然在一农舍旁看到两块老树根,我顿生灵感——辛亥革命及新民主主义革命将中国的封建大树砍掉了,但是树根还在,搞特区就是要"开荒",要拔掉这些"劣根",如果在"拓荒牛"的后面再加上这个树根,正好意味着"特区"干部要铲除旧根,把封建意识、小农意识、保守思想和官僚作风连根拔起。于是,我用8块钱买下了这块造型独特的老树根,把它运到了市委、市政府大院。我在市委招待所住了几天,向深圳市领导提出了具体的方案,并经市五套班子的同意——"拓荒牛"的方案就这样敲定了。放大制作期间我突然感到,我代人已鞠躬尽瘁筋疲力尽,要寄希望于下一代继续奋斗才成事,因此把"开荒牛"前脚稍作弯曲以示意。

回到广州后,我马上开展了"拓荒牛"雕塑的创作,创作过程中,梁湘市长还专门叫人运送那两块大树根到广州,放在我的工作室里,作为"开荒牛"雕塑"树根"部分的实物参照。

现在,这两块大树根依然放在我的广州美院工作室,历经20余载,这两块大树根依然保存完好。这两块树根我舍不得扔掉,现在摆放在工作室门口,每当我经过这里,总能让我回忆起当年创作《孺子牛》的难忘岁月。

就这样,象征着特区建设精神的《拓荒牛》雕塑诞生了。这件作品原来命名为"开荒牛",但是我还是觉得名字值得商榷,就和梁湘商量说:"我们这一代人将来开完荒到底还要不要做牛呢?"梁湘说:"牛肯定是要做的,人民公仆就是人民的牛,人民的孺子牛。"于是,经过深圳市领导班子的讨论后,便将"开荒牛"名字更改为"孺子牛",有"俯首甘为孺子牛"之意,并将"孺子牛"三字刻在了雕塑的基座上作为作品名。

落成典礼，年轻人欢呼雀跃

1984年7月27日，《孺子牛》雕塑落成，深圳市领导为该雕塑揭幕，一座代表凝聚着特区开拓精神的铜雕终于呈现在世人面前。揭幕时，市委大院聚满了人，其中大部分是年轻人，是来自特区内的大学生及年轻创业者，他们欢呼雀跃，相争与市领导及我留影纪念。我当时深有感触，并高兴地对梁湘市长说："特区建设正是需要大批年轻有为的人，看来拓荒牛后继有人哪。"一时间，"拓荒牛"成了深圳的象征，参观者潮水般慕名而来。不少群众、游客在《孺子牛》前留影纪念。

邓颖超到深圳，会前先到"孺子牛"雕塑前留影

1984年12月，全国政协主席邓颖超来深圳视察，看到《孺子牛》雕塑后，深深地被这座铜雕吸引了，她非常喜欢。当时在市委安排了一次会议，可是到了开会的时候，早早赶到会议室的同志却迟迟没有见到邓颖超的身影，大伙都着急了，邓大姐到哪里去了？就在这时，大家接到通知，到大院里的《孺子牛》雕塑前集合。原来邓颖超正在大院观赏着《孺子牛》雕塑和让人为自己和雕塑拍照，并专门把参加会议的同志在开会前召集到《孺子牛》雕塑前合影。她对大家说，"孺子牛"精神代表着中华民族的精神，希望全国的党员干部都能向深圳的干部学习，学习深圳改革开拓的精神，做全国人民的"孺子牛"。

由院内搬到院外，方便游人参观

1999年，深圳市委常委会通过决定，因太多市民跑进市委大院内和《孺子牛》合影，所以决定将《孺子牛》铜雕整体迁到了市委大院大门口外的花坛上。同时，市委大院围墙后退10米，为市民再献出一块绿地，方便群众、游客和《孺子牛》雕塑的参观拍照。

我为深圳市委的这一做法叫好，"孺子牛"精神应该体现在各行各业里，《孺子牛》雕塑是属于深圳市委、市政府、深圳所有行业及深圳全体市民的。由院内到院

外，更加体现了深圳改革开放以来的亲民性、开放性。

  深圳二十几年来的高速发展让我欢欣鼓舞，不过我认为，"孺子牛"无论在什么时候都是广大人民所喜欢的，而"拓荒牛"精神也永不过时，一座城市要继续发展，就一定需要一大批"拓荒牛"继续领导潮流，进一步解放思想，继续去"拓荒"，在更多的未知领域大胆去改革、创新，永不停步。这也是"拓荒牛"的使命，更是深圳"孺子牛"精神的最好归宿吧。

大鹏鸟、开荒牛、红树林：深圳的精神符号

刘深

> 刘深，《深圳晚报》记者。本文原载《深圳晚报》2007年8月2日。

城市精神符号，不仅仅是城市形象识别系统的重要标志物，更重要的是体现这座城市的人文传统和精神。作为一座城市的精神符号，必须为本地市民所肯定和认同，有他人所形成的普遍社会评价，其本身具有生动可感的象征意义。

大鹏，搏击风云，志存高远；开荒牛，勇于开拓，埋头苦干；红树林，屹立潮头，激浊扬清：这三个形象与这片沸腾的土地有着无法割断的血脉渊源，成为这座城市的精神财富，成为深圳城市人文精神无可替代的标记。

大鹏鸟：深圳的精神图腾

大鹏，以扶摇直上、展翅万里的形象，寓意着这座城市，象征着这座城市，代表着这座城市，成为深圳的精神图腾。

大鹏是世界上许多传说中的巨大神鸟。《庄子·逍遥游》云："北冥有鱼，其名为鲲。鲲之大，不知其几千里也。化而为鸟，其名为鹏。鹏之背，不知其几千里也；怒而飞，其翼若垂天之云。"李白名句"大鹏一日同风起，扶摇直上九万里"，更是千古流传。

图腾文化是人类历史上最古老、最奇特的文化现象之一，它在现代的生活与文化

中仍然有着深刻的印记,中华民族是"龙的传人",德国、美国、意大利的独首鹰、比利时、西班牙、瑞士以狮为徽志等等,都是原始图腾信仰的历史遗传。

深圳别称"鹏城"。中国许多城市都有自己的别称,如春城昆明、泉城济南、山城重庆、羊城广州……然而,与这些城市不同的是,深圳的别称取材于图腾文化,而非自然地理特征或神话故事。"鹏城"的称谓始自大鹏半岛,那里有座村庄,叫鹏城村。1394年,明代为抗击倭寇而在此设立"大鹏守御千户所城",简称"大鹏所城"。

当"鹏城"这个名称诞生的时候,这片土地上还没有一座真正的城市,大鹏所城,作为一座军事城堡,也只是弹丸之地。从古老的地名到现代的城市美称,"鹏城"伴随着弹丸之地的军事城堡,伴随着一个小小的村庄,走过几百年的历史征程,真正具有现代社会都市的意义,这也许是历史的预感和巧合。

作为改革开放的窗口和试验田,深圳,在绵延数千年的中国历史长河中扮演了极其重要的角色,她的历史贡献将永远载入史册。历史昭示着,这是一片神奇的土地,是神鸟护佑的土地,是诞生过神话,并继续创造神话的土地。她默默无声地生息过,她地老天荒地凄凉过,她在北方封建王朝京华繁盛的世代渺小过、卑微过,被皇朝天子或文人骚客遗忘过,被浩繁典籍疏忽过,但历史的目光终究没有将她遗漏,历史在历经一个个划时代的变迁之后选择了她——一个壮志未泯的地方,一个注定要腾飞的地方,一个能创造神话般奇迹的地方。

深圳,是大鹏神鸟的故乡。她栖息过壮志凌云的理想,她映射着巨翼挥动的影子,她承载着搏击长空的勇气和力量——这就是这片土地留给今天的深圳人最可珍视的刚性的血脉,最可宝贵的精神财富,人世间没有比这种精神力量的鼓舞更加富足的恩惠,值得深圳人去传承,去奋斗。

开荒牛:勇于开拓的精神象征

开荒牛,这是一个为整整一个时代所熟悉的著名形象。它紧绷全身,呈现出具有张力的肌肉线条,整个身体凝聚着巨大的力量;牛角前冲,牛头抵向地面,四腿用力后蹬,牛身呈竭尽全力的负重状;牛身后拉的是一堆丑陋的腐朽树根,象征着封建意识、落后思想需要连根拔出。

"开荒牛"的形象,成为深圳精神乃至改革开放精神的"世纪象征"。

大型铜雕"开荒牛",1984年7月27日正式落成于市政府门前广场,作者为著名雕塑家潘鹤,它的诞生还有一段堪称曲折的故事。

早在1980年,刚刚诞生的特区便想立一座能够反映城市精神的雕塑。最初的设想是"大鹏鸟",寓意大鹏展翅之鹏城;但著名雕塑家潘鹤认为,大鹏展翅,建在山上最合适,在城里的大院里,四面都是建筑物,飞的形象不鲜明,成了被困的笼中鸟。后来又提出"莲花"和"狮子"两种方案,最后,潘鹤提出开荒牛的构思,取埋头苦干、勇于开拓之意。

当时一位负责审批政府财政支出的官员反对建这件雕塑,理由是,建一座假牛比买一头真的牛还要贵。孺子牛的雕塑完成后,又有人提出反对意见,认为特区要腾飞,而这头牛低头低脑的,形象不好。

雕塑通过后,起初命名为"开荒牛",但考虑到"将来开荒完了怎么办",最后取鲁迅先生"俯首甘为孺子牛"之意,定名为"孺子牛",意为人民公仆要甘做人民大众的牛,并将作品正式命名为"孺子牛"。然而,因为它形象地再现了特区勇于开拓创新的精神,还是被人们亲切地称为"开荒牛"。

1999年,深圳市委常委会通过决定,将"孺子牛"铜雕整体迁到了外大门口的花坛上。同时,办公大院围墙后退10米,为深圳老百姓再献出一块绿地。

红树林:屹立潮头的时代形象

深圳有片红树林,它地处深圳湾畔,默默生息,锋芒内敛。

没人将它和北方的白杨比较生命力之顽强,没有人将它与滔滔江河比较岁月之沧桑。因为它离群索居,生长在天涯一角,沧海一隅,为人迹所罕至。故而,它不为文人墨客所见识,所青睐,所沉迷。就连深圳人也很少知道身边这片神奇植物的故事。

终于,我们在21世纪的晨曦里,听到了有关红树的艺术颂歌。深圳市委书记李鸿忠《红树礼赞》云:"红树林激浊扬清。红树林是生命之树。红树林生长的环境恶劣到了极致,但顽强地生存下来。红树林是母性十足的母亲树。正因为生存环境极端恶劣,红树林在传宗接代、薪火相传时,对儿女的千般眷爱万般呵护和扯筋连骨、牵肠挂肚的深情是任何其他植物不可比拟的。红树是木本木质,但具有钢铁般的坚强素质。红树是战士般的树,从古到今一直就是海防的卫士,海堤的守护神。与这种战士品格所匹配的,是红树林的浑身正气。红树林出污泥而不染,靠的是浩然正气。红树又是平平常常的树,平常到无论身形还是面容都是那样的朴实无华。红树林是内和力极强的树。红树林族群内的凝聚力很强,她们知道团结的威力。"

红树,植根于深圳这片古老的土地上,每年秋季,来自西伯利亚的候鸟,从遥远的北方飞来,途经这里,饱餐美味佳肴,作告别欧亚大陆的最后一次休憩和补给,然后,直飞澳大利亚。这是一条古老的候鸟迁徙路线,它们选择了这片红树林,严格地说,是它们的祖先选择了红树林。因此,这里被誉为"国际候鸟航空港"和"生命接力站"。

红树林顽强的生命力是地老天荒、穿越时空的。它见证无数朝露晨霜、草木枯荣、岁月春秋,大自然很多生命的种类都是它面前的匆匆过客;都是炫耀一时的瞬间,都是昙花一现;它们与红树林的生命际遇,只是为了装扮一个卑微的配角,参与演绎一部关于腐朽与神奇的史诗。

然而,有多少生命旺盛的自然力抵御不了人为的毁灭——如血光之灾、刀兵之患,如利斧滥伐,环境污染——那是一声凄厉的呻吟,那是一幕悲悯的惨剧,那是一曲哀伤无尽的挽歌。有这样一个假想,假如这片红树林在沧海桑田的时空隧道中,遭到人为破坏,那么它的后果是灾难性的。候鸟会迷失方向,迷失家园,会重新寻觅生活坐标和生命里程。

令人庆幸的是,福田红树林逃过了一次次历史的劫难。

即便在十年动乱期间,这里因地处边防禁区,它与边境线一起,受到边防部队高度戒备的守卫。红树林真正的守望者是世世代代生息于此的本土居民。深圳出于城市发展和建设的需要修筑滨海大道时,为红树林绕道而行,而且专门修建一道隔音屏。深圳红树林作为国家级自然保护区,与香港米埔红树林形成一片环深圳湾的红树湿地生态圈,宛如一条美丽的项链。

红树精神,就是新世纪的特区精神。

深圳特区 27 年的历程,为古老红树所见证。见识了无数渺小的生命,无数卑微自大的生命,无数光鲜一时的生命,但深圳特区的崛起,是它默默等待亿万斯年所见证的世纪辉煌。深圳,得益于红树的滋养,红树的精髓,红树所给予的生命感悟,继承红树生命力强大的遗传基因,成为古老中国走向现代化的先锋城市。

文稿拍卖敲响精神产品市场化的第一槌

陈冰

> 陈冰,《晶报》首席记者。本文原载《晶报》2008年12月18日,标题略有改动。

邓小平说,深圳的主要经验是"敢闯"。而能够体现深圳敢闯精神的有著名"两槌":在物质文明建设上有1987年土地拍卖(使用权)第一槌,在精神文明建设上有1993年文稿拍卖第一槌。"两槌"敲开了中国经济市场化和精神产品市场化的大门,可谓社会主义市场经济的两大开山之作,或者姊妹篇。前者为人熟知,后者鲜为人知。现在,当文化创意产业作为最新锐的经济力量,正成为全国各城市的重点发展战略时,我们应当溯源寻本。今天,《晶报》向读者揭示有"精神产品进入市场第一槌"之称的"'93深圳(中国)首次优秀文稿竞价"的往事和一些内情。

在纪念改革开放30周年高潮来临之际,邓小平对深圳经验的总结令人深思。他说,深圳的主要经验就是"敢闯"。何谓"敢闯"?作为中央给予试验权的特区来说,"敢闯"就是敢闯不合时宜的政策法规的"禁区",敢闯前人未曾涉足的"盲区",敢闯矛盾错综复杂、令人望而却步的"难区",也就是敢为天下先。深圳最能体现敢闯精神的有两个'第一槌':一是人人皆知的土地拍卖(使用权)第一槌,敲开了中国大步迈向经济市场化道路的大门;二是鲜为人知的文稿拍卖第一槌,开了中国文化产业化的先河。

文稿拍卖"鲜为人知",主要是说这"第一槌"敲得十分艰难,主办者们曾承受了巨大的压力,还接受过上级有关部门的调查,是在有关部门明确反对的情况下敲响这一槌的。人们都听见了槌声,都知道新中国成立以来第一次文稿拍卖是深圳人搞的,但不知道背后曾经历过多少波折。随着时间的延续,人们越来越明确地认识到,文稿拍卖第一槌敲对了。现在披露其中一些曲折的过程和一些鲜为人知的内幕,将激励新一代深圳人解放思想,敢闯敢干,在特区的旗帜上书写新的"第一"、"首次"。

深圳市委支持文稿竞价

"'93 深圳(中国)首次优秀文稿竞价"活动的主办者是《深圳青年》杂志社,1993 年 7 月份该刊的卷首语曾激荡过无数人的心。在《要为文人造个海》中,主办者呼吁:"建立起一个市场,一个公平地体现出知识和知识分子价值的市场,让文人凭着自己智慧,富起来;让智慧仗着文人的经济腰杆,流通起来。"曾担任文稿竞价活动的总监督、原深圳市委常委、宣传部长杨广慧说,在这篇具有划时代意义的宣言刊发前,主办者们已经做了很多工作。

深圳首次文稿拍卖,一定要追溯到邓小平视察南方的重要讲话。小平来到深圳时,邓小平办公室下了"三不"(不接见、不讲话和不报道)的禁令,但深圳市委还是大胆地通过《深圳特区报》刊发的"猴年八评",把南方重要讲话的要点传播出去了。接下来,《深圳特区报》又发表了时任该报副总编辑陈锡添采写的著名长篇通讯《东方风来满眼春》,把小平视察南方重要讲话比较完整地传播出去。

有了小平讲话的精神,深圳人的闯劲就更大了。1993 年初,《深圳青年》杂志社社长兼总编辑王京生向时任深圳市委常委、宣传部长的杨广慧提出,要筹划首届全国文稿拍卖活动。杨广慧听了觉得非常好,就让他们写一个报告。

王京生 1988 年从团中央调来深圳创办《深圳青年》。20 世纪的八九十年代,国内文化人的生存状况比较窘迫,著名的歌曲《十五的月亮》的词作者傅庚辰,才得 16 元钱的稿费,因此在文化界有"十五的月亮十六元(圆)"的戏言。王京生感到深圳的探索多在经济领域,文化领域的探索还相当薄弱,看能不能给文人和文化作品进入市场创造一个平台。

1993 年 3 月份,《深圳青年》以杂志社的名义向深圳市团委、市新闻出版局和市委宣传部写了一份请示,其中说:在全国一片"下海潮"的冲击下,一大批"文化精英"们也被搅得坐立不安。弃笔从商,极不情愿;继续爬格子,甚至连一个打字小姐的收入都赶不上。贫穷、困惑、无奈，已成为当今中国大多数文人的生活写照。文化市场的发育，急需注射一针强有力的"催化剂"。这个"催化剂"就是文稿竞拍，把竞争机制引进文化市场，让文化作品成为最有价值也最具大众化的消费品，使中国文人的创造价值在实行市场经济的今天得到升值。

市领导对这个报告都有批示。当时的中共深圳市委书记李灏批示"是一项有意义的实验"；深圳市人大常委会主任厉有为的批示是"组织好，策划好，可一试"；市委副书记林祖基批示"这也是一项改革，此事有助于将文艺作品推向市场"。杨广慧也批了字，大概是"此举很有意义，实际上是率先开辟了文稿市场，既发展了市场体系，又使'文人们'大受鼓舞"。为了把这个活动搞好，市委决定由杨广慧担任首次文稿竞价组委会的总监督，王京生任组委会主任。

打出文化市场化宣言

在发布公告前，深圳市委宣传部向上级有关部门口头请示汇报过，得到主管领导的认可。但北京有关部门闻知此事，下了禁令：不准搞。杨广慧说："我们想这个活动符合小平视察南方的讲话精神，小平说要大胆地试，错了改了就好。我们就决定先试再说。"

得到市委的支持，《深圳青年》杂志社开始投石问路，派人到北京去看看作家怎么反应，结果众多作家都很感兴趣。文坛泰斗冰心老人愿意担任组委会总顾问，艾青、王蒙、张洁、丛维熙、刘心武、李国文、张抗抗、权延赤、莫言、梁晓声、霍达、陈荒煤、冯牧、雷达等著名诗人、作家和评论家，都为深圳的这个创意叫好。紧接着，南京、上海、杭州等城市的名作家沙叶新、叶永烈、苏童及宁夏的张贤亮、天津的冯骥才等，也都认为深圳的创意非常好。1993年5月25日，组委会举行了第一次新闻发布会，将文稿竞价的规则、程序、时间等向海内外公布，引起强烈反响。

1993年的7月份的那一期《深圳青年》上，刊登了王京生、邓康延等执笔的卷首语《为文人造个海》，实际上是首次文稿竞价活动的章程序言，其中提出："攥住了经济的杠杆，就能提升起文化和文化人的命运；攥住了知识产权的杠杆，就能提升起优秀文稿的地位和价值。""优稿优酬，也许惊世骇俗，其实顺理成章。在一个能够点石成金的时代，我们不能让已有的金子湮没在砂砾之中。"

卷首语写得充满激情:"竞价会上的第一声槌响,将声透五千年,响动三万里,文人'言义不言利'的藩篱,被一槌洞开。这第一声槌响,让文人能够伏身潜心于格子,又能从格子上浩浩然站起来。"

杨广慧认为,这是中国精神产品市场化的第一篇宣言,铿锵有力,或者说是文化产业化的第一次实操尝试。

遇到难题就创造性地解决

文稿拍卖的创意雏形是由《深圳青年》杂志社编辑记者提议的,王京生立刻意识到其可能产生的历史性影响,决定文稿拍卖应由杂志社主办,并对活动章程和程序进行了精心的论证和周密的策划,遇到难题就创造性地解决。现任《深圳青年》杂志社社长、总编辑王海鸿是当年文稿竞拍活动的操持者之一,当时是记者部主任,他回忆说,那时杂志社的职员们闯劲很足,一心要为文化建设闯出点名堂,闯出一片新气象。

《深圳青年》杂志社在筹备过程中,首先在工商、税务等有关部门办理各种手续,确保在程序上合法、完善。不过,那时还没有什么文化市场之说,要让中国的文化人们在短时间内冲破耻于言利的传统,是十分不容易的。另外,虽然作家们口头上都欢迎这个"首次",但要真正拿出自己的作品到市场上公开竞价,担心作品卖不出去毁了名声。

于是,组委会想出用投保的办法来保证作品一定能卖。也就是说,即凡是获得进入竞拍资格的作品,都能保底,成交低于预期价格、甚至比现行的稿酬标准还低,那么这个保险将对不足的部分予以补足。组委会找到了太平洋保险公司深圳分公司,商订好进入竞价序列的各类文稿保证能够让作者获得保底价:小说每千字100元,纪实文学每千字150元,散文、随笔、杂文每千字500元,电视文学脚本每集5000元。在竞价时,作品拍卖价低于这个保底价时,不足部分由太平洋保险公司予以补足;若拍卖价高出上述底价,那么高出部分则由保险公司和作者以对半的比例共享。就说这个保底价吧,比正在执行的稿酬标准已高出一大截,当时的稿酬基本价格是千字30元左右。

为应对文稿竞价中可能出现的法律纠纷,组委会还聘请了律师顾问团。后来果然有官司,顾城和谢烨合作的《英儿》参加了竞价,但出现著作权争议,最后在深圳市中级人民法院审理解决。

企业竟然成了文稿主要买家

　　文稿竞价的新闻发布后,全国各地的作品开始寄往深圳。第一个正式报名竞价的是北京作者彭子强,他的作品是30万字的一部纪实文学;第一个亲自来组委会送稿的人是深圳的"龙之传人",是已故的两代人合作的《文人读史札记》手稿6本,用蝇头小楷书写而成;第一个报名竞价的海外作者是香港的阿视,他寄来了散文集《秦川人》。

　　后来给组委会来电来函报名竞价的各行各业人士,已近800人。年龄最大的83岁,最小的仅10多岁。其中专业作家很多,丛维熙、冯骥才、叶永烈、权延赤、贾鲁生、刘心武、莫言、张贤亮、张抗抗、池莉、方芳、马原、顾工、顾城、杨利民、刘晓庆等文化名人均有意参加竞价。丛维熙的纪实文学《背纤行》,叶永烈的《毛泽东与蒋介石》、《江青传》,顾工的纪实文学《年轻时我热爱》,顾城的《英儿》,马原的20集电视史诗片《中国文学梦》等影响较大。

　　文稿竞价的卖方被动员起来后,6月份开始请审读委员会的评论家们如雷达、白烨等,到深圳审稿。但是,谁会成为买主呢?文稿拍卖不出怎么交代?组委会对"买主"的排序一是国内外出版机构及报刊社,二是企业,三是个人。但出版社似乎观望的很多,于是组委会更看好深圳的企业,决定先主动去找一些钟情文化的企业家,说服他们投资文化,并决定在正式的竞价会召开前,先交易几部作品作为示范。他们找到的第一个企业家是时任深圳机场候机楼有限公司总经理李远钦。

　　9月间,文稿竞价完成了首次交易。李远钦决定用8.8万元的总价格购买著名作家史铁生的短篇小说《别人》(1万多字)、王东华的社会学著作《新大学人》(约40万字),远远超出作者自标的价格。组委会以前总担心没人买怎么办,现在看来是企业家是真正的买主,出版机构倒不怎么热衷。

　　首宗交易成功,而且是严肃的学术著作和纯文学作品,国内外数百家媒体迅速地报道了这条消息。冰心老人得知后,当晚托人向史铁生表示祝贺。《深圳商报》在头版位置以"五千年文化史添精彩一笔"为题报道这件事后,还配发了《"造海"三题》的评论,鼓励企业与文化"联姻",为尽快建立完善文化市场注入强大的经济活力。

　　几天后,购得《新大学人》著作使用权的深圳机场候机楼有限公司,与深圳海天出版社达成了合作出版此书的协议。在深圳竹园宾馆举行的签字仪式上,国家新闻出版署副署长、文稿竞价活动顾问王强华到场祝贺。王强华说,深圳此举开全国之先河，他对此很有兴趣，并透露国家新闻出版总署正考虑开放书籍选题市场。杨广慧参加了签字仪式，在讲话中鼓励企业参与文稿竞价，希望更多的企业在参与文稿竞价中名利双收。

"六作家退出"风波

这一切都似乎顺理成章，遇到问题设法解决就好。但事情要真是这样，那就太顺利了，也就不叫改革和突破了。首次交易成功的消息发布后，在国内引起极大的反响，也引出强烈的争议。

1993年9月底，上海的一家文学报刊登《漫天要价，轻率'叫卖'》的报道，说深圳举行的首次文稿拍卖起了风波，引起文坛内外的疑虑。丛维熙等6位作家发布声明，不任文稿竞价的"监事"。

6位作家发布声明退出，也有观念上的原因。有的作家开始质疑："文稿竞价怎么可以在开槌之前有交易？"有的作家惊叹"炒地皮经常会炒出天文数字，没料到文稿竞价也会有天文数字"等等。

6位作家中途退场是组委会不愿看到的事，但文稿竞价不能停止。组委会向6位作家曾给予的关心和支持表示感谢，尊重他们"退出"的权利，同时也明确仍将文稿竞价活动的简报寄给他们，以使他们了解活动的进度情况。也在这时候，霍达到深圳，进行文稿提前交易。她的剧本被深圳市三洲实业股份有限公司买走，出价100万。杨广慧回忆说："京生告诉了我这件事，但没要求参加签字仪式，我想他是不想让我卷入另一场可能的风波，因为'六作家退出'风波已闹得沸沸扬扬。"但杨广慧还是去了："我想我到场就能表明市委对文稿竞价活动的支持立场没有变。文稿虽然属于精神产品范畴，与意识形态有关联，但它仍具有商品属性，我国的法律似乎还没有哪条规定说精神产品不能标价和买卖啊。"

10月间，组委会在市委宣传部召开会议。经过审读委员会的筛选，30部候选作品达到竞价标准，组委会决定挑选20部文稿竞拍。离响槌之日越近，工作越要严谨，防止漏洞，市委宣传部抽掉了干部参与组委会的具体工作，在市委、市政府和组委会之间做好沟通的桥梁。

"在'六作家退出'风波之前，我们都是兴致勃勃地不断完善和落实竞拍各项要务,后来才知道从竞拍活动开始起,市领导和杂志社领导就在承受巨大压力。而'六作家退出'风波在全国引起关注时,我们每个人都感到了压力。"王海鸿说,"但我们坚信这是一件开拓性的工作,值得坚持到底。后来我总在想,为什么首次文稿竞拍发生在深圳而不是北京、上海呢?因为深圳没有作家无形的座次排序概念。而在内地,计划经济体制下本来已形成一套体制内的座次排序。我们深圳没这个束缚,当文稿拍卖要把所有有名或无名的作家们放在市场上平等竞争时,座次排序颠覆了,门户之界模糊了,因此必然有人会质疑或反对。现在想来,文稿竞拍不仅让文人们的智力劳动得到市场认可,更打破了过去的一元秩序,形成多元文化格局,进而引领出文化人的宽容和社会对文化形态多元化的宽容。"

文稿竞拍第一槌在深圳响起

"六作家退出"风波之后,有关部门再次要求叫停文稿拍卖活动。深圳市领导和《深圳青年》杂志社负责人一起赴京向有关部门汇报、解释,文稿竞价活动才得以艰难进行。组委会在技术上作了调整,地点从原定的深圳会堂改在容纳人数较少的深圳图书馆演讲厅,对海外媒体也可适度限制。当时参与拍卖活动的杂志社记者回忆,海内外100多名记者云集深圳,但拍卖场地的改动,使得有一半记者入不了场,场外气氛异常活跃。"他们有些不满,但我们不能说出难言之隐,能够做的只有把本刊记者和工作人员的位置让出来。我诚心希望那些未进场的同行们理解,在一些真相可以讲出的现在。"

为了让首次文稿竞拍更加稳健,在开槌前几小时,组委会进一步调整竞拍篇目,将20部调整为11部。顾城的《生命停止的地方,灵魂在歌唱》,原来是作为特别竞价篇目推荐的,但顾城杀妻自缢后,舆论对他的残忍作了批判,所以取消。

在1993年10月28日下午2点40分,首次优秀文稿竞价会正式开始。组委会主任王京生代表主办单位发言,他说这是一次试验,可能成功,也可能失败,但我们的确要为文化产品的市场化作出尝试。

中国首次文稿竞价终于拉开了大幕。长篇小说《世纪恋情》起价3.2万元,以8万元首先成交;张抗抗随笔《恐惧的平衡》,2000字,以1.6万元成交;魏明伦的杂文集《巴山鬼话》,被全场唯一的个人以8万元购得;电影明星刘晓庆的选题《从电影明星到亿万富姐》，以17万元被一家美容企业买走（成交一个月后，这个选题再度以108万元被别人买走）；叶永烈的纪实文学《毛泽东之初》，被深圳证券公司投资研究会以26万元购得；争夺最激烈的当数10号作品《深圳传奇》，由北京作家倪振良采写的讲深圳特区15年创业史的长篇纪实文学，起叫价为4.5万元，数次叫价后被深圳天虹商场以88万元的"天价"竞得，在文稿竞价中名列榜首。

尚在写作中的《深圳传奇》，是一部体现主旋律的报告文学作品。这是由中宣部、文化部、国家新闻出版总署等部门集体策划的"中国经济特区开发区纪实丛书"中的一部，以众多高层领导人及创办深圳经济特区当事人提供的第一手资料，揭开深圳崛起之谜。在这部文稿写作之前，深圳已出了一本《深圳的斯芬克斯之谜》长篇报告文学，产生过巨大的影响。作者倪振良竞拍时目标价为千字300元，只要有人出到7.8万元即可成交，但拍卖的结果是，他得到整整高出11倍的回报。

这说明好作品是能卖出高价的，也说明深圳的文稿竞拍是符合唱响主旋律这一宣传原则的。竞拍会结束后，作者倪振良加大写作力度，将原定的26万字容量扩展到50万字。《深圳传奇》出版前，江泽民同志在百忙中反复审阅了有关章节，亲自修改；杨尚昆同志题写了书名，谷牧同志为该书题词。1994年底，在多方努力下，快速出版了《深圳传奇》，之后获得该年度中国国家图书奖。

我们现在回过头思考，就会发现深圳举行的首次文稿竞价是中国文化产业化之源，知识升值了，文化人和精神产品升值了，可以作为商品进行交易了。在经济杠杆作用下，我们看到了更多优秀的电影、电视剧和文学作品，我们的精神生活更丰富了。深圳把文化立市作为发展战略，中国唯一一个国家级文化产业展会——文博会落地深圳，以及深圳成为被联合国教科文组织授予的"设计之都"，其实都与文稿竞价这个创意和试验有关联，因此我们不能低估了首次文稿竞价的历史意义。

我们爱读书
——深圳读书月宣言

读书月组委会

深圳读书月组委会在2005年第六届深圳读书月开幕之际，发表了《深圳读书月宣言》，进一步系统阐述了读书月的内涵及意义。本文原载《深圳商报》2005年11月1日"文化广场"周刊。

鹏城金秋，天朗气清，惠风和畅，这是南国最舒爽最惬意的季节。11月，群贤毕至，少长咸集，这也是深圳文风最昌盛书香最浓郁的季节。

一年一度，我们与书相约，同赴一个知识的盛筵；一年一度，我们与知识相约，共享一番读书的愉悦。以书为媒，我们与每年的11月结下深深的情缘；以书为媒，我们把每年的11月都变成了心灵的狂欢节！

读书，从来就是一种文化权利。读书的权利来之不易，我们更要加倍珍惜。尤其是，当读书已经不再奢侈，当获取图书已越来越便利，现代人，切不要在庸凡中迷失自己；当电视、手机、网络越来越吸引人们的目光，当阅读的乐趣被五花八门的惊险刺激所挤占、所替代的时候，现代人，切不要因自我放任而弃书而去！

读书，不仅需要旺盛的求知欲、良好的理解力，更需要一种坚守的执著和独立不移的定力，一种自甘寂寞的境界和一种文化守望的恒心。以读书来改善自己的生存，只是读书生活的初级阶段；以读书来完善自己的人生，才是读书生活的终极追求。

读书，可以使一个人从粗俗变得文雅，从浅薄变得厚实，从浮躁变得从容，从窘迫变得澹定。同样，读书也与一座城市的成熟与理性相伴相生。深圳是那么年轻，深圳人也是那么年轻，当一切都在草创都在奔忙都在探索都在动荡，深圳人还来不及静心而思驻足而想,我们只能先把一卷卷藏书装进行囊,把阅读的美感也一并托付给未来。步履匆匆25载,当深圳人走进21世纪,我们才蓦然惊觉:原来读书对于我们这座城市竟是如此之重要——于是,我们以城市的名义,为读书选定了一个金色的季节,为城市标出了一个读书的月份——11月,读书月。从此,年年此月,我们与读书相约;此月年年,深圳以读书为节!

我们倡导读书,因为,读书使人丰富使人聪慧使人坚强;我们礼赞读书,因为读书给人以知识给人以力量给人以方向!

让我们爱书吧!因为她是我们多情的故人,是我们治病的良药;让我们爱书吧!因为她是我们终生不渝的良师益友!是我们人生旅途的精神食粮!

每个城市都有被尊重的渴望,每个城市都有受尊重的理由。有的因为物产富饶,有的因为景色秀丽,有的因为名人辈出,有的因为历史悠久。深圳人为自己的城市提出怎样的期许?让深圳成为一个因热爱读书而受人尊重的城市吧——让我们的市民因读书而身心亮丽,让我们的城市因书香而充满诗意,让我们在这座书香浓郁的城市里,诗意地栖居!

阅读十年：想象力让一座城市飞翔

王绍培

王绍培，《深圳特区报》记者、专栏作家。本文原载《深圳特区报》2009年11月2日。

一、改变城市气质的阅读实践

每年的 11 月，深圳这座城市就进入她的"阅读时间"。平时沉潜的读书人迎来了自己的节日，开始享受这个时期特有的文化盛宴和狂欢的氛围。在图书馆，在书城，在公园，在酒吧和茶座，甚至在地铁和公共汽车上，你都可以看见专心致志在阅读的市民。报纸上、电视广播里，你不难看到或者听到与书有关的消息。一批闻名国内外的学者被邀请到这个城市来参与读书论坛。许许多多跟书有关的活动，吸引着成千上万市民的积极参与。

从 2000 年开始算起，这项被人们称之为"读书月"的活动，已经坚持了整整 10 年。一座建特区不到 30 年的城市，却已经拥有了 10 年举办读书月活动的历史，这不仅在中国绝无仅有，在世界上也不多见。而较之世界读书日只有一天、许多国家的读书活动至多不过一周，用一个月的时间来集中举办读书活动，也算得上是一项创举。

正所谓"观乎人文，以化成天下"，10 年阅读累积下来的影响，深刻地改变了这座城市。衡量读书月活动所取得的效果，一个最粗浅而直接的指标是，就在提出举办读书月的 2000 年，深圳书城的图书销量就增长了 30% 以上。在这之后，图书的销量每年都以 20% 以上的幅度增长。深圳连续多年成为全国人均购书量位列第一的城市，这固然跟深圳市民的收入相对较高有关，但跟读书月倡导阅读的旨趣、"以读书为荣"的价值观念深入人心，也有密切的关联。

而另一些更为重要的衡量指标则包括：由于倡导阅读，直接导致了深圳提出"图书馆之城"的目标并初步实现了这个目标；正是在全民阅读的氛围中，人们发现创意的重要，并进一步理解"设计"将越来越成为一个城市运行的轴心，这使得深圳后来被授予了"设计之都"的称号；对文学艺术的高度重视，则使深圳涌现出一大批文学精品并获得诸多文艺奖项，跟这个读书月所营造的氛围有着紧密的关联……在读书月届满10年之际，这个城市又入围了"最受尊重的知识城市"前10名，跟世界很多老牌的知名城市比肩而立。在短短的10年，这个一度被一些人称之为"文化沙漠"的南国边陲城市，迅速地丰富了属于自己的文化底蕴和知识底蕴，向着知识型、智慧型、力量型的既定目标迈进。

换一个角度来观察读书月所产生的积极效应，也许看得更加清楚：从人的角度来说，读书月活动促进了公民文化权利的落实；大量市民习惯了把阅读作为一种生活方式；知识活动为我们这个城市培养了最宝贵的人才；亲炙书籍和知识帮助人们开阔了眼界；阅读甚至提高了市民生活的幸福指数……这些无形的、很难觉察的变化，在经过10年的累积之后，才更容易看出其中的端倪。

人的变化导致了城市气质的变化。如果说，早期的深圳更多浮躁的心态、更浓的商业气息，那么，现在的深圳则更是一个优雅、从容、宽厚、沉稳的城市，更是一个具有远大抱负和崇高使命感的城市。早在2000年，第一届读书月组委会就高瞻远瞩地提出了"营造书香社会，共创美好未来"的主题，10年过后，我们有足够的理由说，在深圳，书香社会已经初见雏形，而美好未来正在人们的辛勤劳动中渐次呈现。

二、读书月所蕴含的理想主义精神

任何一项大规模的文化实践活动，都必定具备深厚的社会基础和心理基础，读书月活动也不例外。我们不妨采用最概括的说法来描绘这些社会基础和心理基础，它们主要表现在两个方面：一个是知识饥渴，一个是文化焦虑。

知识饥渴来源于实际的经济生活。简单地说，如果你不具备一定的技能，不拥有一定的知识，你就无法适应这个城市，也不可能拥有财富。在这个城市，知识跟财富之间的正比关系表现得极为明显。正是这个原因，使我们的城市拥有了也许是全中国最好学的年轻群体。从建立经济特区，一直到现在，在图书馆，在书店，在学校，甚至在大街上，你都不难看见那些聚精会神读书学习的人，年轻人群脸上那种渴望获得更多知识和技能的表情，无疑是一种最动人的城市景观。知识改变命运的故事无时无刻不在上演。早在"知识经济"的概念流行之前，人们就已经从现实生活中悟到了知识与经济的直接关系。充满了"知识饥渴"的广大人群，成为读书月活动最广泛的社会基础。

而另一个心理基础则来自"文化焦虑"。在2000年前，人们经常听到有关深圳是"文化沙漠"的风评。平心而论，在某个特定时期，我们这个城市确实没有一流的大学，确实缺乏密集的文化单位，确实没有太多闻名全国的学者以及艺术家，至于文化积淀和人文遗产就更是凤毛麟角了。跟深圳作为一个经济城市的超高的能见度相比，这个城市在文化方面的能见度确实不高。"文化焦虑"折磨着生活在这个城市里的一批理想主义者，他们最初来到这个城市，就不是为了来淘金的。他们在20世纪的90年代就热切地探讨经济发达跟文化繁荣的内在联系，也一度提出建立"深圳学派"的学术愿景。

正是这种知识饥渴和文化焦虑，成为构思读书月这一非凡创意的直接动因。必须强调指出的是，类似这样的创意往往来自部分人，今天，我们或许可以不用一一提及他们的名字，但我们应该记住他们理想主义者的特征，那就是超越性的想象力和异乎寻常的坚忍意志。这些理想主义者绝大多数在其生命成长最宝贵的时期，体会过知识匮乏的痛苦，他们极其深刻地认识到知识确实是生命所能够创造的最伟大、最美好的事物，他们闪烁着梦想光芒的眼睛总是能够发现一般人不容易看见的城市新岸，更多的时候指向的是精神的疆域。阅读，尤其是全民阅读，就是在这样的背景之下发现的。我们还应该记住他们说过的许许多多话——

他们说过，阅读是人类进步的阶梯，也是我们这个公民社会和年轻城市不断跃进的阶梯；他们说过，倡导阅读，就是要提倡尊重知识、尊重人才的价值观；他们说过，要用一种高雅、镇定、大气的知识氛围来平衡这个社会的浮躁；他们说过，骄奢淫逸的罗马帝国终究难逃覆亡的命运，而崇尚思想价值的希腊才能够永垂不朽；他们说过，读书月就是深圳真心实意、实实在在推进"以人为本"的活动；他们说过，全民阅读的热情是一个城市最有张力的文化；他们说过，阅读使人内心宁静，而宁静的内心是社会和谐的基础；他们还说过，阅读是一种使我们活得更幸福更健康的生活方式……

正是这些理想主义者成为了阅读活动最有力的推手,并获得了广大市民的响应。这些理想主义者坚忍的身影,活跃在阅读的天空,鼓舞着人们把读书月这项活动长久地坚持下去。

三、古老传统的创造性转化

当阅读成为一个城市全民的文化行为,它的含义就大大地超出了简单的阅读层面,它自然而然地具备了各种富于创造性意义的面相。这其中,把当代主张跟传统价值相互融合的实践,格外耐人寻味。

海外华人学者林毓生最早在《中国意识的危机——五四时代激烈的反传统主义》一书提出"传统的创造性转化"。林毓生发现,无论是全盘西化或者是全盘拥抱传统,事实上都很难行得通。现实可行的做法是——传统的创造性转化——既要学会继承传统,又要学会对传统进行创造性的转化。

"传统的创造性转化"并非由林毓生所首创。慎思明辨的英国人对这个思想理解得最为透彻,并在他们的国家成功地实现了这个思想。很多知名的思想大家例如哈耶克、波拉尼和波普尔等等,也都一再强调:真正的自由离不开有生机的传统。有大量的历史经验告诉我们:没有传统的自由就滥,而没有自由的传统则僵。一个社会中的主流文化需要强有力的权威作为"支援意识",才能锻造新的文化并引领民众,而这个权威总是跟传统有千丝万缕的联系。善用传统,善于从传统当中开出新生面,这不仅往往是正确的,而且也往往是经济的和最稳妥的。

我们欣慰地发现,在深圳,一个主体意识和现代意识都极为明确的城市,在开展读书月的活动中,有意或者是无意地遵循"传统的创造性转化"的设想,而且把这个哲学家们的设想转变为一场大规模的社会实践。

事实上,"书香社会"的构想就继承了"书香门第"的传统。即使我们今天距离传统的农业社会已经遥远,但那个社会推崇读书的价值观仍然以各种各样的方式将其影响力延续到现在。一开始,我们这个先锋城就没有简单排拒传统的读书价值观,毋宁说反倒是以一种更为包容的、开放的姿态接纳了传统读书价值观作为宝贵的文化资源。在10年读书月的活动中,宣讲传统文化乃至在青少年当中主张重读国学,都被人们用一种兼收并蓄的态度悦纳了。

传统读书价值观的影响或许在美学的意蕴方面来得更广泛一些，比如说，耕读传家是那么富于诗情画意——耕田可以事稼穑，丰五谷，养家糊口，以立性命；读书可以知诗书，达礼义，修身养性，以立高德——所有这些描述都不禁令人神往。当然，我们今天所读的书不同以往了，我们读书的目的也有了很大的不同，我们今天在读书当中遇见的问题也不是传统社会的人们所能想见的。但是，诗书继世仍然是一种极其美好的诉求，传统社会崇尚人文化成的意绪同样是今天的社会所需要的，"书香"二字所传达出来的感性的温馨味道，仍然深深感动着每一个人的心。

细心的人们还会发现，在深圳流传着这样一个口号："活的文化，新的传统。"这个口号再清楚不过地表明，深圳那些主导文化实践的人们非常明确，传统不仅是可以创造性地实现转化的，而且是可以再创造的，我们这一代人完全可以成为新的传统的缔造者。连续10年举办读书月，就正在逐渐演变成一种活的文化和新的传统。这个城市对创意、艺术、知识的格外敬重，已然是一种崭新的传统。

四、文化输出提升深圳的能见度

熟悉深圳文化史的人们应该知道，深圳的文化输出有两个高潮期。一个是改革开放刚刚开始的最初十来年，深圳这块热土产生了大量的新观念、新思潮，类似"时间就是金钱，效率就是生命"等等，很快就传遍了祖国大地，让国人耳熟能详。大量观念的输出，迅速地塑造了深圳的形象，强化了深圳这座城市的魅力，也成为吸引全中国的人才南下创业的一个重要原因。

另一个高潮期则是最近的十来年。这一次的文化输出主要是跟读书月有关。随着深圳读书月的持续举办，她的影响开始向国内很多城市波及。迄今为止，全国有数十个城市也举办形形色色的读书节，很多地方的宣传文化系统负责人专程来深圳取经。重庆就是一个例子。2007年，有鉴于深圳的阅读经验，重庆发出了"在全社会形成自觉读书的风气，让重庆成为一座书香满溢的城市"的倡议，民间团体举办了"重庆首届民间读书节"。2008年，重庆也像深圳一样，由政府主导举办读书月。作为市民最喜爱的十大文化活动深圳读书月俨然已成深圳的文化名片和文化品牌引起全国读书界、文化界的瞩目。据了解，沈阳、成都、南京、郑州等城市都曾先后到深圳考察读书月，交流各自开展读书文化节庆的经验和做法。而目前全国已有 30 多个城市举办读书月、读书周、读书节等读书文化活动，这些城市组织的读书文化节庆共同掀起了全国一轮又一轮新的读书热潮。

让我们比较一下两次文化输出的差异。20 世纪 80 年代的文化输出，主要输出的是一些新观念、新思路，其主要特征是有强烈鼓动性、效仿性的短语。而最近这一次的文化输出，则是以读书月为载体的整体文化观念和文化模式的输出，这一次输出的是一整套价值观、行为模式和成功经验。

如果进一步比较两次文化输出的背景，我们不难发现，最近这一次的文化输出较之上一次有更大的难度。上一次文化输出时，深圳是一个与内地有较大差异的城市，是一个经济特区。而这一次文化输出时，深圳跟内地的差别已经没有那么明显。换言之，在今天的背景下，让一个城市具备文化输出的位势，已经变得极为不易。而深圳做到了，并且较之上一次做得更好。这一成功的文化实践，再一次提升了深圳文化的能见度。众所周知的是，已经在全国广泛开展的全民阅读行动，就是以深圳经验和做法作为基础的。

文化输出的能力，是一个城市软实力的重要组成部分。一个不具备文化输出能力的城市，不可能是一个具备文化辐射力的城市，不可能是一个具有较高能见度的城市。而一个能见度较高的城市，又总是很自然地成为集聚人才、资金和资源的洼地。从历史的角度来看，这几乎是一个规律。

五、年轻城市的希望和愿景

我们应该为深圳这个城市感到幸运。在这个城市早期的拓荒阶段，就拥有这么多眼光开阔、志向远大、抱负宏伟、不拘一格的年轻人，他们不排斥财富，但绝对鄙弃拜金；他们崇尚文化，更看重精神价值。而其中一批杰出的年轻人又因缘际会，成为这个城市文化事业的主导者和参与者，他们用卓越的想象力和高度的理想精神，为这个城市提供了大量的积极意念和美好愿景。正如人的早期性格决定了一个人一生的走向，一个城市的早期意念和愿景，也必然会深刻地影响到城市未来的走向。

他们非常清楚哪些国家是伟大国家，哪些城市是伟大城市，他们也非常清楚伟大的国家或者城市何以伟大。举一个例子，他们知道古希腊为什么成为文明的象征，而古罗马又为什么会惨遭覆灭。古希腊崇尚自由和思想，而古罗马沉溺于纵乐和蛮力。伟大的国家和伟大的城市，不仅仅具有发达的物质生产力，更有着极为强悍而又充沛的精神能量，伟大的国家和城市在精神领域取得的成就更令人惊叹和敬仰。

我们这座城市的年轻人把城市的希望和愿景寄托在类似读书月这样实实在在的社会实践之中，并用无数的细节来充实这个文化行动。他们知道，以真理为终极目标的知识活动，最终能够兑现人类的一切理想，而阅读是知识活动之开始。阅读是突破各种壁垒的开始，是进入自由王国的门径。阅读的人越多，僵化与禁锢的可能性就越小。热爱知识活动的人越多，则城市就越是有可能无限接近更加美好的未来。

积十年之功，读书带来了改变，阅读影响了我们。许多此前一些人不敢想象的事情已经变成了现实。但是，我们知道，所有已经实现的目标，都不再是目标。所有"其所是"，都应该被"其所不是"取代。事实上，我们知道，即使是如此被高度强调的阅读行为，一方面，它固然可以是一种生活方式，可以为我们赢得尊重，但另一方面，阅读也仅仅是一种中介，一种手段，是通向彼岸的桥梁。我们不是为读书而读书的，我们是为自身的不断幸福和不断接近理想而读书的。我们还应该清醒地看到，作为城市的主人，阅读也是为建设一个有理想、有抱负城市不断地准备条件，我们距离世界先进文化城市的目标，还有漫长的路要走，我们还处在行进的征途上。由此，我们不难明白，为什么我们一再强调想象力。想象力可以省略逻辑的推导，跨越理念的编排，而直接呈现最终的愿景。想象力可以带给我们源源不断的动力，是想象力让一个城市飞翔。

琴城筑梦：从李云迪到张昊辰

王俊

> 王俊，《深圳特区报》记者。本文原载《深圳特区报》2009年6月10日。

"他是我近20年范·克莱本大赛评委生涯中所遇到的罕见天才，他有理由为自己感到骄傲！"德高望重的著名钢琴家、连续五届克莱本评委普莱斯勒在评价张昊辰的演奏时说。

"这是一个令人惊叹的选手，19岁的他在音乐中告诉我的事情，超越了我的所有体验！"美国《波士顿邮报》乐评人、比赛评委里查·代尔这样说。

当评委会主席约翰·乔达诺知道获上届比赛水晶大奖的陈萨和第14届肖邦国际钢琴比赛冠军李云迪是张昊辰的师兄师姐时，惊讶地说："你一定来自一座杰出的音乐之城，一所优秀的学校！"

当9年前李云迪夺得肖邦大奖时，有论调认为，那只是基于他个人天赋上的偶然现象，尚不能就此乐观地判断一座城市的音乐未来。然而如今，世界四大钢琴比赛中已有两项冠军花落深圳，几乎所有国际一流钢琴大赛中都有深圳选手走上领奖台，从陈萨、李云迪、左章，到张昊辰、潘林子、徐起，深圳钢琴艺术的"星空"已经从明星闪亮发展到群星璀璨。他们见证着"钢琴之城"的梦想，显示了一座城市的文化雄心。

"深圳军团"享誉国际钢琴界

这两天，获得范·克莱本大赛金奖的张昊辰并没有显得太兴奋，他通过QQ对本报记者说，自己心里埋藏着两个担忧：一是怕获奖后太多的巡演、应酬和媒体曝光打乱自己的正常生活，不能专心练琴；二是怕所谓的"成名"后令自己那些在深圳的昔日同学、朋友们感到疏远。他说："以前李云迪师兄获奖时我是那样的羡慕，梦想自己有一天也能像他那样。但当这一天真的到来时，却有些手足无措了。"

对张昊辰这样的心理波动，其恩师但昭义并不奇怪，他反而胸有成竹地劝导张昊辰慢慢适应这种从琴房到聚光灯下的公众人物生活。在他的师兄师姐李云迪、陈萨刚刚出名的时候，也经历过这样的心路历程。事实上，范·克莱本基金会安排的扎实详尽的培养计划也将帮助张昊辰逐步成长，在接下来的三个音乐季中，张昊辰将接受200多场世界巡回音乐会的磨炼，让他成为一位真正的钢琴明星。

今年是国际钢琴界的大赛年。周期不同的范·克莱本大赛与利兹钢琴比赛20年来首次在同一年举行。如果张昊辰此次在范·克莱本大赛中没有获奖，他就必然将出现在8月的英国小城利兹。如今，获得桂冠的他已经不需要去利兹了，然而并不意味着利兹国际钢琴比赛就会与深圳人擦肩而过。在利兹比赛的官方网站上，来自深圳的徐起、贾志超和张昊辰的名字一起出现在进入决赛的名单中，将共同向又一顶级国际钢琴比赛冠军发起冲击。其中，年仅15岁的徐起是所有决赛选手中年龄最小的，他以少年身份参加这项成年钢琴比赛，在国际钢琴界已经传为美谈。

近年来，几乎所有最具影响力的国际钢琴大赛上，都活跃着深圳选手们的身影。以2008年8月的德国埃特林根国际钢琴比赛为例，在最高级别的青年组中，来自深圳的贾志超和徐起历史性地包揽前两名。少年组第一名叶子也同样出自深圳。其中14岁的徐起跨组参加青年组比赛，年龄甚至比许多少年组选手都小，被视为李云迪、张昊辰之后的又一新星。

左章在美国伊斯曼音乐学院，张昊辰在柯蒂斯音乐学院，李云迪、陈萨曾就读于德国汉诺威戏剧音乐学院，贾志超、叶子就读于国立舒曼高等音乐学院。这些世界上最负盛名的顶尖音乐学府是音乐家的摇篮。能够进入这些音乐学府学习的学子往往都能在世界乐坛前沿找到一席之地。从深圳走出的一个又一个充满才华的钢琴骄子，先后进入这些世界最优秀的音乐学院，并以优异表现赢得了乐坛的注意，以至于欧洲一家知名爱乐杂志惊呼："国际钢琴界走来了'深圳军团'。"

黑白键上构筑城市音乐梦想

这是一个城市做过的钢琴梦的轨迹——

1992年10月,为了给小提琴家马思聪和夫人王慕理在深圳戏院的音乐会提供伴奏,深圳各界人士筹款购买了一架德国产的依巴赫牌三角钢琴。那是深圳第一架钢琴。

1995年6月,钢琴教授但昭义带着16岁的学生陈萨、13岁的李云迪从国外比赛归来路过深圳,在深圳有关部门的热情邀约下,他们留在了这里,于是有了之后的一个又一个传奇。

2000年10月,18岁的钢琴少年李云迪在第十四届肖邦国际钢琴比赛上夺得了空缺15年之久的冠军。这是中国钢琴界当时获得的最高国际荣誉,也成为深圳音乐史上的标志性事件。

2004年3月,建设钢琴之城被高瞻远瞩地正式列为深圳文化立市的重要目标之一。《深圳市建设钢琴之城规划方案》随后推出。

2006年10月,一项国际性钢琴大赛——2006中国深圳国际钢琴协奏曲比赛正式落户鹏城。

在以上这些闪亮的时间节点之间,还有着无数值得回味的时刻。正是这些沉甸甸的往事,和着声声入耳的叮咚琴音,让一座钢琴之城的轮廓在我们视野中日益鲜明起来,在黑白分明的琴键上,构筑起城市的音乐梦想。

李云迪获奖后的短短几年间,左章获乌克兰克莱涅夫国际钢琴比赛第一名,张昊辰获第四届柴可夫斯基国际青少年音乐比赛第一名、第五届亚洲肖邦钢琴大赛金奖、中国国际钢琴比赛第一名和范·克莱本大赛金奖,引人瞩目的钢琴骄子还有薛啸秋、李泞源、潘林子、何其真、徐起……越来越多的深圳琴童屡屡摘金夺银。

《深圳市建设钢琴之城规划方案》中提出,在2010年之前,深圳将搭建起钢琴之城的基础框架,到2020年基本建成钢琴之城,那时的深圳将是一座以钢琴艺术为优秀品牌、钢琴文化为鲜明特色的国际知名城市。为此,深圳将积极引进钢琴制造产业,筹划成立以钢琴为龙头的深圳艺术学院,创立深圳国际钢琴博览会,培养和引进一流的钢琴人才梯队。

作为深圳钢琴崛起的第一"伯乐",但昭义教授对深圳钢琴教育"由点到面、星火燎原"的可喜局面深感欣慰。他说,李云迪、张昊辰的获奖不是偶然的,而是在深圳文化气氛的熏陶和文化主管部门、学校、老师、家长的共同培育下的结果。以深圳艺术学校为龙头,深圳钢琴教育开始将目光投向国际,确立独具特色的文化地位。

图书馆之城：公平享有文化权利

程亚男

> 程亚南，研究员，历任湖南省图书馆副馆长、深圳南山区图书馆馆长。本文原载《深圳特区报》2005年5月2日。

公共图书馆是一个"大庇天下寒士"的文化场所

人们常说，劳动创造文化。文化是人类创造的精神财富。正是基于人们对文化的高度评价，早在十多年前，联合国大会通过的《世界文化发展十年》就提出："要对构成21世纪的重大世界挑战作出应答，就必须在发展中更加强两个主要目标——发展中的文化尺度和人的文化生活。"为此，不少国家把"文化生活满意度"作为衡量现代化城市的重要尺度。

文化生活满意当然不仅仅是吃饱穿暖、出入豪华娱乐场所，或健身跳操，或玩高尔夫。以我国尚有赤贫人口2500万—3000万的现状，我们需要的应该是能容纳更多民众、能让更多民众受益的文化活动场所。从一定程度上来说，公共图书馆的诞生创造的就是一个"大庇天下寒士"的文化场所。

世界上第一个依照法律建立的公共图书馆于1852年出现在英国的曼彻斯特。由英国下议院通过的英国公共图书馆法是世界上第一部图书馆法，该法案指出：应该建立一种由地方当局授权管理，由地方税收支出和支持、因而对所有的纳税人（实际也是所有社会公众）免费开放的真正的公共图书馆。从这一意义上说，公共图书馆从诞生的第一天起就代表着一种制度，一种保证社会具有的最起码的信息公平的制度。诚如英国不列颠博物馆第六任馆长安东尼·帕尼兹在1856年向英国议会特别委员会所声明的那样："我要使穷苦的学生和我国最有钱的富翁在图书馆藏书的范围内,拥有同样的手段,去满足他们的求知欲望。"

我国第一所公共图书馆于1904年创建于湖南,公共图书馆的诞生标志着延续了两千多年的封建藏书楼逐渐衰落,开启了中国图书馆走向近代的历史。较之封建藏书楼,公共图书馆最大的特点就是向公众开放——为数千年在皇权统治下的平民争取到了阅读的权利。

文化权利的获得,筚路蓝缕,经历了漫长而坎坷的求索之路。

亚里士多德就曾以"自然的意图"为依据得出一个独特的结论:"奴隶不可能有考虑问题的本能。""雅典和斯巴达只向自由人提供教育,十分之九的人口是不享有学习的权利的。""书是供有选择的少数人使用的。"(《诗论》)14世纪的文艺复兴,虽然砸掉了书上的锁链,但到19世纪,人们还是被分化为两部分:少数统治阶级,由那些有特权的人组成;多数平民阶层,由等级较低的人组成,这部分人没有受教育的权利,自然也就没权利使用图书。

中国自秦始皇统一六国以后,进入了漫长的封建社会,也进入了漫长的"人治"状态。"人治"宣扬的"皇权"至上和森严的等级制度,为权谋文化营造了很大的空间,封建藏书楼的诞生亦是文化特权的一种表现,宫廷藏书虽经朝代更替,但历代都有一套收藏、整理、校正与编目的典章制度,如西汉时就曾规定,凡未经皇帝许可,不能私借,不能录制副本,否则予以严厉制裁。《汉书·霍光传》记宣帝四年(公元前66年),太常苏昌把皇家藏书私借大司马霍山抄写,结果苏昌被免官,霍家欲献"人马千匹,以赎山罪"。臣子尚且如此,更不要说连生命健康权都无法得到保障的奴隶们,谈何文化的权利。

印刷术的传播、应用与西方图书的翻译,掀开了中国启蒙文化的序幕,始于20世纪初的新文化运动,极大地提高了书籍的出版效率与传播范围,导致了"平民文化"的浮现和各省公共图书馆的陆续建立。中国最初觉醒的知识分子创办图书馆,就是旨在建立现代性的民主文化格局,主张图书馆向平民开放。

1972年联合国教科文组织发布的《图书宪章》明确指出:"每个人都有阅读的权利。社会有责任保证每个人都有机会享有阅读的利益。"同年颁布的《公共图书馆宣言》亦规定:"每一个人都有平等享受公共图书馆服务的权利,而不受年龄、种族、性别、宗教信仰、国籍、语言或社会地位的限制。"

文化权利的发展究竟意味着什么?

建设"图书馆之城",是实现深圳市民文化权利的重要途径

给公民创造更多的文化享受的条件,是文化权利实现的最基本的内涵。公共图书馆其最重要的特性即在于"公共"二字。既然公共文化服务平台是为公众的,那么,就应该有全体公民的广泛参与。没有公众,又何以成为"公共"?公众的参与度和满意度也就理所当然成为衡量公共图书馆是否有用和成功的重要条件之一。

从文化权利的视角重新审视我们的工作已成为一种必然。由于深圳城市发展的历史较短,公共图书馆数量少、文献藏量少,已是一个不争的事实。据《深圳市2004年国民经济和社会发展统计公报》:深圳现有区级以上公共图书馆8座,总藏书量385万册(件)。馆均服务人口50多万,超过全国平均服务人口47万的指标。阅读的不便利,将不少想读书的市民挡在了图书馆之外。深圳曾在读书节时对市民的读书行为进行调查,被调查的读者群体中到书城看书的人特别多。市民为什么舍弃图书馆而去书城,用市民自己的话来说,是居住的附近没有图书馆,迫切希望能有一个就近读书的地方,少浪费一些在路上奔波的时间,且书城能较方便找到自己喜爱的书,新书比图书馆来得快,而图书馆的书不一定是最新的;再者去图书馆读书有点麻烦,要办证。图书馆较之书城的好处只是可以静静地看书。同时,文献的积累有一个过程,深圳的图书馆事业起步晚,在文献的积累上可谓是先天不足,既没有一座历史悠久的、藏书宏富的大馆,犹如北京市的国家图书馆和首都图书馆、上海市的上海图书馆、广州市的广东省立中山图书馆、武汉市的湖北省图书馆和长沙市的湖南省图书馆等。在基层图书馆的建设方面亦远远落后于北京与上海,北京的东城、西城、崇文、宣武四个主要城区的图书馆藏书都已在30万册以上。

正是由于深圳的公共图书馆的"两少",为市民利用图书馆带来了诸多的不便,充分实现读者的阅读权利就是一个不确定的,甚至是困难的现实,所以总是有不少公民被排除在图书馆的服务之外,知识的不公平现象仍然存在。这就产生了一个"应然权利"与"实然权利"的问题。

实现读者的阅读权利,需要服务载体和服务空间作保障,需要政府提供一定量的阅读阵地。解决同城不同社区阅读权利差异问题的最终途径就是多建图书馆,尤其是社区图书馆。这也正是建设图书馆之城的意义所在、责任所在和发展的动力所在。从2003年着手建设"图书馆之城"以来,深圳已有300多家为民众免费开放的图书馆(室),充分体现了建设"图书馆之城"可喜的发展态势。应该说,图书馆之城目标实

现之日，就是民众阅读权利充分得到体现之时。

权利是什么？权利是一种观念（idea），也是一种制度（institution）。为了保证公民平等享用知识，必须进行制度创新。制度是公平的基础。

政府财政要向公共财政倾斜

政府是实现公民文化权力的主要推动力量，特别在现阶段，政府主要担当着对文化资源的调配。因此，如何按照公民文化权利的实现这一目标要求，来调整政府财政投入的文化行政方式，决定着整个社会的文化权利实现程度。公民文化权利的实现程度将是衡量政府文化工作绩效的基本指标，也是衡量图书馆之城建设质量的问题。

建设图书馆之城取决于许多物质前提：馆舍、藏书是最基本的，单靠纸上的规划与意愿不可能实现。文化权利实现中的差序格局，受经济所制约，这是一种历史的必然性，任何人都无法超越。

图书馆经费投入的不足是长期困扰图书馆发展的一个问题。深圳的经济发展一直位于全国前列，应该说，已初步具备为民众提供广泛的文化服务的能力，但仍然存在图书馆持续发展投入严重不足的问题。据不完全统计，上海市图书馆常年购书经费高达 8000 万元，广东省中山图书馆年购书经费 2500 万元，深圳图书馆的购书经费，列入政府财政支出的常年维持在 1600 万元左右，不足部分要靠补贴。各区图书馆由于区财政投入的不同，年购书费从四十几万到百余万不等。社区图书馆的经费，目前只有福田区制定了有关的管理办法，社区图书馆日常运作经费基本得到了保证，其他区的许多社区图书馆，除一次性建设投入外，基本没有持续的经费投入，致使不少社区图书馆不能保证正常开放。上海的社区图书馆一般馆藏都在 3 万册以上，常规资金投入每年都有十几万元，最多的一家达到了 32 万元。

当然，政府要投入的公共事业很多，欠账也较多。如果每一个公共事务方面都要求提高几个百分点，也非财力所及，文化与教育、卫生都存在一个如何公平投入的问题。具体到图书馆事业的投资，也存在一个公平的问题。是多做锦上添花的事，还是多做雪中送炭的事，就是一个政策导向问题。同时，政府投入的增加又常常用于人头费的增加，真正用于购置图书文献的经费并不多。我们看到，一些社区图书馆没有馆舍，有的虽然有馆舍，或借居于政府行政大院，或位居高楼，不方便利用。近年来，在社区图书馆的投入问题上虽然有所突破，但力度不大。政府承担社区图书馆的基本费用，才是解决问题的出路。所以当务之急是在增加投入的同时，让民众参与财政预算过程，把有限的资金用到刀刃上。

上海市政府考虑问题的大思路，即是在社会主义市场经济条件下，致力于更加努力地向公众提供更多的公共服务、公共福利和公共产品，促进社会公平。这也应该成为我们建设图书馆之城的思路。

"人人享受文化"是"和谐社会"的一个尺度

不久前，一位读者对社区图书馆的不能正常开放提出了意见。民众对图书馆的服务有意见当然不是一件好事，但也从另一个侧面提醒我们，建设"图书馆之城"并不仅仅是建设一定数量的图书馆，最重要的是如何为民众服务的问题。

图书馆之城建设的最大特点是它的普及性，其基本原则之一就是确保全体市民都能方便地利用图书馆，让图书馆之城的建设成果为广大人民群众所共享，实现社会公平享用知识。

长期生活在水泥钢架下的人们需要这样的文化空间：在这里，所有的市民能确立作为主人的文化尊严并共享知识。

"我心里一直在暗暗设想／天堂应该是图书馆模样"（博尔赫斯）。公共图书馆的终极目标就是让所有的民众都成为读者。纽约图书馆向社会公布的宗旨就是："它是所有人的大学，学者和作家的天堂，政治家、科学家、商人的基本资源，国家的记忆。"

英国的一名商业分析师公布了他近年来对英国公共图书馆的调查分析报告，在分析英国公共图书馆当前存在的关门太早、新书太少、成本太高等种种迹象后，预测英国的公共图书馆将于 2020 年全部关门。结论的确有点危言耸听，但它至少给了我们一个警示和良好的建议：增加开放时间，最好从清早一直到深夜；多花两倍的钱用于购置图书。这对改进我们的服务都很有启迪。

另外，深圳是一个流动人口占绝大多数的城市。关心和解决流动人群的阅读问题至关重要。对流动人群的关怀，不仅只是对流动人群权益的尊重，更关乎和谐社会的建立。

阅读的公平是阅读的前提。深圳是一个外来人口密集的城市，尽管经过近 20 年的改革，深圳的开放仍然有几小块壁垒，区别对待"深圳人"与"外来人"就是一个典型的反映。深圳市所有图书馆的免证、免费服务一直走在全国同行的前面，但在我们服务的潜意识中，仍然习惯于将读者分为三六九等，如户籍人、外来人；有职位职称者、无职位职称者等。这是一种不平等的等级意识的表现，没有一种把"外来人"视为与自身拥有同等权利与人格的主体意识。应该说，改革开放以来，读者权益已经和正在逐渐受到图书馆界的普遍关注，"开放"、"平等"等理念已不断渗透到图书馆工作的各个方面，如无证阅览、无限制办证等。又如近年来深圳市有关部门根据读者意见，取消图书馆存包收费的规定，以及深圳图书馆等相继取消外地人、本地人办借书证的收费等级、深圳盐田区图书馆对外地打工者办借书证的优惠政策等，都是在不断地扩大民众的文化权利。可以说，读者权利目前正在不断得到保障与深化。在我国，有两亿以上流动人口在城市工作，为充分体现现代城市的人性化管理，首先应该保障非户籍居民的各项权利。作为与户籍人口同样的纳税者，在其为城市作出贡献以后，有权利获得与户籍人口平等的公共服务。即使没有为城市作出贡献，只要他们在此长期居住已经既成事实，则城市在力所能及的前提下，也应该对他们予以适当的关怀。

在日本港区图书馆，我们可以经常看到坐在墙角里的那些流浪汉，他们的"家"就在港区公园或东京湾附近有饮用水的地方，那是用硬纸壳搭成的帐子。为了取暖，一到寒冷的冬天，他们就整日待在图书馆里看书，从来没有人轰他们，如果不是身上的那种味道，好像一般人也不介意坐在他们附近看书。

家是什么？是一个别人无法将你拒之门外的地方。图书馆应该是所有民众的"家"。只有所有的人都有一个自己的精神空间，我们的人居环境才能实现真正的和谐。

"人人享受文化"，应该是一个充满时代精神和人文情怀的文化尺度。

设计之都：世界对创意深圳的褒奖

靳豹

> 靳豹，是"晶报"的谐音。2008年11月19日，联合国教科文组织授予深圳"设计之都"称号，深圳人民欢欣鼓舞。《晶报》2008年12月8日，发表这篇社论，详细阐述"设计之都"的内涵及意义。

联合国教科文组织把"设计之都"的美誉授予深圳，既标志着深圳致力于自主创新、发展文化创意产业得到国际认可和尊重，也意味着这个城市在"速度深圳"、"效益深圳"上取得卓然成就后正向"创意深圳"、"人文深圳"大步跨进。

深圳是迄今为止全球获得"设计之都"称号的6个城市之一，是中国第一个获此殊荣的城市，从此以后将与德国首都柏林、阿根廷首都布宜诺斯艾利斯、加拿大城市蒙特利尔、日本城市名古屋和神户站成一排，并且成为全球创意城市网络的16个成员之一。

教科文组织的专家评审小组指出，深圳以"快速发展的能力"、"短暂而富有活力的历史"、"年轻的人口"而著称。在地方政府的强力支持下，深圳在设计领域赢得了稳固的地位，平面设计和工业设计方面生机勃勃，数字化产品和网络设计方面快速发展，包装设计行业因采用先进技术和环境处理手段而获得创新经验和特别声望。教科文组织的专家们特别强调，深圳在社会文化相关领域尊重经济平衡发展，并以设计为战略手段来促成城市转型，是具有开创性的构想。

事实证明，深圳实施的文化立市战略，竭力倡导的力量型、智慧型文化，已通过一系列行之有效的制度设计，从理念变成了实践。从设计产业的规模和成就来看，联合国授予深圳"设计之都"是实至名归。现在深圳已成为中国的设计重镇和现代设计的核心城市之一，中国设计界的领军人物和最具影响力的设计师多在深圳，大学毕业的设计人才把深圳作为择业的第一选择地。在这个城市，有 6000 多家具有设计实力的企业，专业设计师有 6 万余人，涵盖平面设计、工业设计、建筑设计、软件设计、动漫设计等 10 多个领域。一批在海内外有广泛影响力的作品，比如"世界建筑师大会"申办标志、"2008 北京申奥"等品牌形象设计，均出自深圳设计师之手。深圳的工业设计在全国各城市中规模最大、实力最强，珠宝产品设计总值占全国 70%，全球 80% 的圣诞树工艺品出自深圳。到 2007 年，深圳文化创意产业增加值达到 460.1 亿元，占全市 GDP 的 6.8%。

获得"设计之都"这个殊荣，是对深圳长期坚持自我创新战略、发展文化创意产业的最佳褒奖，也标志着国际社会对深圳改革创新、探索新型发展模式的关注、肯定、支持和尊重。进入新世纪，深圳敏锐地意识到文化和创意对城市经济和社会发展的重要性，在经历拼规模、拼管理之后，致力导入拼文化、拼创意的新阶段。2003 年，深圳开始实施"文化立市"战略，提出把建立"两城一都一基地"（即图书馆之城、钢琴之城、设计之都、动漫基地）作为文化立市的具体工作来抓，从而加快产业结构调整，向创新型经济和以文化为中心的发展模式转型。2005 年以后，深圳市更是把自主创新战略作为城市发展的主导战略，将文化创意产业列为第四大支柱产业加以推动。鉴于深圳在文化创意产业上的先行性和取得的成就，今年 6 月国家发改委把深圳列为国内首个开展国家创新型城市建设试点工作的城市，深圳也因此成为建设创新型国家战略的试验田。

创造永无止境，持续创新方能保持城市的可持续发展。深圳被联合国教科文组织授予"设计之都"称号，加入全球创意城市网络，为城市的文化创意产业发展提供了更宽阔的国际舞台。深圳也将承担"中国设计的窗口"的角色：世界其他城市最新的创意理念和设计思想，将从深圳传递到全国；而国内最有创造力和富含文化意蕴的设计作品，也将从深圳走向世界。

荣膺"设计之都"美誉，对深圳提升创意设计能力、向世界一流"叫板"提出了更高要求：不仅要制定更为智慧的政策，加大创意投资，吸引更多国内外优秀的设计人才来深献智献力，而且要动员全体市民参与创新，让创意和有创意的人与企业受到尊重、得到支持，使自主创新成为城市"活的文化、新的传统"，助力深圳抢占全球创意产业制高点，引领世界设计潮流。

设计与都市和谐
——'07深圳设计论坛综述

周举

> 周举，深圳大学艺术设计学院讲师。本文选自《深圳大学学报》2008年第1期。

由深圳市文化局、深圳大学主办，深圳大学艺术设计学院、深圳现代艺术与设计研究中心承办的'07深圳设计论坛暨设计展"于2007年11月27日在深圳大学国际会议厅开幕。此次论坛是在'05深圳首届设计论坛暨设计展"成功举办基础上的又一次国际性、高水平学术论坛，来自美国、德国、英国、日本、澳大利亚、韩国以及清华大学美术学院、中国艺术研究院研究生院、中国美术学院等国内外30余所院校的教授、学者、设计界精英百余人齐聚鹏城，围绕"设计与都市和谐"这一主题进行了广泛而深入的交流与探讨。

设计展根据论坛的主题组织展品，按照不同的设计领域展出不同系列的设计作品，如城市设计、平面设计、工业设计、服装设计和环境艺术设计、数码艺术系列，并在大会演讲的基础上根据专业方向和各专业的具体情况于11月28日下午进行分专业讨论，同时举办相关专题讲座，对听众提出的问题进行解答。

此次论坛在内容上主要包括四个方面：

一、设计与创意产业

原德国奔驰汽车公司、现戴姆勒—克莱斯勒汽车公司设计总监哈罗德·莱希克先生以"通用设计"为题,重点介绍了通用设计理念在奔驰汽车创意设计中的运用,以及戴姆勒—克莱斯勒汽车公司如何面对来自当代汽车业的各种挑战,并对中国的工业设计提出了具体的希望与建议。日本著名服装设计师云雪以服装企业以及品牌产业为主要内容,作了题为"让生态服装成为服装产业的普遍追求"的主题演讲。他认为:服装企业是建立在品牌产业的结构上的,服装企业应具有创造服装文化、通过服装来丰富我们的城市和人群的职能,并提出品牌的开发需要很强的商品说服力和商品技术含量,以及通过服装产业对社会产生的贡献来使品牌的价值得到高度评价的观点。

二、设计与传统文化

中国艺术研究院孙建军教授的演讲题目是"中国传统与设计文化研究"。他认为:设计作为人类的审美与造物活动,体现了一个民族的历史与文化,设计实际上是文化的产物。民间的创造表现了劳动者丰富的想象力和无与伦比的创造力,具有跨越时空的审美价值和艺术魅力。四川美术学院教授余强教授认为,各大城市的建筑在建设国际化大都市的共同目标下,设计风格上的地域差异已经日渐模糊,因为都市建筑和都市文化在历史和地区上的特征消失,都市文化和传统文化发生了断裂。对此,当代设计绝不能再对都市形象一味放大,设计需要道德自律,消解都市文化失落群体的价值虚无,重构都会时代的超越价值。

三、设计与都市和谐发展

清华大学鲁晓波教授的演讲题目是"设计与和谐发展"。他指出:要使文化成为城市综合竞争力的核心,以设计推动道德和社会责任心的回归。面对现代商业化、技术化设计观或消费主义设计观支撑的现代工业设计实践及其所导致的环境恶化、生存危机等困境,鲁晓波主张从高视野重新理解设计,和谐发展是设计的最基本也是最高的价值标准。美国华盛顿大学艺术设计学院院长克里斯托夫·欧朱布可教授指出,无论个人或公众都需要设计,和谐的设计包含对经济和环境改造的考虑。设计是图形和文字、材料与加工、分析与探索、可行与可用、技术与概念的结合，它要求设计师要充分调动这些因素构成一个独特的、功能性强、令人愉快、难忘的形式。

四、设计与设计教育

苏州大学博士生导师诸葛铠教授在《面对多层面都市文化的中国设计教育》中指出，新兴的都市文化一方面接受了西方发达国家城市文化的时尚，另一方面又离不开母体文化深刻的遗传。这种矛盾隐藏在都市和谐文化的背后，使设计教育理念面临多种选择。设计教育理念变革既不是复古也不是崇洋，而是以社会需求为主体，向中西两方面展开"一体两翼"；在此前提下，都市文化和设计教育都必须提倡"民族观"，即把长期仰视欧美的眼光转向世界，摆脱狭隘认识。在英国胡弗汉顿大学留学两年、现任中国艺术研究院研究生院设计系主任的曹小鸥认为：目前学校的定位和学生的培养方向误导了学生自我价值的判断，而且艺术教育比其他文理科教育更需要因材施教，因此设计教育需要把握社会应用型人才和高品质人才的培养渠道和方式，在教与学、书本与社会、理论与经验上以课程显现现代设计各专业的特色。

大会在和谐严谨、活泼紧张的气氛中圆满结束。之后还将编辑出版《'07深圳设计论坛暨设计展作品集》和《'07深圳设计论坛暨设计展论文集》，以此作为本次活动的成果汇聚和总结，从而进一步实现此次活动的目标与价值。

"申都"之路

王奋强

王奋强，《深圳特区报》记者。本文原载2008年12月8日《深圳特区报》，标题略有改动。

申都之路起伏跌宕

功名尘土，艰辛历练。深圳申请加入联合国教科文组织全球创意城市网络的"申都"之路，经过两年700多个日夜的无畏跋涉，终于功德圆满。

回眸凝望，深圳在起伏跌宕的"申都"征程上，一路披荆斩棘，连下"八城"，捧得桂冠：

"第一城"——提交报告。经过大量沟通，2008年3月创意城市网络通知深圳可以提交报告。5月6日，"申都"专责小组成员飞赴法国巴黎联合国教科文组织总部递交报告并作演示说明。

"第二城"——通过联合国教科文组织创意产业部初评。初评合格后才允许撰写正式的报告交给评审专家。由于沟通充分，深圳报告很快就通过了初评。

"第三城"——联合国教科文组织驻北京办事处认可，没有反对意见。"申都"专责小组先后两次与该办事处的文化代表卡贝丝女士沟通，并通过相关人士做工作。该办事处对深圳评价很正面，还为深圳提供了有价值的信息。

"第四城"——负责中国与联合国教科文组织之间合作事务的中国联合国教科文组织全委会代表国家出具支持意见。全委会主任、教育部副部长章新胜等全委会领导对深圳钟爱有加，给予了全力支持。

"第五城"——说服全委会常驻团出面直接联络协调。专责小组第一次赴巴黎时与常驻团联系接洽曾被婉拒，在全委会的直接协调下，专责组第二次赴巴黎，得到了他们的有力支持。

"第六城"——通过5名匿名国际评委的专业评估。根据规则，不允许申办城市直接联系5位评委。为此，专责小组煞费苦心，全力游说推介，还通过加强网上英文宣传、向创意产业领域著名学者定向推介等多种方法。最后，5名评委均给予深圳积极的评价。

"第七城"——创意城市网络的其他成员没有提出强烈反对意见。专责小组通过参加在意大利博洛尼亚和美国圣达菲召开的创意城市网络组织的国际会议，加深了与其他创意城市之间的了解，建立了友谊，他们欢迎深圳加入网络。

"第八城"——教科文组织总干事签署意见，决定授予或不授予称号。2008年11月19日，联合国教科文组织总干事松浦晃一郎签署了给深圳市市长的信，确认深圳已被批准加入全球创意城市网络，取得"设计之都"称号。

"申都"展示深圳非凡战略思维

气势如虹。"申都"展示了深圳这座年轻城市的非凡战略思维。

联合国教科文组织授予深圳"设计之都"称号评语如下："专家评审团在评估深圳时看重深圳的发展潜力，作为一个快速成长的城市，有着仍然很短却充满活力的历史，以及年轻的人口，令人印象深刻。由于本地政府的大力支持，深圳在设计产业方面拥有巩固的地位。它的鲜活的平面设计和工业设计部门，快速发展的数字内容和在线互动设计，以及采用先进的技术和环保方案的包装设计，均享有特别的声誉。深圳还强调设计理念，他们把设计当作一个战略工具指导城市转型，同时在与社会文化相关内容领域，尊重经济发展机会的平衡。"

采访中记者了解到，2006年"创意十二月"期间，《深圳商报》"文化广场"周刊刊登专题，介绍了联合国教科文组织全球创意城市网络，该文引起市委常委、宣传部部长王京生高度重视，当即责成《深圳商报》有关同志尽快展开调研，报业集团随即挂牌成立创意文化中心，指派专人开展调研，考察论证"申都"的可行性和路径。赴上海、北京初步调研发现，由于该项目推出时间不长，当时还没有亚洲城市加入该网络，但不少城市已经在积极准备。

箭在弦上。2007年2月5日，王京生主持协调会，明确指示从落实"文化立市"的战略需求考虑，深圳要想尽一切办法争取取得"设计之都"称号。随后，市委宣传部、市文产办与报业集团千方百计了解情况，从不同渠道建立了与联合国教科文组织的联络。经过反复沟通，并用丰富的材料充分展示深圳创意产业发展情况和在国内的地位，该网络负责人终于同意与深圳合作。经请示市领导，市委宣传部、报业集团派专人于2007年6月赴法国巴黎向联合国教科文组织总部递交深圳市长致联合国教科文组织的信函，明确表达了深圳希望加入创意城市网络，成为"设计之都"的愿望，正式启动"申都"工作。

"申都"同样受到了省市领导的高度重视，根据省市领导汪洋、刘玉浦的指示，2007年4月初，深圳成立了"申都"工作领导小组，由市长任组长，王京生、闫小培任副组长，小组成员有市委宣传部、市发改局、教育局、科信局、财政局、规划局、文化局、外事办、文产办、报业集团、广电集团、出版发行集团、市文联和市社科院等单位的领导。"申都"工作由此上升到全市层面。

市领导分别于2007年4月18日和11月18日两次主持召开全体会议，作出全面工作部署。领导小组第一次会议上，提出了"精心策划，周密组织，全力申都，志在必得"的"申都"工作十六字方针。在"申都"最后关键阶段举行的第二次领导小组会议上，组长要求"高度重视，全力争取，不留遗憾，力求成功"。王京生部长先后召集领导小组部分成员单位召开了10多次专项协调会，解决工作中的难点问题。闫小培副市长亲自率队赴北京，向全委会汇报深圳"申都"工作，并多次与全委会领导汇报沟通。

志在必得。根据"申都"工作领导小组的安排，成立了由市委宣传部牵头、报业集团为主、领导小组部分成员单位参加的"申都"专责小组。为方便与联合国教科文组织的沟通与交流，显示深圳"申都"决心，王京生建议指派"申都"领导小组办公室主任、市委宣传部副部长宣柱锡以市长特使的身份率专责小组开展具体申办、对外联络与公关活动。专责小组用一个多月的时间完成了"申都"报告中英文两个版本的修改、设计和印刷，于2008年5月赴巴黎递交了报告。为完成使命，专责小组在半年时间里3次出国，3番赴京，两度赴沪，向联合国教科文组织发送100多封沟通信函。

"申都"被视为"国家行为"

风云际会，波澜壮阔。深圳"申都"之举被视为"国家行为"。

据介绍，2008年5月28日，在听取深圳市关于"申都"工作汇报后，中国联合国教科文组织全委会主任、教育部副部长章新胜表示将全力支持深圳，并明确指出深圳"申都"是"国家行为"。全委会很快组织了专家会议，会后，正式发函至教科文组织，推荐深圳申请"设计之都"。其间，章新胜先后两次来深考察，都听取了"申都"工作进展情况的汇报。8月6日，章新胜还利用接待奥运来宾的机会，向来京出席开幕式的松浦晃一郎先生转交了深圳市长亲笔签名的信函，向他大力推介深圳。

章新胜专门指派全委会副秘书长杜越具体协助深圳"申都"。在杜越的协调和推动下，专责小组于2008年7月在巴黎得到了教科文组织助理总干事李威丽的接见，并争取到了她的支持。李威丽还督促创意城市网络负责人邀请深圳参加了9月28日至10月2日在美国圣达菲市举办的全球创意城市网络会议。在这次会议上，深圳代表团破例获邀参加了创意网络成员参与的闭门会议，并与创意网络成员城市共同亮相城市形象展示活动。

尘埃落定。深圳拿下"设计之都"冠冕，成为联合国全球创意城市网络的第16个成员，成为中国第一个加入该网络的城市，同时也为深圳争取到了第一个由联合国教科文组织授予的称号。

有专家断言："设计之都"的金字招牌，大大巩固了深圳创意产业的地位，增强了深圳对创意资本和人才的号召力、凝聚力，以更宽广的国际视角和高度推进以设计为核心的创意产业各个领域整体发展，从而引领珠三角、中国乃至将来亚洲的创意产业。

深圳动漫：漫漫原创路
丁为民

丁为民，《晶报》记者。本文原载《晶报》2008年4月7日。

当时的难堪只能忍受

倘若是在10年以前，这样的情形，深圳动漫从业者是想都不敢想的：一只印有憨八龟头像的杯子可以比普通的杯子卖得贵30%—50%，一个印有福娃的书包可以多卖20元—50元。

那时，火爆的市场只有米老鼠、唐老鸭之类的欧美以及日本动漫形象才能造就。美国动画片《花木兰》，中国题材美国创造，发明者索取巨额的版权费，这样的难堪，人们只能默默忍受。除了以汗水挣点手工费，还能指望什么？

失去了原创性，就失去了动漫的灵魂，也就失去了与世界动漫竞争的机会。

10年弹指一挥间。今天，深圳动漫从业者扎根于民族优秀传统文化土壤，以创新的意识、创新的精神、创新的文化为深圳动漫产业翻开了崭新一页。

原创的产品风起云涌

20世纪90年代，深圳一批科技含量高且颇具规模的动画公司开始实践自己的原创梦想。他们创造的"魔力猫"等一批原创动画形象纷纷亮相各大动漫展。

到了 2000 年，更多有识之士不约而同地意识到：加工是没有出路的，没有自己的原创，路子只会越走越窄。他们开始下海组建动画公司和工作室。

2003 年后，国家对动漫开始重视起来，也就是在这一年，深圳唐人动画开始涉足原创领域，制作一系列以"憨八龟"为主角的三维原创动画。

到了 2004 年 7 月，光彩动画公司长达千集的动画片《一万一绝对拯救》在全国 100 多家电视台同时播出，成为深圳原创动画的奠基之作，也是深圳动漫突破日韩欧美动画片的重围的开始。

2006 年，在一系列相关政策的推动下，深圳动漫生产企业表现出强烈的创作热情，"深圳制造"的原创动画电影和电视剧产量节节攀升，原创动画片与加工动画片数量同时翻番，出现了《憨八龟的故事》（第一部《我来自他星》）、《老夫子》、《桃花源记》等一批优秀作品。

这一年，深圳完成了有史以来的第一部原创动画电影《魔比斯环》，这也是国内首部原创三维动画电影。作为中国动画电影一个具有划时代意义的突破，这部片子的诞生在国内动画界掀起阵阵波澜。它的制作完成，实现了中国动画史上三维高清动画电影"零"的突破。

2007 年，一份新鲜的大礼终于摆到了众多挣扎多年的动漫人面前：广电总局拟定新的《关于促进我国动画创作发展的具体措施》。就在这一年，深圳推出的比较成功的动漫作品，如《憨八龟》、《神探威威猫》、《龙武地》，还有以深圳为题材的、充满现代风格的动画片《薯仔的天空》等几部作品。深圳动漫水平，得到了极大的提升。

深圳牌动画走向世界

原创性让深圳动画走向全国，走向世界。

2007 年的法国戛纳电影节上，深圳环球数码公司精心打造的三维高清动画电影《魔比斯环》吸引了全世界的目光。2008 年 2 月，深圳南方盛美动画设计有限公司作品《水果部落》在参加韩国春川国际动画片的评选获得大奖后，又战胜了来自各个国家的 200 多部动画作品，最终入选美国迪斯尼电视频道，并向全球发行。

仅深圳怡景国家动漫画产业基地年原创生产能力就达到 1.4 万分钟，出口到美英等 7 个国家的动漫产品合同交易额 2000 多万元，意向交易额 2 亿多元。

同样值得关注的还有，截至 2005 年底，全国有 230 家高等院校都开办了动漫专业。2003 年 3 月，深圳职业技术学院动画系正式成立，开始培养本土动画人才。2008 年 4 月 4 日，深圳职业技术学院动画学院正式成立。

在深圳，根据动漫作品设计的衍生产品也是琳琅满目。从动漫的创作到制作、推广，一个配套的产业链也已基本形成。2008 年 3 月，在第七届日本东京动漫节上，深圳怡景国家动漫画产业基地和华夏动漫科技有限公司，首次以整体产业链品牌形象，在国际展会上展示。

深圳动漫原创集结号，已经吹响。

原创：好作品纷至沓来

深圳环球数码公司总经理助理曹辉带来了 5 个动画影视项目。她上台路演了 24 集动画电视剧《小小小镇》和三维动画影片《潜艇总动员》，吸引了现场 10 多家风险投资机构的目光。

阿力和贝贝是《潜艇总动员》的两个小主角，小潜水艇阿力聪明机灵，凡事喜欢打头阵，常常热心过了头。他的好伙伴贝贝虽然胆子小，却特别细心、爱思考。他俩在人类教练道哥的指导下，严格训练执行巡逻海洋的任务，可是，在神秘莫测的大海中执行任务可不是闹着玩的，一次次地考验着 4 个小伙伴的机智、胆量、创造力和团队精神……

深圳市书城电子出版物有限责任公司路演的《嘻嘻芒克》，是一部国内首创的少儿科技教育定格动画，它有助于幼儿开拓科学视野、激发动手能力，故事积极诱导孩子们对未来世界作出自己的幻想。

环球数码的另外一部《米家五口》是一部家庭动画喜剧，有时甚至有点无厘头，它在让观众体会到快乐而疯狂的感觉的同时，领会到家庭的重要和内心深处的美好梦想。奇幻探险喜剧动画片《叽里咕噜漂流记》，则描述了一个互相关爱的故事。

动漫不仅仅是一种娱乐，而且是一种承载着思想、价值观的文化产品。迪斯尼动画就风行于世界，同时也招致了一些人对媒介帝国主义的批判。正如多夫曼及马特拉所著的《如何读唐老鸭：迪斯尼卡通的帝国意识形态》所说，迪斯尼美丽无邪的世界背后"隐藏"的是美国价值观，它们试图告诉我们什么是好的生活，而美国就是这种好生活的样本。

这些深圳动漫公司共同表示：弘扬真善美的普世价值，保护和传承民族文化瑰宝，开拓民族文化产业的市场价值，深圳动漫人应当自觉地负起责任，给我们的后人和世界，留下共同的不朽财富。

探微：动画的独特魅力

这次展现的深圳原创动画，绝大部分的视角探向的是微观世界。"这正是动画艺术的独特魅力所在，"曹辉认为，"动画要展现的正是现实中比较难拍的虚拟世界，它是正常眼睛难以看见的微观世界、内部世界，或者特别宏大的世界，通过拟人化的、夸张的艺术手法表现出来，就具有特别动人的效果。——电影实拍能做到的，就不需要动画了。"

除了微观世界之外，就是少儿题材和家庭题材了。据了解，目前国内动画播放的档期主要还在少儿频道，这就决定了当前动画的主要消费对象还是青少年儿童和他们的家庭。

中国的动画片在创作上一直存在一个明显的误区，就是将动画片的消费对象主要设定为少年儿童。这一点多年来饱受业内人士的批评。

动漫并非仅是"儿戏"。日本动漫市场的定位几乎是全民型的，年龄结构跨越幼儿到中年，题材从科幻、爱情、冒险、体育、历史等，无所不含。同样，美国凭借《狮子王》、《海底总动员》等一系列以成年人为主要受众群的动画电影敲开了中国动画市场大门。

业内人士呼吁：国内动漫投资商和制作单位应该从原来的思维中解脱出来，认识到成人动漫市场的重要性，但这需要一个过程。"随着国内动画理念和制作的成熟，终将像日本、美国那样，为所有的人群所欣赏。"顾严华肯定地说。

冲击：朝着大制作方向

深圳动漫界藏龙卧虎。"这次交易会上的项目只是深圳动漫的一小部分，还有大得多的内容潜伏在水下。"业内人士说，参加这次产权交易大多是上了规模的公司。

深圳不缺人才，不缺编剧人员、高级技术人员。事实上，全球动漫人才可以通用，迪斯尼的许多大制作就是全球人才做出来的。"也并不缺钱。"曹辉认为，有非常多的游资在动漫周围转悠，只要企业真正地踏踏实实地在做，让资金看到信心——因为这个行业也是比较花钱的行业，回报也不很快。

归根到底是需要一个非常畅通无阻的融资渠道。顾严华建议说："产权交易会的大门应该全方位地打开，入围的作品范围还可以更广些，甚至包括个人的、小工作室的，百花齐放。重量级的作品可能就来自这些头脑里的风暴，这样深圳的动漫原创会发展得更快——资格门槛应该放低，资格审查应该是针对原创作品，而不是公司规模与公司资质。"

国际动漫界衡量一个地区、一个公司的动漫水平，就看你有没有电影级的大片。因为电影制作，无论从画面构造到后期上映，都是比电视更为复杂的过程。它的背后意味着强大的技术实力，高分辨率，强大的解算过程、渲染平台和更为成熟的商业运作模式。

"明年将有一次更大的高潮到来，"顾严华肯定地说，"因为好多项目已经默默启动了。"

靠知识实现城市理想
——为"杰出的发展中的知识城市"叫好

特报评

特报评,是《深圳特区报》评论员的简称。2009年11月5日,世界知识城市峰会在深圳召开,会上授予深圳"杰出的发展中的知识城市"称号,深圳人民欢欣鼓舞。《深圳特区报》发表这篇评论员文章,阐述知识城市的内涵及意义。本文原载《深圳特区报》2009年11月6日,标题略有改动。

"知识城市"道路,实际上就是围绕市民的知识传播和创造的发展道路。知识只有为市民分享、传播、应用和创造,才能获得生命。建设知识城市,必须鼓励市民更多地参与知识培育、技术创新和科学研究。

"杰出的发展中的知识城市"称号花落鹏城,这是我们这座青春城市的一份特殊荣誉。世界知识城市峰会向深圳颁授这一荣誉,是国际学术界对深圳城市发展的肯定与嘉许,也是对深圳建设知识城市的鼓励和支持。

"杰出的发展中的知识城市",既表彰"杰出"的荣誉,也突出"发展中"的激励。"发展中"意指进行时、而不是完成时,而且"知识城市"理念本身也在不断演化,对于任何城市来说,建设知识城市都是一项艰巨的挑战。"杰出的发展中的知识城市"的荣誉,是深圳"知识城市"建设的一个里程碑,也是一个新的起点。本届世界知识城市峰会,围绕"成长中的新兴知识城市"展开学术讨论,学者专家们交流论辩中迸发出的思想火花,将激活深圳谋划知识城市的想象力和创造力;本届其他获奖城市曼彻斯特、瓦伦西亚、巴塞罗那、波士顿,是深圳学习的榜样,他们的成功经验和做法，将带动深圳加快知识城市建设的步伐。

在"知识城市"理想的召唤下，许多先进城市顺利实现了转型升级。"知识城市"这股国际潮流，旨在从战略上超越传统工业社会城市发展模式，以知识驱动城市发展，保持文化多样性，促进科学与人文艺术和谐发展。对于深圳来说，"知识城市"战略也是连接过去和未来的桥梁，是深圳转型升级的重要推动力。这一战略涵盖文化立市、自主创新、生态环保、人才强市等重点领域，将关系深圳长远发展的各关键环节连接在一起。青春深圳、创新深圳、科技深圳、金融深圳、文化深圳、宜居深圳等城市理想，在"知识城市"这一战略中都能得到体现。在"知识城市"理念下，重新梳理和规划发展战略，以知识为基础统筹安排经济社会生态等各项建设，是当下深圳的重要任务。

经由"知识城市"道路，实现深圳自身的城市理想，要结合深圳实际，吸引和培养更多的知识工作者，更好地积累和运用知识资本。知识工作者是 21 世纪最宝贵的资产，也是我们建设知识城市的中坚力量。深圳的优势在于是新兴的移民城市，多元、开放、包容的文化，吸引了众多的知识型人才，但外来移民的归属感和流动性，也一定程度上制约着知识创造力的激发和释放。而"知识城市"突出的，不仅是知识的经济创造力，也在于知识的社会融合力。所有市民平等地学习和分享知识，让知识在传播中创新放大增益，带来的不仅是经济发展，还有社会和谐与市民幸福。深圳要扬长避短，就要在以知识为基础的增长中，既注重产业升级，更注重提高市民生活品质，使深圳成为有知识文化内涵的经济体，以吸引和留住更多的知识工作者。

"知识城市"道路，实际上就是围绕市民的知识传播和创造的发展道路。知识只有为市民分享、传播、应用和创造，才能获得生命。建设知识城市，必须鼓励市民更多地参与知识培育、技术创新和科学研究。从知识城市建设的 11 个指标来看，公共图书馆、通讯网络设施、公共文化服务设施等硬件标准，深圳条件不差，规划建设也相对容易；但在利用新技术分享知识、市民阅读水平达到国际水平、尊重市民文化多样性、市民团体开展文化活动、开放公共领域让市民直接联系等软件指标，我们与先进城市还有差距。因此，未来深圳需要在市民参与上下更多的工夫。我们不但要有硬件网络，还需要社会的、人际的网络，让市民分享创想与智慧。开放更多的公共领域，让市民有更多的空间从事知识的传播和创新，培育更多的创新社团组织，形成更密集的创新网络，才能让知识在经济发展和社会生活中释放出活力和魅力。从这个角度看，创造更多像读书月这样的公共文化平台，至关重要。

知识使城市更杰出、更美好，深圳将沿着"知识城市"的道路，实现自己的理想。

深圳歌声标记中国足迹

王俊

> 王俊，《深圳特区报》记者。本文原载《深圳特区报》2009年10月10日。

国庆假日期间，在深圳荔枝公园湖旁的凉亭内，每天下午都能传出激情飞扬的歌声。热爱唱歌的市民自发聚集在这里，唱着他们心中喜爱的歌。"我们迎着初升的太阳，走在崭新的道路上……"刚刚唱响国庆大典的深圳歌曲《走向复兴》成为他们最新排练的热门曲目。歌谱手抄在一张红色大纸上，越来越多游园的市民被歌声感染，纷纷汇入了合唱。动人的歌声随着湖面波光荡漾，交织出一幅美好的画面。

从举世瞩目的10月1日国庆群众大游行、国庆联欢晚会，到大型音乐舞蹈史诗《复兴之路》、央视国庆晚会《祖国万岁》和国庆音乐会《祖国颂》，在庆祝新中国60华诞的各大庆典活动和文艺晚会上，以《走向复兴》领衔的近10首来自深圳的歌曲嘹亮唱响。

从《春天的故事》、《走进新时代》到《走向复兴》，一首首深圳歌曲带着鲜明的历史印记，成为标记时代刻度的"音乐标尺"，见证了音乐工程取得的丰硕成果和深圳原创音乐的力量。

从《祖国万岁》、《中国新世纪》到《大江之歌》、《爱着你的名字》，这些来自深圳的歌声，记录了共和国成长的一步步足迹，传递出深圳人对共和国华诞的深情祝福，唱响了对伟大祖国的深情颂歌。

时代音乐的崭新标记

作为深圳合唱学会理事长，指挥家陈光辉的这个长假过得一点都不消停，一个个来自全国各地的电话让他应接不暇。原来，国内的合唱界同行们听闻国庆大典上唱响的那首《走向复兴》出自深圳，纷纷来电请他"支援"这首歌的合唱总谱，以便他们在各地传唱。陈光辉说："从我收到的反馈来看，《走向复兴》已经受到了国内合唱界和群众的热烈欢迎，正在成为很多合唱团的必备曲目，必将在不久的将来唱响大江南北。"

陈光辉参与组织了国庆前举行的"歌唱祖国"深圳市迎国庆群众歌咏大赛。在那次深圳建市以来规模最大的合唱比赛中，《走向复兴》作为一首新歌受到了空前的"追捧"。许多人兴奋地跟他交流，认为这首歌意气昂扬，特别"给劲儿"，具备了《歌唱祖国》那样广泛传唱的潜质。"歌曲中那鲜明的时代步点，道出了无数人的心声，这是《走向复兴》成功的重要原因。"陈光辉说。

很少有一首诞生不到半年的新歌，能够在同一届国庆盛典中遭受如此厚重的"礼遇"：国庆前夜，作为新中国第三部大型音乐舞蹈史诗《复兴之路》的压轴曲目，《走向复兴》通过央视荧屏向全球唱响；国庆当日，当代表全国31个省区市和港澳台地区的34辆彩车组成的锦绣中华方阵通过天安门广场时，这首歌曲由1300余人的联合军乐团、2500人的合唱团共同演奏演唱；当晚9时许，同样在这首歌的高亢旋律中，党和国家领导人从天安门城楼来到国庆联欢晚会的群众表演区，与民共舞……

上海音乐学院教授张巍是国庆群众大游行的音乐总监。他对本报记者透露说，在作为国庆群众大游行背景音乐的21首歌曲中，第18个出场的《走向复兴》是名副其实的"新丁"。这不仅因为它的"年龄"最年轻，而且加入这一阵营的时间也最短，直到9月18日——离国庆大典还有12天时，《走向复兴》才被敲定，成为最后一首入选国庆群众大游行歌曲的作品。张巍说："这首歌在《复兴之路》中的优异表现和良好效果获得了中央领导的肯定，最终跻身于21首国庆游行歌曲之列。"

事实证明，《走向复兴》没有辜负人们的期望。在国庆大典的电视直播中，当这首歌昂扬向上的旋律响起时，电视镜头聚焦到天安门两侧的观礼台，那里的人们情不自禁地跟着这首歌旋律唱了起来，呈现出感人的一幕。张巍对记者说："早在排练过程中我就能感受到，每一个演唱者都是打心眼里喜欢这首歌曲，它注定将被广为传唱。"

家住沙头角的市民蔡英泊通过《深圳特区报》知道将有深圳歌曲唱响国庆盛典后，便守在电视机前，一边欣赏盛典，一边仔细分辨典礼中的每一首音乐。尽管有心理预期,但《走向复兴》旋律的出现还是让他为之一振。他说:"这虽然是来自深圳的歌声,表达的却是全民族共同的理想和愿景。不凡的气度和开敞的格局让它与众不同。"

《走向复兴》在互联网上同样激起了热烈反响。在新浪网的音乐社区,这首歌曲的音频和视频被网友自发上传分享,点击率超过万次,且不断攀升。网友"一颗红心"以激情洋溢的笔调留言:"这首歌听起来的第一感受就是特别'提气',唱出了咱中国人的精神头儿!"他的发帖激起了近百位网友的跟帖赞同。

著名作曲家谷建芬在人民大会堂的《复兴之路》现场第一次听到《走向复兴》,便有"浑身通电"般的兴奋感,后来又通过电视屏幕多次感受到了这首歌带来的情感冲击。现在,她已经能自如地哼唱其中的大部分段落了。她说:"与《今天是你的生日》这种个人情感出发的爱国歌曲不同,《走向复兴》传递的是最广大人民的赤诚情怀。这首歌和《歌唱祖国》等歌曲一样,有能力成为新时代的又一个音乐标记。"

人民心声的最生动传达

在 2009 年 10 月 1 日上午国庆群众游行的 36 个方阵中,只有两个群众游行方阵以歌曲的名字命名,分别是"春天的故事"方阵和"走进新时代"方阵。这两首歌曲都出自深圳。它们不仅是深圳原创音乐发展史中里程碑式的作品,也成为中国当代音乐发展的重要符号,最生动地传达了人民的心声,在时代的节点上发挥了主旋律作用。

在群众游行的第二部分"改革开放"中,邓小平巨幅画像在 3000 名手持黄色迎春花花束的各界群众簇拥下,出现在游行队伍中,随着"春天的故事"方阵走来。此时,数千人的合唱团与军乐团一起唱响、奏响了歌曲《春天的故事》:"春风啊吹绿了东方神州,春雨滋润了华夏故园……"熟悉的旋律也如春雨一般滋润了现场和电视机前亿万观众的心窝。

那一刻,《春天的故事》的词作者之一、金威啤酒集团总裁叶旭全就坐在天安门城楼下观礼台第 10 排,现场感受自己参与创作的歌声传遍广场,心潮随着音乐一起澎湃起伏。叶旭全是受邀参加国庆观礼的 180 名全国劳模之一,他在接受记者采访时说:"我就坐在离长安街只有十几米的地方,非常近距离地观看庆典。整个场面非常激动人心,我们在场的每个人都感到无比自豪。"

"'春天的故事'方阵走来时,在邓小平的原声讲话之后,响起了《春天的故事》

那动人的歌声,我不禁感慨万千",叶旭全说,"在歌声中,我仿佛看到了小平同志南方谈话时的身影,看到了日新月异的深圳变迁。作为深圳改革开放的建设者之一,我为祖国的强盛感到由衷的高兴,我为民族复兴梦想的日渐清晰而激动万分!"

随着"走进新时代"方阵的出现,游行第三部分"世纪跨越"展开。歌曲《走进新时代》:"继往开来的领路人,带领我们走进新时代,高举旗帜开创未来……"这首由深圳出品、深圳词作家蒋开儒作词的歌曲唱出了广大人民的心声。

当时,身为《春天的故事》与《走进新时代》"双料"词作者的蒋开儒正在家中电视机前收看电视直播。他对记者表示:"无论是《春天的故事》还是《走进新时代》,它们的诞生都离不开深圳这块音乐的沃土。像《走进新时代》,虽然只署了词曲作者的名字,但它实际上是领导、群众和艺术家共同创作的产物,是集体智慧的结晶。"

献给共和国的音乐礼赞

在国庆60周年的系列庆典活动中,以中央电视台为平台的国庆电视文艺晚会《祖国万岁》和国庆音乐会《祖国颂》也是重要组成部分。其中,《祖国万岁》、《中国新世纪》、《大江之歌》、《爱着你的名字》、《故园》和《好日子慢慢过》等多首深圳原创歌曲凭借深厚的艺术积淀、鲜明的时代风格,成为闪亮的主角。

2009年9月29日晚,庆祝新中国成立60周年文艺晚会《祖国万岁》在央视一套黄金时间播出。晚会上,著名歌唱家彭丽媛唱响了由深圳词作家石飞作词的歌曲《中国新世纪》。"捧一捧饱实的谷粒,手牵着如花的儿女……"字字珠玑的歌词淋漓尽致地表达了每一位中国人对祖国的深厚情感。

石飞是深圳一名普通的电视文艺工作者。早在10年前,即国庆50周年,在天安门广场联欢晚会上,他创作的这首《中国新世纪》便和他的其他4首作品被同场唱响。时隔10年,听到这首作品再次在如此重要的国庆晚会上被演唱,正在东北出差的石飞对记者说:"藏在每个人心中的爱国情怀不会因为时光的流逝而褪色。是深圳宽松的创作环境给了我歌曲创作的灵感,所以,这样的荣誉属于深圳!"

"爱着你的名字在心头,懂得你的欢乐和忧愁。感动着你的感动,富有着你的富有……"在《祖国万岁》晚会上,著名歌唱家韩红、阎维文联袂唱响了歌曲《爱着你的名字》,这首歌曲的歌词出自深圳词作家唐跃生笔下。唐跃生对记者说,这首歌曾经以《中国》、《我的中国》等不同名称被戴玉强等名家演唱。自己在创作这首歌词时，真正把自己的身心融入伟大祖国的怀抱中，才能让真情在笔下流淌。如今，韩红与阎维文这种"通俗＋民族"的演绎方式为歌曲增色不少。

"用什么才能说出你的美？千山万水都有你的滋味。不管见过你的人是谁，说起你都有一份朴素与高贵……"在央视播出的《祖国颂》大型交响音乐会上，当这首淳朴却又饱蘸激情的交响合唱《祖国万岁》压轴上演时，屏幕上可以看到，观众用掌声与喝彩传递着他们心中炽烈的激情。长达 10 分钟的《祖国万岁》是深圳献给祖国 60 华诞的原创歌曲新作。这首气势宏大、感情真挚的歌曲倾诉着对祖国说不尽的爱恋，成为又一首新时代的经典之作。

这场《祖国颂》音乐会由中央电视台、深圳市委宣传部主办，在深圳音乐厅录制。在整台节目中，深圳原创歌曲就有 5 首，除了《走向复兴》、《祖国万岁》之外，《大江之歌》、《故园》和《好日子慢慢过》等深圳歌曲皆"榜上有名"，为深圳音乐书写了新的骄傲履历。

从 10 月 5 日起，《走向复兴》的音乐电视已经在深圳各电视频道滚动播出，赢得了良好反响。该片还将在央视推出，让这首歌曲和许多深圳歌曲一样，在中华大地上久久回响。在共和国 60 华诞之际，深圳宣传文化部门和音乐工作者通过一首首原创歌曲，表明了深圳人在此时此刻的真实心迹，为共和国献上了来自深圳的音乐礼赞。

深圳市民文化大讲堂越讲越红火
韩小蕙

> 韩小蕙,《光明日报》记者。本文原载《光明日报》2007年1月7日。

2006年的最后一天,160多位深圳人没有急急忙忙回家过节,而是赶到"深圳市民文化大讲堂"去听课。而在前一天的"深圳市民说市民大讲堂"对话会上,78岁的离休老干部纪卓如则这样评说这个由深圳市委宣传部、市社科联、市文联共同主办的文化活动:"主办者能举办如此规模的公益性文化活动,是文化为人民服务的实际行动,为学术文化走近市民大众迈出了具有远见的一步。"

自从2005年夏天开始,每到周六、周日开课时间,人们,包括干部、教师、学生、职员、离退休老人、下岗职工和外地到深出差、探亲人员等,纷纷涌进大课堂,去享受文化盛宴。

讲课的专家来自全国各地不同行业,演讲内容涵盖文学、诗词、戏剧、电影、雕塑、书法、绘画、音乐、陶瓷、集邮、茶文化、服饰文化、健康、养生、环保等方面。主讲人大多是具有教授、博导资历的专家,听众只需花两个小时就能分享到各行各业最新的研究成果,好比享受到了博士的待遇。

到目前为止,"深圳市民文化大讲堂"已开讲130多场。白先勇、李欧梵、郑小瑛、严良堃、王玉珍、资华筠、葛剑雄、莫言、易中天等名家来这里登坛论道,受到市民的热烈追捧。"大讲堂"也逐渐成为深圳市的一个文化品牌。

深圳应成为因学习而受人尊重的城市

在相当一段时间里,全国乃至全世界对深圳的评价,似乎都是"经济奇迹,文化沙漠"。经过 25 年改革开放的成功实践,深圳经济发展取得了举世瞩目的成就。与此形成鲜明对比的是,作为一个新兴移民城市,由于历史文化积淀比较薄弱等原因,深圳的文化发展相对滞后,出现了经济硬实力与文化软实力不相协调的状况,一定程度地造成了城市文化精神的欠缺和城市持续健康发展的制约性因素。与此同时,在深圳这个市场经济相对发达的城市,人们在经历了一段时间的金钱、物质与经济的冲刷后,强烈需要传统主流文化融入自己的生活当中去。

为顺应这一形势的需要,深圳市委相关领导积极倡导,市宣传文化部门按照"深圳应成为因学习而受人尊重的城市"这一理念,经过精心策划,创立了"深圳市民文化大讲堂"这一学术性与大众性有机结合的公益文化品牌。市宣传文化发展基金拨出专款,为整个活动提供物质保障,所有讲座均对市民免费开放。

政府、专家、市民合力推动

"深圳市民文化大讲堂"既坚持政府主导,又引入社会力量,注重活动运作的科学性、产品服务的适销性,充分体现了公益文化面向社会、服务大众的功能作用。

在组织工作有力保障的前提下,讲堂的内容选题贴近公众需求。一方面,组委会紧紧围绕"鉴赏·品位"主题,确定讲座以文学、艺术、人生、历史、社科等市民普遍关注的知识性、鉴赏性话题为主;同时还充分考虑了市民们多样性、个性化的需求特点,从讲座题目到讲座时间,都通过发布公告、网上征集、街头发送问卷、电话征询、召开座谈会等渠道和方式,实行向全社会公开征集,使大讲堂真正成为"市民需求、市民参与、市民享用"的文化殿堂。

在讲座过程中,主办方既确保讲座内容通俗易懂,又重视演讲形式的趣味性,主讲的内容都是一些"大观点、大作品、大事件",归结为一点即"大文化"。专家与听众现场互动,引导广大市民欣赏高雅文化艺术。如严良堃现场指挥听众演唱《黄河大合唱》,但昭义带来弟子为听众即兴演奏钢琴,书画家米南阳现场挥毫,柯蓝在讲座中邀请听众上台朗诵散文诗……

文化为人民服务的一个实际行动

"深圳市民文化大讲堂"开办以来,影响不断扩大,公众参与热情持续走高。据粗略统计,现场听众已达7万人以上,连不少深圳以外地区,如惠州、东莞、广州、肇庆、珠海、佛山、武汉、上海、南京等地的听众都慕名专程前来。大讲堂得到社会各界的赞誉,不断接到市民的电话和信件,盛赞深圳市委、市政府给市民提供的这个"文化福利",是"功德无量"的建市大事,并期望大讲堂能长年坚持下去。

大讲堂创出了大众文化发展的新模式,成功探索出了一条公益文化社会化运作的新路子。有四条经验可以借鉴:一是讲座内容突破了狭义的社科圈子,范围涉及大文化各个领域,为市民提供了丰富的文化大餐;二是传播范围突破了学术圈子,最大限度地调动了广大市民的参与热情;三是承办单位动员社会文化机构广泛参与,达到社会文化社会办的效果;四是讲座突破现场听众的圈子,充分利用广播、电视、报刊、图书和互联网,大大扩展了间接受众的范围,提高了大讲堂的社会效益。

文化生活与生活文化
——关于社会科学普及周的文化思考

胡鹏　张嫱

> 胡鹏，深圳大学教授，主要从事文学与文化研究；张嫱，《大公报》记者，文学硕士。本文原载《深圳特区报》2003年9月15日"文化周刊"。

"深圳市首届社会科学普及周"于2003年9月14日隆重开幕，这是深圳文化建设与社会主义精神文明建设中的一件大事，可喜可贺。由此，我们联想到普及社会科学与文化建设和日常生活的关系，特撰写此文，作为社会科学工作者对社会科学普及周的一种积极参与。

文化：社会科学的存在与提升

这里所说的"社会科学"，是人文科学与社会科学的总称，包括文学、历史学、哲学、政治学、经济学、法学、教育学、艺术学、美学等学科。社会科学学科内涵的存在，体现为理论和实践两个层面，在理论层面表现为理论工作者的社会科学研究，而在实践层面，则表现为日常的文化生活和生活文化。英国人类学家泰勒认为，文化是一个复杂的整体，包括知识信仰、艺术、道德、法律、风格和一切人类社会的能力和习惯。泰勒的这一文化定义进一步表明，文化在一定程度上是社会科学的实践状态，是融会在日常生活中的客观存在。必须指出的是，作为文化存在的社会科学，在日常生活中始终是动态和发展的，它提升着日常的文化生活和生活文化，催生出文化生活的高格调和生活文化的高境界，并在此过程中促进社会科学自身的提升和发展。因此，从文化生活和生活文化的角度论述社会科学的普及，恰恰是抓住了普及的根本和关键。通过这种论述，可以使我们进一步加深对社会科学本质特征的认识。认识到社会科学"主要是帮助人们解决世界观、人生观、价值观，解决理论认识和科学思维，解决对社会发展、社会管理规律的认识和运用的科学"（江泽民语）。

文化生活：社会科学的日常体现

文化生活是日常生活的重要组成部分，包括文化娱乐活动和文化艺术爱好。改革开放以来，随着人民生活水平的不断提高，文化生活的内涵日趋丰富，格调也越来越高。这在很大程度上也是社会科学知识普及的结果。但由于种种原因，我国人民文化生活的总体质量还不高。许多人并不清楚地知道文化生活的丰富内涵，也不懂得科学地利用闲暇时间，把玩麻将、打扑克作为文化生活的主要内容甚至是唯一内容，缺乏参与其他文化娱乐活动的兴趣和能力，文化趣味单调，文化格调不高。在深圳，这种现象也不无存在。这就引出一个十分重要的问题：作为文化存在的社会科学，如何引导人们丰富文化生活的内涵，提高文化生活的格调？我们以为，必须抓住以下两个关键环节：首先，要通过普及社会科学知识，激发人们养成广泛的兴趣和爱好，逐步走出麻将和扑克的狭隘天地，走进文学艺术、影视艺术、摄影艺术、书画艺术、服装艺术、环境艺术等多种艺术门类的殿堂，增强丰富文化生活内涵的自觉意识；其次，要通过社会科学知识的传播和熏陶，提高人们的文化生活格调，懂得应该欣赏什么，认同什么，追求什么，使闲暇时间的利用具有身心休息和陶冶情操的双重意义。自觉地增强审美情趣和审美能力，在文学阅读中丰富情感，在影视观赏中感悟人生，在摄影、上网、琴棋书画乃至花鸟虫鱼中获得美的享受。

生活文化：社会科学普及程度的标志

如果说文化生活主要是指文化娱乐活动和文化艺术爱好，那么，生活文化则是指人们的生活理念、生活态度、生活方式和生活质量。生活文化处于何种层面，是衡量社会科学普及程度高不高的重要标志。

在全球化趋势越来越明显、文化多元化与文化冲突客观存在的社会文化背景下，人们的生活理念呈现出多样并存的状况。有的人过于执著某种确定的生活目标，脱离客观现实和主观实际，盲目追求身外之物，甚至不惜消耗生命去追求所谓的成功，其结果是心理失衡，身体多病，背离了珍爱生命、热爱生活的正确轨道；有的人缺乏理想情怀，对人生的真谛和意义认识不清，价值观念游移不定，不明确自己"到底要什么"和"能够要什么"，甚至不清楚自己究竟"应该怎样活着"，不是盲目从众，就是得过且过，生活在混沌之中。所有这一切，都需要通过普及社会科学知识来加以扭转和改变。一切社会科学工作者都有义务做好社会科学的普及工作。要通过社会科学知识的教育和传播，引导人们确立正确的人生观和价值观，从根本上走出形形色色的生活误区。

正确的生活理念需要有正确的生活态度来实施。市场经济条件下的高度竞争，人际关系利益化的现实存在，以及社会不相信眼泪、适者生存的客观现实，都给人们持有何种生活态度设定了必须面对的外部条件。有的人积极乐观地面对生活中的竞争和矛盾，不惧怕挫折和失败，在哪里跌倒就从哪里爬起来，活得精彩，活得潇洒；有的人则缺乏社会变革进程中应有的精神和活力，不善于从自身找原因，一遇到困难和挫折，就怨天尤人，甚至消极悲观，不思进取。要改变后一种生活态度，同样需要社会科学知识的普及。要通过传播哲学、人才学、文化学等社会科学知识，让那些持消极悲观生活态度的人认识到，生活是一个产生矛盾和解决矛盾的过程。在社会变革进程中，各种矛盾相对集中，往往显得更加尖锐和突出。但这同时也是培养和造就人才的机遇。一个有明确的生活目标和生活理想的人，就应该具有积极乐观的生活态度，坦然地去面对生活中可能发生的一切，一往无前，永不停步。

生活方式和生活质量是密不可分的两个方面。生活方式既是提高生活质量的必要前提，也是生活质量的具体体现。改革开放以来，随着人民生活水平的不断提高和思想文化观念的不断更新，人们的生活方式也相应地发生了很大变化。人们正摆脱落后的生活方式，向科学、文明、健康的生活方式迈进。但发展并不平衡，地区与地区之间，人与人之间仍有较大的差别。那些不科学、不文明、不健康的生活方式仍大量存在。有的人缺乏正确的消费观，或盲目地把不自量力的超前消费看作时尚，或不切实际地追求名牌，陶醉于虚荣和虚幻的满足中；有的人沉溺于物质享受，在灯红酒绿声色犬马中消磨时光、消耗生命，精神空虚，不思进取；有的人不善于合理安排和利用闲暇时间，节假日不是蒙头大睡，就是四处闲荡，既得不到很好的休息，也不能有效地利用时间读读书，给自己"充充电"；还有少数人，甚至在工作稳定、经济条件优越的情况下，把生活搞得一团糟，衣食住行毫无规律，也毫无生活乐趣可言。所有这些不良生活方式的形成，除了不良的生活习惯外，很重要的原因就是缺乏必要的社会科学知识，对生活方式和生活质量缺少应有的理性认识。不懂得在适应社会变革和文化变迁的过程中，首要的行为是确立与社会相适应的新的生活方式，从而跟上社会前进的步伐；不了解生活质量在很大程度上是通过生活方式直接或间接体现出来的消费水平、教育水平、工作成就、健康状况等方面的总和。因此，必须普及社会科学知识体系中有关生活方式和生活质量的社会学知识，引导人们逐步增强改变不良生活方式、提高生活质量的自觉意识。

追求文化生活与生活文化的高境界

　　普及社会科学是手段不是目的，目的是推进社会主义精神文明建设和文化建设，是引导人们增强文化自觉意识，追求文化生活和生活文化的高境界。那么，文化生活和生活文化的高境界究竟有哪些标准？具体又怎样体现呢？我们以为，这种高境界的标准是个综合体系，体现在文化生活和生活文化的各个层面，很难用几句话来概括，其核心是两个"高度"，即日常生活的高度理性和高度艺术化。

　　西方学者认为，社会成员有无理性意识是社会是否文明的标志。从理论上讲，一个人的理性意识也是其文化修养的体现。日常的文化生活和指导生活的文化理念，应贯穿着高度的理性意识，并成为文化行为的主导。具体说，人为什么活着和应该怎样活着？哪一类生活方式应该改变，哪一类应该逐步形成和确立？哪些文化活动应该参加和保持，哪些应该减少和避开？哪些是应该努力追求、争取做到的，哪些应该适当放弃？这一系列问题，都需要有高度的理性意识才能找到正确的答案。但理性意识的形成并达到一定的高度，都需要社会科学理论的指导，几乎涉及社会科学的各个学科。从这个意义上可以说，高度的理性意识的形成，是一个在社会科学理论指导下的发展过程，应把它作为一个努力方向和追求目标，孜孜以求，永不懈怠。

　　日常生活的高度艺术化是人生艺术化的具体体现。已故著名美学家朱光潜先生曾说过,人生就像是一本书,这本书可能是艺术的,也可能是不艺术的,每个人都应该争取过一个艺术的人生。海德格尔也指出,人应该诗意地栖居在大地上。由此可见,艺术化的人生也就是诗化的人生。那么,如何使日常的文化生活和生活文化达到诗化和艺术化呢?古今中外的文化名人有过许多论述。孟子提倡人要做到"乐以忘忧"和"乐以天下,忧以天下"的统一;日本文化名人池田大作先生认为,人要"面对人生带着豁达开朗的笑容","在不失去自我的前提下,保持不断更新的创造性和献身于人类的社会性";著名作家刘心武主张人"要微笑地看待生活"。综合上述各家之见,要使日常生活达到艺术化和诗化的境界,就要做到:生活目标和生活理念明确,有强烈的社会责任感;生活态度积极乐观,笑对人生万象;完善自我,超越自我,有明确的创新意识。简而言之,那就是要活得充实,活得开心,活得大度,活得精彩,活得潇洒,活得有成就!而要达到这样的境界,都必须在学习和运用社会科学知识的过程中,感悟生活的智慧,充实生活的知识,增强生活的能力和勇气。一句话,社会科学使我们的人生更精彩,生活更丰富,发展更顺利。

关爱行动：温暖别人也温暖了自己

杨黎光

> 杨黎光，《深圳晚报》总编辑，著名作家。本文原载《深圳晚报》2008年1月8日，标题略有改动。

今天又是一次爱的传递的开始——第五届关爱行动隆重开幕。由深圳晚报承办的"共享阳光·爱心穿越"主题活动同时启动，百余名志愿者陪同50位残障人士穿越深圳，共同认识我们这个城市，共同抚摸我们的深圳。让那些平日里难以远足的人们，在爱的帮助下走出家门，走进阳光。以一张张笑脸，驱散一切寒冷和不幸，共同感受社会的温暖。

此情此景，不禁令人顿生感慨：五年了，为什么能够在深圳诞生这样春意盎然的节日？为什么关爱能成为我们这个年轻城市的优秀传统？关爱，成了深圳的一个关键词、惯用词，关爱行动成为全体公民的自觉行为，"送人玫瑰，手有余香"已经成为深入人心的价值观，这又是为了什么？

我想，我们都已经明白，生活不会是十全十美的，我们总会遇到这样那样的困难、挫折和不幸。在人们跌倒的时候，最需要的就是别人能伸一把手，帮助他尽快地站起来。将心比心，感同身受，在关爱行动中，我们学会了用心去体味别人的艰难，也学会了真诚地帮助他们战胜艰难。而且拉紧每一双手的时候，我们不是也被别人拉紧吗？我拉紧你，你拉紧他，就是众志成城，就是可以撬动一切艰难的支点。

我想，我们都在"关爱"中有这样的感受，在爱的传递中，我们只是用一根火把去点燃另一根火把，温暖别人也温暖了自己，让别人快乐起来的同时我们更加快乐。

因为火把越来越多，阴暗也就越来越少，寒冷也越来越少，温度就是这样上升的。

在爱的传递中，我们因为真诚的付出，赢得了更多的信任，赢得了更多的关切。我们可以真切地感受到，彼此并不陌生，你我都是兄弟姐妹，共同生活在一个有着浓郁人情味的和谐的大家庭里。我帮你一把，就像面对家庭成员的本分，你微笑一下，就是照进咱家的一抹阳光。

深圳的冬天里也有春天，是因为每个深圳人所奉献出的爱的温暖，是因为我们在心里捧出春天，互相偎依着走向自然界的春天。

今天，我们送丛飞

匡天放

> 匡天放，《深圳特区报》专刊主编。本文原载《深圳特区报》2006年4月25日。

丛飞走了，在与病魔顽强抗争了一年多后。而丛飞本人及由他再次引燃的"深圳关注"、"深圳奇迹"，正成为众人关注的焦点。而这一次的深圳奇迹是精神文明上的——丛飞精神是有着鲜明时代特色的"深圳制造"，是深圳城市价值的一个重要组成部分。

丛飞这个人与深圳这座城市，因为一个"爱"字而互相融合在一起。

早在改革开放之初，深圳经济特区就从被称为两种制度最前沿的中英街走出了活雷锋陈观玉，25年来，陈观玉、贺方军、曾柳英、臧金贵、郭春园、丛飞、高正荣……一个又一个感人至深的名字，他们诞生在这片改革开放的热土，绝不是一种偶然。因为，这座城市从她诞生的那一刻起，就不断地把爱融进这座城市的血液中去。

1994年，丛飞在深圳的第一年，注定是丛飞终生难忘的一个年份。在"大家乐"——深圳精神文明建设的一个展示舞台，丛飞开奏了自己的爱心序曲。"大家乐"这个爱心的舞台，不仅给了丛飞艺术的生命，也让丛飞感受到了人与人之间关爱、互助的快乐。在这里，丛飞认识了陈观玉，认识了曾柳英，这些被称作活雷锋的深圳人。这一年，在深圳小有名气的丛飞，参加了成都的一场慈善义演，从"大家乐"舞台走出来的丛飞，从此开始了他慈善义演和认养失学儿童的感动中国的爱心之旅。

之后，丛飞每次演出总会自豪地亮出自己的两个身份：一个是深圳人；一个是个四位数：2478，这是丛飞加入深圳义工联的编号。

丛飞从来不是孤独的。为了爱，丛飞风尘仆仆；为了爱，深圳这座城市没有停步。深圳人自己帮自己，政府发起了同富裕工程；捐角膜、捐器官，造福他人；深圳民间最大的慈善组织狮子会在全国开展"视觉第一中国行动"，帮助几十万人重见光明；深圳各大医院临床用血100%来自深圳人的无偿献血；希望工程、赈灾义演，等等，到2003年发展成一年一度长达几个月的"关爱行动"……爱，已经成为这座城市的灵魂。深圳也因此成为一座有着爱心人物成长的深厚土壤的城市。

今天，我们送丛飞，但不会送走他的博大的爱；

今天，我们送丛飞，但不会送走他的奉献精神；

今天，我们送丛飞，但不会送走他的向善之心；

今天，我们送丛飞，但不会送走他的扶困济弱之志；

……

在今天的遗体告别仪式上，我们会郑重地告诉丛飞：不仅你资助的这些贫困学生的学费早已有了着落，而且更多的市民在捐款建设希望小学，这场爱心接力赛从深圳起跑，行程没有终点。

文博会：为中华文化插上腾飞的翅膀

马璇

> 马璇，《深圳特区报》记者。本文原载《深圳特区报》2009年5月14日，标题略有改动。

五月的鹏城，文化产业的春天。

2009年5月15日，第五届中国（深圳）国际文化产业博览交易会将举行隆重的开幕式。届时，数万名海内外参展商、采购商将云集深圳，预计规模、交易量都将超过前四届。

中华文化，从这里走向世界。中国深圳，以文博闻名天下。

这是一次促进文化产业大发展、大繁荣的盛会。中国文化产业成果被集中整合、包装与展示，每届都吸引着上百万宾客流连其中，叹为观止。河北省委常委、原省委宣传部长赵勇说："感谢文博会，搭建了一个多姿多彩的文化舞台，使中国文化在世人面前完成了一次精彩的亮相。"

这是一次让国内文化界紧贴市场脉搏、不断推陈出新的盛会。一批批忙碌的国际买家，牵系着长长的产业链条，把中国文化产品延伸到广阔的海外市场。"我们在文博会当中充分享受着中国文化的精华。"意大利商会代表 Daniele Brunori 深有感触地说，"通过这个巨大的窗口，博大精深的中国文化加快了融入国际市场的步伐。"

文博会，已经成为深圳文化产业熠熠闪光的标志，成为拉动深圳乃至中国文化产业发展的强大引擎。

文博会，正在努力为中华文化腾飞插上翅膀，提供着源源不绝的动力。

规模与成交量逐年攀升：文博会揭开了中华文化巨大市场潜力的冰山一角

2007年5月18日，中共中央政治局常委李长春亲临第三届文博会视察，他充分肯定了文博会的实践，指出："文博会是深化文化体制改革的产物，创办以来，规模和影响越来越大，已经开始成为我国文化产品对外交易的一个重要窗口。实践证明，通过深化文化体制改革，不断解放和发展文化生产力，文化产业更加生机勃勃，展示出广阔的发展前景。"

的确，中华文化博大精深，灿烂辉煌，但中国文化产品出口一直是个"软肋"。造成这种局面的重要原因之一，就是缺少与国际市场对接的桥梁、平台。

2002年，深圳创造性地提出举办文博会的构想，受到中央、省领导同志和相关部门的高度重视与大力支持。文化部、商务部、广电总局、新闻出版总署、贸促会、广东省政府、深圳市政府直接参与主办，共同联合打造一个推动中华文化走向世界的平台。李长春同志始终关心文博会的办展情况，多次就办好文博会作出重要批示，并多次亲临深圳到文博会现场视察指导工作。

2004年，我国国内第一个综合性、国际性的文化产业博览盛会在深圳正式诞生。首届文博会短短4天，参观人数超过47.7万人次，交易成果惊人，全国700多个文化项目搭建的"梧桐枝"都引来了"金凤凰"，获得了经济效益和社会效益的双丰收。

"文博会在中国文化产业的发展史上有着里程碑式的意义，对促进我国文化产业快速发展作用不可估量"。在首届文博会闭幕新闻发布会上，文化部产业司司长王永章面对中外媒体郑重陈词。

王永章还说，文化部将用几年的时间，集中精力将深圳国际文化产业博览会打造成世界级知名的文化展会，以提高中国文化产业的实力和竞争力。

事实上，每一届文博会的举办，都得到了中央领导的高度重视与精心指导，得到了中宣部的大力协调，得到了各主办部委，广东省委、省政府和深圳市委、市政府的有力领导，得到了全国各省区市的大力支持与积极参与，这场高规格、高层次的文化盛会，因此一年一年"海拔"不断"升高"。

第二届文博会开始，文博会正式冠名"中国"、增加"交易"，并努力追求"中国概念"与"中国创造"。第三届文博会增加了文化产业人才交流板块，加上原有的博览交易、论坛、评奖、节庆、网上文博会，六大板块加分会场的形式一直延续至今；

同时，文化部主管的中国文化产业网落户深圳并正式启用，为"网上文博会"增添了新的平台。第四届文博会首次设立国际文化馆和海外分会场，文化产业核心层、九大文化产业及创意产业的展陈内容更加突出和集中，创意产业成为该届文博会新的成交增长点。

文博会里，中国文化在向全世界展现迷人魅力的同时，也揭开了她巨大市场潜力的冰山一角。

纵观前四届文博会的规模与成交量，呈现的是一条昂扬向上的曲线，一串串律动的统计数字，传送着成功与喜悦的信息。

第二届文博会期间深圳连日暴雨，但人气不降反升，参观人数达 90.63 万人次，比上届超出近一倍，交易金额 53.38 亿元比上届增加了 2 倍多；第三届文博会，参观人数达 185.08 万人次，总成交额比上届增长达 81%，其中签约合同项目 19656 个，合同金额 208.34 亿元；至第四届文博会，参观人数达 268.79 万人次，较第三届增幅达 45.23%，总成交高达 702.32 亿元增幅达到 40.71%，其中投资规模超亿元的项目就达 120 个。

有人说，文博会掀起了一场完美的"文化风暴"，风暴中心处于南国深圳，影响所及早已超出整个中国，波及世界。

"参加文博会这几天的宣传效果，比我们前几年通过各种渠道所做的宣传效果还要大。"北京视博苑文化发展有限公司的杨文元说。

欧美成为主要出口地区："中国创造"走出国门大放异彩

第四届文博会上，华强集团旗下企业华强文化科技集团与伊朗山曼·高斯达公司签约，在伊朗共同建设"方特卡通动漫园"项目。该主题公园建成后将成为伊朗规模最大、最先进的文化产业主题公园和旅游景区。该项目涉及投资达 8000 万欧元，它的签约，使中国成为继美国之后第二个大型文化主题公园出口国。

文博会搭起了一座桥梁，把中国文化产品和国际市场连在一起，中国文化产品正源源不断输送到外国消费者手里。

文博会期间，中国文化产品和国际市场"联姻"的故事不胜枚举。

人们不禁要问，不过短短几天，为何有这么多的中国文化产品能迅速走出国门？

深圳天外飞公司总经理陈浩勇的话是最好的回答："只有国家级、国际性的盛会，才能促成这样的交易盛况。"在第二届文博会开幕前一天,该公司成功与美国、德国两家代理商签下了 2 亿多美元的采购大单。

有了文博会这座桥梁,许多中国文化产品不再是"养在深闺人不识"。

"中国舞台有很多精品,例如这次我就看到了舞剧《风中少林》、话剧《一把酸枣》,非常有民族特色,我相信它们很快在国际市场打响品牌,不介绍给美国观众太可惜了。"美国百老汇亚洲娱乐公司首席执行官托马斯·斐尔特说。本来只打算把百老汇产业链带来深圳的他,还动了把这些精品演出介绍给美国观众的念头。

文博会上,托马斯·斐尔特还与深圳演出公司签下合作意向书,把百老汇中国制作排练基地放在深圳,并将与深圳合作推出首个中国版音乐剧《绿野仙踪》。

在文化投资大军中,不乏像百老汇这样的境外、国外的文化产业巨头。一大批中国优秀文化通过文博会走向世界。

如何搭建好出口平台,组委会妙招不断。

制定优惠办法、征集投融资项目、在国外寻找代理中介机构、建立专业买家数据库、以各种渠道邀请海外买家……主办单位领导和深圳市领导还多次带队,走进美国、加拿大、法国、德国、希腊、日本、英国、韩国、新加坡等地,举办招商推介活动。

第四届文博会不仅推出了马来西亚分会场,而且正式启动了中国文化产品美国(纽约)展销中心暨中国(深圳)采购中心。第四届文博会境外专业观众达到 5.36 万人次,文化产品和服务出口交易额为 129.63 亿元,比上届净增加 44.89 亿元,增幅 52.97%。

欧美首次成为文博会的主要出口地区。在第四届文博会的总出口中,欧美地区成交金额达到 43.59 亿元,占出口交易额的 33.63%。港澳台地区出口成交金额 56.33 亿元,占出口交易额的 43.45%;日本、韩国、新加坡、菲律宾、泰国、伊朗等传统出口地区成交金额为 29.71 亿元,占出口交易额的 22.92%。

很多采购商都能感觉到,文博会展馆内的创意氛围越来越浓,全国创意产业在这里进行着集中展示。

从深港合作的动画片《闪闪的红星》、环球数码推出的《魔比斯环》,到民族气息浓郁的水墨画、剪纸画,新颖的创作手法使中华传统文化再次焕发青春。

具有裂变效应的创意产业是文化产业的"制高点"。文博会组委会一直把创意产业放在特别突出的地位,认真地引导与培育,并不断加大文化产业核心层、九大文化产业及创意产业的展陈内容的组织力度。

至第四届文博会,创意产业已经成为新的成交增长点,其交易总额比上届净增加

224.42亿元，同比增幅为94.79%。其中以艺术产业、传媒和信息产业增幅最大。

"中国创造"正在大放异彩。第四届文博会中，文化产业核心层、九大产业、创意产业三项成交叠加统计，签约金额558.95亿元，占总成交额的79.59%。

业内人士认为，文博会打造的文化平台，不但使深圳乃至中国的文化精品走向世界，而且吸引了国外文化产业巨头纷至沓来，大大推动了文化产品的交易，使国内文化界紧贴市场脉搏，不断推陈出新，为文化产业的腾飞提供了坚实的"跑道"。

市场化运作搅活一池春水：文博会模式在国内外出示范效应

每一届文博会都是高朋如云：数万余名专业观众、数百名外国文化名人、全国近百位省部级领导、多个国家文化部长……层次之高、数量之众，在国内文化展会当中创下了纪录。许多人禁不住要问：文博会这个"磁场"，吸引力怎么如此之强？

其中一个关键因素，来自展会运作机制的创新：市场化高效运作＋政府强力推动。在国内大型展会大都为政府"总动员"模式——政府一手操办时，文博会从"出生"就与众不同，将办展交给了市场。

首届文博会的"十六字办展方针"至今让许多人记忆犹新：政府支持、社会参与、市场运作、规范管理，这在当时的会展业引起了不小的震动。

第二届文博会的"八字办展方针"再度让人眼前一亮：企业办展，政府办会。深圳报业集团、广电集团、发行集团按6∶3∶1的比例，出资3000万元组建了专业化的文博会有限公司来承办整个展会。

政府不再是筹办主体，只负责统筹协调各方力量，为文博会提供各种配套服务和优惠政策，如改善会展中心和分会场周边环境，做好重要嘉宾的接待工作，同时制定详细的工作预案，确保文博会各项活动顺利进行。

政府"有形之手"和市场"无形之手"的紧密结合，调动了各方面踊跃参会的积极性、主动性，使社会参与度大大提高。

文博会公司充分发挥市场主体的优势，与国内外专业会展公司、文化中介机构、行业协会等合作承办文博会项目，同时，"择优而录"，将主会场的八大展馆都分包给优秀的文化企业和代理机构。

2006年11月，文博会正式被批准成为UFI（国际展览联盟）认证展会，文博会作为国际性文化产业展会的地位进一步被确定。

异彩纷呈的文化产品展示,与国际接轨的市场化运作模式,使专业观众络绎前来,更引起了国内外嘉宾的关注与肯定。

毛里求斯文化部部长马·高雷索惊叹:"能在一个展会上看到这么多来自世界各地的文化产品,领略到多元文化的魅力确实是一个创举。而且,文博会的运作机制更让人钦佩,我回国后考虑将中国文博会的这种模式在毛里求斯推广应用,发展我们毛里求斯的文化产业。"

市场化运作激活一池春水。机制的创新,为文博会取得圆满成功奠定了坚实基础,保证了文博会社会效益、经济效益双丰收。

文博会还在我国会展业首创分会场模式。

深圳一个面积不大的村落——大芬油画村被英国《金融时报》、美国《纽约时报》专文报道,英国天空电视台还专程到大芬村采访拍摄,引起国际社会的高度关注。

起因要追溯到2004年,那时的大芬油画村,是首届文博会唯一分会场。这个云集了5000多名画工、画家和画商的客家村落,在首届文博会上一举成名,让来自世界各地的宾客亲眼见证了"中国油画第一村"的动人魅力。

首届文博会时,大芬村的油画销售额为1.4亿元,2005年就达到了2.79亿元,2006年突破4亿元。目前,大芬村占有世界油画装饰品市场60%的份额,成为深圳文化产业发展的品牌,被国家文化部命名为首批国家"文化产业示范基地"。

大芬村还"以点带线"带动了相关文化产业发展。其建设模式辐射带动了布吉三联社区玉石水晶产业和李朗珠宝首饰产业的发展。同时,依托大芬村的市场资源,浙江义乌、福建厦门、广东东莞及中山等地都开展起了相关业务。

大芬油画村作为借文博会成长起来的典范,产生了强大的示范效应,激发了深圳市各区政府承办文博会分会场的热情,为促进各区文化产业结构调整提供了发展动力。令人欣喜的是,在第二届文博会上,各区分会场达到6个,第三届文博会达到17个,第四届达到24个,第五届更多达30个。

这个数字清晰地勾勒出文博会拉动深圳文化产业发展的轨迹,文博会已经成为拉动深圳文化产业发展的强大引擎。

文博会还在持续升温,第五届文博会更加令人期待。

四天的会期是短暂的,但文化的交流是永恒的。

不落幕的文博会雄风鼓荡,必将助推中国文化产业飞得更高,走得更远。

一张报纸开启一座城市的记忆

马强

> 马强，《深圳特区报》记者。本文原载《深圳特区报》2007年5月24日。

这是一份已经泛黄的报纸——对开四版、竖排繁体、定价5分，头条是特约记者荣朋从北京用长途电话发来的消息：《11国40家公司投标南海油田深圳赤湾建设最佳后勤基地》，报纸最醒目的位置就是发刊词《别开生面的有益尝试》……这是一个非常特殊的创刊号——

1982年5月24日，在那个激情澎湃的年代里，在那个满眼是脚手架和安全帽的火热建设场景中，在南海边中国的第一个经济特区内，一份特殊的报纸，在这一片特殊的土地上正式诞生。

一座城市的报纸，承载着这座城市的记忆。从此，《深圳特区报》开始了见证深圳经济特区成长、记录深圳人奋斗足迹、为中国的改革开放鼓与呼的漫漫历程。

砸锅卖铁也要办报

今天的蔡屋围一侧成人教育大楼一带，当时还是原宝安县委大院，大院里面的一间旧仓库，就是《深圳特区报》酝酿与草创的地方。

1980年的一天，时任市委第一书记的吴南生与同住新园招待所的时任市委宣传部长的李伟彦散步时提出,特区需要办一张报纸,你考虑考虑。当时的深圳,除了一个陈旧的有线广播站,几乎没有任何传媒工具。说到办报,要人没人,要钱没钱,白手起家,谈何容易!几天后,吴南生又找到李伟彦追问,办报的事考虑得怎么样了?任务已经在肩,再困难也得硬着头皮上。李伟彦与当时新华社驻深圳工作的雷力行、张洪斌开始紧锣密鼓地筹划办报的事情。1980年11月15日,市委常委会作出了由宣传部办报的决定,以市委宣传部新闻科为班底,加上自愿加盟的总共12人。就在那间旧仓库里,几张旧桌子,几条木长凳一拼,办报筹备工作就正式开始了。

几经讨论,报纸的名字最终定为《深圳特区报》。为此,李伟彦专程赶去广州,请著名书法家秦萼生题写报名。这一《深圳特区报》报头一直沿用至今。1981年6月6日,《深圳特区报》试刊第一期正式面世,此后又接连办了4期。广泛征求各方面意见后,万事俱备、只欠东风,就等正式创刊那一天的到来了。谈到创办《深圳特区报》的那段日子,当时负责政文部工作的丘盘连讲述了这样一个故事:当时的市委书记、市长梁湘曾经有一句很有名的话,就是砸锅卖铁也要把报纸办起来。正是出于这样的决心,1982年,在财政非常紧张的情况下,经过市委常委会讨论通过,批了1400多万元用来为报社建办公楼、宿舍楼、印刷厂以及印刷设备。

在当时,1400多万的数目实在是太大了,批示下来了,但却拿不到钱。这可急坏了主管后勤行政工作的王玉明,为此他躲在市委大楼的厕所里苦等着正在开会的梁湘。时间一分一秒地过去,终于等来了梁湘。看到厕所里的王玉明,梁湘很纳闷:"老王,你在这干什么?"王玉明回答:"等你要钱。""要什么钱?""办报的钱。""钱你们没有拿到吗?""拿不到啊。"梁湘听到这里,立刻说:"好吧,你跟我进来,当面解决。"在会上,梁湘对着主管领导发话,没有钱也要想办法,就是砸锅卖铁也要把报纸办下来。此后,这笔钱逐步到位,《深圳特区报》也因此而逐步发展壮大起来。这一段珍贵的回忆,李伟彦记录在他的《脚印集》一书中,并用"十二儒生壮志行,同舟共济竭真诚"这样的诗句妥帖地表达了当时的情景。

通心岭十一幢的铁皮房

通心岭十一幢,对《深圳特区报》来说,这是一个具有特殊意义的地方。就在楼前空地上搭起的4间铁皮房围成的院子里，正式出版了《深圳特区报》的创刊号。

经过5期试刊，其间又到《南方日报》、《广州日报》学习取经之后，对于《深圳特区报》究竟要办成一份什么样的报纸大家开始了激烈争论。在集思广益之后报纸的定位是：这是一份党报，但不要"党八股"，既区别内地报纸，又不同于港澳报纸，既要有中国新闻事业的传统，又要向境外报纸学习经验。也就是说，要充分体现出深圳经济特区的特点，发出改革开放的声音。

调子定下来了，随后就是组建机构，继续招兵买马。1982年4月20日，市委下文，任命张洪斌为《深圳特区报》总编辑，其余均是临时负责人。

当时，特区创办伊始，住房极为紧张，但市委、市政府依然把刚刚竣工的通心岭第十一幢拨给了深圳特区报使用。这幢楼6层高，每层3个套间，连住宿带办公显然不够，而楼前空地上搭起的4间铁皮房也被用作办公地点，1982年5月24日的《深圳特区报》创刊号就诞生于此。就是这份创刊号，编辑、记者刚将报纸派发到街道、新华书店和政府机关，立刻被一抢而空。新成立的经济特区有了自己的报纸，一时吸引了来自四面八方的目光。

在香港编报的日子

深圳没有印刷设备，《深圳特区报》的试刊、创刊阶段报纸不得不在香港《文汇报》社印刷。那段日子里，陶牧、丘盘连、胡向东、邢平安、戴木胜等人每个星期四下午都要由深圳启程，到位于香港湾仔道117号的香港《文汇报》原办公大楼，将四个版的稿件发排。小样出来后就开始审改，从标点到标题一篇篇地校正，并且通过电话与深圳的编辑部联系。当时是铅字排版，遇到撤换稿件版面就要进行大调整，往往是白天晚上忙得团团转。当时香港的月工资已近4000元港币，而这几位报人的月收入只不过几十到上百元人民币。回想起那段日子，丘盘连说："那段日子的确很艰苦，但从中获得的那份快乐也更加珍贵。"直到1983年底，《深圳特区报》自己的印刷厂建好了，"香港编辑部"的使命也结束了。经过请示报社负责人，几位编辑才看了两次电影，逛了逛海洋公园。

中国改革开放第一报

就在这份创刊号上,我们可以找到很多敢为天下先的"别开生面的有益尝试"。

这是一份竖排繁体的彩印党报,它有别于中国内地的任何一家党报。考虑到深圳的特殊位置,更是考虑到对香港、澳门等地的影响,它采用了这种特殊体例。此外,一版下方刊登了在国内报纸上从未出现过的通栏广告。有深联企业公司祝贺广告和怡景花园、粤海商业中心等楼宇广告,开了当时中国内地报纸一版刊登广告的先河。新创刊的《深圳特区报》除了重要的地方新闻、国内、国际新闻,还有世界经济、香港经济、房地产等让人大开眼界的专版、专栏,同时还包括了新闻、经济、法律等专家撰写的专稿,这些都成为了当时《深圳特区报》独树一帜的鲜明特征。

敢想敢干,敢为天下先——这种经济特区的开拓思路被生动地体现在了《深圳特区报》的创办过程中。体制上的大胆创新,用人上的不拘一格,吸引了全国各地的精英南下办报,而一名临时工因为业绩出色被破格提拔为处级干部的事例,在当时更是脍炙人口。在对当时摄影部负责人江式高的采访中,记者曾经问道,是不是因为经济特区特殊的待遇吸引他投奔《深圳特区报》时,他回答说:"与在内地相比,这里每月也就多出了十几元的边防补助和十几元的午餐补助。实际上,这里干事业的风气和宽松的氛围才是吸引大家前来的最主要原因。"

25年的时光流转,《深圳特区报》与深圳经济特区一样,创造着一个又一个发展的奇迹,吸引着全中国乃至全世界的目光。人们正是通过这份报纸,解读着一个小小的边陲小镇,究竟是借助着什么样的魔力,成长为一座瑰丽多姿的国际化都市的。

25年的时光流转,由这份创刊号开始,《深圳特区报》开启了一部神奇而又厚重的城市历史。这份报纸始终与这座城市一起,同呼吸共命运,背负重任,大胆创新,稳步前行,始终站在中国改革开放事业的潮头浪尖。正因如此,自诞生之日起,读者便将"中国改革开放第一报"这样的美誉送给了《深圳特区报》。

25年,《深圳特区报》与深圳经济特区一同成长,创造出了现代报业高速发展的奇迹,探索出了一条新时期党报政治效益、社会效益与经济效益协调发展的成功之路。老一代报人的辛勤耕耘,新一代报人的开拓创新,使今天的《深圳特区报》更加坚定了前行的目标和方向:办全国有影响的大报,办全国最好看的党报。

追寻深圳书香的时空坐标
——从解放路书店到中心书城

王俊

> 王俊，《深圳特区报》记者。本文原载《深圳特区报》2007年4月24日。

从只有230平方米的解放路书店，到引领书界一时风骚的蔡屋围深圳书城，再到中心区那座全新的文化标志深圳书城中心城，深圳新华书店走过了跨越式发展的传奇历程。

1979年的春天，一块上书"新华书店"四个大字的牌子挂在了深圳罗湖区解放路137号的门口，这家只有230平方米的深圳市新华书店开张了。那一年，宝安县刚刚改为深圳市；那一年，新华书店建店已经42年。

2007年，新华书店迎来70岁诞辰，改制为深圳发行集团的原深圳市新华书店也到了28岁这个风华正茂的年龄。在"新华书店"这块金字招牌下，深圳发行集团已然成长为拥有3大书城、16家连锁门店的书业"航空母舰"，成为全国新华书店系统有口皆碑的"青年模范"，代表着新华书店的活力与未来。

在这个特别的日子，记者采访了那些见证了深圳新华书店28载历程的读者与建设者，试图从他们的追述中去寻访那些曾经留下书香的深圳时空坐标。

20世纪80年代，解放路书店——逼仄的精神家园

"我习惯于顺着熙熙攘攘的解放路往里走，在解放路书店长久地逗留。我在深圳

收藏的书籍大多数是在这家书店买的。那时，我常常是在上午一个人空手到达东门，到傍晚时分提着一袋书坐车回去。"这是深圳作家安石榴在追忆20世纪80年代她初来深圳生活时的一篇文章里深情提到的。这不仅是安石榴的个体记忆，更是来到深圳15年以上的许多爱书人曾经共同拥有的精神轨迹。尽管当时的这个精神家园是那样的狭窄逼仄、简陋不堪。

解放路书店是深圳最早的书店，早在1965年便建成，1979年成为深圳市新华书店的创业地。当年的解放路书店位于今天东门麦当劳的对面，如今这个位置已经被一家豪华商城所代替。这家小小的书店营业面积仅有230平方米，逼仄的店面在人流如织的商业街里毫不起眼，里面有五六个店员，稀稀落落的十几个书架，规模还比不上内地一个小县城的新华书店。当时这家书店的年销售额是36万元，这意味着当时深圳人年均购书还不到1元。

然而，即使如此，解放路书店仍然成为当时深圳许多读书人趋之若鹜的地方。爱书人况黎至今仍清晰地记得，他在解放路书店曾淘到不少好书，现在他收藏的四本一套的《中国印刷史料选辑》丛书就是从那里淘来的，背后还印有新华书店的标志，如今看来犹如珍本。可以说，解放路书店为特区早期的"拓荒牛"们撑起了一方精神生活的天地。

1985年，在爱国路、沙头角增开了两家新华书店门市部，位于人民桥的蓝天书屋也对外营业。然而，随着深圳人读书风气的不断高涨，书店越来越供不应求。时任新华书店副经理的汪顺安回忆说，当时的解放路书店每到下午和晚上的人流高峰期，常常是人挨人人挤人，几个大吊扇根本发挥不了作用。到1990年，深圳市新华书店的门市已经增加到18个，共3000多平方米，但与深圳人日益增长的精神需求相比，这个增量远远不够，精神产品的供需矛盾日益凸显出来。

20世纪90年代，蔡屋围深圳书城——积蓄已久的文化饕餮

位于深南路蔡屋围黄金地段的深圳书城大厦，是许多深圳人心目中的精神符号，因为它代表着许多深圳人的一种生活方式。11年来，这里源源不断地为深圳人输送着精神养料，成为深圳的"智力仓库"和醒目的文化风景。

20世纪90年代初，深圳人高涨的购书热情与书店设施不足的矛盾已经到了不可调和的地步。当时新华书店总经理汪顺安的办公室经常会有人敲门质问："谁是经

理?为什么买不到我想要的书?"1991年,深圳开始筹建一座大型书店,虽然原计划的这栋建筑只有如今书城大厦的三分之一高,建筑面积不足2万平方米,然而即使如此,6000万元的投资也着实让年利润仅有200万元的深圳市新华书店心有余而力不足。市里知道这种情况后,在当时财政并不富裕的情况下,毅然决定大力支持书店建设,投入近2亿元巨资,并扩大了原建设计划,最终建起了如今这座高33层、面积4.1万平方米的巍峨大厦。汪顺安透露说,书城的选址曾经5次调整。最初在现罗湖区委大楼所在地,后来先后选址宝安路的变电站所在地、解放路边的现机关事务管理局所在地和现在的地王大厦所在地,最后才确定在如今所见的这个"完美地段",五易其址体现了市委、市政府扶持文化的决心。大厦落成后,最初名字叫"深圳新华书店中心门市发行大楼",长达14个字,后来经过多方献策,才确定为一个独树一帜的名字——深圳书城。这个响亮的名字迅速被全国业界效仿,在国内掀起了"书城效应"。

书城刚刚开业,就迎来了盛况空前的第七届全国书市。深圳人积蓄已久的读书热情被点燃了。1996年11月8日,那是一个让无数深圳人难忘的日子,书城开业吸引了10万人前来。为了控制人流,不得不采取了购票入场的方式,每天6万张5元面值的门票一抢而光,有的甚至被"黄牛"炒到了80元一张。要买书先购票的方式在全国图书界是绝无仅有的。

深圳大学教授王国栋至今都保留着当年的那张入场券。他激动地回忆说:"那天的读者实在太多了,真的是人挤人。书城外深南路的两边,东到宝安路,西至红岭路,以及人行天桥上,都挤着黑压压的人群。那样的场面一辈子都难见到。"当日,月收入不足千元的王国栋一下子买了《剑桥百科全书》、《哥伦比亚美国文学史》等400多元的图书。

深圳书城举办的第七届全国书市创下了7个全国第一,规模与质量均为历届书市之最。蜂拥而至的1.2万多名各地书商住满了附近的21家宾馆,深圳书城的名字很快在全国打响。许多深圳人也渐渐形成了在这座"文化公园"式的书城里徜徉的习惯,深圳书城一度被评为"深圳十大旅游景点"之一,成为深圳文化的磁力中心。"没有热爱阅读的深圳人,就没有书城的今天!"抚今追昔,深圳发行集团总经理陈锦涛深有感触地说。

进入新世纪，中心区深圳书城中心城——城市诗意在这里栖居

2000年，深圳读书月诞生了，深圳书城与改制后的深圳发行集团成为连续7届读书月的主要承办方。从此，每年的11月，深圳都会掀起一场文化的狂欢节，在城市中营造浓郁的书香氛围，深圳逐渐因为读书而受人尊重，累计参与人数超过了1500万人次，形成了读书文化节庆的"深圳模式"。2006年起，发行集团又承办了文博会华文出版馆的系列展示和交易活动。深圳的新华书店系统已经成为深圳读书文化的主要策源地。

2004年7月，深圳书城南山城向读者敞开大门。2006年11月，距深圳书城开业正好10年的日子里，投资4亿元的深圳书城中心城在莲花山下的深圳新核心地带开门纳客。它不但是世界单层经营面积最大、我国出版物品种最齐全的书城，更以舒适的环境、周到的服务、多元的经营把阅读变成一种享受，其设施条件和经营理念都走在了全国前列。在这座体验式的书城里，城市的诗意在漫溢的书香中栖居，读者的灵魂在一册册泛着油墨香味的图书中得到了舒展。

自此，三大书城在福田、南山、罗湖形成了"三连星"的布局，16个连锁门店在全市遍地开花。深圳新华书店迈入了全新的发展阶段。从当年解放路书店的230平方米到如今所有门店的9万多平方米，深圳新华书店系统的"书香园地"扩大了近400倍；从28年前36万元的图书销售额到如今的每年5亿元，更是增加了1400多倍。

历史悠久的新华书店在深圳焕发了新的活力，在这座热爱文化、崇尚读书的城市里，新华书店的金字招牌被越擦越亮。深圳已经连续17年成为全国人均购书量最多的城市，推着购物车、提着购物篮买书的读者队伍成为这里动人的人文景观。在深圳，读书文化永远兴盛，新华书店永远年轻。

大家乐舞台：打工文化的形象标志

吕露

吕露，深圳市委党校副教授。本文选自温诗步主编《深圳文化变革大事》，海天出版社2008年版，标题系编者另拟。

1986年夏天，住在深圳园岭新村的老李突然发现，荔枝公园边满是桉树的斜坡前辟出了一块空地，还新搭了个水泥台子。这天，他还感到屋子周围有点异样：平时一到傍晚就挤在他家窗边看电视的外来打工青年不见了！这时空地那边传来一阵阵的音乐声，过去一看，黑压压地挤满了人，一大片，好几千呢，那场面颇有点令人震撼。只见台子上挂了几盏灯，后面的桉树林成了唯一背景，俨然一个舞台了。这天是1986年7月8日，园岭新村的居民想不到，深圳市青少年活动中心的工作人员也想不到，今晚这台演出，会成为日后名扬海内外的深圳文化品牌——深圳大家乐舞台。

回想起创办大家乐舞台的那段燃情岁月，回想起1986年大家乐舞台的首场演出，深圳市青少年活动中心第一任主任云蔚成至今仍是那么感动和兴奋。云蔚成1983年到深圳筹建青少年活动中心，工作人员都是他特意从广州"挖"来的。深圳那时到处是繁忙的工地，众多的"三来一补"企业里聚集了大量外来打工青年。这些青年人白天在流水线上当"机器人"，晚上就当"寂寞人"。年轻人精力充沛，下了班不知到哪儿打发时间，于是就一群群地围着居民楼窗口看电视，这都成深圳的一大景观了。"打工青年太渴望文化生活了！"现已退休但仍担任深圳市文化局群众文化学会会长的云蔚成感叹，这情景令青少年活动中心的工作人员感到揪心，于是在1986年夏天搭建了这个简易舞台，一心要为青工们提供些娱乐活动。

有了舞台后，中心想请专业的演出团体来演出，当时也只有深圳海关的演艺队伍较具专业性，双方联系好了，就贴出演出海报，没承想演出当天下午，海关方面打来电话，因为总关来人，要给总关领导演出，今晚演艺队伍不能来了。这简直就是给青少年活动中心的工作人员头上浇了盆冷水！他们一阵紧急商议后决定：演出照常进行！"人家不来我们上！但你主任要带头。"云蔚成回想当时的情景，仍忍俊不禁，"才6点多，土舞台下面就挤得水泄不通，那场面让人震撼。我作为领导就客串了一把主持人，率先登台，唱了一首广州方言歌曲《落雨大》：'落雨大，没淹街，感谢共产党好安排，下水道都修好，连蚊子的窝都冲埋……'"

中心主任都登场了，那七八个工作人员也只好硬着头皮轮番上台表演"救场"，但不到30分钟"节目"都演完了。怎么办，时间还早着呢，台下人们动都不动，数千双眼睛盯着台上，云蔚成忽然灵机一动，邀请台下观众上来表演！"唱好了有掌声，唱不好有笑声"，并且马上让人写了张"自荐表演报名处"标牌贴出去，当场接受报名、登台表演。要知道，到深圳闯荡的人都有几分胆量，当晚第一个走上台的是名工程兵，他一首《骏马奔驰保边疆》，唱得字正腔圆、豪迈无边，赢得众人掌声、喝彩声。第二个登台的是位客家人，把一首邓丽君的歌唱得很走调，惹得台下几千人哄堂大笑，现场气氛格外轻松火爆。就这样一直演到晚上10点半，还有20多个报了名的人没有登台。云蔚成当场宣布："没登台的下周六再来唱！"就这样，一次被迫的"救场"创造了一种独特的群众文化新模式，也铸造了一块深圳著名的文化品牌。

至于这个土舞台为何被称"大家乐舞台"，是考虑到香港有个大家乐茶餐厅，台湾有个大家乐赌档，我们深圳呢，需要有个为外来青工提供娱乐的"大家乐舞台"！

大家乐舞台迅速引起了本地报纸和电视台的关注，还被评为1986年的深圳十大新闻。广东电视台、中央电视台接踵而至，就连日本富士电视台也前来拍摄了一个多星期。大家乐舞台在大受深圳外来打工青年欢迎的同时，声名远播，中宣部、文化部以及省市各级领导纷纷前来指导和观察。广大外来打工青年对大家乐这种文化活动形式如此喜爱，使青少年活动中心的工作人员开始考虑建设大家乐网络，以满足更多打工者的需求。20多年来，外来青工和广大市民在这个舞台上共同分享喜乐，驱散忧愁，大家乐舞台也被誉为爱心广场、公益广场和求知广场。

大家乐舞台不仅成为传播群众文化的窗口，还为无数有梦想的青年提供了锻炼、成长的平台。刚从湖南师大音乐系毕业的陈思思南下寻求发展，初出茅庐的她参加由大家乐舞台组织的1994年"荔枝杯"全国歌手大奖赛便夺得"最具潜质奖"，此后一曲《情哥去南方》令她一炮打响。此外，李春波、陈明、朱晓琳、刘冲、张秋秋……等许多知名歌手都是从这个舞台走向人生辉煌的。

大家乐舞台还是歌曲创作者的摇篮。被誉为"三剑客"的王佑贵、田地、单协和正是在大家乐舞台上得到实践、提高并走向成熟的，他们创作了不少传唱一时的优秀歌曲。著名作曲家王佑贵1989年南下深圳，一开始就住在大家乐舞台附近一心一意搞创作。1994年，一曲《春天的故事》在大家乐舞台上获得"青春歌曲大赛"大奖。在大家乐舞台上得到第一个奖坚定了王佑贵献身音乐的决心。后来《长大后我就成了你》、《想家的时候》、《多情东江水》、《大三峡》等一首首脍炙人口的歌曲，让王佑贵迅速被深圳乃至全国观众所熟悉。

大家乐舞台也为普通打工者托起了梦想。来自安徽的储醒最初以送桶装水为生，在深圳闯荡多年。2007年8月，他在大家乐舞台上首唱了自己创作的《这就是我》，赢得观众的热烈掌声。这个外来打工者没有想到自己内心的声音能够获得这么多人的认同，他在这里找到了音乐上的知音。

深圳本土原创组合"深南大道"有一首颇为有名的歌曲《擦干你的泪》，歌词创作者刘秀华，曾在工厂流水线上工作，凭着自己对于音乐的热爱和钻研，用质朴的语言和旋律表达出青年打工者真实的内心世界，他创作的歌词得到了不少音乐人的认可。一批像刘秀华一样富有激情的年轻人在"原创音乐广场——'07深圳原创音乐展评"中一展身手，他们热情、真实的创作令人感动。这个由大家乐推出的活动，为深圳原创音乐爱好者搭建起了展示才华的舞台。

大家乐创办者的初衷是满足外来打工者对文化娱乐活动的需求，它的开放性、参与性及宽容性，像磁石一样吸引着来自五湖四海的外来工，其独创的文化模式使它深入人心。在这个群众喜闻乐见、雅俗共赏的艺术舞台上，外来工们共度春夏秋冬，化异乡为故乡。同时"大家乐"的知名品牌效应，使它所主办的大型主题活动也相继产生广泛的影响力。

从1994年开始，每年元旦、春节期间都在大家乐举办"深圳是我家"系列活动，后来这个活动演变为"关爱行动"。"深圳是我家"活动的精彩节目让打工者们欢乐、陶醉，远离故乡的愁绪得到了极大安慰。有年春节，一位青工激动地跑到中心美工周老师面前深鞠一躬说，自己很想家但是回不去，感谢大家乐，让我在这里过了一个快乐的新年。这个舞台不断地为青少年尤其是外来打工者提供精神盛宴，让大家能够以快乐心情创建美好城市，这已成为大家乐的精神特质。

大家乐走过的 20 多年，是"长演不衰、求变常新"的发展之路：从当初的单一自荐表演，发展到现在集主题晚会、大型活动、竞赛比武、演讲辩论、咨询服务、成果展示、公益活动等为一体的综合性文化活动；从每星期两次活动，发展到每天都有活动，年均主办 360 多场晚会，观众多达几十万人的全天候文化舞台。大家乐文化因其强劲的生命力，已迅速渗透到社区文化、村镇文化、企业文化之中。

随着大家乐文化的盛行，特区各地也搭起了群众舞台，全市现已建立 400 多个大家乐舞台，如南山区的马家龙大家乐科普舞台、罗湖区的东湖公园大家乐文化广场、盐田区的东海社区社排新村大家乐舞台、宝安区的大家乐艺术团……

20 多年间，大家乐舞台为广大深圳青少年，特别是外来务工青年捧出了 8000 多场文化盛宴，登台表演者达 25 万人之多，观众近千万人次。这种服务群众、娱乐群众的舞台精神不仅在深圳引起强烈反响，也把影响撒播到了广东省甚至全国。而大家乐也凭其平民、大众的文化特色被国内外媒体誉为"平民夜总会"和"打工者的文艺沙龙"。

今天，大家乐从最初政府为打工青年搭设的"自愿、自荐、自费、自演、自娱、同乐"为特色的土舞台，逐渐演变为联结政府与群众的桥梁，培养艺术人才的学校，活跃市民文化生活的阵地，对外交流的窗口，青年的乐园。自 2003 年起已形成每年五项大型文化活动，包括"荔枝杯"青年歌手大赛、暑期少儿艺术大赛、少儿模特赛、社区中老年艺术大赛、"深圳是我家"春节文化系列活动等，基本具备常年面向青少年儿童、面向社区、面向社会的服务功能。被省市及团中央授予"精神文明建设先进单位"、"文化建设先进典型"、"广东省十佳文化广场"等荣誉称号。它是深圳各界群众、特别是青年劳务工共同创造的文化奇迹，在深圳精神文明建设中发挥着重要的作用，是深圳的一个金字文化品牌。

大家乐走过了近十年的辉煌之路后，人们希望它能用更为广阔的舞台给深圳打工者以更多的温暖和关怀。大家乐不负众望，边走边唱，1994 年那一个漂亮的转身，突破了地域性影响，把深圳打工者的文化盛宴迅速传遍全国，这就是"深圳是我家"系列文化活动。

深圳建立特区以来，人口剧增，但每年总有一个时间，会让你感到整个城市空了，那就是春节。年复一年，每到春节，"候鸟"北归是这个中国最大移民城市最直观的体现。年前返乡之时，深圳火车站几乎没有下脚的地方，等到除夕，数百万人一夜北撤，深圳几成空城。有一年南方航空公司也不得不在除夕后停飞三天深圳航线。

曾有人接父母亲来深圳过年，与家乡的热闹和鞭炮齐鸣相比，深圳的春节太安静了：偶尔燃起的几束烟花让夜空有点动静，街上找不到开业的餐馆，马路上空空荡荡，车辆和行人都很少，昔日拥挤不堪的菜市场也只有几家还在留守，买菜的也没有多少人。同楼邻居也不在家，走了，都走了。"这里一点年味都没有，还是回家去吧"，这是许多深圳人的想法。

如果在一个城市里长期生活的绝大多数人，对这个城市没有认同感，没有"家"的感觉，那这个城市怎么能持续发展呢。而城市归宿感的形成是一个长期的过程，也是一个文化沉淀的过程。因而，如何留住人，让更多的深圳人，特别是外来劳务工在深圳感觉到"家"的温暖，是这个城市的管理者一直要努力达成的目标之一。从1994年开始，深圳市政府每年举办"深圳是我家"系列文化活动，就是希望借助更多人的人文关怀，培养市民尤其是外来劳务工的家园意识和归属感。

"深圳是我家"依托大家乐舞台，其丰富多彩的系列文化活动每年持续近两个月，横跨元旦、春节、元宵三个传统节日，数以百万计的青工和市民参加，市五套班子领导也会亲临大家乐舞台给青工们拜年。大家乐文艺轻骑队则深入深圳各乡镇、工业区慰问演出，"送戏下乡"。包括中央电视台，以及来自中国香港、日本、德国、新加坡等地的海内外媒体，每年都争相报道"深圳是我家"活动盛况。越来越多的深圳外来劳务工愿意留下来过年，就像这首歌所唱的：

　　你的家，我的家，深圳就是我的家；
　　新年乐，新春乐，百万青工大家乐。
　　深圳是我家，为家献年华！

特色鲜明的深圳文化形象

段亚兵

段亚兵，深圳市委宣传部副部长，作家。本文选自作者专著《文化深圳》，作家出版社2009年版，标题略有改动。

人们刚来深圳，看到是摩天高楼林立，道路宽阔畅通车水马龙，绿树成荫繁花似锦，夜晚灯光明亮辉煌，现代化气息很浓。这是一个经济繁荣的城市形象。只要你在这个城市里住久了，深入进去了，就会发现城市文化形象的另一个面貌。

古老的深圳文化

2007年4月8日，北京传来一则消息："2006年度全国十大考古新发现"揭晓，其中有深圳大鹏湾畔的咸头岭遗址。遗址出土了房址、锅灶和大量的彩陶、白陶、夹砂陶片等。这道电波是一道闪电，照亮了历史深深的隧道，让我们依稀看清了遥远的历史源头。7000年前，大鹏湾开始有人类活动……

深圳还有一个大鹏所城，是明代的大型建筑，始建于1394年，是明代为了抗击倭寇而设立的"大鹏守御千户所城"，简称"大鹏所城"。深圳的简称"鹏城"即来源于此。所城内建有清代的"将军第"，其中以抗英名将赖恩爵的振威将军第最为壮观，已有150年的历史。赖恩爵作为林则徐的副将，成功指挥了"九龙海战"，该战是中国近代抗英战争取得胜利的第一仗。

7000年前和600年前，是深圳文化历史上的两个节点，深圳是中华文明古老家庭中的成员之一。

深圳的语言文化

考古成果当然可以说明一个城市的文化状况，但文物属于死文化，观察、评价一个城市的文化最好是考察其活的文化。活文化是什么？活文化是语言，是风俗习惯，是这座城市里人们的生活方式。其中，语言最重要。语言中深藏着一个民族、一个地区文化的遗传密码。我们以语言为对象，看看深圳文化在中国文化中的地位，在中华文明中的坐标。

从语言的角度分析，深圳分为两种情况：原居民与新移民（之所以说新移民是因为原居民在历史上基本上也是移民，可称作老移民）。广东为粤方言区，细分又可以分为广府白话、客家话、潮汕话、雷州话等四种小方言区。深圳原居民中，四种方言都有人说。其中大半说客家话，少半说白话，说潮汕话和雷州话的人更少。白话属于广府文化，客家话属于古代的中原文化，潮汕话与雷州话属于闽方言。

中国改革开放，深圳成为经济特区后，来了大量移民，再次出现了文化的大融合，深圳成为普通话最流行的城市。新移民来自全国各地，带来了全国、全民族的各种语言。如果说，历史上通过四次大迁徙来到广东的客家人，将当时的中原文化带到了岭南地区，那么今天占了城市居民绝大部分的新移民，更是将全国各地的各种文化都带到了今天的深圳。

深圳移民中还有一支队伍数量不多，但特别不可忽视，这就是来自世界各地学成归来的"海归派"。市人事局的同志告诉我：北京、上海、深圳三个城市是中国留学生回国数量最多的城市。回深圳的留学生，自己创业的多，当老板的多。他们带来了新鲜的思想，表现出别样的文化，过着不同的生活方式，对年轻人产生了很大的影响，他们在深圳的文化生活中发挥着明星般的示范影响作用。

深圳的移民文化

深圳社科院的杨立勋教授告诉我，深圳是世界上最大、移民度最高的移民城市。

纽约是国际性移民城市，纽约人口 800 万，移民率为 45%。相比之下，深圳人口过千万，移民率 96% 以上。但是，深圳的移民基本来自国内，纽约的移民来自全球。可以说纽约是最大的国际移民城市，深圳是最大的中国移民城市。

深圳的移民文化有什么特点呢？

首先是丰富性。移民来自全国，带来了全国各地的文化。这是一个非常丰富多彩的文化形态，好像是大森林，长满了各种树木花草。文化生态十分丰富。

其次是创新性。中国文化总体上说是一种创新文化。文化中最主要的基因是变革和更新。深圳这种开放竞争的环境，激发了中华文化易变、创新的内核，使移民文化不断产生一种创新的状态，就容易出现新观念、新思想、新做法。深圳精神几经修改，开拓创新始终为首，这是深圳人民的共识，也为深圳发展的历史一再证明。

再次是杂交性。各种文化共处一地，共同生长，免不了互相碰撞、互相融会、互相影响，在碰撞、融会、贯通、影响过程中，生成了一种新的文化。这个新文化吸收了各种文化的长处，呈现出一种优生优态的面貌，生气勃勃，生命力强，具有很强的创新和生长能力。从文明的成长规律看，文明只有在传播、学习、借鉴的过程中，才能更快、更好、更省地生长和发展。移民城市就是各种文化的聚集地和融会区，是不同文明的植物园和展示窗。深圳是全国最大、移民率最高的移民城市，因此深圳成为最有创新能力、最有创新精神的城市也就不奇怪了。

对外交流中的深圳文化

在中国改革开放进程中，深圳被赋予了"改革开放窗口"的地位。能够承担这一光荣任务，其中一个原因是因为深圳与香港一河之隔，有一种特殊的地利优势。

香港原来是深圳（当时是宝安县）的一部分，香港居民多数是宝安居民，两个城市同一块土地，同一个人种，文化上也是同源。1840 年鸦片战争后，香港被租借、割让给英国成了殖民地。在一百多年间，香港政治上受英国政府的统治，文化上受英国文化的覆盖和影响。

在一百多年的历史中，香港人民将以英国文化为代表的西方文明进行了一轮消化，将西方文化与中国文化成功地嫁接、融通、结合起来，从而创造出一种符合中华文化传统和民族特性要求、适应本地社会经济发展的新文化。这种文化成为香港的核心竞争力，使香港成为经济上的亚洲四小龙之一，建设成为一个国际大都市。由于与香港为邻，深圳在学习香港并通过香港向世界学习方面具备最为便利的条件。

深圳向香港的学习十分成功。在深圳与香港文化的冲突、碰撞、融汇、贯通中，又产生出一种新的杂交文化。深圳文化就是既保持中国优秀文化传统，又善于学习、吸收、改造国外先进文化而产生的一种富有开拓创新精神的新文化。

不仅如此，深圳抱着虚心好学的精神，向世界一些城市直接学习。从1986年开始到2007年的21年间，先后分别与15个国际省份和城市互相结为姊妹城市：美国休斯敦市、意大利布雷西亚省、澳大利亚布里斯班市、波兰波兹南市、法国维埃纳省、牙买加金斯敦市、多哥洛美市、德国纽伦堡市、比利时布拉班特瓦隆省、日本筑波市、韩国光阳市、马来西亚新山、意大利都灵市、罗马尼亚蒂米什瓦拉市、英国罗德翰姆市。深圳与这些省市城市间信息畅通，人员往来，大大开阔了深圳人民的眼界。

深圳以文化立市

2003年1月，深圳市委三届六次全会提出了"文化立市"战略。2005年5月，中共深圳市第四次代表大会进一步明确指出，要"全面实施文化立市战略，大力发展文化卫生体育事业，加快推进'钢琴之城'、'图书馆之城'、'设计之都'和'动漫基地'建设"，并进一步重申要"在继续大力发展高新技术、金融和物流等三大支柱产业的同时，努力把文化产业培植成为第四大支柱产业"。

深圳提出"文化立市"战略既是深圳发展阶段转型的需要，也是深圳创新思想的表现。在落实文化立市战略中，深圳做了多方面的努力，这里只说说大兴文化设施建设、鼓励文艺精品创作、打造品牌文化活动3件事。

在文化设施建设方面，30年内深圳以10年为一个周期建设了3批文化设施。20世纪80年代建设了深圳图书馆(现改为少儿图书馆)、博物馆、科技馆、大剧院、电视台(现怡景基地)、体育馆和深圳大学等文化设施；90年代建设了3万人体育场、深圳书城(现罗湖书城)、深圳特区报业大厦、深圳商报大厦、海天大厦、关山月美术馆、何香凝美术馆、深圳画院、华夏艺术中心和各区的图书馆、艺术中心、文化广场等一批新文化设施；本世纪头10年又开始建设中心图书馆、音乐厅、青少年宫、电视中心、书城(福田中心店和南山店)，以及2011世界大学生运动城等。通过3次大规模的文化设施建设,深圳有了众多的文化阵地。

在鼓励文艺精品创作方面,深圳生产出了许多观众喜爱的作品,产生了"深圳制造"的概念。深圳的影视文化、音乐歌曲等是长项,文学、美术书法、舞台艺术等方面也有不俗的表现。电影作品早期有《少年犯》、《花季雨季》,近期有《夜·明》、《五颗子弹》等。电视剧《深圳人》、《钢铁是怎样炼成的》等是具有全国影响的作品,特别值得一说的是深圳康达富公司近几年生产的"三棵树":《亲情树》、《香樟树》和《相思树》,前两部获中宣部"五个一"工程奖,后一部也成为思想性、艺术性、观赏性俱佳的好作品。深圳是中国流行音乐生产的重镇。中国流行音乐就是从深圳开始的,代表作品有《春天的故事》、《走进新时代》、《又见西柏坡》、《永远的小平》、《祝福祖国》、《在灿烂的阳光下》等。特别值得一提的是改革管理体制后的深圳交响乐团,进入国家交响乐团第一方阵,创作出了《神州和乐》的交响乐作品。文学方面,在近两年与中国作协合作开展的"改革开放30年文学工程"中,出现了《岭南烟云》(彭名燕、孙向学)、《旷野无人》(李兰妮)等一批好作品。打工文学成为深圳文学的一个品牌,出现了王十月、戴斌等一批作家。网络文学是新的领域,"我与深圳"网络文学拉力赛中的获奖作品质量上乘。一些专家认为"深圳的文学出现了井喷现象"。舞台剧方面有歌舞晚会《深圳故事·追求》、《祖国,深圳对你说》,粤剧《风雪夜归人》、《中英街传奇》、《驼哥的旗》、《明·士》,话剧《窗外一片红树林》,杂技剧《梦幻西游》,音乐剧《买火柴的小女孩》等。美术方面,早期的深圳提出"深圳画家画深圳",创作强调写实,后来提出了"城市山水画"的创意,慢慢演变成为"都市水墨画"的概念,提出了中国传统水墨画发展的重要课题,引起了全国美术界的关注。书法方面,中青年的书法作品屡屡获大奖,使深圳成为省内书法力量最强的城市之一。

在打造品牌文化活动方面,深圳开展了读书月、市民文化大讲堂、创意十二月、深圳大剧院艺术节、中外艺术精品演出季、文博会艺术节、外来青工文化节、鹏城金秋社区文化艺术节等,做到了"天天有活动、月月有演出、节日有庆典、人人可参与"。

深圳文化产业列为第四大支柱产业既是为了整合深圳已经形成为一支重要力量的产业,也是为了给文化产业以更大更持久的支持,这是落实"文化立市"战略的具体措施之一。全市的努力已经初见成效。文博会作为中国唯一一个国家级、国际性、综合性的文化展会,在短短4届时间里就做成了全国规模最大。深圳还形成了中国(深圳)设计之都田面创意产业园、世纪工艺文化广场、怡景国家动漫基地、F518时尚创意园、中国(南方)国际摄影产业园、中国观澜版画原创产业基地等24个文化产业发展的孵化器和产业园。其中的大芬油画村吸引了全国几千名画家在这里作画，生产的油画远销世界油画市场。

深圳的文化软实力

文化对城市经济社会发展的推动力越来越突出，文化竞争力正在成为城市竞争的核心力量。这就是美国约瑟夫·奈1990年提出的"软权力"（softpower）（也译为"软实力"、"软力量"）概念。软实力就是吸引力，产生软实力的源泉主要是文化。

文化之所以是城市软实力的源泉，是因为文化的特性决定的。文化的作用有两条：一条是让物质的世界文明化、文雅化，就是"文化"；另一条作用是"化人"，将愚昧的人知识化，将野蛮的人文明化，将粗鲁的人文雅化。建筑只是城市的躯壳，城市的内容在人；居民的素质高低决定一个城市文明水平的高低。因此，要想吸引人，这个城市一定要有文化气息、文化氛围、文化底蕴。没有文化的城市如同沙漠一样令人寂寞，令人绝望。有文化的城市，如同绿洲适合人们居住，如同森林保护各种生命生存，如同百花园生机盎然。

文化是创造的源泉。人的知识在学习文化中积累，人又是在文化中产生灵感。文化的土壤越深厚，创新的大树越茁壮，创新的花朵越娇艳。深圳要想保持自己开拓创新的品质，必须要有深厚的文化积累。如果说深圳开始通过移民吸收了全国甚至世界上的文化精髓而成就了一番事业，那么深圳今后的发展更要靠不断吸取全人类的文化精华，继续自己的文化积累，形成自己的文化传统，才有可能保持创新思想不断涌流的文化源泉。

文化是城市独特身份的标志。城市不见得规模大才好，只有独特才有吸引力。世界历史名城许多并不大，而是靠自己的文化特征吸引世人眼光的。联合国教科文组织于2004年开始组织"联合国全球创意城市联盟"，先后评出了6个创意城市，分别是设计之都德国柏林和阿根廷布宜诺斯艾利斯，民间艺术之都埃及阿斯旺和美国圣大非，烹饪之都哥伦比亚波帕扬，以及文学之都英国爱丁堡。深圳应该向她们学习，成为其中的一员。总之，深圳要成为一个具有吸引力的城市，必须依靠自己独特的文化特征。

文化是生活品质的保障。环境清洁悦目，社会管理有序，读书学习的氛围浓厚，文化活动丰富多彩，这样的家园工作生活才舒适，这样的城市才有吸引力。有吸引力的城市，会吸引来人才；而人才的大脑就是文化创意的源泉。这样一来，城市运作就进入了良性循环，发展有后劲，能够可持续发展，这样的城市前途光明。

深圳在贯彻落实党的十七大精神中，开展了思想解放大讨论，重要内容之一是如何提升城市的文化软实力。为此，提出了搞好"社会主义核心价值体系建设工程、城市形象工程、文化创意中心工程、公共智库工程、公共文化工程、文化产业工程、文化传播工程"等七大工程建设。通过努力，希望未来深圳将凸显"创新、卓越、智慧、力量、效益"五大特质的文化软实力。

文化软实力成为新一轮竞争的主战场，深圳的胜算如何呢？笔者对此持乐观态度：深圳在这新一轮的竞争中形势很好，胜算很高。为什么？这是由文化竞争力的特点决定的。文化软实力竞争与以物质为内容的硬实力竞争完全不同：物质的特点是独占性和消耗性，而文化的特点是分享性和非消耗性。你有一个苹果，给了我，就不属于你，吃掉了，就没有了；而文化等精神产品是可以共享的，你有一个创意，告诉了我，就变成了两个创意，而这个创意不管使用多少次都是不会消耗掉的。因此对于资源缺乏而人口素质比较高的深圳来说，"资源紧约束"的限制就比较小，用武之地就很广大。记得有一位领导论深圳如何做好文艺精品创作问题时说过这样一句话："深圳的任务并不是要自己生产小麦，而是要蒸出馒头。深圳应该选用各地生产的小麦，组织最好的厨师，蒸出最好吃的馒头，这才是真本事。"这里强调的也是软实力。

文化软实力的竞争另有一个特点也对深圳有利。有学者认为，所谓软实力并不是说用自己已有文化与别人比赛、拼搏，而是看你如何虚心有效地吸引、容纳他人的文化。吸收别人文化的能力越强，就越能增加自己的文化积累，增强自己的创新能力。这样你的文化软实力就强了。这个观点归纳起来就是"他山之石，可以攻玉"；就是"海纳百川，有容乃大"。

深圳是个移民城市，移民文化不断地流入这座城市；深圳是改革开放的窗口，愿意打开大门欢迎世界各国的朋友前来开展经贸文化活动；有远大志向的深圳人也愿意走出去，在投资经商的过程中学习国外的先进文化。流向深圳这座城市的信息、知识、文化，如同涓涓细流，汇合成江河；江河滔滔，流入了湖泊海洋。深圳虚怀若谷，就是江河湖海；这座城市是学习的海绵，知识的洼泽，文化的熔炉。深圳不择细流，求知若渴，焚膏继晷，锲而不舍，始终在学习充实提高自己。

在这个过程中，深圳定会不断提高自己的文化软实力。

深圳文艺的生机与活力

李意珍

> 李意珍，原深圳市委常委、市教育工委书记，作家。本文是其在深圳市文学艺术界联合会第五次代表大会上的讲话节选，标题系编者另拟。

深圳的文学艺术事业，与我们这座城市一同成长、一同进步，走过了不平凡的历程。经济特区创建初期，文学艺术界的一批名人志士，怀着满腔的热血，怀着干一番事业的激情，从省内各地、全国各地汇集到深圳，和本地文艺工作者一起，共同擎起了特区文艺事业的这片天地。他们当中，有著名诗人谭日超，他是深圳作协的第一任主席。有著名作家陈国凯，他是早期的《特区文学》主编。有著名演员祝希娟，曾任深圳电视台副台长和市影视家协会主席。有著名文艺理论家胡经之，他从北京大学南来深圳大学，参与创建深大中文系，曾任市作家协会和文艺评论家协会主席。有著名曲作家杨庶正，曾任市音乐家协会主席。有著名指挥家姚关荣，长期担任深圳交响乐团首席指挥。有著名画家王子武、杨沙，为深圳画院的筹建和深圳美术事业的发展作过积极贡献。还有一些，恕我不能一一列举。或许是这些文艺界前辈们自身的感召力，或许是特区改革开放事业特有的吸引力，一批又一批的文学家、艺术家，特别是中青年文艺工作者相继而来。深圳经济特区以她博大的胸怀接纳了他们，他们又为这块热土奉献着智慧与心血。当特区建设者们以三天一层楼的深圳速度，在曾是贫瘠荒凉的土地上建造着一栋又一栋的高楼大厦时，文艺家们则在曾被称为"文化沙漠"的地方，精心地构筑着他们心中的文艺大厦。于是，我们有了《春天的故事》、《走进新时代》、《又见西柏坡》。这些歌曲，唱出了深圳人的心声，唱遍了祖国的大江南北。我们有了《孺子牛》、《邓小平同志》的雕塑。前者，是特区建设者们奋力开拓、默默奉献的反映；后者，是深圳人民对敬爱的小平同志深厚感情的表现。这两座雕塑，浓缩了深圳人的精神世界与艺术境界，成为我们这座城市独特的风景。我们有了杨黎光的报告文学，他的《没有家园的灵魂》、《生死一线》分别获得国家级文学大奖："鲁迅文学奖"。最近，他又推出了反映抗击非典斗争的壮丽篇章《瘟疫，人类的影子》。我们有了现代粤剧的代表作《情系中英街》、《驼哥的旗》，冯刚毅因此两度获得"梅花奖"。我们还拥有林祖基的《微言集》，陈国凯的《大风起兮》，朱崇山的《淡绿色的窗幔》，吴启泰的《天出血》，彭名燕的《世纪贵族》，李兰妮的《傍海人家》，林雨纯、郭洪义的《天地男儿》，李亚威的《深圳故事》，以及一大批"深圳制造"的文学、音乐、影视、戏剧、美术、雕塑、书法、舞蹈、摄影、民间文艺、文艺评论的作品，加上深圳国际水墨画双年展、大剧院艺术节、读书月一类的文艺盛事，把深圳的文艺百花园装点得姹紫嫣红、生机勃勃。如果说，这些从五湖四海汇集而来的"第一代深圳人"曾令我们自豪，那么，代表着在深圳出生、成长的"第二代深圳人"的文艺青年一族，同样使我们由衷地受到鼓舞。这些从小就受着这块改革开放的热土熏陶的文化新人，普遍有着阳光、健康的心理，有着昂扬向上、乐观自信、激情奋发的精神风貌，与某些青年作者在作品中散发出来的玩世不恭及种种灰色情绪形成鲜明对照。他们代表着深圳文学艺术的希望与未来。几年前，郁秀的《花季·雨季》曾给深圳文坛带来一股清新的风。近年来，一批文坛新秀崭露头角，使深圳文艺界涌动着更加浓郁的青春气息。不久前评选的广东省文学新人新作奖，10名文学新人中深圳占了5名。这是广东文学界特有的"深圳现象"，确实给了我们一个意外的惊喜。可喜的不仅在于这些获奖作品本身，更重要的是这件事所蕴含的价值，所体现出来的深圳文学艺术的青春活力和灿烂前景。说到文艺界的新秀，有一个人是不能不提的，他就是在深圳成长起来的年轻钢琴家李云迪，他让我们在国际乐坛大赛中扬起了头，他给深圳带来骄傲和荣誉。老、中、青结合，前辈与后起之秀结合，两代深圳人结合，组成了深圳的文学艺术工作者队伍。这支队伍，伴随着特区建设事业的发展而发展，经受了改革开放大潮的锻炼与洗礼，这是一支有良好素质、有战斗力和创作激情，能担当历史重任的队伍。这是特区文学艺术事业发展的力量所在、希望所在，是党和人民的宝贵财富。

深圳文学艺术事业显示出来的勃勃生机和初步繁荣，与它坚实的群众基础，与它深深扎根于基层、扎根于社区、企业和校园之中,是分不开的。群众文艺创作、文艺活动的广泛开展,是深圳文艺的一大特色。它在极大地活跃、丰富基层群众文化生活的同时,又涌现了一批优秀人才和优秀作品。深圳作为移民城市,汇聚了不少各方面的人才,是一个藏艺于民、藏才于民的地方。龙岗布吉的大芬村,就是一个很好的说明。一个本来只有300多个村民的小村,经过15年左右的组合发展,如今成了一个远近有名的油画制作、加工基地和书画交易市场。从全国各地到这里来的画家、画师、画工、画商超过2000人,全村有画廊和油画作坊100多间,近几年油画作品交易创汇每年在3000万港元以上。当年举行的文博会,我们将把大芬村作为一个分会场。在深圳文学艺术事业发展中,企业扮演着重要的角色。华侨城集团的锦绣中华、世界之窗、民俗文化村、欢乐谷,本身就是文化与旅游结合的艺术之作,在这几个旅游景点上演的《创世记》、《东方霓裳》、《龙凤舞中华》、《欢乐水世界》更是成了常演常新、久演不衰的企业文化、旅游文化"经典"。近年来,包括万科、先科、日中天动画、华侨城国际传媒、康富达、光彩事业文化传播有限公司在内的一大批企业,积极投身影视作品的制作,成为影视制作的一支生力军。由企业参与或以企业为主制作的影视作品占了很大的比例。像《过年》、《我们手拉手》、《小糊涂神》、《钢铁是怎样炼成的》,以及最近正在热播的《空房子》、《婆婆》等,都是其中的佼佼者。

今天的深圳,今天深圳的人民大众,比以往任何时候都更加强烈地呼唤着高层次、高品位、高水准的文学艺术精品。我们的社会需要艺术的氛围,我们的人民需要艺术的享受,我们的青少年需要艺术的哺育与熏陶。社会与人民群众对文学艺术的这种呼唤与需求,是文学艺术繁荣发展的巨大动力。事实上,深圳发展到今天,也是到了该出精品、出人才的时候了。或者说,是到了该出一些更拔尖的作品、更拔尖的人才的时候了。经济的发展,为精神产品的生产、文学艺术的繁荣,创造了良好的经济和物质的条件。社会实践的进步,为文学艺术的创作提供了不竭的源泉。深圳文学艺术领域所形成的基础和氛围,为作家、艺术家的艺术创造提供了宽松的环境。市委、市政府的高度重视和大力支持,使文艺工作者受到极大的鼓舞和广泛的尊重,从中焕发出来的积极性和创造精神是难以估量的。可以预期,今后几年,深圳的文学艺术事业应该是到了一个收获的季节,丰收的季节,我们完全有理由相信和期待,深圳能够向时代多奉献一些力作,向世人多奉献一些精品。

在这个新的时代里,深圳担负着特殊的使命,发挥着特殊的作用。近四分之一个世纪以来，改革开放为中国社会带来的巨大进步与历史变迁，给人们带来的精神冲击与心灵震撼，是无与伦比的。这中间，值得我们去描绘、揭示、讴歌、鞭挞的东西太多太多。作为深圳的文学家、艺术家，如果说责任的话，我觉得，满怀激情地表现这个伟大时代，表现改革开放的伟大事业，表现在这个时代、这个事业中发生的历史变迁以及人们崭新的精神风貌和价值取向，应该视为我们的天职。这是历史赋予的神圣使命，也是当代文学艺术家义不容辞的职责。况且，我们也有得天独厚的有利条件。深圳的改革开放，已经有20多年的实践，深圳的文化，也有20多年的积淀了。20多年，四分之一个世纪，也算是到了可以厚积薄发的时候了吧。为了有效地推进这方面工作，经过宣传部与文联一段时间的酝酿，我们准备实施一项重大题材创作工程，或者叫改革开放重大题材创作工程。目的是为有志于在表现这方面题材上成就事业、作出贡献的文学艺术家创造条件，争取拿出一批有影响的、与我们所处的时代和正在推进的改革开放事业相适应的力作和精品，特别是有代表性的读者和观众公认的优秀作品。我们应该朝这方面不懈努力。我们应该有这样一个目标和志向。深圳人创业艰难，我们期盼着有深圳版的《创业史》。改革开放的暴风雨来得更是猛烈，我们期盼着有深圳版的《暴风骤雨》。特区儿女也有许多可歌可泣、可感可叹的人生经历、奋斗历程，我们同样期盼着有深圳版的《新儿女英雄传》。

深圳是一座年轻的城市，人口平均年龄28岁多一点。因为年轻，她缺少历史积淀，文化的根基不是很深厚。但也正因为年轻，她的包袱就比较小，可塑空间大，而且充满了活力和希望。我们可以在经济发展上创造让世人瞩目的奇迹，为什么不能在文化建设上创造自己的品牌，在文学艺术上创造自己的风格？事实上，同志们已经这样做了。许多有识之士为了构筑深圳的文化殿堂，在探索，在耕耘，在创造，在积累。特别是和这座城市一同成长起来的这一批年轻人，他们正在成为一个越来越广泛的群体，一股越来越强大的力量。他们生长或者成长在深圳，对深圳有一种与生俱来的认同感和融通感。他们被深圳所激奋，为深圳而自豪。他们接受城市文明的洗礼，接受移民文化和中西文化交汇这种特有文化氛围的熏陶。他们怀着求知的渴望，演绎着青春的梦想，包括实现自己的文学艺术的梦想。于是，在深圳这块热土上，在深圳的宽松环境和特有的文化氛围里，他们成长着，像雨后的春笋。于是，出现了深圳特有的"青春文化"现象，形成了一个很有活力的青年文学艺术的人才群体。我们注意到，有的评论家把深圳的文学现象、文学风格概括为"青春文学"、"新都市文学"等。当然，怎么概括，怎样定位，还可以继续讨论，继续争鸣。但是，有一个青年文学艺术群体的崛起，有一支青年文学艺术队伍的成长，有一种青年文学艺术氛围的形成，对于我们这个城市，是非常有意义的。尽管她们还很稚嫩，小荷才露尖尖角，但是，她们代表着一种趋势，代表了潜力和后劲，代表了未来和希望。

城市的终极意义是文化。在文化的竞争发展中，文学艺术承担着重要的特殊的使命。市委、市政府实施文化立市的战略，给我们开辟了一方新的天地，构筑了一个更加广阔的舞台。一切有志于为深圳文学艺术事业的发展贡献力量的人们，包括一大批文学艺术的新人，都可以放开手脚地创造，全身心地耕耘，尽情地展示自己的智慧与才华。让我们一起登攀，让我们的文学艺术和我们的城市一起成长，一起走向新的辉煌。

关于歌词创作的答问

蒋开儒

> 蒋开儒，著名歌词作家，代表作品有《春天的故事》、《走进新时代》等。本文选自深圳市文联与深圳文艺评论家协会合编《深圳文艺20年》，花城出版社2000年版。

近年，常接受媒体采访，有趣的是，有些提问，不约而同，我的回答，也就找到了规律。

问：十一届三中全会一开，中国的春天就来了，这是亿万人共同的感悟，你怎么就写出了《春天的故事》？（指歌词）

答：我最盼春天，对春天也就特敏感。

说来话长，我生在桂林一个书香门第。新中国成立前夕，姑妈和叔叔去了香港，姐姐跟姐夫去了台湾，我在1951年参加了中国人民解放军。我一心想当英雄，连立三次功，就在我一帆风顺的时候，我被清洗，坐着闷罐车上了北大荒，那是1958年。此后，运动一个接着一个，因为海外关系，我自然成为运动对象。为了在运动中求生存，我时时处在敏感中。最为敏感的是中央的公报、社论，上面有什么精神，我就做什么准备。《横扫一切牛鬼蛇神》的社论一发表，我连夜准备了一套黑衣服……那时候，最渴望的就是有一天不搞阶级斗争了。我像在漫长的寒冬里，盼望着春天。十一届三中全会的公报一播，我听完就哭，再也不提以阶级斗争为纲了，总算把这一天盼到了，春天来了……

问：那首词是1993年发的，这中间怎么隔了这么多年？

答：感悟了的，不一定就能表现出来。或者说，不一定能在短期内更深刻、更准确、更充分地表现出来。在那个阶段，我的歌词中曾多次出现"春"字。1979年5月12日，我和台湾的姐姐在香港启德机场拥抱，姐姐第一句话就问："这是梦吗？"我说："这不是梦／这不是梦／我抱着春雨／你抱着春风／两颗心贴在一起跳动／冰雪悄悄消融"。在一个特定环境里，春的感悟，化作语言，从我心中涌出。1979年5月27日，我从香港回到深圳，刚过罗湖桥就下起了小雨，我唱起了小雨的歌："小雨／小雨／线儿柔／珠儿细／喜春风／恋大地……"春的感悟，一次次从我心中漫出来，尽管浓烈，尽管独特，但那感悟还基本上是自我的。1992年5月13日，我第二次进深圳，记忆中那片水田变成了摩天楼，记忆中那个万象更新的春天变成了万紫千红的春天。我的感悟在积累中升华——我感到了一个民族的春天，一个国家的春天。

问：一到深圳，你就写出来了吗？

答：还没有。我还需要找到一个理想的切入口。我如饥似渴地翻阅一切有关深圳的资料，有一本报告文学《深圳的斯芬克斯之谜》让我眼前一亮！1979年4月，小平同志听了广东省委负责人汇报后说：先在你们广东找一个地方，办一个经济特区，杀出一条血路来！那个故事在我眼前化作影像：小平同志站在中国大地图前，凝神寻觅办经济特区的地方，最后，他在与香港一河之隔的深圳画了个圈，画了一个重大历史抉择的圈！于是，歌词一气呵成！可以说，我是站在巨人的肩膀上，捧出了歌词《春天的故事》。

问：后来，你又写出来《走进新时代》（指歌词），这两首歌有必然的联系吗？

答：当然有。1996年8月，罗湖区委、区政府为迎接香港回归，策划创作一台交响组歌，选我作词，就是因为《春天的故事》。

组歌10首，在大家帮助下，我顺利写出9首，最后一首写什么？我想写一首党的颂歌。因为没有共产党的领导，就没有香港的回归。区领导也是这么想的，一拍即合。但这首歌分量太重，久久出不来词，又赶上小平同志和我们永别，心情特沉重。有朋友说：小平走了，《春天的故事》还能唱多久？沉痛上面又加了几分忧虑。我担心不仅仅是那首歌，是十一届三中全会以来，小平主持制定的路线、方针、政策会不会改变？那时，最关心的是有关小平的信息，有关社会对小平的评价。江泽民同志在中央党校的讲话一发表，我就欣喜若狂。他说，要高举邓小平理论伟大旗帜！第一次出现了"邓小平理论"的历史定位！马列主义—毛泽东思想—邓小平理论，一条红线穿起了我们党、我们国家的指导思想。当时心里亮起了四个字：中——国——有——

幸！上下几千年，我们的老祖宗，穷够了，叫别人欺负够了，好日子都叫我们赶上了：我们唱着东方红，当家做主站起来；我们讲着春天的故事，改革开放富起来；十五大一开，以江泽民同志为核心的党中央，就会领导我们走进一个新时代！

一首小小的歌，写三代领袖，能通过吗？罗湖区委、区政府的领导同志最先肯定了上述三句话，深圳市委领导同志看首场演出就作出决定：把这首唱三代领袖的歌献给十五大。

在中央电视台、深圳市委宣传部、罗湖区委区政府和作曲家、歌唱家的共同努力下，这首歌在十五大开幕前五分钟隆重推出。那是一个亿万人民怀着激动的心情盯着荧屏的黄金时刻，那一刻，《走进新时代》走进了亿万人的心田。

问：你从1979年开始写歌，作品近千首，为什么两首最有影响的歌都在深圳？

答：我想这是因为地利、人和。天时是共有的，地利、人和是深圳特有的。

深圳是小平选中的试验田。试验属于科学，试验就意味着创新，创新是民族的灵魂。这里必然会出现表现中国灵魂的作品。深圳是十一届三中全会之后，体现政治与经济相融合的新城，许多标志性建筑，都体现思想性与艺术性的统一，给人启迪，引人联想，让人进入一个思接千载、视通万里的艺术境界。我自己就常常沉浸在这个境界。

看见高楼林立，我就想起那片水田；

看见车水马龙，我就想起走过的那条田埂；

看见国贸大厦，我就想起深圳速度三天一层楼；

从罗湖到华侨城，我就想起中国香港、新加坡，想起人类文明应共有的新思维；

到了蛇口，我就想起改变了几亿中国人观念的那句六字口号：时间就是金钱！

看到整个城市像花园，我就想起天人合一、以人为本两种哲思的融合……

这些就是地利。

我说人和，主要是指：深圳的文艺创作已超越了个人行为，成为一种社会行为。从策划、创意、到具体艺术形成的创作，构成了一个整体。每个人都在这个整体里发挥自己的特长。每一部作品，都是强强联合的结晶，都是集体智慧的凝聚。每一个参与者，都是了不起的特殊人才，同时又是普通劳动者，大家都以忘我的激情、平和的心态工作着，发挥着人和的最大优势。

看来，深圳出精品，是一种必然。

深圳大学：高校之林，后来居上

王奋强　金涌

> 王奋强、金涌，《深圳特区报》记者。本文原载《深圳特区报》2009年9月17日，标题略有改动。

1983年，深圳大学从南山后海湾滩涂上崛起，以办特区大学、窗口大学、实验大学为己任，以改革创新为动力，率先推行了一系列在全国有影响的改革举措，以最短的时间实现了跨越式发展：办学层次由学士、硕士到博士教育三级提升；办学规模由建校规划4000人到实际在校生3万人，成为在国内外有一定影响力的综合性高等学府，办学地位目前已跻身全国地方大学前列。

教育部专家评估组认为："深圳大学用20多年走过了内地高校50年的路程。"

1982年11月，鉴于特区建设需要大批高层次的专业人才，广东省高教局一行8人来深圳调研并提交了《关于创办深圳大学的建议》。

1983年1月，深圳市委、市政府作出筹办深圳大学的决定并成立筹备委员会，同时向广东省提交《关于创办深圳大学的报告》；2月，省政府向国务院提交《关于增设深圳大学的请示报告》；5月10日经国务院批准，教育部颁发增设深圳大学的专文；9月，市委会议明确提出，要把深圳大学办成"一所具有中国特色的社会主义新型大学"。

1983年3月27日，市委、市政府决定在后海湾桂庙地段，划地1平方公里（约1500亩）为深圳大学校址区。1983年9月27日，深圳大学成立暨首届开学典礼大会在深圳戏院隆重举行。1984年2月7日，建校第一期工程正式破土动工；8月，教学大楼、学生和教职工宿舍等建筑面积逾5万平方米的16栋大楼及配套的道路、给排水、供配电工程竣工,深圳大学从解放路临时校址迁入粤海门新校址。1984年正式开学,招收工业经济、商业经济、金融、法律、英语、建筑等6个专业本科生212人,分布于外语、经济管理、法律、建筑、电子等5个系。

1984年春天,邓小平同志路过南山,有人指着后海湾的一片脚手架,汇报说那就是深圳大学新校区,春季破土,秋季开学。小平说:"好,深圳速度呀!"回到北京,小平同志又叮嘱深圳来客:"你们一定要办好深圳大学。"

1992年,江泽民同志亲笔为深圳大学题写校名。

深圳大学的创建得到教育部的高度重视和全国著名高校的大力支持。北京大学、清华大学、中国人民大学、中山大学等多所全国著名大学的一批教授到深圳大学担任一线教学骨干,为深圳大学的发展打下良好基础。

凭清新务实的校风校貌声名鹊起

在深南大道以南,造访坐落在南山后海湾畔一片葱绿之中的深圳大学,有如在展阅一幅蕴藏丰富的城市人文画卷。

在改革开放初期的历史坐标上,展开了经济特区创办特区窗口大学的实践。记者了解到,20世纪80年代在后海湾一片滩涂上建起的深圳大学,勇立潮头,经受了沿海先发地区和文化积淀薄弱地区能否办好高等教育的质疑与考验,经受了社会转型期高等教育与市场经济的体制性碰撞和观念性冲突,秉承了经济特区改革创新的特性,探索实践,历史性地实现了跨越式发展。

20世纪80年代,深圳大学即凭清新的面貌和务实的校风声名鹊起,在全国率先实行学生交费上学制度、毕业生不包分配制度、教职工聘任制度、学分制度、勤工俭学制度,成为享誉东南亚的"没有围墙的大学"。

20世纪90年代,力求在国际化的版图上寻找自身的坐标,深圳大学独辟蹊径,在国内首创与英美高校合作的"双校园、双语种、双文凭或单文凭"办学模式,联合培养"双校园"本科生逾2000人。目前深圳大学已同欧洲、北美、亚洲、大洋洲等国外50多所高校建立了校际交流与合作关系;吸引了66个国家的留学生来深大校园求学,每年来校外国留学生达1500多人次,年度人数居广东高校第3位。

2000年迄今，在大众化教育背景下，深圳大学深度完善学分制，探索本科教育的毕业证和学位证"双证合一"，探索大学素质教育体系，探索因材施教、选拔优秀的教育方式，深化教学内容特别是公共课程的改革与创新；建立以代表性成果为评价对象、以学术影响和社会贡献为评价标准的科研水平评价模式。

"高校之林，后来居上"格局已现端倪

历经26载寒暑春秋的磨洗，镶嵌在后海湾片区的深圳大学校园山形水势，花木扶疏而又书香氤氲，跻身于"全国十大最美校园"之列。

这片孕育了众多创业英才的老校区，占地1.44平方公里，教学设施完善，其中实验室面积达10.26万平方米，仪器设备总值3.99亿元，图书馆藏书426.8万册，建设了完备的校园网服务系统和校园一卡通身份识别、选课注册和货币支付系统，网络端口3.5万多个，初步建成新一代数字化校园。记者获悉，另一处占地1.72平方公里的新校区，现已动工兴建，即将崛起于西丽大学城片区。

只有26年成长史的深圳大学，已发展成为人才汇聚的"航母"，拥有哲学、文学、经济学、法学、教育学、理学、工学、管理学、医学等9个学科门类57个本科专业，70个硕士点，3个博士点，1个博士后科研流动站，12个省级重点学科和重点扶持学科，9个省级名牌专业。据全国学术机构公布的专业排名，深大的广告学、建筑学、服装设计等均在国内大学前20名。教师队伍人才济济，呈现出"博士多、海归多、高职称多、年轻化"的显著特点，其中院士3人、特聘双聘院士7人。

近两年深圳大学科研经费均超过1个亿；更涌现出获得国家技术发明二等奖、广东省技术发明一等奖、解放军科技进步二等奖等省部级以上科研成果奖40余项。

作为国家大学生素质教育基地和人才培育模式创新实验区，深圳大学于2007年以优异成绩通过教育部本科教学水平评估，建有教育部省属高校人文社科重点研究基地2个，广东省高校人文社科重点研究基地2个，省部级重点实验室3个。

"高校之林，后来居上"，被锁定为深圳大学为之不懈奋斗的宏大心愿，记者发现，这一格局已现端倪。

培养造就了一大批创业创新英才

"厚积薄发，经世致用。"掷地有声的办学理念，造就了"视野开阔，注重实际，热衷创新，崇尚竞争"的人才培养特色。26载春华秋实，深圳大学为社会培养了一大批志存高远的优秀毕业生，其本科毕业生就业率连年保持98%以上，硕士毕业生就业率保持100%。

据最新出版的"中国高校百富校友榜"披露，深圳大学共培养了8名亿万富豪，与南京大学并列第9位，是"中国高校百富校友榜"前十强最年轻的大学，也是唯一入选前十名的非"211"、"985"工程大学！

深大计算机专业1993届毕业生马化腾，与数位校友创立深圳本土高科技企业腾讯公司，经过10年快速发展，将企业打造成为亚洲第一、世界第二的互联网即时通信运营商，创造了以4000名员工实现年利润15.7亿、年纳税额5亿的骄人成绩。

经济管理专业1987届硕士毕业生、红豆集团董事长周海江，将先进企业管理与发展理念引入乡镇企业，创业17年，将一个亏损的企业发展成为全国服装行业旗舰，年销售收入60多亿；"红豆"商标被认定为"中国驰名商标"，并向世界名牌迈进。

软科学管理系1989年硕士毕业生、巨人投资有限公司董事长史玉柱，自主创业，弄潮商海，曾荣获珠海市第二届科技进步特等奖，获选中国十大改革风云人物，"2006年度中国游戏行业新锐人物"，其巨人网络公司在美国纽约交易所成功上市。

在昔日后海湾滩涂上崛起的深圳大学，成为创新型人才辈出的摇篮，更谱写了深圳特区倾力发展高等教育的一段经典传奇。

深职院成国家示范性高职院校

秦小艳

> 秦小艳,《深圳特区报》记者。本文原载《深圳特区报》2009年12月14日。

16年的磨砺与创新,成就全国高职教育的一根标杆。深圳职业技术学院近日传来喜报:在国家教育部、财政部公布的全国首批国家示范性高等职业院校名单中,深职院榜上有名。国家示范性高职院校相当于普通高校的"211"院校,深职院荣膺这一称号也意味着深圳本土高校正式进入国家顶级工程。

2006年11月,国家教育部和财政部正式启动"国家示范性高等职业院校建设计划",计划在"十一五"期间,投入20亿元专项资金,在全国1000多所高职高专院校中,重点支持100所高水平院校建设,这一计划也被誉为高等职业教育的"211"工程。当年12月,深职院等28所学校被批准成为首批国家示范性高等职业院校建设单位。

3年以来,深职院严格按照建设方案和任务书的要求展开项目建设,各项任务指标均已顺利完成。其中,课程改革与建设、师资队伍建设、实习实训基地建设、校企合作、对口支援与社会服务等项目的多数指标大幅超过预定目标,最高达成度198%。在这个过程中,深职院还在首批28所建设院校中创造出多个"第一":深职院获得中央财政支持4500万元,名列第一;获得国家重点支持建设10个专业,名列第一;累计建成国家精品课程总数达到49门,名列第一;共编写和出版教材161部,其中8种教材被教育部评为精品教材,名列第一;对口支援高职院校26所,对口支援中职院校 168 所，名列第一。

教育部、财政部专家验收组给深职院的验收评价是：3 年以来，学校的教学质量、办学水平和声誉得到了明显提升，以专业建设为龙头，在课程体系建设、师资队伍建设、实验实训条件建设等方面，效果明显。

在获得殊荣之后，深职院也将拉开"二次创业"的序幕。校长刘洪一表示，深职院目前已经启动了以"四二四"综合改革框架为核心和主导的综合改革发展方案，即重点推进教学、人事、科研、后勤四项改革，突出学生管理模式和社会服务模式两项创新，打造管理、国际化、大学文化和基础保障四大工程。

"通过实施综合配套改革，我们力争在全国高等职业教育领域做办学机制的示范，做内涵发展的示范，做特色创新的示范，做构建中国特色高职教育模式的示范，积极探索和建设现代高等职业教育的办学模式，实现创建世界一流职业技术大学的宏伟目标。"刘洪一说。

深圳大学城的功能与定位

张儒林

> 张儒林，深圳大学城管委会办公室负责人。本文系《南方都市报》记者刘荣对其进行专访的采访笔录，原载《南方都市报》2009年12月8日，略有删节，标题系编者另拟。

深圳大学城位于南山西丽，2000年8月决定创办，到如今已近10个年头。当年，深圳考虑到缺乏一流大学依托、研究生教育层次薄弱、高新技术和新兴产业后继乏力、创新本源不足等原因，筹建深圳大学城。

当初深圳给大学城的定位就是全心全意利用大学城这个平台，引进著名大学办学，不搞商业、不搞产业开发，这些看似很简单的操作模式，今天看来却是成为深圳大学城健康发展的很关键的一个因素。

大学城就是一个平台和孵化器功能，大学城不是来办学的，办学的任务是交给大学城里的大学。同时市政府是办城而不是办学的，就是做好大学城这个平台，提供服务，让大学城里的大学自主办学、不干预其办学思路等。

深圳大学城已经走过了摸石头过河的阶段，目标和运作思路都已经相对非常清晰。大学城走出了一条在现行体制下快速发展高等教育的路子，走出了一条通过高等教育发展推动当地社会、经济发展的路子，是一个成功的模式，一个可持续发展的模式。

管委会办公室就是为大学城里的大学做服务工作，不是办学的，台前要让给在深圳大学城的北大、清华和哈工大。

对于大学城目前的发展我给大学城发展综合打6至7分，"肯定及格"。我很坦诚，没有给大学城满分，主要还是考虑深圳大学城的一些规划至今没有实现，如当初规划建香港校区，引进香港甚至国外的大学到深圳独立办学。

我们做服务，不该到前台

其实我们就是做服务的，不应该走到前台。本来就该在幕后工作，真正的前台是要让给大学城里面的三所高校，所以理应刻意去保持低调，把自己的事情做好。

记者（以下简称"记"）：很多人可能只知道深圳有大学城，却并不知道大学城还有管理委员会？

张儒林（以下简称"张"）：这个还得从 2000 年说起，当时深圳市委、市政府决定兴办大学城，在 2003 年正式开学前肯定有个兴建过程，当初成立大学城建设办公室，就是统筹协调建设工作。2003 年后大学正式入驻大学城后，办公室更名为管理委员会办公室，主要职责就是为大学城里的大学提供服务，相当于政府的派出服务机构，以这种模式对大学城进行管理。当好市政府与大学城里的大学之间协调纽带，也是这个部门的一大作用和功能。

记：你本人好像也很少在媒体上露脸？呵，和大学城一样低调？

张：大学城低调，我也很低调，而且是刻意保持这种低调，我自己更没有任何值得高调的东西。

记：为什么要刻意保持这种低调呢？

张：之所以刻意低调，主要是对自己有个清醒认识。其实我们就是做服务的，不应该走到前台。本来就该在幕后工作，真正的前台是要让给大学城里面的三所高校，所以理应刻意去保持低调，把自己的事情做好。同时，我相信这个观点，走过 10 年的深圳大学城，成绩和贡献已经表现出来了，应该早就过了对其在媒体放大并进行广泛宣传和讨论的阶段，因此也没必要高调引起注意。

三成毕业生留深相当不错

办大学城的意义，不能仅仅看大学生毕业后留下来有多少，更应该看其对这座城市的附加值有多少，比如对城市发展的推动，对产学研的带动等。

记：当初为什么要办大学城，现在的深圳大学城发展情况如何？

张：深圳大学城是市委、市政府为跨越式发展深圳高等教育、快速弥补深圳缺乏一流大学依托、研究生教育层次薄弱、高新技术和新兴产业后继乏力、创新本源不足而于 2000 年 8 月决定创办的。从模式与体制上看，深圳大学城是深圳市政府与名校合作、强强联手，是以培养全日制研究生为主的名校异地研究生教育。现在在大学城工作或领衔科研课题的院士 10 人，长江学者 6 人，也是深圳市最大的博士后工作站。累计培养全日制研究生 11048 人，与校本部"统一招生，统一质量，统一品牌"，累计毕业 5182 人。更重要的是，除了教育成果，她还为推动深圳区域的发展作出了重要贡献。至 2008 年底，市政府累计总投入大学城建设近 21 亿元。相对目前成果，我觉得深圳这种投入是相当值得的。

记：为什么说是值得的？

张：（笑）其实深圳大学城对深圳的高等教育发展以及探索我国高等教育的创新都很有意义。深圳大学城各研究生院是全国唯一经国家教育部批准、由深圳地方政府联合著名大学共同举办、以培养全日制研究生为主的研究生院群。等于深圳是仅用了短短几年的时间和较低的经费成本，就迅速集聚了国内最顶尖大学集中在深圳举办研究生教育，也成为我国高等教育改革的"实验场"、这么多人才和重点实验室等，让大学城也成为深圳最高端、最重要的"创造源"、"人才库"和最有前景的"孵化器"。我个人还认为，不仅要看大学城里的三所大学培养了多少学生，或出多少科研成果，更重要的是给深圳的附加值带来什么和带来多少，可能这更能体现它存在的价值和意义。

记：但你或许也知道，在很多深圳老百姓印象中，大学城可能和你所说的差距甚大。他们印象中的大学城更像空城，人少，而从那毕业出来的人想留在深圳的更少，只有 30% 毕业后留深圳？

张：这个印象并不意外。首先是因为大学城建设规划中山丘都尽量不动，注重生态，让整个城犹在山中，看起来感觉很空。另外一个原因是，你在大学城里是不可能看到成片的学生同时上、下课和吃饭等壮观场面，毕竟这里是研究生教育，不是集中上课的本科生教育。可能你没看到的学生老师，都呆在研究室了。现在大学城的学生宿舍都相对比较紧张。

对于 30% 的毕业生留在深圳，我是觉得这个数字已经相当不错了。很多人可能会觉得大学城里三所大学的毕业生留在深圳的很少，这本身也与深圳这几年讨论的出现了人才吸引力相对下降的大环境有关。另外，研究生和本科生也不太一样，他们具体留在哪里工作其实所受的外部影响因素会更大一些，我相信在北京、上海等地就读的研究生，留下来的也肯定要比当地本科生少很多。我个人依然坚持认为，深圳办大学城的意义，不能仅仅看大学生毕业后留下来有多少，更应该看其对这座城市的附加值有多少，比如对城市发展的推动，对产学研的带动等。

大学城被"观望"并非坏事

刚开始大家都摸着石头过河，停下来观望一下，再往下一步走，这不见得是一件坏事情。

记：事实上这几年下来，必须承认深圳与大学城里的三所大学，存在过彼此"观望"的态度，这早成了公开的秘密。这个不仅仅是老百姓这么看，其实估计官方也有些人有这个想法。

张：观望确实是存在过的，这个也属于正常现象。因为深圳大学城走到今天也不到 10 年，刚开始大家都摸着石头过河，停下来观望一下，再往下一步走，这不见得是一件坏事情。同时，因为深圳大学城涉及深圳市政府、北大、清华和哈工大四方利益，远不是两方之间的利益那么简单，如何协调，如何平衡，其实大家都用眼睛盯着彼此，观望的态度也就难免出现。此外，大学城毕竟是强强联合，而不能理解成著名大学过来"帮扶"深圳，如果确实是帮扶，可能会出现一团和气的氛围，但那肯定不能长久下去，而强强联合是合作关系，合作就有利益问题，出现观望并不意外。

记：观望态度最严重是什么时候？

张：应该是在两三年前，2006 年和 2007 年间最为艰难。

记：作为管委会办公室负责人，你是不是要经常去协调，而且可能像夹心层那样夹在里面，会不会感觉到委屈？

张：（笑）没什么委屈的，有也是一闪而过。我们的职责、分工就是这样，为大学城里的大学服务，做好与市政府的协调工作，因此不存在夹在里面的问题，当然确实有时候我们在里面的沟通效果和推动作用很关键，出现观望态度时，只能不停地去推进合作，做好沟通的桥梁作用。

记：为什么观望态度最严重会出现在那个时候？

张：这里实际上有个很大的背景，那就是刚好在那几年全国上下都在讨论大学城，并对大学城的作用和功能产生了怀疑。当时因部分大学城确实因商业和房地产开发出现问题，一时对大学城被称为"商业城"，或成为"圈地"的代名词，而且对"外来和尚"好不好念经也一并产生了怀疑，外部环境确实不太好。所幸深圳大学城熬过来了，而且基本没这方面的负面影响，现在回过头来看，当初深圳市委、市政府的决策确实是英明的。

记：当初有什么英明决策？

张：当初深圳给大学城的定位就是全心全意利用大学城这个平台，引进著名大学办学，不搞商业、不搞产业开发，这些看似很简单的操作模式，今天看来却是成为深圳大学城健康发展的很关键的一个因素。

综合打分大学城肯定及格

如果只单纯从办学模式和办学效果来看，我会很肯定地给深圳大学城打 8 分或 9 分。

记：在你看来大学城更像是一个平台，你是怎么理解大学、大学城以及政府之间的关系？

张：厘清这些关系和定位，这点确实非常重要。大学城就是一个平台和孵化器功能，大学城不是来办学的，办学的任务是交给大学城里的大学。如果这个定位不清晰，大学城也去办学，那肯定是不合适的。同时市政府是办城而不是办学的，就是做好大学城这个平台，提供服务，让大学城里的大学自主办学、不干预其办学思路，如果政府也以为自己是在办学，那大学城也很快有问题。毕竟，如果政府会办学，那就没必要用大学城这个平台引进大学来，所以彼此之间的定位应该要非常清楚。市政府要做的，就是好好经营大学城这个平台，即使哪天真的有学校走了，要更换了，深圳也不怕，有好的平台可以再引进新的大学进来，且今后深圳大学城肯定也要再引进大学进来，当然深圳肯定不愿意看到他们走。

记：你也是深圳大学城发展的最主要见证者之一，如果 10 分满分，现在的大学城你会打多少分？

张：如果只单纯从办学模式和办学效果来看，我会很肯定地给深圳大学城打 8 分或 9 分。深圳大学城在现有的高校管理体制之下，进行了很多有益的探索和创新，短短几年就有今天的局面，我觉得给这个分数不为过。但如果综合各项因素，比如对深圳附加值的多少等因素一起考虑，我会给大学城打 6 分或 7 分，她肯定及格的。

记：当初深圳大学城的规划发展一些内容，至今都没实现，比如当初规划的建香港校区，引进香港甚至国外的大学到深圳独立办学等。这些也是你所指的"综合因素"内容吗？

张：这也是我没给大学城打满分的原因之一。实际上这也是众多因素导致的结果，在开始规划深圳大学城时确实提出要建立香港校区，引进香港的大学办学，只是因当时我上面说到的那些大环境以及存在的观望等原因导致耽误了，在这方面深圳实际相对苏州大学城和宁波大学城，现在来看已经走在后面了。但深圳会捡起来的，当初的规划并没有改变，而且我觉得在总结引进北大等三所大学的经验基础上，深圳大学城引进香港的大学会操作得更好，可以先引进研究生教学培养，而不是本科生教学培养，这样受我国现行教育体制的影响会小些，引进会更顺利一些。

大学城可帮深大孵化新学院

假如深圳大学想摆脱目前利益纠葛而建立一所全新的学院，就可以把这个学院放在大学城以全新方式运营。

记：除建立香港校区外，在"大学改变深圳"的拍砖会上，有网友就建议大学城可以把里面的几所大学重新组合，大学城里产生大学，你认同这个观点吗？

张：这种想法当然是好，整合现在三所高校的资源，组建新的大学，如果真走这条路，也不是没有可能。但回过来想一下，有这个必要吗？整合的目的是什么呢？为了深圳多几所所谓自己的大学？我觉得如果整合新的大学，达不到原来北大、清华的水准和品牌效应，就完全没必要去整合成立新大学，所以我不太赞成这个观点。

记：现在全国上下对高等教育改革都非常关注，南方科大一下点燃了大家对深圳的期盼，你认为这时候大学城会扮演什么角色，是否也一样有所作为？

张：南方科大如果能成功申请并按照全新体制办学，实际上对深圳的影响将非常大，教育界的人都会感到兴奋。实际上深圳大学城的模式，是在现有高校管理体制下进行的大胆尝试，深圳应该用好这个平台和"孵化器"，比如南方科大就可以尝试学习大学城的做法，在没完全申请办学下来之前可以采取联合办学的模式先走一步。而对于大家一直关注的深圳高校改革，实际上在现行体制内的深圳大学也可以借助大学城这个平台。假如深圳大学想摆脱目前利益纠葛而建立一所全新的学院，完全可以依托深圳大学城，就把这个学院放在大学城以全新方式经营，大学城相当一个孵化器进行孵化，让这个全新学院和北大等合作、竞争，等这个全新的学院建设得差不多了，完全可以再交回给深圳大学，毕竟大学城不是办学的，只是一个平台而已。

每校研究生将扩到3000名

深圳大学城已经走过了摸石头过河的阶段，目标和运作思路都已经相对非常清晰。

记：实际上政府也看到了深圳大学城的重要性，将要对其进行重新定位和规划，是这样吗？

张：是的，深圳已经刚刚发布了《关于加快发展深圳大学城的若干意见》（以下简称《若干意见》），这可以说是深圳大学城的"第二次发展"。

记：能透露一下《若干意见》的具体细节吗？一直传闻哈工大要在深圳招收本科生，明年能否实现？

张：明年应该难度较大，是有这个想法，而且一直也在协调此事，但本科招生涉及哈工大本校利益、深圳利益还有国家招生政策等问题，估计一时很难实现。《若干意见》主要涉及扩大三大研究生院。

特区文化研究中心：深圳学派的"孵化器"
尹博

> 尹博，深圳市特区文化研究中心研究员、博士。本文选自《深圳文化研究》2004年第1期，标题略有改动。

特区文化研究中心从1993年成立到今天，已经走过了10年的历程。在这个迅猛变化的时代，虽然只有10年，但可以想象出一生的漫长与丰富。漫长只是岁月的永不停歇的累积，而丰富则是劳作与回想的结果。

特区文化研究中心作为一个机构的出现，源起于中国经济特区活跃而变化的文化实践，正是基于这一实践，10年前，杨宏海先生等人提出了"特区文化"的概念，而以特区文化为研究对象的这样一个机构也应运而生。虽然"中心"在今天实现着从研究特区文化到研究深圳文化的对象转移，但回想起来，特区文化研究中心可以说是"特区文化"研究被体制化的产物。而杨宏海先生也成了"中心"最早的当家人，从当初一草一木的购置到一兵一马的招揽，这才出现了绵延至今的事业。"中心"发展到今天，依然可见宏海先生的影响。虽然我们面临新的境遇而努力创造自身的话语，但即使不是"照着讲"，也应当是"接着讲"，把当初的一些梦想薪火不绝地传递下去。

所谓"铁打的营盘流水的兵"，讲的是变与不变的道理。"中心"作为一个机构生机勃勃，而往来其间的是那些优秀的同仁们。他们共同维持着一个可能有些寂寞的事业，然后在各自不同的空间中使之发扬光大。没有遗忘，没有流失，一个群体的梦想只是在别样的空间中找寻到生长的姿态。这些良善而朴实的同仁们，或问道于异国，或授业于学府，或进入体制的核心，或在其他一些空间中施展才能，但对于"中心"的记忆始终会成为一种召唤性的力量。此时此刻，我们在内心里奔涌着的是无可阻挡的热诚和念想。

"中心"能有今天，必须归因于我们这座城市的政府，没有政府给予的必要的资源支持，"中心"就不可能获得生存的力量。成立这个机构并且推动其发展，体现的是这座城市的政府的眼光。如果再具体一些讲，深圳文化局作为"中心"的主管部门，给予"中心"至关重要的导演和展示想象的舞台。从苏伟光先生到王京生先生再到陈威先生，都以各自不同的方式来推动"中心"向上向前发展。"中心"今天在研究文化战略和文化政策方面有所作为，可以说是他们共同导演和策划的结果。他们对于"中心"不同寻常的期望已经内化为这个机构成长的动力。还有像董小明先生和目前负责管理"中心"工作的马松林先生，也都为"中心"的发展已经和正在付出心血。没有这种爱的力量，就不会有"中心"10年的成长和10年之后的美好未来。国家文化部、省文化厅和市委宣传部这些年的支持，也是"中心"发展的重要条件，这是必须说明的。还要感谢"中心"名誉主任余秋雨先生。从1997年他被聘为"中心"的名誉主任以来，他一直关心着"中心"事业的发展，他在接受聘任仪式的长篇讲话《深圳应有的文化态度》，已经成为"中心"学术工作的一个基本要求。

特别要说到王京生先生，他与"中心"朝夕相处了整整8年，可以说"中心"凝聚着他的希望与志趣，理智与智慧。他以其特有的想象力打造着"中心"的崭新形象，并力图把她带入到文化发展的前沿。他希望更快地发展"中心"的事业并且通过"中心"来增强这座城市文化对话的能力，他相信，学术文化的昌盛才能奠定一座城市最终的文化地位。他对"中心"的厚爱与高看，已经化为一种使命与责任，并时时刻刻地成为"中心"同仁自我质询的力量。他所倡导的理想主义精神，经过8年的沉淀，显然已经成为"中心"的传统。我们至今还能感受到照亮那些平凡日子的理想主义的光芒。

每当想到在"中心"周围聚集了那么多出色的朋友，我们就有一种家的自许。如果说"中心"是为深圳文化发展作出智力支持的话，那么她首先得到的是来自这些朋友们的智力支持。那些各具创意的文化理念，那些领先于一时的文化想象，通过"中心"的或大或小的会议，或宏观或具体的言说，都得到有效的发散和及时的聚合。"中心"的事业不是一个机构的事业，她的背后至少是一个城市的文化底座。我们也因此相信，对一个广大群体的想象，是温暖的源泉。

无论我们对变化的社会作出怎样的解释，但都不会怀疑这样一个基本的判断，即我们正在迈入一个文化扩张的时代，文化以前所未有的程度进入政治、进入经济、进入日常生活的每一个角落。相应的，文化研究就成为我们把握这个时代的必要的心理准备和思想训练，文化研究能够而且应当有所作为。她生产出的是理念，是穿越这个时代的文化地图。她所发散出来的智慧成果，应当是照耀我们文化旅行的灯火，特别是应当在纷繁交替的文化路径中作出方向的提示。当问题被提到战略的角度，我们相信，在一个被充分解构的话语世界中，"中心"找寻的正是一种聚合的力量，一种关于我们这个年代文化运行的必不可少的宏伟叙事。

　　念念不忘的是王京生先生对"中心"提出的成为中国的"兰德"的宏愿，以及关于建构"深圳学派"的非凡远景，还有陈威先生讲的"中心"在"贴近中心、贴近前沿、贴近现实"中的必要的担当。

　　大目标意味着大作为，而大作为背负的是大使命。

　　因此，10年只能算是开始，或者说，从这里我们将再度出发。

中国经济特区研究中心：书写特区研究新篇章

钟坚

> 钟坚，深圳大学中国经济特区研究中心主任、教授、博士生导师，主要从事世界经济特区和经济学理论研究。本文原载深圳大学《社科研究通讯》，标题略有改动。

2001年9月，教育部省属高校人文社会科学重点研究基地——深圳大学中国经济特区研究中心宣告成立，这是继特区文化研究中心之后深圳市获批成立的第二个部级研究基地，标志着特区研究将开始书写新的篇章。

深圳大学中国经济特区研究中心的前身是1983年成立的深圳大学特区经济研究所（1996年更名为深圳大学特区台港澳经济研究所）。中心立足深圳，背靠珠三角，面向港澳台，面向世界，长期坚持中外经济特区、深圳与珠三角地区经济以及港澳台经济等方面的研究，已取得一批高水平、有特色的研究成果，社会咨询服务成效显著，共出版学术专著40多部，发表学术论文300多篇，承担科研项目100余项，获得市级以上科研成果奖20项，提供政策咨询研究报告32篇。中心于1996年创刊的《建议活页》，有的被选入《内参》，有的得到领导批示，有的转化为政策，产生了很大的社会影响。

教育部李卫红副部长2006年11月在全国地方高校哲学社会科学科研工作会议上说："深圳大学的特区研究等，以其鲜明的独特性和历史的深厚感，产生了重要影响。"

中国经济特区研究中心设有以苏东斌教授为学科第一带头人，陶一桃教授、钟坚教授、袁易明教授、曹龙骐教授为学科方向带头人的政治经济学博士点，2007年开始招收第一批博士研究生。

中心定期举办"中国经济特区论坛"和"中国经济特区研究工作联席会议"等学术交流活动。积极参与国际学术交流与合作，与美国印第安纳大学等8所境外大学建立了不同层次的学术交流和合作关系，接待15位外国学者来中心作学术交流，并派遣22人次赴美国、西欧、中国台湾地区、澳大利亚、新西兰等国家和地区作学术访问。苏东斌教授于2004年9月—2006年8月，赴澳门理工学院做访问学者。莫世祥教授于2005年8月—2006年2月，赴韩国大田大学作学术访问。中心的前身特区台港澳经济研究所还于1987年6月与日本熊本学园大学附属海外事情研究所建立了友好合作关系。双方每年进行学术互访，2005年9月，双方又签署了《学术交流协议书》，目前双方正在进行"中日经济社会比较研究"的课题研究。

教育部、广东省教育厅、深圳市和深圳大学高度重视和大力支持中心的建设与发展。教育部、广东省、深圳市每年都以课题和项目形式给中心一定的经费支持。深圳大学从人、财、物等各方面给予大力支持，每年拨付建设专款。

中国经济特区研究中心拥有一支高水平的研究队伍，12名在编人员中，有教授8人，博士生导师4人，享受国务院特殊津贴者2人，副教授1人，博士5人，广东省高校"千百十工程"省级培养对象1人。同时还聘有校内外专兼职研究人员21人。

揭开尘封的国学研究所

刘敬文

刘敬文,《晶报》首席记者。本文原载《晶报》2004年11月27日。

20年前,深圳大学国学研究所成立,首任所长是著名的国学大师汤一介先生,此时,深圳大学才成立不到一年,中文系刚刚成立。让人惊讶同时疑惑的是,在这样一个房子都还没有几栋的学校,在到处都是运泥车的深圳经济特区,居然有这样一个国学大师领军的国学研究所,研究一些如此高深的问题。但是,按照前深大校长罗征启的话来说:"老清华的传统,中文系就是要配一个国学研究所。"这个按老清华文科传统建立起来的国学研究所似乎有着同样波折的命运,在为国内国学研究做出巨大贡献的同时,由于各种原因却停办了。本期《星期六晶报》就要讲述这个命运多舛的国学研究所。

"深圳大学国学研究所",我在校园里叫停了一位深大的学生,问她是否听说过这个名字,她摇摇头,很困惑的样子,但是她还是很努力地想帮我,思考了一会,她说:"也许在特区文化研究中心里的。"我在电话里又问了一位20世纪90年代中期毕业的深大中文系毕业生,他好像有点印象。"看见过那个牌子,就挂在中文系办公室门口,具体不清楚。"再问一位80年代入学的老深大:"就是汤一介老师的那个国学研究所吧。"

深圳大学的确有过这样一个国学研究所,它是由著名国学大师汤一介先生创办的,在20世纪80年代,你如果向国内国学研究的学者提起它,总会得到赞赏的回答。它曾经兴盛过,由于各种原因又破落了。它的兴盛和破落就是深圳大学国学研究浮浮沉沉的故事。

老清华的传统

"为什么 20 年前会有一个国学研究所？最清楚的人就是我。"说这句话的是前深圳大学校长罗征启，采访他的时候，天气开始转凉了，老人家在外面加了一件坎肩。

老罗校长虽然老了，但是回忆起深大的旧事，思路却异常清晰，那一桩桩一件件仿佛就放在那件坎肩的兜里，他想拿出来就拿出来。

老罗校长说，要讲国学研究所先要讲一下中文系。1983 年深大建立，一年过去了，中文系还没有，英语系倒是有了。他就在市委常委会上提意见："一个中国的综合性大学，光有英文系，却没有中文系，别人提起来，我这个校长的脸没地方放了，一定要办一个中文系。"不久，市里同意深大办中文系，省高教厅也通过了。这时候，老罗校长却犯愁了，到哪儿找人呢？这时，他又想起来自己到深大任校长前，在清华大学筹建中文系的事。建国不久，全国院系大调整，负有盛名的清华大学文科拨给了北京大学，1982 年，当时的清华大学准备重新筹办中文系，当时是校宣传部负责人的罗征启也就是筹办清华新中文系的负责人。第一件事就是要确定一个中文系主任。他想，要找就找最好的。有人跟老罗说，在中年人里最好的，就是北大的乐黛云了，学问高，人品好。老罗于是就跑到北大找乐黛云，那天乐老师恰好不在，她的先生汤一介接待了老罗，当时汤一介在国学研究界已经鼎鼎大名，也是正当年富力强的时候。令老罗很惊讶的是，汤一介夫妇住在很狭窄的一个小房子里，阴暗潮湿不说，地方小得书都没地方放。老罗就先跟汤一介聊了起来，两人很投机，老罗把筹办清华中文系的事如盘托出，还征求汤一介的意见。不久，乐黛云也回来了。老罗见到乐黛云："啊，我就是来找你这个'当代英雄'的。"《当代英雄》是乐黛云青年时期创办的同仁杂志，乐黛云遇上了一个懂行的人，一下子话匣子就打开了。知道清华新的中文系要找自己做系主任，乐黛云有点迟疑，北大清华是邻居，又是名气相当的学府，会不会对北大有影响？老罗说："别的你不用想，我们来做工作就是，说说你有什么要求吧。"乐黛云想了一下，说："别的没什么，给一间稍大一点的房间就行，主要书实在没地方放了。"

老罗回来后跟一些老清华聊天，说起要筹集清华的中文系，他们都显得很雀跃，一位老教授对老罗说，按照老清华的传统，中文系还要配上一个国学研究所，请了乐黛云应该让她先生也过来，汤一介主持国学研究所再适合不过了。老罗一拍大腿："对啊，我怎么没想到？"1925 年成立的清华国学研究院，当时四大导师王国维、梁启超、陈寅恪和赵元任都是如雷贯耳的人物，这个国学研究所一直为老清华人所津津乐道。老罗就跟乐黛云说："你和老汤一起过来吧，你做中文系主任，老汤任国学研究所所长，装书的房子没问题。"汤一介夫妇为老罗的诚意感动，答应一起过来。正在这个时候，老罗的道路却伸向遥远的深圳。学校派他到刚成立几年的经济特区深圳筹办深圳大学，筹办清华大学中文系的事也就搁下来了。

这时，深圳大学要筹建中文系，老罗心中有了个大胆的想法，还是跟原来一样，要请就请最好的。深圳大学中文系要跟老清华一样，配上一个国学研究所。乐黛云做系主任，汤一介主持国学研究所。乐黛云对老罗大胆的想法有点吃惊，但她还是同意了。她说："我们的条件还是一样，给一间能装书的房子就行。"老罗哈哈大笑："别的没有，学校新建，房子倒有。我住的是宿舍楼 402，楼下 302 就留给你，在深圳，他们认为三楼是最好的楼层。""那你为什么不住？"乐黛云问。老罗说："我感觉有更重要的人要住进去，特意留下来的。"这就是老知识分子的谦谨和豁达，就这样，这个本来要建在清华的国学研究所建到深圳来了。

"文化大讨论"的鼓动机

国学研究所虽然建在当时默默无名的深大，但汤一介先生手下的几个人都是年轻的博士和硕士，现在深大教授、文学院副院长景海峰就是当时的几位年轻人中的一位。他是汤一介先生的弟子，刚刚研究生毕业面临分配问题。当时，景海峰的妻子远在宁夏，而那个时候，异地调动几乎是不可能的事情。很多不可能的事情在当时的深大都变成了可能，景海峰夫妇一起被调到了深圳，景海峰也充分体会到深大宏大的办学气魄。

汤一介先生跟几位年轻人说，深圳邻近香港，这些年国内学术界跟国外的交流极少，我们就是要借助地缘的优势，建立一座学术交流的桥梁，把海外的学术引进来，让我们的学术走出去。另外，更重要的，为学界为国学研究寻找一个突破口。几位年轻人听得热血沸腾，心里暗暗鼓劲。景海峰说，当时对未来充满了憧憬，觉得自己能为国学研究作出点贡献。

不出所料，研究所刚成立时要出的几个动作就在国内国学研究界有了点名堂。首先是 1985 年 4 月，国学研究所举办的全国第一次中西方文化比较研究协调会。这个时候的国内学术界，随着改革开放的进行，关于西化和传统文化的争论又逐渐浮出水面。在这样的背景下，汤一介先生邀请了全国所有最顶尖的文化学者到深圳来开会，就有点各路英雄深圳论剑的味道。

景海峰当时负责安排会务，他先去申请会议场地，当时深大条件很简陋，只有办公楼、图书馆、教学楼三栋建筑，教务处的负责人给景海峰安排了一个教室，景海峰过去一看，教室里一张沙发都没有，难道让这些顶尖的学者尤其一些年纪很大的学者像小学生一样趴在桌子上开会？

老罗校长知道了这件事，直骂教务处不懂安排，大手一挥，把学校最好的会议室腾出来。这一次会议后来被国内学术界认为对80年代后期全国"文化大讨论"起了重要的鼓动意义。我们看看与会者的名单就知道会议的意义：上海来的是王元化，北京来的是庞朴，杭州来的是沈善洪，武汉来的是萧萐父，西安来的是陈俊民，广州来的是袁伟时。

最为难得的是，国外的学者哈佛大学教授杜维明和加州伯克莱大学的教授魏斐德也来参加会议，这应该是首次有国外学者参加国内的学术会议。景海峰回忆说，当时国内的学术会议还是"神仙会"形式，也没有什么议程，大家往沙发上一坐找到一个学术话题就开聊，有些老先生聊着聊着谈兴来了，一讲就是几个小时，根本刹不住车。不过会议的气氛相当好，大家很有激情地就西化和传统文化争论着。

到了晚上，国学研究所还请几位学者尤其是难得一见的国外学者在深大最大的教室A101给学生举行讲座，这在学生中造成轰动，这些顶尖学者的讲座就是在清华北大也难得一听。据说，消息甚至传到了深圳市区，虽然交通极其不便，有人从罗湖赶过来听课。前深圳图书馆馆长刘楚材在一篇回忆的文章里曾经描述过讲座的情景：大家很认真地听着，连过道都站满了人。

后来，会议还开到了北京、上海、杭州等地，这几个地方正好是后来全国"文化大讨论"的主要城市。这就像是一次"文化大讨论"的预演。

国学研究所另一件开时代之先的事情是创办《国学集刊》，汤一介先生准备办一本高水准的国学研究的刊物，"国学集刊"这个名字是源自老北大的传统，不料，也正是这个名字带来了很多麻烦。

由于刊号很难申请下来，汤先生决定用以书代刊的方式，"以书代刊"就是把收集的论文拿到出版社定期出版，定期出版的书就有点像学术杂志的味道。国学研究所这种方式也是开国内学术期刊的先河，后来的《学人》、《原道》等学术杂志也是采取这种形式。

由于汤一介先生的号召力，许多顶尖的学者都纷纷赐文。当书稿拿到人民文学出版社要出版的时候，问题出现了。由于当时国内还没有人敢用"国学"这个称呼，人民文学出版社的编辑们也拿不住是否合适，出版停住了。

汤先生特意写了很长的说明信说明"国学"是没有问题的，但出版社的编辑们在改革开放之初还是不敢擅用这一类"新称谓"。汤先生只好把书稿拿到刚成立的东方出版社，东方出版社也不敢用这个称谓，最后，汤先生只好让步，所以，在第一本刊物上，名字改为《中国文化与中国哲学》，这是第一篇文章的名字，作者是国学大师张岱年。

从 1986 年到 1989 年，刊物共出了四期，在刊物文章的作者当中，我们看到了张岱年、李泽厚、任继愈、牟宗三、饶宗颐、杜维明等一长串现在看来十分响亮的名字，但是在缺乏学术交流的 80 年代，很多人就是在深大国学研究所的这本没有刊号的刊物上知道了牟宗三，看到了饶宗颐，认识了杜维明。

孤独的木牌子

1988 年前后，由于深大很多著名的老教授和学术精英都是从清华北大借调，再加上其他的一些因素，他们陆续离开深大，汤一介先生也离开了他的国学研究所回北大了。主心骨走了，国学研究所的工作也就停顿了下来。景海峰说，研究所的几位跟他同时来的年轻教师也都陆续走了，孙猛最先走，接着刘翔移民了，周勤不久后也到了国外。景海峰也动过走的念头，但思虑再三，国学研究所这几年已经建立起跟港台乃至海外的学术联系，这时候放弃很可惜，而且深大图书馆拥有在 80 年代独步国内高校的港台藏书，这对确定以"当代新儒家"为学术研究方向的自己意义重大，最后，景海峰还是留了下来。

人都走了，就剩下一个孤零零的木牌子还挂在国学研究所的门口。景海峰还记得，这个结实的木牌子是花了 300 块钱做的。再后来，这个地方又改了许多的名字，不过木牌子仍然挂在那里，中文系也搬了几次家，每一次景海峰还是把那个牌子挂上去，后来，他也就不挂了。而国学研究所这个名字只能在深大每年的学校简介里看到。又过了一段时间，在学校简介里也看不到了。

最近几年，景海峰教授想重新把国学研究所办起来，他自己一直很努力作着当代新儒家和儒家现代性阐释的研究，也慢慢联络了一批国学研究的学者，如蒋庆、王兴国等。他给学校写了报告，学校也批准了。他说，名字还是要叫"深圳大学国学研究所"，深大建校才20年，缺乏传统，像国学研究所这样的珍贵的传统应该保持下去。在他的谋划下，研究所的重新建立和复兴有了点眉目。最近，研究所参加了由北京大学主持的《儒藏》编撰的大型工程。

为了庆祝国学研究所成立20周年，景海峰还准备举办一个题为"西方学术背景与当代中国哲学研究"的学术研讨会，与会者也都是大名鼎鼎的人物：北大的陈来、武大的郭齐勇、中大的刘小枫。更有意义的是，汤一介先生也来庆贺他当年创办的国学研究所。景海峰教授还为此编了一本纪念论文集，起了一个意味深长的名字——《传薪集》，取要把老国学研究所的薪火代代相传之义。文集的最前面是几位老同事的文章，景海峰看着他们的名字说，这里面有人都不在了，刘翔2000年去世了，孙猛现在日本早稻田大学，周勤是个浪迹天涯的人，只是那一年在瑞典斯德哥尔摩开会碰见过她，国学研究所当时人人都一个劲做事，也没有想过留个影什么的，真可惜。

景海峰老是惦记着那块木牌子，木牌子摘下来以后一直放在一个办公室里，他站在凳子上，扫开灰尘，小心地把牌子拿下来。他打量一下，由于南方潮湿，牌子底部有水迹了。

景海峰说："找一天把它重新挂起来。"

"深圳文化周"在海外

黄士芳

> 黄士芳，深圳市特区文化研究中心主任、博士。本文选自2004年深圳文化蓝皮书《文化立市与国际化城市建设》，标题略有改动。

一、"深圳文化周"在德、法活动盛况

"深圳文化周"作为2003年国家文化交流项目——中法文化年的一部分，是深圳配合国家举办的中国文化年活动而举行的一场文化交流活动。中法文化年由中法两国元首倡议，从2003年10月至2004年7月在法国举办中国文化年，2004年秋季至2005年7月在中国举办法国文化年，这是两国外交领域的重大事件。按照国家有关部门的要求，"深圳文化周"由深圳市人民政府主办，深圳市委宣传部（对外文化交流协会）、市文化局、市人民政府外事办公室、市贸促会承办；境外由法国中国文化中心、法国维埃纳省议会、德国纽伦堡地区各市、县政府联合主办。2003年10月11日，以深圳市人大常委会副主任刘秋容为团长的"深圳文化周"代表团一行63人[其中政府团（含记者等）18人、艺术团39人、经济团6人]赴德国纽伦堡地区、法国巴黎市和维埃纳省举行为期15天的文化交流活动。10月13—19日，深圳代表团在德国纽伦堡地区举行了"深圳文化周"活动。10月16日、24日，深圳代表团在法国巴黎中国文化中心和巴黎加沃（Gaveau）音乐厅举行了深圳青少年钢琴家音乐会。10月21—26日，深圳代表团在法国维埃纳省举行了"深圳文化周"活动。

深圳文化周组织了深圳青少年钢琴家专场音乐会、"东方新韵"——音乐歌舞晚会、"都市水墨"——深圳水墨画精品展、深圳城市艺术摄影展、深圳电视周和广东美食展示表演等6个板块的文化项目。深圳青少年钢琴家音乐会由曾在国内外重大钢琴赛事上获奖的青少年钢琴家李云迪、陈萨、左章、张昊辰和何其真等以钢琴独奏、四手联弹等形式演奏,展示了具有国际高水准的深圳钢琴艺术;"东方新韵"——音乐歌舞晚会由沙里晶等深圳民族民间艺术家表演古筝、锯琴、二胡独奏和声乐舞蹈等精彩节目;"都市水墨"——深圳水墨画精品展示了深圳画家创作的以现代化都市为题材的"城市山水画";深圳城市艺术摄影展展示了具有较高艺术水准的、反映深圳城市特色的图片;"深圳电视周"在凤凰卫视欧洲台黄金时间和友好城市的展演现场公开播放了6部介绍深圳政治、经济、文化等方面情况的电视专题片,在凤凰卫视欧洲台播放的总时长达90分钟;广东美食展示表演项目由深圳晶都酒店厨师进行了拉面等现场表演,向友城人民展示了丰富多彩、具有南粤特色的中国饮食文化。整个活动期间,共在两国三地举办钢琴演奏音乐会4场,都市水墨画和深圳风景摄影作品展4场,音乐歌舞晚会7场,小型演出4场,厨艺现场演示4场。

深圳文化周活动受到了德、法两国人民的广泛关注和赞赏。代表团所到之处,受到了当地政府的高规格接待。法国普瓦图-朗特大区副议长莫洛先生,维埃纳省议会第一副议长格朗东先生,维埃纳省副议长、法国参议院富市先生,维埃纳省常务副省长巴尔先生,维埃纳省议员、武隆市市长塞内舒先生,普瓦捷市常务副市长德拉尔先生,以及德国纽伦堡市市长马利博士、常务副市长富尔特先生、主管经济的副市长弗莱克博士、主管文化的副市长波塔博士、前市长松雷博士、前市长朔尔茨先生,富特县长宝丽博士,施瓦巴赫市市长莱希曼先生,爱尔朗根市常务副市长波伊斯女士,富特市主管经济的副市长米勒先生,巴伐利亚州议员艾克施泰因先生等当地政府官员主持或出席有关会议和活动,有的还多次会见代表团成员。深圳代表团在法国活动期间,中国驻法国大使赵进军先生在举办中国文化年繁忙的工作中两次宴请深圳代表团,并派夏煌参赞为特使出席在维埃纳省举办的深圳文化周开幕式。深圳文化周艺术团在纽伦堡市演出时,我国驻慕尼黑总领馆总领事姚雅珍女士、副总领事孙盛一先生等专程来团参加部分重要活动。

深圳文化周的高规格还体现在高规格的演出场所。10月24日的钢琴音乐在加沃音乐厅举行,该音乐厅是巴黎也是欧洲最高层次的演出场地,据了解,与国内其他城市相比,深圳代表团的这种规格是最高的,中法文化年法方总协调人隆柏先生还出席了该场音乐会。

深圳文化周举办期间，德国 RTL 电视台、凤凰卫视、法国电视 3 台、纽伦堡和维埃纳省的主要报纸——《欧洲时报》等境外电视和报纸报道了活动的情况，德国巴伐利亚广播电台专访了刘秋容副主任。深圳新闻媒体首次采用异地实时播报的方法，对活动的情况进行即时全方位报道。《深圳特区报》、《深圳商报》、《晶报》、《深圳晚报》共刊发有关报告约 30 篇，图片约 10 幅。深圳电视台新闻频道和纪实频道播出报道 10 次。深圳报业集团网站深圳新闻网在首页主要位置开设了专题栏目，详细报道活动的筹备和进展情况。中央电视台 4 频道、《人民日报》、新华社等国内主要媒体采访报道了活动的有关情况。境内外媒体大幅度的报道扩大了"深圳文化周"的影响。

二、"深圳文化周"文化交流活动的特点

"深圳文化周"取得了圆满成功，较好地实现了宣传深圳、推广深圳、交流文化、增进友谊的预期目标。这次文化交流活动体现了以下几个特点：

（一）规模较小，投入少

深圳市代表团共 63 人，其中政府团（含记者等）18 人、艺术团 39 人、经济团 6 人。整个活动深圳市政府共投入 220 万元人民币。

（二）项目多，效果好

本次深圳文化周活动提供的文化交流项目实现了"短小"、"精干"和"精彩"的要求。这次活动除了深圳青少年钢琴音乐会、"东方新韵"音乐歌舞晚会、"都市水墨"——深圳水墨画精品展、深圳城市艺术摄影展、深圳电视周和广东美食展示表演等 6 个文化项目外，代表团还受到当地有关机构邀请，进行了其他的交流活动。深圳艺术学校的代表参观访问了纽伦堡市音乐学院；深圳歌舞团与纽伦堡芭蕾舞团进行了交流；深圳画家与纽伦堡市艺术院画家进行了交流；深圳新闻记者参观了纽伦堡日报社和新闻局，并采访了法国驻华大使、法国前总理、中法文化年法方总协调人、维省

第一副议长、纽伦堡市长等多位要员和深圳市荣誉市民。

(三) 文化活动与经济活动相结合

应纽伦堡政府等的要求,双方还举办了配套的经贸交流活动,深圳代表团参观了纽伦堡能源公司下属的燃气供应站和大型知名跨国公司 SEMIKRON(塞米控)公司总部。此外,深圳代表团还借此机会进行了对口交流活动。深圳市文化、外事等部门与纽伦堡市政府进行了工作会谈,讨论了明年的文化、经济交流计划,纽伦堡地区将于 2004 年下半年在深圳举办"纽伦堡文化周"活动。法国维埃纳省议会表示,在法国文化年期间,维省议会将会在深圳参与并组织多种多样的活动,如 2004 年 9 月参展"园博会"、10 月继续参展"高交会"、2005 年春季在深举办"维埃纳省文化周"活动(展览、美食、演出)等。

三、"深圳文化周"文化交流活动的意义

(一)"深圳文化周"弘扬了中华文化

"深圳文化周"提供了丰富的具有民族特色的文艺节目,如中国音乐歌舞、国际水准的钢琴演奏、都市水墨画展以及精湛的中国厨艺等等,让德法人民对中国文化惊叹不已,加深了对中国文化的了解,又为中国文化达到国际一流水准而击掌叫绝。

(二)"深圳文化周"展示了年轻深圳的风采

这次活动以年轻的深圳、现代的深圳和多彩的深圳为主题,通过音乐、舞蹈、器乐、美术、美食、电视等多种手段,全方位、多角度、形象地、艺术地反映了深圳经济社会发展的现状、城市风貌、风土人情,展示了深圳作为中国改革开放窗口的勃勃生机和活力。曾多次访问深圳的法国前总理观看了深圳的演出后说:"深圳的发展变化真是神奇无比。"中国驻法国大使赵进军看完深圳青少年钢琴家的演奏后说:"法国是一个文化底蕴十分深厚的国家,许多国家的文化艺术要获得世界的认可,都必须先

'通过'巴黎的认可。从这场演出,可以看出深圳不但在改革开放和经济建设方面获得了长足的进步,在文化艺术方面,也有可喜的成就。深圳是一个具有丰富底蕴的城市,它具备了与法国任何一个城市进行文化交流的实力和条件。"说明深圳在建设国际化城市的过程中,国际知名度和赞誉度正与日俱增。

"深圳文化周"活动吸引了高层次人士参观,得到了普遍好评,产生了广泛的影响。深圳艺术家们的展演受到了德法两国人民的高度赞誉,每场演出多次赢得观众的喝彩,掌声雷动,经久不息。应观众要求,多场演出的节目和曲目都一再追加,欲罢不能,原定一个半小时的钢琴演奏会甚至被延长至两个半小时之久,演出结束时,观众全体起立报以热烈的掌声,演员们多次谢幕,观众仍久久不愿离去,演出结束后,许多观众还热情邀请与演员合影留念。特别是深圳青少年钢琴家的表演,震惊了当地政府要员和音乐界人士,他们没有想到深圳会培养出世界级的钢琴艺术家,每次表演时谢幕都在3次以上。16日晚深圳青少年钢琴艺术家在巴黎演出时,法国前总理雷蒙·巴尔(Raymond Barre)夫妇、法国制宪委员会成员米歇尔·阿梅莱尔、巴黎市八区区长弗朗索瓦·诺贝尔、国际展览局秘书长凡尚·冈萨雷斯、法兰西学院院士程抱一、法兰西艺术院院士朱德群、诺伊市市长博麦尔、中国驻法国大使赵进军夫妇、公使衔文化参赞刘焱、巴黎中国文化中心主任侯湘华以及法国政治、文化、音乐、商贸、金融界的有关高层人士近百人观看。曾经4次访问过中国的巴黎国家音乐学院教授弗朗索瓦·巴罗·昂莱女士听了深圳小钢琴家的表演后评价说:"深圳的孩子们能如此准确地诠释李斯特等大师们高难度的音乐作品,令人震惊。这说明深圳在音乐教育方面是很了不起的。"德国施瓦巴赫市市长莱希曼先生在深圳青少年钢琴音乐会暨纽伦堡市深圳文化周闭幕式上风趣地说:"深圳的艺术家在巴黎演出后来纽伦堡演出,显示了纽伦堡在欧洲的地位。"纽伦堡市常务副市长福尔特先生说:"你们高水平的演出,把你们带入了一个神奇的境界。你们的演出水平很高,给我的压力很大,明年我们派什么样的艺术团赴深圳演出,可要好好考虑了。"深圳代表团独具特色的歌舞表演也产生了较大反响,一位法国锯琴演奏家专程从200公里以外赶来,"希望同中国同行相互学习交流"。年过6旬的法国维埃纳省第一副议长格朗东先生看完歌舞晚会和钢琴演奏会之后表示,这是他有生以来欣赏到的最精彩的演出。

(三)"深圳文化周"增进了友谊

通过这次文化活动,增加了友好城市人民和主流社会对深圳的了解,密切了与友好城市的关系,当地各界名流都通过各种方式表达对深圳取得的成就的钦佩以及对增进与深圳人民友好感情的强烈愿望。两个友好城市政府均表示明年参加在深圳举办的文化周活动,今后还将进一步加大在深圳的投资,加强与深圳的经贸合作。

大运会举办权：深圳的一道国际化考题

尹晓莹　刘晓玲

> 尹晓莹、刘晓玲，深圳市委党校副教授。本文选自温诗步主编《深圳文化变革大事》，海天出版社2008年版，标题略有改动。

北京时间2007年1月17日凌晨2点44分，在意大利都灵皇家剧院宣布深圳市成功获得2011年第26届世界大学生夏季运动会主办权。一时间，皇家剧院飘满了五星红旗，全场欢呼声不断。深圳代表团高呼："深圳！深圳！深圳！"深圳市市长披着象征胜利和吉祥的红色围巾上台参加授权仪式，同时"深圳拥抱世界"的红色横幅高高举起，中国红成了幸运色。如同北京成功申办2008年奥运会一样，现场的不少深圳人眼含泪水，激动地高呼："我们赢了！"深圳这座仅有26岁的年轻城市，成功获得了第26届世界大学生运动会举办权。这是深圳人的骄傲，也是全国人民的骄傲。

世界大学生运动会（Universiade）是国际大学生体育联合会主办的世界性综合运动会。国际大学生体育联合会（Federation Internationale du Sport Universitaire，简称国际大体联，缩写FISU）是独立于国际奥委会的国际体育组织，成立于1949年，总部设在比利时首都布鲁塞尔。Universiade是一个专用名词，由"University"（大学）和"Olympiad"（奥林匹克）两个词合成，特指专门为大学生举办的世界性的奥林匹克运动会。它由三大赛事组成，即"世界大学生夏季运动会"、"世界大学生冬季运动会"和"世界大学生体育锦标赛"。

世界大学生运动会诞生于20世纪20年代初，首届于1924年在波兰首都华沙举行，最初的比赛项目很少，仅设田径、游泳和击剑3个项目。此后，世界大学生运动会不定期举办，从 1925 年至 1939 年共举办了 8 届。后来因为第二次世界大战，导致世界大学生运动会组织解体，大运会因此中断。1947 年恢复举行，直到 50 年代后期世界大学生运动会才真正走上正轨。1959 年，第一届世界大学生运动会在意大利都灵举行，来自 45 个国家的 985 名运动员参加了比赛。之后，世界大学生运动会向奥运会看齐，分成夏季和冬季。起初，夏季运动会和冬季运动会分别在单数和双数年举行，从 1981 年起改为在同一年举行。从此，世界大学生运动会一跃成为了影响深远的全球青年的体育盛会，参赛运动员要求年龄在 18 岁到 28 岁的在校大学生和毕业一年内的大学生。大运会的比赛项目共设 10 项到 13 项，其中有 10 个规定项目，即田径、篮球、跳水、击剑、足球、体操、游泳、网球、排球和水球。此外，承办城市还可以增设 2 到 3 个建议项目。

在每届世界大运会上各国都会派出最优秀的运动员参加角逐，历届大运会经常诞生世界纪录，因此赢得了"小奥运会"的美誉。到目前为止，世界大学生夏季运动会已举办了 24 届，冬季运动会已举办过 23 届。

中国第一次参加大学生运动会是在保加利亚举办的第 9 届大运会，此后历届都参加。2001 年 8 月，第 21 届大运会在北京召开，中国代表队在全部 12 个项目的比赛中获得 54 枚金牌，成为那次大运会的冠军。北京成功举办大运会为深圳的成功申办和举办提供了宝贵的经验和信心。

第 26 届世界大学生运动会的申办成功，是继广州申办 2010 年亚运会成功之后的又一件大喜事。承办世界大学生运动会不仅在政治上、经济上、体育事业的发展上，而且在文化事业的发展、城市地位的提升以及促进深圳走向世界等诸方面均具有重要的意义。

多年以来，世界上众多国家的城市都把申办体育运动赛事作为打响国家和城市知名度和影响力的"名片"。随着中国经济实力的增长，城市经济也逐渐成为"注意力经济"和"影响力经济"。北京成功申办奥运会、上海成功申办世博会、广州成功申办亚运会之后，对中国的京沪穗三大城市的发展起到了巨大的推动作用，申办和举办体育大赛，已经成为新世纪各个城市乃至各个国家发展的"核动力"。

为确保大运会成功举办，从去年上半年起，深圳市政府在广东省政府的大力支持下，已经积极地投入到场馆建设的准备工作中来。借鉴 2001 年北京举办大运会的经验，大运会需要的比赛及训练场馆数量在 50 座左右。而深圳的旧体育场馆仅有 30 个，因此深圳市计划建设 20 多个新场馆，并将对 30 个旧场馆进行改造。其中深圳大学城体育中心项目于去年的 5 月 31 日开工，该项目是大运会申办成功后首个开工建设的体育场馆，用地总面积 171917.9 平方米，建筑总面积 38493 平方米，由体育馆、体育场、游泳馆三部分组成。其中，体育馆建筑面积 14183 平方米，设坐席数 5696 个；体育场建筑面积 15300 平方米，设坐席数 15942 个；游泳馆建筑面积 9010 平方米，设坐席数 2251 个；项目总投资概算 2.571 亿元，计划于大运会举行之前完工。深圳大学城体育中心建成后，不仅将作为大学城的配套设施，用来满足大学城师生的健身娱乐需求，还将在 2011 年第 26 届大运会时作为分赛场举行部分单项比赛。

深圳世界大学生运动会主场馆用地位于龙岗中心城西区的奥林匹克体育新城（简称"奥体新城"）核心地段，周围山水相间，南北长约 1050 米，东西宽约 990 米。"奥体新城"总面积达 13.4 平方公里，其中将包括一个总面积达 6.5 平方公里的以体育活动为主的奥林匹克体育公园（简称"奥体公园"），一座可容纳 1.8 万名观众建筑面积为 7.4 万平方米的主体育馆，以及一座建筑面积为 4.3 万平方米游泳馆和一个全民健身广场。奥体公园内将建一座建筑面积为 13.5 万平方米可容纳 6 万名观众的主体育场，大运会的开幕和闭幕式将在此举行。奥体新城的设计定位是能够承办国家、乃至世界级大型体育赛事的场馆，并将成为深圳的全民健身活动基地。

主体育馆西面是矩形的游泳馆，游泳馆是深圳大运会体育中心的一个重要组成模块，其建筑设计不仅考虑了这类建筑的功能需求，还考虑了其整体的水晶状的建筑外观。游泳馆将承担水球和部分游泳项目的比赛。其建筑面积约 4 万平方米，分地下两层，地上一层。内设标准比赛池、室内训练池及室外娱乐池各一个。上部结构为钢结构和膜结构。标准坐席 3018 个，其中临时坐席约 1706 个（赛后将拆除）。大运会赛后，游泳馆将改造成为一个多功能的水上运动中心，既可举办大型国际赛事，又能为公众提供水上娱乐、运动、休闲、健身等服务。

深圳大运会体育中心体育场是一个集多种体育活动、足球活动、文化活动和休闲活动于一体的多功能体育建筑，主体育场总建筑面积约 13.5 万平方米，约可容纳 60394 位观众。该体育场可举办各类国际级、国家级和当地的体育赛事以及超大型的音乐盛会。因此，大运会中心体育场是一个集多种体育活动、足球活动、文化活动和休闲活动于一体的多功能体育建筑，并将在未来几年至几十年间，成为一个世界级独特的活动景点。

主题为"梦想主场 品牌奇迹"的深圳第 26 届世界大学生夏季运动会会徽"欢乐的 U"以其独特的设计和丰富的内涵在众多参选作品中脱颖而出。

"欢乐的U"是由大大小小的彩色圆点组成的"U"形，象征着包容与开放。"U"代表多种含义，可以诠释为大学（University）、联合（Union）、宇宙（Universe）、你（You）等标记。每一个圆点作为logo的其中一个元素，没有固定的含义，圆点可以自由的放大、缩小、聚集，或者可以演化成不同的事物，变化出各种具象的图形，因此具有包罗万象的宽泛性，很好地诠释了世界大学生运动会的宗旨，形象地反映了大运会就是全世界大学生的嘉年华的特征。

深圳因大运会而精彩，深圳因大运会与世界的接触更加紧密。相信在全国人民的大力支持配合下，在深圳市政府的精心筹备下，第26届世界大学生夏季运动会一定能办成一届成功、精彩的盛会，为我国和世界青年体育运动的蓬勃开展做出积极贡献。

大芬村：创造中国油画的奇迹

周笑冰

> 周笑冰，深圳市委党校副教授、博士。本文选自温诗步主编《深圳文化变革大事》，海天出版社2008年，标题略有改动。

深圳是一个不断产生奇迹的城市，经济飞速发展的奇迹已为世人所熟知，但文化产业的奇迹同样令世人刮目相看。在深圳，有这样一个村落，原本是阳春白雪的高雅艺术在这里与市场接上了轨，传统观念中的穷艺术家们如今成为文化产业的受益者，不但可以从事原创艺术创作，还能将自己的才华转换成财富。10多年前还是一个穷困的小村庄，如今已成为文化产业桥头堡的大芬村有着这样一句宣传语，很好地概括了大芬村的实际，那就是："艺术与市场在这里对接，才华和财富在这里转换。"

一、"艺术与市场在这里对接，才华和财富在这里转换"

（一）"大芬模式"的兴起

1989年之前的大芬村名不见经传，村民约300人，大多依靠种田为生，人均年收入不到200元。这个村子位于深圳龙岗区布吉镇，深惠公路和布沙公路交会处，距深圳罗湖口岸约10公里，占地面积0.4平方公里。

1989年，香港人黄江来到了大芬，这片小小的土地奇迹般的发生了翻天覆地的变化。黄江被称为"大芬油画第一人",他是来自香港的画家和画商。20世纪70年代他就敏锐地发现,海外市场对油画的需求量非常大。虽然早期香港的手工画产量很低,但是价格比欧美便宜很多。由于香港的劳工费用太大,虽然可以赚点钱,但相对来讲成本实在太高了,黄江开始考虑如何降低成本。当时已是20世纪80年代,内地的改革开放风起云涌,商机在大陆掀起了一波又一波的浪潮,踌躇满志的黄江把目光投向了人力资源非常丰富的内地。

1981年,他与三个合作伙伴在广东江门开办了一家油画公司,开始了艰辛的创业。1983年,黄江还到福建与人合作开过画廊,当时全部的产品都是手工做出来的。20世纪80年代中期,深圳作为我国第一个经济特区,以其优越的地理位置,优惠的产品政策和宽松的市场环境吸引了无数有远见卓识的智者、勇者来这里投资置业,黄江便是其中的一个。1986年,黄江毅然决定放弃之前分散经营的各个行业,带着他的弟子们来到了深圳这片热土,黄江在深圳的第一站是香港人聚集的黄贝岭。好景不长,几年以后,商场老板要求提高租金。

黄江开始四处寻觅新的基地,经过许多次的打探考察,他决定选择布吉老村南岭边上的大芬村作为新的油画作业基地。当时的大芬村是一个非常落后贫瘠的村落,深圳卖画网上有篇文章《大芬油画 大芬黄江——深圳"大芬油画第一人"》是这样形容1989年的大芬村和黄江:

村里芦苇满地,房屋低矮潮湿,到处都是鸡鸭羊群,一到天黑,狗吠不停,人根本不敢出门,村民都以种地为生,村子周边都是水稻、果树、菠萝,当时大芬村论经济实力是布吉镇倒数第一,人均年收入只有200元,村民生活很艰苦。村里多数都是二三层的楼房,只有一栋4层高的楼,是全村的最高建筑。虽然毗邻繁华的深圳市,但是,它看上去更像个偏僻的农村,就连找间像样的快餐店都很难,更别提超级市场以及其他的娱乐场所。这样的艰苦生活,对曾在香港白手打拼过的黄江来讲不算什么,可是,对手下那些住惯了大城市的年轻弟子来讲,却是一次非常大的考验。很多弟子耐不住清苦,纷纷离去,60多人的队伍最后只剩下二十几个坚守了下来。而黄江并没有埋怨,他觉得自己的决定是对的,只要肯吃苦,坚持到底,辛苦将是暂时的。

在大芬创业的日子里,黄江没有老板身份,与学生们同吃同住同作画。他没有睡过一个安稳觉,没有休息过一个星期天。没材料,他就冒着酷暑跑市场、找业务,经常出入香港拉订单;为了赶工期,他与画工连夜加班加点。师傅的吃苦耐劳自然感动和感染了一大帮人,也坚定了他们打拼的信念。

事实证明黄江的选择是正确的。虽然当时大芬村人口较少，经济较之关内自然很落后，但是，那里的房子租金要便宜许多，而他本人认为画画是一门艺术，需要静心认真地去研究琢磨，这里安静淳朴的环境无疑是个画画的好地方，正所谓"酒香不怕巷子深"，只要画画好了，还怕无人问津吗？

1989年8月中旬，黄江很快带领着他的弟子从深圳黄贝岭来到大芬村安营扎寨。黄江成为了大芬村第一个画商。

"用油画来赚钱"，这样的理念在20世纪80年代的中国还是极为陌生的。即使在改革开放的前沿深圳，仍然听起来很新鲜。黄江一方面向周边地区收购油画作品，一方面招募画工学徒帮助自己作画。一时间大芬村的人气越来越旺，因为"油画能赚钱"，吸引了大批绘画爱好者、美院的毕业生，甚至一些小有名气的画家也开始来到大芬村创业。他们在不侵犯知识产权的前提下，一些专事模仿的画工、学员，经过画师的训练和自身的刻苦努力，采用黄江等人发明的手工流水线作业方式大批"复制"世界名画。在大芬村的画厂里通常可以看见上百人手中的画笔、画刀排成一排加工油画，每人负责一幅画的一部分。一名熟练的画工一天可以复制10幅凡·高的《向日葵》。这种创新的作画模式，现在早已被新闻界美其名曰"油画生产的流水线"，现在这种模式已经被大芬村油画商所广泛采用。

大芬村的"行画"通常经香港销往欧美市场，从1998年开始出现油画展销店铺，从此一发不可收。随着大芬村的声名四起，尤其是借助广交会、连续4届文博会等展示平台，大芬油画村规模和水平不断提升。油画改变了这里的一切，这个曾经贫穷落后的小村落以其独特的发展模式迅速发展起来。它以艺术市场化的独特"磁力"，吸引了众多的画家、画师和画工，在此创作、生产、销售油画，依托油画，大芬村形成了特色文化、特色产业、特色经济。

经过近20年的发展，大芬村文化产业已初具规模。2004年年初，大芬村只有130家画廊，年底就达到了300家，而且，随着大芬村的名气日渐扩大，油画产业也呈现几何级数增长。2005年底，这里拥有560家画廊。2006年大芬油画村有美术产业经营门店637家，画家、画工8000多人（其中有30%毕业于正规美术院校，有些还是省市美术家协会会员）。目前，大芬村共有以油画为主的各类经营门店近800家，从业人数达6000多人。

由于大芬油画村的知名度提高，市场氛围进一步浓厚，大芬村企业的年交易额呈逐年快速递增态势。龙岗区统计局数据显示，2003年大芬油画村交易额为人民币

8000万元，2004年人民币1.4亿元，2005年人民币2.79亿元，2006年人民币3.43亿元，2007年达到了3.94亿元。历届文博会是宣传大芬油画村和促进交易的重要平台。首届文博会大芬油画村分会场的交易额为人民币1000多万元，第二届文博会促成交易额人民币1.5亿元，第三届文博会交易额和投融资金额达1.78亿元。大芬村企业在广交会上的成交额也在稳步提高，2005年春秋两季广交会大芬村企业成交额为300万美元，2006年650万美元，2007年广交会成交额达到850万美元。这样的发展速度已超出人们的想象。

大芬村以原创油画及复制艺术品加工为主，附带有国画、书法、工艺、雕刻及画框、颜料等配套产业的经营，形成了以大芬村为中心，辐射闽、粤、湘、赣及港澳地区的油画产业圈，已基本形成了集制作、销售、交流、展览、培训为一体的产业链条，成为深圳市文化产业发展的品牌，连续4届成为文博会分会场。被国家文化部命名为首批国家"文化产业示范基地"，被中国美术家协会评为"文化（美术）产业示范基地"，被中国创意产业年度大奖评选活动组委会评为"2006年中国最佳创意产业园区"，同时也是广东省"版权兴业示范基地"和深圳市"文化产业示范基地"。在2008年龙岗区政府工作报告中，明确提出将大芬油画村规划建设为龙岗区文化产业总部基地。

(二)"大芬模式"给我们的启示

观念的转变是行动的先导。"文不经商，仕不理财"在中国人传统观念中已根深蒂固，更何况是如此高雅的绘画艺术呢？因此长期以来，油画很少与市场、与赚钱联系在一起，耻于言商的文人们更愿意守住清贫而不愿意出卖自己的作品来赚取经济效益。但随着人们生活水平的提高，对艺术品的需求越来越多。尤其是欧美市场更是供不应求。在市场经济的浪潮中，不少"学院派"画家，逐步接受了油画作为商品的观念，开始进入到油画市场的交易过程中；大芬村的成功证明了观念的转变带来了市场的成功，既满足了大众的文化消费需求，也创造了可观的经济效益。

以市场为导向是大芬村成功的另一个宝贵经验。大芬村油画业从一开始就适应市场经济的客观要求，坚持以市场为导向。在后来的发展中，从生产到销售，从经营到管理，虽然采取本地化策略，却放眼世界，具备了国际化视野。大芬油画村的崛起，是文化需求与市场需求共同催生的产物。市场的强大作用对文化艺术原有存在的状态、组织方式以及供需格局形成了很大的冲击波。实践证明，艺术家的艺术价值同样可以通过市场机制和商业渠道加以传播得以实现；艺术与市场对接，既可获得经济效益，也有利于艺术创造和艺术发展。在大芬村无论什么流派、哪家作品，都要面对市场的检验、比较、竞争，以质论价，优胜劣汰，适者生存。市场的需要决定其价值，画商和消费者便是市场的检验者，油画艺术品在这里完成了商品化过程，经受着市场的洗礼。大芬村立足本土，积极参与国际文化市场的博弈，从而增强文化竞争力，走的是发展文化产业的成功路子。

瞄准国际市场，发展外向型文化产业。从"大芬油画第一人"黄江开始，就直接将国际市场运作方式带到大芬村。当时大芬村所接到的订单都是国外的，所以大芬村在油画制作和市场经营方面起点较高。据世界"行画"批发商麦克维达的调查，在占美国油画市场份额60%的中国油画中，"大芬油画"就占了其中的80%。据统计，目前在大芬村制作的油画产品已经在国际市场上占有较大份额，2004年交易额达1.3亿元，80%—90%出口欧美市场，影响遍及美洲、欧洲各地。大芬油画实施"走出去"发展战略，为我国文化产品出口作出了巨大贡献。如今，美国、英国、法国、德国、澳大利亚等国不少城市都有大芬村的油画经销商，大芬油画走俏欧美10多个国家的艺术市场。

追求原创是大芬油画今后的努力方向。2006年11月，大芬油画村第一批原创画家的油画作品首次走出国门，跨越太平洋，登上北美大陆的艺术殿堂。为期10天的"大芬油画村原创油画精品展"在美国纽约亚洲文化中心举行，受到各界好评。2008年3月，由8家企业、20位原创画家的6000幅油画组成的庞大阵容，于3月20日至4月2日期间亮相2008年"悉尼复活节皇家展会"。在展会上，原创油画和中国题材的作品深受当地收藏家和消费者的欢迎。大芬村画家刘闻远的西藏人物题材作品被当地收藏家以6万元的价格收藏，邓晓红的作品《祈祷》则以2万元的价格成交。大芬村原创油画在该届展会的销售额达100万元人民币，同时达成意向销售金额500多万元人民币，打响了大芬油画村企业在统一品牌下集体走出国门拓展澳洲艺术品市场的第一炮。艺术家们逐渐在"行画"与"原创"之间取得了平衡，很多艺术家开始时并不接受画"行画"，但在大芬村模式的长期浸染下，寻找到了一条原创与市场之间的通衢大道，用"行画"养"原创"。艺术与市场对接，既为大芬村带来了可观的经济效益，也推动了原创艺术的发展。大芬村的成功离不开政府的支持。深圳向来有"敢为天下先"的勇气和魄力，在诸多文化人士根本看不起生产"行画"的大芬村模式时,政府就给予了大力支持。当年在中国还有很多地方与大芬村一样,聚集着许多画家,自发地进行油画的生产、制作与销售。但只有大芬油画成为世界知名的油画生产与制作基地,其中一个很重要的原因来自政府的扶持。1997年,当大芬油画的制作被媒体关注后,龙岗区和布吉镇政府就敏感地注意到了这一独特的文化现象,1998年大芬油画开始走上了产业化经营。短短十几年间,大芬油画完成了从小作坊向流水线以至产业基地跨越式发展,促成这个转变的就是当地政府的重视和引导。无论是改造周边环境、组织画家采风还是筹拍电视剧以扩大影响等,这些在其他城市的画家村由画家自发组织或经纪公司操持的做法,在大芬村则是由当地政府来完成的,有很强的市场指向。艺术家往往出于自由倾向和现代意识以及自身发展的需要,确立了一种新型生存方式——画家村,其合法性的维系一直有不确定性,当地政府的扶持在一定程度上使大芬村消解了艺术家聚居所带来的负面影响。大芬村原创画家在镇政府的扶持下成立大芬油画艺术委员会,形成对油画创作、生产的自律性组织,同时将大幅提升大芬油画的艺术价值,在坚持产业路线的基础上,更加有力地塑造"中国·大芬"这个品牌。深圳市政府为带动大芬油画更快更好地发展,在2004年首届文博会时就将分会场设在大芬村,此次文博会大芬油画的销售额达1.4亿元。政府通过文博会很好地将大芬村介绍给了世界,也让世界了解了中国的油画创作市场。从此之后,在深圳市、龙岗区、布吉镇三级政府的扶持下,大芬油画村走上了蓬勃发展之路。

二、中国油画第一村引发的争议

号称"中国油画第一村"的大芬村,引来了无数争议。有人将其视为文化产业市场化勃兴的奇迹,也有人将其定位为"不过是行画作坊的集中地"。在这里,无论是凡·高的《向日葵》,还是达·芬奇的《蒙娜丽莎》,这些名画的原作价值几千万美元,而大芬村的普通画工每天都能克隆出10幅左右。在大芬村,人们将油画创作变成了流水线作业,这些称为"行画"的复制品被装成集装箱成批地销售到世界各地。难怪很多艺术家们无法接受这样的结果,那就是绘画作品的价格等于颜料、纸张和画家劳动时间价值的简单相加。但是在深圳大芬村里,偏偏以这样的价格把自己"生产"而不是"创作"的油画行销世界。

显然,完全瞄准市场制作油画的大芬模式,并不是被很多艺术家所接受。聚集在大芬村的几千名油画从业者来自全国 20 多个省，多为画工和学徒，也有 20% 左右毕业于正规美术院校。他们在大芬村或临摹名画，或将客户提供的风景和肖像照片加工成油画，或根据订单画高质量行画。他们虽然拿着画笔，却似乎与艺术家的名称无缘。

深圳文博会期间，大芬村作为分会场举办一次书画拍卖会，拟邀请一些深圳油画协会的会员参加，但很多画家对大芬村的做法非常反感，因此拒绝了这一要求。显然，许多画家不希望自己的名字与大芬村联系在一起，更不想将自己的作品与流水线制作的行画相提并论。

此外，不少人对大芬油画在国际市场上会给中国油画带来什么样的名声深感忧虑。一位评论人士说："中国的电器、服装在国际市场上往往是廉价产品的代名词，难道中国油画也要步其后尘？电器、服装主要的是实用价值，可艺术品呢？如果也廉价，那还能剩什么？如果中国油画给人的感觉只是廉价，很可能影响那些严肃画家在国际上的声誉、价格，对中国艺术在国际上的影响十分可怕。"

即使是大芬村自己的画家也不得不承认，目前大芬村的大部分行画没有什么收藏价值和投资潜力，它仅仅是一种装饰品，但这并不意味着将来。大芬村的口号是"艺术与市场对接，才华和财富转换"。大芬村真的可以让艺术与市场相得益彰吗？它可以让艺术实现其价值吗？

关于大芬村的争论集中体现在艺术与市场能否对接，才华与财富应否转换？实现了转换与对接后的"艺术"还能称得上是艺术吗？大芬村"像麦当劳一样生产油画"的模式该不该推广？这是对艺术的普及还是对艺术的贬低？饱受争议的大芬油画被推到了观念争锋的最前沿，大芬村在流水线上生产油画的模式彻底颠覆了人们传统观念中的高雅艺术。

无论人们如何争论，怎样看待，"大芬模式"已成为许多城市争相复制的典型。在市场经济的运行机制下，在不涉及侵犯知识产权的前提下，艺术的发展之路应该是多种多样的，既有人们对阳春白雪般的高雅艺术的欣赏，也应当有大众能够接受的"行画"艺术生存和发展的空间，使人们的生活能够多姿多彩。

学院版画展在观澜版画基地闪亮登场

周举

> 周举，深圳大学艺术设计学院讲师。本文选自《美术研究》
> 2009年第3期，标题略有改动。

"学院版画"这一概念，在21世纪初由深圳大学齐凤阁教授提出并系统地在其《学院版画的现代形态》一文中阐述后，便引起了版画界的广泛关注。随着学院版画的文化身份和艺术品格的逐渐确立，把学院版画作为一种相对独立的艺术现象进行观察、研究已经成为一个不可忽视的课题。于是2006年齐凤阁教授策划了首届中国当代学院版画展，针对学院版画的特质、本体语言建设、艺术创作取向、未来发展方向、教育教学模式问题进行系统探讨。在首届中国当代学院版画展成功举办的基础上，2008年12月由深圳市文化局、深圳大学主办，《中国版画》、《美术》杂志承办的以"提升学院版画品质，高扬学院精神，推动学院版画健康发展"为宗旨的"2008第二届中国当代学院版画展"在观澜美术馆隆重开幕。本届展览共征集了34位学院版画家的170余件作品参展，在深圳首展后还将在西安、广州、武汉、天津等地巡展，得到了各地学院版画家的认同和热情支持。纵观本次展览，可以归纳为以下几个特点：

首先，在策展与组织上保证了参展画家的代表性和参展作品的纯粹性。本次活动邀请的画家都是来自国内各院校学院版画的代表画家，涵盖了中、青两代版画家，体现了学院版画的发展状态。其中青年画家占有很大的比重，他们创作力旺盛、作品表现力强，是学院版画的中坚力量，也是学院版画发展新趋向的杰出代表，尤其是一些研究生毕业刚刚参加工作的美院青年教师如周仲铭、胡贤武、陈凯、伍秋娜等，他们在美术学院经过了系统的专业训练，观念新、重创意，作品具有较强的学院品质。

其次，本届展览的作品摆脱传统造型体系，趋向于符号化、象征性与宏观情境的表达，并通过对版画观念的开拓完成版画内涵的延伸。在物欲横流的时代背景下，人们需要的是心灵的净化与精神家园的建构，象征性与符号化的图像以及带有生命意识的表述更有利于接受者深化思考。在中国美术学院版画系方利民的作品中，人形的符号相互重叠，形成浓淡变化丰富的大剪影效果，线条与几何块面的结合创造出视觉上的空间感，凸显了人在空间中的紧张关系。林德熊的作品用细密嘈杂的线条勾勒出人物抽象的外形，展现出一种迷惘、焦虑的精神状态，体现了画家对人类生存状态的重新理解与反思。安滨的作品《凝眸》利用多种对立因素矛盾的统一形成了戏剧化的场景，使人们对时间与空间、虚幻与现实相互转化的宇宙意识以及生、老、病、死的生命意识产生了新的认识和思考，体现出画家对视觉形态宏观情境的主观表达。

第三，注重摆脱西方绘画的影响，富含中国元素的话语形式不断增多。中国的学院版画必须要依附于画家对本土文化的认知与自信，本土文化含量的增多是民族文化价值观和民族意识加强的具体体现，对于建立中国式的版画文化品牌具有极为关键的作用。在创作中大量融入中国文化因素成为此次参展作品中的一种趋向，在徐仲偶的作品《以水墨的名义》中，画家利用中国特有的笔墨和线条渲染浓郁的中国气息，简洁、大气、浑然天成的铺陈产生了极强的视觉冲击力和泼墨效果。张放《夏之四》用水印的方式展现中国水墨的独特表现力，把盛夏植物的繁茂与躁动表现得淋漓尽致。王超的《文心雕虫》现代图式中带有鲜明的中国文人画画风，昆虫的灵动与太湖石的野趣交相辉映，饶有趣味。张珂的作品《韵》则在更大程度上展现了中国水墨的丰富层次与千变万化的视觉效果，作品新颖独到。

第四，观察视角与创作手法突出个性特色，作品质量充分体现了学院版画的精英性特征。本次展览的作品展现了画家个人独特的创作手法和独到的观察视角，不仅体现了学院版画艺术取向上的开放多元，更彰显了其独特的艺术价值，大部分作品制作精良。在表现人物方面，李晓林注重反映矿工的生存状态，文牧江则通过对人物面部的大特写表现现代人的困顿的心理状态；黄启明用简单概括的图像和明快高雅的色调创造出清馨、静谧的画面效果，而付继红则通过图像与色调的怪异追求视觉陌生感背后的心理延伸。戴政生喜欢运用巨大的画幅组合和木刻特有的刀痕增加视觉冲击力；胡贤武和刘天舒两位画家的作品都追求制作中的偶然性，但画面效果大相径庭，相去甚远。

第五，材料、技法上的实验性。印痕与视觉形象的相互转化不断扩展新的表现空间，随着各种版画材料的不断应用，版画的视觉效果越来越丰富，此次参展的很多画家就敢于探索和尝试新的材料与技法，勇于追求新颖的视觉感受。于洪的作品《勾沉之赵一曼》是一件在胶合板上印制的版画作品，使用了大量的油画材料，颇具油画的画面效果。张莞《浮影》系列作品则是利用了拼贴和版印相结合的方式来表现，打破传统的制作方式，利用材质本身的叠与印，制造出具有立体感与空间感的浅浮雕效果。陈凯的《玩像之三》则是在厚厚的石膏板上印制的作品，他有效利用石膏板自身丰富的肌理变化，采用模制与刻制相结合的方法创作出与众不同的作品。张炼和张鸣等几位画家通过计算机数码合成的方式赋予旧图像以新的内涵与视觉感受，拓展了版画的本体空间。

展览开幕后，又举办了中国当代学院版画家论坛，大家结合学术议题进行了热烈的探讨。关于学院版画的发展方向，周绍斌提出要建立版画语言本体和学院版画自己的原则、系统，要从版画史学的角度构建或创造版画艺术系统和学术系统；戴政生提出学院版画在今天已经有了突变的气候与土壤等外部条件，它的发展空间越来越大，发展势头越来越猛，在这种情况下学院版画没有回头路，只有开拓与创造才是不断发展的动力；靳保平认为版画的社会转型需要不断建构更加合理的科学体制以及健康的学术生态，版画家要以更加宽容和健康的态度对待版画艺术的发展；周仲铭则认为中国学院版画需要特别系统和完备的理论建设，包括版画史的梳理、研究以及版画基础理论的研究，建设完备的理论体系是中国学院版画目前特别迫切的需要。关于版画技法方面，很多画家也发表了自己的意见，李全民希望版画技术从单一的版种到丰富的版种，再到突破版种界限的综合，综合版以版画为起点，纳入其他东西，从版画的单一性，到版画的丰富性，再到版画的界限突破，因为只有突破界限，不断的纳入才能生存；而张珂则认为版画必须保持自己的特性，如果完全把版画融合到其他画种当中并不是一件好事，应该把它独立出来，正因为版画独立出来才有今天各种各样关于版画的讨论，版画存在的意义也正在这方面，学院版画的定位完全可以从版来看，只有这样它才能和其他画种有所区别。关于版画的本体语言建设，方利民强调中国学院版画要回归于对传统的研究，并提出在传统审美意味、传统造型语言等方面进行研究；而熊永平则主张一个艺术家生活在一个特定的时代、一个特定的时间过程中，他的思维方式甚至他的行为举止肯定是和这个时代紧密相连的，仅仅注重传统的东西显然缺乏当代文化的针对性、缺乏文化的张力，艺术如何介入时代、介入当代才是版画发展刻不容缓的切入点。关于版画家的身份,于洪认为,学院版画家的身份应该是爱德华·萨依德所理解的知识分子,萨依德把知识分子刻画为流亡者、边缘人、业余者,对权势说真话的人,认为知识分子的重任之一就是努力破除限制人类思想和沟通的刻板印象和类别;宋光智认为版画家应该是艺术家,身份不应有版画家、油画家、国画家这样的区分,要打破这个限制;而在周吉荣看来,版画作为一个独立的学科,作为一个画种,回避不了它的技术属性,版画家的身份也可以是一个技师、一个工匠,搞版画的起码有一半工匠身份在里面,把这种身份去掉之后,版画的独立性从哪儿来?在学院版画教育这个方面,安滨介绍了英国的教育方法,他说英国艺术院校在对学生指导时,对艺术史、各种艺术现象以及每位艺术家都有非常详细的介绍,但最重要的一点是在培养学生的时候,并不是让学生学哪个画家,恰恰是让学生找到他与画家思考点的不同之处,所以从起步,在观察问题的选择上就要找自己的点,他们特别看重个人态度。这种教育模式不仅在艺术方面,在其他方面也是一样的,非常看重个人独立的观点、独立的思考和独立的兴趣点,然后让你在这个领域慢慢生长。英国很多课程表上会有一句话——做出你最想表达的东西,是你自己的一种方式;徐仲偶针对我国的教育现状提出把人文教育、理想教育、历史教育、技能教育作为现代学院版画教育的核心,让学生热爱人生、热爱版画、了解历史、掌握技术。关于版画的文化担当和历史使命,文牧江觉得作为版画家,不应该承担太大的责任。作画的时候,如果老想着社会责任,每天都板着脸孔去做,便不能自由表达自己的思想,这种创作方式本身就是不自由的,如果以这种心态来创作,也不一定能做出很好的作品。但是学术主持齐凤阁教授针对这个问题阐述了自己的观点,他认为"版画的文化担当,实际就是指通过版画的传播对文化生态、文化建设所起的作用。在历史上各个时期的艺术家都有其文化担当,如20世纪前期中国一些年轻版画家担当的思想启蒙的文化职责,新中国成立后的版画家对版画新价值体系的建构,把版画由原来的功利性向审美性转换,这也是一种文化担当。当下学院版画是应该强调所应该担当的文化职责还是应该消解文化职责呢?版画艺术谈社会责任,实际就是一个画家自由意识和责任意识的关系问题,版画不触及社会问题,就很容易缺少学术性,也会缺少文化影响力。这些是所有版画艺术家值得思考的重大课题"。

笔者认为,对于中国当代学院版画来说,优势与弊端是并存的,机遇与挑战亦是并存的,在取得一定成绩的同时也显现了一些不可避免的问题。例如,画家个人创作面貌还有待继续完善和强化,在不断的自我超越与提升中才能产生更多的精品力作。

还有，学院版画家的身份界定过于狭窄和局限，应该扩大跨学科之间的相互联系，丰富学院版画创作的人文含量与精神内涵。再有，学院版画的展览不能与市场机制形成紧密的链条，缺乏立体式的传播与推广，难以确立艺术价值与市场价格的转化关系。第四，应该加强学院版画后继创作队伍的人才培养，借鉴西方的教学体制，注重对学生创作个性的培养和训练，避免各院校教学中因因袭模仿导致的学术停滞。

"'08第二届中国当代学院版画展暨论坛"首展已经结束，但是整个活动还在全国延续，我们相信此次活动必将对中国当代学院版画理论建设及版画教育的发展产生广泛、深远的影响，必将对中国版画艺术水准的提升与健康发展起到积极的推动、促进作用，也必将进一步扩大观澜版画基地的文化影响，进一步提升深圳的文化品位。

城市雕塑与城市文化

孙振华

> 孙振华，深圳雕塑院院长、博士，国家一级美术师。本文原载《深圳特区报》2005年3月6日。

中国有句老话，叫做"卖瓜的说瓜甜"。按这个道理来讲，一个从事城市雕塑工作的人，就应该多说城市雕塑的重要，说它的好处。我虽然来到深圳后一直从事城市雕塑工作，但并不想简单地强调城市雕塑本身有多么了不起；我也不认为，在一个城市里面，城市雕塑越多就越好，就越有文化。

为什么呢？因为孤立地谈论城市雕塑，不把它和城市文化联系起来，那是永远也说不清楚的。

城市雕塑永远是从属于城市文化的

这些年我在琢磨城市雕塑问题的时候，得出了一个心得：我们以前在认识上可能有一个误区，过多地强调城市雕塑是一门艺术，强调城市雕塑对城市环境的美化作用和装饰作用；把城市雕塑水平的高低归结于雕塑家水平的高低，也就是说，偏向于把城市雕塑仅仅看作是个艺术问题。

城市雕塑当然是一门艺术，但是这是一门特殊的艺术，它的特殊性在于，它与一个城市的文化密不可分；城市雕塑艺术相对于城市文化来说，只算是一个分项，它永远都是从属于城市文化的；城市雕塑其实是被城市文化所决定、所制约、所选择的。所以，城市雕塑作为一种文化现象，它是一个综合性的东西，只有把它放在城市文化的框架中来进行整体的考察，才能真正解释城市雕塑的许多问题。

这些年人们出国比较容易了，走出国门一看，特别是在发达国家，与人家的城市一比较，最直接感受到的是外观上的差距，人家有那么多的城市雕塑，而且与整个城市那么协调。于是这些人自然会想，我们为什么不多弄一些雕塑呢？雕塑多了，水平高了，至少在城市外观上，与人家的距离就不会显得那么大了。这种看法好多人都有，这种心情是可以理解的。

我也到过好多国家，重点是看这些国家的城市雕塑和环境，尽管看到了差距，更看到了问题的复杂性，看了以后心里有底了，也知道自己该怎么做了。光看人家的雕塑多，佩服人家环境美还不行，这些都只是表面的，内在的原因就是我们说的文化问题。

中国是一个没有城市雕塑传统的国家，中国古代的雕塑主要是为宗教、为丧葬服务的，或者作为装饰，为建筑服务。例如古代的石窟啊、寺庙啊、兵马俑啊、陵墓神道啊、雕梁刻柱啊，主要是这么一些东西。在文献记载中，古代也有类似今天的环境雕塑、纪念雕塑的东西，但是数量很少。连"城市雕塑"这个词也是一种中国特色，只有我们这样叫，国外是没有这样叫法的。城市雕塑的说法不是很严密，只不过在中国约定俗成，这么叫惯了；它实际上分别属于国外所说的景观雕塑、户外艺术、公共艺术这些概念。我们想想，在一个没有城市雕塑传统的国家里，要建立一种新的城市艺术的样式，这本身就同时包含着对我们自身文化传统的认识和清理。中国为什么没有城市雕塑的传统？它与我们民族过去的宗教观、伦理观、社会价值观以及时空观都是有密切联系的。一种新样式的建立是对我们传统文化的某种改变，这将是一个漫长的过程，不是一朝一夕的事情。

《深圳人的一天》与当时深圳的城市文化是协调的

我们在创作《深圳人的一天》的时候，约好了一名巡警做模特，他也同意了，签了协议。到了翻模的时候，他突然反悔了，问起原因，原来他个人倒没什么，主要是老家的人不同意。按他们老家的说法，活人是不能塑像的，塑了不吉利。这件事当然要尊重他本人的意愿，我们就换了一个"老外"。这组雕塑竖起来了以后，有好多人问,为什么里面没有警察,我们也没有多说什么,这不能简单地看成是迷信,这是传统文化在里面起作用。所以,城市雕塑不只是做一个人像的问题,它必须和这个城市的文化相匹配。

《深圳人的一天》为什么会在深圳出现呢?它是这个城市的文化决定的。深圳是一个人口流动量大的移民城市,是一个很多人留下了青春足迹的城市,这组群雕的主题符合了这个城市在心理上需要归宿感的普遍要求;而且,这个城市比较强调个人的价值,比较平民化,没有内地城市那么多的等级、身份的讲究,只要你愿意努力,相对比较容易找到自己的位置;还有,这个城市不墨守成规,没有那么多的条条框框,对一些新意思、新名堂比较感兴趣,例如找活人翻模,在内地未必行得通,在深圳就没有问题。好多人事后都说,当时你们为什么不找我啊?这说明这组雕塑与深圳城市的文化是协调的,也是适宜的。

城市雕塑要求与城市的精神文明发展的水平相匹配

从总的情况看,我们的经济实力是和过去不同了,但发展并不均衡。我的看法是,要想把城市雕塑建好,首先应该把城市规划好,建设好;把城市环境整治好;这些问题不搞好,城市雕塑也甭想好。一个城市的物质文明的前提没有解决,你就是请来再高的高手,有再好的构思,再精良的制作,你的雕塑也好不到哪里去。

我们有的城市建的雕塑真的不错,但是就像一条漂亮的领带,配的是的确良西装,穿了一双解放鞋,整体看不是那么回事,所以感觉不到它的好。有的城市热衷于城市形象工程。这些城市的确也做了不少雕塑,但是,用突击的方式发展城市雕塑,超越城市发展的实际水平进行拔苗助长式的城市雕塑建设,最后还是会受到惩罚的。城市雕塑要与城市的精神文明发展水平相匹配。如果说,城市雕塑的建设是一个物质形体塑造过程的话,那么,它同时又是城市精神文明的塑造过程,因为它不光是要创作出作品,还要同时创造出能够理解和欣赏城市雕塑的城市公众。

城市雕塑在这个方面要体现民意,尊重老百姓的接受程度。城市雕塑建设要处理好雕塑家和公众的关系,他们相互关系的整体,标志着一个城市在城市雕塑方面的水准,也体现了城市精神文明所达到的程度。

我们经常可以碰到这样的情况,一件城市雕塑不为公众接受,老百姓看不懂,但是这件城市雕塑常常还是硬塞在城市的公共空间。通常的解释是，公众审美水平与艺术家的水平是有差距的，如果他们的趣味发生冲突，让步的应该是公众，他们需要启蒙，需要受教育。这种说法是有问题的。的确，公众和艺术家之间是有差距，但是，如果雕塑家的东西完全不被市民接受，而艺术家还在那里得意扬扬，我觉得这件城市雕塑就不能说是一件好作品。因为这个作品还没有与整个城市的精神状态相适应，没有得到城市居民的认可。在城市雕塑的历史上，一个时代有一个时代的风格，这种时代风格应该具有普遍的概括性，有广泛的代表性，如果古希腊雕塑只代表了古希腊雕塑家的精神，而不是整个希腊民族的精神，那么古希腊雕塑还会具有像今天这样的价值吗？

当一件城市雕塑不能为公众接受的时候，它存在两种情况，一种是，雕塑家比较超前，但是他毕竟抓住了城市精神的发展脉络和轨迹，这件超前的作品，将来会被群众所接受，最后慢慢成为城市精神的象征；还有一种情况，雕塑家背离了城市的精神，异想天开，完全没有被城市居民认同，如果拿这样的东西来教育、启发公众岂不是在耽误事吗？

我的看法是，雕塑家、委托人、公众的共同水准体现了一个城市的精神文明的水准，城市的精神文明不是哪部分人的文明，而是整体的文明，城市雕塑最终是这种整体水平的象征和凝聚。

我们评价一个城市雕塑水平的高低时，除了要依托它的物质环境，还要依托它的人文环境，这个人文环境就是城市的精神文明。有的时候，城市雕塑建了，但是得不到城市公众自觉的维护和保管。有的地方，城市雕塑经常遭到人为破坏，上面贴上各种膏药，广告，乱写乱画；有的干脆被人盗走卖钱。有的城市雕塑经常有人光着膀子在旁边晒太阳。在这种时候，人们对雕塑的质量，以及对雕塑评价也会由此受到影响。所以还是那句话，城市雕塑不仅是艺术的问题，雕塑家创作水平的问题，而是一个城市综合素质的反映，其中很重要的环节就是城市的市民素质，市民的精神状况。在我们这样一个没有城市雕塑传统的国家，提高市民素质非常重要。城市雕塑是否成功，要看它与城市空间的相互关系。去年在全国城市雕塑的成就展览中，深圳有几件作品获了奖，其中有一件立在东门老街的作品叫《杆秤》。这件作品采用了波普艺术的手法，把一件日常生活的物品以超常规的尺度加以放大，使人们产生既熟悉又陌生的感觉。《杆秤》放在东门步行街获了奖，放在华侨城能不能获奖呢？恐怕不能。为什么？因为环境和空间的特点不一样，二者找不出什么关联。东门街市有了几百年的历史，步行街的改造强调尊重传统，保留岭南商业风貌，在这里放一杆老式的杆秤尽管尺度非常夸张，但是和环境的整体气氛是吻合的。华侨城也有一件作品获了奖，这是《地门》。这件作品在手法上与《杆秤》有相似之处，它是一扇放大了的铁门和一把大锁，这件作品放在华侨城的大片绿地上，与其他艺术家的作品相对集中在一起，形成了比较浓郁的艺术气氛，它放在东门步行街就不行，东门步行街很窄，《杆秤》是直立向上的，不占地方，如果让《地门》躺在那里，简直不可想象。这两件作品的对比告诉我们，脱离了空间，脱离了环境，简单地说这两件作品好不好，那是没有办法说的，环境对它们的价值起了至关重要的作用。

城市雕塑是否成功，要看它与城市空间的相互关系

现在有些城市建城市雕塑的时候，忽略了空间、地域和环境，孤立地拿美不美作为判断的标准。有时候，简单地将一个城市的雕塑和另一个城市的雕塑进行类比，别的城市创作了一件成功的城市雕塑作品，也要求自己城市仿效它。这种思想方法是不正确的。

城市雕塑是不是成功，能不能成为一件精品，要看它与城市空间的相互关系，城市空间里面包含了什么？包含了城市的特殊性，也就是它的地域性。例如城市的独特区位、城市事件、城市历史、城市心理、城市习俗、城市建筑、城市景观等等，这些东西都是装在城市空间里的。城市雕塑是可以模仿、可以复制的，但是城市的地域特点、城市的独特面貌和环境是不可模仿和复制的。

布鲁塞尔的标志雕塑《撒尿的男孩》实在是小得不起眼的雕塑，如果没有导游的指引，一个外来人要找到它真的很困难，但是，它的名气却很大，如果没有看到它，就好像没有到过布鲁塞尔一样。是因为它的技巧和造型多么优秀出色吗？不是。第一个原因是这个雕塑背后关于这个小孩子撒尿救了全城人的故事。罗马城的标志是一匹"母狼"，是因为这匹狼的塑造技术特别高超才让它如此出名吗？也不是，它出名的第一个原因是这个雕塑记载了一个古老的传说，它讲述了罗马城来历的故事。

如果有人说，《撒尿的男孩》这么有名，《母狼》这么有名，我们把它照样复制一件搬到我们城市来好了，可惜它不会照样有名。这两件作品只有放在那个地方，那个环境里才有意义，把两个雕塑调换一下，也不可能有名。有过这样的例子，一件优秀

城市雕塑由于种种原因，换了一个环境，换了一个空间，它的效果马上变了，马上失去了它所具有的艺术效果。中国古代有"南橘北枳"的故事，在南方为橘，到了北方只能为枳，这个故事非常适合讲城市雕塑，城市雕塑与环境的关系就有这样的特点。

城市雕塑应该和一个城市的经济水平、市民的生活水平相匹配。城市雕塑有物质文明的背景。为什么这些年中国城市雕塑发展迅猛？因为中国的经济在起飞，成效有目共睹。城市雕塑实际上是个相对奢侈的东西，它良性的建设和发展应该和一个城市的经济水平、老百姓的生活水平相匹配。人们只能有吃有喝了，再搞城市雕塑。在改革开放以前，为什么不搞城市雕塑？那个时候，不是打仗，就是搞运动。城市雕塑不适合一个战乱的年代、动荡的年代，而是适合一个和平的年代，稳定的年代，经济繁荣的年代。

对中国城市雕塑来讲，不针对我们自己的特点，只是羡慕国外的城市雕塑如何好是没有用的；如果采取简单的方法，购买、移植几件国外雕塑进来，意义也不大。城市雕塑在国外很出色，如果将它原样搬到中国来，并不能保证它一定在中国的环境中仍然出色；这也如同一个国外的雕塑大师针对他熟悉的国外环境，能创作出优秀的城市雕塑，但并不能保证针对中国的环境，也一定能成功的道理是一样的。

深圳城市雕塑要讲"方言"

有没有放之四海而皆准的好城市雕塑呢？我认为没有。因为看一座城市雕塑好不好，唯一的办法是，把它放在具体的"环境"中来看。

强调城市空间的独特性，强调它的环境，其实也是在强调城市的个性，强调城市独有的文脉。所以城市雕塑的创作不能只讲"普通话"，它更重要的是讲"方言"。拿我们深圳来说，如果深圳的城市雕塑要突出自己的城市个性，就要讲深圳的"方言"。尽管我们这个城市的历史很短，但是，深圳有许多具有重要意义的事情已经发生或正在发生，例如刚刚去世的郭春园医生，例如第一个捐献眼角膜的向春梅，这都是我们深圳的骄傲。城市雕塑本身就具有社会记忆的功能，如果我们把这些感人的城市人物和故事用城市雕塑的方式记录下来，这种本土化的记忆活动通过不断的叠加和积累，就形成了具有深圳特色的城市雕塑，就形成了具有地域特点的深圳文化。

时间是城市雕塑最后的评判者

城市是一个有生命的机体，它是生长的，而生长是时间性的。城市雕塑在一个城市的优劣成败最终也是由时间来决定的。所以我们说，时间是城市雕塑最后的评判者，时间也是参与塑造城市雕塑的一个非常重要的因素。

时间怎么对城市雕塑产生影响呢？就是让城市雕塑不断地与城市进行对话，与城市居民进行对话，所以，城市雕塑是雕塑家塑造出来的，也是时间塑造出来的；城市雕塑的意义也是被时间不断地赋予的。

在城市雕塑的欣赏中，有时候一件作品，刚开始看起来不顺眼，时间长了，慢慢接受了，到最后变得离不开了，这样的例子太多了。也有些作品由于时间的原因，刚开始意义还不明显，到后来越来越重要，甚至成了城市的标志，成了城市不可替代的象征物。拿我们深圳的《开荒牛》来说，它的成功并不在于这个牛塑得如何好看，也不是这个牛塑起来在技术上多么困难，而是在于抓住了城市的精神。据作者讲，最初不是要塑牛的，而是想塑荷花。当初如果真的塑了荷花，不知道它是不是能产生今天这样的影响？《开荒牛》今天之所以被我们城市认可和接受，在于它在与城市的对话中，见证了历史，见证了改革开放的过程，是时间赋予了它越来越丰富的东西。我们很难想象，在深圳市政府门口，可以拿一个其他的什么作品替代它。

再例如，如果没有专门介绍和讲解，当人们一下子看到新加坡的标志《鱼尾狮》的时候，可能会略略感到失望，这就是大名鼎鼎的新加坡的象征物吗？但它毕竟是历史，它经历了时间的检验，获得了这个城市广泛的认同，如果用别的什么东西也替代不了。

我认为在城市雕塑的领域里，社会价值比艺术价值更重要，共性比个性更重要，公众的普遍认同比雕塑家个人的喜好更重要。城市雕塑面对的是广泛的社会人群，它好不好，人们喜不喜欢，不完全是雕塑家所能够决定的，最后还要看它与这个城市的机缘，看时间的孕育。在城市雕塑的实践中，"有意栽花花不发，无心插柳柳成荫"的现象并不少见，这一切都要靠时间的检验，个人的意志和一厢情愿往往是并不能奏效的。与城市雕塑在时间上的文化特点相关的还有，城市雕塑应该强调可持续发展。

城市雕塑不能一哄而上，搞大跃进，而是在条件成熟的情况下，审慎地推进，宁可少些，但要好些。如果条件不成熟，宁可放一放，等一等。况且，城市雕塑不能让我们这一代人都做完，城市的空间不能让我们这一代人都填满。所以，"可持续发展"

应该是城市雕塑建设原则,也是它科学的发展观。我们的城市的空间就这么大,空地就这么多,我们还要为后人留下发展空间,不能目光短浅,像进行填空竞赛一样,把城市空间都塞满。

现在有好多城市建设城市雕塑的热情过于高涨,希望迅速通过城市外观的变化,来满足对于城市现代化,或者国际化的想象。跟饿了吃馍一样,总想只吃最后一口,希望在一夜之间形成国际化的面貌,变得跟发达国家一样,这是不现实的。城市雕塑是一个时间过程,是许多代人累积渐进的产物,西方有句谚语,叫"一天建不成一个罗马城",而我见到的有些城市的雕塑规划过于宏大,在短期内照这么建起来简直是可怕。

我们要调整好我们的心态,当我们看到许多发达国家的优秀城市雕塑的时候,应该认识到,这些雕塑之所以好,并不只是这些作品本身在说话,它们的背后还有时间。好的城市雕塑总是和背后几千年的传统一起在说话,发出声音。单独把雕塑剥离出来是没有什么力量的,只有当它和传统联系在一起,和城市的总体氛围联系在一起的时候,它就有力量了。这就是为什么我们一直要强调城市雕塑与城市文化的密切联系,强调整体性地看待城市雕塑的根本原因。

滨海深圳的海洋文化符号

刘莎莎

> 刘莎莎,《深圳特区报》记者。本文原载《深圳特区报》2008年7月8日。

椰风海韵、细浪白沙的深圳是一座典型的滨海城市,这里因海而生,因海而变,海洋在历史的每一个重要节点都深刻影响着城市命运。在千百年的历史发展中,海洋以文化之名,赋予了深圳人骨血中"思变、创新和冒险"的性格特质。而作为一种抽象精神独立存在的"海洋文化",不仅流淌在都市"探索者"的血液中,更是生动地印证在散落于城市各处的"海洋文化符号"之上。

帆船是"大航海时代"的主角,作为"蓝色文明"的图腾,它的魅力却历久弥新。无独有偶,在深圳,一切与海有关的"文化符号"几乎都与帆船沾亲带故。无论是华侨城洲际大酒店屋顶那艘整装待发的"圣玛利亚"号帆船,还是深圳十大建筑之一的"特区报业大厦新闻旗舰"、历经沧桑的"明斯克航母"……因为,扬帆就意味着远航,起锚就是希望。

飞扬,涤荡青春激情的风帆

在不经意之间,2007年底才竣工的华侨城洲际大酒店屋顶"船吧"已渐渐成为深圳市口耳相传的又一处地标。这艘古帆船究竟有何魅力?能够拥有如潮好评,在不到一年的时间里"荣升"地标？问题的答案就在于帆船本身。原来，这艘帆船是根据大名鼎鼎的"圣玛利亚"号，扩大两倍建造而成的。

1492年，热那亚青年哥伦布就是驾驶着这艘"旗舰"发现了美洲新大陆。得到西班牙女王的资助之后，哥伦布率领三条帆船（"圣玛利亚"号、"平塔"号、"尼尼亚"号），船员87人，从巴罗斯港起航。在加那利群岛停靠后，向西航行，横渡大西洋。发现了加勒比海许多岛屿，接着又三次西航，考察了南美洲的帕里亚半岛和中美洲2000多公里的海岸线。"圣玛利亚"号是船队中最大的一艘船只，故而成了船队旗舰。而如今华侨城的"圣玛利亚"号耸立于蓝天白云之间。

而之所以会产生把"圣玛利亚"号建到屋顶这样的"疯狂举动"，华侨城洲际大酒店市场传媒总监罗春玲告诉记者，这样做是为了配合整个洲际大酒店"西班牙风情"主题的构想。洲际大酒店的前身是深圳湾大酒店，在尚未填海之前，酒店的身后碧波白云，风景宜人。所以，在2005年华侨城决定重建深圳湾大酒店之时，便充分考虑到"海洋"的因素，专家组认为，深圳是一座年轻的移民城市，这里青春激荡、朝气蓬勃，与西班牙激情四溢、探索创新的航海文化特质不谋而合。而这帆船绝不仅是用作装饰，在它古老的外观之内，深藏着一个现代化的酒吧。

虽然没有"圣玛利亚"号那份气吞河山的壮美，大隐于八卦一路的"老船长餐厅"却在街边摇曳婆娑的树影中呈现出另一种静谧而从容的岁月沉淀。从外观到内部，"老船长"均采用了木结构设计，而餐厅外那艘亮眼的北欧帆船则是设计师约翰先生（Mr·John）的杰作。据老船长的"掌舵人"邓凯峰介绍说，老船长餐饮是几个志同道合的朋友合作经营的餐厅，这些朋友大都是航海世家。他本人生于湛江，祖辈扬帆捕鱼的经历成了邓凯峰最浪漫的回忆。"过去都是用帆船，现在机动船取代了帆船，那些美好的岁月已经过去，至少，能够在餐厅里有回味。"

高昂，理想主义的桅杆

与客观存在、真实可感的帆船不同，与理想有关的"风帆"即便近在咫尺也需人们认真解读。比如，在绿意盎然的深南大道边，就有一栋静静述说着新闻人理想的"风帆式"建筑。它的线条简明、明快，色彩沉稳、淡定，远看就像一艘现代帆船驶向碧波荡漾的海洋。而那根高耸入云的天线，就好像是挺立昂然的桅杆，昭示着特区报人气宇轩昂的理想主义情怀。这就是深圳报业集团总部所在地——深圳特区报业大厦。

平地起高楼，就在10年前，这里还是一片荒山野岭。由于当时的报社旧址已不堪重负，为适应报业的进一步发展，报社又开始选址建设新的办公大厦。

报社开始对外公开招标，来自香港、北京、深圳的几家设计单位参加投标，经过群众投票和严格的专家评选，报业大厦的设计重任最终落在深圳大学建筑系两位年轻的建筑师身上。

龚维敏和卢旸，这两位因设计报业大厦而喜结连理的设计师，在回忆起草拟设计方案的"艰苦岁月"时，不自觉地荡漾出蜜糖般喜悦的情绪。"我们的探索是遵循建筑自身的逻辑而展开的，只是当斜线构图与球体造型的想法出现时，产生了一个契机。塔身弧面斜线构图首先是对两种空间界面的表达，但它也可能产生'报纸'、'帆船'的想象。嵌入塔身的球体本是一个单纯的造型元素，而它却在无意间提供了多种文学描述的可能，后来被称为'新闻眼'。"

停泊，在那盛满鲜花的港湾

时代总在不断进步，风与帆的传奇毕竟是明日黄花。在如今的深圳，盐田港、赤湾港、东头角码头，现代化的机械轮延续着航海人的记忆。而作为"海洋文化"的精神符号的"轮船"，在南国鹏城，绝不仅仅是"交通工具"而已，像是停泊在蛇口的"明华轮"以及沙头角的"明斯克"航母。这些曾经名动中外的轮船、情牵天下的"巨轮"，最后都不约而同地选择了深圳，深圳人以宽广的胸怀把它们的历史纳入自己的文化体系。

"明华轮"全长168.18米，总面积为13471平方米，总吨位达14224.2吨，共9层。这艘由法国建造的万吨级豪华游轮以其传奇经历吸引着海内外游客。历史的机缘巧合在"明华轮"身上得到最大体现。

1962年，法国总统戴高乐为这艘游轮剪彩下水，之后，它出入过100多个国家的港口，近百名国家元首和世界名人曾登临此船。1973年，我国将其购买，并命名为"明华轮"。1983年，"明华轮"结束最后一次航行，抵达蛇口，经过改装，成为集酒店、娱乐等商业旅游项目为一体的中国第一座综合性海上旅游中心。1984年1月26日，邓小平同志视察蛇口，登上"明华轮"，欣然提笔挥写了"海上世界"四个大字。从

20世纪80年代到90年代中期，"明华轮"成为深圳标志性的旅游观光点。

相较于"明华轮"的好运气，"明斯克"号的命运则要跌宕起伏许多。"明斯克"号航空母舰是苏联基辅级中型航母的第二艘，1978年服役并于1979年被调到太平洋舰队。1995年，财政紧张的俄罗斯太平洋舰队做出惊人之举——将该舰队吨位最大的两艘航空母舰"明斯克"号与"新罗西斯克"号当废铁卖给韩国大宇重工集团，代价为1300万美元。

但是，1997年亚洲金融风暴之后，"明斯克"号也顿时变成韩国的累赘。听说中国有家公司想购买，韩国便马上同意以530万美元廉价脱手。1998年9月"明斯克"号来到广东东莞沙田港，1999年8月拖至广州文冲船厂，进行封闭式大规模修整与改造。整修一新后，2000年5月9日驶向深圳大鹏湾，于是有了今天停泊在沙头角海滨，目前世界上唯一的由4万吨级航母改造而成的大型军事主题公园。

深圳有个华侨城

周笑冰

周笑冰，深圳市委党校副教授、博士。本文选自温诗步主编《深圳文化变革大事》，海天出版社 2008 年版。

一、马志民的拓荒之举

"古代有秦始皇修长城，今天'马始皇'也修长城。"这句话在今天听起来也许是褒义，但在 1986 年马志民雄心勃勃地要在深圳湾畔的荒芜海滩上建一个主题公园，将中华 5000 年文明浓缩为锦绣中华时，这句话的的确确是贬义。"主题公园"在当时的中国还是闻所未闻的新鲜事儿，"文化旅游"的概念在中国人的脑海中更是一片空白。

马志民建锦绣中华主题公园的创意来自 1985 年 5 月的一次欧洲考察。当考察团来到荷兰时，他们参观了著名的"小人国"主题公园。小人国的全名为马德罗丹微型城，这里集合了所有荷兰的人文及自然风光，不过都是以 1∶25 的比例制成的。虽然模型都很小，但与原物丝毫不差，有些甚至连建筑物内的装潢都模仿得极为逼真。这里就是一个微缩的国家，水路、公路、铁路、船舶、汽车、火车、飞机，一样都不少，居民区、商业街、村庄、牛群样样齐全，"国家"里的每一个"人"都被雕刻得栩栩如生。整个公园走下来，不禁要叹服工匠们的巧夺天工，更主要的是微缩景观将荷兰名胜尽揽园中，使游客短时间内就可一饱眼福。这一创意使马志民深受启发，他立刻就想到：为什么我们不能建这样一个主题公园，浓缩中华 5000 年文明，让游客在一个景点就可以游览众多的旅游资源,领略到中华民族的博大精深呢?

20世纪80年代初,中央提出建设深圳特区华侨城的设想,决定从沙河工业区划出4.8平方公里的土地,由香港中旅集团负责经营开发,建设成具有工业、商业贸易、旅游、房地产、文化艺术设施的外向型开发区,作为新时期侨务工作的窗口和基地。

1985年,经国务院批准,香港中旅集团开赴深圳特区建设华侨城,马志民时任香港中旅的总经理兼华侨城指挥部主任。尽管当时的主要任务是招商引资,但谈何容易。所以,考察回来的马志民思考着:虽说深圳的旅游空间十分有限,但这里毗邻港澳,处于交通要道,区域经济发达,流动人口多,旅游需求量大;同时背倚内地,拥有丰富的文化、历史、民族背景,完全可以建造一个高质量、有特色的旅游景区。因此,他大胆地提出要建一个关于锦绣中华的主题公园。

这一大胆的构想使当年的马志民被戏称为"马始皇",在人们都积极投身于房地产、忙着招商引资的时候,压根儿没有人看好他的雄心壮志。"一个亿"在1986年是多么可观的一大笔资金,可做的事情太多太多。偏偏这位倔强的"马始皇"认准了要"修长城",并选址在深圳湾。那时的深圳湾还是一片荒地,在那里修建旅游景点无疑是一个极大的冒险。

今天的中国,旅游已成为许多人生活中稀松平常的一部分,在20年前却近乎另类。当时,政府对公民旅游实行"不鼓励,不提倡"政策,而且旅游只是附属于外事接待部门的一个事业性单位,马志民的"远见卓识"很难让大家接受。一时间反对声四起,但所有的异议都无法阻挡他的脚步,人们为他捏了一把汗。

说干就干,作为深圳最早的"拓荒牛"之一,马志民是一个敢作敢为的人。就这样,中国第一个主题公园——锦绣中华——在一片反对声中开工了,当时的华侨城指挥部绝大多数人投了反对票。马志民不为所动,他先后请了全国100多位美术界及园林、古建筑等方面的专家前来进行论证,得到一致肯定。其中参与最多的专家有两位:一位是中央美院原副院长侯一民教授,另一位是该院教授周令钊。这两位可以说是权威中的权威。侯一民是人民币的设计者之一,是绘画大师徐悲鸿的入室弟子,早在新中国成立前国立艺专做学生时就投身革命,参加我党地下工作,新中国成立后创作了大量的革命题材作品和现实主义绘画艺术精品。他的作品《毛主席和安源矿工》、《毛主席和五十六个民族》等优秀作品,影响了整整一代中国人。周令钊教授则是第二套人民币的总体设计者。这两位大师发了话,一是把反对的声音压了下去,二是给了华侨城建设者建设锦绣中华更大的信心。

锦绣中华是中国各地景点的缩小版，园中的近 100 个景点均按中国版图位置分布，全园犹如一幅巨大的中国地图，让人能在几十步的范围内，从感觉肃穆庄严的明十三陵到畅游如诗似画的漓江山水，将祖国的大江南北在几个小时之内尽收眼底，方便快捷。

1987 年动工的锦绣中华两年完工，开业后轰动海内外。1989 年 9 月，锦绣中华正式对外开放，当天入园人数就超过 3000 人。那年国庆期间，每天都有 3 万多人涌入园中。深南大道不得不封闭一半用来停靠车辆。锦绣中华开业头几年的国庆期间，深圳的冲印店中照片的 80% 背景都是锦绣中华的景观。人满为患的锦绣中华在电视上播放了它的第一则广告："希望深圳本地市民暂时不要参观锦绣中华。"

二、华侨城开发主题公园的成功秘诀

（一）规划先行

马志民的过人之处不仅是他在大多数国人还不知旅游为何物时就大胆地提出修建锦绣中华主题公园的构想，更在于他后来的明辨笃行。首先，他始终坚持旅游为主的方针。其二，他坚持规划先行的原则。这两点正是后来人对马志民最敬服的，也奠定了今日华侨城的基本格局。当时，华侨城的定位就是工业为主，连"旅游"两个字都不敢响亮地提出来。

先磨刀再砍柴，坚持规划先行，宁肯放慢前期节奏，也不匆匆开工建设，是马志民的又一个过人之处。在创造"深圳速度"的地方，百米高楼数月内即拔地而起。可是华侨城获批准开发之后，却半年不见动静，这在建设比速度抢时间的氛围里，显得那么不合时宜。于是有领导批评说华侨城的建设太慢了，也有人说风凉话："华侨城建了半年，只种了几根草"，甚至有人提出易帅之动议。但马志民不为所动，为了不造成永久的遗憾，宁可在规划上花时间，顶住压力，不追求表面上的轰轰烈烈，不追求热火朝天的场面和高楼林立的景象。

马志民始终本着"规划就是财富"的理念。在 20 世纪 80 年代，大多数中国人的生活水平还相当低，马志民就以 11 万美元的年薪重金聘请了新加坡著名华人建筑师孟大强先生，担任常年规划顾问，主持制定华侨城的总体规划。很多人对此非常不满，更何况11万美元的代价，只是孟先生每月来深圳两天。现如今，当年那些反对者们也认为马志民的确具有远见卓识，这些钱花得物有所值。

大规划确定之后，马志民不但强调对自然生态的尊重和景区文化内涵的注入，而且追求完美、追求精品，锦绣中华微缩景区的用料竟然都用的是原材质，这也被传为业内佳话。在《可比性研究：马志民的荒原足迹》一文中有这样一段描述：

> 华侨城成立的第一个公司，竟然是绿化园林公司。锦绣中华原来的海上小岛，专门开会论证是否保留，一部分人的意见是要把千手观音建到小岛上去，但为了它本身的形态和岛上的红树，硬是把它留了下来。华侨城中学的选址处有一块天然成就的大石头。为了保留它，一定要设计单位更改设计。民俗村的锦绣阁，为了一棵天生的大榕树改变设计。荔枝园住宅区，为了保留一棵荔枝树改变设计。杜鹃山公园，保留原来天成的山体。原来的冲沟建成湖泊。

马志民强调建筑设计一定要服从环境设计的同时，始终坚持景区建设的高品质、高品位。原建筑用什么材料，他们就用什么材料。原用汉白玉，他们就用汉白玉，原用真金箔，他们就用真金箔。建"长城"时，他们摒弃了用水泥做干墙面勾缝的简易做法，而是烧了650万块小砖将其建成，达到惟妙惟肖的效果。这就保证了每座景区的总体品质。

就是在这样的理念引导下，锦绣中华取得了巨大成功，1个亿的投资当年就全部收回。这之后，又以其收入滚动开发了中华民俗村并于1991年10月开业，一年半后又收回了1.1亿元的投资。接着以58亿元兴建世界之窗，1994年6月开业，又创辉煌，投资在3年内全部收回。华侨城的四大景区全部成功，每年接待的游客人数和旅游收入占深圳旅游业的60%以上，居全国第一。

著名作家余秋雨说："马志民不仅是一位专家、一位学者，更是一位实践家。"还有人这样评价马志民，没有上过一天设计院的马志民先生是华侨城的总设计师，没有马志民就没有今天的华侨城。

2006年6月3日，马志民因病医治无效去世，享年74岁。"二十载中旅十年侨城圆万众梦想，堪称主题公园第一行者；一身正气两袖清风创千秋功业，唯留无私奉献不二门。"这首挽联是对马志民人生精华的一个缩写。

（二）文化主题

华夏5000年的文明历史和绚丽多彩的民族文化吸引着国内外游客。因此，锦绣中华最初建立的目的就是要向世人展示中华传统与民族文化，而中华民俗村更是将我国少数民族的各种风俗习惯带给了观众，让游客在短时间内，在一个主题公园里就可以概括性地了解中国悠久的历史文化和丰富的旅游资源。这种形式不仅对外国游客具有强烈的感染力和吸引力，对国内游客同样有着巨大的吸引力。

锦绣中华的每一个景点不仅仅是按原景观的某种比例的缩小，可以说是一种再创造，建设者们对待每一个景点的建设是虔诚而圣洁的。以"万里长城"为例，它的蜿蜒起伏在景区内几个山岭上，长达1000多米，镶嵌在长城上的小砖，严格按照长城真砖比例1:10仿制而成，共达650多万块，如果说古长城是古代劳动人民的血汗筑成，那么，这座小城又凝结着多少长城专家的心血。

1991年3月26日，在深圳举行了"锦绣中华星"命名大会。国际编号3088的小行星是紫金山天文台1981年10月24日发现的。中国科学院紫金山天文台台长张和淇教授在命名仪式上说：用锦绣中华来命名3088号小行星，是因为锦绣中华是中华民族智慧的结晶，并以它灿烂的艺术的美丽和独特风姿，吸引着世界各地游客。这样一个对人类艺术宝库作出贡献的景区，是完全有理由享受这一荣誉的。

2007年6月12日的《中国民族报》上有一篇文章《深圳锦绣中华·民俗村》是这样介绍的：

> 中国民俗文化村占地20多万平方米，是中国第一个荟萃各民族民间艺术、民俗风情和居民建筑于一园的大型文化旅游景区，内含22个民族的25个村寨。中国民俗文化村以"源于生活，高于生活，会集精华，有所取舍"作为建村的指导原则，多角度、多侧面地展示出我国各民族原汁原味、丰富多彩的民风民情和民俗文化，让游客充分感受中华民族的灵魂和魅力。中国民俗文化村以"二十五个村寨，五十六族风情"的丰厚意蕴赢得了"中国民俗博物馆"的美誉。
>
> 在中国民俗文化村可以看到云南石林、海南椰树、南滨古榕、千手千眼观音、徽州牌坊群、镭射民族音乐喷泉等景观。景区内山峦起伏、瀑布跌宕、绿水蜿蜒、舟楫竞渡。游客可以乘车、步行，也可以乘船游览民俗文化村。在这如诗如画的山水之间，中国民俗文化村每月举办一次大型的民间节庆活动，这

些活动隆重、浪漫、喜庆、吉祥,让您尽享欢乐的盛会,领略中华民族生活中的美妙诗篇。

(三) 不断创新

旅游业是一个竞争非常激烈的文化产业,当深圳的主题公园出现后,各地都开始纷纷建立各种类型的主题公园。在这样的形势下,只有不断创新才能永保不败。华侨城集团始终与时俱进,不断地在经营管理中坚持创新理念、创新景点、创新管理,使其能够保持在国内旅游文化产业中强大的竞争力。

创新理念。华侨城集团在旅游文化发展的不同阶段,都会适时地提出一些新的理念,引导旅游文化产业的发展。1998年提出"华侨城·旅游城"概念,1999年提出"一个基地两翼发展"概念,2000年提出"中华锦绣工程"概念,2001年提出将房地产开发融入文化旅游开发之中,创新旅游文化产业开发的概念等等。每一次观念更新之后,都迎来了企业发展的新高度。

创新景点。华侨城继1989年创建锦绣中华后,1991年建成中华民俗村,将我国多个民族的民间艺术、民俗风情和民间建筑特色融入园中,与锦绣中华交相辉映。1994年建成世界之窗,将世界建筑文化的精髓介绍给国人。1998年成功推出欢乐谷,受到了年轻人的广泛推崇。其中玛雅水上公园于1998年在美国佛罗里达奥兰多召开的世界水上公园协会年会上,获"行业创新奖"。2002年又推出欢乐谷二期,使中国参与型、高技术娱乐型主题乐园进一步完善。2007年华侨城集团投资30亿元兴建的大型综合生态旅游区——东部华侨城,是华侨城集团在生态体验、休闲度假领域的首次尝试,向世人展示华侨城文化旅游、生态旅游创新发展的最新成果。

创新管理。虽然"马始皇"为华侨城集团起步奠定了坚实的基础,但华侨城的管理者们也为这个企业的腾飞立下了汗马功劳。管理是增强企业生命力、竞争力的关键。20多年来,华侨城集团坚持创新管理,大胆探索,将国际先进的标准化管理理念引入主题公园的管理中,使景区管理向规范化、科学化和国际化方向靠拢。锦绣中华在中国旅游景区中率先建立并通过了ISO9002国际质量标准认证,公开出版发行了《锦绣中华质量管理模式》,世界之窗也于1999年通过了欧洲著名认证机构——德国TUV的ISO9002质量认证体系认证。欢乐谷2002年顺利通过了ISO9001认证。在创新管理过程中，华侨城集团始终坚持以人为本，将企业文化建设融入企业管理之中，形成整个集团公司发展的主要源泉。

　　文艺演出的创新更是华侨城文化旅游长盛不衰的法宝，演出不断吸引着来自国内外的游客，每年一台新晚会使得华侨城景点成为人们看高品质演出的一个必不可少的场所，艺术表演与主题公园形成良性互动，成为文化旅游的经典案例。

《深圳大学学报》：打造深圳的学术文化高平台

沈金浩

> 沈金浩，《深圳大学学报》人文社科版常务副主编、深圳大学文学院党委书记、教授。本文选自《深大通讯》，略有删改。

30年的发展，深圳已从南海渔村变成千万人大都市。30年的发展，深圳的学术也从无到有，从荒地到沃野。在这片沃野中，有一棵常被遥望南天的学人所关注的葱茏之树，那就是《深圳大学学报》。

翻看《深圳大学学报》人文社会科学版，你会看到四个醒目的标志：全国中文核心期刊、CSSCL源期刊、高校人文社科学报核心期刊、广东省优秀期刊。这表明，《深圳大学学报》作为深圳特区的一份学术刊物，不仅是展现深圳学术文化的重要平台，而且在全国学术界也有不可忽视的学术地位。

回顾深大学报伴随深圳特区不断成长的发展历程，抚今追昔，不禁让人感慨，深大学报在某种意义上正是深圳市和深圳大学发展的一个缩影。

《深圳大学学报》文科版、理科版均创刊于深大创办的次年——1984年，草创之初，文理科合用一个刊号，这个刊号还只是"广东省期刊登记证第152号"，而不是全国统一的CN刊号。文科版一年出4期，理科版出2期。当时的刊物，每期的页数似乎是随意的，有时90多页，有时一百十几页。翻开刊物，看不到主编、副主编、编辑的名字，勤工俭学之类的论题，也因某种因素而放于头条，由此亦可遥想当年校内之学术氛围。20世纪80年代是国内学术与思想相激共进的异常活跃的时代，名家蜂起，新思想、新观念不断出现，深圳特区也因改革开放而受万众瞩目。深大学报却似羞答答的玫瑰静悄悄地开，鲜见当时北方的学界风云人物在此发稿（不知是因刊号未得之故，还是别的原因）。限于当时的印刷水平，封面、封底的信息内容有时还印歪，装订切割后，有时把字也切掉一点，纸张质量也令人想见当年的困难。

1988 年，深大学报开始有 CN 刊号了（1994 年理工版也有了独立的刊号）。也许是获得正式刊号的缘故，1988 年的刊物上有了主编邓飞帆、责任编辑宏佑、静娴的名字，封面设计也讲究了一下，版式也比原来精致了。但这种状况不久又有反复，1991 年的刊物上又只有责编的名字，看不见主编的名字了，并且封面印刷也又变简陋。从创刊到 20 世纪 90 年代中期，刊物的封二封三还不时出现商业广告，广告内容五花八门，让人想象那时活跃的经济因素以及校园如何受商品经济的冲击。因为大家都知道，那时在人们的观念中能拉得到商业广告，是刊物办得活的表现之一。最初 10 多年中，学报每期只有 10 多篇论文，有几期也不分什么栏目，笼统地就叫"论文"，有时一期里安排一位作者的两篇文章，可见当时稿件也不多。那时深大本科教学尚未获得评估，学校规模小，兴奋点是办学模式的创新与超前，聘任制、学生不包分配、重视学生社会实习，甚至允许校内搞商业，整个学校氛围，创新与躁动相伴，改革与激进并存。在这种校园文化背景下，刊物与国内学术大潮不太呼应，似乎也不难理解。至于印刷技术方面，由于那时经济、技术尚处于低水平，电脑只在少数单位刚刚开始应用，所以也不算奇怪。值得注意的是，这期间，学报有时也有一些不错的专题或专辑，可见当时的同仁们正通过打造专题、专辑来努力提高刊物的学术浓度，提升刊物的学术水平。1993 年，学报拿到正式刊号不久，就获得了"1991 年广东省高校社会科学学报优秀奖"，由此可看到其发展进步与相应地位。

1989 年以后，由于种种原因，深大沉寂了几年。20 世纪 90 年代中期，学校通过了本科教学评估，不久便有了自己的首批硕士点。与此同时，深大学报也迎来了新的发展期。办刊经费逐步增加，编辑队伍得到扩充，随着校内学术浓度的提升和编辑思想的转变，稿件质量也进一步提高。而这个时期，国内办刊物质条件也普遍得到了大幅度的提高。1999 年，学报捷报迭至，被全国高等学校文科学报研究会评为"首届全国双十佳社科学报"，第二届广东省高校优秀学报一等奖，在全国的学报界崭露头角。

进入新世纪，随着我国的进一步全面开放，国内高等教育又进入了一个新的发展时期。近 10 年来，深圳的 GDP 一直名列全国城市第四名，良好的城市环境和充满生机与活力的文化氛围给了深圳大学新的发展机遇，激发了深大领导与师生员工大干快上的信心与干劲。于是，经过短短几年的努力，深圳大学的硕士点由 2000 年的 18

个，增加到如今的 70 多个，并有了 3 个博士点和 1 个博士后流动站，这 3 年又培植了一批学术上已非常成熟的预备申报博士点、硕士点的学科队伍，学校的学术实力、地位、知名度不断上升。学术环境的变化，改善了学报的办刊条件，同时也提升了学报的平台地位。学报工作者也满怀敬业精神和雄心壮志，决心办好刊物为学校增光添彩。近 10 年来，学报的学术水平、在同行中的地位不断提升，编辑质量精益求精，外观装帧不断美化，开本改为流行的大开本，页码也增至 160 页，受到同行与学术界的广泛好评。2000 年被中国人文社会科学学报学会评为"优秀学会工作单位"，2001 年被评为"第三届广东省优秀期刊"，2002、2006 年两次荣列"全国高等学校百强社科学报"，2004 年进入中文社会科学引文索引（CSSCI）源期刊（全国有 1300 多种大学文科学报，此项遴选每年只有数十种入围，2008—2009 年是 67 种），至今一直在列。2000 年以来，入选中国中文核心期刊，全国文科学报学会核心期刊，"特区研究"专栏被评为"全国社科学报优秀栏目"。近几年所发文章被转载量节节上升，2006 年 40 篇次，2007 年 51 篇次，其中《新华文摘》就有 11 篇，总被转载量在全国综合性大学文科学报中名列第 14 位，排在当年的《中山大学学报》之前。2008 年更达 63 篇次，列第 11 位。影响因子也不断上升。与这些硬指标相应并支撑这些硬指标的内涵是，这些年，学报的理想更高，结合深圳建设国际化城市的目标，提出了"汇天下宏文，建学术高地"的口号，积极争取把刊物打造成中国南方的学术高地，努力改变外界认为深圳这个年轻城市不重学术的印象。以"山不厌高，海不厌深"的姿态，组织海内外名家甚至大使、总理级人员的文稿，同时努力发掘年轻作者的优秀稿件，既重传统学科的研究，又贴近时代的学术脉搏。如 2006 年起开设的"文明对话与文化研究"新专栏，文摘被转载量达 50% 左右，一些文章被《新华文摘》置于封面要目。这些年，《深圳大学学报》文科版已获得全国学者的普遍认同，各高校都将其列入标志该校教师学术成果较高档次的刊物之列。

值得特别提出的是，与《深圳大学学报》人文社科版矫矫颉颃的《深圳大学学报》理工版也走过了相似的成长道路。它自 20 世纪 90 年代后期开始快速发展，新世纪以来学术地位、影响不断攀升，现在它是美国《工程索引》（EI）收入的中国高校 26 家学报中唯一的非"211"大学学报。

如今，深圳大学提出了"高水平、有特色、创新型一流大学"的奋斗目标，理想远大，意气风发，前程似锦。深大学报也正以坚实的步伐，朝着新的学术高峰继续攀登。

《深圳青年》：面向青年的文化关怀
众人

"众人"是"深圳青年文化发展战略暨《深圳青年》创刊十周年学术座谈会"18位发言者的合称。本文由尹昌龙执笔整理，选自郁龙余主编《特区文化论丛》，海天出版社2001年版，标题略有改动。

一、一个群体与一种文化

杨宏海：深圳青年人口占大多数，青年文化已呈现出由"亚文化"向"主流文化"转变的态势，并形成了自身的一些主要特征：一是敢于创新的意识，"敢为天下先"是深圳青年最突出的文化性格；二是开放兼容的氛围，不同文化背景的人在深圳都能找到共同的价值观；三是民主博爱的精神，深圳"义工联"的"奉献爱心、助人为乐"就是这种精神的体现；四是面向世界的眼光，深圳青年的读书热、电脑热、英语热就是体现。

乐正：深圳青年不是以土生土长的城市青年为主。深圳跟100年前的上海相比，在移民来源上有极大不同。深圳的移民主要不是来自周边的沿海地区，这是我们在研究深圳移民文化、青年文化时必须要注意的问题。深圳的移民一方面有许多来自名牌大学的毕业生，另一方面又有许多文化水平很低的农村青年。当我们谈深圳青年文化建设时，必须要看到这种差异。

黄仕芳：以移民为主的深圳青年群体的自身特点：一是流动性大，对所处的城市难有深刻的认同；二是生存意识强，他们可能把更多的精力投入到维持生存的工作上；三是自我奋斗意识强，有一种较强的进取心和求知欲；四是渴求指引的愿望强烈，在工作、生活、婚恋、情感等方面遭遇很多困惑，希望能得到指引和帮助。这在深圳占据了主流文化的地位，有区别于内地文化稳定的兼容性，也有强烈的建设性和很大的可塑性。

钟慧婷：深圳青年主体主要包括四个类型，即"四高"青年、普通白领、普通蓝领、"四不青年"。而深圳的青年文化则有两个非常显著的特征：一是利益驱动的、现实色彩浓厚的理想主义；二是人群组合方式的封闭性。

二、一个杂志和一个城市

董韶华：《深圳青年》一直在移民上做文章，落实到两句话上就是："这里的握手比较有力，这里的微笑比较长久。"其实，这后面还省略了一句话："这里是深圳开始的地方。"《深圳青年》体现出一种阳光心态，在梦想开始的地方实现自己的梦想。《深圳青年》看重人的尊严、智慧和爱的力量，体现出以人为本的文化内涵。它所为的是提供一种崭新的生活方式，讲述不平凡的故事，赞赏那些敢想敢干敢失败的尝试。

胡野秋：《深圳青年》的文化观念在全国是独树一帜的，至少体现在三个方面：一是世界意识，它努力推广一种广泛的、人类共有的超越一般宣传意义上的基本观念，如爱、尊严和智慧；二是未来意识，它始终灌输一种面向未来的、向前看的精神，并保持着旺盛的进取势头；三是市场意识，它一直看重读者的需求，并敏锐地洞察市场的反应。《深圳青年》杂志的作者来自全国各地，已经形成了"铁打的营盘流水的兵"的人才机制。《深圳青年》已经成了深圳的品牌，只要有这份杂志，就不能说深圳没有文化。

胡洪侠：《深圳青年》之所以能成功地走过10年，就在于它有立场，它的坚持立场的方式符合我们这个城市的特性。《深圳青年》是有个性的杂志，人的尊严、智慧和爱的力量，是它坚持的一条主线，它凭借这个立场进行着它的选择和拒绝，也因之形成了自身的风格。《深圳青年》的制片、版面、品位并不一定是最高水平的，然而它的发行量却是大的。只要还是以200多万打工青年作文化底座，我们就很难说深圳的整体素质能比其他城市高出多少，而《深圳青年》正是以打工青年为对象，制造出了自己的需求和市场。

毛少莹：《深圳青年》非常注重可读性，每期都提供很多的故事。但也有另一个问题，即给出的都是个案式的东西。微观的个人的东西太多，读者看完之后难以总结。建议在不影响刊物可读性的情况下，适当增加一点诸如"深圳外来工调查报告"之类的宏观情况反映，略作一点实证性的有学术研究味道的文章。建议《深圳青年》每期略增加一点知识性的东西，如有关劳动法、电脑、新科技成果介绍等文章。总之，《深圳青年》的内容如果能"软"、"硬"都有一些，既注重可读性，又增加一定的深度，读者面和影响力都会扩大很多。

三、一个忧思和一个疑问

王京生：今天，深圳文化发展的动力在减弱。我们当然不能把文化的发展完全寄望于政府，深圳文化的真正底蕴应该是在民间，但是，就是从民间而言，那种创造了深圳历史的移民精神正面临衰竭的危险。该怎么样保留这个城市的一些价值观念和营造文化的动力，这对一个真正的文化人来讲，是应该反躬自问的。文化人不研究自己在文化发展中的基本作用和未来设想，是令人惭愧的事情。

深圳需要有文化胸怀和概念的领导者，也需要有决定文化命运和品位的一群文化人。《深圳青年》和深圳青年文化并不就是一回事，但是，我们又必须要有这样一批城市读物，要有更多一些的文化人的庇护所。文化人重要的是散发思想，但深圳散发思想的机构、舞台和场所太少了。我们的移民文化本来是朝气蓬勃的，但是因为它脱离不了母体，于是就在体制和观念方面呈现出越来越强烈的复制性。

王海鸿：从 10 年前到今天，当年的青年发生分化，新的青年又源源不断地加入这座城市。30 岁至 35 岁这批青年中，有人此刻正心里想着为自己的老婆买第二部车，或为自己另买一套房；而另一批人却正犯愁，该去自己曾工作过的第 27 家单位还是第 32 家单位盖章。而为上述这两种人服务的（或端酒或递表格），竟都是 80 年代出生的人！这一批"新青年"并无 10 年前我们投身这座喧嚣城市时的憧憬与向往。如果这平稳发展的城市再不提供新的激情，那么它的青年文化纵然不湮灭，也必将向休闲文化以及其他文化让出自己的市场份额。

四、一些设想和一种战略

邓自强：深圳文化的发展需要载体和阵地，但目前像《深圳青年》这样有全国影响的载体并不多。深圳虽然也产生了《春天的故事》这样的佳作，但能真正称得上代表作的作品还很少；深圳文化领域的代表人物并不多见，有些虽然也产生了一些影响，但似乎还没有达到被广泛认同的程度。深圳本土文化的根基浅，氛围不浓，需要培育和引进一些文化代表人物。从全国的文化发展格局来说，深圳文化要形成与北京、上海、广州相区别的特色，也许我们需要的是走出一条新路，因为重复旧路就无法超越别人。

刘美贤：报刊往往是一个城市文化形象的集中体现，它直接关系到用什么样的观念来构造社会、生活和新闻。因此办刊问题倒是应该放在文化战略的高度来加以认识的。从目前来讲，深圳的刊物更多地受制于经济的压迫和市场的干扰，似乎还缺乏一种灵魂的东西，还不能坚持某种一以贯之的文化立场，这就直接影响到刊物自身的持续发展，也很难在全国真正形成气候。

杨华：报刊是城市文化发展的窗口，未来的文化发展必须要重视报刊这种窗口作用。我们希望从我们的报刊中看到不了解的东西，明白生活在这个城市的人们在想些什么。我们这个城市同样有很多前卫的、超前的、生动的东西，它们都应该在我们的报刊中获得自己的位置。其实，无论雅俗，它们并不就是截然分开的，只要在我们的城市中真正发生着、存在着，就会有某种内在的一致性，就必然是我们这个城市文化的组成部分，而这些都应该在我们的报刊中得到直接的、生动的反映。

杨洪祥：期刊文化的发展始终是深圳文化发展的重要组成部分，因此，在讨论我们的文化发展战略时，必须要考虑办刊思路的调整和转变，这就是如何完全走向市场。市场就是需求，需求的对象就是读者。而办刊既是做文化，同时也是做商业，要有既懂经济又懂文化的新闻企业家，也要有既懂新闻业务又懂读者需求的复合型编辑人才。只有真正与市场相结合，刊物才有出路，文化战略才能行之有效。

五、一点信仰和一种坚持

王绍培：在后现代主义走过了头的今天，信仰与立场反倒再次成为呼唤的对象。

要建设面向未来的文化，就必须要考虑到如何保持信仰和立场的问题。文化战略对于个人来说，关键就在于能否守得住精神的立场，能否实行一种文化支持。余秋雨说香港有金庸、饶宗颐、张五常在，你就不能说香港没文化。那么深圳呢？深圳同样应该有这种独立的文化个人。不要过多指责深圳的文化氛围，关键是你能否忍受这样的氛围，以自己的宽容、机智和幽默来显示力量，而我们又往往没有力量。

邓康延：深圳聚集着一批追赶时代潮流、寻求自我发展的年轻人，他们漂泊在这片充满梦想的土地上，带着拓荒的激情和感性在奋斗着，寻找一片属于自己的空间。虽说我们也一直在关注着这群年轻人，但是，我们还是没有弄出最好的版式和文章来表现他们的精神。我们关注社会，但更要关注心灵，每个个体的心灵需求，正是我们文化的源泉和轨迹。如何用故事来讲述他们的经历，用情感来打动我们的读者，这同样是我们这个社会必不可少的文化努力。尽管我们遇到诸多的碰撞和撞击，但并不担心我们的梦会破碎，相反，这种碰撞和撞击会有效地去除我们自身可能存在的假、丑、恶的东西，并让文化的绿色遮掩我们的身心。

邵滨军：现在的年轻人太缺乏理想主义了。我们在建设这个城市的文化时，要再次呼唤理想主义，呼唤对人的价值、尊严的重视。我们必须要尽可能地发挥出媒体在文化建设中的作用，而要发挥这种作用，我们就必须要在掌握文化的同时，认识政治和经济，以便于对我们的社会有更丰富的了解。同时，要在全社会弘扬理想主义的精神，仅仅写文章是不够的，还需要政府的推动，使之纳入战略，这样才有可能成为真正有力量的行为。

尹昌龙：深圳作为整个中国改革开放的试验场，它在相当长的时间内一直是中国新观念的重要策源地。但是，我们不能不看到，随着改革开放向内地的深入推进，深圳的新观念不仅没有得到进一步的阐发和坚持，其自身反而处在衰退之中，那种由移民冲动所焕发出来的理想主义精神正在淡化。因此，我们需要对这个城市的历史进行回顾，从一代移民的奋斗进程中寻找可以激励我们的动力；我们需要提高理想主义的知识含量，不仅在观念层面上，而且还在理论层面上构筑我们这个城市的精神传统；我们还需要扩散理想主义的辐射范围，不仅仅以个人的方式实现一种巨大的精神承担，而且要尽可能把它带入到公众社会中，在关怀公共事务、影响政府决策中形成某种共同的价值承诺。

"文化广场"：亮丽的文化窗口

尹昌龙

> 尹昌龙，深圳市文体旅游局副局长、博士、文化学者。本文选自《深圳商报》"文化广场"周刊第100期（1997年7月31日），标题略有改动。

就在我来到深圳——这个远在祖国南方的城市之后不久，《深圳商报》的"文化广场"周刊就正式创刊了。我开始觉得这是我来深圳后遇见的第一桩幸事。我至今还记得，在"文化广场"周刊第1期上刊出的杨东平的长文《广东文化：世纪之交的"新北伐"》，是如何激起我参与深圳文化的热情和想象。要知道，我当时刚刚从北京这个文化中心南下，并且刚刚获得深圳市民的身份。虽然这篇长文出自一个远离广东的学者之手，但对我来说，算是我第一次听到了关于珠江三角洲这块中国南方富庶之地的文化声音。这声音听来是如此的新鲜而激越，且又是从我即将投身的新城市中传出，我由此认定，从北京南下深圳，同样是一种不错的文化选择。

而现在，当"文化广场"办到第100期的时候，我来深圳也整整两年了。无论是就这份文化周刊而言，还是就我个人的人生经历来说，都暂时地画上了一个句号；几乎是在挥手之间，我们就分别走过了一个相对完整的段落。就在两年之间，从阅读"文化广场"的文章，到给"文化广场"写稿，一份相拥相守的缘分形成了。在这个忙碌的新城市中，我们一个劲地往前奔跑着，并且把一大堆的事情遗忘在身后。可是，无论我们如何习惯于遗忘，"文化广场"这份周刊却始终让我们记起。我们因为她而成了朋友。以前她在星期六出刊，而现在它在星期四出刊，我们的想念就从星期六转到星期四，如果在这一天没能读到"文化广场"，就觉得一件最重要的事没有做。哪怕是在雨夜，都要想方设法找来一读，然后才算能没有牵挂地入睡。同样，要给"文化广场"写的文章，总是要等到写完之后，才能舒出一口长气，否则就无法安心，就无法做其他的事情。

我们想念着"文化广场"，而"文化广场"就在想念中成了共同的家园、公共的空间。无论相识还是不相识，我们都能在"文化广场"上欢聚。我们关怀着这个城市已在成长的文化，我们在文化关怀中彼此依恋，并深深地爱上了这个原非我们故土的城市。我们可以在忙碌中暂时遗忘，但这份周刊会再次把我们连接起来。当外面的人们越来越多地说起深圳有这样一份文化周刊的时候，我们这些生活于斯的人们会从心里感到骄傲。"文化广场"因此而成了我们常存内心的慰藉。当深圳这个先富起来的特区遭受无端的文化指责时，我们会默默地递上这样一份周刊，因为我们相信，只要有"文化广场"在，就不能说深圳没有文化。

"文化广场"就这样成了我们这个城市一个亮丽的文化窗口。"窗口"是我们爱用的词，"窗口"的魅力就像时下的知名作家余华说的那样，既可以从里往外看，也可以从外往里看。而透过这样的文化窗口，我们既能看到深圳人创造文化的热情与信念，也可以看到深圳之外的人对这座城市的文化支持。然而，无论站在窗口之外还是站在窗口里面的人们，当他们带着文化的愿望进出这座城市的时候，都同时成为这个窗口的风景。

带着我们这座城市新生的文化荣光，"文化广场"就要走过她100期的历程了。这样一个特殊的日子，在我们的期待中已经仿佛是节日了。当我们以心心相印的喜悦之情过完"节日"之后，还会回到这座城市的各个角落，然而，对这份周刊的想念却已常存内心。在未来的岁月中，我们还会以各自的方式爱恋着她，拥戴着她，守望着她，并且还会在每个星期四，不约而同地相会于"文化广场"。

文化深圳的大众广场

杨宏海

> 杨宏海，深圳市文联专职副主席，特区文化研究的先行者之一，深圳市特区文化研究中心首任主任。本文原载《深圳商报》"文化广场"周刊第 100 期（1997 年 8 月 14 日），是作者百期述评长文的第一、第二部分。

当越来越多的文化亮点在这片神奇的土地上闪现的时候，深圳这座耀眼的城市所焕发的已不只是经济的荣光了。为百万打工者喜闻乐见的"大家乐"，创国内旅游业奇迹的锦绣中华、"民俗村"、"世界之窗"，享有先进社区文化美誉的"莲花北村"，以企业文化著称于世的"康佳"、"华为"，以成功举办第七届全国书市而蜚声华夏的深圳书城……正是它们在慢慢地照亮我们这个城市的文化。而现在，一个新的文化亮点又出现在人们视野中，它，就是《深圳商报》所创办的"文化广场"周刊。从 1995 年 9 月创办之日算起，她已经走过近两个年头。时至今日，深圳人对这份周刊已耳熟能详，而来自北京、上海、香港甚至还有东京的文化界的朋友也争相传递着这样一个消息，"深圳有个'文化广场'"。于是，面对这丰盈、亮丽的 100 期周刊，打量着这片越来越热闹的园地，我想起"文化广场"倡导的"凝聚文化目光，表达文化关怀"的宗旨，是的，此刻我们不妨回转身来，同样以凝聚的目光，关怀一下"文化广场"。

一、讨论

改变昔日"只会生孩子,不会起名字"的窘状,开始为深圳的文化寻找"说法"。

历史把我们带到了世纪之交的关头,在世界范围内,科技革命迅猛发展,国际经济联系日趋紧密,各国人民之间的文化交流也日趋频繁;独特的区域和民族文化的发展,已经对世界经济社会发展产生重大影响,于是,"文化"便成为全世界普遍关注的课题。1991年召开的第26届教科文组织大会通过的决议指出,要"形成一种新的以人为中心、重视文化发展的战略"。正是在这样的背景下,作为中国改革开放最前沿的深圳经济特区,十几年来伴随着经济腾飞和社会变革,逐渐形成既不同于内地又区别于香港的"特区文化"。如何评估作为"特区文化"的深圳文化,以及同样创造经济奇迹的珠江三角洲以至整个广东的文化,这是转型期中的中国文化对深圳乃至广东提出的一个崭新课题。"文化广场"周刊开篇第一期,编发了北京学者杨东平的《广东文化:世纪之交的"新北伐"》,文章称"广东文化作为当代中国最强势的地域文化,当之无愧地与北京、上海鼎足而立",他在历数广东"文化北伐"的态势后认为,这"意味着一种全新的生活方式"。然而在文章的结尾,他亦不无担忧地指出,广东文化以香港为导向,广州、深圳等城市如果"不仅在城市景观、生活方式,而在文化个性和文化价值上趋同于香港,那究竟是一种文化的福音,还是文化的悲哀?"

无疑,杨东平的观点代表了相当一部分内地文化人对深圳与广东文化的评价意见。在周刊创办初期,不少文章亦用类似的标准来审视深圳文化。对深圳文化虽有丰富的实践和创造,却只会生孩子不会起名字的状况,不少读者表示不满。有人认为,"深圳不要仅仅做'戏台',请别人来唱戏。希望深圳的评论家来评判深圳,要提高自身的批评能力"。(董小明,周刊第2期)有的读者更是尖锐地提出:"这份周刊发出的不大像深圳的声音,倒更像是内地文化人发出的声音……"因而大声疾呼要发出"深圳人的声音"。(刘伟,周刊第11期)更有人提出要从"深圳的视角评价各种文化现象"。(姜威,周刊第39期)

市场经济使中国正经历着历史上最深刻的一次文化变迁。深圳作为市场经济"先行一步"的地方,究竟应选择何种文化价值取向,建设一种什么样的新文化?这首先就有个如何给"文化"定位的问题。我国古代《周礼》最早提出文化的功能是"观乎人文,以化成天下",强调文化的教化作用。而荷兰当代哲学家冯·皮尔森则在《文化战略》一书中提出"'文化'不是一个名词,而是一个动词:换句话说,'文化'是我们自己的制作，是我们自己的责任"，强调要对我们思维和生活方式中正在发生的变化进行研究。因而有论者率先呼唤"共建文化深圳"，意指要用文化来化深圳，让深圳文化化。此说一出，在许多人心中引起共鸣！

《周刊》组织的热烈讨论，引发了人们对深圳文化"命名"的热情。于是，许多人对深圳文化"定位"的说法应运而生：（1）是"既有岭南文化传承，又有海派文化品性"的"岭南新文化"（杨宏海，周刊第 16 期）；（2）是具有移民文化特征的"新都市文化"（王京生、尹昌龙，周刊第 51 期）；（3）是"不京派、不海派、不前卫、不迂腐、不应景、不自怜的新鲜的新型城市文化"（张文华，周刊第 31 期）；（4）是"亦雅亦俗、不中不西、不土不洋、超界混杂的'咸淡水'交汇文化"（黄开林，周刊第 52 期）；（5）是"更开放的前沿性和实验性的'新南方文化'"（胡滨，周刊第 56 期）。

对文化定位的讨论必然要联系到对文化发展内容、发展方式和发展历史的讨论。有论者认为，在新时期，文化不仅仅是文史哲，应包含科学技术（王增进，周刊第 20 期），"没有科学革命就没有文化的进步，没有科学精神就没有文化的灵魂"（徐火辉，周刊第 42 期），深圳文化要想后来居上，必须抓住发展"现代文化科技，通过它超前、超速地造出自己的新文化"（顾晓明，周刊第 17 期）。对深圳这座新兴城市，有论者认为"发现"是目前深圳文化最迫切的建设，要求"以宽广的文化胸怀，以发现的眼光，去审视深圳这座年轻的城市丰富的文化创造"（米鹏民，周刊第 28 期）。

深圳长期被人认为"没有历史，没有童年"。文化讨论自然也涉及了这一领域。而就是这种探求，通过一种回溯的方式，使一种地域性的、历史性的文化资源得以再生。有论者率先从"海洋文化"视角，追溯深圳悠久的人文历史沿革，提示深圳到宋、元之后所有过的辉煌："作为新安县衙的南头古城，便由原来的'交通口岸'与'海防重地'发展成为'通商城镇'，其时经济、文化均得到空前发展。"（杨宏海，周刊第 83 期）这种"发现"无疑激发了人们对"寻找这座城市的历史"的兴趣。亦有论者对此作进一步探索，认为深圳文化实际分成两种，"一种是早就存在的作为岭南文化一个组成部分的深圳本地文化，一种是'一夜城'内万千移民正努力实践的深圳特区文化"，提醒人们在评估深圳文化时，应区分作为"过去的历史"与"进行中的历史"这两个不同阶段的文化。（胡洪侠，周刊第 95 期）

文化讨论不仅引起深圳人的热情，也引来海内外文化人的关注。北京学者张冠生认为，讨论深圳文化，应该从象牙塔里走出来，面对改革开放和文化变迁的现实。因此,"在反省和讨论文化问题时,从形式上、概念上、书斋里、雅座中空泛议论和争辩的纠缠中解脱出来,真正进入实际内容和实质问题的梳理、分析,才更真切地把握和感知文化的脉搏"(周刊第 24 期)。他进而指出,深圳经济特区的建设是中国打向国际社会的文化大牌,深圳文化是在除旧布新、革故鼎新的大时代应运而生的一种新的文化形态,要解说今天的深圳文化,"需要寻找新的文化表达语言"(周刊第 61 期)。

由周刊所引发的"文化讨论",涉及哲学、经济、历史、文学、旅游各个领域,表现出讨论者对构造先进文化的一种强烈的自我意识,这是在此之前从未出现的文化景观,表明深圳人在"二次创业"征程中需要寻找新的精神动力和进行新的观念调整。而"命名"行为所显示的理论概括能力,又提高了这场文化讨论的质量。这场讨论与 80 年代中国文化界的讨论相比,更具时代特征,无疑是在更高层次上的继续和深入。它揭示出深圳的文化变迁潜在于市场经济的大潮中,切切实实地发生在每一个人身上。纵观创刊 100 期的文化讨论,广大读者热情参与,一个个新的文化研究领域被拓展,一幅幅新的文化视野被打开,一篇篇颇具新见的文章被关注,从而使"文化广场"成为深圳又一个引人注目的文化现象。

二、比较

将深圳放在广阔的文化视野中进行观察与分析。

以文化的目光观察深圳、评估深圳,势必要引入比较的视野。事实上,"文化广场"的开篇之作杨东平的《广东文化:世纪之交的"新北伐"》,就是立足于文化比较的视野进行发言的。文章将广东文化放在与北京、上海"三足鼎立"的格局中进行比较、分析,认为广东文化已成"当代中国最强势的地域文化"。诚然,杨东平是较早对包括深圳在内的广东文化给予较高评价的北方学者。然而,杨东平在行文中却表现出对"广东文化"的"悖论"。从他一方面欣赏广州、深圳等城市"全新的生活方式",一方面又担心经济现代化的后果使广州、深圳等城市"不仅在城市景观、生活方式,而且在文化个性和文化价值上趋同于香港";一方面呼吁"在即将到来的新世纪中,源自三条大河流——黄河、长江、珠江流域文明的民族文化",能"保持独特的文化个性,继续鼎足而立",一方面又抨击源自珠江流域的广东文化"内在的封闭性,对自身小传统的刻意强调","具有一种疏离、排斥大陆文化的狭隘心态",主要表现在"语言优越感"。显然,杨东平的观点既有真知灼见,也有来自中原"正宗"文化的褊狭。然而,它毕竟提供了一种恢弘、广阔的文化视野,并把这一视野拉入到对深圳文化的评说领域中。

黄中俊的《寻访城市象征:上海—北京—深圳,一位知识女性的文化之旅》也是较早从比较的视角,去探讨上海、北京、深圳三城市的文化象征的。黄中俊认为,上海的外滩和张爱玲,北京的筒子河和于是之,是京沪两地的城市象征。作者从居住过的京沪两地来到深圳,她想从"生活在此处"中寻找城市象征,这是一个颇有意味的话题,尽管要找到答案为时尚早,但她一系列的"文化之旅"都给人以耳目一新之感。

对深圳文化情有独钟的上海著名学者余秋雨,在对这座新兴城市作了"青春型文化"、"文化的松软地带"等精彩论述之后,又在"文化广场"的"独家访谈"中,对上海、广州、深圳的文化走向进行纵横捭阖的剖析。他在纵论上海、广州的历史文化变迁之后,话锋一变转向深圳:"上海、广州、深圳,应当成为新的传播媒体、新的文化模式的重要基地。深圳既然没有什么文化积淀,有没有可能成为一个新的文化的试验场?如果深圳能够吸纳许许多多新兴的文化模式到那里去试验,这个文化角色也是很可爱的。"(侯军,周刊第15期)

深圳学者乐正把视野拉得更开,他从纽约、上海、香港三城市的经济与文化发展,来探讨深圳文化的模式选择。他认为20世纪初的纽约取代伦敦成为西方资本主义的经济首都,纽约文化也迅速从欧洲文化的模仿者变成改造者与征服者,成为世界级的商业中心与文化中心;上海从1860年起就成为中国最大的通商口岸,至20世纪初便成为近代中国新思想、新学术和新艺术的摇篮;香港进入20世纪六七十年代开始经济的高速起飞,不久亦迎来文化"升级换代"的新时期。论者从三个大城市的经济文化发展,去预示深圳文化发展的某种可能性,这种"比较"确能给人以启迪(见周刊第39期)。

饶有兴味的是,这种文化比较不仅有空间维度的,也有时间维度的,张冠生在一篇《扬州昨夜,深圳今宵》的长文中,就从历史文化名城扬州跨越时空的文化变迁,来比较反思深圳这座现代新城的文化使命。作者认为,经济活动历来是一种人文现象。任何时代都会产生其经济中心和文化重镇,问题在于何时何地有条件产生这样的经济中心和文化重镇。明清之时,商人与文人之间的交往和流动日益密切,"弃儒就贾"成为普遍现象。商人的社会地位上升,文人笔下渐生商业风云,以商言文,以文助商,蔚然成风,于是渐渐产生了"扬州八怪",形成了"四民异业而同道"、"士商异术而同心"的现象,这是当时文化转型的标志。到了20世纪80年代,南中国的深圳"八方客商与各路文人齐聚热土,安营扎寨,人气渐旺,商气渐聚,文气日浓",与当年扬州"经济社会繁荣、平民力量上升、文化广场开阔"颇有某种相似之处,其精神气质实属一脉相承。因而作者断言,潜入扬州缭绕千年的文化脉气,"如今旋到了深圳上空,虽未全面接地,却已隐约可见紫气祥云,从中能捉摸到几许天之将降大任于斯地的气息"(见周刊第24期)。

将深圳与扬州相比较的还不止张冠生一人。有论者指出:"深圳人是不是可以学学清代的扬州盐商?假如深圳人能加大对学术和教育的投入,容纳一批足可养廉的学者,善待那些'不切实际'的'精深远大之思',让重视知识成为市民的普遍意识,那么,深圳的文化传统就会深厚起来。"(罗江南,周刊第26期)

香港与深圳紧相毗邻,两地之间展开文化比较也是一个热门话题,王京生、尹昌龙认为,深圳、香港两地的移民文化与中国乃至亚太地区现代化运动有一种深刻的历史关系,这些地区经济的腾飞背后均有"移民文化"的因素,应引起充分关注;同样值得注意的是,两个城市在文化上的差异性也往往与移民主体的构成密切相关(见周刊第40期)。深、港两地历史渊源密不可分,"97"后如何妥善处理两地的关系和加强文化交流?杨宏海提出,两地关系的发展既不能"香港化",也不能"化香港",而应架设"一国两制"条件下的文化引桥。要以"一国"——爱国主义的旗帜,承认"两制"——不同社会制度下文化价值观的差异,通过文化交流和良性互动,求同存异,去劣存优,用中华优秀文化去促进香港同胞的文化认同(见周刊第38期)。

著名作家王蒙近年来多次探访深圳,对深圳文化颇为关注,他从与内地文化的比较中谈了自己的看法。他认为,"从现实上说,深圳在改革开放方面,确实走得很靠前,观念也更开放一些,这使深圳的文化带有一定的先锋的性质";"在内地,不少文化人在市场经济迅猛发展的过程当中,多少有一种失落感,认为经济发展了,道德却滑坡了,文化也不行了。但是,从深圳的情况看,文化倒显得更活跃了。当然这种活跃有时也会带来一些杂七杂八的东西……但是从根本上讲,活跃总是比不活跃要好得多"。(侯军,周刊第23期)

对于深圳与其他地域或城市文化作比较参照,吴俊忠提出不同的看法。他认为,深圳作为中国的经济特区之一,创办的初衷是探索开放改革和市场经济的经验,承担着探索两个文明建设平衡发展的重要使命,"这些问题都与深圳文化建设密切相关,在一定程度上确定了深圳在中华文化大格局中的文化方位和文化角色,解决和回答这些问题，既没有先例，也不可能参照"，因此，他主张"超越参照"，着眼深圳文化的自身发展，面向未来，面向世界，大胆地去进行"文化实验"（见周刊50期）。此不失为一种言之成理的观点。诚然，有比较才能有鉴别，有参照才能开阔视野。正是在特区与内地的比较中，才观照出深圳肩负"排头兵"的历史使命。因此，"超越参照"也是一种比较。"文化广场"正是通过一系列跨越时空的比较与反思，将深圳文化的讨论大大推进了一步。

深圳需要"精神后花园"

曾华国

> 曾华国，发表此文时在新华通讯社国内部任职。本文原载《深圳商报》"文化广场"周刊第35期（1996年5月2日）。

去年冬天，深圳的一个朋友为了与好友听一场世界著名钢琴大师阿什肯纳齐的独奏音乐会，千里迢迢从深圳赶到北京。前后才两天半，花了她差不多一个月的薪水。可是，她觉得这钱花得值。

这个女孩说："深圳是一个年轻人的城市，机会对每个人都是平等的，只要你有能力有水平，她总不会亏待你的。因而，深圳对个人实现自身价值来说，无疑是国内难得的一块福地。但是，在激烈的竞争之后，每个人都需要不设防地放松一下，对我来说，需要像北京音乐厅这样的地方。遗憾的是，深圳恰恰在这方面空缺了。"

时常往返于深圳—北京之间，接触到两地不少人，也了解到一些事情。比较一下两地人们的生活习惯及心态，发现时下深圳的确需要一些令人不设防的安逸的地方，笔者姑且称之为"精神后花园"。就如在大量构造经济、科技的圣殿之时，也要在这座大堂后面，经营一处"后花园"。这处"后花园"可以让人们在激烈竞争之后，能够自由自在地抽烟、喝酒、写字、著述、聊天。

人的需求具有差异性和层次性。按照美国心理学家马斯洛的需求层次论，深圳最吸引人的地方是能够给人平等的机会实现自身的价值，达到需求的最高层次。但是，这仅是指事业上而已。同时，人还要要求生活乐趣与情调。譬如，业余生活上有人喜欢体育，有人喜欢读书，有人喜欢跳舞，也有人喜欢芭蕾、交响乐、画展这样的"高雅"艺术。经过十几年的发展，深圳已拥有了相当好的"硬件"。体育场、图书馆、游乐场、夜总会……各种各样的娱乐场所，丰富多彩的娱乐方式，令人眼花缭乱。但是，深圳还有这么一个待开发的处女地，那就是"雅"文化。从人口的素质与层次来分析，深圳集各路精英，素质好、层次高。在主要市民中，又以年轻大学毕业生居多。这样的人口层次与构成，决定了能给人丰富想象力和良好陶冶感的严肃艺术有很大的市场容量。

市场机制这只看不见的手有一种使社会资源趋于有效配置的功能，这种功能是通过价格信号对供求的引导实现的。市场机制要发挥这种功能，需要一定的环境和条件。教育、文化、艺术、卫生等部门是社会价格的特殊部门，其"产品"的个别价格往往低于社会价值。从社会角度去衡量，却是怎样高估都可以的。因此，政府需要必要的干预和调节。这是市场经济条件下发挥政府功能的重要表现之一。

当然，深圳的政府部门也正在发挥这种功能，使这座新兴城市的文化教育事业大有长进。群众的文化意识也十分高涨。笔者在图书馆曾惊叹座无虚席的盛况。诚然，读书并不一定就是完全的精神放松与享受。依笔者的理解，读书有两种目的，一是充实自己知识，一是享受书本乐趣。前者带有明显的实用色彩，功利性很强；后者世俗味淡化，上升为精神享受。有时，两者浑然一体，很难区分。据笔者随机访问，大多在图书馆里泡着的人，都有比较强烈的实用性倾向。譬如，为考各种上岗证而加班加点，为准备某项目翻阅资料，如此等等。形象地说，这就是市场经济条件下激烈竞争中人们自觉的"充电"、"加油"行为。在"书中自有黄金屋，书中自有颜如玉"的心态下，读书失去了"悠然见南山"的韵味。按王国维先生的意境层次，深圳人读书尚处于"独上高楼、望尽天涯路"和"衣带渐宽终不悔，为伊消得人憔悴"的地步，远远没有达到"蓦然回首，那人却在灯火阑珊处"的境界。

作为一个新兴的移民城市，深圳没有京味文化的皇家风范，没有海派文化的洒脱伶俐，也没有长安文化的悠远沧桑，甚至身居南粤也还欠缺岭南文化的务实品味。这归结于城市很新，其居民来自全国各地，原有的社会文化心理仍然在起支配作用。然而，年轻城市并不等于没有文化。深圳居民结构的多样性注定这座城市的文化具有先天的兼容性和伸缩性。况且，经过十几年的发展，深圳也初步形成一定特色的都市文化。不过，这种文化尚没有稳定的根系，如浮萍一样，东飘西荡。在社会公众心态上就表现为浮躁，没有归宿感。不必说春节期间的"流动"现象，光是看看在深工作一定年月的人那种抱着"挣一把就走"的心理，就能看出些苗头来。许多人把深圳当作发展事业的"风水宝地",而其精神归属却始终没有找到合适的位置。

但是,毕竟深圳人已在寻寻觅觅,在理想与现实中探索。于是,有了"守夜人",有了"文化广场"的争论。这说明深圳人不满足贫乏的精神生活,在繁杂的劳动之后,聚集一起,清茶淡酒,激情满腔,意见林立,流淌着一种氛围:渴望心灵的交流,实现自我价值的满足。

在这种情况下,营造"精神后花园"显得十分迫切。有人说,在市场经济里谈"人文精神",谈"高雅艺术",不啻对牛弹琴。确实,在市场经济里会有道德沦落、物欲横流的现象,但这并不意味着市场经济不需要人文精神。相反,在欧美等市场经济十分发达的国家,对人文精神、对艺术的重视和崇尚,比我们有过之而无不及。事实上,作为人类共通的社会发展规律,无论是物质还是精神,其数量和质量都在市场机制下找到一个均衡点。现在,国内一些地方过分重视物质的发展,而忽视精神的发展,"一手硬一手软",势必会导致社会失衡,公众价值观也将扭曲,变得畸形。

但是,在崇尚自由、民主的现代社会里,要确立趋同的社会价值观念,要塑造相似的社会公众心理,却非某一部门、某一集团在短时间内可以做到。着眼未来,在市场经济条件下,如何去营造这个大花园呢?笔者认为,要三方面共同努力。

根据市场经济规律,政府要重点扶植文化"真空地带"。北京近年来"严肃音乐"长盛不衰的操作,就是成功的典范。随着生活水平的提高,人们对精神消费的投入越来越多,对高雅艺术的需求也不断增加。京城的一些演出公司接二连三推出各种高质量的节目,如中外演出公司,每年都组织几十场世界水准的音乐会。这些文化公司得到有关部门的支持,在赚不了大钱的情况下,还锲而不舍地努力,视普及高雅艺术为己任。经过几年的探索,北京高雅艺术的氛围业已形成。北京等地的经验主要是,一要重视矢志追求者,在待遇、政策等方面给予照顾,使其能解决"温饱问题",全副身心投入这项于己于人大有益处的事业中。再就是建筑"硬件",让国内各路精英有适当的表演的舞台。三是扶植自己的艺术队伍,使其在适应市场经济的同时,又能超越商业本身,保持一定的艺术品位。

舆论媒介要把好导向。深圳在80年代提出的"时间就是金钱,效率就是生命",无疑对促进经济的发展和社会观念的转变起了很大的推动作用。发展至今天,深圳的观念应该要进行"质变",注重"生命质量"。也就是说,在创造丰裕物质的同时,更应生产或享受精神商品。能创造丰富的物质产品、却仍滞留在较低的精神层次的社会算不上现代社会;同样,能获得事业成功但停留在低级趣味的人也算不上现代人。物质生活的丰富化和精神享受的高层次，这是一个时代的趋向。舆论界理应把人文精神的探索加以发掘，引导公众摆脱低品位的精神消费。

作为公众本身，也要修整自己的人生定位。按恩格尔系数，大多数深圳居民已进入小康水平，理应提高自己的生命质量和层次。在东方文化的氛围里，处处受西风的侵染，以儒家的积极态度"入世"干事业，以道家的飘逸精神"出世"享受生活，或许是未来深圳人的人生坐标吧。

行文至此，我也不禁茫然四顾。看来累了，还是先到那家"乡谣酒吧"呷一口香槟吧。

家园亦可在天涯
胡经之

> 胡经之，著名文化学者、美学家，主要从事文艺理论与文艺美学研究。本文选自《胡经之文丛》，作家出版社 2001 年版。

  深圳特区成立已有 20 年，我来深圳也已进入第 17 个年头。随着新世纪的来临，不时引起些许回忆和遐想。

  在祖国大地上，我整整辗转了半个世纪。先是从江南水乡走向未名湖畔，30 多年之后，又转向岭南海滨。绕了半圈，最后，终于在深圳这块土地上停格，不再走了。这里是我最后落定的家园。

  美学家、艺术家、作家、诗人的生活理想，是想"诗意地"栖居在这大地上。这理想当然美好，但是否能实现，这不仅关涉到这个主体以什么心态、如何对待周围世界，更重要的是，我们生活于其中的那个客观环境是否真适宜于人的生存、发展和自我完善。若真能实现"诗意地"栖居，应是人和环境这主客体互动的结果。

  深圳，真是个好地方。

  这倒不是主要因为这里物质富足、经济繁荣，可以随意吃喝玩乐、尽情享受。我不太在意于此。其实，我在这里的衣食住行、物质消费的支出，并不比北京高多少。不是不敢花，非不能也，是不为也，我没有感到那种需要，享受不到多少乐趣。特区初期，我在深大参与创建中文系时，容许我有 3 年时间可以亲自体验、观察这个边陲小镇的生活，然后再定去留。尽管那时的文山湖还是荒凉的水池，远没有北大的未名湖漂亮。但我在荒凉的海滩边，感受到一种生机勃发、蒸蒸日上的氛围，可以激发人的潜能，施展自己身手，也许可以做成一些有意义的事。

于是，我沉淀了下来。尽管在20世纪90年代初，这里的发展曾经历过一个低谷，人们怀疑特区还能不能办下去，海外来客纷纷离去，内地人士也在大批撤退，我却反而把我的户口从燕园迁出，断了回北大的后路，准备在这里落地生根。

我看中了这里的生态环境和人文环境。这是一个可以生长出现代文化和培育出新的人格的具有创新潜力的优良环境。

这里有山有海，大片土地，虽还未经开发，但到处已流淌着难得的自然之美。漫步在长着红树林的校园浅海滩边，令人心旷神怡。我惊异地发现，白衬衫穿了好几天，那衣领上竟还没有发黑的迹象，空气清新如此，能不令人称奇！最令我高兴的是：经历了20年的高速开发，深圳竟仍能保持着良好的生态环境，在今年跨入世界花园城市的行列。但我也有感到痛心的地方：在咱们开发过程中，没有及早地把深圳最珍贵的地方——东部海岸纳入规划的视野之中，以致像葵涌这一线的海岸，竟建了污染海水的化染厂。

幸而，在最近几年里，咱们的生态环境得到了更高的重视，海岸、甚至海上的开发也被列入了规划。海洋，人类多么宝贵的财富！咱们拥有的东部海岸，特别是南澳一带，堪可与夏威夷、芭堤雅这样的地方比美，它对于咱们这个城市的价值，将日显其内在的珍贵。

这里的人文环境，向不为内地人看好。但我从来不以为这里是文化沙漠。岭南文化在这里的发展源远流长，更重要的是，广大移民带来了各自的文化，在这里碰撞，尚未形成一种固定模式，这倒反而有助于文化创新。各种文化在碰撞中相互吸收，取长补短，也许会更好地促成一种更新更美的文化的生长。

最使我敬佩的是，深圳在20世纪90年代初尚处在发展低谷中，就把目光转向高科技，从而使深圳的经济能得到高速而持续的发展，这真是高瞻远瞩，功德无量。而在最近几年中，深圳不仅想方设法以更大的力度发展高科技，而且视野更为广阔，把目光拓宽到深圳如何实现社会发展的全面进步这一更宏伟的战略上来，这确是更上层楼的惊人之举，令人拍案叫好。

按照马克思的想法，咱们未来的理想社会，应是要创造出一个人人都能得到全面而自由发展的社会条件。发展高科技、经济持续发展、精神文明建设、文化艺术的繁荣，目的都在促进社会个体的全面和自由的发展，充分发挥每个人的潜能。反过来，也只有个体的全面而自由的发展，各个人的潜能的充分发挥，才能实现社会发展的全面进步。但两者不会自发地实现统一，必须由人来自觉的调控。因而，这个统一将是一个漫长的历史过程。深圳能不能及早关注并在实践中加快这一过程？在这有生之年，我会时刻关注着，在我们这里将会怎样一步一步地向着这个方向，朝马克思的这一伟大理想迈进。

不时有友人问我，是否懊悔来深圳？我毫不犹豫地称：从不懊悔。但我唯一遗憾的却是：我缺乏先知之明，不该从校园搬到皇岗大道的福田立交桥下。当初，这里人烟稀少，路宽地旷，可不到几年，如今已车水马龙、噪声隆隆。虽说是交通方便，商贸兴隆，可我还是想做点学问、思索些问题啊！对我来说，最有价值的还是宁静。在这新世纪到来之时，我唯一要期盼的是：但愿在我这最后的家园里，多一些人间已很难得的宁静！

深圳特区成立20年有感而作

2000年冬

深圳的夜空不寂寞

霞光

> 霞光，深圳市妇女研究会常务理事，深圳广播电台《夜空不寂寞》节目的首任主持人。本文是其专著《深圳夜空不寂寞》（海天出版社1999年版）的序言，标题系编者另拟。

1992年春，我研究生毕业前夕，来到南中国一个不平凡的城市——深圳求职，被深圳广播电台一个即将开设的新节目《夜空不寂寞》所选中，成为这个节目的第一任主持人。

当时，我在深圳逗留了一个月之久，一直在思考《夜空不寂寞》的听众群在哪里？

深圳，中国改革开放的前沿阵地；

深圳，中国迈向现代化的试验场；

深圳，中国新兴的移民城市；

深圳，中国人寻梦闯世界的地方……

1979年，特区创建之前，深圳只有两万多人口，而它创建短短的13年之后，人口急剧增加到260多万。在来深圳寻梦闯世界的这200多万人当中，不管是打工皇帝，还是打工仔都拥有自己的梦。

面对新的生存环境，这些寻梦闯世界的人们，时常被孤独和寂寞所困扰。

这到底是为什么？

或许，因为他们充满欲望的心在躁动；或许，因为他们的情感找不到归宿。面对种种新的生存压力，他们不是不会向亲朋好友倾诉，而是不愿意说，他们怕亲朋好友为自己担忧。

但是，他们的确需要倾诉！

哪里可以让寻梦闯世界的人们敞开心扉，讲述自己真实的感受？那就是《夜空不寂寞》。

当时，我从来深圳寻梦闯世界的人们的生存状态中，发现了《夜空不寂寞》节目的宗旨——心灵抚慰。

面向谁？面向来深圳寻梦闯世界的各个阶层的人们。

深圳是一个新兴的移民城市。如果要抚慰的话，各个层面的人们都需要。

人们带着各种各样的梦想，以及内心深处早已培植好的理想种子来到深圳。寻找属于自己的理想生存方式。如果把深圳称之为中国迈向现代化的试验场，来这块热土寻梦闯世界的人们，就犹如一株株生命力极其强盛的植物。

其中有的像厚重的木棉花，在人生的航行中，他们总能踏准时代的节拍，牵着自己的命运向前走；有的像多彩的杜鹃花，他们用心体验着自己所选择的生活，在漂泊中寻找自己；有的像蹿腾着的爬山虎，他们是认准目标不屈不挠向上奋进的人们；有的像无根的浮萍，他们漫无目的地漂流着；有的像杂交的植物，他们因一时的急功近利搭错车。

美国心理学家马斯洛说，在一个群体中，成功人士最需要慰藉。对牵着命运走的人之最好慰藉，就是张扬他们的行为方式；对用心生活寻找漂泊的人之最好慰藉，就是认同他们的行为态势；对爬行中奋进的人之最好慰藉，就是激励、激励、再激励；对像浮萍一样漂流的人之最好慰藉，就是尽量提醒他们用已有的能量，划向能让自己扎根的彼岸；对搭错车的人之最好慰藉，就是宽容与告诫。

基于这样一种理性认识，我走近了"夜空"，通过电波与收音机前众多的朋友，展开了心灵的对话。

在我做《夜空不寂寞》节目的300多个日子里，许许多多听众朋友，用书信和热线电话的形式，向我讲述了他们来深圳寻梦的真实感受。

其中，给我印象最深的是第一个热线电话。一位30岁左右的年轻太太，向我讲述了她暗恋上同一个办公室的一位先生的情感经历。那天晚上，恰好一个学社会学的朋友听了我的节目。第二天，他打电话对我说："昨天给你打热线电话的那位太太，完全忘记了是在广播里向你讲述自己的隐私……"这第一个热线电话让我深深感到：

深圳人真寂寞，但，深圳人也真现代，敢于面对自己的困惑。

在"夜空"里，寻梦的朋友向我提问最多的问题是：他人为什么能走向成功？我为什么没有成功？他人为什么拥有那么多的机会，而我为什么不曾拥有？他人为什么总是得多于失，而我偏偏是失多于得？我为什么总是在得与失之间徘徊？

当我走出"夜空"，一直都在思考着这些问题。我带着这些问题，又采访了许许多多来深圳闯世界的人们，他们真切地向我吐露了自己人生经历中值得回味的生活片断。

我从闯世界的人们的经历中，发现了他们把握自己命运的秘密。同时，我也好像为处于徘徊状态中的寻梦人，找到了他们"失"多于"得"的根源。

当我走出"夜空"，又有几十个来深圳闯世界的人们，真切地向我吐露了他们人生经历值得回味的生活片断。我想你也许会从他们某个人的经历中，找到自己的共鸣点。

我从牵着命运走的人们身上，看到了他们对生活充满了自信。他们在人生的航行中，无论处在生命的低谷，还是他人眼里的"高峰"，都不会彷徨或狂妄，而是奔向早已用心瞄准的下一个目标。他们好像从未打算让自己歇一下脚，因为在他们心灵中早已感到，前方有一个风景更加绚丽的时空，等待他们去开拓。

我从寻找漂泊的人们身上，看到了他们对生活充满了爱意和希望。在人生的航行中，他们无论是漂到顺风港，还是搭上了逆风船，总是用心地体味着生活，追随自己真实的感受，寻找那多彩的生活。他们好像把自己视为一部尚须不断修改的精品之作，在用心地经营着。

我从在爬行中奋进的人身上，看到了他们对生活的执著。在人生的航行中，他们就像茁壮成长中的孩子，需年长而富有力量的人牵着手送一程。

我从像浮萍一样漂流的人们身上，看到了他们对生活的犹豫与徘徊。在人生的航行中，他们是比较有能力划向彼岸的一群，但航行中他们老是不知所措，左右摇摆，以致总是难以靠岸。

我从那些搭错车的人们的身上，看到了他们对昨天生活的坦诚，以及对今天他人的理解之渴望。在人生的航行中，他们不小心迷失了方向，惊醒后正在挣扎着努力地爬起来，决心一切重新来过。

总之，他们所有所有的人，用自己的心灵，为深圳这座充满现代气息的城市，营造了一片灿烂。一种使命感促使我，要把他们中感人的故事讲出来。

从百家争鸣到深圳学派
京生

> 京生，文化学者、深圳市特区文化研究中心特约研究员。本文选自《深圳商报》"文化广场"周刊第101期（1997年8月7日）。

"深圳学派"命题的提出，似乎是奢侈的令人无法消化的精神大餐。回想起来，倒是出于一个偶然的机会。

1996年年中，深圳市特区文化研究中心聘请余秋雨先生为名誉主任，我们赶去看他，并就深圳文化的发展作了一番长谈。说来说去，话题竟不约而同地转移到学派问题上来。秋雨先生兴味十足地与我们讨论，彼此竟碰撞出事前都没有预料到的种种构想。

第二天，在研究中心召集的研究人员和深圳学界骨干的座谈会上，秋雨先生一开讲便把"深圳学派"的命题端在了大家面前，一讲就是几个小时。在神采飞扬之间，把对建立学派的彻夜难眠的思考，全盘托出。能在如此之短的时间内，归结出这样一番精神谈吐，确令我们惊讶赞叹。

在深圳这样一个文化底蕴尚薄的城市，在浮躁的趋利心理还左右着这个城市新市民的价值取向和行为时，高谈"深圳学派"的命题，不免令人哂笑，倒像是一顿奢侈的令人无法消化的精神大餐。这个城市现在做的应该是一些基本的事情，例如：对文化的认真亲近与重视，使文化的讨论首先热起来；对文化人的见解给出更多的时间来倾听；不以功利为目的的文化设施的兴建；用政府之手构建崭新的文化理念和趋向繁荣的规划；最重要的当然是各类文化人才的积聚。路漫漫其修远，年轻的深圳要想长成健壮高大的骨骼、具有高贵的气质，还有多少营养需要汲取。然而，我们还是将

"深圳学派"的命题端出来，因为穿透深圳轻浮浮躁的风气，我们倒恍然似见到美轮美奂的文化强盛的一座新城，看出在那古老文化的神州大树上抽出的一条新枝。正如秋雨先生所言：

1. 深圳具备最容易产生学派的条件，特别是人际关系的平等和单纯，能够促成学派发展所需要的民主讨论的气氛；

2. 深圳文化是中国文化处于转型期的地域性亮点，能够避免内地文化发展所出现的黏滞状态，并能创出新兴学派的充满活力的成长机制；

3. 深圳文化发展的区位优势，使它有可能成为贯通内陆与海外的中华文化的"桥头堡"；而正是凭借"桥头堡"的集散功能，使深圳学派的思想得到强劲有力的传播。

空谷足音。

随着环太平洋经济带的兴盛，以香港、深圳、广州等为标志的珠江入海口周边，正崛起世界上最密集的城市群，有可能出现求学问道的争鸣风气和强大的学术群体。

学派的存在并不神秘。学派的出现，包括学派存在所必需的特定的学术集体、学术方法和学术精神，而由此所产生的理论文献，则是直接验证学派存在的思想成果。在世界历史上，曾经出现过浩如繁星的学派，它们的光芒都不同程度地闪现在人类思想的天空上，像米利都学派、弗赖堡学派、法兰克福学派等等，其人格精神、道德风范，一直为后世所景仰，其学识与思想，一直成为引以为据的经典。

就中国学术史而言，不断崛起的学派连绵而成群山之势，并标志着不同时代的思想所能达到的高度。自晚明以至晚清，是中国学术尤为昌盛的时代，而正是在这个时代，学派性的存在也尤为活跃，像陆王学派、阳明学派、桐城学派、乾嘉学派、泰州学派、扬州学派等等。但是，学派辈出的时期还应该首推古希腊和春秋战国时期，古希腊出现的主要学派就有米利都学派、毕达哥拉学派、爱利亚学派、犬儒学派、尼勒尼学派和麦加拉学派；而孔孟学派、老庄学派、法家学派、墨家学派、稷下学派、宋尹学派等等，则是春秋战国时代学派鼎盛的表现，百家之中几乎每家就是一个学派。

梁启超在《论中国思想变迁之大势》中，谈及春秋战国时期百家争鸣的学术盛况，曾压抑不住内心的感奋之情："孔北老南，对垒互峙，九流十家，继发并作，如春雷一声，万绿齐茁于广野；如火山乍裂，热石竞飞于天外。壮哉！壮哉！非特我中华学界之大观，亦世界学史之伟迹也。"在这个思想极为活跃的过渡时代，无论是开门养士的公学，还是自设杏坛的私学，都闪烁着学派性存在的光辉。孔子的儒家学派，受徒三千，同宗仁义之术；齐国的稷下学派，其"举世誉之而不加劝，举世非之而不加沮"的学术风气，则直接为后来的岳麓书院所传承，以致出现"是非审之于己，毁誉听之于人，得失安之于数"的学人风范。

而从古希腊而言，学术论辩的风气和求知问学的精神，既催生出影响久远的学派，也推动着希腊文明高蹈独步的发展。罗素曾经感慨希腊文明的奇迹般的崛起，并把希腊文明成就的取得，很大程度上归于希腊睿智的学人们，"他们自由地思考着世界的性质和生活的目的，而不为任何因袭的正统观念的枷锁所束缚"，这些学人所形成的学派，成为推动希腊思想进步的中坚力量。就拿米利都学派为例，今天几乎任何一部西方哲学史的教科书，在讲述希腊思想的时候，都无可避免地把米利都学派的代表人物泰勒斯及其世界构成的假说，作为首要提及的事情。米利都学派开启了后世哲人思考世界的可能的向度，这同样如罗素所言："米利都学派是重要的，并不是因为它的成就，而是因为它尝试的东西。"

我们在考察学派的历史性存在时发现，在不同学派所涌现的那些时代，它们并不是形单影只、孤星独明的，不仅在学派的内部存在着一个相互磨砺的学术群体，就是学派与学派之间也相互切磋与抗衡，并构成一个彼此联系的群落。或许，单个学派的勃兴，正依赖于学派与学派之间的必要的张力。一方面，自由的论争使思想从混沌走向清晰，从混乱走向规整；另一方面，民主的讨论在归并观念的过程中使讨论者得到编排。讨论或论战的结果既造就了主要的思想类型，也造就了主要的思想者队伍，于是各不相同的学派就相继"浮出海面"。

当然，学术争鸣行为的出现，学派的产生往往需要外部条件。政治的开明、社会经济的发展、科学技术的进步，等等，都是促成学派产生的至关重要的因素。名震一时的扬州学派，就直接得益于富甲一方的扬州经济，薛涛的评说可为依据："吾乡素称沃壤，国朝以来，翠华六幸。江淮繁富，为天下冠。士有负宏才硕学者，不远千里百里，往来于其间。巨商大族，每以宾客争至为宠荣。兼有师儒之爱才，提倡风雅。以故人文荟萃，甲于他郡。"而曹聚仁在评说扬州学派时，也就此谈及经济条件与学术争鸣的潜在关系，他说："这样的经济条件，反映到思想界来，便产生了如汪中、焦循、阮元这些学者的比较先进的思想议论。扬州既为东南人文荟萃之区，大家通过切磋研究，学术风气也就展开了。"之所以引论经济与学派存在的关系，也许正暗示着在深圳这种经济超前发展的地带，在大陆文明与海洋文明交汇处的珠江三角洲城市群中，在咸淡水的汇合处，有可能会出现论学问道的争鸣风气，并产生类似于扬州学派这样的"能见其大，能贯其通"的学术群体。

在与日俱新的文化转型中，探索与矫正的交替进行和反复推进，使学风日盛，文化昌明。在文化的勃兴地带，学派有着形成的可能性。

百家争鸣的时代，就是浩浩荡荡的思想解放时代，学派的纷涌百出，正表明思想与文化在不同的历史间歇中奇迹般的爆发。纵览中国学术演变的千年历程，可以比肩于春秋战国百家争鸣时代的，也只有五四运动为标志的新文化时代了。今人讲新文化运动，多认为它不过是十几年间发生的事情，这真是"只缘身在此山中"。我们解读文化传承不能使用双重标准。谈古人既以几百年、上千年为时间段，而于自己生活的时代则把目光囿于方圆之内的十几年、几十年，急急忙忙说变化。"五四"时期的新文化运动，充其量不过是中国新文化的黎明，它的丽日中天时期也许还全然没有到来，20世纪80年代迄今的对文化的新认识和奔涌的种种思潮，不过是时针指向八九点钟的朝阳，伟大的热量还远远没有释放出来。即便如此，从80年代前后真理标准问题的大讨论，到人生观的大讨论，到文化观的大讨论，再到90年代以来的人文精神大讨论，已然展现出这个时代在百家争鸣中的思想解放历程。而正是这些激烈的学术争鸣，使"五四"时期就已出现的新学派的雏形，演变得更加清晰、完整。

在与日俱新的文化转型中，探索与矫正的交替进行和反复推进，使学风日盛，文化昌明。北京、上海、广州作为文化中心地带，它们的彼此论争和公开对话，已促成着各有特色的学术阵营的形成。20世纪40年代就已出现的京派与海派的争论，在沉寂多年之后的90年代又烽烟再起，只是"京派的海派化"和"海派的京派化"表明着彼此相异的学术观念，有了奇异的轮回。而所谓的"新京派"与"新海派"的出现，则可能说明学术观念的再度分化、学术队伍的重新组合以及新学派降生的前景。至于广东学界，在近乎急切的"叩问岭南"的吁求中，已经暴露出建立新一代"岭南学派"的焦虑心情。以"陕军"、"川军"、"湘军"等为名的文化区域性支系，它们对文化中心的强劲有力的"北伐"和"东征"可能正提示人们，在文化的勃兴地带，学派同样有形成的可能性。

年轻的深圳注视这一切。在这龙蛇并起的当口，它不过是一个荷戟独徘徊的小兵。别处有大家、大作，尤其有生生不已的文化传统滋润，深圳呢？表达深圳文化声音的方式呢？

学派的吁求，体现出深圳文化发展到一定阶段要求自我认识、自我激励的学术自觉。特区建立之初，谁能预见它会有今日的经济奇迹呢？

不能苛责我们的城市，尽管它今天仍是经济的深圳。但想一想它的起飞历史，任何文化人都会觉得心平气和。但这并不意味着我们将低估深圳的文化价值和未来的文化气象。丹尼尔·贝尔在严厉批评资本导致经济与文化断裂脱节时，并没有忽视"经济冲力"所缔造的那种挺进新边疆、征服自然界的冒险精神和勃勃雄心的文化意义。这使得"经济动物"们摆脱旧的习俗与依赖，得以充分发挥浮士德式的上天入地的想象和追求，热衷于个性解放和自我表现。归根结底，经济的高度提升必然会给文化的物质层面、制度层面乃至精神层面带来震撼性影响，甚至会成为塑造新学派的必要前提。

"深圳学派"的可否形成，它的文化态度、研究方法是怎样特征，现在谈论还为时尚早，它的目标将存于一个更高远的未来。然而，当我们回到深圳当下的情境中来，从文化运作的态势和潜能中，就会发现一系列被称为"萌芽"的东西，而就是它们，是未来学派形成的弥足珍贵的资源。

一、政府的投入心情

现代城市的文化运作需要大制作和大推进，特别是大规模的文化广场和标志性文化设施群落的出现，已经无法离开来自政府的大刀阔斧的推动。与投入能力相比，政府的投入心情更值得珍视。当前市政当局对文化投入之急迫，之热烈，已经成为这个城市文化发展令人鼓舞的力量。从组织海内外专家所进行的规模宏大的文化设施论证，到市财政为文化投入所作的在所不惜的准备，都在表明政府已经成为把深圳文化推向未来的持久的主导力量。

二、社会所孕育的文化释放能量

与内地有所不同的是，社会在办文化过程中所释放的能量，已经成为深圳文化生长的生生活水。像华侨城人工游乐景观,在吸引海内外游客纷至沓来的过程中,几乎成了我们这个城市的文化标志。然而,它的建设者却是一个企业、一个集团,它们为再造文化而释放的能量,不仅辐射了整个城市,而且其影响已经推及到城市之外更远的地方。在一个投资主体越来越多元化的经济体系中,来自整个社会的文化共建,表明深圳文化在政府推动之外,已然获得了更为多样的动力。

三、文化人的开阔视野

在深圳,文化人的生存已经远非书斋里的独居和冥思了。在几天前"文化广场"举行的作者聚会上,我发现了一个极有趣的现象,这些对文化情有独钟的人却十之七八不是原来意义上的文化人。他们的行业分布在地产、政府、金融等各个方面,但是,他们却谈着很地道的文化问题,这种"新文化人"在深圳比比皆是。当文化在与整个社会的相融与共进中而首先成为一种社会状态时,深圳的文化人也向整个热闹、变化的社会打开视野。他们已逐步走离了一种单纯的文化情结和单一的文化尺度。他们把思维触角和运作智慧带入文化,也把文化带入社会。

四、文化人的庇护之所,也已越来越多地出现在这个城市中

今天的深圳缺乏文化名人,并不意味着文化名人不看重深圳,或深圳的明天没有自己的名人。一方面,文化人的文化关怀和文化表达绝不会局限于一地,哪里有舞台有空间,他们就会在哪里施展;另一方面,文化人的睿智必然使他们去寻找新的文化生长点。深圳文化本没有与外界对话的底蕴,但我在各类文化学术会议上,都感受到学人们对深圳的关注、扶持与倾心。他们倾听的不仅是深圳学者的一些见解,而是要从中透析深圳文化的发展历程及方向,寻求新的文化养料。近期"关山月美术馆"的落成,就已经在这个热闹的城市为一代画师开拓了令人瞩目的文化空间;而"何香凝美术馆"又正在把更多的画界名流引入到我们这个城市的生活中。文化向整个社会扩张,同时就意味着,整个社会而并不仅仅是学院书斋成为文化人一展群才的天空。深圳日益突出的"藏才于民"的优势,首先就得益于越来越多的可"藏"之地。无论是

深圳大学或展望中的深圳艺术学院,还是以《深圳特区报》、《深圳商报》为主的报业系统,或是就一批显示文化雄心的企业实体而言,都已经成为新一代深圳文化人的庇护之所。而深圳自己的文化大师将在这些庇护之所中成长起来。

五、深圳未来文化的构建,更多的是从现在就开始的新方式的探求

  在一个文化急剧转型的时代,复杂的建设行为在意义上远远高于单纯的批评行为,而正是在一系列建设行为中,深圳文化慢慢凸现出自身的风格。这个建设的过程从边缘性的分支开始,然后向主干集中。回望 20 世纪 80 年代,深圳观念性变化的迅速崛起,已经形成了最初的文化突破。然而在进入 90 年代以来,深圳的文化运作已经不只是观念层面的批评和论争了,它把视野投向未来,因为未来的文化呼唤着新的制作方法。正是在从批评到制作的转变中,深圳在绘画、音乐、影视、电子出版物、动画卡通等一系列文艺门类中,展示出令人惊奇的制作能力和生产能力。未来的深圳学派将在这些文化制作行为以及对这些制作行为的解释中,形成新的文化理论结构。

  40 年前,在离我们不远的广州,当眼睛近乎失明的一代宗师陈寅恪,在动荡的政治风波中倾心于历史研究而不为外界所动时,他所推崇的正是"独立之品格、自由之精神"的人格和学风。这就像那个远在南美大陆南端的阿根廷智者——博尔赫斯,在几乎看不见的世界上,在玄想遥远神秘的东方时,把个人的写作行为贯穿终生。之所以作出这些或远或近的类比,就意在说明,无论是就"深圳学派"的设想而言,还是就想象中的"深圳学派"而言,作为学术声音或学术群体,都暗示着问学求道的真谛。更何况这一已经响起的声音和可能出现的群体,会对我们生活的这座城市,这个家园,存有面向未来、面向世界的长久魅力。

  一个声音说:"我不下地狱,谁下地狱!"

  这个声音也可以说:"我不上天堂,谁上天堂!"

超越"参照":关于深圳文化创新的思考

吴俊忠

> 吴俊忠,深圳大学教授,主要从事文学与文化研究。本文选自《深圳商报》"文化广场"周刊第 50 期(1996 年 8 月 15 日),标题略有改动。

自 1995 年 9 月 3 日《深圳商报》推出第 1 期"文化广场"周刊以来,历时不到一年,已出刊 50 期之多。50 期"文化广场"构成一个广袤的文化空间,成为深圳重要的文化现象和令人关注的人文景观。笔者随手翻阅收集在一起的"文化广场"周刊,忽然发现一个值得深思的现象:50 期中,谈论和阐述深圳文化的文章有很多,但在这些文章中,无论是观照式的分析,还是有针对性的争论,有相当一部分均不同程度地偏赖于某种参照(或与香港比,或与美国比,或与内地一些大城市比),并且恰恰是这种"参照",使一些作者陷入某种思维误区。有鉴于此,为了正确地分析深圳文化现状,科学地选择深圳文化的发展模式和发展目标,笔者不揣浅陋,拟对"参照性文化阐述"作一番综合评说,以求教于文化界的专家和经常在"文化广场"漫步的热心读者。

一、忧思源于"参照"

深圳文化的优劣是许多文章分析和论争的焦点。笔者注意到,一些文章的作者,自觉或不自觉地陷入了单一的"参照性思维方式"。结论的不同其实是源于参照对象的不同。

对深圳文化现状"不看好"或感到忧虑者，除了其自身的文化体验和文化感受外，很重要的一个原因就是以其他地域城市文化作为深圳文化的参照，并与之进行比较。习惯于与香港相比，把香港文化作为深圳文化的参照对象者，就觉得深圳与香港毗邻，受香港文化影响甚大，实际是以香港文化为导向，因而与香港文化没有多大区别，同样具有商业色彩浓厚、大众文化占主导地位、高雅文化影响甚微这样一些基本特征。因此，在他们眼中，深圳是"流花溢金之地，难溢墨香"，深圳文化只不过是香港俗文化和商业文化的翻版。这很让赞同这一看法者多了些忧思和感叹。而习惯于与内地大城市相比，把北京、上海、西安、广州等地作为深圳文化的参照对象者，则觉得"深圳没有京味文化的皇家风范，没有海派文化的洒脱伶俐，也没有长安文化的悠远沧桑，甚至身居南粤也还欠缺岭南文化的务实品味"。在他们看来，深圳文化底气不足，缺乏应有的厚度，许多赞同这类看法者，同样也不乏忧思和感叹。至此，我们发现，这种参照方式，这样的比较和对照，使我们看不到深圳文化的优势和特色，看不到深圳选择文化方位、进行角色定位的特殊性，因而也必然会使我们对这种"参照性思维"的结论产生怀疑和异议。

二、选择拘于参照

深圳文化发展应该选择何种模式？这是"文化广场"讨论较多的又一个问题。

有论者谈道："深圳究竟需要一种什么文化？我以为既需要以香港为示范，辟一块舞台于嬉笑打闹者，以满足浅层的、大众的文化需要，更必须延续我们祖先五千年的文化之根，让其枯树开花。"(《让"沉思"有一块天地》，"文化广场"第44期)这可谓"借鉴、继承说"，其基础是参照香港。

还有论者谈道："深圳特区作为对外交流的窗口，外来的（包括香港的）文化在此撞击，形成新文化得以生长的摇篮。这种文化大融合、大交汇的景象让人联想到美国文化在其成长之初常用的一个表述：Melting Pot（熔炉）(《为特区文化定位》，"文化广场"第13期)。这可称之"融合、交汇说"，其参照是美国。

也有论者在文章标题中就明确表示，应"从纽约、上海、香港看深圳文化的模式选择"，虽然论点明确，论据充分，给读者以很大启发，但所显示的也仍然是"参照性思维方式"，其参照系是海外和内地一些城市文化的发展历程。

上述论者关于深圳文化模式选择的观点，具有一定的代表性。其科学性和可行性如何，另当别论。但是我们注意到，产生和形成这些观点的基础是"参照"，或参照香港，或参照美国。也许这种"参照"，曾在一定程度上激活了作者的思路，但同时我们也可以相信这种参照必然会在一定程度上束缚作者的思路，使作者拘泥于"先例"和"范式"，不再进行更开阔、更深邃的想象。

胡洪侠先生在第13期《编读札记》也曾谈到，一位朋友的"对于深圳文化，眼下应不断地发问，不必忙着定标准答案"的观点，足足让他欣赏了半天。因此，他主张"千万次地问"。笔者认为，深圳文化模式选择同样需要"千万次地问"，一旦局限于某种参照，就会问一两次就匆匆认定答案，并在这"匆匆认定"中不同程度地偏离科学，偏离客观实际。

三、超越"参照"——深圳文化建设的特色与使命

笔者以上的论述，似乎会给人一种反对一切"参照性思维"的印象，其实不然，"参照性思维"在许多时候确是非常有益的一种思维方式。问题的关键在于，深圳文化建设在严格意义上是没有参照的创造性行为，需要的是超越参照的"创造性思维"。离开了这个大前提，看不到这个特殊性，按照一般规律对深圳文化进行参照性的文化阐释，势必会步入误区。

"深圳文化建设必须超越参照"这一观点，并非笔者心血来潮、头脑一热后轻率提出来的，它源于深圳文化建设的现实状况，也是深圳所担负的特殊使命决定的。深圳作为中国的经济特区之一，创办的初衷是探索开放改革和经济建设的经验，但随着深圳经济高速发展，随着全国各地全方位开放格局的形成，深圳的功能已不再局限于经济建设这一个方面，它担负着在开放改革和社会主义市场经济体制下探索和实践两个文明建设平衡发展的新思路的重要历史使命，具体讲，深圳要用实践回答和证明以下这些问题：(1) 建立社会主义市场经济体制，能否有效地实现两个文明的平衡发展？会不会出现牺牲精神文明的某些方面为代价的现象？(2) 在社会主义精神文明建设进程中，如何处理好借鉴与继承的关系？如何使优秀民族文化的内在精神和具有进步意义的现代文化观念，与主流意识形态倡导的文化精神，有机地融合在一起，建构

一个全新的、寓古今中外文化于一炉的思想观念文化体系？(3) 在外来文化影响较大、文化结构多元无序、文化观念竞相纷陈的现实背景下如何形成突出主体文化精神，引导人们的文化选择，提高人们的文化品位？(4) 在加速社会主义现代化建设、发展社会主义市场经济历史进程中如何促进人的全面发展，提高人的整体素质，有效地防止思想腐化、道德沦丧、理想淡化、追求享受等不良倾向的发生？所有这些问题，在社会主义经济特区这特定区域，基于"特区比内地先行一步"这个特殊关系，都具有特殊的内涵。从大文化概念来看，这些问题都与深圳文化建设密切相关，在一定程度上确定了深圳在中华文化大格局中的文化方位和文化角色。解决和回答这些问题，既没有先例，也不可能有什么参照。虽然，海外和内地一些城市在经济建设和文化建设方面的一些规律现象和经验，也可能会对深圳有所启发，但由于社会制度或区域特征等方面的不同，在根本上仍不能作为参照。上述表明，"没有参照"和"超越参照"是深圳文化建设的特色，也是机遇和使命。既然没有参照，也就没有多少限定和束缚，唯一的选择就是进行全新的创造，或称之为"超越参照"的创造。在这一方面，"文化广场"上的一些文章，提出了很好的观点和见解：

"全新意味着深圳文化只能是形成于自身发展的历史过程中。"(《深圳文化的主脉》第 47 期)

"深圳的特点和魅力就在于新"，"深圳文化建设的方向应是面向未来，面向世界，而不是把这位充满朝气的小伙子改造成走着四方步，满口之乎者也的儒雅君子"。(《深圳的声音》第 11 期)

"深圳应成为新兴文化的试验场"，"如果深圳能够吸纳许许多多新兴的文化模式到那里去试验，这个文化角色也是很可爱的"。(《余秋雨教授访谈录》第 15 期)

上述这些观点，从不同角度表明深圳文化建设应如何"超越参照"，进行全新的创造。笔者认为，只有摆脱对深圳文化阐述的"参照性思维"，奉行"超越参照"的"创造性思维"，才能改变对其他城市文化的片面的"追摹"态度，才能正确、全面的认识深圳的文化现状，富有想象地去选择深圳文化发展模式，高瞻远瞩地预测深圳文化发展趋势，从而也才能着眼于深圳文化的"自身发展，面向未来，面向世界"，大胆地去进行"文化试验"。由此可见，"超越参照"不仅仅是思维方式和思想方法，更是一种学术境界和思想境界，它关系到深圳文化建设的指导思想和发展方向，关系到深圳所担负的特殊使命的实现和完成，意义之重大，影响之深远，非寥寥数言所能概括。正是有鉴于此，笔者草拟了这篇短文，发出了一点自己的声音。

关于"两城一都"建设的思考

王京生

王京生，深圳市委常委、宣传部长，文化学者。本文原载《深圳文化研究》2004年第2期。

建设"图书馆之城"、"钢琴之城"和"设计之都"，是丽满同志在不久前召开的实施文化立市战略工作会议报告中提出的一个主张。将"两城一都"建设提高到文化立市的高度来加以实施，足见问题的重要性。为什么要在深圳未来的整体发展中突出"两城一都"的建设呢？"两城一都"建设和未来的整体发展的关系是什么呢？"两城一都"建设中应当注意什么问题呢？这些既是认识问题，也是操作问题，有必要理清思路。

一、"两城一都"建设是高品位文化城市建设的战略支撑点

实施文化立市战略是市委、市政府面对新形势作出的重大战略选择，对未来深圳发展将起到至关重要的主导作用。但文化立市说到底还是一个战略，是一个导向性的选择。这一战略在今后相当长一段时间内要达到什么样的目标，这才是关键所在。这个目标具体来讲就是将深圳建设成为高品位文化城市。按照我市在2020年基本建成国际化城市这一总体决策，其中有建设高科技城市、现代物流枢纽城市、区域性金融中心城市、美丽的海滨旅游城市、高品位文化—生态城市等五个目标，就文化发展而

言，国际化城市的目标就是建成高品位文化城市。五个目标中，建设高品位文化城市挑战最大，任务也最为艰巨，而这一目标又恰恰体现未来发展的最终意义。究其原因，有两点：（一）我们的文化发展比经济发展相对滞后，基础还不够厚实，积累还不够丰富，与高品位文化城市有较大的差距；（二）城市的辐射力中有经济的辐射力，更有文化的辐射力，随着城市发展逐步进入以文化竞争力为主导的时代，文化的辐射力从长远来讲更起决定作用。

由薄弱的一环一跃成为高品位文化城市，成为最具竞争力的强项，其艰难可想而知，因此高品位文化城市建设将是长期的系统工程。何谓高品位文化城市呢？这当中涉及方方面面的内容，有精神状态的问题、伦理道德的问题、价值观念的问题，同时，也有对设施之完备、活动之丰富等等的要求。从一个宏观的发展目标来讲，它不应该是抽象的，必须要有看得见摸得着的具体而实在的东西，否则这一目标还是混沌一片，也无法折服世人。而提出"两城一都"就是实实在在看得见的东西。如果经过精心策划，认真准备，全力以赴加以完成，那么在未来一个时期，人们会给予深圳这样的评价：她不仅仅是中国最成功的经济特区，也不仅仅是经济最发达的城市之一，而且她还是图书馆之城、钢琴之城和设计之都。有了这样的评价，这个城市的文化价值、内涵和品位也将毋庸置疑。

将图书馆事业、钢琴艺术和设计业的发展成就提升到对整个城市文化的评价，是因为这三者都具有和世界接轨的普遍价值和论述，体现的是对城市文化发展状态和水平进行判断的一些基本尺度。

首先从图书馆的建设来讲。城市发展的核心动力是人，人的素质高下将直接决定一个城市生产力水平。而人的素质要提高就要不断学习，通过知识获得进步。一个城市要形成学习型社会，就必须要大力发展图书馆事业，这是城市公共文化服务所不可或缺的。因此，欲求城市之发展，必须人的素质之提高，而欲求人的素质的提高，必有完备的学习和再学习环境。深圳的图书馆事业发展迅速，市民的读书热情也一直高居不下。各个阶层的市民都在迅速变化和无限丰富的知识中汲取营养。加之由市委、市政府举办的深圳读书月和深圳读书论坛活动，更是吸引了上百万的市民群众参与其间，分享阅读的快乐。从城市发展来讲，也许再没有比建设图书馆之城更重要的了。图书馆不是一种摆设，它所蕴含的恰恰是一个城市发展的不竭动力。

再看钢琴艺术的发展。钢琴在音乐界一向被誉为乐器之王，是高雅艺术的重要表现形式。一个在钢琴艺术上有较高成就的城市，也一定是一个文化品位和艺术素养较高的城市。因此，钢琴的人均拥有量和钢琴艺术的普及程度也往往是判断一个城市艺术与文化水准高下的重要指标。深圳这些年在钢琴艺术上发展成就是有目共睹的，不仅拿到了像肖邦国际钢琴大赛、利兹国际钢琴赛等世界顶级钢琴比赛的奖项，国外文化界的很多朋友听到深圳的名字，往往是和钢琴连在一起的，像深圳的著名钢琴家李云迪本身就是深圳的品牌。一个有国际影响力的城市，往往都是以文化作为通用的桥梁，而深圳在国际文化交流日益扩大的过程中，钢琴艺术恰恰成了最有文化魅力的"大使"。深圳讲建设高品位文化城市，而发展钢琴艺术恰恰就是抓住了关键，这是城市发展的一个高端的追求。

还有设计业的发展。设计乃是现代产品的灵魂，在这个经济高速发展的年代，产品的利润更多地是来自设计包装所带来的附加值，而通过原材料本身来追求利润，反倒不是主要的手段。设计所蕴含的巨大的想象力和创意使产品逐步脱离了原有行业领域，更大范围地进入公众社会。我们讲创新是深圳的代名词，而在物质生产方面，深圳的创新精神就是通过不断提高和壮大的设计能力来得以体现。设计的范围很大，有工业设计、装潢设计、广告设计等等，而就是在这些方面深圳在一轮又一轮的竞争中走在全国前列。现代设计艺术的发展可以说是一个城市消费文化化、生活艺术化的生动体现，设计艺术对工业产品和日常生活的进入本身就是提升现代城市文化品位的过程。

如果要对"两城一都"进行解读的话，不如说我们要建设"两城一都"，就是要建设一个学习型的社会，探索一种艺术的表达形式和鼓励一种创新的能力。而这些恰恰是我们建设高品位文化城市的重要内容，或者说是重要的支撑点。也正因为如此，市委领导同志才把"两城一都"建设在各种各样的文化格局中凸现出来予以强调。

二、"两城一都"建设是把城市文化的相对优势转化为绝对优势，再把绝对优势变成文化特色的渐进过程

之所以将"两城一都"建设作为未来文化建设的战略目标，乃在于深圳已经有了现实的基础，形成了相对优势。从图书馆建设来讲，深圳现有 8 座公共图书馆中，达到国家一级标准的就有 4 座，常住人口人均拥有图书馆和藏书量远远超过全国与广东省的指标，以宝安区为例，此前村镇一级图书馆加起来就有 500 多个，其中达到一级馆、特级馆的就有 138 个。深圳在图书馆管理方面也创造了不少成功经验，由市图书

馆开发的用于图书管理的图书馆自动化集成系统（ILAS）软件，一直被全国多家图书馆推崇和使用，包括像北京图书馆这样的国家级图书馆都使用深圳开发的 ILAS 软件。位于中心区的新的深圳图书馆投资近 8 亿，建筑面积近 5 万平方米，日接待读者将达 8000 人次以上，其建成后在设施和功能上处于全国领先地位，也必将推动图书馆事业的更大发展。与此同时，图书馆建设还向社区延伸，形成了覆盖全市的公共图书馆网络。我们建设图书馆之城，既有群众基础，又有客观需要，既有经济实力，又有科技手段，何以不能成就大业，何以不能成为特色？

再从钢琴艺术发展来讲，深圳一系列国际钢琴大赛中所取得的成就，是国内许多城市难以望其项背的。像李云迪获得的肖邦国际钢琴大赛第一名，不仅打破了该项著名赛事 13 年来第一名空缺的历史，也创造了华人在国际钢琴大赛中奖项的新纪录。此前像钢琴大师刘诗昆、孔祥东所取得的国际成就也难以达到李云迪的影响。李云迪是华人的骄傲，也是深圳的品牌。不仅如此，深圳还有像陈萨、张昊辰等国际一流的钢琴人才，在国际大赛上也每每崭露头角，争得桂冠。以深圳艺术学校为代表，深圳钢琴教育的水平在全国居于前列，像但昭义教授这样的一代钢琴名师，培养出了世界一流的钢琴苗子，其影响也远及海外。钢琴艺术在深圳中小学生中也有较高的普及率，很多家长都把孩子的钢琴教育作为素质教育的一个重要内容。深圳的钢琴拥有量也在全国城市中较为突出，据统计，蛇口的人均钢琴拥有量就超过了鼓浪屿，而鼓浪屿是全国知名的钢琴之岛。就全国范围而言，深圳每百户的钢琴拥有量是 8.2 台，而北京、上海每百户的钢琴拥有量分别为 3.23 台和 3.60 台，深圳遥遥领先。从广东省来看，全省每百户钢琴拥有量为 2.98 台，深圳也是高居榜首。钢琴艺术受到市民的如此拥戴，以致一批钢琴大师都把深圳作为事业发展的重要基地，像钢琴大师孔祥东不仅在深圳创办了钢琴学校，而且还充任福田区的形象大使。有如此众多的钢琴人才、如此雄厚的钢琴教育基础、如此突出的钢琴艺术成就，深圳有理由相信，深圳完全可以建成钢琴之城。

还有平面设计。深圳拥有为数众多、影响全国乃至世界的设计精英，像陈绍华、韩家英、张达利等深圳平面设计师国内设计界久负盛名。中国申奥标志就是由深圳人设计的，而前不久由深圳关山月美术馆举办的"设计深圳·深圳设计"活动中，一批受到国内外设计界好评的作品和作者大都源于深圳。现代设计业的发展是随着制造业、广告业、传媒业、印刷业以及会展业的发展而成蔚然之势的，设计业因为极大地提升了现代产品的文化内涵，创造了极为可观的文化附加值，而受到企业家的青睐。

扎根于现代商业社会的设计业必将随着商业的发展而展现更为广阔的前景。前不久，香港特区财政司司长唐英年在关于财政预算的报告中，就明确提出了"为本港各行业加入高增值、高知识产权和创意的元素，使香港成为区内优秀设计中心"的设想。深圳设计业的发展虽然得到了香港设计业的带动，但这些年来也慢慢形成了一些比较优势和较大的影响力，香港能提出成为"设计中心"，深圳也完全可以发展成为"设计之都"。

从以上的分析中可以看出，我们在图书馆事业、钢琴艺术和设计业的发展方面已经取得较为突出的成就，形成了和国内大中城市在相关领域足以进行对话的实力。这对于一个只有20多年发展历程的城市来说，确实来之不易。但是，也应该看到，这些还只是相对优势，要巩固这些相对优势，把相对优势转化为绝对优势，还有很长的路。事物总是有此生彼长的优势，优势不能巩固扩大就可能慢慢地转化为劣势，这当中体现的就是强和弱转化的辩证法。我们必须要有忧患意识，要认识到还存在的问题，认识到我们的一些优势正在弱化的严峻的现实。

如我们的公共图书馆数量从总体来讲，还存在规模偏小、门类不全、藏书质量不高的问题。我们的人均钢琴拥有量最大，但能够理解钢琴艺术的人数并不是最多，仅仅有一流的钢琴专业人士显然是不够的。钢琴艺术不是技巧性所能涵盖的，没有足够的人文知识的准备，要步入钢琴艺术的堂奥可谓难矣。我们对设计人才的激励和保护政策还不明确，再加之设计界自我组织能力不强，设计的业态不完善，以致一批设计人才已经和正在流失。设计人才是设计最大的优势和资源，一旦这些人才流失了，设计业的优势也就不复存在。

当然，忧患意识并不是要自怨自艾，真正的忧患催生的是向未来的雄强的进取精神。我们敢于提出"两城一都"的目标，就是要克服存在的问题，巩固优势并形成特色，否则相对的优势也将丧失。因此，"两城一都"的目标要求我们的，首要是保护和保持相对优势，然后才是把优势做强做大，最后变成绝对优势，成为我们高品位文化建设的特色所在。

三、"两城一都"建设是打造深圳的三张名片

城市因有特色而产生凝聚力和影响力。纵观世界，许多国际知名城市都有自身鲜

明的文化特色。像法国巴黎，以香水而闻名，香水文化构成了巴黎城市的品牌，以至于"香艳巴黎"成为巴黎最突出的形象。还有罗马，一个充满历史感的城市，以其大大小小的博物馆而闻名于世，博物馆是罗马的品牌，也是罗马的名片，罗马因此而被称为"博物馆之城"。相反，中国和世界的一些城市有的在文化上也很发达，文化资源也很丰厚，但是由于没有形成有影响力的文化品牌，也就很难形成鲜明的文化形象。比如说郑州，虽然历史文化的丰富不容置疑，但给人的整体印象还是比较模糊，以至于谈起郑州，不知如何说起。城市往往是抽象的，但因为知名的文化品牌的存在而变得具体。许多城市为了打造文化名片，用了几百甚至几千年的历史。有的是工业化高度发展，靠积聚众多人才造就的；有的是举全城之力而成就的。尽管方式不同，但结果是相同的，名片一旦形成，其意义都是深远的。以美国的匹兹堡为例，它曾是一座传统的工业城市，是美国最大的钢铁基地，重工业给城市带来重大破坏，因此曾被称为"打开了盖子的地狱"。后来政府重视综合治理，城市面貌发生很大改观。1926年成立的匹兹堡交响乐团，现在是世界上最大的交响乐团之一；1974年创建的费力克艺术博物馆，专门收藏从文艺复兴时代起直到18世纪的各项艺术品，每年展览一次，吸引了大批的观众；颇受观众青睐的"三河"艺术节每年举办一次。这些都是为匹兹堡迎来了文化上的殊荣，改变了城市缺乏文化涵养的整体形象，同时匹兹堡也成为当地区域发展中的核心。

　　深圳建立20多年来，虽然经济建设和城市发展可谓日新月异，但除了国内知名外，在国际上知之者甚微，所以每每都有类似"深圳在香港旁边"这样的介绍上的尴尬。城市要有知名度，经济的因素固然有，但最关键的是文化，有了文化的辐射力，知名度也会随之扩大。深圳文化这些年虽然有长足发展，但因为自身还不够鲜明，所以也难以被更多的更广泛的人所认知。对一个城市的文化记忆，往往是有选择性的，最突出的和最有特色的东西往往最容易被记忆，而记住这些有特色的东西，也就记住了整个城市。深圳文化发展不是说没有形成自身特色的东西，比如图书馆事业、钢琴艺术、设计业，但因为优势还不那么绝对，特色还不那么鲜明，所以影响和知名度还不够高。而一旦巩固和扩大了这些特色，就会加深人们对整个城市的印象，而"图书馆之城"、"钢琴之城"、"设计之都"就会成为介绍整个城市的三张名片，就会成为深圳代表性的符号。就像大连，人们说起大连，可能其他方面没有太多的印象，但一说到足球、服装节甚至绿色的广场，人们马上就会记住这座城市，足球、服装节和广场就成了大连人喜爱和为之骄傲的三张名片。深圳未来要建设国际化城市，而国际化城市首先就要有国际的知名度。有了"图书馆之城"、"钢琴之城"和"设计之都",深圳就会给世人留下更持久和更深刻的印象,深圳也会因此而享誉中外。

四、"两城一都"建设是政府的责任更是全民的责任

将"两城一都"建设纳入文化立市战略来加以设施,政府要担当起重要的责任,要积极谋划,有所作为。"两城一都"建设是长期的工程,要力戒急功近利的浮躁心态,当务之急是做好规划。要进一步明确建设"两城一都"所要完成的具体任务、建设的步骤、分解的责任和考核的指标,现在"图书馆之城"和"设计之都"的建设尚需进一步作出整体的策划,做到胸中有数;其次,要为"两城一都"建设创造必要的条件和保障。看中了项目和设施就要加大投入,从财力、资源和人力方面进行合理的配置。该政府投入的就一定要投入到位,该花的钱就要花。同时,要积极引进和培养适应"两城一都"建设需要的得力人才,事在人为,没有一流的人才就不会有一流的事业;还有,要扶持重点项目,如建设深圳创意设计博物馆、深圳钢琴学院等设施,举办深圳国际青少年钢琴大赛、世界平面设计师大会等活动,建立深圳平面设计奖、深圳钢琴艺术奖等奖项;再有就是完善投融资改革,充分吸纳外资和民间资本进入"两城一都"建设,吸引著名钢琴大师在深圳创办钢琴学校,鼓励文化捐赠,争取创立"两城一都"建设基金或设立专项资金。

文化是全社会的事业,要动员社会力量参与"两城一都"建设,调动艺术家和市民群众的主观能动性,使其发挥创造潜力。上下同欲者胜,只有政府和全民的共同参与,倾注热情和才智,"两城一都"建设才能真正成为生机勃勃的伟大的社会实践。

"两城一都"昭示的是一种美好的前景。因为已经拥有的基础和条件,我们会充满希望地上路;因为看到还存在的很多问题和距离,我们知道必须还要大踏步地前进。

文化立市的实质是文明立市

苏东斌

> 苏东斌，深圳大学教授、博士生导师、著名经济学家，主要从事政治经济学研究。本文原载《深圳特区报》2004年6月17日。

今天的深圳，人们谈起"文化立市"时，是具有鲜明的针对性的。

在这里，人们可能联想到维也纳金色大厅的音乐会，但我以为，更应当关注的是那些如醉如痴又彬彬有礼的文明观众。

在这里，人们可能观察到如柏林大街上穿梭如织的汽车文化，但我以为，更应当关注的是那些甚至在20米以外就摆手让马路上行人先行的汽车主人的微笑。

总之，在这里，我们真的看到了文化的神圣，看到了做人的尊严。

当我们渴望把自己的家园——深圳，建设成一个幸福的"理想园"时，显然不仅追求GDP的高速增长，甚至也不仅只是追求个人财富的充分积累。因为对于在总体上超过贫困线，不再为生存而奔命的人们来说，他们的需求层次必然会发生质的变化。于是，"文化立市"的目标也就应运而生了。

在"文化立市"的含义上，深圳人已经广泛地谈论过文学艺术的繁荣，也深切企盼着科学学术的兴旺，但我以为，我们还可以从文化更深的层次——文明的建设来思考。这样，文化的概念就走出了以往的小天地，而奔向了大海洋。当我们把文明一般的内容拓展到物质文明、精神文明和政治文明三大文明时，那么针对深圳可以预期到的可持续发展的物质文明条件已经比较充分具备时，就可以把我们说的文明再规范到精神文明与政治文明两项来。

对于一个城市来讲，真要树立起这两种文明文化，我以为关键在于对市民讲法制，对干部讲法治。前者的要害在于反野蛮，后者的要害在于反特权。

比如，要求市民像维也纳大厅的观众一样，讲文明，绝不是一种简单的道德提倡，而是一种由外在强制力量逐渐转化来的内在修养。

在这里，我们可以从正面观察被邓小平多次赞扬的新加坡的文明程度。如注意到他们"严罚出自律"的经验。据说，过马路闯红灯，罚款20新元；开车闯红灯，罚款180新元；路上乱扔垃圾，罚款100新元；随地吐痰，最高罚款1000新元；电梯内吸烟，罚款500新元；看电影吸烟，罚款500新元；乱停车，罚款500新元；上厕所不冲水，罚款1000新元；在地铁车厢中吸烟，罚款1000新元；在地铁车厢中吃东西罚款500新元；在地铁车厢中燃火，罚款5000新元。告示牌中的严明规定，既便于公民守法，也方便执法人员执法。

再比如，要求干部像公仆一样对待市民，则又必须把握住依法治国的核心是依法治"官"。

这样说来，建设精神文明与政治文明的任务无论是对于一个国家，一个地区，还是一个城市，都是非常具体的、现实的。

而一旦人们看到了作为一个整体，既有文明的市民，又有文明的干部时，那么，人们也就会自然而然地说："这个城市真有文化。"

人文精神：一座城市的时代光芒

孙琬

> 孙琬是深圳晚报的简略谐音。2007年深圳开展城市人文精神建设大讨论，《深圳晚报》编辑部发表此文，详细阐述深圳人文精神的内核与特征。本文原载《深圳晚报》2007年4月24日。

深圳记忆：培育人文精神的土壤

深圳，只有28年的建市史。和许多多多具有上百年或上千年历史的城市相比，实在是"婴儿"。从一般的城市发展规律上说，几十年不过是一座城市之所以成为城市的雏形阶段。

但深圳可谓城市发展的特例。

深圳的发展，以短短瞬间超越了无数城市漫长的岁月。

以千千万万工程兵为主要代表的"拓荒牛"，是特区早期建设者的英雄群像；"开山炮"，拍卖槌的故事并不十分遥远。被称为"改革试管"的弹丸之地蛇口，曾是令人追逐的新闻源，这里马路边的一块标语牌——"空谈误国，实干兴邦"，也成了历史丰碑。三天一层楼的国贸大厦，是"深圳速度"象征，它作为深圳地标的建筑地位虽然已被地王大厦所取代，但是，国贸大厦所具有的"城市精神"的象征意义永存史册。

深圳这座城市的史前记忆，远古有大梅沙新石器至青铜时代的海湾沙丘遗址，有距今6000年的大量夹砂陶和彩陶出土的"咸头岭文化"，有大鹏所城、新安古城、天后庙、中英街、东江纵队司令部旧址……"三代五将"的赖氏家族、庚子首义将士、传奇抗日英雄刘黑仔等历史人物也成为人们记忆中的人物典范。这些历史文化渊源有断裂带，也有时空湮灭，却是属于这片土地的血缘与血脉。

关于这座城市的史前记忆与城市记忆的关系，以及大量移民与本土的文化融合，尚需更深入的研究与考证，但有一点可以肯定，附着在这座城市的文化痕迹是诞生新人文精神的文化土壤。

以人为本：城市人文精神的内核

人文，相对于天文，它不是探究自然界的规律与秩序；相对于科学，它不是在认知意义上把握世界的方式，不是探求世界的客观规律，而是在价值意义上把握世界的方式，追寻世界的意义及终极指向，前者属知识论的领域，后者属价值论的范畴。

归根到底，人文精神是指以人为中心，对人的自身存在和人的价值、意义、权利、尊严的理解和把握，是对人的价值理想和终极理想的一种追求。弘扬城市人文精神，就是以人为本，重视人、尊重人、关心人、发展人。

美国学者亚历克斯·英克尔斯的"现代人"理论指出，在现代化的研究中，经济学家只重视如何用人均国民收入来衡量现代化的水平，政治学家也忙于从政治机构和组织的结构和功能来解释社会的现代性。但是，在任何社会和任何时代，人都是现代化进程中最基本的因素。只有国民在心理和行为上都发生了转变，形成了现代的人格，现代的政治、经济和文化机构中的行政人员都获得了人格的现代性，这个社会才能称作是真正的现代社会。否则，即使引进了先进的技术、制度和观念，即使实现了经济起飞，也不会有持续和长期稳定的经济增长和社会变化。

德国的宗教改革家马丁·路德说过："一个国家的前途，不取决于它的国库之殷实，不取决于它的城堡之坚固，也不取决于它的公共设施之华丽，而在于它的公民的文明素养，即人们所受的教育、人们的学识、开明和品格的高下。这才是利害攸关的力量所在。"

时代呼唤：深圳需要自己的人文精神

筑墙聚居以为"城"，集散易货以为"市"。城市是人类社会经济文化发展到一定阶段的产物,是一定地域范围内的社会政治经济文化的中心。城市的形成是人类文明史上的一个飞跃。

城市产生的历史,在国外,最早可以上溯到公元前 3500 年两河流域古巴比伦人的筑城历史,在中国,至迟也可以上溯到夏王朝的筑城作邑。秦都咸阳,汉都长安,是我国历史名城的代名词。纵观世界近现代史,城市建设与城市体系的形成,即城市化的发展水平便成为衡量一个国家或地区发展程度的重要标志。

"罗马不是一天建成的",这句著名的西方谚语揭示了另一个道理,一座城市的形成与发展,成熟与壮大需要一个历史演进的过程。

然而,深圳这座城市的诞生似乎有悖常理。即便是到了 20 世纪 80 年代,在历史名城广州与东方之珠香港之间的深圳,其社会、经济、文化发展水平依然停滞于一个经年不变的墟镇境况。是改革开放的特殊使命,使一个贫穷的边陲小镇肩负了"一夜城"的历史责任。

深圳的城市史,不是用旷日持久的时间的蔓延与空间的展拓为发展节奏。她作为经济特区形式出现的城市概念,从一诞生,就具有了现代化都市的母体。她没有漫长历史演进的煎熬,没有传统积习的负累,没有忍痛割爱推倒重来的城郭,甚至没有作为市民主流群体传统观念的痼疾。

她是一幅等待着五彩斑斓的画笔的白纸,她是一束一飞冲天的礼花,她是一只传说中扶摇直上的鲲鹏,她是一座崭新的城市。她是飓风,是骇浪,是烈焰;是飞流,是迅跑,是奔腾,是市场经济轨道上疾驶的高速列车。

但是,一个城市可以演绎经济增长的跨越,无法实现人文精神的跨越。深圳在特定的历史时期创造了经济腾飞的奇迹,现在面临的是,不能用同样的方式缔造"人文神话"。不能"跨越",更不能"缺失",有眼光的历届深圳领导人,在经济建设的同时,没有忘记人文精神建设的神圣使命,他们为这座城市留下弥足珍贵的人文历史痕迹。

初次来到这座五彩斑斓的都市,刚刚走出大山与村寨的异乡人担心会不会在"水泥森林"中迷失;熟悉的乡音与五方杂处的文化也曾让他们困惑,但是,这座城市的人文风景指引了他们的心灵与目光。他们渐渐熟悉并热爱这片土地,他们学会自豪地说:"我是深圳人!"

28 年的经济车轮,28 年的文化旅痕。这座城市所凝聚的人文精神是什么?是深圳之所以成为深圳的精神品质和城市个性,是人的权利和个性的张扬,是尊严的光芒;是创新精神的丰碑,是活力动感的激荡;是海纳百川的胸襟,是关怀友爱的温暖季候。是知礼守法、真诚向善、内省自律、诚信无欺的素养,是崇尚文明,坚持真理的一往无前的奋进。

深圳城市人文精神的特征

敢闯与创新。深圳这座城市的强大基因就是敢闯。当年,指挥千军万马千里挺进大别山的邓小平,用一句颇具战争色彩的比喻指引深圳:"杀出一条血路。"这句话蕴含的基本意思是,前面的路布满荆棘甚至雷区,杀过去要付出生命的代价。深圳人杀出了这条血路。

开放与包容。处在南中国海沿岸,面向浩瀚太平洋的深圳,有着博大开放的胸怀。学习西方先进的管理经验,按市场经济规律运作,敞开胸怀、兼收并蓄。我不同意你的观点,但我誓死捍卫你说话的权利。开放与包容,正是移民文化所共有的形态。

务实与理性。深圳人走路的速度特别快,深圳的快节奏是许多初来这里的外地人最直观的感受。"时间就是金钱,效率就是生命",这块当年矗立在蛇口路边的标语牌,曾让多少年轻人热血沸腾。按经济规律办事,意味着扫除繁文缛节,摒弃形式主义。这就是科学理性的精神。这里没人清谈,这里厌恶玄虚,这里一切讲求实效,这里一切看重实绩。

关爱与感恩。坚实的经济基础是诞生更高境界精神追求的物质起点。建立在移民城市心理和生活相互依存特征基础上的关怀与互助精神,进行了一次前所未有的道德升华。全国最大的义工团队的出现绝非偶然,深圳义工的突出代表丛飞的出现绝非偶然。"我不认识你,但我谢谢你。"——市民无偿献血,保证深圳临床医学用血百分之百供应。受益于改革开放热土的感恩之心——从"送人玫瑰,手有余香"到捐赠器官,到届届升温的"关爱行动",到惠及全国的希望工程,施与受在这座城市里辩证循环,绵延传递。

奋斗与宽容。个人潜能与才智在不必因循守旧的舞台上激情迸发,这是深圳吸引有为之士的独特磁性。无论你来自何方,无论你学历高低,英雄不问出处,有志不在年高,这是骏马驰骋的平川,这是展示才学的宝地。在这里,可以有人跌倒,但不会被一棍子打死；在这里，人们会欣赏你的成功，也会包容你的失败。每个深圳人都会记得自己的第一份工，每个深圳人都会记得自己跳槽的经历，每个深圳人都不止一次地搬过家。宽容失败，理解挫折，以己度人，宽以待人，善待他人就是善待自己，这些做人准则已经刻骨铭心。

大学是罗丹的《思想者》

章必功

> 章必功，深圳大学校长、教授，主要从事文学与文化研究。
> 本文系章必功在2005级新生开学典礼上的讲话，标题系编者所拟。

试问同学们一个看似简单的问题。什么是大学？或者，大学是什么？以我的经验，这一问，容易被人忽视。

喜欢罗丹的雕塑吗？大学就是罗丹最著名的雕塑《思想者》。在这里，我们将严肃思考人与自然的关系，人与社会的关系，人与物的关系，物与物的关系，战争与和平的关系，自由与平等的关系、科学技术与人文精神的关系，等等。在这里，我们思接千载，不因环境的难易而停顿；心游万仞，不因生活的穷通而终止；发人所未发，成一家之言；这就是大学。同学们，请做好思想者的准备。

喜欢屈原的诗歌吗？大学就是屈原最著名的诗篇《天问》。在这里，我们将无休止地追问宇宙如何起源？生命如何演化？基本粒子是否可以穷尽？社会制度是否可以设计完美？人是否可以真正做到生而平等？在这里，没有勇气，提不出问题；没有思考，提不出问题。问得别人需要沉思，就是水平；问得别人需要讨论，就是智慧。不断地提出问题，剖析问题，让问号一个接着一个，这就是大学。同学们，请做好叩问大千世界的准备。

乐于赞美牛顿、达尔文、爱因斯坦吗？敢于批评牛顿、达尔文、爱因斯坦吗？大学就是一个热情推崇权威又尖锐批评权威的论坛。在这里，我们赞美"上帝创造了一个牛顿，让世界一片光明"，也讥讽牛顿是一个危险的阿里乌斯异教徒。赞美达尔文物竞天择、适者生存的天才论断，也挖苦达尔文"英国每亩土地必有 53767 条蚯蚓"的蛮横无理。赞美爱因斯坦几乎无人理解的伟大孤独，但仍然挑剔爱因斯坦所谓"宇宙常数"的斑点。坚持真理，修正错误；崇拜真理、怜悯错误；绝不因人而异，这就是大学。同学们，请做好赞美与被赞美，批评与被批评的准备。

知道本校教授牛憨笨院士领导的光电子研究所和他在国内国际难以取代的超快成像技术吗？知道本校教授倪家瓒院士领导的生命科学学院和他卓有成效的稀土金属分析研究吗？知道本校教授李景镇先生主持研制的超高速等待式分幅摄影机已经通过国家发明奖的评审吗？知道本校教授胡经之先生创立的文艺美学学科已经在中国高校蔚为大观吗？知道深南大道那一高一矮、一胖一瘦、相映成趣的两栋大楼五洲宾馆和报业大厦是本校建筑师的作品吗？有所发明，有所发现，有所创造，这就是大学。同学们，请以优秀的老师为表率，做好崇尚学术、献身科学的准备。

有没有听说一本获得全国新书奖的《创业报告》？如果没有，不妨到学校校友会或者新华书店找来一看。它会告诉你，谁在深圳创造了 QQ 天地和那些可爱的小企鹅，谁在烟雨江南创造了名称小巧、实体庞大的"红豆"王国，谁在黄浦江边刮起"脑白金"的营销旋风，谁在世界之巅珠穆朗玛挥动本校校旗。培养与造就适应社会、影响群体、服务国家、贡献人类的人才，这就是大学。同学们，请以杰出的师兄师姐为榜样，做好出类拔萃的准备。

有人说，大学开学典礼有"成人礼"的趣味。这话颇有道理。在座同学几乎全部是享有选举权和被选举权的中国公民，是能够为自己的言行负责的成年人。就此而言，大学就是"大人"的学校，大学教育就是教导"大人"的教育。在这里，师生之间的关系既是授业与修业的关系，也是成人与成人的关系。尊重同学的公民权利，尊重同学的独立思考；不提供保姆式教育，不主张强制性教育；平等对话、保护个性、扶持兴趣、鼓励特长；学习靠自觉，生活靠自理，做人靠自省，成材靠自强，处处强调自立；这就是大学。同学们，请以"大人"的气派，脚踏实地，自强不息。

古籍上说："大学之道，在明明德，在亲民，在止于至善。"走出体育场，向左看，看见了本校艺术村墙壁上的古铜色大字"先天下之忧而忧，后天下之乐而乐"，这就是明德，这就是亲民，这就是至善，这就是大学的胸怀。同学们，请记住，请恪守。

大学有共性，也各有个性。有本色，也各有特色。

深圳大学的个性是什么？特色是什么？

是天风海涛、白云红荔、环境优美？是招生火爆、生源充足、设施良好？不。这仅仅是深圳大学的外在个性与形式特色,深圳大学自有深厚的内在个性与内涵特色。

深圳大学是特区大学。诞生在20世纪80年代改革开放的历史潮头。她与一个伟大的故事紧密相连,那就是举世传唱的《春天的故事》。她与一个伟大的名字紧密相连,那就是举世景仰的曾经赞赏本校的开办速度为深圳速度的邓小平。深圳大学因特区开办,随特区成长,为特区服务,具有鲜明的时代性、地域性,体现了独特的办学本质:根在特区,魂系改革。

深圳大学是窗口大学。比邻港澳,交往四海,是中国海外招生院校之一,与境外50多个国家和地区的高等学校建立了交流合作关系。日本前首相海部俊树、爱尔兰现总统麦卡丽思主动到访,受聘本校名誉教授,海外媒体曾广泛报道。具有鲜明的开放性,体现了根在特区、魂系改革的必然期望:面向世界,走上国际。

深圳大学是实验大学。她努力追求、努力开拓中国高等教育的新路子。她的本科教学方针是以素质教育为基础,以专业教育为主干,培养个人素质好、专业基础好、上手快、转型快的骨干人才,在国内较早实行学分制、弹性学制、双专业、主副修。并在办学体制、教学管理、人事制度、毕业分配等方面均有先行一步的思路与实践。具有鲜明的探索性,体现了根在特区、魂系改革的眼界与胆略:心想未来,敢为人先。

选择深圳大学就是选择中国的特区、选择中国的窗口,选择中国改革开放的试验田。就是选择中国最富改革精神、开放氛围、竞争意识的现代化城市文化、城市环境和城市前景。相信你们,在2005年的春夏,在人生的岔路口,做出了一个果断的而不是游移的、主动的而不是被动的、睿智的而不是糊涂的选择。

今年,深圳特区25岁,深圳大学22岁。年轻的城市,年轻的大学。但是正如各位,因为年轻,所以朝气蓬勃;因为年轻,所以青春焕发;因为年轻,所以前途无量。眼下,深圳大学已经是一所拥有2万名学生、13个教学学院、48个本科专业、38个研究生专业的知名大学。一个令人鼓舞的消息是,本校在今年全国申报博士学位授权的激烈竞争中,已经接到国家学位委员会办公室进京答辩的通知,9天之后,9月19号我们将北上赶考。同学们,请举起我们的双手,祝福我们的学校。加油!加油!!今后几年,学校将在邓小平理论、"三个代表"重要思想和科学发展观的指导下,遵循教育规律,坚信事在人为,以改革为动力,以人才培养为根本,以超常步伐求发展,建设和谐奋发、特色鲜明、高水平的综合性教学研究型大学。

大学：城市智慧的心脏

陈继会

> 陈继会，深圳大学研究生部主任、教授、博士生导师，主要从事中国现当代文学研究。本文选自《特区理论与实践》2002年第10期。

讨论城市的发展，无法绕开"大学"这一话题；思考深圳"国际化城市"的城市定位，"大学"是一个无可回避的问题。因为，我们无法想象一座没有现代大学的城市何以成为国际化的都市，成为"著名城市"。关注大学在城市（深圳）发展、在建构新的城市文明中的作用，显示了深圳城市意识在更深更高层面的觉醒。

1999年，我曾赴澳大利亚、新西兰，对10余所大学进行访问。新西兰惠灵顿维多利亚大学的访问，给我留下了难忘的印象。那年，恰值该校的百年校庆。一本印制精美的宣传册的首页，在一幅惠灵顿市全景照片下，以极为醒目的字体赫然印着："The Intellectual Heart of Wellington"的字样，下面是该大学的介绍文字。我请教过几位外语专家，他们普遍认为那句话翻译为"惠灵顿的智慧的心脏"更达意、传神。我为这种提法所震撼！事后，在我认真地梳理大学的发展历史、剖析了大学的结构—功能之后，我对上述提法释然和诚服。

稽考大学的发展历史，因为政治、经济、文化诸方面的差异，各国间有着较大的差别。在中国古代，是以"书院"或准书院的方式，实现着"大学"的功能。严格的近代意义的大学，则始于19世纪末、20世纪初的北京大学、清华大学及其他大学。欧洲的大学源于行会。同商人、工匠的行会一样，11—13世纪欧洲的知识分子，因为组织青年人学习"文、法、医、神"等知识，形成了"准大学"一类的机构。

无论中外大学的历史有多么大的差异，但在下述意义上，大学的出现及其功能是一致的：第一，大学的出现是以传播知识、彰显文明为其宗旨的；第二，大学的出现，与城市文明的诞生相伴随，同城市一样，她标示着一种新的文明形态。

在知识黑暗的时代，人类成为三重身份的奴隶：匍匐于自然暴君的淫威之中；屈尊在神灵的祭坛之下；苟活于专制暴政的乱世。然而，历史的规律不可违拗，文明之嬗替如江河长流。腐极生新，暗夜朗照。欧洲黑暗的中世纪，却孕育出了大学这个文明的圣婴。大学的第一声婴啼，划破了知识暗夜的天幕，理性的春风拂临大地，甘霖普降，万物勃发。文明的太阳从大学朗照四方。

大学的出现同城市的发展，以及城市文明在一个国家、民族文化进程中的重大意义，是一个无须证明的事实。马克思主义经典作家曾充分地论证、肯定了城市在人类文明进程中的意义：作为优于乡村文明的另一种文明形态，城市汇聚了一个国家、民族大批的优秀分子，数量众多的科学研究机构及其成果，新的文化、思想观念的创生及其向广大乡村的辐射……而上述种种，又比较突出、集中地表现于大学。

对于大学结构—功能的理解，因为立论的立场和视角的差别，难有一个一致的结论。我将大学的功能归结为以下三个方面，即聚合人才、孵化科技、传播人文。"聚合人才"有两方面的意思，即聚合为师者的人才和聚合优秀的受教学子。而学子最终是要走出学校、服务社会的，所以，准确的表述应为"聚散人才"。大学往往聚集了一个国家（或城市）的优秀的学者，而优秀的大学，又是学子才俊辈出之地。以中国而论，两弹一星23名科学家基本上集中在三四所名牌学校；现今国家及省部级的重要领导人，大都出自大学名校。以外国论，美国哈佛大学培养了美国历史上6位总统，32位诺贝尔奖获得者，33位普利策奖获得者，数十位跨国公司的总裁。英国的牛津大学，被称为英国思想、学术中心，英国历史上40多位首相中，有29位是该校的毕业生。以此观之，可以断言，办好大学、办好优秀大学，将会对一个城市的发展，提供无量的人才。

大学的人才优势，使得大学自然成为科学技术的孵化器和辐射源，这已成为自明的事实。如北大方正的汉字激光照排系统，国防科技大学的"银河"巨型计算机，更不必说美国麻省理工学院这样的学校。该院的科研成果和发明，每年为美国经济增收约200亿美元，新增就业岗位15万个，在全美50个州中，与该院有关的公司总数达4000多家。大学在一个城市（国家）发展中的科学先导作用是不可估量的。

大学聚合人才、孵化科技的功能较易为世人所看到所承认，但大学传播人文的功能则不易为社会所认识所承认。造成这一现象的原因，主要源自世俗的观念。人文精神之于一个城市，一个社会，颇有点像大自然中的鸟语花香之于人类。如果你硬要抬杠：没有鸟叫，没有花香，你就活不成了？！那我们只好缄口。但我们也可以说，没有百鸟啼鸣，没有万千红紫，生活在这样的环境中，该是何等难受？！这里只是一个诗意的形象的表述，而事实上，人文精神之于一个城市远较此复杂。

大学在传播人文精神中的意义，已为中外大学的实践所证明。因此在西方大学赢得"国家人才思想之库"、"社会良心"的美称；在中国，"天下为公，苍生是念"——热爱祖国，顾念民生的理念与襟怀使得中国的知识分子把关注国家、民族、人类的健全发展，视为自己唯一永恒的追求。如果我们放开去看，自孔子授徒讲学实践即开启了中国"大学"传播人文精神的先河。一代又一代的知识者，以"书院"或准书院方式，高扬儒家理想主义的精神，"家事、国事、天下事，事事关心"。以天下为己任，忧患系于民族，积极入世，身体力行，守道持重，精诚执著。流风余韵，感召后人。

近现代以来的中国历史，在传播人文精神上，大学更是扮演了重要的角色。上一世纪初，以北京大学等高校为中坚的大学师生所倡导的"五四"新文化运动，放眼异域，勇敢"拿来"，针砭旧说，别立新宗。以进步于中国封建思想、道德的西方人文精神，感召中国人民久被蒙昧的灵魂；以马克思主义的理性之光，照彻中国封建专制的漫漫黑夜，引领华夏古国走向新生。"五四"新文化运动对百年中国的文化转型、文明进程已经并将继续产生影响。以晚近论之，新时期之初，从大学和知识界开始的关于真理标准的讨论，对于20世纪乃至新世纪中国思想文化的影响，其意义昭彰可见。

20世纪90年代以来，中国社会处在快速的文化转型中，物质的丰富所引发的世人精神的震荡，日益为人们所关注。城市的自由、开放同时伴生着浅表和冒险，城市"天使"与"魔鬼"的双重影像同时显现。大众文化的即时的、感性的、躁动的、沉靡的倾向，亟须精英文化以其理性品格，对文化现状进行引领、提升。在普遍的喧哗和躁动中，大学有责任，也有能力赋予人类驳杂的知识和扰攘的精神以秩序，让人文精神的清风，以理性的形态和方式，吹拂人间大地，温润世人心灵。

国外在评定优秀大学中，确定了为大家所认同的两个重要标准：一是对区域经济和国家经济起重要的推动作用；二是对区域和国家的文明文化作出指导。这两个标准正好从一个侧面印证了大学对一座城市、一个地区的经济、文化、文明已经和可能继续产生的作用。大学之于城市的意义，已经和将继续被昭示出来。

如同我们谈论北京、上海会自然说到北京大学、清华大学、复旦大学、上海交通大学一样，不可想象，深圳没有深圳大学会是一种什么状况？深圳大学在为时不长的办学历史中，取得了长足的发展，并在深圳城市的发展中，产生过积极的作用。她的一些应用性的学科（如自然科学中的工科，社会科学中的经济、管理、传播等学科）及人文学科（如哲学、文学、艺术等），都曾为深圳的发展贡献过力量。但以国际化城市的标准论之，深圳高等教育的发展相对于深圳城市的发展明显的滞后，一些有识之士称其为"深圳发展的一个瓶颈"，他们从深圳同香港乃至新加坡从办学数量到质量进行了仔细的比较。这种观点显示了论者对深圳大学和深圳高等教育更高的期望。

大学的独特的结构—功能决定了加速高等教育的发展，将会有力地保证深圳现代的国际化城市的建构。依据深圳市高等教育、深圳大学现有的发展状况，遵循国内外大学发展的一般规律，发展深圳市的高等教育同时面临着办学规模与办学水平的问题，前者是指大学的总量，后者是指大学的品位。考虑到深圳的具体情况，我以为，增加大学数量是今后长期规划中的事情，而如何在较短的时间里把深圳大学办成面向世界的、国内著名的优秀大学，则是当务之急。从此出发，进而去影响、辐射、发展深圳市的高等教育。

深圳已经成为"名市"，理应有与其相称的"名校"。依据国内外大学发展的一般经验，深圳大学的发展需要做好三件事：延揽人才、广开生源、加大投入。

国外评选世界优秀（或曰一流）大学，采用了15项指标，其中被列入前四项的是最重要的指标，分别为：学术声誉、学生生源、教师资源、经费资助。在这有机联系的四种指标中，我以为教师资源是最具决定意义的。四项指标之中，所谓"学术声誉"要靠教师、学生（其中主要是教师）去赢得，优秀的学生要靠教师去引领。支撑一个大学的是大师，是一代代教师的质量。因为，一个优秀的学术带头人，可以带起一支学术队伍，形成一门优势学科，创造一个名牌专业。在深圳过去的文化发展中，不重养人、养机构，而重养项目、养作品、养成果，曾被视为一条成功的经验。这种文化发展模式和策略，在一定的历史时期内，自有其合理性和生命力，但从更长远的发展尤其是大学的发展看，"养人"是无可避免的。深圳大学必须有自己的大师；有"人"，大学的底气才足。虎踞龙盘，方有大家气象！

好的生源是办好大学的重要条件。国内外优秀大学，无一不重视生源。为创办国内优秀的大学，深圳大学应当部分调整现有招生规则，更多地向全国其他省市招收优秀学生，全面提高深圳大学生源素质。至于办学经费的投入，对于大学发展的意义，则是一个无须证明的道理。

深圳，这个年轻的现代化城市，正日益受到中外的瞩目。人们在期盼着这个城市更大的发展的同时，人们也有理由呼唤深圳大学、深圳市的高等教育更为健全、快速的发展，因为，大学的存在和发展，是一个城市存在和发展的题中应有之义，是深圳建设国际化城市的必然选择。

深圳文化人应有大家风范

刘申宁

> 刘申宁,原深圳市委党校副校长、教授、史学专家。现为凤凰卫视时事评论员。本文原载《深圳商报》"文化广场"周刊第102期(1997年8月14日)。

《深圳商报》"文化广场"刊出100期,是件值得庆祝的事。人说深圳没有文化,百期"文化广场"以雄辩的姿态作出了回答。但是要说出深圳的文化究竟是什么,却并不是一件简单的事。文化本是闲适生活的精神享受,是一种为人生提供意义的活动。深圳人太忙碌,做生意、炒股票、交朋友、忙应酬,忙碌之中又不免浮躁,难能平心静气地思考一点超脱俗世的人生价值问题。从这一角度来说,深圳的文化还太稚嫩。在现代化日益成为世趋之物,科学渐成人类主宰的时代,来谈一点关于文化的问题,这正是人类灵性之所在。因为科学的发展解决不了人生的价值问题。现代社会创造了像人一样灵巧的机器,同时也造就了像机器一样无情的人。大工业的发展,使人的内心世界日益空虚,宗教、道德、文化和思想等就是为人生提供意义的活动。无论是有无权势和财富,人都同样需要一个"精神的家",因为,在人生的许多遭际面前,权势和财富是无能为力的。这种精神资源必须通过长期不断的开发才能积累起来,临渴掘井是不济事的。"文化广场"的开办为深圳的文化人提供了一个进行思想交流的园地,并能在没顶的商潮中坚守百期,功莫大焉。

由于长期以来世俗功利观念的影响,现在人们日渐以权势和财富的观点来衡量文化的价值,因而自然科学和应用技术受到普遍的重视,而人文学术则日趋式微。这其中的原因在于，人们认为前者可以直接促进富强，而后者则非当务之急，以致这些年来的经济繁荣，引出许多酒食征逐、纸醉金迷式的感官享受，真正有深度的精神文化则未见有突破性的进展。如果一个人除了感官刺激之外，别无精神寄托之所，则不能不说是相当严重的问题。在精神境界方面，科学不是万能药，因为道德不属于科学的范畴，道德自有其精神的来源，这个精神来源主要是靠人类对自己的控制。忽视伦理，任技术、财富与权势日益刺激人的欲望，是目前世界的通病。人的欲望是永远难以满足的，只能一次比一次更大，长此以往，以利益为中心的社会，会出现一种恶性循环。要扼制这种循环，人必须对自己下一番工夫。因此，人文学科依然是我们必须尊重的。

深圳的文化人谈文化，涉足的多是艺术和人生小品，其实在解决人生问题上最重要的还是学术思想。文化的建设必须立足于学术思想的深厚基础之上，这是需要坚韧的精神和长期艰苦的努力才能获得的。近代中国人有一种观念，把一切希望都寄托在政治变迁上。其实，政治也离不开学术思想的支持。两千年的历史说明，在学术思想未发生建设性的根本转变之前，政治是很难突然出现奇迹的。任何一个物质文明的创造，都有其精神力量作为后盾和原动力，一个国家要维持其物质文化的高度发展，就不能不维护其精神文化的原动力，不能不维持其对价值的意识，以及其统合过去和未来的一贯的思想能力。也就是说，要推广物质文明的创造，就必须在精神文明的领域内作出更大的创造，不仅使其文化传统发挥潜力，而且还应开辟新的文化思想和境界。

目前，我国正在进行的经济体制改革，往往走一步看一步，这是迫不得已的现实。但是，我们不能因此而忽视理论观念的思维方式，即整个文化背景在改革过程中的重要作用。近百年来，中国有好几次走向现代化的尝试和奋争，那是在民族危急的关头被逼出来的，因为事先缺乏思想文化的准备，所以都失败了。例如洋务运动和辛亥革命，洋务运动发生在维新思潮产生之前，辛亥革命发生在新文化运动产生之前，都是社会经济政治的变革先于思想文化的变革。

话又说回来，对于"文化广场"百期的回顾，可以使我们检阅一下深圳的文化人和深圳的文化。听说深圳的知识分子无论数量之多还是质量之高，在全国都可以排在前列，也许这是统计部门工作的成绩，或是深圳文化人的自我陶醉。但从"文化广场"的载文来看，空疏的热闹多于沉寂的思考，迂阔的策论胜过细密的研究。作为深圳的文化人，在繁忙之余尚能捉笔为文，已属难能可贵。如果苛刻一点的话，深圳文化人通畅的笔下没有流出能够足以表达心底波澜的文字，文章的华丽掩盖的是思想的空疏。不能说深圳的知识分子没有知识,但"知"和"识"是两个概念:"知"是知晓,是了解;"识"是认识,是见解。后者是比前者更高一个层次的东西。"文化广场"应该总结百期的经验,克服深圳文化人的自我呻吟,增加思想的高度和学术的深度。只有在这样的情况下,深圳的文化人才是真正有品位的文化人,才会获得世人的尊重和国人的瞩目。深圳已经有大的经济奇迹的出现,也应该有大的文化奇迹的出现。深圳的文化人应该有自己的大家风范。

渐趋成熟的深圳文化人

关志钢

> 关志钢，深圳大学教授、博士，主要从事历史与文化研究。本文选自《深圳商报》"文化广场"周刊第45期（1996年7月11日），标题略有改动。

一个时期来《深圳商报》"文化广场"有关深圳文化的讨论，引起特区甚至内地众多文化界人士浓厚的兴趣和关注。讨论涉及问题之广泛、见解之深邃，都是深圳建特区以来不曾有过的，在深圳文化发展史上亦将占有一席之地。尽管人们对深圳文化的看法和评价迄今仍有较大分歧，但是讨论当中显现出的文化人心态却给人以希望。

古往今来，任何一座新兴城市的崛起，都将伴随着与之相应的新型文化的生成，这一点人们一般都能接受。但具体到深圳文化问题上，事情似乎就有些复杂了。大家不会忘记，多年来对于深圳文化的评价一直笼罩在"文化沙漠论"的阴影下。说起深圳的经济建设成就，人们总有按捺不住的欣慰和自豪，可谈到文化，不仅内地学者轻而蔑之，深圳文化人也羞于开口，自感气虚。这里固然有客观原因，如深圳缺少中原大地数千年的历史文化积淀，没有北京、上海那样众多的文化名人等，但更重要的是深圳人对待自身文化有一种本不应有的自卑心态。

文化就其广义来讲有多种形态，可以作不同层面的划分和界定。有人的地方就有文化，关键在于怎样看。用"文化沙漠"来形容深圳，从学理上是讲不通的。事实上，经过深圳人十几年的艰辛开拓，新型的、富有生命力的深圳文化已在形成中，深圳人完全可以理直气壮地谈论自己的文化。自视渺小，缺乏自信，在京派、海派的老大哥面前总感抬不起头,不是"敢为天下先"的深圳人应有的心态。

与"文化沙漠论"持有者不同,深圳文化人中乐观派似乎呈上升的势头(这里所谓乐观,并非指深圳文化的前景,而是对现状所言),从心态上看,属自足型。在他们的视野中,深圳文化作为一种内涵丰富、形态完备的新型文化似乎已不容置疑,眼下即可与京派、海派并驾齐驱。这些人之所以对深圳文化有如此良好的感觉,在很大程度上是满足于多年来深圳的文化设施建设即"硬件"方面取得的成就。这些人平时谈论较多的是深圳的文化设施、旅游景观、影剧院的良好条件和政府的巨额文化投资。毫无疑问,同内地许多大中城市相比,深圳在文化硬件建设上的成就是辉煌的,一般市民为如此骄人的成就而自豪、而自足,也完全可以理解。但是作为文化人,如果对于深圳文化的期望值也如此之低,其心态就很难说是正常和健康的了。一方面,以深圳的整体经济实力来讲,这些年来深圳在文化硬件建设上注入的资金亦算正常;另一方面,文化除了硬件外还有软件建设的问题,更何况真正具有决定作用的是后者,而不是前者。至少当前社会转型中内地文化发展进程中面临的问题深圳也都不同程度地存在。如文化管理体制问题、文化发展的自我运行机制问题、寻找自身正确的文化坐标问题,等等。这些问题解决之前,即沉湎于"文化深圳"的自我陶醉中,难免有孤芳自赏之嫌。

文化的成熟首先有赖于文化人的成熟。自卑也罢,自足也罢,作为两种不健康的文化心态,足以构成深圳文化走向成熟的心理障碍。然而正如上面所说,此番关于深圳文化的讨论中洋溢着一种清新的气息:越来越多的学者一改以往的简单、肤浅和浮躁,开始以一种审慎、自省的心态面对深圳文化。在这种心态下,优点和缺陷,成就和不足,一切看来都是那么自然和正常。既不必为眼下的暂时落后而自卑,以致丧失对深圳未来文化发展的自信;也无须因某种优势的存在而悠然自得,盲目自大,失去对问题的基本判断力。尤其令人称道的是,在文化自省中,已有不少学者开始跳出对深圳文化现状的过多争议,更加关注深圳文化的未来发展和建设,力图使其在 21 世纪中华文化的再建工程中占有一席之地。这正是深圳文化的希望所在。笔者亦认为,今天深圳所面临的并非没有文化而呼唤文化的问题;缺少京派、海派那样深厚的文化积淀和底蕴,也未必就是深圳文化的短处;当然,过多谈论深圳文化有何等优势现在还为时过早。诚如《深圳商报》"文化广场"刊头语所言,深圳需要的是"文化关怀",需要听见"不同的声音",深圳文化需要更多人的积极介入,它的美好的未来要靠今天的努力建设。

深圳涵养"文化绿洲"
——写在首届文博会闭幕之际

胡谋

> 胡谋,《人民日报》记者。本文原载《人民日报》2004年11月24日。

近几天,在深圳召开的首届"深圳国际文化产业博览会"上,深圳发展文化事业,建设"文化绿洲"成了人们议论的话题。近几年来,深圳提出建设"高品位的文化城市",在致力营造"环境绿洲"的基础上,涵养"文化绿洲",为此付出了巨大努力。

一座城市的战略选择和突破

如果说改革开放的前10年,有人把深圳称为"文化沙漠"的话,随着近10年一届一届政府不断加强文化发展战略研究,深化文化体制改革,加快文化事业文化产业发展,深圳正在变成"文化绿洲"。2003年1月,深圳市委三届六次全会确立的战略目标中,将不断提高建设社会主义先进文化的能力作为重要方面。

深圳依靠雄厚的经济实力,"大手笔"建设文化设施。仅目前正在兴建、筹建的文化设施项目就有近10项。如总投资15.97亿元的深圳文化中心;总建筑面积7万平方米的深圳中心书城等。这些文化设施在国内外都堪称一流。

深圳还提出"两城一都"的目标:建设覆盖全城、数字化的"图书馆之城";建设钢琴人才层出不穷、钢琴爱好者众多的"钢琴之城";建设设计精英聚集、设计艺术在城市环境中无所不在的"设计之都"。

随之而来的是,文化建设硕果累累,文艺精品迭出,多次获得"五个一工程奖"、鲁迅文学奖、全国优秀儿童文学奖、梅花奖等各类奖项。仅 2003 年,深圳文化系统获得省级以上文化大奖 981 项,其中国际级 71 项,国家级 186 项,省级 724 项。

深圳作者创作的歌曲《春天的故事》、《走进新时代》、《金光一缕》、《又见西柏坡》唱遍神州大地。电视剧《钢铁是怎样炼成的》成为收视率很高的"红色经典",粤剧《驼哥的旗》最近成为国家精品剧目的初选剧目。

文化产业在文化涵养中长足发展。深圳传媒业、印刷业、文化旅游业、动漫制作业、平面设计业等一批重点骨干文化产业在全国处于领先地位。据统计,2003 年全市文化产业实现增加值 135.3 亿元,比上年增长 19.65%,增长率高于同期 GDP 的增长。

在润物无声的涵养中,深圳文化产业发展呈现出三大特点:一是投资主体多元化。文化产业领域呈现出国家、集体、股份制、民营、个体及中外合作、深港合资、外商独资等所有制形式并存发展的格局。二是运作模式市场化。三是发展总量呈现规模化趋势。

深圳的文化繁荣发展了,文化产品要寻找更多出路,文化产业要拓展更广阔的空间,深圳积聚的文化"能量"需要释放。同时,深圳文化的进一步发展,也要借鉴外面更先进的做法和经验。这些都需要一个有力的载体和平台。

文博会正是这样的载体和平台。这项创意两年前由广东省委副书记、深圳市委书记黄丽满提出,作为建设高品位文化城市的创举,很快得到国家文化部和广东省委、省政府的大力支持。

用市场化手段发展文化

文博会是一个文化盛会。对市场经济熟门熟路的深圳,选择用市场运作方式办这次文化盛会。深圳市委、市政府在决策时明确提出了"政府支持,社会参与,市场运作,规范管理"的十六字"办会"方针。

文博会从筹办就进入市场化模式。政府通过"竞争性谈判"的方式,选定深圳报业集团和深圳广电集团负责招商招展工作。

两个媒体集团均首次举办国际性大型会展,他们运用市场机制,首先是内部竞争，实行项目负责人制度，然后按市场规则招展。他们或与国内外有实力的文化产业机构合作招展，或请境内外知名会展公司代理招展，或直接找参展单位。为了联系高质量的参展商，项目负责人甚至亲自上门。在较短的时间内，展位售罄，有些展位供不应求。

政府在文博会中扮演的角色，主要是为市场化运作提供政策支持、服务管理。在深圳市市长李鸿忠的这一理念下，文博会从办理立项到各种审批，到与相关政府部门的沟通协调等工作，主要由组委会办公室去做。为了保证文博会顺利召开，在组委会的配合下，相关政府部门分别制定了安全保卫、消防、交管、餐饮、卫生防疫、通关、知识产权保护等21个工作预案。如海关对参加文博会的人和物品给予通关便利，知识产权局、工商局、公安局成立文化安全暨知识产权保障工作办公室，进驻文博会现场办公，确保文化安全。

文博会开创了"企业办展、政府办会"的新模式，实现了用市场化手段推动文化发展。这是对政府如何办"会"的一次有益的尝试。

"三大平台"推动文化绿洲建设

首届文博会才启幕两天，仅其搭建的展示、交易、信息三大平台，就对深圳涵养"文化绿洲"起到了显而易见的推动作用。

文博会10多场专项展览，如数字广播电视产业展、国际动漫画及卡通游戏展、中外文化精品展、中国国粹暨当代工艺美术大师精品展、国际印刷精品暨技术设备器材展、主流平面媒体形象展等，既体现了我国文化产业的创新成果，又彰显了国际化特色，如美国新闻集团、日本索尼公司、德国的高斯公司等都来参展。深圳人不出城门，就可以欣赏到一大批世界文化艺术精品，了解到国内甚至是国际文化产业的前沿成果。文博会大开市民的文化眼界，大开城市文化的发展眼界。

文博会引来全国700多个文化产业项目，招商引资380多亿元，其中超亿元的项目80个，5000万元至1亿元的项目54个。在展会召开之前，这些项目吸引了80个境内外投融资商前来选定项目；盯住我国电视从模拟电视向数字电视平移的契机，境内外众多的数字电视器材设备相关企业也接踵而至。

多场拍卖活动也是文博会市场运作的亮点。如中国长篇小说影视剧本改编权、电影剧本、电视剧本拍卖会，中外文化艺术品拍卖会，中国书画艺术收藏品拍卖会等。拍卖品包括张大千、黄宾虹、齐白石、徐悲鸿、关山月等大师级画作。在文稿拍卖会的基础上，文博会将建立起"文稿拍卖中心"，计划长年征集作家文稿，定期进行拍卖活动，为文稿市场化运作提供固定的平台。

文博会近 10 个论坛名家云集。如中国文化发展战略论坛、全球文化产业发展论坛、中国新兴媒体峰会、中国美术产业发展论坛、新时期党报定位与功能拓展研讨会等，观点的交流，智慧的激发，思想的碰撞，必然对深圳、广东甚至全国文化事业和文化产业的发展带来更新的理念。

此外，各类活动如"青春之星"主持人选拔赛决赛、第 17 届世界大学生和平大使总决赛、中国深圳（南山）国际儿童文化艺术周、有 55 场国内外精品剧目演出的第 2 届深圳中外艺术精品演出季等等几十个活动，使文博会成为市民重大的文化节日。大芬村村民说：我为家乡骄傲。享受了这场文化盛宴的市民们相信：经过努力，深圳国际文化产业博览会一定会成为世界知名的文化盛会。

深圳正在奔向"文化绿洲"
胡野秋

> 胡野秋,文化学者、凤凰卫视策划人。本文原载《南方都市报》2009年4月27日。

在今天的深圳,如果谁再提起"文化沙漠"这个词,会被视为幼稚,至少证明他不了解深圳文化。

确实,经过近10多年的规划和建设,深圳文化获取了质的飞跃,无论是硬件还是软件,都让人不可小视。深圳实施"文化立市"战略以来的种种表现和作为,吸引北京、港台的文化界人士频频造访。文博会、"读书月"、"创意十二月"已经成为城市的文化符号,民间文化研究者发起的"四城市文化交流会"(香港、台北、深圳、上海)也已经举办了10年。

但此刻,有一个问题在越来越立体地凸显出来,站在高位上的深圳难道真的能满足于仅仅脱掉一个尴尬的帽子吗?"后沙漠时代"的深圳文化如何拥有新的资源?深圳的文化自信究竟靠外力还是靠内生?

盖缘于此,勘查和梳理一下深圳文化的某些"显规则",必定对这座总是走在路上的城市有所补益。

"海"已经初步造成,深圳文人岸边旁观

深圳的"读书论坛"已经搞了10年,如今遍及全国的"论坛热"其实是从深圳

开始的。我曾跟深圳一些论坛的主办者讨论过一个有点"俗"的问题，为什么深圳的本地专家上了本地讲堂，只能拿别人费用的几分之几？组织者无奈地告诉我，经费有点紧张。

我想这不是一个经济问题，而是一个观念问题。我们无疑是市场经济最成熟的城市，"按劳取酬"、"同工同酬"是我们早已解决的问题。而"公平原则"、"对等意识"、"国民待遇"等等观念，曾经是深圳人向内地输出的观念文化，但在今天，难道就弱化了吗？

有时真的怀念早期深圳。记得16年前，《深圳青年》杂志率先发起的"九三深圳（中国）首次优秀文稿竞价"，引来大批媒体记者，被称之为"当代中国精神产品市场化的第一槌"。11部作品中有6部是深圳自己的作者创作，最高价是当时的10号作品《深圳传奇》，从起价4.5万拍到88万元，被一家商场夺得。

记得那期杂志的卷首语，题目叫"为文人造个海"，已经无法统计有多少文化人是看了这篇文章，打起行囊来到深圳的。眼下，海倒是初步造成了，但本土的游泳选手却只能在岸边看别人游泳。

当然，深圳的文化人要自身足够好，才能最终不被忽视。但获得基本的尊重，也是应有之义，这也是一种文化权利。与观念相比，深圳"不差钱"。

学习美国好榜样，买作品不如买人

深圳曾经焦虑过自己没有大师，并且也启动过呼唤大师的行动。

但据我所知，有些大师与深圳对视过，最终擦肩而去。他们都曾在深圳居住过，在深圳写作过，甚至以新移民作家的身份在文坛行走。毋庸置疑，他们的到来，至少在某个特定的时期内让深圳能够与外界对话。

不过，他们终究还是走了。尽管理由各种各样千变万化，唯一不变的是，深圳至今还苦苦寻找文化大师。

我一直喜欢用美国来比喻深圳，美国拥有的诺贝尔奖是全世界最多的，在至今颁发的诺贝尔文学奖中，美国作家占了10位，不要忘记"美国文学"是世界上最年轻的文学之一。

美国的秘诀在哪里？其实简单得很，就是把世界作家变成"美国人"，然后它便心安理得地享受这些"美国作家"的毕生成果。看起来有点投机取巧，但对于文化后发的国家和地区，这是最佳路径，不然再等3000年吗？等待像钟乳石一样的漫长"积淀"？

当索尔·贝娄这个犹太人和托妮·莫里森这个非洲人，都变成"美国人"的时候，他们书写犹太生活和黑人生活的小说、诗歌，同样成为"美国文学"最重要的资源。没有人会夺走这种资源，也没有人会认为这种"文化购买"、"文化引进"是短视的、急功近利的。

反过来，这些世界各地的作家们成为美国本土作家之后，领导了世界文学潮流，从现代主义和后现代主义文学，谁能忽视这个年轻的国家呢？美国人的购买是成功的，因为他们买的不是小说、不是诗歌和戏剧，他们买的是人，这一下赚大了。

深圳这些年也重视"文化购买"和"文化引进"，不过似乎没有参透美国人的购买技巧。买来了不少"作品"，但没有买来作品背后的人。这貌似合理，但实际上是个误区。比如，我们买来了一些以"深圳"作为标题或者主题的书，但因为作家本身是"客人式介入"，所以他们表现深圳总是隔着一层纸。作品交差、钱款两清之后，作家和深圳依然是互为客人。而那些冠以"深圳"书名或内容的小说等等，会比台风还快地消失，并且被遗忘，深圳赔大了。

深圳的企业界、科技界似乎早就搞明白这个道理，他们懂得引进产品不是最重要的，引进研发才更重要。所以深圳的很多企业，把生产线放到内地，总部和研发机构守住深圳，把"深圳制造"变成了"深圳创造"。

这才是深圳发展的正道，经济如此，文化也不例外。

需要"文化工程"，更需要"工程验收"

深圳在国内较早启动了自己的"文化工程"，显示了高远的眼光与雄强的魄力。

但"工程验收"在哪儿？那些竣工的建筑，要不要经受必要的检验？而且最权威的检验，还不仅仅来自于领导、专家，还应该让市民们检验一下。比如，一台大戏演完了，观众就再也没有眼福了，他们只能在报纸上看到消息和评论，企业老总当然也会捧场，买一些票送客户，或者干脆花钱冠名，剧场内空不空也就不那么重要了。那么，这种投入与产出，合算吗？也许单算经济账，是持平的，好的时候还能有点收益。但作品出生即死亡,会成为常态吗?就像一幢大楼建成了,但没人住,它还是城市的风景吗?至于建着建着成了"烂尾楼",那就更有必要总结一下了。"文化工程"固然必要,但"文化工程化"就值得警惕了。

其次,我个人认为"文化工程"的主体还应该重新审视。

依我看,"文化工程"的主体是作品和创作者,是软件而非硬件。当然这建立在一个很好的基础上,这就是深圳目前已经基本拥有很棒的文化硬件,这也是深圳人聊以自豪的。不过,现在我们是不是应该适当把重心挪移一下,把文化软件建设放得更靠前一点。比如,我们奖励深圳作家和作品的力度还不够,在奖励制度的推出上,还应该更坚决一点。而且在奖励原则上,应该把"体制内"与"民间"的作家放在同一个天平上。当然这是文化资源如何分配的问题,不再赘述。

现在的工程重心还在硬件上,还在活动上,这也许是一种惯性。活动必须要搞,尤其是形成品牌的活动,更要下大力气推进,更多地发掘和辐射。但一个城市不可活动太多,活动太多了,城市会虚胖。而且活动的承办者,最终要走向"社会办"。

追逐"明天的时髦","文化外衣"很现代

深圳越来越文化了,文化的深圳和文明的人一样,需要合适的外衣。在不同的场合,都有人问我这样的问题,深圳现在"文化立市"了,"两城一都"的意思是什么?"两城一都"的基础究竟如何?"两城一都"的内涵又是什么?"两城一都"的目标有哪些?这些问题有点难为我,但我是深圳市民,有时还被人称之为"文化人",所以我想应该可以试着思考一下。

"两城一都"的概念从字面上很好懂:即"图书馆之城"、"钢琴之城"、"设计之都"。而且,"设计之都"已经得到了联合国专门机构的命名。"两城一都"的意义何在,答案就千差万别了,目前听到最多的回答是:"为我们的城市打造亮丽的名片。"很多报纸都这么做题。这当然不错,但"名片"毕竟立足于"给人看","给人看"的东西有多少内在的生命力呢?

我们的"两城一都"不应该是给人看的,而是实实在在供我们自己享受的,并且是我们自己能够消费的。我们是谁?是南来北往的文化参差不齐的移民,是平均年龄不高的好幻想的市民,是上班如陀螺下班忙应酬的职员,是时间就是金钱效率就是生

命的行人……那我们需要什么呢？我琢磨来琢磨去，结论就是一个：现代文化，甚至后现代文化。

深圳人是无法受用全本京剧《群英会》的，但我们很欣赏小剧场话剧《恋爱的犀牛》；也许鹏城无法接纳一座飞檐式的唐代建筑，但我们可能喜欢一座四不像的"库哈斯式"的后现代建筑；也许深圳人不去捧场一个刺绣艺术展览，但我们可能更愿意赶到某个行为艺术的现场……深圳的文化更多的应该是"现代文化"，包括"后现代文化"。

我们的"两城一都"应该建立在"现代—后现代"的地基上，才比较坚实。因为人群决定文化的走向，好比北京人追逐"国粹"，上海人追逐"时髦"，深圳人追逐的就是"明天的时髦"。

曾经在一个会上，钢琴家孔祥东拿出一张图纸给大家看，孔先生是国际知名钢琴家，弹的自然是正宗三角钢琴，但他极力向我们推销他的"未来钢琴"的理念。从那张图上看，那钢琴确实不像钢琴，没有一条棱角，色彩也不是黑色的，但极富现代感，极具装饰性，一句话：看上去很美。我估计，假如这种钢琴能在深圳生产出来，恐怕更容易打向全国，套用一句经济界喜欢用的话：一定会占有大量的"市场份额"。

好几年前，深圳就鲜明地提出建设"现代文化名城"，这是有见识之举。有人也曾提出质疑，"现代文化名城"如何评定？依我看来，"现代文化名城"本来就不是为了评选的，而是为了给自己一个明确的文化走向。它至少比"历史文化名城"更贴近我们这座新城。不知为何，现在提的人少了。

找到了"现代—后现代文化"的感觉，我们的"两城一都"才能真正打上"深圳创造"的烙印。正如美国也有图书馆，但他们的图书种类、品味和伦敦图书馆是两码事。同样是舞蹈，欧洲人跳出了高雅的《胡桃夹子》，美国人跳出了火爆的《猫》。同样是音乐，欧洲有经典的《蓝色多瑙河》，美国的爵士乐依然风靡世界。

深圳不是美国。但我们需要理解的是，我们必须理性地为我们的城市"量身定做"适合身体的文化外衣，在这一点上，深圳人和美国人是一样的。可惜的是，深圳"文化外衣"有时还比较乱，有时候大白天还穿晚礼服，尤其受不了的是，只要邀请外国艺术团，就只想到《天鹅湖》。

深圳已然不是"文化沙漠"了，但也还未成"文化绿洲"，而是正在去"文化绿洲"的路上。

一座城市与一个时代

陶一桃

陶一桃，深圳大学党委副书记、教授、博士生导师，主要从事政治经济学与中国经济特区研究。本文原载《深圳特区报》2008年12月1日。

经历28年的发展与积累，深圳这座城市已经步入了稳步增长的成熟时期。尽管在过去的28年里，深圳GDP年均增长26.9%，人均GDP也达到了世界银行确定的从发展中状态进入发达状态的标准——人均GDP 1万美元，但是，在未来的发展过程中那种耀眼的增长速度，有可能、并且应该成为曾经辉煌的历史。首先，一个国家或地区的经济增长速度是客观的而非主观的，因此，政府可以预期，但不能违背经济增长规律从而制定经济增长速度。如果说曾经的高速度是改革的需要（当然也是改革的结果），那么如今体现科学发展观的适度增长则是可持续发展的需要；第二，经济增长速度是衡量社会发展的重要指标，它体现了一方政府的执政绩效。但是，它绝不能成为一方政府政绩考核的唯一目标。一旦经济增长速度成为衡量政府政绩的唯一指标，增长本身就会从内容变成形式，变为上升的数据；第三，任何社会的经济增长都是要支付代价的，衡量社会发展水平的更合理的指标不是GDP，而是NEW（社会净福利指数，是从GDP中减去为获得GDP社会所不得不付出污染等一系列代价）。当一个国家或地区已陷入以更多的资源消耗换取财富的增长时，最终是社会财富总量的减少，而非增加；第四，衡量社会的发展水平和文明程度不仅包含经济增长速度（这是重要的指标），而且还不可或缺地必然包含制度文明、社会福利感等非经济因素。对于一个成熟的社会来说，当经济发展到一定水平后,当社会财富积累到一定程度时,对非经济因素的关注,直接关系到财富创造的意义和使用的社会价值。因为对民众而言,生活质量和福利感的切实提升,远比增长速度本身更重要。未来的深圳,应该充分利用资本和高科技的比较优势,以高附加值的产业发展为主导,以金融服务业为支撑,逐渐步入有钱有闲的成熟、稳健、富裕的社会。

近年来,深圳市委、市政府提出这样的理念:向改革创新要发展的动力,向改革创新要发展的优势,向改革创新要发展的资源,向改革创新要发展的空间。我以为,这是一个战略性的思考,这一思考本身不仅明示了深圳这座以改革创新起家的新兴城市的生命力之所在,而且还以一种巨大的极富感染力和感召力的精神力量,鼓舞着正在探寻可持续发展路径的深圳人,并将深圳从改革开放之初的,在推动中国市场经济实践中所发挥的窗口、试验场、示范区的作用,与时俱进地提升到了一个自我超越的更高的层面,那就是从"试验场"意义上的特区,走向了"精神"层面上的特区,使曾经培育、支撑了这座城市的魂——"敢闯"、"创新",继续培育、支撑着这座城市,并成为这座城市生生不息的永远的精神。深圳既有改革创新的土壤,又有改革创新的传统,缺少的不是改革创新的能力,而是能否继续保持改革创新精神的意识。改革创新不仅仅是深圳的传统,而且还是深圳重要的社会资本。邓小平同志在南方重要谈话中说:"深圳的重要经验就是敢闯。"保持当年的敢闯精神,守护往日的创业情怀和创新意识,是深圳能够继续前进的保证。今天的深圳人应该把富足、安逸当作继续改革创新的物质基础,而不应该把它们看成是改革创新后的理所当然的享受。深圳既不可能以从前的成就来继续证明今天的辉煌,更不应该被曾经辉煌的历史捆住现在的思想和脚步。过去的"成就"使深圳成为中国市场经济的"标兵",但深圳绝不可能原地踏步还能永远成为邓小平当年所期待的改革开放的"标兵"。当然,如果从改革创新的内容和实质来看,基础性制度建设和制度环境的完善,将成为依然具有创新精神与情怀的特区人所必须面对并应该努力完成的重要任务。

30年前的中国社会的改革开放,是从解放思想开始的。如果说改革开放是中国制度变迁的内容,那么解放思想则是这一制度变迁的前提。没有解放思想就不可能有改革开放,而改革开放又把解放思想从观念变成实践。30年后的今天进一步解放思想的口号尤其在经济特区被再度提了出来,这是改革社会的一种自我醒悟,它告诉人们:"改革"远没有完成,"开放"还必须深入,社会经济发展中所出现的问题,仅靠经济增长本身是不可能真正解决的。经济发展会带来社会一时的繁荣,然而繁荣本身并不会自动带来社会的文明。经济的繁荣、制度的文明、社会的昌盛必将共同构成中国社会制度变迁的最终目标。

进一步解放思想意味着彻底摆脱传统意识形态的束缚。然而这个问题对今天的中国社会来说，并不是一件已经完成了的事情，而是一件尚未根本解决的问题。尽管历经 30 年的改革开放的实践，市场经济体制已基本确立。但与计划经济相适应的传统的意识形态，并没有随着市场经济体制的确立而一同消除。30 年前，由于不解放思想，不打破计划经济体制，任何人都无法收获制度创新的好处，所以人们较之今天更容易成为传统意识形态的批判者和社会改革的推动者。然而，30 年后的今天，当进一步改革的个人收益小于社会收益时，僵化、保守便成为了既得利益者们的必然选择。约束经济发展的不仅仅是资源，还有比资源更严重的人的思想和观念。

进一步解放思想意味着行政管理体制改革和制度文明必须被提到中国社会制度变迁的日程上来。国与国之间的竞争说到底是制度的竞争。竞争从来都不是简单的经济指标的对比和赶超，任何经济指标都不是结果的原因而是原因的结果，指标的背后是社会规制，财富不会自发地为财富创造价值，经济主体永远是制度约束下的人。所以进一步解放思想要求我们，打开国门引进的不能仅仅局限于先进的技术，也不能仅仅局限于资金和设备，还应该包括理念、思想和规则。

当市场经济体制在中国已经普遍确立的今天，中国经济特区的新的使命到底还有没有？如果有，又是什么？我以为，邓小平同志创办经济特区的初衷就是要使经济特区成为中国制度变迁的突破口，市场经济的试验场。30 年后的今天，经济特区已经很好地完成了这一最初使命，星星之火，早已燎原。但是，由此我们就说经济特区可以光荣地走进历史博物馆了，又未免太短视或缺乏历史责任感了。如果说还存在着经济特区的新的使命，那么这个使命就是，继续高举改革开放的大旗，力求在制度环境的建设上走在全国的前面，努力成为中国深化改革、扩大开放的先锋，把这场关乎中国命运的改革开放大业推向深入，进行到底。从这个意义上说，中国经济特区将贯穿于中国改革开放的全过程。经济特区作为最早实践市场经济的地方，它不仅拥有 30 年改革开放的物质财富积累，还拥有 30 年改革创新的精神财富积累，更有在向国际惯例学习的过程中积累下来的良好的社会规制和法律环境的积淀，这一切都将成为经济特区完成新的历史使命的得天独厚的物质与社会资本。但是，经济特区要完成新的历史使命，还需要具备某些特殊的品质：坚持改革的勇气、深化改革的魄力、实现改革的智慧、实施改革的艺术等等。当然，毫无疑问，最重要的还是要拥有承担改革风险的大无畏精神。

深圳经济特区作为具有中国特色的制度创新模式与路径，其成就远远大于一座城市的成长，其功绩远远高于一个区域的繁荣，其意义远远超越经济增长本身。经济特区是一种发展道路的选择，更是一种精神的象征。它预示的不仅仅是一座城市的兴起，而是一个民族的崛起。

我们的社会不会因为缺少奇迹而枯萎，但却会因为缺少创造奇迹的思想而失去生命力。经济特区作为奇迹和创造奇迹思想的特殊标志，不仅给中国社会带来了无限生命力，而且还给这个民族带来了创造奇迹的无限期望。

从"大鹏所城"到"鹏城"深圳
汪开国　刘中国

> 汪开国，深圳市委党校常务副校长、教授；刘中国，深圳市特区文化研究中心副主任、作家。本文选自两人合著的《大鹏所城——深港六百年》，花城出版社2007年版，标题系编者所拟。

即便随着岁月的流逝，城市发生了翻天覆地的变化，城墙坍塌了，护城河干涸了，城隍庙还原为一堆泥土，土地庙长满了杂草，城市的外壳彻底消融了，但是城市的内核永存，城市的精灵绝不会被雨打风吹去。古巴比伦消逝了，庞贝城被深埋在火山爆发后的灰烬中，但我们不时能够听到她们沉重的叹息声。

在中国的历史上，也曾经有过那么一些城市，刚刚在版图上留下一个不显眼的标志，就出人意料地消逝了，像一颗划过夜空的流星，没有留下一块碑碣，没有丝毫的文字记载，甚至没有留下一两则无关紧要的传说。斜阳秋树，枯藤飞鸦，世纪风呼啸而过；天地悠悠，日月匆匆，历史钟铿锵作响，焉能不使后来者心中摇摇、黯然神伤？但是，这些业已消逝的城池却留下丰厚的历史和文化积淀，使人们流连忘返，力图破译封存在废墟中的密码。

也有那么一些古老的城市，咬紧牙关和时间抗衡，虽然明知道青春的小鸟一去不复还，自己终究逃脱不了命定的厄运，她却像一株怆怆然即将仆地的老树，硬是拼着老命从根部抽出一茎嫩芽，证明生命的永恒。

深圳市简称"鹏城"。这简称大概像"蓉城"、"花城"一样不足为奇吧？所以我们压根就没有过深究的意思。当我们从万里雪飘的北国，一步步走近深圳，才发现深圳东部的大鹏半岛上，有一座筑于明代的"大鹏所城"。这一"发现"，除了证明我们先前对这块土地的孤陋寡闻外，再也说明不了什么。

这份迟来的发现却又使我们惊讶不已，激动不已，兴叹不已。地名的沿革有众多因素，我们觉得，由"大鹏所城"而"鹏城"深圳，不仅仅是简单的约定俗成，也不应该是暴发户造家谱式的欺世愚人。恰恰相反，维系"大鹏所城"、"鹏城"深圳和"东方明珠"的，应该是一脉相承的民族精神。

就这样，我们不是像观光客那样，拍张照片，扭头就走，去别处看风景，而是稳稳地站住了，在这座明清两朝军事要塞里里外外盘桓多时，竟然无言以对。

护墙濠早已夷为平地，县丞署、参将府、火药局以及大鹏仓的基址尚存，或留下残垣断壁，城墙上那一块块厚实的方砖，像是一张张咬紧的嘴唇，缄默着一个秘密，不肯诉说。好在几所人去楼空的"将军第"逃过了时光的劫难，好在大鹏所城的碑铭未被如数摧枯拉朽——于是，我们不再感到自不量力，或无知妄为，开始寻绎这座城市的历史。

在很长一段时间里，我们怀着一腔颇为复杂的情愫，浸泡在浩如烟海的文献史料里，企望为这座残破的城池，为深港这块咸涩海风吹拂过的红土地，勾画出一幅绵延600年的历史画卷，描述这块土地上的荣光与耻辱、衰落与复兴。

我们把目光投向更加遥远的过往岁月，投向秦皇汉武，投向西晋末年的"流民"迁徙——西晋末年以降，战争与饥馑导致了中原士族的三次大规模迁徙，"汝水之东，颍水之西，淮水之北，北达黄河以至上党，皆为客家先民之居地"。

打开家门，离开世代生息的故土，远走异乡他邦，直到落地生根、开花结果，这是走向"开放"的第一步，这也是步履艰难的第一步。祖宗的牌位虽然还重重地压在肩上，但是他们的目光却变得日益开阔遥远，固有的生活习惯和思想观念，开始和异域的生活习惯、思想观念发生冲突、融和或磨合，进而形成一种别具风格的文化，凝聚成了一种生生不息的精神。

漫长的迁徙，凝结了客家人开发图存、吃苦耐劳的拓荒意识和团结互济、爱国爱乡的内聚力量。中原文明之火一旦和百越文明的星星之火接触，就开始在这块红土地上熊熊燃烧。嘉庆本《新安县志》谈及今深港地区民风民俗，有以下记载：

邑自晋永嘉之际中州人士避地岭表，多留此土，礼仪之渐所由来矣，其朴拙成风，巧饰不习，虽未尽出于正，亦不可谓非忠厚之遗也。

士厉学术而谨仕进，其弹冠膺职者代有贤声焉。民多重桑而后商贾，凡各市肆贸易系异乡人。邑尚朴诚，不好文饰，少为僧道，少学工匠。器用取浑坚，不事淫巧。……山人不通官语，官府召讯，必令衙役答话……

1275 年 5 月，马可·波罗完成了横贯欧亚的旅行。一部《马可·波罗游记》先是使马可·波罗成为笑柄，连莎士比亚在剧作中都忘不了把他嘲弄一通。但是，这本书不久就震动了欧洲，欧洲人开始对游记中描述的东方的富庶昌盛大为倾倒，哥伦布、伽马、麦哲伦、贝图达先后乘风破浪，寻找通往东方的航线。

就在旅行家、探险家和殖民者到来之前，朱元璋已于洪武十四年（1381）八月辛巳，在现在的深港地区设立了大鹏守御千户所、东莞守御千户所，隶属南海卫管辖。

倭寇侵扰岭南海疆早在明初就发生了。据《筹海图编》可知，1369 年（洪武二年），倭寇侵扰惠州、潮州等州县。

朱元璋于这年 3 月遣行人杨载诏谕日本国王，诘责倭人入寇之事："宜朝则来廷，不则修兵自固。倘必为寇盗，即命将徂征耳！王其图之！"

"一代天骄，成吉思汗，只识弯弓射大雕"。元廷曾分别于 1274 年、1281 年两度遣水师征战日本，但是，雷霆波涛，舟师尽覆。这就使得日本国王良怀有充分的胆量，对朱元璋的"诏谕"置之不理。

"置之不理"与"纵民为盗"，有时是同义词。日本国王对"诏谕"与倭寇犯边置之不理，客观上鼓舞了倭人侵扰我边疆的贼心。洪武初年以降，广东沿海一带倭患成灾，大鹏所城就是在这样的历史大背景下建造的。

1394 年（洪武二十七年），广州左卫千户张斌在大鹏半岛埋下一块砖头，不多久，大鹏岭下就出现了一座固若金汤的大鹏所城。从那时起，大鹏所城一直是明、清两代岭南海防军事重要基地。康熙年间靳文谟编撰的《新安县志》称："沿海所城，大鹏为最。"起初，城内驻军 500 人，开发海疆，屯田卫国，于城东龙头山下辟演武场——俗称东校场；1664 年（康熙三年），增设 500 官兵，改城守守备为"中军守备"，统率全营布防，于大鹏所城东南海滨又开辟了一个演武场——西校场。

倭寇频犯海疆，洪武年间，朱元璋下令成立备倭军事机构（那该是最早的抗日御寇司令部吧）。此后，沿海各地均成立了"备倭总兵署"、"备倭把总署"等地方性抗日机构。深港地区的"备倭总兵署"设置在南头城东南隅，1510 年（正德五年）由总兵王德化督建，大鹏、东莞两守御所也分别设有"备倭把总署"。

东洋人自东徂西，西洋人自西徂东。他们不约而同地觊觎上了我们这个富庶的文明古国，觊觎上了岭南沿海一带。

1514年（正德九年），葡萄牙殖民者首次闯入深港地区。1516年，广东巡海道副使汪鋐率领大鹏所城、东莞所城官兵击败葡萄牙人，那应该是中国人第一次抗击欧洲殖民者的侵扰。

1517年（正德十二年）安特拉特和使者佩雷斯率舰队闯入广州，"铳声如雷，以进贡为名"。这次的所谓"使节"，实则是葡萄牙人以炮舰打开中国大门的武装示威。

从此，岭南沿海一带，进入了新一轮骚扰不安时期。

嘉靖以后，大鹏所城武备废弛，兵员锐减。觊觎日久的倭寇，遂于1571年（隆庆五年），乘隙入侵。守城将士寡不敌众，退守城中。倭寇围城月余，幸得寓居大鹏所城的名流康寿柏组织城中百姓，协同官兵御敌，击溃了来势凶猛的倭寇。

……

为了保卫这块世代相传的红土地，大鹏所城的将士和这块土地上的人们，曾经有过多少次浴血奋战？有过多少次悲烈慷慨的流血牺牲？

无论风也罢雨也罢，大鹏所城一经建成，从此就与这块土地结下了不解之缘，她像一座桥头堡，稳稳地坐落在大鹏半岛。

我们曾经游览过一些历史名城，几乎所有的古城都有结实的城墙和深浅不一的护城壕。城墙包围着大小不一的城市，护城壕划定它的范围，既给城市提供保护，也标志着城市的边界，把城市关在一个界限分明的正方形里，使之自成天地。危难时机，城墙无疑是最后一道防御工事；太平年月，它则成了监视市民的绝佳设施。

大鹏所城现存平面仍保持着明代的方形布局，壮观的城墙由麻石、青砖砌成，墙基宽4米至5米，墙宽2米、高6米，东西城垣各近300米，南垣约260米，北垣为360米，现东北段还保留着300多米残留三合土夯土层（残高三四米)，护城壕至今依稀可见。东西南北4个城门，每个门上当初都有一座城楼，两座敌楼，4个警铺，城墙上设有654个雉堞，还辟有马道。这样一座城市，说她"固若金汤"丝毫也不过分。

但是世界在变。这种变化，套句时髦话说，是不以人的意志为转移的。自从马可·波罗的欧亚大陆旅行结束后，中国的大门便轰隆一声关上了。欧洲人在关闭的大门外不耐烦地徘徊了4个世纪之久，贸易所引起的对财富的普遍追逐，终于使他们操起家伙敲门了。

这时正是所谓"乾隆盛世"。乾隆爷躺在龙床上，陶醉于自己半个多世纪的"文治武功"，丝毫不知道有个英吉利，不知道这个"蕞尔岛国"发生的工业革命，遑论法国发生了大革命。

1793年（乾隆五十八年）的欧洲发生了两件大事：法王路易十六夫妇被送上断头台，英国向北京派出了特使马戛尔尼勋爵，带来大批珠宝珍玩，以贺寿为名企望通商。而在欧洲人心目中神秘的中国，乾隆皇帝这一年业已84岁高龄，虽然在安排后事，却毫无被人赶下龙椅之虞，他考虑的是以太上皇自居，举行让位其子嘉庆皇帝的禅受盛典。

1793年9月14日，"十全老人"在他的行宫接受英使团觐见，还以为他的"怀柔远夷"大政方针促使英夷来朝称臣入贡呢！直到马戛尔尼讲明此行的意图，乾隆皇帝才知道他们此行与"怀柔远夷"并无关系，而是心存干犯天朝法例的诸多奢望——这简直是岂有此理?！没过多久，乾隆爷降下一道圣旨：

谕尔英吉利国使臣马戛尔尼：

  尔英吉利国地在海外，与天朝相去甚远。尔国国王以仰慕天朝文化之故，命汝赍运表章方物到京进贡。朕披阅表章见其情词恭顺，除将所呈贡物分别赏收及准汝瞻觐外，复以文绮珍玩等物赐汝……兹据大臣等转奏，尔意中尚拟恳朕再降一谕，说明天朝不能允准尔前此所请各节之故。尔于天朝体制原未谙悉……当知尔所请各节实有碍于天朝体制，不能照准，即朕虽有允准之心，亦不能改变祖宗成法……

马戛尔尼使团对大清帝国的造访，充其量属于那种哑巴对聋子的交谈。如果当时两个文明鼎盛的国家增多接触，加强了解，相互吸取对方最成功的经验，甚或一拍即合，说干就干，世界会不会朝另一个方向发展呢？这种可能性未尝不存在。

但是，我们知道，在人类历史进程的词典里，重来就没有"如果"这两个方块字。

一个国家抑或一个城市，一旦错过发展的大好机遇，只能向隅落泪了，它的旧躯壳保存得越是完整如初，越有可能被彻底掏空。康熙十年八月二十一日，一场罕见的飓风破坏了大鹏所城的四座城楼，城角窝铺4间，垛子58个，知县李可成捐银175两，并倡率文武官捐银修复，题名者有大鹏营守备马四玉、千总陈万、把总洪英、刘彦，大鹏所千总李呈芳等人。

飓风过后，城里建筑也日渐朽烂，虽经各任县令捐助修补，终因年深日久，城楼、城墙、马道和垛子日就倾圮。那场飓风抑或是上苍的暗示？人们修修补补的热情似乎也越来越低落了，1812年6月（嘉庆十七年），知县李维榆"会营勘估，捐廉兴修"，未能完成；知县章子之续修，亦是半途而废，不了了之……

大鹏所城抵御了倭寇的一次次骚扰，抗击过葡萄牙殖民者的武装入侵。马戛尔尼使团离开天朝帝国50年后，一场震惊世界的鸦片战争爆发了！大鹏所城的将士们虽然出生入死、浴血奋战，仍然挡不住潮水般涌来的"红毛番鬼"。

对于殖民者的行径，清廷也不是没有防患于未然，乾嘉年间，就在深港沿海地区增设了更多的汛营与炮台。现在香港的新界地域，当时隶属新安营管辖，设有屯门、大埔头、九龙墩台和辋井营盘。

1811年，九龙墩台拨归大鹏营管辖，其他各台均改为汛房；道光初年，又在香港地区设立汛营，派驻官兵，分别由大鹏营、新安营管辖，九龙及沿岸海域均属大鹏营守备管辖。

毒品走私是件令当今世界国际刑警组织头痛的大事，但在18、19世纪，"约翰牛"却是当时世界上的头号"毒枭"。

1773年（乾隆三十八年），英属东印度公司开始在印度实行鸦片专卖，这时已有1000多箱鸦片输入中国；到了嘉庆年间（1796—1820），每年输入量增加到4000多箱；及至鸦片战争前几年，鸦片的每年输入量高达4万多箱……上及各级官员，下至庶民兵丁，吸食鸦片成瘾。

鸦片戕害了国民体质，导致了白银大量外流，极大地削弱了社会经济和国家财政收入；在禁烟派的强烈要求下，道光皇帝下决心禁止鸦片。1838年（道光十八年）11月15日，道光皇帝任命林则徐为钦差大臣，前往广东查禁鸦片；后者开启钦差关防，焚香九拜，直奔广东。

1839年6月3日，林则徐将英、美商人交出的2万多箱鸦片（约230万斤）在虎门当众销毁。毒枭当然不会善罢甘休，而是蓄意挑衅。

1839年9月4日，泊于九龙洋面上的英舰，以索食为名，突向中国师船开炮，大鹏营参将赖恩爵等奋勇抵御，大挫敌锋，记名外委兵丁欧仕乾、陈瑞龙血染海疆。九龙洋面上的这场海战，实则是已经打响了鸦片战争的第一炮；不久又有穿鼻洋海战、尖沙咀海战。

战争迫在眉睫，大鹏所城的战略地位显得异常突出。1840年初，林则徐在一封奏札里就说："广东水师大鹏营，所辖洋面，延袤四百余里，为夷船经由寄泊之区……除大鹏营现议更改营制，所需添造快船，建立衙署，及制备新兵器械，另折请在此款动支外，核其成数，尚足以敷拨发前项炮台工料之需……"

不多久，林则徐又奏请大鹏营改为大鹏协，"大鹏营现居紧要，筹议改设副将，并添拨兵船……应将大鹏改营为协，拨驻副将大员，统带督率，与香山协声势相埒，控制方为得力。应将澄海协副将改为大鹏协副将，移驻大鹏，所辖轭要之九龙山地方，居中高度，其澄海协之都司，改为大鹏协副将中军都司，兼管左营事务，驻扎大鹏所城。并于大鹏左营，添设把总二员，外委二员，额外二员，步战守兵连新添外委额外名粮共291名；大鹏右营，添设千总一员，把总一员，外委二员，额外二员，步战守兵连新添外委额外名粮，共209名。以把总一员驻防九龙炮台，将原驻九龙炮台之千总一员，移防左营尖沙咀炮台……至澄海地方，应将澄海协改为澄海营，即将大鹏参将移驻，作为澄海参将……"

1840年（道光二十年），英国发动大规模的侵华战争，清军惨败。翌年，1月25日，英国侵略军武力占领香港岛；1842年8月29日，英国逼迫清政府签订近代中国与外国之间的第一个不平等条约《南京条约》，条约内容之一就是英国割占香港岛。

鸦片战争结束后，赖恩爵以南澳镇总兵身份留署大鹏协副将。清廷为增强沿海各口防御，于1843年任命赖恩爵为广东水师提督，督修虎门炮台，构筑九龙寨城，由大鹏协水师副将驻守，统辖该协左营（守备驻东涌寨城）及右营（游击驻大鹏所城），辖管沿岸东部各汛……

第二次鸦片战争期间，英国又依仗武力割占九龙。1860年3月，侵华陆军司令灵顿到达香港后不久，就派遣军队强行侵占了九龙半岛呷角尖沙咀一带。

1861年1月19日，驻港英军各兵种2000多名官兵渡海前往九龙参加"占领"仪式，新安县令、大鹏协副将、九龙司巡检和九龙寨城一名军官共4名清廷官员也被迫前往。"占领者"把一个装满泥土的纸袋塞给清朝官员，让后者再把纸袋交给他，一次象征领土的移交。

"占领"、"割让"、"租借"，远没有就此结束。

19世纪末，帝国主义列强在中国掀起了瓜分狂潮。英国利用这一时机，强行租借了今界限街以北、深圳河以南的大片中国领土及其附近岛屿，即后来所谓的"新界"。至此，英国完成了对整个香港地区的侵占，新安县辖下的1063.92平方公里土地，成了英国殖民者的"乐园"。

驻扎在九龙寨城的大鹏协副将和官兵，被迫撤离。

九龙海战、官涌之战等战役中，欧仕乾、陈瑞龙等百余名大鹏籍弁兵阵亡，遗骨葬于九龙将军澳。如今九龙新界被英割占，香港大鹏同乡会为保护义冢，把将士遗骨迁葬于大鹏所城不远处的大坑下村，后迁至硬柏树。

帝国的铜关铁锁在英国人的坚船利炮和鸦片面前，不堪一击，腐败之风却扶摇直上，诚如近代中国留学生之父容闳所言，晚清时代"政以贿成，上下官吏，即无人不中贿赂之毒。美其名曰馈遗，黄金累累，无非暮夜苞苴，官吏既人人欲饱其私囊，遂日以愚弄人民为能事。于是所谓政府者，乃完全成极大之欺诈机关矣"。

这种风气也传染到军队，《光绪实录》十二月乙巳条载有两广总督张树声特参庸劣不职，将备各员奏折，其中就有："大鹏协左营中军守备吴元韬，利心颇重，操守不谨⋯⋯均着勒令休致，以肃营伍。"此后，大鹏所城渐渐淡出了朝廷的记忆。

但是，大鹏所城并没有从此就变得飘忽朦胧，无足轻重；深港地区这块红土地并没有从此变得湮灭沉寂，即使在20世纪的前半叶，也有几道炫目的闪电照彻夜空，把筑造在大鹏半岛上的这座饱经沧桑的古代城池，轰隆隆地推到中国近现代史的舞台上。

1900年10月8日，孙中山在靠近大鹏湾畔的归善县三洲田（今属深圳市盐田区），领导和发动了震撼中外的"庚子起义"，打响了推翻封建帝制的第一枪。这场轰轰烈烈的反清起义虽然失败了，但正如1904年孙中山在对外宣言中所说："全国民主革命已熟，如千九百年广东惠州之举事（三洲田起义），千九百二年广州之暗潮，是影响皆不细。"

1938年10月，日本侵略军在大亚湾登陆，深圳、广州相继沦陷。兽蹄踏上深圳这块红土地时，他们会记起朱元璋当年诏谕倭王"蠢尔东夷，君臣非道，四扰邻邦"吗？他们知道南头城、大鹏所城早在明代就设有"备倭总兵署"、"备倭把总署"吗？

"太阳旗"插上了大鹏半岛。大鹏半岛上的英雄儿女操起大刀，向着鬼子们的头上砍去。大鹏城东北村人刘黑仔、王母村人钟笑、大鹏布新村人袁庚以及赖恩爵的后人赖仲元，积极投身抗日救亡运动，参加曾生领导的惠（阳）东（莞）宝（安）人民抗日游击队（东江游击总队、东江纵队的前身），联合各路抗日武装力量保家卫国，在沦陷区播下复仇的火种。对于自己用血汗保卫过的故乡，袁庚一直梦魂萦绕，他在1988年曾用大鹏地名缀成一联，奉赠乡梓："王母回眸，横头岭前飞来三衬石；大鹏展翅，七娘山上卷起半天云。"

1941年1月，蒋介石发动第二次反共高潮，爆发了震惊中外的"皖南事变"。邹韬奋、茅盾、乔冠华、夏衍、胡风、胡绳、千家驹、范长江等著名人士，先后被迫流亡香港，香港一度成为中国抗日民主运动和革命文化活动中心。

珍珠港事件爆发后，香港总督于 1941 年 12 月 8 日正式向日军投降。侵略军扯下港督府上"日不落帝国"的"米"字旗，一边擦着战刀上的血污，一边哼着《拔刀曲》，开始逮捕云集香港的我爱国民主人士。

从 1942 年 1 月上旬到 2 月底，在东江游击队抢救护送下，脱离了香港九龙日军监视的文化界人士和进步民主人士，达 800 多人。此外，还抢救了当时国民党政府驻港官员以及美国人赖特上校等英美 7 国 89 名国际友人。

香港大营救是东纵的一次壮举。深圳这块红土地接纳了中华民族的文化精英和国际友人，胡绳踏上安全地带后曾作七言绝句一首，抒发了国破家亡之际复杂的感情——

  又是仓皇万里行，岭南春半半阴晴；
  东江船女歌如哭，月黑波深待曙星。

距大鹏所城不远处的葵涌镇土洋村，原为意大利天主教堂所在地，太平洋战争爆发后，神父撤离。1944 年至 1946 年 6 月期间，这里成了东江纵队司令部和广东临时省委机关所在地。大鹏所城龙头山下的东山寺，则成了东纵军政干部学校（后改为抗大第七分校）。

强寇横行，国运维艰。东纵健儿铆在这块红土地上，那一副副钢铁铸就的骨骼，日后化为一座座烈士纪念碑。纪念碑的底座上，镌刻着烈士的英名。

纪念碑是先烈向一个崇高境界飞升的足迹。

纪念碑是先烈留在后来者心中不灭的记忆。

1946 年 6 月，根据国共两党谈判协议，东纵战士由大鹏半岛上的沙鱼涌乘海轮北撤山东，"此去应知无多久，回戈南天再争雄"！

在一个艳阳高照的秋日，鸽群在晴蓝的云空里荡漾，我们驻足天安门广场，瞻仰人民英雄纪念碑。碑身上那通朴素的铭文，早已镌刻在我们心中，镌刻在亿万炎黄子孙的心坎上。

我们走近人民英雄纪念碑，虎门销烟的浮雕，使我们想到自己生活的祖国南疆，想到大鹏所城，想到鹏城深圳，想到"东方明珠"香港……我们不禁感慨万端，思绪随着鸽哨纷纷扬扬——

初来深圳时，我们曾到沙头角镇的中英街游览。中英街原名"鸬鹚径"，原是从梧桐山上流下的小河及河边小道，后来河流改道，居民就把它垦为耕地。1898 年，英国殖民者"租借"新界，租期 99 年，这里被立为"边界"，这条长约 250 米，宽约三四米的小街上，竖起 8 块界碑。仅以 3 号界碑为例，中方一面刻有"光绪二十四年，中央地界第三号"；英一方则刻着"ANGLO CHINES BOUNDARY, 1898, NO.3"。

界碑竖在街中央，既挡路又碍事，我们就曾看见一个活蹦乱跳的小女孩撞到一块界碑上，她哭着问妈妈："为什么路中央钉块大石头呀？咱们的街上就不是这样。"妈妈蹲下来，拍打着女儿衣裙上的灰尘，指着石头上的中英文字，轻声细语地给她讲些什么，小女孩抬起头，瞪了一眼"边界"；"边界"那一边，站着一排"日不落帝国"的巡警。临走前她噘着小嘴："长大了，我要把它拔掉！"说完踢了一脚拦路石。

我们想告诉小姑娘：孩子，这块拦路石可是件"文物"啊，它碰疼了你，但是别把它拔掉，香港回归祖国，也别"拔掉"界碑，因为它不仅钉在中英街上，也深深地钉在一个古老民族的记忆里。

"人猿相揖别，只几个石头磨过。"大鹏镇咸头岭新石器沙丘遗址是目前珠江口沿岸同类型遗址中，发掘面积最大的一处。20 世纪 80 年代，深圳市博物馆在考古普查中发现了这处遗址，并进行了发掘。出土文物中仅石器就有数百件。摩挲着这些石斧、石锛、石刀、石凿、石钻、石杵，我们对那一群群面目模糊的先人感念不已。但是，中英街上的这几块石头，却足以使一个民族的血燃到沸点，而且还将世世代代地燃烧下去，让我们勇敢面对那段屈辱的历史，从屈辱中汲取振兴中华、和平崛起的原动力。

大鹏湾对面就是香港，英国殖民者在那里盘踞了 100 多年，一直不肯作爽然离去的准备。老一辈殖民者的尸灰早已运回英伦三岛或者埋在深港地区的海域和土地上，子孙辈阅读他们发黄的回忆录时，会知道一水之隔有座使他们的祖辈望而生畏的大鹏所城。尽管这座昔日的桥头堡已经废圮得不成样子了，它依然牢牢地楔在那里，像一枚拔不去的铁钉。

况且，就在明清两朝岭南军事要塞大鹏所城逐渐废圮的地方，鹏城深圳奇迹般地出现了，堪称世界城市发展史上的神话。

明初筑造大鹏城的目的只是开发海疆、屯田卫国，由于受制于内部和外部的诸多因素，尽管经过了 600 年的时间，它终于未能自发地演变成为现代意义上的城市。深圳经济特区一开始就以国际大都市的气魄震慑世界，她不需要森严壁垒的城墙，却负担着更为艰巨的历史使命，这就是我们耳熟能详的对外开放的"窗口"作用，改革的

"试验场"作用,对内地的辐射带动作用,对香港稳定繁荣的促进作用。

国人没有忘记大鹏所城,深圳没有忘记大鹏所城。1984年和1988年,深圳市政府两次拨款修复城中部分建筑;1989年,大鹏所城被列为广东省重点文物保护单位;1995年,大鹏所城被深圳市、龙岗区分别定为爱国主义教育基地;1996年,大鹏所城成立全国第一个镇级博物馆……

乾坤旋转瑞珠还,五世英灵尽解颜。
莫道神州豪气减,看将挥写好江山!

1898年6月9日,《展拓香港界址专条》在北京签订署,"专条"声明:"此约应于画押后,自中国五月十三日,即西历七月初一号开办施行。"1997年7月1日租期到限,香港回归中国。

我们选择了一个值得纪念的日子(也是一个偶合的日子),"欢送"殖民者回家。

回家之前,我们欢迎他们隔海看一看大鹏所城,看一看鹏城深圳。

当然只能是看一看了。

1997年7月1日,香港回归庆典与中国共产党成立第76个诞辰重叠在一起,中华人民共和国国旗与香港特别行政区区旗交相辉映。此前,广东省文艺批评家协会、中共深圳市委宣传部、深圳文艺批评家协会联合有关部门召开《大鹏所城——深港六百年》书稿研讨会。6月22日,广东省委宣传部、深圳市委宣传部举办《大鹏所城——深港六百年》一书首发式,迎庆香港回归。

2001年7月,国务院公布第五批全国重点文物保护单位,大鹏所城系全国重点文物保护单位之一。

2004年5月,深圳市民投票选出"深圳八景",大鹏所城名冠"深圳八景"之首……

《大鹏所城》——深圳历史文化的崭新坐标

邵汉青

> 邵汉青，原深圳市委常委、宣传部长、市政协副主席，教授。本文选自汪开国、刘中国合著的《大鹏所城——深港六百年》附录，标题系编者所加。

深圳具有丰富的历史和文化积淀，这是一座宝贵的矿藏，很值得挖掘。由深圳市粤剧团改编演出的《何真归明》，之所以产生了较大的反响，多半在于编导人员触动了深圳历史这座富矿。怎样继续发掘这座矿藏，用怎样的艺术形式进行处理，既是摆在深圳市文艺工作者面前的一项任务，也是一场考验。

1996年冬天，我和有关同志到龙岗区调研，汪开国、刘中国两位同志谈及正在写作《大鹏所城——深港六百年》。他们的气魄很大：从明初的"洪武之梦"，一直写到深圳解放，力图为深圳树立新的历史坐标，发掘深港地区深层的文化内涵，把这本书作为香港回归的献礼。这两位"新客家人"找到了一座富矿。我很高兴，也很感激，希望他们早日拿出书稿，同时也担心基层工作千头万绪，他们能否及时交卷？

事实证明，担心是多余的。今年初在广州召开省宣传工作会议，两位作者把写作提纲和部分书稿送我及与会同志审阅，我建议，书稿完成后打印若干份，召集有关专家学者开个研讨会，广泛听取意见，要搞成个"精品"。两位作者也颇有信心。1997年3月份，书稿修改告竣；4月18日，广东省文艺批评家协会、深圳市委宣传部、深圳文艺批评家协会联合召开书稿研讨会，与会专家学者予以高度的评价，并提出了建设性意见。他们汲取了与会专家学者的批评意见，以最快速度完成了定稿工作，抢在香港回归前夕出版，为深圳市宣传文化工作做了件功德无量的大好事。

借今天这个难得的机会，我谈谈自己读《大鹏所城——深港六百年》的感想。

这是一部填补空白的力著。本书对源远流长的深港地区历史有个概略的回顾，论述了深港自古是一家，深港地区和广东其他地区同属一个文化系统。由于体例考虑，作者把聚焦点放在近现代，以恢弘的气势，翔实的史料和灵动的文笔勾画了一幅绵延600年的深港地区历史长卷，为深圳的历史文化构筑了一个崭新的坐标。预示了深港地区前进中的"历史"是辉煌的，她的过往的历史和文化也是同样的灿烂夺目。

这本著作的价值，不仅仅在于它为深港地区提供了一份编年史，还在于通过对深港地区600年历史的追慕，引证了近现代中国社会政治、经济、文化的身影。宋元以后，中国的经济、文化重心逐渐移向东南沿海地区，及至明清，广东更是成了近代中国的政治、经济、军事和文化的一个焦点，许许多多日后影响中国命运的大事件，均在南岭边陲、深港海隅一一搬演。明代就有"广东多商"的说法，这说明广东的商品意识萌发较早。明清两代多次严申"海禁"，使广东的海外贸易受到很大打击，这实则是中国由盛而衰的标志，本书作者浓墨重彩地写"天后传奇"，写深港地区人民敢于闯禁区，在"天后宫"三拜九叩，弄潮海上，扬帆沧溟，在变幻莫测的惊涛骇浪中踏出一条条明明灭灭的"海上丝绸之路"。深港地区"天后"崇拜现象，从宋元明清迄今不衰，而且"分灵"海外，他们从民俗学的角度揭示了深港地区得"开放"风气之先。正因如此，才逐渐形成了我们今天乐道的"东南亚华人经济圈"。新加坡的一座"天后宫"的楹柱上，有一副落款"总领事黄遵宪敬题"的对联——"入耳尽方言，听海客瀛谈，越人乡语；缠腰数豪富，有大秦金缕，拂林珠宝。"大秦和拂林是中国古代对西罗马帝国的称呼，这也可见"开放"的广东人不仅赴南洋市贸，欧洲也早就在他们的视野之内了。当然，"开放"这个问题，从昨天的自发到今天的自觉，还要经过一个漫长艰难的认识过程。

朱元璋下令筑建大鹏所城等沿海卫所，用意在于加强海防，抗击倭寇侵扰。我们的作者由此衍生出又一个问题：深港地区根深叶茂的爱国主义！在南中国海上发生的诸多重大事件中，他们抓住了"三个第一"：1516年，广东巡海道副使汪鋐率领军民打响了中国历史上抗击葡萄牙殖民者第一枪；1839年9月4日，大鹏营参将赖恩爵率领水师在九龙洋海面上打响了鸦片战争第一枪；1900年10月8日，孙中山策划深圳三洲田起义，打响了推翻封建帝制第一枪。这振聋发聩的"深港金三枪"，足以证明深港地区人民具有爱国主义优良传统。我们称赞《大鹏所城——深港六百年》是一部生动的爱国主义教材,并不过分。

  一部优秀的文学作品往往具有多重的认知价值。作者把大鹏所城放到南中国海乃至 14 至 20 世纪中国和世界历史进程的高度来写,其难度之大可想而知,但他们善于扬长避短,在写作方法上,纵横捭阖而又挥洒自如,视野开阔而又贴近现实;既有严谨精到的史家风范,又不乏活泼跌宕的文学气息;能够准确科学地阐释史实,又不失灵动浪漫的诗骚色彩;既有深沉的历史忧患意识,又保持着清醒的现实感。这本著作涵括了文学、史学、经济、文化以及社会认识等多重价值,从不同层面丰富了人们的文化视野。我们的时代需要这样一部著作,深圳需要这样一部著作,这部著作在香港回归前夕应运而生,可谓生正逢时。

  刚才,刘斯奋同志发表了热情洋溢的讲话。斯奋同志说,《大鹏所城——深港六百年》的出版,是深圳乃至广东和全国文化界的一件盛事,该书和其他一大批好书的出版,标志着深圳不仅经济方面在全国具有领先水平,在文化艺术的发展上,也取得了应有的位置。斯奋同志的讲话,既是对深圳市两个文明建设成绩的肯定,也是对两位作者一番辛劳的最好评价。我们要抓住香港回归这个千载难逢的历史性机遇,利用深圳毗邻香港的地缘优势,正确处理物质文明和精神文明的关系,充分认识文化建设的重要性和紧迫性,建设有中国特色社会主义的深圳经济特区文化事业。

  我再次向汪开国、刘中国两位同志表示祝贺,感谢他们为深圳的历史文化研究做了件具有开拓性意义的工作,希望他们创作出更多的艺术精品。

冷冷热热说历史

胡洪侠

> 胡洪侠，曾任《深圳商报》"文化广场"周刊主编，现为《晶报》总编。本文原载《深圳商报》1997年6月26日，标题略有改动。

6月21日是夏至，节气是农业文化的时间符号，对深圳这样的地方意义不大，况且，在深圳这样的地方，夏天早就"至"了，炎炎烈日从未听从节气名称的指挥。不过，对深圳文化而言，6月21日可说"书至"，这一天深圳多了一本自己的书，一本有着多种启迪意义的新书——《大鹏所城》。出版这本书的海天出版社一负责人说，为了在香港回归前把这本书赶出来，编校人员暂时放下手中其他的活，印刷厂也日夜赶制。两位作者汪开国、刘中国把《大鹏所城》递到我手中时，这本书似乎还冒着热气。

这本书也确实承载着许多"热"——"回归出版热"及方方面面的热情与热望。但《大鹏所城》却是从冷点出发：回望深港600年历史。当然，汪开国、刘中国把冷冷的历史写得很"热"。他们用文学笔法处理历史资料，以一腔热情从600年前的"洪武之梦"写到1949年深圳解放。序言、引子、代跋、后记之外，书分20章，以大鹏所城为聚集点和发射点，600年的历史烟云，在作者笔下急缓有序地弥漫开来。我们这些移居深圳的所谓"新客家人"读了，会多知道许多事，比如"明朝开国皇帝朱元璋是有史以来第一个梦见现在的深港地区的帝王"等。

汪开国、刘中国也都是"新客家人"。他们来深圳的时间，远不如他们在内地当教师的时间长，他们所以对历史感兴趣，不仅因为他们来深圳之前已对历史感兴趣（汪开国是党校教授），更因为他们南下之后对深圳感兴趣。在大鹏所城盘桓，两位作者无言以对,"沿着城墙,看了一圈又一圈,那一块块厚实的方砖,像是一张张咬紧的嘴唇,缄默着一个秘密,不肯诉说"。于是,他们要揭示秘密,要"说",要"寻找这座城市的历史"。文化人有这种历史感,差不多就已经把深圳当作家园了。把自己看成"过客",正是没有家园认同感的缘故,很少有暂住酒店的人会细细打听酒店什么时候动工兴建,先后接待过什么人。

然而,深圳实际上存在着两种历史,一种是《大鹏所城》述说的历史,一种是《深圳的斯芬克思之谜》述说的历史。前一种历史时间很长,是所谓"过去中的历史"。后种历史时间很短,才十几年,是所谓"进行中的历史"。深圳文化也因此分成两种,一种是早就存在的作为岭南文化一个组成部分的深圳本地文化,一种是"一夜城"内万千移民正努力实践的深圳特区文化。人们说深圳是"文化沙漠""缺乏丰富的文化积淀"时,实际上是针对"城市文化"而言,没有谁去谈论或注意到,深圳有自己的童年,有自己的历史。大鹏所城也并不是现代意义上的城市,那不过是明清时的沿海要塞,类似于现在的边防哨所。深圳的都市文化,当然应秉承大鹏所城历史中内含的民族精神与爱国情怀,但今天所需的文化资源不会都在历史中找到。所以,我读了《大鹏所城》,又读了几篇关于《大鹏所城》的评论文章,感觉很喜爱这本书,又感到评论文章中有些观点似乎"冷"了一些。比如:"我们现在有了洋洋洒洒25万字的《大鹏所城》!原来深圳也有文化,有源远流长的历史,这本书既堵住了一张张慵懒闲散的嘴巴,也给困惑的深圳人解了围,壮了胆。憋在心里的一口闷气可以长长呼出了……"

我们知道了深港600年间的史与事,欣赏汪开国、刘中国的尝试与见识;《大鹏所城》也真称得上是深圳人新一轮文化努力的新起点。不过,"慵懒闲散"的嘴巴还不敢闭上,还应该经常谈谈心目中的面向未来的深圳文化。历史也许能给我们壮胆,但是,"憋在心里的一口闷气"真的可以"长长呼出"吗?

深圳文化三人谈

老亨　金心异　我为伊狂

> 老亨、金心异、我为伊狂系深圳有影响的三位文化人，三人联袂打造深圳"因特虎"，被誉为"因特虎三剑客"。本文选自三人合编的因特虎深圳报告2004：《十字路口的深圳》，中国时代经济出版社2004年版，标题系编者所拟。

金心异：为什么要从深圳精神和深圳文化谈起呢？为什么我们把它列为深圳10大关键问题之首呢？因为我们认为，这是深圳之所以为深圳，深圳之所以生存和发展的理由。

深圳文化到底是不是一种有前途的城市文化？是否代表了中国文化前进的方向？这才是判断深圳未来有没有前途的关键所在，舍此，别的都不能影响到一个城市的最终命运。在深圳文化的基础上，深圳精神到底还是不是一种有竞争力的城市人群的精神？人们的气质决定了人们会干出什么事情来，深圳人的共同气质决定了深圳会有什么成就。

老亨：从这个角度来说，深圳决策层这几年的一些做法并没有偏离主题，相反却是一直在试图抓住牛鼻子，这包括2002年前后关于深圳精神的大讨论，以及2003年底以来提出的"文化立市"决策。

"文化立市"没错，但是如何实现文化立市，却大有讲究，方式与路径不对，就有可能南辕北辙，效果适得其反。

如何真正地凝聚深圳700万市民的共识，提炼出数百万市民认同并愿意效行的

"深圳精神"？如何真正地改造深圳文化，使之永续成为中国文化的探路先锋？这其实是深圳最急需解决，但是依靠现行的体制和运作理念几乎不可能解决的问题。

深圳发达的商业文化使这个城市功利性太强，从政府到民间的活动都带有强烈的功利目的，功利主义有其好处，可以促进人们不断寻求发展，但是过于功利则可能使行为短期化，使城市的人文空间逼仄。

我为伊狂：关于深圳文化，国人的认识有许多误区。

从深圳特区创立至今，关于深圳有没有文化的讨论就从没有中断过。有人说，深圳是"文化沙漠"。有人说，深圳有文化，有的是创新的"移民文化"。一般来说，任何社会都有其生活形态，只要有人类活动的地方就有文化，何况深圳聚集了全国各地的精英人才，因此说深圳是"文化沙漠"是难以成立的。当然，深圳目前的文化状况也不会像某文化名人称赞的那样，"深圳是中国文化的桥头堡"、"深圳有资格总结20世纪文化的事"、"争取20世纪中华文化各个领域的结算权"……这种观点不但让中国知识界瞠目结舌，而且连深圳人也不敢相信自己的耳朵——难道我们的文化建设也创下了新的"深圳速度"？

说深圳没有文化的人总喜欢拿深圳与北京和上海比。以前老北京的贵族文化，20世纪二三十年代大上海的绅士文化，以及江南的水乡文化，巴蜀的饕餮文化等都不绝于口，让他们念念不忘。从心理深层来看，国人喜欢这样看待以广东为代表的岭南文化是以北方文化为正统地位出发的。实际上，深圳是北方文化在岭南的一块"飞地"，从现在看还不属于岭南文化范畴，大家比较认可的是深圳正在形成一种多元的移民文化。

虽然深圳某些人唯利是图的行为的确会让初到者觉得这个城市有点"赚钱不择手段"，但是深圳绝不是"一个靠走私起家的暴发户"。这些评价都非常片面极端，完全忽视了大多数深圳人的正当劳动。不知这是处于嫉妒富人的心理，还是真对深圳一点都不了解？嫉妒富人往往是阿Q式中国人的一个通病。香港人在70年代发达起来，他们会"不屑一顾"，有钱算什么，那里是"文化沙漠"；广东人在80年代富起来了，他们也会说一句"暴发户"！实际上，香港流行文化在80年代北上，风靡全国；近代众多思想变革、革命运动都在广东酝酿和策动，能说广东没有文化？总之，心理上的成见和对历史的一知半解使人们难以对深圳的文化作出正确的评价。

老亨：不管怎样，深圳文化的贫弱却是深圳内外的共识。在移民文化尚未成形之前，深圳对外展现的是一种以功利主义为基础的商业文化，而缺少普及型的市民文化和精英型的学术文化。市民文化，如独特的方言、小吃、风俗等在深圳都没有，这是人们认为深圳没有文化、没有认同感的主要原因所在。至于学术文化，深圳在文学、艺术、社会科学以及自然科学等方面偶有奇葩闪现，但均未在整个城市产生较大影响，形成气候，因此在学术氛围、人文涵养等方面深圳不但不能与北京、上海等城市相比，就是与其他大中城市如青岛、武汉、西安以及南京等相比也还是有很大差距。

我为伊狂：深圳的商业文化是人们谈论较多的，但与香港的商业文化相比却不是那么一回事。香港商业文化非常发达，已经形成了以诚信和效率为特色的、与国际接轨的商业文化。香港商业文化的另一个特色是其流行歌曲、武侠电影等大众文化风靡亚洲甚至全球，显示出香港文化独特的魅力。同时，香港也有深厚的市民文化基础和显赫的学术文化成就。不过，香港也是一个功利主义驱动的城市，市民文化与学术文化都可以被商家利用进行包装、炒作，无论是市井故事，还是中国古典名著，他们都可以使之商业化，并在市场上获得极大成功，如前几年流传甚广的《大话西游》，以及最近走红的电影《老鼠爱上猫》等。香港可以使传统文化、学术文化等融进商业文化并使之大众化，而不能把市民文化、商业文化升华到学术文化，这大概是人们认为香港文化浅薄的一个原因吧。目前的深圳必须避免走香港文化的歧路，而应该在上述两个方向上同时前进，既要获得商业价值，又要有文化内涵。

在多数人看来，深圳缺乏文化积淀、没有文化底蕴是因为发展历史短。因此，深圳人在反驳别人时总喜欢说，对于一个只有二十几年历史的年轻城市，你能要求她有多少"文化"呢？拿深圳与国内那些有几百甚至上千年历史的城市比文化，那不是让毛头小伙子与中老年人比成熟比老练比深沉吗？

然而，以城市历史短作为深圳文化贫弱的原因恐怕难以站住脚。纵观古今中外，一个地区工商业发展起来之后其文化也跟着繁荣起来。记得美国有位总统说过，我们的父辈浴血奋斗争取独立，是为了让我们有一个安定的从事生产建设的机会，而我们辛勤工作是为了让我们的后代有更多的时间去从事艺术活动。记得不太准确，其大意如此。在20世纪80年代深圳经济就已经非常发达了，90年代经济继续保持高速增长，但文化贫弱的状况却一直未得到改善。这个现象是值得深圳人深思的。

在我看来，除了历史短这个原因外，造成深圳文化贫弱还应该与以下几个因素密切有关：

一是深圳发达的商业文化使这个城市功利性太强，从政府到民间的活动都带有强烈的功利目的。功利主义有其好处，可以促进人们不断寻求发展，但是过于功利则可能使行为短期化，使城市的人文空间逼仄。比如，地王大厦所在地原有人民革命烈士纪念碑，但为了让地给商业开发，该碑在 1985 年移至梅林村。地王大厦为美籍华人设计师张国言扛鼎之作，在 1995 年建成，以"两天半一层楼"的建设速度创下了新的"深圳速度"。但是该大厦地处狭长的三角地带，周围广场也不开阔，给人非常压抑的感觉，相比上海金贸大厦则留有广阔的遐想空间。因此，有人说深圳建筑有高度、亮度和速度，就是没有深度。另外，深圳国际贸易大厦（简称"国贸大厦"）在 80 年代初以"三天一层楼"的进度代表了深圳速度和深圳效率，尼克松、老布什、海部俊树、李光耀、加利等国际政要曾先后到此参观，1992 年邓小平视察深圳时又在国贸大厦的旋转餐厅发表有关进一步改革、开放的精辟论断，迎来了中国新的春天，因此国贸大厦一度被当作改革、开放的成功典范和象征，是深圳和深圳人的骄傲。所以我认为如果以后要评选深圳优秀历史建筑的话，国贸大厦必定为首选。但是，国贸大厦在建成近 20 年后才摘掉"黑户"的帽子（《南方都市报》2002 年 7 月 24 日 A04—05），以及近几年来国贸大厦里骗子公司的横行，已经使国贸大厦的光辉又神圣的形象荡然无存，而超高建筑一幢又一幢拔地而起，这座建筑正在逐渐被深圳人淡忘。

其次是深圳人生存压力很大，参与文化活动的精力、时间非常有限。全国各地渴求富裕的要求都向这个地区逼来，各路人才蜂拥而至，竞争之激烈可想而知，深圳人想喘口气都难！形而下之衣、食、住、行等问题未得到根本解决，又如何有时间有心情去进行形而上的哲思玄想？

第三个因素是深圳的移民处于传统文化的断层之上，这一点王京生和尹昌龙论述过："这批来到深圳的内地移民，大多是在五六十年代出生和成长，而共同地在 80 年代完成其文化启蒙的历程。一方面，这批移民在其出生或成长的岁月中，多多少少受到'文革'的冲击，'文革'对传统文化横扫一切，客观上破坏了其生长的环境。而另一方面，80 年代又正值中国社会的转型期，对现代文明的渴望和对传统文化的拒绝，构成了这个年代'文化热'的内在特征。这代年轻人又再次远离了传统。开放时代的社会风气促成了他们世界视野的形成，在对西方现代文化的熟悉程度上甚至远远超过了对国学、国故的了解。因此，当这代人中富有开拓精神的一群移居深圳以后，就造成了深圳移民文化中传统文化的底蕴反而单薄，在文化观念上甚至远远比不上香港移民文化中的传统含量。"

第四个因素是深圳市大众文化场所不够。深圳文化设施的先进在全国的确是首屈一指，但是这些图书馆、剧院、音乐厅这些硬件设施不过是一个富人穿了件漂亮的衣服，能说明他有文化吗？除了图书馆和书城，又有多少人进出这些场所？深圳书城与深圳图书馆的人头攒动向来为深圳人所乐道,也是他们批驳深圳没有文化的论据之一。2001年,深圳书城销售额2.53亿元,排名全国第二;同时,深圳市的人均购书量连续12年高居全国大中城市榜首。然而,深圳书城与深圳图书馆的拥挤恰恰暴露了深圳文化设施短缺,为了获得一点精神食粮深圳市民唯有这两个地方可供选择。另据《南方都市报》2004年1月8日报道,深圳政府一年多前计划投资1.3亿元兴建的24个文体设施建设项目中,有14个仍停留在规划图纸上未能落实,不少项目地块已被划归企业改为他用。按照市政府提出的目标,2005年深圳人均公共文化设施活动面积应达到0.8平方米,其中社区级设施面积不低于人均0.3平方米,而以当前的建设现状来看,人们很担心这样一个目标能否如期实现。

最后,文化氛围的培育在深圳长期被忽略,导致深圳文化事业的建设虽有亮点但不能持续。深圳的文化事业超常规发展,长篇小说《花季雨季》、电视连续剧《钢铁是怎样炼成的》等在全国影响广泛。雕塑《孺子牛》和《邓小平》分别竖立于市政府门前和莲花山顶。粤剧《风雪夜归人》、大型歌舞《开拓者礼赞》、舞剧《深圳故事——追求》、纪实剧歌舞《祖国,深圳对你说》等得到广泛赞誉。歌曲《春天的故事》、《走进新时代》唱遍全国各地。18岁的深圳艺术学校学生李云迪、陈萨分别荣获第十四届肖邦国际钢琴比赛冠军和第四名。但是《春天的故事》作曲者、著名的高产优产作曲家王佑贵已经向北京发展。不但文艺界如此,学术界一些专家也向北京、上海等地发展,如综合开发研究院的一些专家流向了上海浦东华夏研究所。

金心异:我觉得你可能跟深圳市政府一样,有点混淆了文化事业和文化竞争力两件事中文化不同的概念。

深圳的文化事业可能还很不发达,但是深圳文化,我觉得却是一种有着勃勃生机的文化。深圳文化是西洋文明以及它的变种之一的香港文化,与中国北方文化、粤文化相互融合之后的新型亚文化品种。正如香港文化所具有的中西合璧的杂交优势一样,深圳文化同样具有此杂交优势。香港文化是粤文化、上海为代表的江浙文化(这两种都是中国南方的商业文化)与英国为代表的欧美文化的杂交物,而深圳则将香港文化再杂交进来,是中国北方文化加上南方文化再与香港文化杂交的产物。

为什么中国社科院倪鹏飞博士连年搞城市竞争力排行榜,都把深圳的文化竞争力排在中国城市的首位?为什么余秋雨教授会对深圳文化有如此之高的评价?首先我不相信余秋雨先生为了一套洋房就会如此大拍深圳的马屁,对他来说成本与收益明显不对称,我更相信这是他的学术判断。如果深圳文化不具有上述的杂交优势,深圳就是花再大的钱,也不会有人如此厚着脸皮帮助吹捧的。

但是这种杂交过程还在进行之中,还在发酵,因而我们暂时还闻不到酒香。但是假以时日,肯定会香飘四海。我认为,深圳还没有到散发体香的时候,如果现在深圳身上飘出了香味,那肯定是香水味,而不是深圳的体香。

因此不要过分看重这几年深圳的文艺成就,我不相信类似《春天的故事》、《走进新时代》这类作品是深圳文化创造力的自然反应,明显不自然,从这方面来说,它们连《天堂向左,深圳向右》都不如,尽管后者也因为过于急切地想在不够火候的情况下,就想来总结深圳的气质。

政府似乎想急切地提升深圳在文艺方面的成就,"钢琴之城"就是个典型。"大跃进运动"能带来文艺的繁荣?我不相信。我更相信创作自由才能带来文艺繁荣。只要深圳政府在文化和出版方面减少一些不合理的管制,我相信在音乐、影视、图书等许多文化领域,深圳过几年就会有许多有影响力的艺术家和作品出现,某些领域成为全国的中心也不是没有可能。

老亨:深圳"文化立市"战略本身是正确的,但由此延伸到各区大搞文化事业可能就有点理解偏差,或者有偷换概念之嫌。这一点我基本同意。但是无论如何,政府重视文化事业总是有其积极意义,无论是"图书馆之城"、"钢琴之城"还是"设计之都",可能会有人觉得好笑,也可能这种引导会使许多幼童被迫加入到学钢琴的流行当中去,但是在我们的城市中将有更多的图书馆设施,会有更多的琴声,无论如何这都不会是坏事情。

政府市级和区级财政有这么多钱,总要花出去才能达到收支平衡,花在文化事业上,总比被吃喝掉,或者去投一些与民争利的商业项目要好得多。

政府做事情往往更多的考虑政绩,或者政客个人的社会形象,这一点在哪里都是如此,不足为奇。但是"文化立市"要么不提,要么就得有个落脚点,落实在哪个方面,现在是落在了文化事业上。落在文化事业上,会不会对真正的深圳文化有促进作用呢?我觉得是会有一些的,因为文化事业一般来说都是休闲的产物,在深圳人的气质中掺入一些休闲的感觉,无疑会加速这个移民社会的群体融合,最终会促进深圳这一杂交文化的定型。举一个例子来讲,福田区政府投资建了一个影剧院,几年了,门可罗雀。前不久,引进湖南的红太阳演艺中心驻场演出,顿时热闹起来,说明政府投资的文化基础设施,确实还是可以成为人文艺术的沃土。

金心异:是,鼓励投入文化事业,可能会对深圳人的精神气质产生潜移默化的影响。加入一些安逸的成分有助于提升这座城市的吸引力，但是深圳一直就是一座创业之城，加入安逸的成分会不会消磨掉一些艰苦创业的战斗意志？或者会不会减弱这座城市对创业、创新精神的追求？

许多深圳人公认的是：只有创新才是深圳精神的真正内核。正是因此，深圳市政府前两年总结出一套所谓的"新深圳精神"——十六字的"开拓创新，诚信守法，务实高效，团结奉献"——得不到市民认同。政府门口的"拓荒牛"虽然被重新解释成了"孺子牛"，但这种新解显然得不到民众的支持。

我为伊狂：深圳市委、市政府展开深圳精神大讨论的目的是重新凝聚市民的人心，但是总结出的新深圳精神既没有充分强调"创新精神"或"创业精神"，也不简练和朗朗上口，因而不能被市民广泛传播和引用，它在市民、哪怕是公务员中的影响也是昙花一现的，因而并不能揭示深圳精神的内核。这并不出人意料。

深圳在过去的数年里是真的失掉了深圳精神。呼唤深圳精神的回归也确实是深圳的当务之急，但是需要强调的是，失掉深圳精神的多是公务员阶层而已，深圳的民间，尤其是深圳的企业界、商界，一直在努力地创新、拼搏，他们的创业精神从来没有失去过。正是商界的坚守深圳精神，才使得深圳经济在过去五六年里生存环境严酷的情势下，仍能维持高速的增长。

现在我们大声呼唤的是，深圳的政府部门和公务员队伍，重新找回深圳精神，大胆去闯，努力去创！只有这样，深圳才能"争创新优势，再上一层楼"。

| 中篇

文化理念与文化研究

建构深圳文化的理论形态

王京生

> 王京生，深圳市委常委、宣传部长，文化学者。本文选自《深圳文化研究》2000年第1期，略有删节。

深圳在文化策划、生产和组织方面的实力及影响，是深圳兴旺发达的重要标志。一个经济特区不仅在经济上也在文化上正散发出它的魅力。

深圳文化在这些年来的发展，已经引起了普遍的关注。它几乎是在一夜之间就活跃地站在了广东乃至全国的前台。在一个经济的深圳之外，一个文化的深圳正展示出亮丽的风景。

作为全国发展最快的经济特区，作为广东较有影响的区域中心城市，深圳注定要承担更大的使命和责任。最近，省委、省政府在广泛调研的基础上，提出深圳要成为建设有中国特色社会主义和率先基本实现现代化示范市，并且要求深圳发挥出作为区域经济中心城市的更大作用。这不仅对深圳的经济和城市建设提出了更高的要求，同时也对深圳的文化发展提出了更高的要求。现代化作为一种全面的、可持续发展战略，必然地要求文化建设进入一个更高的平台，有一个更快的发展，而作为一个现代的区域性中心城市，文化的辐射力也是一个重要标志。随着中国改革开放政策的深入推进，以及西部开发战略的实施，原先的特区政策已经从优惠转变为普惠，特区的进一步发展必须要依靠自身的强化，并由此增创新的优势。而从深圳从一个经济特区发展为一个现代城市的历程来看，城市功能的完善正是其增创新优势的重要内容。而作为一个区域中心城市，有没有强大的文化辐射力是其功能判断的一个重要指标，它将直接决定其在区域中心的位置和"中心"化的程度。而要增强文化上的辐射力，仅仅凭单纯的文化活动、文化设施建设，是远远达不到其高度的，必须要有比较完备的理论形态，有非常鲜明的特色。这是问题的一个方面。

另一个方面，深圳文化实践虽然很丰富，但不能不遗憾地指出，理论脱离于实践、落后于实践的情况依然存在。如深圳文化的性质、特色、优势是什么，未来发展的方向在哪里，怎样达成已经确定的战略目标，等等，这些问题都还缺乏深入的理论探索和力作。尽管深圳已经开展了文化讨论和研究，但这方面的文章还大都是零星的、散论式的，缺乏系统性，更遑论体大思精的理论探讨，一种大规模的、集体研究的风气还没有形成。这是目前深圳文化缺乏辐射力，缺乏与其他中心城市对话能力的一个重要原因。因之无论是从全面发展的现代化理念出发，还是从中心城市题中应有之义出发，或是从深圳文化现状出发，都有必要重视深圳文化的理论形态的建构。只有这样，深圳文化才有可能往前跨进一步，才有可能实现区域中心城市率先实现现代化对文化的必然要求。

要建立深圳文化的理论形态，必须要对深圳文化的现状有一个客观认识，只有在摸清现状的基础上，才能使建构出来的理论形态具有较强的针对性，具有深圳的特色。而要认清文化现状，就必须要对推动文化行为的操作主体进行把握，看什么样的文化主体在推动，看这种推动方式还存在什么问题。

深圳的文化主要来自两个方面的推动，一个是政府的实实在在的建设，一个是民间的红红火火的参与，这建设是大手笔的，这参与是有力度的。尽管其中还表现出急于求成的梦想，但反映了深圳人文化自觉意识苏醒和政府推动经济发展的同时所挥动的另一只手臂。首先看政府是如何将对文化的承诺落实为宏大实践的。深圳的优势在于经济，如果没有经济特区的设立，就不会有深圳这座城市。但是，我们毕竟拥有了城市，这就要求政府在关注经济发展的同时，必须营造广阔的文化空间。其实，这种营造早在特区建立之初就已经开始，"勒紧裤腰带也要办文化"，是那些早期创业者的远见卓识，曾受到内地文化人的激赏。但不能否认的是，随着时光的流逝，城市的扩张，日益强烈的文化需求要求政府做出更大胆的决策。深圳文化中心（音乐厅、中心图书馆）、电视传输中心、青少年宫、工人文化宫等五大项目先后立项建设。这在深圳的发展史上是空前的，在全国也是突出的。经济可以立市，文化也可以兴市，市民们期待着深圳能有蜚声中外的新的文化景观出现，能在一天的劳作后步入高雅的文化殿堂。从这种大手笔中，我们窥出了政府的决心和力度。这些设施在未来的市中心建成，必将具有极强的标志性，并大大改写城市的文化形象。

其次看民间的参与是如何造就一种极富人文内涵的市民意识的。由广大市民参与的"鹏城金秋"文艺会演和"少儿艺术花会"的蓬蓬勃勃的开展，宝安区、南山区相继获得全国文化先进区的称号，就表明了基层的活跃和藏艺于民的深圳优势。而由企业建设的锦绣中华、民俗文化村、世界之窗、欢乐谷、未来时代等主题公园，已经构成了深圳西部的文化旅游带，不仅推动着深圳文化产业的发展，而且以其一定的标志性，增添了这座城市的文化景观和演示场地。深圳书城自1997年全国书市之后一直成为整个城市的文化热点，深圳的人均购书量已经连续11年高居全国榜首，"读书热"和"回炉热"使一个建设中的区域经济中心城市飘满书香。而倡导以人为本的深圳企业文化，实施企业化管理所推动的深圳社区文化，使文化的推进获得更多的经济的机制和民间的载体。从大家乐这种较早也较为普遍的自娱自乐形式，到现代城市的文化广场的规模表演，城市文化的公共空间已经得到了很大程度的扩展。

而文化的讨论和文化人的想象，则使这种城市的文化气氛更为活跃。缺乏文化名人，也没有那些古老城市引以自傲的文化底蕴，这是深圳的先天不足，并且注定将使其在很长一个时期面临补课的任务。从某种意义上讲，没有名人似乎更易畅所欲言，使自由之学术能在这块崭新的土地上成为现实。没有积淀，倒少了瓜瓜葛葛的牵扯，少了坛坛罐罐的羁绊，更易形成独立人格和塑造城市品格。这正如特区的经济起飞一样，在这块土地上，想象力驱动一切。

深圳文化人确实发挥了他们能够发挥的文化想象。他们认为，深圳文化是一种联结黄土地和蓝海洋的文化，东西文化交汇的结果使这里成为文化的松软地带。在珠江三角洲周围，深圳与香港、珠海、广州、中山、佛山并立在一起，正崛起为世界上最密集的城市群。货畅其流、地尽其力、人尽其才的环境，必然使物质文化冲撞开精神与价值的广阔空间。从这个意义上讲，文化人认为这里是桥头堡，这里是引桥，这里是区域性的文化亮点，亦有可能诞生出一种有别于内地的新的学派品种。无论是文化人的尽情向往，还是普罗大众的热心参与，都说明文化的自觉意识已经成为深圳城市意识的重要组成部分，而伴随共识而来的已经和将是共同的文化行动。

但是，当问题上升到理论形态建构的高度，我们不能不看到，政府和民间的文化行为既需要充分的肯定和激励，同时也需要深切的反省和检讨。从政府而言，文化设施的建设和文化活动的开展是完全必要的,但在文化意识的培养和文化理念的建设方面,似乎还不够到位,也相应地缺乏更长久、更宏大的召唤力量,因为文化是长远事业,"文以化人"的工程,更需要落实为文化心理的沉淀和理性的梳理。即使从已有的文化规划来说,虽然确定了现代文化名城的目标,但这一目标尚需得到更为丰富的理论支持。尤其是这一目标的内涵和特色何在,需要组成专门人员进行研究,对"现代文化"的定义和"文化名城"指标,尚需要结合深圳进行更为明确也更为量化的设计,因为"现代文化名城"的口号毕竟是一个新的提法。没有理论支持就很难有说服力,没有确定的含义就很难落实为具体的操作。

而从民间来讲,如何从对新的文化现象的分析研究中发现充满生命力的文化类型,从而培育出更多的文化生长点,这正是民间文化实践所提出的紧迫课题。对于城市群众文化活动中的零星的闪光的东西加以提炼、提高,对于城市文化人的散落的见识进行整理和概括,这是构建深圳文化理论形态必须做的工作。如何在唤起整个城市文化自觉性的同时,唤起文化人和文化理论工作者研究理论形态的自觉性,尚需更为长远的理论建设和积累。

深圳的理论准备还不很充分,文化研究还相对滞后,要建构自身的文化理论形态,必须要重点研究几个问题。只有通过重点突破,才能形成理论上的生长点。

从全国来说,对于城市文化的研究还普遍处于滞后状态。而深圳作为一座新兴城市,在理论准备还不很充分的情况下,要建构自身的文化理论形态,必将是一项长期的任务。从目前来讲,至少要重点研究以下几个问题。

一、深圳文化目标问题

深圳是座移民城市,来自五湖四海的人汇聚在这方热土上。这既为深圳文化发展带来了各具风格的文化类型,容易造就多元化的文化繁荣景观,但同时也可能因文化的地域来源的不同而形成各式各样的"地方主义"。如何在多元共存的基础上促进文化的融合,并以崭新的文化目标来凝聚人心,激励士气,振奋精神,齐心协力把我市文化工作推向一个新水平,这正是未来文化建设的重要任务。

从文化目标的制订和研究来看,如何结合深圳城市新、移民多、城市文化积淀少的现状,既要按照文化发展的一般规律来推进文化工作,同时又要扬长避短,促进文化的超常规建设,这是我们在研究"现代文化名城"这一目标时,必须要真正加以明确的。

二、深圳文化的特色问题

深圳文化发展既然定位在"现代文化名城"的目标上,那么如何确定其现代特色就是一个关键的问题。什么样才算是现代的,现代文化与传统文化、本土文化存在什么关系,这是深圳文化理论研究必须要面对的命题,更进一步讲,全国各大城市都在建设现代文化,那么深圳所要建设的现代文化如何才能有自身的特点,这尚需作进一步的论证。特别是如何结合深圳实际,从深圳已有的优势条件出发,如何借助资金优势,通过资本运作推进文化的规模化、集团化、产业化发展,如何借助高新技术手段形成领先的文化制作能力,如何利用毗邻海外的区位优势成为中华文化与世界文化交流的枢纽,等等,这些领域都可能形成特色,因此都需要细致地研究。而刘斯奋所讲的"朝阳文化"和余秋雨所讲的"桥头堡文化",都将可能给深圳文化特色的研究提供想象上的来源。

三、研究手段问题

深圳是文化积淀特别是理论积淀较为薄弱的城市,因此从纯理论的、纯学院式的研究来讲,很难产生影响。而另一方面,深圳的活跃的、变化的文化实践和文化现象,又为文化理论研究提供了丰富的资源。因此,建构深圳文化理论形态,必须要从一开始就瞄准当下的、发展中的文化实践,通过实证研究的方法,借助现代数据分析技术,从而开辟一条崭新的研究道路。如果从建立深圳学派这一更为长远的设想而言,这种实证研究的方法往往成为学派性存在的必要的技术共识。

四、研究队伍问题

深圳自身的专业理论研究队伍还不够强大,研究人才的积累还不够充分。因此,要推动理论研究工作,必须要在加强自身人才储备和队伍建设的同时,以灵活的机制吸纳社会研究力量和深圳之外的研究专家加入到文化研究工作中来。像课题招标制度、特约研究员制度等就可能成为解决深圳文化理论研究队伍问题的较好的办法。实际上,现代的文化研究工作,往往取决于如何对研究人才进行组织。一流的组织方法可能会产生一流的队伍以及一流的研究成果。

五、研究心态问题

浮躁的心态不利于文化发展,更不利于文化研究工作的开展。要真正以平常心去做文化探求,就必须要克服心理上的一些障碍。尖酸刻薄故作深沉以及由此产生的争斗,这些年已影响了文化和学术的发展。深圳文化的理论建构,从一开始就要保持明朗的、健康的、自信的态度,并由此造成一种宽容的学术气氛,而宽容恰恰是学术自由的伟大保姆。深圳的文化人既不必为外在的指责而作出心烦意乱的辩护,也不必为高人一等的神话心理而作出急躁冒进的宣言。温和的理想主义可能是必要的思想准备,而宽容的作风和建设的心态则可能是必要的心理准备。

六、文化理论形态的地位问题

深圳的观念曾经或正在影响全国,但是,观念文化只有上升为理论文化,才能获得持久的力量和真正的合法性;只有占据理论高位对文化发言,文化发展才可能获得更大的思路、更高的视野和更为深远的见识。深圳不仅要向全国贡献一流的观念、一流的经验,也要贡献一流的理论。对文化建设来讲,只有贡献出一流的文化理论,深圳的文化辐射力才可能更为强大、更为久远。从全国的示范作用和可持续发展的进程来讲,没有一套崭新的、完备的理论支持,是很难把深圳的现代化工作贯穿始终的。而从理论支持来讲,小平理论包括小平特区建设思想和文艺理论,必须要认真地学习和领会,并且要将之落实到文化研究工作的实践中。只有把深圳文化的理论建构提到小平同志建设有中国特色社会主义理论的高度,才能真正认识到其对深圳文化发展的战略意义和深远影响。

我们呼唤建构深圳文化的理论形态。这是一个面向未来的目标，一个浩大的工程，需要长期的、艰苦的努力。这种理论形态到底为何，现在来说可能为时过早，但可以相信的是，它会成为整个城市可持续发展战略的重要组成部分，它会落实在建设现代文化名城这一总体目标上，并最大限度地丰富其内涵。让我们为这一重大的理论建构而共同努力吧。

风雨不归路：深圳的文化梦寻

尹昌龙

> 尹昌龙，深圳市文体旅游局副局长、博士、文化学者。本文选自杨宏海主编《深圳文化研究》，花城出版社2001年版。

1995年底，在珠海召开的"全国经济特区暨沿海开放城市文化研讨会"上，文化界的同仁们就直言对深圳的期待："如果说80年代深圳向全国贡献的是超前的文化观念，那么，90年代深圳则应该向全国贡献领先的文化理论。"期待不是没有理由的，一方面，深圳置身在全国改革开放的最前沿，文化上也理应先行一步；另一方面，深圳的文化讨论已成气候，新的理论的出现当在瞩望之中。然而更值得珍视的是，深圳对自身文化的理论探寻已经走过了风风雨雨的历程。而回想曾经出现的思考，走过的历程，对当下的理论建设或许不无裨益。

浮出海面的眺望："特区文化"

我们把目光回溯到20世纪80年代中期——1986年11月，厦门鼓浪屿，"全国文化事业发展战略研讨会"正在紧张而热烈地进行中。一篇由深圳代表王效文、杨宏海递交的论文——《深圳，呼唤特区文化"特"起来》，在会上引起了非同寻常的反响。文章带着深圳——中国最早开放的经济特区——特有的朝气与锐气，痛切地指出："特区文化要不要'特'，已是一个亟待回答的问题。"在接下来的论述中，作者进一步分析道，正是"由于特区文化没有'特'起来"，以致特区文化发展"步履蹒跚"。不仅特区文化与内地经济发达地区的文化发展的距离越拉越大，就是与特区自身发展的趋势相比，"也形成了极大的反差"。从深圳的特定区位来看，作者指出，特区文化不"特"，其已经具备的文化优势"必将逐步消失"，而"'窗口'与'辐射'作用也无从谈起"。

深圳代表"标新求特"的文化呼声，在与会的文化部副部长高占祥听来，就更有吸引力了。他认为，特区文化"特"起来，也是海内海外文化界的期待。就深圳自身而言，深圳特区要铸造"特区意识"，"特区人自身需要有与其生活方式、工作方式相适应的特区文化"，这就"需要特区文化'特'起来"。

当深圳代表提出"特区文化'特'起来"的时候，这实际上是深圳文化瞩望自身中的最初的呼唤。而特区文化一旦成为专门术语，就表明一种在中国改革开放的前沿地带所涌现出的文化类型，已浮出海面。从今天看来，特区文化的探寻能够进入理论化的运作，其实正得益于这种从当初就已萌生的文化自觉意识，因为作为一种自我展开的文化理论，首先需要的，就是这种自我返现、自我省思的理性视野。值得注意的是，在80年代中期，当以上海、广州为代表的中国沿海的现代都市，纷纷探讨各自面向未来的文化战略时，深圳文化人这种求特求异的战略眼光，就预示着文化思想的闪电已经开始照亮这块曾经一穷二白的文化沙漠，正是从此开始，深圳的文化梦寻踏上了风雨不归路。

1992年，邓小平南方重要讲话又一次掀起文化界思想解放的热潮。同年4月，在文化部政策法规司的召集下，在满带椰风海韵的海口市，来自全国5个经济特区和5个沿海开放城市的近30名代表会聚一堂，共商特区文化发展的对策。与会者重点讨论了特区文化的成因、现状及发展趋势，并一致认为，"特区文化是伴随经济特区的建立，在对外开放和商品经济发展条件下形成的一种新型的文化体系"。通过深入的研讨和推证，"特区文化"再次被确认为专门的文化类型，它已经形成并渐趋成熟。而"特区文化"作为规范的学术术语，在此次会议及其后的文化研究中，进一步落实到深圳特区文化的话语实践的历程中。

在特区文化这一总体视野下所展开的深圳文化研究，并不就意味着有同一的角度，同一的结论，有人从文化区域入手，认为深圳特区文化代表了岭南文化在新时代的发展和演进，是一种充满生机和活力的岭南新文化；有人从文化类别入手，认为深圳特区文化伴随城市发展而出现，是既区别于内地，又不同于港澳的新都市文化；有人从文化机制入手，认为特区文化是在改革开放的深入推进、商品经济的迅猛发展中产生的，是一种走向产业化的商业性文化，等等。综观 90 年代前后有关深圳特区文化的研讨，尽管有零散和粗略之嫌，很难说到充分的学理化，但不同角度的文化研讨，多种途径的文化探究，显示了深圳文化思考自由而多元的活泼景致。

寻求深圳的文化定位："现代文化名城"

回望深圳文化梦寻的心路历程，深圳文化目标模式最早也最集中的定位大约要数 1993 年。在这个深圳新闻界誉为"特区文化竞领风骚"的年头，第二次全国特区文化研讨会在深圳召开。深圳市文化局局长苏伟光提交了《关于深圳特区文化发展战略的思考》的论文，倡议开展特区文化战略研究，引起与会者关注。该文着重从深圳文化发展面临的现状和机遇出发，对未来战略目标提出了自己的设想，即建立起与社会主义市场经济发展相适应的新文化形态和文化管理体制，把深圳逐步建成一个新兴的现代文化名城和对外文化交流中心；逐步树立一种新的市民精神和城市风格，形成文明健康的生活方式。而当时的市委常委、副市长李容根则向全国的代表们集中描画了深圳文化的未来蓝图，首次提出深圳的文化发展目标就是要力争建成一个"有开放、兼容现代化特点的中国南方的文化艺术名城"。

随着深圳特区文化发展战略研究的逐步推进，这一文化发展目标又几经斟酌和推敲，特别是随着深圳第二次创业总体目标的逐步确立，到了 1995 年 3 月，在深圳召开的全市文化工作会议上，李容根同志代表市委、市政府再次宣布修订之后的全市文化发展目标。他指出，深圳要建成社会主义的现代化、国际性城市，要增创文化新优势，就要为建成"现代文化名城"而努力奋斗。

经过深圳文化界多年的探索和思考，如今，"现代文化名城"的目标已经纳入了市委、市政府"九五"期间的总体规划。这当中就凝聚了深圳文化人的几多智慧和几多想象。而作为一项面向未来的文化抉择，其价值又是深远的，正像杨宏海先生在《深圳建成现代文化名城的目标选择》一文中所说的那样："这一发展目标的提出，对整个深圳跨世纪的发展战略来说，具有不可低估的重要意义。"它标志着文化"已在深圳整体建设中的重要位置"，"它将激励深圳人在这片神奇的土地上再创辉煌"。这一极富想象力的文化目标，不仅在深圳文化界，也在广州、上海等地的文化人中引起了极大的反响。

此后，由深圳政协组织的有关"现代文化名城"的大规模调研活动，就正式进入了实施阶段。一支由深圳文化界领导和专家组成的调研组，在对深圳文化发展现状进行全面的调查之后，又北上大连，东进上海，对这些文化发展相近的沿海区域城市作了细致的考察，并拟就了一份完备的考察报告。在报告中，"现代文化名城"这一目标被认为是有号召力的、可行的。但在其具体的指标体系和实施步骤上，尚须进一步完善和充实。当然，深圳的文化探讨自始至终都伴随着争鸣，正如有人认为"特区文化"不能看作一种成熟的文化形态一样，也有人认为，"一说要建设深圳文化，就急于谈如何将深圳建设成'世界文化名城'，接着便是畅谈要建多少文化设施"，这有"文化冒进主义"之嫌。故存一家之言，未必就是过。文化思想在相互制衡的格局中辗转演进，也许正是一种健康的生态。这也是"五四"以来中国新文化建设所提供的教训或经验。

走出深圳的文化对话："新都市文化"

1994年10月，当北京著名文化学者杨东平先生的《城市季风》一书出版之后，中国文化界迅疾地刮起一股旋风。然而就是这样一本高品位的畅销书，对岭南人读来却是别有一番滋味在心头。该书在其第10章"三足鼎立：90年代新格局"，尤其是其中第一部分"广东文化：世纪之交的新北伐"中，对广东文化的几番评说引发了广东文化人喜怒不均、忧乐参半的阅读感受。一方面，广东终于被作为中国最强势的"地域"而置于主流文化之列，与京派、海派文化相毗立，广东人的文化尊严也算有了不小的满足；可另一方面，广东又被认为是重商轻文的"流花溢金之地"，使其在能否成为"文化大省"和"新文化重地"这一推论中，被画上了深深的问号。

值得注意的是，杨东平先生的"广东新语"在深圳这个位于广东的特区新城中同样引发了一层复杂的感受。这其中还与"广东新语"中所夹带的大剂量的深圳杂谈有关，而就是这种关联，在深圳传媒界的传播中被张扬了。1995年9月，在日后独领风骚的《深圳商报》"文化广场"周刊创刊号上，杨东平先生的那篇关于文化"北伐"的章节被整版推出，虽然略有删节，但其中谈及深圳的部分则几乎原样照登。杨东平先生的论断既激励着深圳人的文化热情，也刺激了深圳人敏感的文化神经，以致在特区文化研究中心组织的一次学术沙龙中，有论者认为："杨东平先生谈广东和深圳的文化，尽管有气势不凡的开头，但终究掩饰不了苍白的结语。这位一向生活于北方文化中心的学者，总是带着北方文化人常存的、不同程度的偏见和误读，这就是，深圳有的是钱和性，就是没有心心相印的文化。而正是在这些文化偏见中，深圳被想象成同整个广东一样，是'流花溢金、难溢墨香'的别处。"

与这种偏见相反，深圳文化界同仁大都认为，一向被看作"文化沙漠"的深圳特区，已经初露"文化绿洲"的端倪。杨宏海、尹昌龙在题为"从深圳看岭南新文化的萌生与发展"论文中指出：随着现代化和城市化进程的推进，深圳已经从荒凉的边陲小镇发展成了新兴的繁华都市。与之相伴生，一种以"岭南新文化"为名的都市文化正在兴起，它应该而且已经在以北京、上海为代表的主流城市文化中，开始了求同存异的对话。然而，正是一种来自外界的视而不见，或是一种近乎霸气的偏见，生发了深圳文化人内在的委屈和不满。于是，就在广东文化"北伐"的浪潮中，出现了深圳文化热切的声音。在面向北方的文化进军中，深圳和广东的文化人捐弃了可能有的嫌隙，肩并肩地站在了同一地平线上。事实上，这种起于深圳的新都市文化或岭南新文化，已经不同程度地被放置在广州学界有关"朝阳文化"的总体构想中。

值得区分的是，在深圳所参与的文化"北伐"中，深圳与上海的文化对话，似乎并不像想象的那样充满张力。两地文化界的对话倒更像是一种友善而宽容的讨论。1995年10月，在上海举行的沪粤两地文化研讨会上，深圳文化和上海文化算是进行了正式的、友好的会面。他们对深圳文化积极的评价和乐观的展望，使想象之中的文化"北伐"的硝烟消散殆尽。来自上海大学中文系的邹平副教授，他的一句即兴的妙语："深圳倒不如把文化'北上'变成'南下'"，以其特有的文化智慧，给热衷于"北伐"的广东学人带来一种平和的省思。

尽管北方的文学往往停留在乡村情趣和历史想象中，但深圳这个一夜之间兴起的新兴城市，总是着迷于讲述他那新而又新的"城市故事"。从1994年1月起，深圳《特区文学》算是对已在构造中的新都市文化作了一阵热热闹闹的助推。在新的文化语境中，"城市"这个难以被编码的符号，被纳入文学叙事的视野，这至少显示了这座新兴城市所特有的文化需求和文化期待。"城市"一经视为深圳文化的一个基本母题，它就同时表明，深圳文化人面对城市境遇和城市生活所作的话语努力。这既贯穿在从打工文学到新都市文学的话语实践中，又融汇在大家乐到文化广场的文化进程中。而与此同时，深圳"新都市文学"与上海"新市民小说"在某种不期而遇的契合中，已然以文化对话的形式传出了遥远的回响。尽管老城市有说不尽的苍茫，新都市有说不完的新奇，但"城市故事"似乎都同样地迷人。

关于深圳特区文化发展战略的思考

苏伟光

> 苏伟光，原深圳市文化局局长。本文选自郁龙余主编《特区文化论丛》，海天出版社2001年版，略有删节。

深圳特区自创办以来，在党的改革开放政策的指引下，在全国人民的支援下，经过广大特区建设者们14年的艰苦拼搏，不仅在经济建设方面取得了举世瞩目的成就，而且在文化建设上也得到了飞速的发展，但还远不能与人民群众日益增长的文化需求相适应。党的十四届三中全会的《决定》为我们未来的文化发展指引了方向，激励我们再创辉煌。

深圳的文化建设究竟应该如何发展？根据深圳"将建成社会主义现代化的国际性城市"的整体发展战略目标，我们正在思考深圳特区文化发展的战略问题，以求得文化与经济的协调发展。社会发展是一个整体的发展，建设有中国特色的社会主义现代化进程，是政治、经济、文化相互配合、相互促进的过程，三者缺一不可。只有充分认识文化在整个社会主义事业中的战略地位，充分认识我们所处的时代——从传统向现代化转变的时代、从计划经济体制向市场经济体制转变的时代，并结合深圳特区改革开放的实际，进行文化问题的深入思考与研究，才能制定出符合特区发展需要的深圳文化发展战略，推动深圳文化的繁荣与进步。

本文只是从我们多年的文化工作实践出发形成的初步设想，侧重于从回顾与前瞻的角度提出问题，未能更多地进行理论探讨。我们期望借此文引起更多有识之士对这一重要课题进行研究，为我们制订深圳文化发展战略出谋划策。

一、现状、机遇引发的战略思考

建立特区前，深圳是一个文化基础非常薄弱，文化设施极为简陋的南国边陲小镇。创办特区初期，曾一度被人贬之为"文化沙漠"。

特区建立 14 年来，深圳乘改革开放和市场经济的春风，迅速发展成为初具规模的现代化城市，在人均国民生产总值、人均实现利税、人均创汇以及人均收入和消费水平方面，均居全国领先地位。与此同时，文化建设也随着特区经济的腾飞出现超乎寻常的发展，逐步形成了与改革开放和发展市场经济相适应的、带有深圳特色的新的文化形态。

在文化设施建设方面，深圳市政府先后投资 5 亿元兴建深圳图书馆、博物馆、大剧院、深圳电视台等八大文化设施以及交响乐团、粤剧团、美术馆、艺术学校、艺术中心、南国影联等；办起公开发行的报纸 7 家、期刊 22 家、出版社 1 家。另一方面，鼓励各级政府兴建服务型的群众文化设施，并利用海外资金办文化，先后共集资近 10 亿元，建起锦绣中华、民俗文化村、世界之窗、华夏艺术中心等闻名于世的人文景观，以及一大批歌舞厅、卡拉 OK 厅、影剧院和社会办的专业文艺团体，初步形成了国家办与社会办相结合、多层次、多渠道、多体制投资文化建设的新格局。

在文化体制改革方面，深圳已形成政府办文化与社会办文化相结合的格局。初步建立起文化艺术、新闻出版、广播电视三个文化部门职能合一的"大文化"管理体制，克服了原来"统一的文化市场、分割的管理机制"所带来的弊端，也避免了由于多头管理所造成的部门之间的矛盾。在表演团体的体制改革上，我市较早形成了国（家）办文艺团体和社（会）办文艺团体相结合的"双轨制"新格局，除属政府办的深圳交响乐团、深圳市粤剧团和深圳市歌舞团外，还有社会办的各类专业文艺团体 10 多家。其中如锦绣中华发展有限公司办的锦绣中华艺术团（包括民族歌舞团、土风歌舞团、民俗服饰团、村寨歌舞团和编钟乐团等五个团），借助旅游文化的优势，在南国艺术舞台上崭露头角。我们还鼓励有条件的企业兴办文化产业，如支持万科企业股份有限公司兴办万科文化传播公司。该公司广揽人才，积极进行文化经营，收到了良好的社会效益与经济效益，逐渐成为深圳文化建设中的一支不可忽视的力量。

在文化市场管理方面，深圳已初步形成政府管、行业管、社会管、舆论引导的"三管一导"管理机制，发挥市人大拥有独立立法权的优势，制定了《深圳经济特区文化市场管理条例》，并建立了市、区的文化稽查队，负责对文化市场的稽查和执法工作。与此同时,注重做好文化市场从业人员的服务与引导工作,鼓励他们参加为群众服务的各类活动,逐步提高思想素质、业务水平。1992年,我市组织歌舞厅艺术团赴京汇报演出,受到中央领导与首都观众的好评,引起强烈的反响。

在文化经济政策方面,我市颁布了《贯彻国务院、广东省人民政府关于文化经济政策意见的通知》,制订了旨在促进深圳特区文化事业发展的10条文化经济政策。除对歌舞厅、卡拉OK厅、音乐茶座等营业性娱乐场所征收1%管理费之外,另征收"文化发展专用资金",征收率为营业总收入的3%,用于扶持民族优秀文化。市政府还拨出300万元成立"文化发展基金",奖励优秀作品和文艺人才,并对文化企事业单位开展"以文补文"、"多业助文"活动,给予减免税照顾,实行税利返还政策。

14年来,深圳市文化工作者在文艺创作、新闻出版、广播电视理论研究方面都取得了可观的成果,共有600多篇(件、幅)作品获省、市以及国家级以上奖项。仅1992年,我市就有13部(篇)优秀文艺作品荣获国际、国家级常设大奖。

在对外文化交流方面,深圳充分发挥"窗口"的地域优势,广泛开展不同渠道的对外文化交流活动。14年来,累计已接待了包括比利时皇家芭蕾舞团、美国环球歌剧音乐使者团、苏联(俄罗斯)大马戏团等近50个外国艺术团、40多个港澳演出团;我市亦先后派出10多个艺术团赴美、日、荷、新加坡等国家演出,20个艺术团赴港演出。从1992年起,深圳电视台专辟的《希望之窗——中国深圳》节目,每周一集在纽约中文电视台播出,至今已播出上百集,在美国华人社会引起极大反响。

在发展文化产业方面,深圳在率先建立市场经济体制的过程中,无论是文化系统还是社会各界,都注重把文化当做一种资源来开发。据统计,1992年,深圳文化产业从业人员已达3万人,营业总收入20亿元,可见文化产业已成为第三产业中的支柱行业之一。仅以书刊销售业为例,1992年,深圳市按全市人口计算,人平均购书45元,为全国之冠。

从现状看,短短的14年间,深圳特区文化的发展出现了蓬勃兴旺的局面,文化设施初具规模、文艺创作日趋繁荣、文化市场活而有序、群众文化丰富多彩、对外文化交流不断扩大,与改革开放和发展商品经济相适应的思想观念日益深入人心,正在形成一种与社会主义现代化建设相适应的新的文化形态。

实践充分证明,改革开放和发展社会主义市场经济,极大地开发了深圳文化资源,解放了艺术生产力,加快了文化设施建设和"出作品、出人才、出效益"的步伐,树立了特区社会主义精神文明的良好形象,同时亦促进了特区的经济建设,从而用事实雄辩地证明——社会主义经济特区在文化建设上具有明显的优越性。

1992年春,邓小平同志视察南方时指出,要"抓住时机,发展自己"、"广东要20年赶上亚洲'四小龙',不仅经济要上去,社会秩序、社会风气也要搞好,两个文明建设都要超过他们,这才是有中国特色的社会主义"。深圳建成社会主义现代化国际性城市目标的确立,为深圳文化建设提供了一个千载难逢的历史机遇。现状与机遇均迫切要求我们探讨特区文化发展的战略问题。

深圳在建设有中国特色社会主义宏伟事业的进程中,究竟将如何进一步塑造自己、完善自己？深圳今后文化发展的趋向是什么？目标是什么？应该如何创造适应特区发展需要的文化模式？这些都是亟待思考与探讨的问题。

二、关于深圳文化发展的战略目标

深圳是我国改革开放的"试验场"。从深圳特区在我国改革开放中的战略地位来看,我认为：我们必须在今后10年、20年内,努力以弘扬民族优秀文化为基础,广泛吸收和融合外来文化的精华,逐步创造出一种高层次、高品位的具有时代特色和深圳特点的社会主义新文化,以适应改革开放的需要,适应建设有中国特色的社会主义的需要,最大限度地提高全民整体文化素质,促进经济发展和社会进步。

"开放、兼容、健康、繁荣"应该成为这种文化的主调。因为只有"开放",才能在文化观念上不因循守旧；只有"兼容",才能海纳百川,适应新时代的要求；只有"健康",才能抵制传统文化与外来文化中与社会主义精神文明相背离的某些落后、陈腐抑或颓废的东西,给特区文化注入生机,促进社会主义文化健康发展。

上述想法的实现,要求我们必须在已经取得的文化成果的基础上,继续努力,始终以邓小平同志建设有中国特色的社会主义理论为指导,加快改革开放步伐。近年来,随着市场经济的发展,深圳人的价值观念、文化取向、审美观念、文化消费观念改变,一种新的充满时代气息的文化氛围正在形成。我们相信,通过若干年的努力,逐步实现以下战略目标是有可能的。

1. 建立起与社会主义市场经济发展相适应的新的文化形态和文化管理体制。

2. 把深圳逐步建成一个新兴的现代文化名城和对外文化交流的中心。这既有利于优化投资环境、促进经济发展,又可以通过文化的魅力和辐射力,扩大深圳在国内外的影响，塑造现代化国际大都市的新的城市形象。

3. 在培养有理想、有道德、有文化、有纪律的社会主义新人的前提下，逐步树立一种新的市民精神和城市风格，养成文明健康的生活方式，为改革开放提供精神动力和智力支持。

三、关于深圳文化发展的基本思路与具体对策

深圳作为我国最早建立的经济特区，处在当代中国变革的前列。经济改革及其高速发展所展示的"试验场"的地位显而易见，而文化发展的思路及其形态特点，往往容易被人忽视。

作为一个新兴的城市，深圳虽然不像北京、西安等一类大城市一样，在长期的历史发展过程中，形成了丰富的文化积累和深厚的文化背景，但新兴移民城市本身所具有的优势，又使她没有单一的地域文化的包袱。在这片充满神奇的土地上，在改革开放的大潮中，任凭一群群来自祖国东西南北的富有开拓创新精神的建设者们描图绘彩，因而，深圳文化更带着新时期现代中国文化的特点。

要在这个基础上深化改革，逐步实现深圳文化发展的战略目标，我们就应该在已有经验的基础上，进一步采取一系列行之有效的措施和对策。

1. 要始终坚持"二为"方向和"双百"方针，大力繁荣社会主义的文艺创作和演出，采取有效措施，鼓励和扶持文艺精品的生产，为人民群众提供丰富多彩的精神文化食粮，不断满足人民群众多层次的文化需求，不断提高市民的情操和审美能力。

2. 要继续"内引外联，发展自己，形成优势"，不仅要引入内地源远流长的民族文化艺术，作为特区文化继承与弘扬的宝藏，而且要广泛吸收世界各民族的优秀文化，以丰富深圳文化的内涵。要建立文艺人才激励机制，引进和聘用国内外一流的文艺人才，使深圳成为各类文艺精英的荟萃之地，以不断提升深圳作为国际性大都市的文化品位。

3. 要把文化设施的建设作为城市建设的重要内容，列入市政建设的总体规划之中，力争在不长的时期内，兴建一批功能齐全、设施先进、布局合理、造型独特并具有鲜明文化特征的城市文化设施群落，逐步形成规模效应。在众多先进的文化设施中，要力求有一两个设施能成为深圳文化形象的象征，并在国际上产生一定的影响。

4. 要有计划地组织文学、音乐、舞蹈、戏剧、电影、电视、美术、摄影等文艺创作和演出,以促进文艺的繁荣。对那些社会影响深远的优秀作品要给予重奖和表彰。深圳大剧院、华夏艺术中心等重点艺术表演场所,每年要有计划地邀请国内外高水平的优秀剧(节)目和杰出的艺术家不间断地来深演出。

5. 要吸纳一大批优秀文学艺术家、专家来深圳工作或经常来深圳体验生活,采访考察、从事创作和其他艺术活动,各文学艺术门类都要拥有全国一流的艺术家、作家和专家,并以他们为骨干,带动文学艺术整体水平的提高。

6. 要进一步开展对外文化交流活动,充分利用深圳的地域优势,沟通深圳与世界文化的联系,加强特区与海外友好城市的文化交往,有计划、有步骤地组织各类有影响的国际文化艺术活动,让深圳走向世界,让世界了解深圳,进而了解中国,依靠深圳的"窗口"地位及各种文化发展的有利因素,我们完全有条件在今后若干年内,将深圳建设成为我国中外文化交流的枢纽。

7. 要积极扶持高雅艺术的发展,深圳交响乐团要尽快创造条件,不失时机地按国际惯例招聘国内外一流的指挥家、演奏员来担任聘任指挥、独奏演员,以提高全团的整体艺术水平和知名度。

8. 要引导歌舞厅行业,努力探索、创造高雅艺术与通俗艺术相结合的、具有鲜明特色的歌舞厅文化,为广大娱乐消费者提供更好的精神食粮。

9. 加强特区文化的理论研究,建立一套完善的特区文化发展的理论体系。理论是先导,没有科学的理论导向,特区文化发展战略是不科学、不系统的,势必要走弯路。因此,必须加强对特区文化的发展战略研究和应用研究,形成浓厚的文化学术气氛,建立适应改革开放和市场经济的价值观,倡导和弘扬"开拓、创新、团结、奉献"的深圳精神。

10. 要重视全社会的艺术教育,特别是少儿艺术教育,文化主管部门要抓好少儿文艺创作和演出,要组织作家、艺术家为孩子们创作、演出。深圳艺术学校要精心培养尖子艺术人才,继续办好少年管弦乐团,尝试与中央音乐学院联合在深圳开办面向海外的中央音乐学院的校外大专班,并积累经验、创造条件,争取创办外向型的深圳艺术学院。

11. 要重视抓好群众文化活动,不断引导和完善广场文化、旅游文化、企业文化、社区文化、街道文化、校园文化等群众广泛参与的文化活动,提高其品位,营造一种健康、良好的文化氛围。

制订深圳文化发展战略，是一个颇具规模的系统工程，需要全社会的共同关心，专家学者们的科学论证，还需要"大文化"系统的各个分支机构进行系统研讨，分别制订出各自的近期和中、远期计划并逐步实施。我这里仅是提出初步的设想，难免挂一漏万，愿作引玉之砖，希望引起更多的同志参与探讨。

我坚信，在邓小平同志建设有中国特色的社会主义理论指导下，在党的十四届三中全会《决定》精神鼓舞下，在文化部、省、市领导的重视和支持下，深圳文化工作者一定能发挥优势、增创优势，创造出一种以弘扬民族优秀文化为主体，综合交融世界文化精华的、高品位的社会主义特区新文化。

深圳建成现代文化名城的目标选择

杨宏海

> 杨宏海，深圳市文联专职副主席，文化学者，深圳特区文化研究中心首任主任。本文选自郁龙余主编《特区文化论丛》，海天出版社2001年版。

深圳市地处我国的南大门，西邻珠江口，东濒大鹏湾，南接香港，是我国唯一的一个拥有海陆空口岸的边境城市；同时，深圳又是三面临海的滨海城市，有长达229.96公里的海岸线。从历史上看，这里是海上交通要道之一，地下考古发掘和地面古代遗址的资料证明，深圳是广东环珠江口地区沙丘遗址的分布地区之一，属南中国沿海地带延续发展的"海洋文化"区域。

改革开放15年来，伴随经济建设的突飞猛进，深圳的文化建设也堪称"超常规发展"。各方面文化建设的投资已超过15亿元以上，各类文化产业的经营年收入超过20亿元。"经济基础决定上层建筑"，伴随着物质文明水平的提高，人们的精神面貌、生活方式、生活质量乃至整个社会结构都在发生着重大改变。时至今日，深圳成为举世瞩目的现代化新兴城市，成为镶嵌在祖国南海之滨的一颗明珠。

正是在这样的背景下，根据将深圳建成现代化国际性城市的既定战略，深圳市委、市政府在《深圳市1995—2010年文化发展规划》中，提出用15年或更长的一段时间，将深圳建成一座以"中外文化交流的窗口、文艺精品和文化人才荟萃的中心、现代文化艺术产品生产的基地、文化艺术商品交易的市场"为主要内涵的现代文化名城。这一发展目标的提出，对整个深圳跨世纪发展战略来说，具有不可低估的重要意义。

一、中外文化交流的窗口

考古学者在广东环珠江口地区发掘了数量可观的沙丘遗址，揭示了在华南沿海地带生活的广东先民的文化演变过程。岛屿多、海岸线长的滨海环境，便于走向世界、接受海外先进文化。因此，海洋给沿海地区带来开放的优势，"海洋文化"便具有"开放型"、"外向性"的特点和传统。

深圳毗邻港澳，背靠内陆，是改革开放的试验场、一国两制的临界线、中外文化的交汇点、移民汇集的新都市，这种特殊的地缘、人缘关系，使其在跨世纪发展战略中，势必要发展成为中外文化交流的"窗口"。面对"九七"香港回归与华南经济文化圈的日趋形成，深圳要实行"联合内地、发展自己、形成优势、影响香港"的原则，在继承源远流长的中华传统文化的同时，注意吸收海外先进文化，从而创造一种有中国特色的社会主义新文化，在华南经济文化圈乃至整个中国内外文化交流中发挥重要的"窗口"作用。

"栽种梧桐树，引来金凤凰。"深圳在过去的 15 年兴建了图书馆、博物馆、体育馆、大剧院、电视台、南国影联、锦绣中华、民俗文化村、世界之窗、华夏艺术中心等颇具规模的骨干文化设施，举办了"深圳、珠海国际艺术节"等大型文艺活动，吸引了 13 个国家和地区的艺术表演团体和著名艺术家来深一展风采。在跨世纪文化建设中，深圳要建设一批档次高、功能全、设备先进、具有深圳特色和代表性的文化设施，为举办全国和国际性大型文化艺术活动，提供良好的物质条件。现在已兴建的有深圳书城、关山月艺术馆、有线电视台、少儿图书馆，以及正在筹建的中心图书馆、深圳国际文化交流中心、特区文化研究基地、粤剧技艺馆、深圳艺术博物馆、深圳科学馆、深圳文化艺术交易中心、电影大厦、南山电影城等，拟在交响乐团、锦绣中华艺术团、世界之窗五洲艺术团等基础上，进一步建成有国际水准的剧院群体和艺术表演团体，使之具有举办常设性国际文艺、体育比赛的能力，以及开展国际性文化学术交流活动的能力。在市政建设方面，要体现独特的文化个性，保持并发展"万国建设博览城"的风格，遏止建筑风格日益"单一化"的趋向；在文化设施建设方面，要切实做到设计认真、结构科学、功能突出。在旅游文化方面应在锦绣中华等主题公园、人工景点的基础上，根据当代人旅游审美取向，兴建一批探索未来世界奥秘以及体现山海风光等旅游新项目。在文化娱乐方面，既要有交响乐等高雅艺术，也要有"大家乐"此类满足打工一族的广场文化，以及其他满足不同层次的市民需求的丰富多彩的娱乐形式。

要进一步活跃文化交流活动。继续办好世界华人诗人笔会、国际水墨画大展、国际摄影大赛、大剧院艺术节、少儿花会等文艺活动；筹办深圳国际交响音乐节、国际旅游文化节和'96全国书市等全国性、国际性文化活动。配合"九七"香港回归祖国，要进一步加强深港文化交流，借助在香港举办的各类国际性艺术节丰富深圳的文化生活。笔者1986年11月在厦门参加"全国文化事业发展战略研讨会"上，曾提交一篇题为"深圳，呼唤特区文化'特'起来"的论文，指出深圳香港在历史上同属新安县，两地风俗相近、山水相连，呼吁在新的历史条件下，深港两地要寻找文化"认同"和"存异"的联结点，加强文化交流，促进香港对祖国的向心力，架设"一国两制"条件下文化交流的引桥，以稳定香港、影响台湾、互通信息、共同振兴中华文化。如今，距离香港回归祖国只有700多天的时间了，加强深港衔接与文化交流，更是刻不容缓、任重道远。

二、文艺精品与优秀文化人才荟萃中心

历史上利用海上交通，开拓经济文化交流，使泉州、上海等地成为文化名城，也加快了台湾、厦门、海南、珠海、汕头的人口迁徙，使之吸纳了众多的移民和先进的文化和科技，丰富了我国"海洋文化"的内涵。深圳是个年轻的城市，文化积淀上无法与历史名城相比，但她具有毗邻香港与经济高速发展等优势，可以扬长避短，以"现代文化名城"为参照系，使其"海洋文化"赋予时代特色。

要建成现代文化名城，关键要出文艺精品和文化名人。深圳创办15年，从内地引进大批文化人才，创作出不少有深圳特色的优秀作品，荣获600多项（件）国家级和省、市级奖项。但从建成国际性城市的要求看，我们的文艺创作缺少鸿篇巨制，文艺队伍缺少名流大家，文艺管理人才更为缺乏，这些都是深圳文化发展亟待解决的问题。

诚如著名学者余秋雨所说，深圳地处联结内陆与香港的边缘，是一块文化的松软地带，一块有待文化人去开垦的地方。因而，这也是一块充满希望的地方——少了传统文化的重复，没有权威的压力，避免了流派之间的门户之争……一张白纸，可以画最新最美的图画，这些良好的条件，加上深圳社会经济条件的种种优势，必将吸引各种勇于创新与开拓的现代文艺人才。地处"海洋文化"区域的深圳，要以"开放"、"兼容"、海纳百川的胸怀，在这里建立一种崭新的机制，营造一种浓郁而又宽松的文

化氛围,使深圳成为一个适宜各种艺术门类探索、创新的试验场,使全国各地的艺术家都愿意到这里来漂泊、栖息,在这里一圆艺术家之梦,从而使深圳形成一个中国无可代替的文化码头。

因此,必须在制订"深圳文化发展规划"过程中采取积极措施,形成一套发现人才、培养人才、引进人才、留住人才的机制,使深圳成为吸引文化人才的"福地"。要进一步加强文化教育,筹办文化艺术学院,加速培养各类文化人才,逐步建立起一支结构合理的艺术创作、表演、理论、文博、图书馆学、群众文化、艺术教育以及文化行政管理和文化经营管理的跨世纪专业人才队伍,同时注重用优惠政策引进各类高级文化人才。要深化文化干部人事制度改革,引进竞争机制,造就一支具有良好思想、业务素质并具有宏观管理能力的文化管理队伍;培养一批优秀的作家、艺术家、出版家、理论家;培养一批名记者、名编辑、名编导、名演员、名主持人;培养一支熟悉市场规律、善于经营的文化经营队伍;培养一批学识渊博的文化科技研究和开发队伍,使深圳成为优秀文化人才荟萃的中心。

在文艺创作方面,深圳要进一步坚持"二为"方向和"双百"方针,重点抓好具有时代精神和深圳特色的文艺精品创作。如文学方面抓好"新都市文学"、"打工文学"的创作;美术方面抓好旨在突出"都市文化"特色的"城市山水画"的探索;舞蹈方面继续创作"东方百老汇"式的"旅游景区舞蹈";戏剧、摄影、雕塑、音乐都要推出一批有影响的作品;影视界要摄制一批能打入海内外市场的电影和电视剧。要抓紧制定《深圳市优秀文艺创作奖励办法》和《深圳市文艺创作基金管理办法》,重奖有突出贡献的作家、艺术家;要加强社会科学、文学艺术研究,活跃文艺评论,促进文艺繁荣。同时,以专家村、创作基地、研究基地、讲习所等多种场所,以交流、比赛、培训等多种形式,吸引国内外高层次的文化艺术人才来深圳创作、研究、讲学、表演,并通过有效的措施把他们的文化成果留在深圳。

三、现代文化艺术产品生产基地

文化不仅是一种产业,而且是非常重要的产业。现代化程度越高,文化产业就越发达。从全球的趋势看,文化产业已成为全球利润最大的产业之一。1993 年美国向欧共体各国倾销的产品中,影视产品已占第二位。美国 60% 的视听产品出口欧洲,年利润达 300 亿美元。从 21 世纪发展的前景来看，下一世纪国内外的经济竞争，背后是多种文化的竞争。深圳 15 年来文化产业发展迅速，如锦绣中华、民俗文化村投资近 2 个亿，开业不到一年收回成本，成为纳税大户；娱乐业 1993 年收入 15 个亿；深圳一家大报一年的广告收入就超过 2 亿元；南国电影院 1994 年收入就超过 2000 万元；1995 年春，该影院依照国际惯例的院线制形式，与世界近 2000 个影院同时上映新片《红番区》，20 天便创下南国开办 7 年来单片放映 140 多万元的最高票房纪录。万科文化传播公司投资出品的电影《过年》、《找乐》走俏国际市场，获得多个国际大奖，经济上也有丰厚的回报，其中《找乐》仅西班牙赛事一项就获奖金 35 万美元。这些都充分表明，文化产业已成为我市第三产业的重要组成部分。

在跨世纪文化战略中，要充分发挥深圳优势，大力发展文化产业，建设现代文化艺术产品的基地。其中包括：以华侨城锦绣中华、民俗文化村、世界之窗、科幻世界为代表的文化旅游产业基地；以深圳电视台、电视艺术创作中心、影业公司、万科文化传播公司为代表的影视拍摄制作生产基地；发展激光视、唱盘等音像制品的生产，形成以先科激光公司为代表的 CD、LD 产业基地；发展图书销售网络，形成以深圳书城为代表的图书展销基地。同时，充分利用深圳印刷业发达的条件，大力发展高档精美的书刊印刷业，加速形成印刷产业基地；要在有影响的报刊之中组建报业集团，报刊出版社要实现编审电脑化、书报刊印刷实现制版电子化、印刷胶印化、内文多色化、装订联动化。广播电视要配合信息高速公路计划的实施，向多媒体发展。要配合省广播电视"珠江口工程"计划，加快建设进程，优势互补、协调发展；合理配置内地和香港影视艺术及技术资源，形成拍摄尤其是后期制作基地，同时为内地、香港及国际影视产品生产服务。

广东理论界有人认为，人类市场文明源头是意大利，当时以商业的威尼斯和文化的佛罗伦萨作为一个统一的生产基地。进入 21 世纪，文化产业的广州与商业金融的香港将结合成为南太平洋地区新市场文明的生产基地。而作为改革开放"窗口"的深圳，是否应该成为这块生产基地的"排头兵"？我们的回答是肯定的。

四、文化艺术产品的交易市场

深圳文化产业的发展，势必促进文化艺术商品交易市场的形成。文化市场是文化生产与文化消费相互沟通的渠道,在活跃和丰富人民群众的文化生活中担负着重要的历史使命,也是社会主义市场经济的组成部分和精神文明建设的重要领域。在现代社会,文化需求的绝大多数是通过文化消费来实现的。进入流通领域的文化艺术商品,需要营建一个健康有序、丰富活跃的交易市场,使之在深圳"两个文明"建设中发挥作用。深圳 15 年来文化市场发展迅速,其娱乐市场与艺术品拍卖市场等在国内颇有名气。在今后 15 年,深圳要继续坚持两个效益相统一原则,培育和发展影视歌舞娱乐业、书报刊市场、演出市场、工艺品市场、艺术品拍卖市场、文化人才交流市场等,发展文化信息产业、市场调查和咨询业、广告策划业、传播业、创意公司等。逐步把"深圳书市"办成常设性、国际性的书市,把"深圳书城"办成大型图书报刊批发市场。要进一步贯彻执行《深圳经济特区文化市场管理条例》,依法管理文化市场。同时,加强对可调配文化资源的总量调控和分类管理,引导健康文化消费,避免恶性竞争。制定实行特许权经营、限制性经营、鼓励性经营文化项目的管理办法,引入市场竞争机制,优化文化资源的配置。要在实践中培养一批优秀文化经营管理专家,保证文化艺术商品的交易繁荣兴旺、健康发展。

19 世纪末 20 世纪初,美国国务卿约翰·海曾预言:"地中海是昔日的海洋,大西洋是当今的海洋,太平洋则是未来的海洋。"这一预言业已变成现实。正像 500 年前世界贸易中心开始从地中海移到大西洋那样,今天它又正从大西洋移往太平洋。而中国正抖擞精神迎接一个即将到来的"太平洋世纪"。与此同时,市场经济的发展,经济基础的变革,不可避免地带来了上层建筑的演变。放眼全球,电子革命与信息革命,从根本上改变了文化的生产方式和传播方式。法国学者路易·多洛将这种变化称之为 20 世纪的"文化革命",它将促使"海洋文化"在新的历史条件下嬗变与振兴。如今,21 世纪的钟声即将敲响。只有 15 年历史的深圳特区,凭借其毗邻香港和经济发达的优势,凭借其肩负中国改革开放"试验场"的历史使命,凭借其"海洋文化"特有的开放、兼容、创新的传统,迅速站到了这场"文化革命"的前头,并确立了与建设现代化国际性城市相适应的文化发展目标,体现了这个新兴城市面向现代化、面向世界、面向未来的宏大气魄。尽管深圳文化尚处在发育与生长的过程中,尽管在前进的征途上永无止境,但是,建设现代文化名城的战略目标已经确立,它将激励深圳人在这片神奇的土地上再创辉煌。

深圳实施文化立市战略的意义、内涵与目标

乐正　王为理

>乐正，深圳市社会科学院院长，教授、文化学者；王为理，深圳市社会科学院研究员、博士、文化学者。本文选自王京生主编《文化立市论》，海天出版社2005年版，标题略有改动。

一、深圳实施文化立市战略的意义

（一）实施文化立市战略是新时期新发展观的内在要求

当今世界，人类的发展观正在发生重大而深刻的变化。越来越多的国家和地区认识到，社会发展不能简单等同于经济增长，发展必须以人与社会、人与自然的和谐为基础，发展应该以人为本，实现人的全面发展和社会的共同进步。这种新的发展观认为，脱离人或文化的发展是一种没有灵魂的发展，经济是发展的手段，人和社会的和谐才是发展的目的，而这种和谐不仅仅是物质的，更是文化的和精神的。这一新的发展观对文化的地位和作用给予了从未有过的关注，文化维度正在成为人类发展的各种维度中最重要的维度，社会发展正在发生向文化的转折，文化轴心化时代正在来临，以文化为中心的发展范式，正在成为人类进步的新范式。

这一新的发展观已经深深融入中国的国家发展战略。党的十六大提出："我们要在本世纪头二十年，集中力量，全面建设惠及十几亿人口的更高水平的小康社会，使经济更加发展、民主更加健全、科教更加进步、文化更加繁荣、社会更加和谐、人民

生活更加殷实。"胡锦涛总书记在广东视察时，要求广东实现"加快发展、率先发展、协调发展"。党的十六届三中全会又进一步指出，要"坚持以人为本，树立全面、协调、可持续的发展观，促进经济社会和人的全面发展"。这表明，关注文化、发展文化已经成为国家发展的重要理念。

这一新的发展观要求深圳及时调整发展战略。深圳作为率先基本实现社会主义现代化的示范地区，已经由经济起飞阶段，进入社会主义现代化建设全面展开阶段。面对新时期的新任务和新挑战，深圳必须审时度势，确立新的发展观。实施文化立市战略，加快文化强市建设，正是这一新的发展观的直接体现。

（二）实施文化立市战略是顺应文化经济的时代要求的必然选择

当今世界，处于文化经济时代。经济和文化在当代正表现出越来越明显的相互融合趋势，文化与经济之间的界限日渐模糊，文化活动与经济活动、文化消费与物质消费、文化资源与经济资源、文化环境与投资环境已经相互渗透，日益融为一体。一方面，文化资源的配置与开发、文化资本的积累与流通、文化产品的生产与消费、文化市场的开发与管理等都越来越遵循经济规律运行，市场经济正在推动文化加速走向产业化，文化产业的不断壮大和向其他领域的迅速拓展已经成为社会经济发展中的最大亮点，文化在相当程度上已经直接体现为现实的生产力；另一方面，以文化资源为基础，以创新为发展动力，以包括科技、信息和人才在内的文化因素为重要生产要素的文化经济，正在上升为世界主要发达国家的代表性经济形态，经济发展越来越依赖于科技创新和人才素质的提高，经济竞争越来越依赖于文化竞争，社会财富越来越向拥有文化优势的国家和地区聚集。

文化与经济的融合，形成了文化与经济之间相互渗透、相互转换、相互支持、相互提升的良性互动格局。当今社会，经济活动中注入的文化内涵越多，物质生产中产品的档次和附加值就越高，竞争力就越强，效益就越好；文化发展中吸收的经济成分越多，科技含量越高，文化的覆盖面就越广，影响力就越大，渗透力就越强。

文化与经济的融合意味着一个新时代的来临，深圳必须顺应文化经济的时代要求。实施文化立市战略，加快文化强市建设，有利于深圳抓住文化经济带来的机遇，积极应对文化经济的挑战，及时调整发展思路，主动促进文化与经济的融合，在文化经济带动的新一轮发展中抢占先机。

（三）实施文化立市战略是提高深圳的城市综合实力和城市竞争力、增强深圳凝聚力和辐射力的重要举措

文化是城市综合实力的重要标志。城市综合实力主要体现在两个方面：一是综合经济实力，二是综合文化实力，二者相互影响，互为支撑。以文化基础设施、文化资源、文化资本、文化生产能力、文化创新能力、文化消费水平和文化辐射能力为基本要素的综合文化实力，在城市综合实力中的地位和作用越来越突出，并越来越深刻地影响着城市的经济利益、自然和环境利益、社会利益以及与城市形象相联系的城市整体利益。

文化竞争力正在成为城市竞争的核心力量。文化对城市经济社会发展的推动力越来越突出和重要，日趋激烈的城市竞争已经走过了经济实力竞争、管理水平竞争为主的阶段，正在进入文化竞争为主的新阶段。一个城市不具备文化竞争力，就谈不上长远的、可持续的发展；一个城市不具备文化竞争力，就谈不上城市吸引能力和辐射能力的进一步提升；一个城市不具备文化竞争力，就谈不上综合竞争力的不断增强。

文化是城市凝聚力和辐射力的源泉。一个城市存在的终极意义在于其与众不同的文化。城市文化是城市特质与市民生活品质的代表，也是城市形象的代表。一个缺乏文化认同的城市是一个没有凝聚力的城市，一个缺乏文化特色的城市是一个没有个性的城市，一个缺乏文化魅力的城市是一个缺乏辐射力的城市。

深圳是一个年轻的城市，文化资源不足，文化资本积累不多；深圳是一个移民城市，市民的城市认同尚未形成，城市凝聚力不足；深圳地处改革开放的前沿，以价值取向、创业精神、创新氛围和交往操守为要素的文化竞争力较强。但是，深圳的综合文化实力不足，深圳在经济总量、工业产值、外贸进出口、高科技产业等方面所构成的综合经济实力优势，急需得到综合文化实力的跟进和支撑。实施文化立市战略，加快文化强市建设，将大幅度提高深圳的城市综合实力和城市竞争力、增强深圳凝聚力和辐射力。

（四）实施文化立市战略将推动深圳发展实现新的历史性飞跃

深圳建市23年来，改革开放和现代化建设取得了举世瞩目的成就。社会主义市场经济体制的基本框架初步确立，区域性经济中心城市地位日益突出，现代化城市初

具规模，城市文明程度显著提高，文化建设也取得长足进步。但是，要在全面建设小康社会中更好地发挥排头兵作用，在建设中国特色社会主义伟大事业的征程中继续走在前列，增创新的优势，实现加快发展、率先发展、协调发展，为全国提供更多的有益经验，深圳任重而道远。

当前，深圳发展已经进入一个关键时期，实施文化立市战略，加快文化强市建设，有利于促进深圳的经济结构调整和产业结构升级、提高深圳经济的质量和水平；有利于提高深圳的国际竞争力，进一步增强发展后劲，推动深圳经济持续、快速、健康发展；有利于推动深圳建立完善的社会主义市场经济体制，坚持走创新之路，全面推进各项改革；有利于深圳继续扩大开放，加强区域合作，增创深圳在华南地区的区位优势；有利于增强深圳的综合势力和综合竞争力；有利于形成新时期特区建设事业的强大精神动力；有利于开创深圳文化建设的新局面，实现深圳文化的跨越式发展，满足人民群众对精神文化的迫切需求，实现市民文化权利。实施文化立市战略，加快文化强市建设，将推动实现深圳的经济、政治、文化协调发展，推动深圳实现率先基本实现现代化的宏伟目标。

二、文化立市战略的内涵

实施文化立市战略，就是要围绕深圳建设国际化城市的新定位，顺应当今世界文化与经济相互融合的新趋势，在继续坚持以经济建设为中心的同时，全面提升城市文化发展水平，提升市民素质和城市品位，不断满足广大市民日益增长的精神文化需求，大力提高文化对深圳发展的贡献率和城市形象的塑造力，为现代化建设提供强大的动力支持和智力保证，将文化的力量深深熔铸在深圳的生命力、创造力和凝聚力之中，加快实现深圳社会协调发展和全面进步。

加快文化强市建设，是省委、省政府在建设文化大省战略目标中，对广州、深圳提出的发展要求。我们应根据这一要求建立与现代市场经济相适应的文化体制，加快形成与现代化进程相适应的文化产业发展格局，增强可持续的文化创新能力和文化竞争力，培育具有鲜明的现代、开放、创新特征的深圳文化，把深圳建设成为市民素质优良、社会文明进步、科技教育发达、文化生态优良、市民文化权力得到充分实现、文化事业整体水平和文化综合实力全省领先、能影响带动全省其他地区文化发展的文化强市。

实施文化立市战略是深圳因应新形势和自身发展需要而确立的城市发展战略,它要解决的是深圳发展的整体指导思想、发展战略问题,而加快文化强市建设是深圳落实全省建设文化大省工作会议精神而确立的发展目标,它要解决的是提升深圳文化竞争力和影响力问题。实施文化立市战略和加快文化强市建设两者相辅相成,加快文化强市建设是实施文化立市战略的重要支撑,实施文化立市战略是加快文化强市建设的重要内容。

三、文化立市战略的目标

实施文化立市战略包括 10 个方面的目标:

1. 培育深圳精神。积极实践和不断丰富"开拓创新、诚信守法、务实高效、团结奉献"的深圳精神,精心培植城市的精神资产,不断增强深圳的城市精神魅力,特别注意培养深圳的创业文化、公司文化、社区文化和青年文化,积极培育市民的深圳情结,培养市民的群体合作精神,逐步建立市民的城市认同,为年轻的深圳提供强大的凝聚力,为深圳的繁荣和进步提供源源不断的精神动力。

2. 提高市民素质。从实现人的全面发展、满足人的全面需求的高度出发,通过发展覆盖全社会的学习气氛、建设学习型社会和开展精神文明、教育网络建设,分层次提高市民可持续的就业和发展能力。注重提高市民的综合素质,包括政治思想素质、道德法律素质、科学文化素质和审美艺术修养,重点强化城市的道德法制文明和市民的诚信意识和公共意识。

3. 夯实文化基础。继续推进重大文化基础设施和基层文化设施建设,逐步建立一流的文化设施和文化机构,夯实城市文化设施基础。立足长远,适应深圳新世纪发展的需要,加大文化人才引进和培养力度,探索人才培养、引进、管理的有效途径,形成适应城市发展需要的文化人才阶梯结构,建设文化人才高地,夯实城市文化人才基础,培养出深圳的艺术流派和学术流派,培养出深圳的文化名人。

4. 增强文化实力。不断积累和开发深圳的城市文化资本,在文化产业的总量规模、发展水平、经济效益、市场化程度及其对城市经济的贡献率上逐步达到发达城市的水平,在以价值取向、创业精神、创新氛围和交往操守为要素的文化竞争力上继续保持全国领先水平，不断增强深圳的文化综合竞争力和文化扩张能力，不断扩大深圳文化的凝聚力和辐射力。

5. **提升城市品位**。文化体现在城市的各个方面，如城市精神、人文氛围、文化活动、城市景观、建筑风格、市民风貌以及生活时尚等。深圳城市品位的定位是：保持主流文化发展的先进性和健康性，提升精英文化的高雅和创新品格，在大众文化上追求开放、前卫和亲民的格调，保持多层次、多品味的丰富性。将深圳建设成为高品位的文化城市，就要实现市民的整体文化素养高、城市的文化设施品位高、文化产品的产量质量高、公共文化的运作效率高、人才队伍的素质高、吸收和传播先进文化的水平高的目标。

6. **培育城市形象**。充分利用深圳是改革开放和现代化建设的前沿、新兴移民城市、地处中西文化接触的相互边缘地带、注重市民文化权利等得天独厚的条件，扬长避短，自觉培育和推动深圳文化特色的形成，逐步养成深圳文化的现代、开放、创新的形象特质。注意培育深圳的高端文化事业，加大对高等教育、学术研究和高雅艺术的支持力度。

7. **创新文化体制**。逐步建立党委领导、适度调控、运行有序、促进发展的宏观管理体制；保证导向正确、管办分离、政事分开、富有经营活力的微观运行机制；体现宣传文化特点，适应法制建设总体要求的政策法规体系；传播健康精神文化产品，促进资源优化配置，营造竞争、有序的市场环境；做大做强做活文化事业和文化产业，实施两种战略（培育文化产业集团、培育微观市场主体），形成相互配套、共同促进的发展态势。吸收国内外优秀文化和先进技术，用好国内、国际两个市场和政府、社会两个资源的开放格局。推动社会主义市场经济的巨大能量充分实现，全社会共同发展文化的潜力充分释放，广大文化工作者的积极性和创造性充分激发，公民的基本文化权利得到充分保障，为文化事业的繁荣和文化产业的发展创造制度条件。

8. **发展文化产业**。进一步加强政府的政策引导与宏观调控，充分发挥市场的导向作用，加快公共性文化社会化、经营性文化产业化进程，积极培育文化市场、文化产业集团和文化中介组织，通过资本运作加大文化产业资源重组的力度，加快产业整合步伐，形成结构优化、布局合理的文化产业体系，打造一批国内外知名的文化品牌，引进和培养一批文化经营管理人才和文化创新人才，营造促进文化产业发展的良好环境，着力培育一批有社会影响力和经济竞争力的大型文化集团，增强深圳文化产业的整体实力和竞争力，使深圳逐步成为国内外知名的文化产业成果集散地、文化产品交易中心和区域性文化产业中心之一。

9. 优化文化生态。一方面，要确立新的城市发展理念，重新认识文化的地位和作用，充分利用深圳的经济实力，迅速提升城市文化实力，实现经济与文化的良性互动，为文化的发展提供良好的大环境，包括观念支持、政策支持、资金支持、人才支持等等。另一方面，要充分利用深圳的移民城市和毗邻港澳的特点，精心培育城市文化的多元性和混杂性，实现主流文化、精英文化和大众文化的良性互动。

10. 实现文化权利。通过调整和改革政府文化行政方式，营造社会文化环境，调用民间文化资源，培育现代人文精神，创造文化载体，实现市民享受文化成果的权利，实现市民参与文化经营的权利，实现市民开展文化创造的权利，并特别注意满足广大外来劳务工日益增长的文化需求，积极主动改善他们进行继续教育和文化娱乐的条件，激发广大市民的文化创造热情。

提升深圳文化软实力的战略思考

陈威

> 陈威,深圳市文体旅游局局长。本文选自2009年深圳文化蓝皮书《改革开放与城市文化发展》,略有删节。

一、"城市文化软实力"的构成

探讨城市文化软实力战略,首先有必要对构成城市文化软实力的要素做出一定的分析与认定。与国家意义层面的"软实力"相比,城市文化软实力的构成有着自己的独特构成。在我们看来,一座城市的文化软实力至少应包括如下方面:1.观念文化,即一座城市及其市民所共同倡导和认同的价值观。如深圳目前正在积极建设的"城市人文精神"和鼓励创新、宽容失败的理念本身就是一种观念文化,它是城市活力、创造力和魅力的灵魂所在。2.市民的综合素质。包括广大市民的受教育程度、艺术鉴赏能力、文明修养等多个方面。3.城市文化品牌。包括企业品牌、产品品牌、艺术文化品牌等层面。品牌是城市自主创新能力的重要体现,它既能给城市创造高附加值,也能给城市带来诸多的边际效益。4.文化输出能力。包括文化产品、文化观念、文化人才等的"走出去",充分体现城市的文化影响力。如美国大片、音乐剧、韩国电视剧、网络游戏,日本动漫等文化产品,在输出过程中大幅提升了国家和城市的国际影响力。5.文化名人。包括文学、艺术等领域的知名人士,他们是城市"文化软实力"在人力资源上的体现。6.历史文化遗产。包括物质文化遗产和非物质文化遗产等,这些都属于城市发展的历史见证和文化积淀,体现了城市文化的吸引力和号召力。7.文化传播。包括电视、电台、互联网、报纸、杂志、通讯社等传媒机构对外传播的能力。媒体的传播实力和影响力直接左右着文化的辐射力,文化传播的能力越强,其文化的辐射力越大。8. 文化的公共性。具体体现在公共文化元素和资源的覆盖面,它应能覆盖至城市的各个角落,实现文化资源的全民共享。文化资源的覆盖面和渗透力以及标志性的文化元素,对于提升国家和城市文化影响力具有重要意义。9. 文化特色,即一个国家或城市的文化形象和文化个性。只有不可替代、不可复制的特色文化才能帮助国家或城市树立起特点鲜明的文化形象。10. 文化体制和文化机制。只有适应国家和城市发展的文化体制和文化机制,才能调动全社会的力量,促进文化事业的全面发展,它也构成了文化软实力的重要标志。

二、城市文化软实力战略对深圳未来发展的重要意义

(一)发展城市文化软实力是增强深圳综合实力的战略要求

综合实力是竞争力的基础和前提。美国之所以在当今世界具有超强的竞争力,就是以其包括硬实力和软实力在内的超强综合国力为根本支撑的。城市也是如此。由于目前在世界范围内已经进入一个城市的时代,城市在资本、信息等全球性要素的流动网络中居于核心节点的地位,而且随着全球化、城市化的进一步推进和深化,有没有充分利用自身内部资源和外部条件,发展出城市自己的综合实力,是城市能否在新一轮竞争中取胜的关键。在以往,城市竞争更多的是一种经济的竞争,而在新一轮的城市竞争中,"城市最终以文化论输赢"正日益成为人们的共识,它凸显了城市文化软实力发展在整个城市竞争格局和态势中的核心地位。

自改革开放以来,作为我国第一个经济特区,深圳经济取得了近 30 年的快速发展,城市经济实力日益增强,2007 年的 GDP 达到了 6765 亿元,继续稳居内地城市的第四位。与此同时,深圳的综合竞争力也得到了进一步的提升。在刚刚出版的由中国社会科学院主持的《2008 中国城市竞争力蓝皮书:中国城市竞争力报告》中,香港、深圳、上海位列综合竞争力前 10 名城市的前三名,深圳继 2007 年度报告后第二次位列内地城市综合竞争力之首。这说明,深圳近年来在城市综合竞争力方面取得相当不俗的表现,也因此得到了外界的良好评价。但尽管如此,我们从这次评选中也发

现，深圳在效率、结构和质量方面并不突出，而深圳最终在这次评选中胜出，与其几个综合竞争力排名领先和在多个指标综合表现不错有关，如在建设创新型城市和发展高科技方面积累了丰富经验。也就是说，深圳目前的综合竞争力更多地依赖于经济发展等硬实力，而在文化、价值等为内容的城市文化软实力方面及其相关的单项指标其实是落后于北京、上海等国内城市的，更不用说国际先进城市了。因此，在未来，深圳要进一步提升自身的城市综合竞争力，在继续发展经济等硬实力的同时，必须从城市发展战略的高度着眼，以一种战略思维来看待城市文化软实力的培育和发展，只有这样，深圳才能从根本上弥补自身的结构性实力缺陷，并通过文化软实力的增长和提升，更大程度上支撑深圳在未来的城市综合实力竞争中立于不败之地。

（二）发展城市文化软实力是继续扩展深圳影响力和吸引力的基本途径

自建立经济特区以来，深圳就作为一座明星城市引起了国内外的高度关注，并在此过程中以自身的优势和个性不断向外扩展影响力和吸引力。一方面，作为发展迅速的经济特区，深圳在国内率先建立了社会主义市场经济，率先在国内发展了与社会主义市场经济相适应的市场观念、商业模式和文化价值观，如"时间就是金钱，效率就是生命"等深圳口号所具有的全国性影响，说明了深圳在过去发展中曾以其独特的城市发展模式形成了城市发展的宝贵经验，它们在影响全国、吸引全国各地人才汇聚的同时，也在全国确立了深圳在文化软实力上的地位，因为输出观念性价值文化恰好是文化软实力的重要标志。另一方面，作为我国改革开放的窗口，深圳还担任了向世界展示中国改革开放路线、成果和崭新形象的历史重任。因此，作为中西文化交流的前沿阵地和重要平台，深圳也以其日新月异的发展变化和城市发展面貌，展示了中国社会主义市场经济和改革开放事业不断发展并取得新的成就的国家形象，从而在国际上成为中国改革开放的一个标志性符号。

然而，随着我国改革开放进程在全国范围内的全面推进，随着国内外城市尤其是周边城市的迅速发展，深圳的发展速度有所减缓，深圳的观念性文化对外的影响有所弱化，尽管深圳的经济实力近年来在国内都位居前茅，但由于深圳的区位优势和体制优势不再显得突出，深圳在国内外的城市影响力和吸引力正在下降，这不能不引起我们的深思。因此，要继续维持和拓展深圳的城市影响力和吸引力，就必须在继续保持经济较快发展的同时（以经济为主要内容的硬实力往往也是影响力和吸引力的一个重要来源),如何从提升深圳的文化软实力的角度着眼,不断培育和发展深圳的城市优势,努力将深圳建设成为"中国特色社会主义示范市",便成为继续扩展深圳影响力和吸引力的一条基本途径。事实上,在面临新一轮国内外城市竞争加剧的时代语境中,一座城市已经没有固有的优势可言,在这个意义上,只有具有城市忧患意识并通过不断地创新,才能保持一个城市的发展活力,特别是在城市文化上实现各种创新,才能在这个以"文化论输赢"的时代不断培育和拓展深圳的文化软实力,并由此进一步发挥深圳在国内外的影响力和吸引力。

(三) 发展城市文化软实力是培育城市认同与家园意识的主要推手

在对文化软实力的诸多讨论中,社会和文化认同意义上的内在凝聚力问题并没有引起人们的足够重视。在我们看来,文化认同与社会凝聚力其实是更为内在也更为深刻的文化软实力。大到一个国家,小到一个城市或社区,内部的凝聚力的发展程度都是考量一个国家或城市文化软实力的一个重要方面。实际上,美国之所以在软实力上显得非常强大,其实是与美国公民对美国文化、价值和制度的高度认同以及由此而来的高度社会凝聚紧密相连的。没有文化认同和社会凝聚,文化软实力便无从谈起,更不用说发挥对外的影响力和吸引力了。就此而言,如何通过种种努力来加强深圳的内在凝聚力,便是摆在我们面前的重大课题。

作为一座典型的移民城市,深圳在过去20多年以其独特的优势和活力,吸引了成千上万的国内外人士前来创业、工作和生活。这一方面极大地促进了深圳的快速发展,为深圳做出了重要的贡献,另一方面,由于新兴移民城市自身的特点,城市认同和家园意识不强,始终是深圳一个需要面对和解决的问题。这不仅关系到深圳城市社会的内在发展,而且也关系到深圳的城市文化软实力的提升。这显然也是个相辅相承的历史动态关系与过程:以发展文化软实力为着眼点,有利于城市基础设施的健全和城市功能的完善,有利于为广大市民提供丰富便捷的公共服务以及市民素质的普遍提高,也有利于城市核心竞争力的发展;而随着一座城市文化软实力的提升,市民由此会产生一种城市自豪感和满足感,会更容易形成对城市的文化认同,因此也会不断增进市民的家园意识和社会凝聚力。事实上,从十几年前深圳春节"空城"现象,发展到如今春节期间热闹非凡的局面,就与深圳近年来不断完善城市文化功能、健全各类公共文化服务从而强化了市民的城市认同和家园意识有关。在此意义上,作为培育城市认同与家园意识的主要推手，城市文化软实力对于深圳包括社会凝聚力在内的未来发展，将日益显示它独特而巨大的作用。

三、提升深圳文化软实力的主要思路

党的十七大报告高屋建瓴地从国家战略的高度强调了提高文化软实力的必要性和重要意义，这不仅对我们的文化工作提出新的要求，同时也指明了文化发展的新方向。在广东省委十届二次全会上，省委主要领导指出，解放思想，谋划深圳的未来，必须树立世界眼光，敢向世界先进城市"叫板"，不但是物质文明"叫板"，精神文明也可以"叫板"。为贯彻落实党的十七大和省委十届二次全会精神，按照城市文化软实力的战略要求，结合深圳文化工作的实践，我们提出如下提升深圳文化软实力的发展思路。

（一）构建完善的公共文化服务体系，提高市民整体素质

从根本上说，一座城市的文化软实力最终来源于它的市民群体，来源于广大市民整体素质的提高。因此，要提升城市文化软实力，必须首先尽可能地采取有效措施，为提高市民素质创造各种有利条件。其中，我们认为，通过机制、资源、产品和效益的建设，构建设施齐全、产品丰富、质量优良、机制健全的公共文化服务体系，实现广大市民的文化权利，是提高市民整体素质的基本途径。为此，要继续建立、健全深圳的公共文化服务设施网络体系，促进《深圳市进一步完善公共文化服务体系实施方案》的认真落实，加快市级和基层公共文化设施网点的规划和建设，推动已有文化设施的改造，完善社区公共文化设施和文化服务；健全公共文化节庆和活动体系，形成能够满足人民群众多层次、多样化精神需求的文化节庆活动；以建设"图书馆之城"等为突破口，健全公共文化资源共享网络服务体系；借助科技手段，大力推进数字文化建设，建立和推出全国文化信息资源共享工程等文化信息传播平台，发展和应用其他传播媒体，提高公共文化服务的知晓性、参与性和便利性；利用特区立法权，从加强和规范公共文化服务目的出发，制定切合深圳实际的法规，建立公共文化服务法规和制度保障体系；通过改革创新，优化和创新公共

文化服务机制，组织实施公益文化活动赞助管理办法，出台文化社团扶持办法，规范和扩大文化义工服务，探索利用社会资源投入和参与公共文化服务的新模式，扩大公共文化服务的资源，提高公共文化产品的供给能力；进一步丰富公共文化服务内容，积极开展周末系列、流动系列和高雅艺术系列等三大系列文化活动，并针对不同市民群体，推出特色文化服务，扩大文化资源和文化服务在城市社区的覆盖范围；依托深圳图书馆公益性文化设施与机构，通过"美丽星期天"等活动以及出台高雅艺术票房补贴办法等方式，积极开展市民文化艺术普及和再教育活动，不断提升市民的文化素质和人文修养。

(二) 打造城市文化品牌，提升深圳城市文化形象

品牌是城市最为重要的无形资产，是城市建立良好的城市形象的重要途径，更是城市文化软实力的重要标志。由于城市形象和城市品牌可以增强城市文化软实力，有力地扩展城市价值，世界先进城市普遍重视城市形象和城市品牌的策划、打造和传播。因此，我们在提升深圳文化软实力的过程中，必须确立起一种品牌战略意识，通过文化品牌的创设、运营，使之成为深圳的文化名片和深圳城市形象的代表。以文化活动品牌为例，经过深圳文化各界的共同努力，深圳已经打造出文博会、"深圳读书月"、"市民文化大讲堂"、"创意十二月"、"社科普及周"、"中外艺术精品演出季"、"外来青工艺术节"、"中国（深圳）国际钢琴协奏曲比赛"等文化节庆品牌。但目前深圳文化品牌建设还存在着不少问题，如数量和质量不足、特色不够明显、影响力不够强，需要进一步加以培育和提升；对国际文化交流与合作熔铸能力不足，需要进一步强化对外资源和空间的拓展；文化活动品牌的建设环境不够完善，有待进一步优化等。因此，要以营造、优化文化品牌环境为核心，加大文化产业品牌项目的扶持和经营力度，通过增创品牌优势，拓展品牌容量，强化品牌的影响力、吸引力、凝聚力与竞争力，实现全面提升现有文化活动品牌美誉度；通过对已举办的文化活动的内容、形式等进行策划推广，完善机制，提高质量，扩展影响面和传播效果；通过创新形式、创新内容和创新手段，整合城市文化特色和国内外经济文化资源，推出新的文化活动品牌，扩大深圳文化活动品牌的市场传播能力和社会影响力，从而极大提升深圳的城市文化形象。

(三) 加强对外文化交流与合作，扩大城市文化影响力

在全球化时代，一个城市的文化发展程度和文化软实力所到达的高度，往往并不取决于城市历史的长短，或文化积淀的深厚与否，而取决于它充分调动与利用世界性的文化资源的能力。这意味着城市的发展，必须在与世界的广泛而深入的交流和合作中才能实现其既定的目标。自深圳建立经济特区以来，双向性的文艺展演交流日趋活跃，文化产业交流与合作日益扩大，初步形成多层次、多样化的对外文化交流的格局，在展示深圳城市形象、提高深圳知名度和影响力等方面取得了良好的效果。但深圳以往的对外文化交流与合作也存在一些问题，如开发国际文化市场的良好业态环境尚未形成，文化交流项目的层次不高，政府所属文化资源对应国际市场还需进一步整合和提高，与国际友好城市之间虽然有一定的文化往来，但商业性的展演和进入国际主流的文化产业交流与合作较少等。因此，要充分利用毗邻港澳的优势，加强与港澳台、泛珠三角的文化交流与合作，特别是在深港合作的总体框架内，进一步拓展深港两地文化交流与合作的深度与广度，在公共文化资源的交流与共享、演艺市场的共同开发、文化节庆品牌的联合举办、以河套地区开发和打造"深港创新圈"为契机促进两地创意产业的升级等方面，创造更多的发展空间；在充分利用国际产业转移的历史机遇、加强与国际文化产业界紧密合作的同时，加快实施文化产品"走出去"战略，以世界眼光谋划文化产业发展，拓展文化发展的国际视野，以符合国际化和时代性要求的文化表达，向世界传播中国核心价值和深圳文化形象；利用好文博会和"深圳文化周"、"国际友好城市文化艺术周"、"中国（深圳）国际钢琴协奏曲比赛"等文化交流平台，将深圳建设成为中华文化走出去的桥梁和窗口，打造深圳对外文化交流和合作的品牌，增强深圳的城市知名度，提升深圳的文化影响力。

(四) 做大做强文化产业，提高深圳文化辐射力

每一个国家或城市的文化，要在世界上取得生存和发展，并形成对世界的广泛影响，必须通过某种媒介或载体把这种文化的价值变成一个可认知的系统。而文化产业就是这样的文化媒介和认知系统。在今天的全球化时代，只有借助文化产业这样的现代媒介系统，才能实现一种文化在世界的流通，并扩展其在国际社会中的影响。一座城市的文化软实力，在外部更多地体现在其文化产业发展状况与水平，它直接影响到

城市文化的对外影响力和辐射力,是城市文化软实力最为直接和最为突出的体现。在此意义上,深圳文化产业的发展程度决定了深圳文化软实力能否形成广泛的影响,决定了它能否达到与深圳的经济地位相匹配的文化高度,更决定了深圳文化竞争力所能达到的水平。因此,在将来,必须从城市战略的高度重视文化产业对提升城市文化软实力的重要意义,以将文化产业打造成为深圳第四大支柱产业为目标,进一步推进文化体制改革,调整文化产业结构,不断进行文化产业制度和政策的创新,促进文化产业的更大发展;推动广播影视、新闻出版、文化艺术、创意设计、动漫游戏、文化旅游等相关产业提升,以文化产业集群为发展方向,着力创造产业集聚的发展环境,大力扶持中小型文化企业的发展与壮大,培育一批有实力的文化产业园区和文化产业集团,加速文化与经济、文化与生活的紧密结合,提高文化产品的科技附加值,提高文化对 GDP 的贡献率;做大做强城市传媒产业,运用高新技术创新文化生产方式,加快构建传播快捷、覆盖广泛的文化传播体系,扩大报业集团、广电集团、出版发行集团等重要传媒机构的影响力,将之打造成效益文化传媒集团,实现社会效益的最优化和经济效益的最大化,不断提高深圳文化的对外传播力和辐射力。

(五) 加大文化人力资源建设,打造深圳文化核心竞争力

文化人才是一个城市最为重要的软力量,是城市文化软实力的核心要素,世界一流城市无不是文化人才和文化精英的汇聚之地。因此,要打造深圳文化的核心竞争力,则必须确立"人力资源是第一资源"的战略理念,将文化人才视为发展深圳文化软实力最可贵的财富。没有相当数量的文化人才队伍,没有积聚起与城市文化发展目标相适应的人力资源储备,城市文化软实力和文化竞争力将无从谈起。因此,深圳必须要从城市发展战略的高度,采取种种有效措施,加大人力资源的建设力度。基于深圳文化机构较少而与国内外同等规模的先进城市相比有较大差距的现实,可考虑通过增设机构与增加编制等途径,扩大深圳接纳各类文化人才的容量;充分挖掘本地高校、科研机构、文化企业等本土资源,通过实施人才再培训与人力资源再开发工程等措施,加大本土人才的培养力度,推出一批深圳本土的文化名人,如知名作家、知名画家、知名歌唱家、知名音乐家、知名设计家等;健全文化人才引进机制,采取多种灵活的用人制度,集聚和使用各种类型与层次的文化人才;借助其他城市与地区的高校毕业生在全国自由流动的人力资源现状,创造良好就业环境,吸引优秀毕业生来深创业、工作和生活；优化人才资源结构配置，充分发挥已有文化人才的专业才能，尽力挖掘他们的创造潜力，尽量做到人尽其才、才尽其用，努力将文化人力资源打造成为深圳最核心的文化竞争力。

（六）加强历史文化遗产保护，优化城市人文环境

城市的历史文化遗产既是城市的历史，也构成了城市的"现实"，它有机地融进了城市的当代生活，从而成为增加城市文化底蕴、优化城市人文环境的重要组成部分。世界一流城市无不是既现代又具有浓郁的历史感的城市，两者共同构成了城市整体性的人文环境，并成为城市吸引力的重要来源。对于深圳这样一个有着久远过去而又新兴的城市来说，在经济社会发展迅速的同时，如何加强历史文化遗产的保护和对城市历史的回顾与对话，这对社会凝聚力和城市文化认同感的建立无疑是非常重要而迫切的。因此要高度重视对城市历史文化遗产的保护，处理好文物保护与经济社会发展的关系，从挖掘和保存深圳文化根脉出发，在做好物质和非物质文化遗产的普查和调研的基础上，采取有效措施，对大鹏所城、观澜老街、客家围屋等遗产以及改革开放以来的历史文物加大保护力度，对中英街等历史文化街区进行科学规划和合理开发；在鼓励民间收藏的同时，加强公共图书馆、美术馆等公共文化场所建设，建构深圳城市文化的公共性；通过深圳改革开放文物的征集和保护工作，将深圳博物馆建设成为中国最具特色的博物馆之一；积极探索、拓展文化遗产保护和展示的新途径，形成文物保护的深圳特色，最大程度地优化深圳的城市人文环境。

（七）推动文化体制和文化机制创新，铸就文化发展制度优势

文化制度和体制因素是城市文化软实力的重要组成部分。良好的制度环境和制度优势是造就城市文化竞争力的必备条件之一。深圳过去 20 多年所取得的成就，在某种意义上是深圳进行制度和体制创新的结果，是制度和体制优势的体现。因此深圳未来在文化软实力的提升上，必须继续将制度和体制创新作为最具深远意义的战略举措来予以推进，铸就深圳文化发展新的制度优势。要继续深化深圳的文化体制综合试点改革，在进行文化产业体制改革的同时，抓好体制内文化事业单位的改革，在分类改革的基础上，采取更加合理、更加灵活的机制推动文化事业的更大发展；利用深圳

"藏艺于民"、"藏才于民"的城市特点，充分挖掘现有的民间文化资源，发挥政府与民间双方的积极性和能动性，实现政府投资效益最大化；通过政府的引导和扶持，调动社会各方面的力量，投身文化建设，扶持民间文化社团，激发民间的文化创造力，包括创新性地实施理事会制度、客座制度等特色改革，吸纳社会资金和社会人才赞助公益性文化，在全社会掀起文化建设的新高潮；创新国内、国际文化交流与合作机制，加强与国内外文化部门、文化企业或文化团体的深层次交流与合作，将深圳建设成为文化投资活跃、文化市场繁荣、文化魅力十足、文化体制充满活力的现代动感之都。

坚持先进文化的前进方向，努力促进公民文化权利的实现

王京生

王京生，深圳市委常委、宣传部长、文化学者。本文选自《深圳文化研究》2003年第2期。

进入新世纪，文化权利理论受到政府、民间以及学术界、文化界的越来越普遍的关注。对于政府来说，文化权利理论的提出，意味着对自身文化职责的全面检讨，即把公民文化权利的实现程度作为政府文化绩效考核的重要指标；而对于公民来说，文化权利的诉求与文化需求的日益增长密切相关，并以此作为现代公民身份建构的主要内容。对于党的发展而言，努力促进公民文化权利的实现是实践江泽民同志"三个代表"理论的重要内容。因此，科学理解公民文化权利的内涵，积极探寻文化权利的实现方式，对文化工作的开展，必将有巨大的推动作用。

一、文化权利的理论内涵

（一）文化权利理论是马克思主义文化理论的重要内容

人是文化的主体，只有人的行为与活动，才能提升到文化的层面上来加以认识。马克思主义哲学始终强调人的主体地位，并且将人的全面发展和自由实现作为人类社会发展的根本目标。根据这一基本思想，马克思主义文化理论始终强调文化和人的发

展的关系，将人类的文化实践作为人类自身发展的重要组成部分。人既然是文化的动物，那么文化实践的得失成败将直接决定着人的特性和状态。人既是文化的创造者，也是文化的享有者，因此，要促进人的全面发展，要提高人的文化程度和文明程度，就必须要充分认识到文化发展对人类自身的意义和价值。

人类行为用马克思文化理论来理解，归根结蒂是本质力量的对象化，其中就包括对文化需求的实现，对人化自然的追求。文化需求是人成其为人的重要尺度。由此观之，能否尊重和满足人的文化需求，是判断一个社会人性化发展的不可或缺的内在标准。所谓文明社会、野蛮社会往往因此而形成分野。随着现代公民社会的发展，公民群体的形成，人的文化需求问题又与现代公民的文化权利问题密切相关。人的文化需求从公民权解释中获得了合法性的基础。如果将公民文化权利的实现作为人的自身发展的重要内容，那么，现代公民正是在政治权利、经济权利和文化权利等基本权利的实现中，迈向全面发展的道路的，而对公民文化权利的漠视，就将导致文化的退化，并阻碍公民作为人的自由全面的发展。

马克思主义文化理论进入中国以后，在结合有中国特色的文化实践过程中又有了新的发展。毛泽东同志就一直强调文艺是为人民大众服务的，文艺要与工农兵生活相结合，要倾听群众的呼声，关怀群众的疾苦，反映群众的斗争。他主张文艺和文化工作要满足群众的文化需要，并且通过文化普及来提高群众的思想觉悟和文化水平，达到教育人民和提高人民的目的。一句话，就是要在满足群众文化需求的基础上促进人民群众的发展，使之摆脱封建的、愚昧落后的状况。新中国成立后，毛泽东同志更是强调人民当家做主的权利，这当然也包括实现人民群众的文化权利，要努力发动最广大人民群众投身到文化参与和文化创造的洪流中去。

邓小平同志也高度重视文艺与文化的人民性问题。他在第四届全国文代会的祝词中指出，文艺是崇高的事业，"不论是对于满足人民精神生活多方面的需要，对于培养社会主义新人，对于提高整个社会的思想、文化、道德水平，文艺工作者都负有其他部门所不能代替的重要责任"。他对文艺和文化工作的目标和要求就是：满足人民文化需求，促进社会全面发展。他说，"我们的文艺属于人民"，人民是文艺工作者的母亲。

江泽民同志发展了毛泽东、邓小平的马克思主义文化理论，特别是进一步强调了文化与人民的关系。早在1994年全国宣传思想工作会议上的讲话中，他就指出："弘扬主旋律，使我们的精神产品符合人民的利益，促进社会的进步，不断满足人民群众日益增长的精神文化需求,这是发展宣传文化事业繁荣社会主义文化市场的主题。"而他所提出的"以科学的理论武装人,以正确的舆论引导人,以高尚的精神塑造人,以优秀的作品鼓舞人,不断培养和造就一代又一代有理想、有道德、有文化、有纪律的社会主义新人",正是与培育现代公民群体、促进人的全面发展的目标相一致的。面向新世纪,江泽民同志更是把人民群众的文化需求和文化权益放在更加突出的位置上加以强调。他在"七一"讲话中特别提出,要把满足广大人民群众充分享受文化成果的权利作为执政党建设的重要内容,而在中共十五届六中全会的《决定》中,以江泽民同志为核心的党的第三代领导集体,更是把维护群众的经济权益、政治权益、文化权益作为密切联系群众的最为重要的内容,而"保持党同人民群众的血肉联系",正是加强和改进党的作风建设的"核心问题"。

中国共产党作为执政党以马克思主义文化理论为基础,以人的全面发展为目标,所提出公民文化权利的思想,与国际社会关于文化权利的共识也是相一致的,是中国文化事业发展融入国际社会的重要体现。联合国制订的《经济、社会、文化权利国际公约》正在引起各国政府的高度重视,越来越多的国家和政府都努力改善各自的经济、社会、文化权利的实现状况,促进现代公民社会发展并在自觉遵守公约原则基础上积极成为其成员国。在中国政府所提供的人权状况报告中,公民文化权利的实现状况已成为中国人权事业发展的重要指标,报告也一再表明了努力实现公民文化权利的国家意志。

(二) 中国现代化的发展与公民文化权利的实现的关系

文化权利实现问题之所以被提到如此重要的位置来加以强调,这是与中国现代化的发展有着密切关系的。随着中国逐步迈入小康社会和城市化进程的加速,公民的文化需求变得更加突出。与之相应,文化权利的实现问题也变得更加迫切。

面向新世纪,中国的现代化建设已经迈向了一个新的阶段。现代化包括政治、经济、社会等诸多方面的内容,但说到最根本也是最核心的是人的现代化,也即促进人的全面发展,造就一批适应和推动社会进步的合格的现代公民。这也是中国社会实现现代化的基本保障。应该说,与中国现代化发展要求相比,目前的国民素质还存在着相当的差距,不仅知识文化水平需要极大提高,在思想道德素养方面也存在着普遍的欠缺。中央所提出的加强公民道德建设,主要目的也在于通过推广和普及公民道德,培育更具有诚信、更讲究友爱、更崇尚科学的社会道德风尚。一句话,社会的现代化呼唤着人的现代化,而人的现代化,又要求着文化的现代化。党和政府把文化建设提到建设执政党和提高国家综合国力的战略高度,也正是适应中国现代化发展的整体要求而作出的选择。

而从文化发展与公民培育的关系来讲,最为根本的环节就在于,通过不断满足广大人民群众的文化需求,为公民的文化素养的提高创造必要的保障条件,充分实现其应有的文化权利。只有当人的文化权利得到充分的尊重和实现,文化建设的兴趣、热情和创造力才能得到最大限度的发挥。因此,公民文化权利的实现不仅是现代政府对公民社会的重要承诺,是促进社会全面进步,创造更加美好生活的不可或缺的主要内容,也是提高国民整体素质的重要组成部分。

(三) 公民文化权利的基本内涵

公民文化权利包括诸多方面的内容,如相当程度的文化生活的水准,充分的文化表达的空间,基本的文化需求的满足等等。如果加以分类概括,应当包含以下三个基本层面的要求:

一是享受文化成果的权利。随着公益文化事业的飞速发展,以及文化产业的成长对文化生产所作出的大规模的推动,文化产品和文化成果的总量已经极大地丰富了,社会文化供给的能力大大增强。如何给公民创造更多的文化享受的条件,这将是文化权利实现的最为基本的内涵。这其中包括对影剧院、图书馆、博物馆等基本的文化场馆的建设与安排,对文学、戏剧、电影、音乐、舞蹈等多种多样文化产品的生产与供应等等。

二是参与文化活动的权利。如果仅仅是享受文化成果,那还停留在基本的甚至是被动的层面上,与此同时,还要通过开展各种各样、不同层次的社会文化活动,使广大人民群众能够得到充分的文化参与的权利。自娱自乐的文化广场的普遍形成、业余的民间文艺社团的大量产生,就表明现代社会文化参与的广泛的群众基础。要实现公民的文化权利,就必须要最大限度地提供老少咸宜、各得其所的参与文化活动的条件与氛围。

三是开展文化创造的权利。最能体现公民文化主体意识的是文化创造的开展,这也是社会主义的本质特征之一,只有当全社会的资源被充分调动起来,并投入到文化创造活动中去,才能切实形成一个大规模的文化建设的高潮,才能使群众的文化创造热情和潜能得到极大的发挥。没有这种自由的文化创造空间和机制,文化权利的实现还将是停留在较低层次上,还不能真正造就具有文化创造力和想象力的现代公民群体。

二、文化权利的实现与先进文化的建设

实现市民文化权利是坚持先进文化前进方向的题中应有之义。衡量一种文化是先进文化还是落后文化的根本标准就是看这种文化是否最大限度地满足人民群众健康的文化生活需求。中国共产党无论是在新民主主义革命时期,还是在社会主义建设时期,都非常重视建设先进文化不断满足人民群众的文化生活需求。江泽民同志在庆祝中国共产党建党 80 周年大会的讲话中指出:"我们党要始终代表中国先进文化的前进方向,就是党的理论、方针、政策和各项工作,必须努力体现发展面向现代化、面向世界、面向未来的、民族的、科学的、大众的社会主义文化的要求,促进全民族思想道德素质和科学文化素质的不断提高,为我国经济发展和社会进步提供精神动力和智力支持。"深入理解和领会江泽民同志关于建设社会主义先进文化思想的含义,我们可以发现,"先进文化"的具体标准应该归纳为三个方面:

第一,"先进文化"应该是为大众服务的。应该重视和实现大多数人的文化权利。我们知道,历史上历代历朝的统治阶级掌握社会的专政工具,垄断了社会政治、经济和文化,占有各种资源,体现的只是统治阶级的意志。而人民群众处于被剥削和奴役的地位,连最基本的生存权也被剥夺,得不到保障,更谈不上文化需求的满足和文化权利的保障。由统治阶级控制和建立的文化只能是为少数人服务的,满足了少部分统治阶级的文化权利,从而剥夺了人民群众享受、参与和创造文化的权利。中国共产党自成立之日起,就明确了自己的奋斗目标,为人民群众的利益而奋斗。经过长期的艰苦卓绝的努力,1949 年建立了中华人民共和国,建立了社会主义制度,实现了人民民主专政,我国也进入社会主义初级阶段,确立了文化建设"为人民服务、为社会主义服务"的"二为"方向,从而推动社会主义文化进入一个全新的发展时期。

第二,"先进文化"应该是"科学的",即先进文化应该代表先进生产力发展方向,促进社会生产力的发展,同时促进人的全面发展,着眼于健康自由向上的发展。江泽民同志在中国共产党建党 80 周年讲话中明确要求:"牢牢把握中国先进文化的发

展趋势和要求,坚持以马克思列宁主义、毛泽东思想、邓小平理论为指导,立足于建设有中国特色社会主义的实践,着眼于世界科学文化发展的前沿,不断发展健康向上的、丰富多彩的,具有中国风格的、中国特色的社会主义文化,满足人民群众日益增长的精神文化需求,引导广大人民群众从思想上精神上正确武装和不断提高起来。"这段话中提到的"着眼于世界科学文化发展的前沿","不断发展健康向上的、丰富多彩"的文化,很明确地把先进文化的科学性与落后文化的腐朽性区别开来。先进文化的科学性主要体现在:一是我们所提供的文化服务、文化产品、文化政策环境等符合社会生产力发展趋势,通过满足文化需求,实现文化权利,促进整个社会生产力的发展。十五大报告就论述了建设有中国特色社会主义的经济、社会、文化的关系,指出"有中国特色社会主义的文化,是凝聚和激励全国各族人民的重要力量,是综合国力的重要标志。它反映我国社会主义经济和政治的基本特征,又对经济和政治的发展起巨大促进作用"。在论述"三个代表"的关系时,江泽民同志指出:"先进社会生产力既是发展先进文化的物质条件,又是实现人民利益的物质基础。同时,生产力的发展离不开增长率、科学、文化的发展,离不开思想道德建设和人们崇高精神的培育;先进文化既满足人们日益增长的文化生活需要,又为生产力的发展提供精神动力和智力支持;我们党致力于发展先进社会生产力和先进文化,就是为了满足中国最广大人民日益增长的物质文化需要,实现和维护中国最广大人民的根本利益。"二是健康向上的发展。人的文化生活需求是随着物质生活的改善和提高而不断发展的,也是无限增长的,而人的文化权利要求也是多方面的,同时也是有限制的,权利是和一定的责任、义务相联结的,因此,在满足文化需求、实现文化权利时,政府必须立足于满足和保障人民群众的正当的、积极向上的、健康的文化需求和权利。而作为公民也应在文化权利的实现过程中不断提高自身的鉴赏水平和创造水平。

第三,"先进文化"应该是"民族的",必须立足于民族文化的保护、继承、弘扬和创新。民族文化的保存、民族文化主权的保障实际是世界上所有国家和民族独立自主、自强于世界的前提。在人类发展历史进程中,不乏强势文化消灭弱势文化的例子,许多民族的文化在外族入侵后被同化、乃至消亡。在经济日益全球化的今天,保护文化的多元化显得越来越重要。但文化的主权的保护并不是文化的保守主义。所以,在保护民族文化特色的过程中,一定要坚持"古为今用"、"洋为中用"、"以我为主,博采众长"的方针和原则,继承和发扬民族传统文化的精华,充分吸收古今中外一切优秀文化遗产,在社会主义建设的实践中创造出新的文化。这种文化形态既具有现代化的一般特征，又体现了中华民族的特色。正如江泽民指出的："每个国家、每个民族都有自己的历史文化传统，都有自己的长处和优势，应该相互尊重，相互学习，取长补短，共同进步。"同时，保护民族文化还必须与时俱进，"必须结合新的实践和时代的要求，结合人民群众精神文化生活的需要，积极进行文化创新，努力繁荣先进文化，把亿万人民紧紧吸引在有中国特色社会主义文化的伟大旗帜下"。只有结合现在新的实践和时代的要求进行创新，才能让深厚的中华民族文化传统再创新的辉煌。

三、现代城市的发展为公民文化权利的实现创造了崭新的背景

城市的急剧发展，以及区域中心城市的出现，大规模城市带的产生，是一个国家和地区现代化发展的重要标志。城市对经济、社会、文化、人口、资本等各种资源的高度聚集，使现代生产和流通已经无法摆脱对城市的依托。就文化而言，城市为符合生产和要素聚集创造了广阔的空间，在某种程度上，城市已经成为现代社会文化发展的必不可少的节点。以城市为单位的文化生产的组织、文化对话的开展逐步成为现代文化运作和文化成长的主要内容。因此，谈文化权利实现问题就必须要联系现代城市发展这一新的历史背景，并进而探求其特定的内涵和实现方式。

（一）市民文化权利的实现是城市文化战略的必然选择

作为一个现代城市，要保障公民或市民文化权利的充分实现，就必须要把文化发展作为整个城市发展的战略来加以推进，没有文化发展的自觉意识，也就谈不上对市民文化权利的自觉维护。城市文化战略意识的形成是市民文化权利实现的必要前提。回顾改革开放以来中国城市的发展历程，以文化为轴心的城市战略已逐步或必将成为共同的选择。这其间经历着三个重要的发展阶段：

改革开放的前期，在相对落后的生产力的基础上，各个城市都把经济发展作为压倒一切的中心任务，想方设法，引进投资，扩大生产，促进贸易，并将经济指标作为政绩考核的主要指标，城市的经济实力在这一阶段也都有了迅猛的增长。进入20世纪90年代中期，各个城市在继续推动经济增长的同时，又把注意力逐步转向城市环境建设和功能完善上，特别是像大连、上海、北京、深圳等在城市面貌上都有了巨大

的变化，环境的美化、绿化方面都大见成效。面向新世纪，随着文化在国家和城市发展中的地位日渐突出，城市管理者和决策者开始把文化战略纳入整个城市战略的重要环节，将文化发展的快慢作为树立城市形象、扩大城市影响的主要内容，并出现了"大都市以文化论输赢"的新的竞争和发展理念。

文化在城市竞争中的地位显著上升，反映出中国城市发展的新的趋势，以及中国现代化向纵深推进的内在要求。而市民文化权利的实现也将成为未来城市战略和文化战略的重要内容。因为市民文化权利能否实现和实现的程度，说到根本，将取决于各个城市文化实力的强弱，包括文化设施的建设和使用状况，文化网络的建立和运转，文化节庆活动的开展和影响，文化媒体的覆盖和辐射半径，文化产业的规模和效益。没有这些丰厚的城市文化资源作为支撑，强劲的文化能量作为推动，市民文化权利的实现也就无从谈起。

反过来说，如果不把市民文化权利的实现作为城市文化发展的重要选择来加以推进的话，也就很难调动起市民群众的文化享受的兴趣、文化参与的热情和文化创造的潜能，也就很难发挥广大市民社会的积极性，也就不能形成政府与民间文化建设的合力，也就不能造就浓郁的城市文化氛围和城市文化发展的整体优势。

将市民文化权利实现程度作为城市文化发展成败的重要环节，原因还在于，市民是城市的主体，城市文化发展的最终目标是促进市民的全面发展，造就文化素养高、道德风尚好的蓬勃向上的新一代市民群体。对一个城市的文化判断将最终取决于这个城市的市民群体的文化道德状况，有什么样的市民，就会有什么样的城市。市民群体是一个城市的最大资源。因此，必须要把市民文化权利的实现和文化素养的提高，作为城市文化竞争与发展的基本主题。

随着现代城市的发展，当代中国和市民社会正在逐步形成，市民群体日益形成一个庞大的部落，并对文化价值方式发挥着强大的影响力。市民文化将成为未来中国现代化发展进程中的主流性的文化存在和文化力量，而市民文化权利的实现，也将成为未来城市政府文化工作的基本任务。市民文化的壮大将决定着未来城市文化发展的总体状况和实力。特别是在一些沿海发达城市中，类似于中产阶级的中等收入的阶层正在逐步形成并扩展，这一阶层在彻底解决温饱问题以后，将有大量的时间和收入转移到文化消费领域，他们的文化需求尤为迅猛，对文化权利的诉求也更为强劲。政府为实现这一阶层的文化权利而作出的种种文化安排，也必将对整个市民文化的培育和成长起着巨大的拉动作用。

（二）高目标的城市文化战略对文化权利实现提出新的要求

在以文化为主题的新一轮城市竞争和发展中，各个城市都在努力确立更高位的文化发展目标，以寻求与国内甚至国外大城市进行文化对话的地位。与此同时，新兴市民阶层的兴起和质素的提高，又对城市文化发展提出了高品位和高内涵的愿景。在这一背景下，文化权利的内涵也发生着变化，一方面文化需求的质量在不断上升，另一方面对文化权利的实现又有了更高层次的指标要求。归纳起来看，主要包括以下一些内容：

鲜明的文化特色。全球化进程中的中国城市文化发展不仅受世界流行文化的影响，同时也在努力寻求自身的特色定位，以力图通过特色来树立品牌，产生影响。不同城市的市民也试图在一种文化的差异性中来确定自身的文化身份。这种特色或差异性，既根植于各个城市的文化传统，又联系着各具优势的文化资源，特别是在与不同的经济、社会背景的互动以及人群结构的变化中，特色文化的建设成为必要和可能。因此，如何通过具有自身特色的文化安排来满足市民群众日益增长的文化需求，将成为实现市民文化权利的新的要求。

独立的文化阶层。城市社会结构的变迁将意味着阶层的重新分化和组合。前此提到的类似于中产阶级的这一群体的形成就已经成为引人注目的城市文化现象，这一阶层的文化权利诉求也将影响到整个城市的文化选择。除此之外，随着文化产业的发展，一批以文化生产、文化传播为职业的独立的文化人阶层已经壮大起来，他们以其灵敏的市场化运作，对正在形成的城市消费社会产生巨大的影响，并对文化需求状况和文化权利诉求发挥导引作用。而政府对市民文化权利的实现，也恰恰需要以这批独立的文化人阶层为必不可少的中介。

多样化的文化选择。讲到公民的文化权利，就必须要强调对每个个体的文化选择、文化趣味的尊重。现代西方文化权利理论就正是建立在这种文化多样性原则的基础之上的。特别是随着社会阶层的分化，多种多样文化的发展，文化选择的多样化趋势也日渐显著。要充分保障公民文化权利的实现，就必须要促进文化多样化的发展，并努力形成文化健康、繁荣、有序发展的良好的生态，真正做到文化选择各得其所。

四、文化权利的实现方式

如何实现公民的文化权利，这是包括政府、民间在内的全社会共同的文化责任。特别随着文化建设高潮的到来，如何探索更有效率的实现方式，促进文化事业的更大发展，这是文化工作必须要认真反思的。总结起来看，这种实现方式应该包括以下一些主要方面：

（一）政府文化行政理论的转型

政府是实现公民文化权利的主要推动力量，特别在现阶段中国，政府主要担当着对文化资源的调配。因此，如何按照公民文化权利的实现这一目标要求，来调整改革政府自身的文化行政方式，将决定着整个社会的文化权利实现程度。文化行政理论转型的一个基本前提是，文化权利是一个公民应该享受和受到保护的权利，而政府文化主管部门必须要保障这种权利的充分实现，并为此而创造条件，提供服务。再进一步讲，公民文化权利的实现程度将是衡量政府文化工作绩效的基本指标，如果这种权利得不到有效的实现，那就意味着政府的失职。也就是说，在文化权利问题上，公民是"主"，而政府是"客"，不是政府主观上愿不愿意促进公民文化权利的实现，而是客观上必须要这么做，这是一个现代公民社会的政府必须承担的责任。政府文化行政工作必须要围绕着这个目标责任来展开。

（二）社会文化新环境的营造

对于政府这样一个文化管理者的角色而言，它对文化环境的营造也许比直接参与文化生产更为重要。其中，文化创新环境的营造尤其需要重视。文化只有创新才能发展，要维护社会的文化创新的动力，政府就必须要在形成机制、营造环境上下工夫。这也是实现公民文化权利的重要内容。正如此前所言，一方面，文化权利的实现关系到人的全面发展的大问题，而只有创新才能提供更多的公民得以充分享受的文化成果，只有创新才能焕发公民进行文化参与和创造的热情和想象力。惟其如此，公民的文化素养才能得到进一步的提高；另一方面，文化权利意味着文化选择的多样性，而只有通过创新，才能发展出多种多样、各具特色的文化形态和文化类型，否则，单一的文化产品，僵化的文化生产体系，是难以满足多样性的文化需求的。

（三）民间文化资源的调用

随着市场经济的发展和市民社会的发育，财富和资源主要由国家专控的格局已被大大地突破。文化资源向民间的转移以及民间文化资本的成长已成为中国文化发展的新的动向。因此，单靠政府的文化资源、力量来实现公民的文化权利就显得勉为其难，必须要通过政策和市场机制最大限度地调用民间文化资源，来促进文化事业繁荣发展和公民文化权利的实现。文化的创造力量在于民间，不仅民间的文化创造是推动文化发展的巨大动力，而且其本身也是公民文化权利诉求的重要内容，公民进行文化创造的权利的实现过程，本身就意味着来自民间社会的文化创造过程。

（四）现代人文精神的培育

社会发展的目标是促进人的全面发展，而在中国现代化进程中，人的现代化关键因素是培育现代人文精神。公民的文化权利，是人之为人的基本要求，而对这一权利的实现过程，就是人的培养和发展的过程。将现代人文精神贯穿到文化权利的实现过程中，会大大促进人的文化道德水平的提升，会更有利于现代公民群体的塑造。特别是在此前所讲的城市文化战略中，城市人文精神的培育是关键环节。没有成熟的城市人文精神，也就不会有发达的城市文化。而城市人文精神的发展，对于造就城市人文价值观，培养现代市民群体，有着不可替代的重要作用。

五、文化载体的创造

公民文化权利的实现，必须要借助必要的文化载体，如文化精品、文化节庆、文化设施、文化网络等。没有文化精品，公民充分享受文化成果的权利就无法实现，而没有文化节庆、文化设施、文化网络，公民就无法进行文化参与和文化创造。对于政府来说，如何最大限度地配置文化资源，使公民真正获得文化享受的成果、文化参与的机遇、文化创造的空间，这是实现公民文化权利的必然选择。因此，在未来的文化发展中，实施精品战略，创造文化精品，开展文化节庆，搭建文化舞台，建设文化场馆，开辟文化阵地，构建文化网络，拓展文化空间，这些将是相当长时间内实现公民文化权利的主要方式。

　　文化权利问题的提出，是以公民社会的成长为背景的，是适应当代中国经济、社会和文化发展要求的。特别是随着公民生活水平和生活质素的提高，文化权利的诉求将与文化需要的增长一样，变得尤为强烈。如何最大限度地实现公民的文化权利，以促进人的自由全面发展，建设更加人性化的社会，将是未来文化工作不可或缺的使命。

社会主义初级阶段文化与深圳的文化选择

倪鹤琴

> 倪鹤琴，深圳市文化体制改革办公室副主任、博士。本文选自郁龙余主编《特区文化论丛》，海天出版社2001年版，略有删节。

建设有中国特色社会主义的成功实践，深圳是一个生动的证明。这一明证的具体显现，不仅仅是经济繁荣，社会稳定，而且是文化发达，文明进步。探究其因，涉及政治、经济等多个层面，但有一点不难发现：在社会主义逐步迈向现代化的进程中，文化选择起着重要作用。我们致力于建设有中国特色社会主义的文化，就是要站在这个"世界政治的新时代"，充分认识国情，深刻了解现状，正确判断趋势，使借以重构的"文化线"定位在准确的跑道上。深圳的文化建设与文化选择也必须在这样一种高度和方位上进行。

深圳文化选择要以社会主义初级阶段文化论为理论参照，就绝不能囿于地域的观念，首先要解决这样一个难点：当我国正在努力实现以工业化为主要特征的现代化的时候，世界发达国家已进入以信息化（知识经济）为主要特征的"后工业社会"。如何既立足于初级阶段社会主义，不超越历史阶段，又跟上世界文明步伐，勇于探索，大胆试验，在新的历史条件下真正起到"试验场"的作用？由此，深圳文化应在经济化、社会化、现代化和国际化的"四化"建设中进行积极探索，充分体现文化选择的创新意识。

一、文化经济化——面向现实的文化选择

在现代社会中,文化的经济化是一个隐而不秘的事实,随着社会向高层次发展,科技、工业、信息、传媒等的发达,文化与经济会进入一种内涵的本质的融合发展过程,虽然在现实中有时候这两者尚处于简单相加的剥离状态。如何使社会主义的文化与经济真正进入一种内涵的本质的融合发展之中,需要我们充分认识文化与经济的互动关系和双向同构以及这两者的辩证运动,并在理论和实践中对文化的经济化趋向予以准确把握。首先,经济活动中蕴含着经济主体的文化含量,驱动社会发展的根本动力是人的文化力;其次,文化产品需要市场,文化产业应当发展;其三,文化应有经济效益,但比经济利益更重要的是社会责任、社会效益。

深圳市场经济发育较早,文化市场启动较快,因而对发展文化产业这一新课题有一定的认识。文化产业是精神生产产业,它是通过工业化、信息化和商品化的方式进行精神产品和文化服务的生产、再生产、交换和传播的。较早运行的市场体系,既促进商品经济发展以及产业和信息集散功能的国际化,又带动文化产业的勃兴,如娱乐文化、消闲文化、旅游文化、传媒文化、影视文化及图书市场、信息市场、艺术品拍卖市场等文化市场,就充分显示了它的活力。深圳华侨城形成了以旅游文化为主体的文化产业群,是在全国发展较早又较为成功的范例。当然,目前文化市场法规尚不健全,大多数人对市场法则还很陌生,文化市场也存在着一些问题,如贩黄、侵权等等,这正是在文化选择中必须坚决予以抵制,在进一步拓展文化产业时应及早引以为戒的。同样,文化的经济化并不意味着所有的文化产品都应推向市场,对高雅文化就必须实行重点扶持,这些年深圳宣传文化发展基金就在这方面起到了很大作用。因之,文化产业市场化与重点扶持高雅文化,这是在认识和面对文化经济化时必须同时坚持的。

二、文化社会化——面向大众的文化实践

文化的社会化至少有两层含义:一是要确立人人都是"文化人"的文化意识;二是文化建设要促进社会的全面进步。

无论中西,文化中占主导地位的意识形态部分,都起着维护社会稳定、保持社会延续的精神支柱作用。在国际交往频繁、文化发展趋于多元化的态势下,各国的文化

形态可以多样性、多层次性，但我们的指导思想只能保持一致性。鉴于社会主义历史阶段的长期性、复杂性，我们"不宜把共产主义的思想道德作为现阶段可以普遍实行的原则和要求，向全体社会成员提出，并据以要求和约束人们的行为"。但"这一阶段的文化建设中，应该大力宣传共产主义的理想信仰，倡导共产主义的价值观、道德观；引导教育社会成员追求共产主义思想道德的崇高理想和目标，以及少数先进分子自觉在某些方面和一定程度上实践共产主义思想道德"。我们要充分发挥社会主义主体文化的教育引导作用，通过文化来塑造与社会主义制度要求相一致的现代公民，培养一代又一代人对社会主义制度的归属感和认同感。

文化的社会化还体现人民创造文化、文化属于人民，社会共建文化、文化回应社会的特征。社会的进步需要文化人来创造精英文化以提高一国一地的文化品位，塑造民族精神，然而，文化在本质上并不只是文化人的事，文化的创造以及对文化的关怀，都与人民大众息息相关，深圳的城市规划、丰富多彩的文化消费样式就很生动地体现了文化的人民性和社会化。现代通讯技术的发展，世界进入信息化时代，文化市场的发展和高科技成果的普及，使文化的传播方式大大改变，文化正在由一种过去文化人的"专利"或贵族的奢侈品而变成大众生活的组成部分，人民大众在参与创造文化的同时也正充分享受着技术文明给自己带来的各种乐趣，因此，逐步确立人人都是"文化人"的文化意识，使文化社会化选择，不仅强调文化对人民大众和现实生活的作用力和影响力，而且把文化的权利交还给人民，交给社会。从这个意义上说，改革开放大潮中在深圳不断涌现出来的民间文化团体和文化企业，是一支我国新文化建设的生力军。深圳在文化建设中坚持以先进文化为导向，以文化阵地为舞台，以文化活动为载体，以优秀作品鼓舞人，着力抓好社会文化的各个层面，以行之有效的载体（如开展企业文化、校园文化、社区文化、村镇文化、家庭文化等），将中华民族文化的优良传统、世界文明最先进的成果和社会主义理想目标、人生观、价值观教育渗透到企业、学校、村镇、社区、家庭，大大丰富了广大人民群众的文化生活，推动了有中国特色社会主义的文化建设，促进了深圳社会的全面进步。

三、文化现代化——面向未来的文化努力

文化的现代化是伴随着社会的现代化而提出来的。现代化并非仅是技术层面、器

物层面，从一定意义上说，社会的现代化首先是观念的现代化，而观念是文化的内核，文化现代化之于社会现代化的意义也就自然不言而喻。

现代化有一个应以什么样的文化精神作为基础问题。

虽然我们置身于经济全球化的大格局中，但作为独立的民族国家，其政治、经济的自主依然是第一位的。西方发达资本主义国家总是喜欢用自己的意志和各种手段通过文化影响和文化渗透的方式来塑造欠发达国家。民族国家的独立性在很大程度上体现为以多样化的目标和手段走向现代化之路。现代化不是西方化，两者不具有情感上和理论上的一体性，这也是我们独特的历史遭遇、生存环境和人文条件所决定的。在我国迈向现代化的进程中，邓小平同志总结世界各国发展的经验，把马克思主义基本理论同中国革命的具体实践结合起来，适时地提出建设有中国特色社会主义的理论，并使之在现代化的进程中获得成功。邓小平理论是其思想解放和观念现代化的具体体现，也是他作为中国改革开放总设计师所表现出来的对马克思主义最准确、生动的理解。深圳在提出率先基本实现现代化这一目标的同时，在文化观念上也作出准确的选择。如把一年一度举办的荔枝节改为国际高新技术成果交易会，使原来节后留下的一堆堆荔枝皮变成了高科技成果转化后的一座座"金山"，向社会主义现代化实实在在地推进了一步。这一转变，充分体现了在社会主义初级阶段逐步实现文化现代化的社会轨迹。

现代化不是一种功利主义，它并不意味着对传统文化、人文精神和终极关怀的摒弃。这里，有必要特别强调继承民族传统文化以及倡导现代人文精神和科学理性精神。因为在文化实践中，虽然我们的文化努力正在由不自觉变成自觉，文化成果也在这种自觉中逐步向上提升，然而，对于文化大厦的建设，最困难的并不是添砖加瓦显其具象，当拥有了比较坚实的经济和文化基础，成就一事一业也许相对容易，重要的问题在于：如何在关心技术层面的同时，更注重对于现代人文精神和科学理性精神的关注？否则就易于浮躁，急功近利，表面轰轰烈烈，热情有余而内功不足，难以经受住历史的考验。对于我国的传统文化，则要在作出辩证梳理的过程中，既合理继承，又消除传统文化中对现代化有阻碍的负面效应，并对中国传统文化实现理论的现代转化，增新其理论内涵。深圳和广东省分别组织编写了《深圳人行为道德规范》和《新三字经》，就是从内容到形式对传统文化和思想精神加以继承创新的有益探索。总之，在文化现代化的过程中，我们需要的文化精神基础，就是以坚持马克思主义为主导的现代科学理性与民族文化精神的有机结合。

四、文化国际化——面向世界的文化整合

经济全球化带来的震荡不仅是物质共享,而且也包括文化的渗透。文化国际化是文化开放性所致,马克思早在19世纪就预示着一种世界文化的产生。从文化发展趋势看,人类创造的文化最终将成为一个有机的整体。发展社会主义市场经济是社会主义历史阶段的必然选择,必须与世界经济接轨,根植、服务于经济基础的文化体系,也理所当然地必须呈现开放的态势,面向世界。

文化的国际化,以振兴民族文化为前提。各民族的文化,是这个民族所固有的、自下而上的条件所决定的。"西方中心论"者总是要把自己的文化强加于文化相对弱势的国家,在把自己的商品推向世界的过程中,也竭力按自己的意志和面目来塑造世界,可见防止文化侵略并非多此一举,我们一定要确立国家文化安全观念。未来的世界文化,既不是"东方文化主导"也不是"西方文化中心",更不是中西文化冲突,而是各国间文化的平等对话,在碰撞中走向整合,在交流、吸收、融合、借鉴中提高,通过这种种途径来发展繁荣本国文化。深圳毗邻港澳,又是一个"移民城市",在整合"移民文化"、吸收港澳文化的同时,充分利用并张扬包括客家文化在内的本土文化的特色和优势,在开放、兼容的格局下,不断培育新文化的生长点,努力取得创造性成果;为新的世界文化格局的形成作出贡献。我们需要记住:越是民族的,就越是世界的。

综上所述,深圳文化的选择向度和实践探索,可归结为以下几点:第一,深圳经济发展有一定超前性,但也是与我国现阶段的经济、政治状况及要求相适应,一定要坚持社会主义初级阶段的统一标准,致力于建设有中国特色社会主义文化;第二,与我国社会主义现代化进程和深圳率先基本实现现代化的要求相适应,坚持先进文化的前进方向;第三,与人类文明进步的方向和潮流相适应,把握好现代世界文化发展的大趋势;第四,与"四有"新人的目标相适应,培养既有自主性、创造性,又具有现代人文精神和科学理性精神的现代人。新世纪已经来临,当我们站在"文化线"上再一次起跑的时候,我们应具有明确的历史意识,负重前行,一往无前。

深圳文化发展理念的历史沿革

吴俊忠　党凯

> 吴俊忠，深圳大学教授，主要从事文学与文化研究；党凯，深圳市委党校科研管理人员、文学硕士。本文选自《深圳大学学报》2008年第1期。

深圳经济特区建立20多年来，不仅创造了经济快速发展的"罕见奇迹"，而且也创造了文化超常发展的"罕见奇迹"，实现了从所谓的"文化沙漠"到名副其实的"文化绿洲"的历史巨变，以崭新的文化形象屹立在神州大地，以文化的青春活力享誉世界。

深圳文化超常发展的原因是多方面的，其中最重要、最根本的原因是文化发展理念不断更新，符合先进文化的前进方向，符合深圳文化的发展实际，指明了深圳文化的发展方向和发展途径。回顾、反思深圳文化发展理念的历史演变过程，对于我们进一步深刻认识深圳特区的文化创新功能，认识深圳在社会主义先进文化建设中的示范作用，具有十分重要的意义。

一、深圳特区建立初期至20世纪80年代末的文化发展理念

从深圳特区创建至20世纪80年代末，是深圳特区初创奠基和基本成型阶段。这一阶段，深圳特区初创伊始，百废待兴。邓小平同志视察深圳，肯定中央创办经济特区的政策是正确的，对经济特区的建设和发展提出了明确要求；这一阶段，如何贯彻

中央意图，把深圳经济特区又快又好地建设起来，如何使深圳两个文明协调发展，塑造和维护深圳特区的良好政治形象，是深圳市委、市政府必须考虑的首要问题。为此，深圳市委、市政府先后召开了一系列重要会议，配合省委、省政府制定了《关于深圳特区思想文化建设的初步意见》，研究制定了《深圳经济特区社会经济发展规划大纲》、《深圳特区精神文明建设大纲》等一系列重要文件。这些会议和文件，对深圳精神文明建设和文化建设的发展方向和具体路径作出了明确规定，体现出当时社会历史条件下全新的文化发展理念和战略思想。归纳后，可作如下集中表述：

  遵循邓小平同志关于"我们建立经济特区，实行开放政策，有个指导思想要明确，就是不是收，而是放"的讲话精神，遵照时任中共中央总书记胡耀邦同志关于"特事特办，新事新办，立场不变，方法全新"的重要指示，坚持改革开放的指导方针，确立物质文明与精神文明两个文明一起抓的指导思想，正确处理好引进与抵制的关系，坚定不移地采取"有所引进，有所抵制"和"排污不排外"的方针，大胆引进，认真学习、借鉴、消化和吸收国外及港澳台的一切先进的科学技术、管理经验和人类文明的优秀成果，积极探索经济特区精神文明建设和思想文化建设的新思路、新方法和新途径。兴建"八大文化实施"，打下深圳文化发展的"硬件"基础；总结、概括并提出了"时间就是金钱，效率就是生命"、"空谈误国，实干兴邦"等一系列影响全国的新思想、新观念。

上述文化发展理念是与经济社会整体发展的战略思路交织在一起的，其核心思想是坚决执行改革开放的指导方针，敢于创新，不蹈陈规，特事特办，新事新办。这既符合深圳当时的社会历史背景和文化建设的实际需要，又与中央对特区建设的指导方针相一致。其突出的创新举措是创造性地制定了全国第一个关于社会主义精神文明建设的总体规划性文件，为探索社会主义精神文明建设和文化建设开辟了一条新的途径，为1986年9月中央制定《关于社会主义精神文明建设指导方针的决议》提供了一份重要资料。

二、20世纪90年代初期至世纪之交的文化发展理念

  90年代初期至世纪之交，深圳进入发展提高的新阶段。这一阶段，邓小平同志

视察深圳等地,发表重要的"南方讲话",肯定特区姓"社"不姓"资",称赞"深圳的重要经验就是敢闯",明确指示"要坚持两手抓","两只手都要硬";江泽民同志先后两次来深圳,阐明中央关于经济特区的"三个不变",明确指出:"在新的历史条件下,经济特区要认真总结成功经验,抓紧解决存在的问题——努力形成和发展经济特区的中国特色、中国风格、中国气派。"要求深圳特区"增创新优势,更上一层楼";胡锦涛同志视察深圳,充分肯定深圳的发展成就,对深圳的进一步发展提出希望和要求。这一阶段,深圳市委、市政府提出了"第二次创业"的响亮口号,先后召开了中共深圳市第一次代表大会、第二次代表大会、第三次代表大会、全市教育工作会议、全市文化工作会议等一系列重要会议,制定了《深圳精神文明建设"八五"规划》、《深圳精神文明建设"九五"规划》、《深圳市文化事业发展三年(1998—2000)规划及2010年远景目标》、《中共深圳市委深圳市人民政府关于加快实施科教兴市战略推进教育现代化的决定》等一系列重要文件。中央领导同志的重要讲话及指示精神,为深圳特区新阶段的精神文明建设与文化建设指明了方向。深圳市各类会议的战略部署和各类文件的具体规划,集中体现了深圳特区在发展提高新阶段的文化发展理念和战略思路,主要表现为以下几个层面:

1. 明确深圳特区不仅是发展外向型经济的经济特区,而且是经济文化共同发展、社会全面进步的综合性经济特区,其发展目标是建设多功能、现代化的国际性城市,为探索建设中国特色社会主义道路作贡献。

2. 进一步发扬邓小平同志肯定的"敢闯"精神,遵照江泽民同志关于"增创精神文明建设新优势"的指示,积极探索社会主义精神文明建设的新思路,努力"把深圳建设成为富裕、民主、文明"的社会主义精神文明建设"示范区"。

3. 增创文化优势,创造有深圳特点的社会主义文化,实施"科教兴市"战略和文化建设工程,计划并开始增建"新八大"和"新六大"文化实施,努力把深圳建成现代文化名城。

上述深圳在发展提高阶段的文化发展理念和战略思路,与深圳在20世纪80年代初创奠基阶段的理念和思路相比,已有明显的调整和不同。如果说80年代深圳的精神文明建设和文化建设,主要是从深圳改革发展的角度,立足于奠定特区发展的基础,确定特区发展的正确方向,维护特区的良好政治形象,探索特区精神文明建设的特殊性和新方法,那么,90年代初期至世纪之交的深圳精神文明建设和文化建设,则更多的是从国家改革发展的高度,把深圳的改革发展作为探索中国特色社会主义道路的具体实践，侧重于从特区功能的新定位，特区发展的新目标，特区作用的新发挥，特区形象的新塑造来加以考虑。例如，明确深圳特区的发展目标是多功能、现代化国际性城市，题中之义就是要加深对深圳特区的功能、地位的认识，要从单一的经济发展思维中跳出来，多考虑特区的多功能和综合性特征，加强文化建设，塑造文化形象，以符合现代化国际性城市的应有内涵。再如，提出增创深圳文化优势，建设现代文化名城，已在思维习惯上把文化建设从精神文明建设中单列出来，致力于创建有深圳特色的社会主义文化。

深圳在发展提高新阶段对文化发展理念和战略思路进行的更新和调整，对于深圳的整体发展和文化建设，有着十分重要的意义。第一，把深圳由一个以发展外向型经济为主的经济特区，提升到探索中国特色社会主义道路的多功能、国际性城市的高度，强化了特区的综合性特征和深圳作为一个新兴城市的文化内涵，促进了深圳的跨越式发展；第二，首次提出"增创文化优势，建设现代文化名城"的战略思路，把塑造深圳文化形象的新理念展现在世人面前，使深圳人逐步形成了关注、参与和促进深圳文化建设的"文化情怀"，为深圳文化的加速发展奠定了社会思想基础和群众基础。

三、进入新世纪以来的文化发展理念

进入新世纪以来，深圳进入了一个以贯彻落实科学发展观为主要特征的全新发展阶段。在全国普遍改革开放的新形势下，深圳前有标兵后有追兵，既有来自民间的"深圳你被谁抛弃"的忧思，也有来自国人的"特区还要不要特"的疑问，深圳的自身发展也面临土地、能源资源、人口、生态环境这"四个难以为继"的制约。这一阶段，胡锦涛总书记再次视察深圳，考察了南岭村等精神文明建设先进单位，希望深圳进一步增创新优势，作出新贡献；温家宝总理在深圳特区建立25周年之际视察深圳，并在经济特区工作座谈会上的讲话中明确指出："经济特区不仅要继续办下去，而且要办得更好"，"毫无疑义特区还要'特'"。"经济特区要在率先基本实现现代化过程中，积极探索发挥自己功能和作用的新形式、新举措，进一步扩大特区的功能空间"。深圳市委、市政府认真学习领会中央领导同志的指示精神，认真落实科学发展观，审时度势，锐意创新，决心"以特别之为，立特区之位"，树立"特别能改革，特别能开放，特别能创新"的特区新形象，建设"和谐深圳，效益深圳"，再创新的辉煌。

市委、市政府先后召开了中共深圳市委三届六次全会、三届八次全会、三届十一次全会、中共深圳市第四次代表大会、实施"文化立市"战略工作会议、文化产业工作会议等一系列重要会议，制定了《深圳市文化发展规划纲要（2005—2010）》、《深圳市实施文化立市战略配套经济政策》、《中共深圳市委深圳市人民政府关于大力发展文化产业的决定》、《深圳市进一步完善公共文化服务体系实施方案》、《深圳市文化事业发展"十一五"规划》等一系列重要文件。这一系列重要的会议和文件精神，把特区发展、城市发展和文化发展有机地统一起来，体现出在新的历史条件下深圳经济特区扩大特区功能空间的整体发展思路，展现出全新的文化发展理念。主要表现为以下几个层面：

1. 构建"和谐深圳，效益深圳"，转变经济增长方式和发展模式，加大文化建设力度，促进深圳经济社会的全面协调发展。

2. 实施"文化立市"战略，建设高品位国际化文化城市，把城市发展战略和文化发展战略有机地统一起来。

3. 建设"两城一都一基地"（即"图书馆之城"、"钢琴之城"、"设计之都"和"动漫基地"），把"文化立市"战略落到实处。

4. 努力实现公民的文化权利，不断满足市民日益增长的精神文化需求。

5. 构建公共文化服务体系，创造实现公民文化权利的实施条件。

6. 大力发展文化产业，把文化产业与高新技术产业、金融业和现代物流业并列为四大支柱产业。

7. 加强城市人文精神建设，进一步弘扬以改革创新为核心的"深圳精神"。

进入新世纪以来的深圳文化发展理念，较之于前两个阶段，有一个明显的不同，那就是经过多年的逐步完善，已形成了一个科学、先进的思想体系，体现出更加鲜明的创新特色。不仅各种口号、提法和规定之间具有内在的逻辑联系，相互关联，互相依存，而且系统地体现出建设社会主义先进文化和现代城市文化的新思路、新举措。

构建"和谐深圳，效益深圳"，既是为了适应深圳经济社会发展的现实需要，转变经济增长方式和发展模式，又在客观上成为深圳进入新世纪以来各种文化发展理念的"总纲"，统率并影响着其他各种思想文化理念的提出与实施。

"文化立市"战略是深圳在新形势下的"全方位综合战略"，目的是要"把深圳真正建设成为高品位的国际化文化城市"。"文化立市"战略既是深圳转换发展模式、构建和谐深圳的一大创新，也是创造性地贯彻落实科学发展观，体现"以人为本"思想的重大举措。

建设"两城一都一基地",是依据深圳文化发展的现有优势和基本条件,对深圳未来文化发展所作出的具有本土特色的战略选择,也是实施"文化立市"战略,建设高品位文化城市的具体途径。它使"文化立市"战略有了可感、可见的具体发展目标,有了可供判定和评估的具体对象。

努力促进公民文化权利的实现,是深圳在我国社会主义先进文化建设进程中率先提出的新理念,充分体现出决策者的战略眼光和思想高度,既为构建和谐深圳添上了精彩一笔,又把"文化立市"和"文化立人"统一到一起,成为深圳贯彻落实科学发展观的又一个创新举措。

构建公共文化服务体系,是党中央要求全国普遍开展的文化建设工程。深圳的可贵和创新,在于较早地提出构建公共文化服务体系这一新思路,并把它作为实现公民文化权利的必要社会条件,因而成为深圳文化发展理念思想体系中的重要组成部分。

把文化产业确定为深圳四大支柱产业之一,这是深圳落实"文化立市"战略的重大步骤,也是站在世界产业发展的高度,把调整产业格局和增强城市文化竞争力有机统一起来的重大决策,是十分明智、非常有远见的战略抉择。

加强城市人文精神建设,是深圳在新形势下为提高城市核心竞争力而作出的重大决策,也是贯彻落实社会主义核心价值体系的创新举措。尤其是立足于深圳实际,坚持以改革创新为核心的"深圳精神"为基础,突出体现"五崇尚、五富于"的精神,使深圳人文精神真正体现出鲜明的深圳特色,具有蓬勃的生命力。

四、启迪与思考

回顾深圳文化发展理念的历史演变过程,给我们留下了不少关于文化建设与文化发展的启迪与思考。

首先,一个地区,一座城市,能否形成既符合文化发展实际,又具有一定的文化超前意识的文化发展理念,取决于该地区、该城市的党政领导,是否具有深厚的文化素养,是否具有指导文化建设、推进文化发展的战略眼光,是否能把中央的战略意图和本地的实际情况结合起来,制定出切实可行的文化发展战略。深圳历届市委、市政府,具有清醒的文化自觉意识和推进文化发展的战略意识,牢记经济特区的使命和任务，不失时机地抓好文化建设，创造性地扩大特区的功能空间，形成了与各个历史时期相适应的先进的文化发展理念，制定并延续、更新了具有超前意识和地方特色的文化发展战略，有效地促进了深圳文化的发展。

其次，深圳文化之所以能超常快速发展，在根本上取决于深圳各个历史阶段的文化发展理念都有明显的创新特色。例如，90年代初至世纪之交，创造性地提出要把深圳建设成综合性经济特区，发展成为多功能、现代化的国际性城市，为特区的经济社会和文化发展开创了一条新思路。再如，进入新世纪以来，深圳市委主要领导充分领会中央关于继续兴办经济特区的战略意图，与时俱进，锐意创新，赋予特区新的内涵，创造性地提出了"以特别之为，立特区之位"，创造新形势下"特别能改革，特别能创新，特别能开放"的新特区的发展理念，以积极自信的态度回应了"特区还要不要特"的争议，消除了"深圳你被谁抛弃"的忧虑，极大地鼓舞和激发了深圳市民的创新精神，把深圳的经济社会和文化发展推进了一个新的阶段。历史雄辩地证明，决策者的文化意识强，文化就兴旺；文化理念新，文化就发展。

"文化沙漠论"的成因与深圳文化的特色

郁龙余

> 郁龙余，深圳大学印度研究中心主任、教授，主要从事中外文学与文化研究。本文原为郁龙余主编的《特区文化论丛》的序言，略有删节，标题系编者所拟。

深圳自建立经济特区，文化便成了大家的热门话题。在众多议论中，有一种声音颇有市场，那就是深圳"文化沙漠论"。当然，反对的声音也不弱。建立特区20年，关于深圳文化的问题，争论了20年。争论并非一成不变的拉锯式，而是随着历史的推演，争论也在发生变化，总的情况是不断向深度和广度发展。今日，大家对深圳文化问题的讨论，早已不再限于有无之争。对深圳文化的关注，也不再限于少数学者专家，而扩展到社会的各阶层。

关于深圳文化的讨论还要不断继续下去。在此，笔者想谈谈自己对深圳文化的若干看法，敬请读者指正。

深圳市的前身宝安县，在历史上是广东开发较早的一个县。大量的考古发现证明，早在五六千年前的新石器时代，我们的祖先就生息繁衍在这块土地上，创造了辉煌的古代文明。其发达程度丝毫不亚于珠江流域，特别是环珠江口其他地区的文化。然而，深圳地区的大发展，得益于汉代的"盐铁官营专卖"政策。汉武帝时，大农丞桑弘羊在全国设置36处盐官，其中两处在岭南。盐官职位为正三品，授银印青绶，与州牧、郡太守地位相当，由中央政府统管。岭南的两处盐场，一处设在高要县，一处设在番禺县的南头，管理珠江以东的盐务，史称"东官"。盐业在汉代经济生活中意义重大，是中央经济的支柱之一，所谓"汉盐铁之利，二十倍于古"(《地理通释》)。从此，南头就一直成为珠江东岸的经济重镇。三国时，东吴在东官盐场设"司盐都尉"，仍驻南头，并修筑司盐都尉垒，又称"芜城"。晋、隋、唐都沿袭此制。至宋代，随着人口的增长，盐业有很大发展。广东沿海共设有 17 个盐场，深圳地区 4 个，其中东莞盐场设于南头，为广东最大盐场之一。元代在广东设盐场 14 个，深圳地区 3 个。明代广东设盐场 12 个，深圳地区 3 个，至中叶一并归入东莞盐场。清代因受"迁海"之害，广东包括深圳地区盛极一时的盐业就一蹶不振了。

历史上由于盐业繁盛，深圳地区在政治上也享有很高地位。公元前 214 年，秦始皇平定百越，深圳地区属于南海郡番禺县管辖。公元 331 年（晋成帝咸和六年），南海郡分出东部、南部成立"东官郡"，郡治设在南头。在原有的司盐都尉垒的基础上修建郡城。第一任太守由司盐都尉转任。相传，在东官郡太守中，有一位得道仙人葛洪，因迷恋于罗浮山炼丹而未能上任。东官郡辖宝安、安怀、兴宁、海丰、海安、欣乐 6 县，宝安为首县，包括今日香港、澳门、深圳、东莞、中山、珠海及番禺县南部地区。从此，南头从广东盐政中心之一，变成了东官郡的行政中心。

公元 757 年（唐肃宗至德二年），取消郡级建制，宝安县改名东莞县，县城从南头迁至涌（今莞城）。到 1573 年（明神宗万历元年），为防倭寇、番夷及海盗的侵扰，从东莞县分出新安县，县治设在古城南头，所辖地界包括今日深圳和香港地区。清袭明制，但于 1666 年至 1669 年（康熙五年至八年），因迁海而将新安县裁并入东莞县。三年后复县，1684 年全面复界。

到鸦片战争，清政府腐败无能，逐步将港岛、九龙、新界被迫"割让"、"租借"给英国。1913 年（民国二年），为避免与河南新安县重名，恢复宝安古名，县治所在地不变。1949 年中华人民共和国成立，第三年，原属东莞的观澜划入宝安，县治从南头迁至深圳。1958 年，为了加强边境管理，又将东莞的新美和惠阳的横岗、龙岗、坪地、坪山、坑梓、葵涌、大鹏、南澳等划归宝安。1979 年，中国实行改革开放政策，在宝安县基础上建立深圳市。1980 年，将毗邻香港的 327.5 平方公里辟成经济特区。1982 年，国务院批准宝安县恢复建制，隶属于深圳市。10 年后，又撤县改为宝安、龙岗两区，与特区同属深圳市管辖。

从公元 331 年南头正式成为郡治、县治所在地，到 2001 年，深圳已有建制历史 1600 多年，而且一直在经济、军事上占有重要地位。我们许多人不了解深圳的历史，以为深圳真是一个"一夜城"，只有短短 20 年历史。文化靠历史的积淀，没有历史就没有文化。对深圳历史的无知或知之甚少，是深圳"文化沙漠论"的成因之一。

深圳自成立经济特区，各项建设突飞猛进，以"深圳速度"创造了当今世界的东方神话。经济总量在全国大中城市中跃居前四五位，进出口贸易连续8年居全国第一。这种经济奇迹，令许多人惊讶不已。深圳大学的不少留学生到深圳的第一个问题，就问这是深圳吗？有的外国政要一下飞机，以为停错在香港机场。台湾三军退役将军反独促统参访团，2000年12月2日访问深圳。团长、陆军一级上将连行健激动得流下了眼泪，他说：55年前，也就是抗战胜利时，他们部队（张发奎部）正好从日本投降者手中接管深圳及周边地区，那时深圳人口不足两万，满目疮痍，百废待兴，看到被日本帝国主义蹂躏的国土，他流下了伤心的泪。没想到55年后，如今的深圳发展太快了，会如此繁华，今天虽也流下了泪，但却是激动的泪。（《深圳商报》通讯2001年第1期）

深圳的经济发展确实太快了，辉煌的深圳经济奇迹掩盖了深圳的历史与文化。这是深圳"文化沙漠论"的成因之二。

按一般规律，一个地区的崛起，通常总是经济先行，等经济有了一定的基础，才会有相应的文化。经济和文化需要协调发展。在世界史上，亚历山大港以及其他诸多文化名城的发展是如此，中国历史上也不乏此类范例，如唐代的扬州、广州，宋代的明州、泉州，清代的上海、天津的兴起，莫不如此。整个中国的情况也是如此，自晋室南渡，南方经济逐渐发展，自唐宋之后，中国南方不但经济上超过了北方，而且在文化上也不让北方。但是，如果某一地区在某一时期，其经济获得超常规发展，其文化的发展可能会不相匹配。深圳特区就出现了这种情况，尽管深圳人已经意识到这一点，提出要重视文化建设，实际上也取得了一系列令人瞩目的成就。但是，深圳文化成就再辉煌，与深圳的经济成就相比较，不免相形见绌。这是深圳"文化沙漠论"的成因之三。

人们对文化的看法，总是厚古薄今，看重皇宫皇陵、宫观寺庙、文物典籍、诗书礼教等传统文化，不大看重现代文化。作为改革开放的试验场和排头兵，深圳的现代文化的许多方面在全国是领先的，如企业文化建设及现代企业制度建设，比较文学、公共关系学、房地产管理学等专业率先由深圳大学引进，文学、艺术出了大批精品之作。以华侨城为代表的旅游业，一直领导着中国当代旅游文化新潮流。另外，深圳观念文化也一直领先，像"时间就是金钱，效率就是生命"、"清谈误国、实干兴邦"等思想观念，一直引领着国人现代化的前进步伐。但是，不少人还是认为深圳无文化。重传统轻现代的思想，是深圳"文化沙漠论"的成因之四。

综上可知,深圳"文化沙漠论"是站不住脚的,但是又有其产生的主客观原因。

深圳不但有文化,而且其文化有着独特的性格特征。从根本上看,深圳文化性格特征主要体现为两个方面。

第一,深圳文化属于岭南文化,具有岭南文化的各种性格特征。

深圳大学陈乃刚教授生前曾对岭南文化进行深入研究,是全面、系统研究岭南文化的第一人。他在学术专著《岭南文化》一书中,对岭南文化的特征,进行了一系列深刻的论述。我认为,岭南文化最本质的性格特征有两点:

一、认同中原,追求正统

岭南地处偏僻,自秦代以后不断受到中原先进文化的影响,造就岭南人向往中原文化,服从中央政府,追求正统的人文心理。在这种心理支配下,岭南人在多神崇拜之中,又增加了不少对中原士大夫的崇拜。例如,韩愈曾在潮州担任时间不长的刺史,为潮州人做了一些好事,于是潮州人感念他,认为是他将蛮荒之地变成了海滨邹鲁。以至于江山易名,韩山、韩江、韩埔、韩渡,取代了原来的名称。潮州人还为他修庙立祠,至今香火兴盛。在潮州地区,除了崇拜韩文忠公之外,还有"双忠公"崇拜。崇拜的对象是唐代平定"安史之乱"时的两位名将张巡和许远。到明代,在东山双忠庙左侧,又修建祭祀文天祥的"大忠祠"。祠成之后,并称"三忠"。长期以来,粤东地区对韩愈、张巡、许远和文天祥的信仰,十分普遍。这种官方祀典和民间信仰的密切结合,显示了粤东人对信仰正统的追求。

除了潮州之外,惠州人对苏轼,海南人对李德裕、李纲、李光、赵鼎、胡铨及苏轼的崇拜,所反映的也是同一种心理。凡是为岭南百姓做过好事的,凡是具有正统地位的,不管其曾经遭受过什么挫折,岭南人就不会忘记他们。正如董必武诗云:"苏公祠并五公祠,唐宋文人已到此;李赵兴亡千百载,丹心尚有涛声知。"锦石山的传说也很有说服力。汉文帝派陆贾出使南越,与南越王赵陀通好。他船过和尚石时许愿,如能使赵陀臣服,定将锦绣裹山。后来他胜利完成使命,赵陀为表诚意,送他回去。船到和尚石,陆贾欲还愿,但一时没有那么多锦绣,就在山上遍铺各色花卉。花卉都存活了,每年都繁花似锦。于是当地人改称和尚石为锦石山,称附近山溪为陆溪。屈大均《广东新语》云:宜建祠锦石之下,"一以报贾安南越之功,一以昭是山效灵于汉之德"。

二、开拓进取，革故鼎新

岭南地处滨海边陲，对中原及中央政府表现出极大向心力。这是事物的一个方面。

岭南人还有另一面，开拓进取，革故鼎新。

佛教自印度传入中国，至唐代已流弊严重，繁文缛节，贵族化。禅宗也已经走下坡路，脱离广大百姓。芸芸众生的灵魂无人抚慰，社会上各种矛盾激化。于是，出现了"六祖革命"，禅宗分裂为南北两支。南禅与北禅之争，实为"农禅"与"官禅"之争。六祖惠能，岭南新州人，一个未入僧籍的文盲，居然能斗败势力强大的神秀，成为南宗领袖，而且逐步取得禅宗正统地位，成为中国佛教史上一件惊天动地的大事。以前，很多人都从渐悟、顿悟来评说惠能、神秀之争。当然不无道理。不过，除此之外我认为，还要看到岭南文化开拓进取、革故鼎新的精神。六祖革命的意义，大大超出了宗教的范围。它是岭南人第一次向流弊严重的中原官禅发起进攻，并取得了决定性的胜利。

自从有了六祖革命的成功经验，岭南人就一直保持着这种开拓进取、革故鼎新的精神。清代洪秀全的太平天国运动、康梁变法和孙中山的辛亥革命，是这种精神在新的历史条件下的新版本。正是这种精神，使岭南文化多了一份生机和活力。在与中原文化融合的2000多年历史上，始终显示出它的独特个性。

深圳是一个典型的移民城市，其文化具有浓厚的移民文化的各种性格特征。

建特区之前，深圳原住民主要是广府人和客家人。这些原住民，其实并不是真正意义上的土著，而是在一段漫长的时期内，由居住在岭南的古越族人，和中原移民逐渐混血融合而成的。

历史上，中原人大规模南迁共有4次。第1次，始于秦始皇三十三年（公元前214年）。这一次，秦始皇为统一岭南，征调军人及其他各色人员数十万南下，与古越人通婚杂居。第2次，发生于两晋南北朝。西晋末开始，北方大乱，中原人又一次大规模南迁。这次移民数量巨大，导致南海郡分出东官郡，南头成为郡治、县治的所在地。第3次，发生于两宋期间。北宋末年，金人犯境，中原动荡，宋人纷纷南下。南宋末年，元人南侵，江南百姓大量南下。第4次，发生在明末清初。明末，随着南明政权的南迁，一部分中原人来到岭南。而更多人来到深圳，则是在清政府撤销迁海政策实行复界之后。不过，这次移民以两广内地各州县百姓为主。从改革开放以来，出现了深圳历史上第5次移民。这次移民规模之巨、影响之大是空前的。建特区之前，宝安县只有30多万人口，深圳只是几万人的小镇。然而，20年后的今天，深圳市已有人口700多万。这种移民的速度，也是移民史上少见的。

不管是历史，还是现状，深圳是一个典型的移民城市，其文化充满了移民文化的种种特征。移民是人类文化交流最重要的形式之一。世界上任何一个国家或地区的文化发展，一靠自身由少到多、由浅入深、由低级到高级的不断积累和进步；二靠外来文化的不断补充、丰富、启发、刺激与冲击，在与外来文化的交流、竞争、融合中壮大自己。这二者相辅相成，缺一不可。岭南文化所以能从秦汉前较落后的状况，经汉、隋、唐三代，很快赶了上来，尤其是以广州为中心的珠江三角洲地区，到唐代，已能和中原繁华地区相媲美，其重要原因，是得益于与内地的交流。人类的文化，像自然界存在的杂交优势一样，两种不同文化的交流，能结出数量大大多于双方、质量大大优于双方的文化新果实。纵观岭南发展史，这种文化交流，既包括与内地的交流，也包括与国外的交流，二者交互辉映。正是这种交流，又进一步强化了岭南人开放进取的性格。

中央创办特区，在广东选择深圳、珠海、汕头，后又将海南省也列为特区，应该说这个决定不但在政治、地缘上是正确的，而且也是符合岭南人的文化性格的。

党的改革开放政策，引来了岭南的第5次移民。这次移民，是一次"政策移民"，深得民心，给岭南带来了巨大的发展机会和动力。特区和整个岭南20年的发展成果，充分证明了这一点。现在，中央又要求深圳率先基本实现社会主义现代化，做社会主义现代化的示范市，这又给特区发展开辟了新的广阔前景。

我们欢呼有更多人来建设和研究特区文化，早日将深圳建成一座现代文化名城。

深圳文化市场的实践及其理论思考

杨广慧

> 杨广慧，原深圳市委常委、宣传部长，文化学者。本文原载苏伟光、杨宏海主编《市场经济与特区文化》，海天出版社1995年版。

一、文化市场的形成和社会认同

精神文化产品一旦迈进"市场"的门槛，打上"商品"的标记，历史便宣告文化市场呱呱坠地了。正如婴儿不等于成人一样，人们也不会把文化市场的产生当作它的形成。那么，衡量文化市场是否发育形成的标志究竟是什么呢？概括地讲，是随商品经济发展而发生的两个"纳入"和"进入"。

第一个"纳入"和"进入"，是精神文化产品越来越多地转化为商品而纳入市场范围，进入市场流通领域；第二个"纳入"和"进入"，是精神文化的生产、消费基本上都纳入市场机制的控制范围，市场调节机制进入精神文化的社会运行过程。如果我们不把市场仅仅看作是商品交换的场所，而透视为一种社会关系、一种机制的话，那么，前一个"纳入"和"进入"可以说是文化市场形成的外部现象表征；后者则是文化市场形成的内在本质形态。从两者统一的角度看，深圳，在迈向社会主义市场经济的过程中，文化市场已初步形成或渐臻形成。它表现为：

（一）文化商品种类的增加和文化商品交换场所的扩大，按照人们精神文化消费的需求，初步构筑起一个分布趋向合理、门类较为齐全的文化市场体系

目前，深圳的文化市场包括娱乐市场、演出市场、书刊市场、影音市场、业余教

育和培训市场、艺术品销售市场、旅游文化市场、广告文化市场以及节庆文化市场等等。这个文化市场网络几乎覆盖了深圳不同职业、不同年龄、不同层次、不同情趣的社会公众的精神文化消费需求，并交融互动、共同发展，如雨后春笋呈迅速增长之势。以演出市场为例，20 世纪 70 年代末的深圳仅有一家新中国成立前留下的老电影院，一家设施简陋的戏院，而到 1992 年，短短的十几年中，深圳的影剧院（场）就增加了 80 多家。从作为市标之一的堂皇的深圳大剧院到华侨城新颖别致的华厦艺术中心，从企业自建的柏叶艺术广场到露天观看的大家乐舞台，各种综合性、专业性、多功能以及兼营性的演出场所，如体育馆、俱乐部等星罗棋布，为电影、音像、戏曲、技艺、音乐、舞蹈等不同艺术门类的演出经营提供了一个广阔的舞台和市场。已经初具规模的文化市场体系还在进一步向纵深发展，像文稿竞价拍卖，就是把文化市场从最终产品拓展到半成品市场的一种大胆探索，而各类文化专业人才的市场聘用和流动，早已是司空见惯、习以为常的事了，人才智力市场的存在则表明文化市场由一般商品伸展到生产要素的层面上。

（二）以满足人们精神文化需求为宗旨，讲究适销对路，注重文化消费质量的文化市场机制初步形成

与文化市场的其他部分相比，深圳的娱乐市场是发展最快的，其中以歌舞厅（包括歌厅、舞厅、音乐茶座、音乐酒吧、民歌酒廊、卡拉 OK 厅等）发展速度最快，开业数量和从业人数最多、行业投入产业率最高而独占鳌头。究其原因，与市场经济的发展，工商企业的联谊应酬需要增加；与商品经济加快了生活和工作节奏，身心松弛、消遣需求的增长等是密切相关的。深圳的第一家歌舞厅是 1981 年开业的，至 1990 年底共有各类歌舞厅 200 多家，而到 1992 年底已激增至近 400 家，两年内增长了 1 倍，可以说，市场机制调节着深圳文化市场的结构比例。

再说歌舞厅内节目和曲目的选择。20 世纪 90 年代，从北京来的中央两大报的记者讲述了自己的亲身感受。他们说：在没来深圳之前所想象的深圳歌舞厅，一定是港台、西方流行歌曲的独家天下，但实地访查的结果却恰恰相反，大大出乎意料。据他们采访到的 1992 年抽样调查结果表明，在歌舞厅的演出中，民族歌曲最多的占整场演出 98%，最少的占到整场演出的 34%。1992 年深圳歌舞厅行业组成赴京汇报演出团，把健康优美的歌舞带进了首都，唱进了中南海，赢得了社会一致的欢迎和好评。流风所及，使整个市场民族歌舞、严肃音乐大行其道。1992年深圳上演的表演团及剧（曲）目，通俗类比上年减少117个。在深圳1993年荔枝节文艺演出活动中，港台著名歌星的演出，上座不满场，反应也平平，而应邀来深的才旦卓玛、郭兰英、胡松华、王玉珍、邓玉华、吴雁泽、郭颂等国内著名民族声乐歌唱家的演唱，票价150元到180元人民币，观众场场爆满，并不时报以如潮如雷的掌声。参加演出的所有歌唱家，尤其是郭兰英等老一辈歌唱家感动得热泪盈眶。他们说：没想到，真没想到，曾遭冷落的民族歌唱艺术在深圳这么受欢迎，这么被理解。1993年11月27日至29日，20世纪华人经典音乐会在深圳演出，顿时在深圳掀起一股音乐旋风，三场门票一抢而光，办公室、宿舍到处议论的都是如何买到音乐会的门票。造成这些艺术家们"没想到"和北京记者引以为怪的背后，是受政府宏观调控的文化市场机制在起作用。正是这种道是无形却有效的机制，讲究适销对路、注视消费需求变化、注重文化消费质量，促使沙都歌舞厅经理在开业前花去两万多元到各类歌舞厅作市场调查，从各歌舞厅的港澳台"劲歌劲舞"的观众构成中，发现了民族歌舞的潜在消费需求和诱人的市场潜力。因而独辟蹊径，果敢决策，成立民族歌舞艺术团，专在自己的歌舞厅内演出优秀民族歌舞而一炮打响，营业额直线上升。

（三）传统的国营文化事业单位由非经济的事业型、公益型、福利型向产业型文化实体转变，与非政府投资的文化产业一起，成为适应市场机制的文化社会生产组织体系

有人说：搞物质生产，时间就是金钱，就是赚钱；搞精神文明生产，时间就是花钱，就是赔钱。这是由于传统的计划经济否认文化的商品性、产业性。文化事业的经费由国家包揽，人员由国家包养，经济上只投入不产出，丧失经济生存力和发展能力。因此，商品经济大潮涌起，国家投入又无力随水涨而船高，文化事业单位便捉襟见肘，囊中羞涩，普遍面临经济困境和生存危机。

出路在于改革。深圳的文化事业单位着手经营体制、管理体制、组织体制、分配体制的系统改革，开始从以计划为主转向以市场为主；从以产品生产为主转向以商品生产为主；从事业型转向产业型；从靠国家"供血"为主转向自我"造血"为主，走向市场，开展以文养文、有偿服务。原宝安县电影公司1992年收入突破550万元。龙岗镇文化站每年文化经营纯利润超过100万元，固定资产达1000多万元。交响乐

团、粤剧团、青年艺术团等也通过这种办法获得了经营性经济来源，初步具备了自我造血能力。另外，很多文化单位打破"铁饭碗"，实行承包责任制、聘用制，引进竞争机制，借鉴企业化管理手段，在组织结构、人员素质、艺术水平、生产能力诸方面都有了长足的进步。事实证明，通过改革，走向市场，增强经济和艺术活力，令人担忧的危机就会变成令人欢欣的勃勃生机。

深圳精神文化生产队伍的重要一翼是中外合资和外商独资经营以及行业、企业、个体出资兴办的文化产业。深圳万科企业股份有限公司捷足先登，1986年便涉足文化传播业，1989年成立影视部，1992年又在影视部的基础上成立"万科文化传播有限公司"。其与北影合作拍摄的电影《过年》获东京国际电影节大奖，与北影合拍的电影《找乐》分获西班牙台·塞巴斯蒂安电影节等大奖，另一批影视片在国内获奖。目前，文化传播已成为该公司的四大业务支柱之一。国家、外资、行业、企业、个体出资出力，互相补充，共办文化，多元化的投资渠道给文化灌注了经济活水；自营、合营、联营、合作、租赁等多元化的经营有助文化产业的积累、更新和发展；跨部门、跨地区的文化内联，如刚刚成立的深圳（中国）西部艺术团，以陕西、甘肃等地六个文艺团体为依托，不要国家投资，不要人员编制，不要固定场地，根据市场需求轮流赴深演出，借助深圳舞台，把中国西部优秀的民族歌舞艺术通过市场机制，引进深圳，并通过这个窗口推向世界。多元化的文化生产组织，合成一个文化的社会化生产组织体系，形成竞争的环境和百舸争流的格局。竞争出数量，竞争比质量，优胜劣汰，适者生存。通过竞争，一个比数量、赛速度、较质量、论效益，与经济建设发展相适应的文化建设热潮正在深圳兴起、涌动。

（四）坚持社会主义文化的"二为"方向，尊重市场机制和精神产品生产规律，着眼于建设立足于法治的文化管理体制渐臻形成

综上所述，文化市场的初步形成可归纳为四个"一"，即：一个分布较合理、门类较齐全的市场体系；一个能够灵活地反映文化供求关系、调整文化生产比例、促进文化生产力发展的市场机制；一个外引内联多元投资、多元经营、多样合成的文化生产的组织体系；一个尊重市场机制和精神生产规律、着眼于建设、立足于法治的文化管理体制。这四位一体互相作用共同构成了深圳文化市场的具体形象。对此进行总结的意义不仅仅限于对过去予以正确评价，更重要的是借助形成标志的提炼和形成具体形象的把握从而加深对文化市场本质、机制、功能、作用的认识。这样，才能化作促其发展、使其完善的自觉行动。

文化市场建设在深圳起步较早、形成和发展较快的主要原因，从客观上讲，是特区作为改革开放的窗口和试验地，随商品经济的发展，人民生活水平提高较快，精神文化消费需求的增长也较快，精神文化的供求矛盾突出所致，从主观上讲，是深圳对文化市场的认识从默许其功利性、承认其合理性以赞许其必要性，是文化市场由自发形成步入自觉建设的结果。

开始的时候，人们对文化市场的出现，还冲不出认识的樊篱，看不习惯，甚至有所抵触。但是，深圳由一个原来只有两三万人的边陲小镇一变而为经济特区，人口与日俱增，原有的文化设施远远不能适应增长的人口及其文化需求。如果按计划经济的传统思路办文化，完全依赖政府投资，在以"经济建设为中心"的情况下，政府以有限的财力不可能投放大量资金建立与日俱增的配套文化设施和健全的城市文化网络。文化投资的紧缺和投资主体的单一必然造成文化设施的残缺、文化内容的单一、文化生活的贫乏。这种供求矛盾的困境就使得文化市场还来不及摆脱人们怀疑的目光，偏颇的诘难，便以解救人们文化需求的燃眉之急为使命，自发地出现了，并形成了政府、社会、个人一起办文化，以政府办文化为主导，以社会办文化为补充，个体办文化为拾遗补阙的多元投资经营主体并存互补的文化市场发展格局。文化市场作为应急之物，就其功利性而言，虽然看不习惯，也不得不抱以默许的态度。

二、文化市场的管理

文化市场的管理是社会关注的焦点，也是文化市场建设的重要环节。

（一）双重效应——管理的必要性

深圳文化市场，是在商品经济和改革开放大潮中悄然崛起的。人们对它的形成和繁荣，经历了默许其功利性、承认其合理性、赞成其必然性的逐步认识过程。而当文化市场随着这一过程由自发形成发展到自觉建设阶段，对文化市场如何科学管理，就严峻地摆在了人们面前。作为改革开放和发展商品经济"先走一步"的深圳，地处两大社会制度的临界点、东西方文化的交汇处,文化市场双重效应中的负面效应——浸润着资产阶级腐朽意识影响和封建余毒的精神鸦片流入扩散;黄色、迷信等非法出版物、不健康的录像片,也鬼火狐鸣,时隐时现等等。这些负面效应像瘟疫般的存在,与社会主义精神文明建设相悖,败坏社会道德风尚,如疏于管理,不予设防,后果是十分严重的。

实践和理论表明,现代市场经济是宏观调控的市场经济,是以社会化大生产、大流通为内核并须科学管理的市场经济。深圳文化市场是社会主义市场经济体系的一个组成部分,是社会主义精神文明建设的重要领域,对其进行有效调控、科学管理是必不可少的。同时,进入文化市场的精神文化产品和文化服务既有"商品"的一般属性,又具有思想意识和文化观念的特殊属性,因而,文化市场既是商品交换场所,又是思想文化传播交流的载体。健康的文化产品和文化市场可以使人娱情、励志、审美、求真、臻善,促进人和社会健康发展;而商品外衣包裹的文化毒品、劣品,使消费者尤其是涉世未深的年轻人,受感官的强烈刺激和本能产生的诱惑而中毒受害。这种双重效应告诉人们,对文化市场这种特殊的市场,政府必须要加强管理和调控,既要调控供求,调剂余缺,平衡产销,更要设防出击,兴利除弊,充分发挥积极效应,把消极效应抑制到最低限制。

(二)着眼于建设——管理的出发点和体系构成

文化市场是改革开放的产物,是经济发展、社会进步的产物,然而它又是正在建立的社会主义市场体系中的薄弱环节,虽然在趋势上方兴未艾,但在总体上只是初步形成。我们对它的认识还有待进一步深化,规律也有待进一步把握。鉴于文化市场的特殊性,对它的管理,实践证明要有别于其他物质生产市场的管理,必须加强政府调控的直接性。但政府的调控也要有度的把握,必须遵循、尊重市场规律和精神文化生产、流通、消费的特殊规律。要着眼于管好管活,促其发展。着眼于建设是文化市场管理的出发点。正是从这一点出发,深圳在实践探索中,逐步形成了政府主管、行业自管、社会共管和精品示范、方向引导的"三管一导"管理体系,它包括管理组织、管理法规、管理方法等方方面面。

三、文化市场的几个理论问题

把握文化市场的发展趋向，实施有效的管理，需要认清几个相关的理论问题，以避免实践的盲目性。

（一）关于文化产品转化为商品的问题

文化产品转为商品，是文化市场产生形成的前提条件，根据社会分工产生社会交换导致商品的产生这一马克思主义的基本原理，物质生产与精神生产之间的社会分工，终会导致文化商品的出现，这样，文化产品转化为商品的命题是可以成立的。

文化产品转化为商品是一个历史的过程，由于物质和精神生产的历史上的分工，是在社会生产力水平较低，物质生活资料占据社会劳动绝大部分的情况下发生、进行的，是不成比例的。正如马克思所说，是"从事单纯体力劳动的群众同管理劳动、经营商业如掌握国事以及后来从事艺术和科学的少数特权分子之间的大分工"。（《马克思恩格斯选集》卷3，第221页）这种不成比例的分工，形成了多数人"劳力"，少数人"劳心"的格局，从而"不仅使物质活动和精神活动、享受和劳动、生活和消费由各种不同的人来分担这种情况成为可能，而且成为现实"。（《马克思恩格斯选集》卷1，第26页）也就是"劳力"者单纯从事体力劳动，承担全社会的物质生产任务，既无受教育的机会以涉及精神生产，又无经济支付能力和时空占有能力以实现精神文化消费；而"劳心者"则基本脱离物质生产劳动，在"劳力"者提供的剩余劳动基础上，专门从事精神文化活动，并几乎垄断了精神文化产品的享受。文化产品成了劳心者的专利品、专用品，对于劳力者则成为不能问津的"奢侈"品、稀罕物。这样一来，社会分工导致的文化转化为商品的进程为分工的不成比例而滞缓了，只有到资本主义社会，商品生产发达，货币关系渗入社会各个领域，文化产品才普遍地、更多地转化为商品，进入市场流通交换，为人们所消费。

文化产品转化为商品不是文化的堕落而是历史的进步。马克思认为：日益扩大的商品交换在很大程度上把不同性质的劳动简化为明朗的同一性，甚至"一切所谓最高尚的劳动——脑力劳动、艺术劳动等都变成了交易对象，并因此失去了从前的荣誉。……这是多么巨大的进步啊"。（《马克思恩格斯全集》卷6，第659—660页）文化产品成为商品，在冰冷的货币面前获得相对自由独立，从贵族老爷殿堂中不见天日的高贵摆设变为一种商品加入整个社会流通、消费的行列,"旧时王谢堂前燕,飞入寻常百姓家"。这种文化的大众化、平等化的变化取向,正是马克思以"巨大的历史进步"相讴歌的原因之所在。

既然资本主义将文化产品转为商品是一种"巨大的历史进步",那么,社会主义制度下,文化产品可否转化为商品呢?这是人们常所顾忌的问题。

其实,有中国特色的社会主义理论关于确立社会主义市场经济体制的论述已为这个问题的作答提供了依据。既然社会主义的生产还是商品生产,既然社会主义生产的实现还必须采取商品交换的形式,既然社会主义经济尚处商品经济历史阶段,还要搞市场经济,那么,社会主义的文化产品就可以是商品,也应该是商品。同时,既然社会主义的生产目的是不断满足人们日益增长的物质文化生活的需要,那么,文化产品转化为商品,为文化满足人民文化需求提供了方便,也为精神文化生产力的提高贯注了新的经济活力,从而有利于社会主义文化生产目的的实现。因此,一些文化产品在社会主义时期转化为商品,这不仅是必然的,而且也是合理的、必要的。

然而,人们之所以对文化产品转化为商品心存疑窦、常所顾忌的原因,其一,是尚未从传统计划经济的观念中解放出来。计划经济理论否认社会主义存在商品生产,把商品、市场与资本主义画等号。按照这种理论,能吃能用的物质产品包括生产资料、某些生产要素尚且不能成为商品,更不用说文化产品转化为商品了。其二,是受历史造成的意识的羁绊。如前所述,历史的不成比例的社会分工,导致了少数"劳心"者对文化的垄断。这种垄断的长期延续,给精神文化生产披上了神秘神圣的外衣,给文化产品打上了不同凡品的"高贵"印记,耻与世俗为伍,羞与金钱相染,不容与功利的商品相提并论。其三,仔细透析人们的疑窦和顾忌,更大程度的担心是文化产品转为商品将导致文化生产的极端商品化,引发出文化产品质量下降、败坏世风、污染社会的恶果。但,如同在市场经济条件下,注重货币经济收益,同时也抵制和反对拜金主义一样,促成文化产品转化为商品,同时也要力戒和反对文化生产的极端商品化。只要我们牢牢把握住社会主义精神文明的正确导向,实施对文化市场、文化产品生产、流通、消费的有效管理,善于利用市场优胜劣汰的竞争规律和筛选机制,排毒去污,兴利除弊,极端商品化是可以抵制和防止的。

（二）关于社会效益和经济效益的问题

文化商品的社会效益与经济效益，是一对难以把握又必须把握的关系。把握这两者之间关系的原则，是坚持把社会效益放在首位的同时，使社会效益和经济效益统一起来，社会效益是最高准则。

社会效益为最高准则，是由文化商品的特殊功能决定的。一般商品的消费，是实物的硬性消费。它对消费者的思想、道德、情操不能产生直接影响。而文化商品的消费，是精神的软性消费。它或者开民意、启民智、兴民德、鼓民力；或者败人心、靡人志、丧人伦、泄民气；或者使人娱乐，供人消遣，悦人耳目，爽人精神。由于文化商品这种直接影响人们思想意识、行为方式的特殊功能，它的生产和经营，就必须把社会效益放在首位，作为最高准则。

但是，这两个效益的关系，确又是很难把握的。往往是一讲社会效益就影响生产经营者的经济利益，造成文艺演出的"多演多赔，少演少赔，不演不赔，一演就赔"的现象。这一现象是与文化商品价值实现的特殊性有关。文化商品的价值实现过程与一般商品有所不同。一般商品的价值可以通过价格完全体现出来。而文化商品价值通过价格完全体现出来则有一定的难度。这不仅因为创造文化商品价值中的劳动所包含的文化知识、经验、修养、灵感很难计价，而且即使可以计价，也由于消费者的价值观念、知识水平、欣赏能力、审美情趣的不同，而不能得到全部的真实体现。因此，这就使那些倾注生产者大量心血、格调高雅、高层次的文化商品曲高和寡，不一定能卖出好价；最叫座畅销的又不一定是好产品，最赚钱的也许是社会效益更差的。正因为如此，就要通过经济的、行政的和法律的手段，防止文化商品的生产急功近利、粗制滥造，杜绝有害产品进入市场。在保证社会效益第一的前提下，同时也要保障生产者的合法利益，使那些健康积极但经济效益不佳的文化商品，给予政策的倾斜和扶植，使其获得一定的经济效益，得以存在和发展。这样，把社会效益与经济效益统一起来。

（三）关于"以文养文"、"以俗养雅"的问题

"以文养文"是近年文化发展过程中一个很热门的提法。"以文养文"在特区文化市场中主要有以下种种情况：一是非盈利的文化事业单位作为自身业务的延伸开展一

些盈利性的业务经营活动,所得的盈利以补进一步拓展原有业务的经费不足;二是社会团体靠吸引外资、社会集资等方式兴办文化企业,盈利部分除用于文化企业本身发展外,上缴部分用于一些非盈利的或带公益性的文化活动。这种状况更确切地说应当是"以文养文"。另有一种说法是所谓"以俗养雅",由于通俗性、娱乐性的文化产品比较受一般消费者的欢迎,便于盈利,有些文化艺术形式高雅,但受消费者接受能力和欣赏水平的限制,甚至处于亏本经营。因此,有的人就主张经营一些大众化的文化事业,以"下里巴人"补养"阳春白雪"。

"以文养文"或"以俗养雅",能够达到预期的目的,促进文化的繁荣,造成良性循环。但也要防止出现文化经营活动滋长利润第一主义。这样将导致不断地盈利,不断地生产同质化、简单化的粗俗文化产品,不但没有达到"以文养文"、"以俗养雅"的预期效果,反而降低了文化市场的整体层次,产生"以文损文"、"以俗伤雅"的恶果,形成为利所趋——文化产品粗俗低劣的恶性循环。

在目前文化市场发育不尽完善的情况下,应当防止泛泛不讲原则的"以文养文"或"以俗养雅"。特别是强调防止文化事业单位的经营活动脱离自身业务范围,而影响正常业务的发展和提高,杜绝以任何借口使低级粗俗的文化产品充斥市场。

(四) 关于弘扬民族文化和吸收外来文化的问题

在我国社会主义文化市场中,弘扬民族文化和吸收外来文化是相辅相成的。一方面,弘扬的过程就是扬弃的过程。弘扬民族文化并不是食古不化,对外来文化完全排斥。只有在保存民族文化内核和精华的基础上,大胆吸收外来的进步文化,才能使民族文化真正得到弘扬。另一方面,吸收的过程也就是批判的过程,吸收外来文化并不是"全盘西化",不加取舍地盲目引进。在吸收过程中,只有善于对外来文化进行民族化的加工和改造,去粗取精,为我所有,才能更好、更多、更大胆地吸收。有的人把这两者完全割裂和对立起来。他们强调吸收外来文化,则对民族文化采取虚无主义态度,对"海洋文化"全面肯定,对"黄土文化"全面否定。其后果,民族文化被践踏得面目全非,外来文化的优秀成果又不能真正学到手,造成文化的空洞和虚无。年幼的文化市场如果不抵制这种观念,就只能在洋皮毛的包装下走向枯萎。

深圳正处于中西方文化的交汇点,在迈向率先建立市场经济体制和国际性城市目标的进程中,深圳文化市场一方面应有意识地增强民族文化的分量和比重,使民族性的东西形成气候,造成辐射;另一方面,应坚持"排污不排外"的方针,大胆吸收外来优秀文化,正确处理弘扬民族文化与吸收外来优秀文化的关系,才能促进特区文化市场活跃、有序、健康发展,使其纳入特区社会主义精神文明建设的整体轨道。

物化与文化：能否良性互动？
——从纽约、上海、香港看深圳文化的模式选择

乐正

  乐正，深圳市社会科学院院长、教授、文化学者。本文原载《深圳商报》"文化广场"周刊第39期（1996年5月30日）。

  如果说，文化是储存和开发人类创造力的"银行"，那么，中心城市就是"华尔街"。大凡在社会发展较先进的中心城市，文化也有其亮丽之处。但是，不同类型的中心城市，其文化发展的资源和模式会有不同。一般来说，政治中心城市的文化发展资源总是多一些，因为政治中心城市是国家或地区"上层建筑"的重心，它对文化的需要极大，因而赋予文化发展的特权也极多，当人们赞叹北京、东京、巴黎、伦敦、莫斯科所散发的绚丽文化光彩时，人们实际上是在赞叹这个城市所代表的国家和时代的文化创造力。

  经济中心城市能否创造出文化的奇迹？从城市社会学的角度，经济中心城市是一个由金钱支配的世界，一切都被物化了。因此，物化与文化之间的互动关系是经济中心城市文化发展的关键问题，有幸的是，现在世界上确有一些城市在此问题上为我们作出了肯定的答复。实际上一些国家和地区的文化中心是由经济中心城市来担当的。如美国的纽约、中国南方的上海、澳大利亚的悉尼、加拿大的多伦多，等等。香港也是一个奇特的个案，这个创造了经济奇迹的城市，已开始了文化的"起飞"，努力使自己成为东亚文化发展的一极。

  最近，一位美国学者在其新著《城市文化》（美国哈佛，1995）中，论述了一个很有意思的话题——"纽约的高尚文化和粗野商业"，文中评价了纽约作为世界级的

商业中心和文化中心，物化和文化两者之间的互动共进关系，读后耐人寻味。纽约是世界上的金钱霸主城市，是一个把人类的物欲发挥到极致的商业大都会，但即便在纽约经济最辉煌的发展期，这个城市的物化与文化也显然没有成为对立的两极。恰恰相反，商业与文化都在自身发展中为对方的发展创造了条件，使纽约成为世界城市中商业与文化互助共进的典范之一。纽约先是在航运和贸易方面建立起霸权，然后成为金融和制造业中心。从19世纪末20世纪初开始，纽约便逐渐取代伦敦，成为西方资本主义的经济首都。几乎与此同时，纽约文化也迅速从欧洲文化的模仿者变成欧洲文化的改造者、征服者，在传播业、艺术和娱乐业领域达到世界顶级水平，从而使这个世界上金钱最多的城市，文化生活也最丰富。

近代的上海和现代的香港也都是国际化的经济中心城市，是远东赫赫有名的商业大都会，它们为我们提供了文化发展的另一种范式。沪港两地的崛起有着近代西方资本主义殖民扩张的历史背景，把早期城市建设的注意力更多地集中在为东西方贸易发展服务上。上海虽然早在1860年代就在对外贸易方面超过了广州，成为中国最大的通商口岸，但上海在文化上的优势迟至20世纪初才建立起来。之后，上海很快成为近代中国新知识、新思想、新学术和新艺术的摇篮，成为中国最富有开放和创新意识的文化旺区。

香港的文化历程明显地比上海缓慢。19世纪40年代，香港虽然比上海更早更彻底地受到西方人的统治，但西方人对上海的兴趣日趋增大，因此，直至20世纪50年代，香港不仅未能赶上上海，甚至未能赶上广州。进入60年代以后，香港经济从低水平的加工业开始高速起飞，带动文化事业迅速发展。目前香港的主要艺术团体和文化机构大部分是70年代以后建立的。

香港作为一个经济城市虽有150年的历史，但真正作为一个有文化内涵的城市不过只有短短20余年时间。在经济高速发展之后，香港文化的飞跃时期已经来临，文化的"升级换代"是目前和今后香港发展中一个不可忽略的重要事态。

纽约、上海、香港三地的文化发展虽各有不同，但他们都把自己的经济实力作为文化发展的重要资源，从而形成了经济中心城市文化发展的某些共同特点，特别在城市的物化和文化的关系上为我们提供了不少值得研讨的话题。

其一，商业的发展蚕食文化抑或支持文化？上述三地的经验告诉我们，经济中心城市在其发展的不同阶段，商业与文化的关系也会有所不同。在现代社会，发达的文化需要有各种外部资源的支持，或权力，或财力。一个经济型城市，文化更多地依赖各种财力的支持，而这种支持是一种自发的行为，是城市整体财力强大的自然结果。因此，当经济型城市在其商业力量还有限、经济资源还不富裕的"欠发达时期"，文化的发展往往患有"贫血症"，文化人在心理上总感觉生活在社会的边缘。当文化的创造屈从于商业的目的之后，文化不再追求贵族品位或学究气息，而沦为取悦市民的娱乐业和消费品，它追求的是通俗、刺激与时髦。从文化被物化这个角度来理解，这一时期的文化确实被"蚕食"，被腐蚀了。这一现象向人们证明：低水平的物化不养高水平的文化，不发达的物质文明支持不了发达的精神文明。

当然，商业的力量不仅可以物化文化，也可以支持乃至创造纯洁的文化，特别当商业的力量发展到一定规模和水平时，两者的良性互动的可能性大大增加。上述三地的文化成就，基本出现在其经济腾飞之后，而且主要是借助商业势力的支持。所以，尽快把经济的"蛋糕"做大，是文化发展必要的前提。

其二，商业是文化的侵蚀者抑或创造者？应该承认，商业对文化也有一种依赖和追求。商业为了自身的发展，会自发地成为文化的推动者和创造者。一个不可否认的事实是，经济中心城市的信息传播业普遍发达，它给城市文化开辟了一个新的生长空间。纽约是世界一流的信息传播中心，上海是近代中国最大的新闻中心，香港传媒业的发达也创造了许多世界之最。而早期信息传播业的发展与其说源自文化的动机和推动，不如说是源自商业发展的需求。

另一个显而易见的事实是，商业社会不仅是挣钱的中心，也是花钱的中心。随着商业力量的壮大和商人结构的改变，现代商业社会造就出一个庞大的有钱又有文化的白领阶层，这个阶层的形成对经济城市文化的发展十分重要，因为他们是现代都市文化的主要需求者和推动者，他们决定了经济中心城市文化的主流。现代白领阶层出现后，商业对文化的带动效益会由低级向高级渐进，企业家们原先只是对娱乐文化感兴趣，继而是迷恋于艺术品的收藏与拍卖，后来则成为学术研究、高雅艺术、先锋作品的鉴赏者和支持者。在80年代服务业成为主导产业之后，香港一批高雅文化机构和艺术团体相继建立绝不是偶然的。60年代以来纽约的制造业和城市人口明显减少，而它的文化事业仍保持旺盛，并无衰落之相，就是因为纽约的白领阶层仍在继续发展着。

其三，文化仅仅是商业的"被抚养者"吗？来自纽约的最新研究报告告诉人们一个有意义的信息：现在，纽约人已不再把文化视为一个经济上嗷嗷待哺的贫血者，或是少数人追求精神宽慰和艺术美感的"玩意儿"，而是视文化为一个有巨大经济效益的产业。特别是在 60 年代纽约经济滑坡以来，一方面企业和人员外流（蓝领工人大量失业，白领人士厌倦了大都市紧张的气氛和浑浊的空气），另一方面，著名的文化机构和旅游景点继续对新移民和旅游者保持着巨大的吸引力。有调查显示，有相当多的人是专为纽约的文化品位和艺术气氛走进这个城市的。到百老汇看戏，竟是一些旅游者来纽约的唯一目的。纽约的市长和学者们不得不承认：文化已成了扭转这个城市颓境的主要王牌之一。"苏河现象"则从另一个角度证实了文化带来的经济价值。曼哈顿的这个小区曾是一个被人遗忘的角落，破旧的工厂仓库大都空置，无人问津，商业和房地产业一片萧条，政府正考虑将苏河区全部拆除重建。但当一些青年艺术家在此"安家落户"之后，一个经济奇迹悄然而生——苏河区因文化而热闹起来，成为闻名遐迩的艺术创作中心，这里的服务业和房地产市场随之而兴，日渐增长，后来竟成为曼哈顿的旺区。原先因租金便宜而入住此地的艺术家们后来竟又因租金高昂，被挤出了苏河。政府和有识之士正充分开发利用这一新的"商业资源"，来振兴因制造业衰落和治安太差而受到严重损害的纽约经济。

经济中心城市的文化发展需要探讨的问题很多，但物化与文化之间的互动关系，是其中的关键。由于深圳与香港都是经济中心城市，因此，不论是考虑深圳自身的文化发展，或是推动深港未来的文化交流，我们都不能忽视经济中心城市文化的某些基本特征。以经济发展带动文化发展，以文化发展提高整个城市生活品质，并反过来促进经济增长，创造物化与文化的良性互动机制，这也许是未来深圳文化发展的基本模式选择。本文分析纽约、上海与香港已走过的文化历程，总结其中的经验与启示，也正是基于这一认识。

论深圳国际性城市的文化含量和走向

刘学强

> 刘学强,深圳市罗湖区委书记、作家。本文选自苏伟光、杨宏海主编《市场经济与特区文化》,海天出版社1995年版。

一、国际性城市文化模式的转化和选择

深圳成长为国际性城市是自身发展的需要所致,也是迎接国际竞争新机遇新挑战的需要使然。既然要建设多功能现代化的国际性城市,那么,其文化模式的选择和形成应当是题中之义了。

在近代的100多年时间中,一直占据着统治地位的传统国际性城市模式开始受到冲击与挑战。这种冲击与挑战从根本上说,是来自人类科学与文化的进步,以及伴随着这种进步而来的人们生产方式和生活方式的变更,由此更突出了文化模式选择的重要战略意义。其主要表现在如下几个方面:

1. 国际性城市的成长从依赖于自然优势转变为依赖人工优势。这些人工优势包括:一个适合于知识生长活动的文化环境,如保护知识产权、专利、财产利益以及知识密集型产业的扩张与智力型企业之创建。一个能够吸纳全国全世界知识人才的文明环境,包括语言交流和文化沟通及各种领域的合作等等。

2. 国际性城市的成长从讲究生活水平提高转变为对高质量生活的追求。传统的以制造业为基础的国际性城市,大都存在生活质量趋于恶化的严重问题。而那些能够为人们提供良好环境高水平的商业服务、文化学习和闲暇旅游的大城市正在发展成为新

型国际性城市。

3. 国际性城市在世界的经济格局中的作用是生产和分配知识与信息，基本上是一个技术与文化的大都会，也就是说成为科学文化为基础的新型产业组织的根据地。而以制造业为主体，以工业秩序为基础的国际性城市正在走向衰败。

传统国际性城市向现代国际性城市的转变较为成功的是亚洲的新加坡。其经济实力的增长已为世人共睹，其文化模式的选择同样引起许多国家的关注和重视。从物质生态的工作和生活环境优化来看，其绿化水平、其文化学习、其闲暇旅游还有优质商业服务均属世界上乘。从观念形态的文化环境来看，他们的优化努力效果明显。本来，国际性城市在经济上追逐利润也有其负面影响，人们会产生拜金主义、极端个人主义以及道德腐化等社会弊病，试看西方社会似乎走不出停滞—贫困、富裕—腐败的两难怪圈，那么，净化灵魂、规范道德，确立精神价值在西方是交给宗教以及人文科学之责任了。新加坡将这种责任更多的是交给人文科学，本着以儒家文化为主体的道德教育和引进西方文明中的社会公德职业道德等先进文化熏陶，再加上全面提高全国人口的文化素质，确立社会共识的精神价值，令新加坡的社会文明程度不断提高，为世人口碑。其经验做法已引起我国重视。

西方某些国际性城市，也根据现有条件，选择若干知识产业为其产业支柱，并使该城市产生国际性的影响力。如德国柏林，在被分为东西柏林时，西柏林曾耗资5亿多美元兴建了国际会议中心，自1979年启用以来国际会议中心已成为柏林的世界性标志，而且，柏林还以其音乐之都享誉世界，由卡拉扬指挥的柏林爱乐乐团成为世界一流的乐团。同时，柏林还定期举办国际电影节、国际电视节，很快以文化扬名世界；美国的俄亥俄曾经是一个制造业中心，但它现在主要在大陆上建造卫星中心，以便迅速建成为一个知识中心。

香港是世界明星级城市，一直以来以金融中心和购物天堂立足于世界，近10年来，香港也认识到文化的重要效应，正在作弥补和发展工作。如耗资数10亿港元兴建香港文化中心和香港会议展览中心，每年一度举办香港国际电影节、香港国际艺术节和香港亚洲艺术节。而香港本地生产的电影和电视节目，就人均数量来比较，还领美国之先，并获得较大的利益回报。据第五届国际视听展显示：香港渐成亚洲影音市场中心，视听类产品贸易年逾1600亿港元。

现代化国际性城市的文化模式我们可以选择参考，当然要结合深圳实际加以借鉴发展。

二、深圳成长为国际性城市的文化含量需求和走向战略

深圳成长为国际性城市是不能按传统模式成为制造业中心，要根据世界新的经济格局来设计发展，另外，必须考虑到两个因素，一是全国的"排头兵"位置，为中国起到什么样的作用和如何令中国走向世界。二是不能重复香港的功能，毕竟 1997 年香港就回归中国。基于上述的共识，深圳选择的国际性城市的模式其文化含量是大的。

1. 深圳城市开发目标应是"科学城市"，即成为一个世界性的知识和信息产品生产与分配中心。

2. 建立适应从事知识型能力型活动人才和组织需要的社会环境，包括知识产权的保护、环境意识的强化等等。

3. 创造高质量而且有竞争力的生活环境，以便招揽世界人才，同时有助于全国乃至世界经济和文化的进步。

实现上述目标，就广义的文化来说，有两点需要下大工夫：

首先，深圳的文化资源是世界性的，能为世界各地人员提供服务，并逐步确立为世界共识的科学秩序上的价值观及生产方式和生活方式。

其次，深圳的文化要在吸纳百川的过程中消化发展成为有自己特征的文化，以便立足于世界文化之林。

基于上述两个文化大目标，深圳的文化发展走向和战略有如下几点：

(1) 确保科学秩序上的精神文明，避免和减低社会文明历史进程中的弊病。国际性城市发展的 100 多年，为人类提供的文明成果是巨大的。然而，基于历史的局限以及各种文化消化不良的影响，产生了许多弊病，诸如拜金主义、贫富悬殊、凶杀、吸毒、艾滋病等等。这些病征是为人类所不齿的，因为构成对人类文明之威胁。那么，深圳成长为国际性城市，就要把这种非精神文明的弊病避免或减低到最低限度，不能重复过去之咎了。为此，增加国际性城市的文化含量的最深层意义就是确保人们生活和工作在科学秩序的精神文明中。其途径就是有中国特色的优秀人文科学精神（包括儒家文化之精华）要继承发扬，同时要批判吸收西方文化优秀成果（包括基督教文化等），使人们在追求物质冲动的同时讲究精神冲动，承认和回归人是有两种家园，即物质和精神，使两种文明能够丰盛起来。用人类共识的文明标准和精神修养规范人们的道德和行为。

(2) 培养人们的国际意识，更新观念与世界对接。国际意识多靠文化来传播。目

前深圳的文化传播媒体是少不是多，传播一方面是引进来，一方面是走出去。而所谓国际意识大至对世界政治经济格局的重新调整之挑战和国际性城市模式的认识，以及对知识智力生产、知识工人作用的理解，小至语言掌握以及各民族的风俗习惯行为举止的认同。要更新的观念是很多的，包括时间、效率、信息、环保等观念，甚至广告牌的语言完善及生活习惯的相互适应。只有这样，国际性城市的各种人才才能在文化上互相沟通和相互合作。

（3）营造一个国际文化交流环境，共享世界文化资源。不少论述深圳文化地位和作用的文章都冠以深圳是"中外文化的交汇点"，但从现状来说，深圳如今只是"港台文化的交汇点"而已。这当然是与这10多年深圳引进以港台和华侨资金为多的原因有关。然而，要成长为国际性城市，就必须将文化对全世界开放，要拓展视野和拓展国际文化交流层面和档次。尽管现在深圳的对外文化交流受到现行文化政策的束缚，但终究会有所改革和有所突破的。

首先是建设国际文化交流的环境，不仅仅是扩大深圳的国际知名度，而且能够优化高质量的生活环境。举例来说，深圳旅游部门反映外国人到深圳旅游，夜生活只能到夜总会玩，单调雷同。他们提出要看歌剧要听音乐会，往往落空败兴，因为深圳目前是"无米之炊"或"米少难炊"。大亚湾核电厂有许多来自法国等国的专家，原来家属住在市区的怡景花园，其子女可以到市艺术学校接受音乐教育和培训，当安排外国人都到大亚湾专家村住，他们不肯搬，原因之一就是那里没有艺术学校。后来，市艺术学校派人到专家村培训才解决这一难题。还有，外国的一些深圳姐妹城市邀请深圳艺术团体去表演，深圳只能从全国遴选人才来组合成团。如此等等，均说明深圳文化艺术现状远不能适应国际性城市发展要求。

坦率地说，如今深圳的文化大都是属于城市行为的结果，还不是严格意义上的文化模式自觉选择的结果。

硬件建设迫在眉睫。深圳是建有八大文化设施，但功能单一，潜力有限。随着城市发展，势必要增建更多文化设施。大学一所远远不够，而且应建国际文化交流中心，要形成文化的规模效应。前10年，外资引进许多是搞夜总会的娱乐设施，今后能否将引进外资把文化建设与房地产开发结合起来搞，这样比单纯政府投资来得快，规模大。还有文化的整体布局，队伍的组合结构，文化艺术人才的引进等等，都应"风物长宜放眼量"。

软件方面主要指活动，今后深圳还应多搞国际文化交流活动，如举办国际性的电影节、电视节、艺术节等,同时也要走向世界。毕竟深圳依托中国的文化资源,毕竟深圳要迎接世界性的文化挑战。文化不能像传统认识那样只属于城市的附庸地位,历史从不给附庸以地位。

要切实改变娱乐消费型文化为主导的现象,并与审美型文化相结合,以普及为基础,以提高为导向。目前深圳社会充斥的都是夜总会(卡拉OK、歌舞厅400多家,人均密度比香港还高)式的消费娱乐型文化,这种文化利用人们的无定见和集体的仿同意识正在随心所欲地改变着人们的生活方式和消费习惯。过量的低质城市消费娱乐文化,正在不可避免地进入一个滞销积压的历史阶段,因为它降低城市人的精神品格和生活品位。为此倡导主导型审美文化的勃兴,有助于弘扬中国的民族文化和引进世界各民族先进文化,同时,提高城市人的情操和审美能力。已经为世界共同喜爱的舞台艺术、视听艺术必然要成为国际性城市共享的文化资源。只有这样,人们才能在这个城市安居乐业。

过剩的消费娱乐型文化,既然是城市的自然而然的产物,那就可以"市场调节",而高雅文化毕竟需要大量人力、财力和物力投入,需要政府和社会支持,可以叫做"计划调节"。

(4)应把文化作为一种产业来经营,同样能为国际性城市创造社会效益和经济效益。文化是花钱的玩意儿,这是传统的认识。文化同样能赚钱,包括直接和间接,这是为现代国际性城市所证明的共识,如今文化产业也是一种知识型智力型产业。影视制作、表演和视听艺术有别于传统的第三产业,它是多功能的效应与效益。有关资料显示,在西方国家艺术活动将逐步取代体育而成为社会主要消闲活动。据美国全国艺术基金会报告称,1988年美国人在艺术上的花费37亿美元,相比之下花在体育上的只有28亿美元。1983—1987年,艺术开销增加21%,体育开销下降32%。美国洛杉矶,艺术带来的直接或间接收入达50亿美元。在英国,艺术是一个规模达170亿美元的大行业,相当于英国的汽车工业,而且是英国旅游业收入的27%直接归功于艺术。美国的电影和音像制品的出口值仅次于航天工业,占第二位,单是欧洲市场就有300亿美元。在法国,世界上参观人数最多的不是埃菲尔铁塔,而是蓬皮杜艺术中心。

美国华盛顿市长的促进艺术及经济发展顾问委员会的结论是:华盛顿应将其艺术视为"一种产业",一种需要大量投资而有可观回报的行业。

综上所述,文化不仅仅是一种载体和点缀,而是人们生产生活内容的重要组成部分,美国著名未来学家奈斯比特所著《2000年大趋势》中有一章叫"艺术再度复兴"。

奈斯比特指出：从美国、欧洲到环太平洋地区，富裕的信息经济社会一旦形成，人们便需要借艺术来重新审视生活的意义。美国麻省地区 92% 的人说艺术是构成某一地区生活质量的重要因素。美国美孚石油公司前董事长兼总裁小罗利·瓦尔纳说："艺术是任何成功的企业不可缺少的天然盟友。我们在艺术中感受到一种对优秀品质和完善理想的追求。在商业决策时，我们同样也有这种追求。"而美国联合技术公司的总裁卡罗·帕尔姆说得更直截了当："艺术和技术必然是殊路同归的。两者都表达了新观念，都代表着高质量。"

深圳在成长为国际性城市的未来构想和现实之实践过程中，理所当然选择最佳的文化模式。我们应当充分地认识和理解人类心态所蕴含的影响力，把握进步发展的大趋势，一步一步地将我们的憧憬变为现实。

关于深港文化关系的思考

李小甘

> 李小甘，深圳市文体旅游局党委书记、文艺评论家。本文选自苏伟光、杨宏海主编《市场经济与特区文化》，海天出版社1995年版。

作为祖国内地与香港在时空上毗邻最近的地方，深圳与香港的文化关系极为密切。尤其是改革开放的十几年来，两地高频率、高密度的文化互渗更是空前的。从1980年到1993年，进出深圳各口岸的香港同胞年均逾4000万人次，平均每天近10万人次，其中专程到深圳的每天近2万人次。港人携着花花绿绿的大包小包进来，也捎入了香港社会形形色色的文化信息。与此同时，深圳与内地的社会变迁和人文演化也使他们耳濡目染、感同身受。这些从罗湖桥匆匆过往的香港同胞，是两地文化交流最直接的使者。迄今，香港人已在深圳兴办"三资企业"4000多家、"三来一补"企业6000多家，占深圳引进外资额66%。而香港是深圳最大的贸易合作伙伴，深圳的出口产品逾7成以上经香港转口贸易。经济上的互惠互补促使了文化的加速融汇。此外，深港两地新闻传媒交相覆盖，香港3家电视台的9个频道节目（含卫星电视台节目）和3家电台12个频道的节目在深圳乃至珠江三角洲的上空飘荡。60多种报纸和数十种杂志通过不同渠道流入深圳百姓的家庭。而深圳的电台、电视台节目开始传播到香港部分地区。据悉，一份由深港两地合办的报纸正在紧锣密鼓地筹办中，它将是中国内地第一份与香港合办的报纸，也标志着深港两地文化交流的空前活跃。

这是一种地缘政治学现象，其"剪不断、理还乱"的文化牵系，丝丝缕缕地连接着两地社会生活的神经,产生一种潜在的相互影响的效应。那么,我们怎样认识深圳与香港的文化关系呢?

一、深港文化的差异——历史的断层与现实的错位

深港两地,本为一家。明万历元年(1573),朝廷颁令设置新安县,范围包括今天的深圳市及香港区域。至清道光二十二年(1842)7月24日,中英不平等条约——《南京条约》签署,使新安县的香港岛被英国占领,其后,在咸丰十年(1860)和光绪二十四年(1898),九龙半岛和新界又因《北京条约》和《展拓香港界址专条》租与英国,为期99年。至今,两地的社会发育趋于不同,双方在经济、政治、法律诸方面循各自的坐标嬗进,也就必然地造成了文化上的差异。1997年回归中国前的香港,是大不列颠及北爱尔兰联合王国在远东最后的一个桥头堡,是仅次于纽约、伦敦的世界第三大金融中心、国际航空运输中心、国际信息中心、国际旅游中心。香港还是世界第三大黄金市场,拥有世界前三名地位的货柜港口,是世界上成衣、手表、玩具、收音机等几项产品的主要出口地。1992年,香港进出口贸易排名居世界第10位。与此相适应的,香港出现了一种华洋混杂、色彩纷呈的独特的"港式文化"。而深圳河这边,梧桐山眼看着南边物质的哗然与躁动,却保持了几十年的缄默。直至80年代初,由于改革开放和兴办经济特区,这片面积远超于香港的土地才复苏起来。如今,深圳已是一个初具雏形的现代化新城,十几年来各项经济指标均保持40%左右的高速增长,被誉为中国内地对外开放的"窗口"与改革的"试验场"。在这种急剧的社会变迁中,深圳也形成了一种以内地文化传统为主导的,新与旧、内与外文化风尚交汇的"特区文化"。在两地文化的比较中,我们不难看出其中的种种差别,从更广的范围上看,这种差别实际上也是内地文化与香港文化的殊异。

1. 社会政治制度的殊异。众所周知,香港实行的是资本主义的社会制度,中国内地实行的是社会主义的社会制度。根据1984年12月19日在北京正式签署的《中英联合声明》,中国政府在1997年7月1日对香港恢复行使主权后,香港的现行社会、经济制度不变,生活方式不变。"一国两制"的方针界定了香港与内地在经济基础与上层建筑方面各自的质的规定性,也构成了深港文化的原则区别。

2. 价值观念体系的殊异。价值观念是一个社会精神文化的核心,它无声无息又无

所不在地规范着人们的各种行为,包括文化行为。香港人自嘲香港是一个"讲金不讲心"的社会,"人生讲享受,花钱讲派头","笑贫不笑娼"等市井俚语隐含着香港社会观念的密码,那是一个金钱至上的不折不扣的商业社会。而深圳总体上还是与内地契合的思想观念体系,尽管商品经济的发达也使人们脑子里"一切向钱看"的思想发达,但这里所提倡的理想、道德规范与香港仍是大相径庭,"开拓、创新、团结、奉献"的深圳精神和类似"大公无私"、"先人后己"这样的群体意识,对香港人而言不仅是陌生的,而且是难以接受的。相对而言,深圳和内地人比较注重形而上的东西,而香港人则比较注重形而下的东西。

3. 生活方式的殊异。生活方式既受制于经济发展水平,又受制于社会价值观念,同时还受到文化传统等的影响。香港在这方面显然比深圳"开放"得多。黄、赌、毒、黑等东西在香港素来泛滥,旺角上海街一带名目繁多的"公寓"、"按摩院"、"联谊会"成行成市,斑驳陆离的灯光闪烁着迷人的诱惑。深圳与内地现在并非没有这些"生活方式",关键的是这些东西在香港几乎是合法化、公开化、普遍化。1997年后,香港仍可以"舞照跳、马照跑",大可继续潇洒地走下去。

4. 文化市场机制的殊异。位于香港九龙广播道上的亚洲电视台,竖立在门上的硕大台标就是一个金钱徽,它直言不讳地道出了香港文化市场的旨趣。它和其他行业一样,用金钱来启动,以赚钱为目的,由此形成了一个以金钱为轴心的文化市场运转体系。以香港电影业为例,由于港人素有"行街、看戏、饮茶"的习惯,港产片在东南亚乃至全世界华人社会有市场,所以电影工业发达。1992年香港拥有电影公司90多家,影院160多家,年产影片240多部,而香港电影最大的"导演"是观众(严格上讲是大多数"蓝领"阶层与青少年),市民喜欢看什么,片商便昼夜不停地炮制什么,鬼怪片、武打片、赌片、"三级片"等源源而出,这些社会意义与艺术价值欠佳的作品又引导市民欣赏水平的日趋低下。如此的非良性循环,使香港电影庸俗化。而深圳和内地的文化市场,则必须社会效益与经济效益兼及,以社会效益为主,其目标在于满足人民日益增长的精神文化需求,提高人的素质。至于两地在文化市场的经营管理上,香港则更善于运用法律的手段,善于借助经济管理的手段,其许多经验值得过去习惯于将文化产业当作文化事业、靠行政手段指挥文化市场的内地借鉴。

5. 文化形态上的殊异。香港无法回避其曾作为英国殖民地近百年的现实,被西方势力直接植入,因而与西方文化有着程度不同但一般来说是深刻的融汇关系,有人将其文化形态称之为"殖民地文化"。譬如香港的两家主要电视台各保留着一个频道的英文节目,分别是亚洲电视台的国际台与无线电视台的明珠台,它们在一定范围内促使了香港的资讯和文娱与西方同步。又如作为文化传播主要手段之一的语言,香港迄今是中英文并用,上层社会和官方主要运用英语,以致市民中流行大量的中英文的"混血儿"。如看表演,香港人称"睇骚","骚"者,英文 SHOW(演出之意)之谐音也。又如形容艺员阵容强大,香港人称"卡士好大","卡士"者,英文 CAST(演员阵容之意)之谐音。我们再回眸看看深圳,这里虽说在内地是开风气之先的地区,但整个形态是以民族文化和本土文化为主色调。

6. 文化产品上的殊异。与香港的经济运作速度和社会节奏相适应,香港的文化产品以"短、平、快"为特征。短,是短小精致。电视节目以板块式的综合节目为主,报纸副刊以专栏为特色,许多名家的专栏都在 800 字左右。平,是平民化,不卖弄高深,不抽象晦涩,求一目了然,一笑了。香港的一些导演认为,一部影片只要使观众觉得"好笑"或"过瘾"便"功德无量"。但随之而来的是文化产品的庸俗化。快,是时效性,包括文化产品内容上的与市民兴趣热点同步,以及文化产品生产周期的尽可能短。他们曾有 7 天拍一部电影故事片的纪录。相对而言,深圳的文化产品与内地一样,比较注重思想性与艺术性,在品位上可能高出一筹。但节奏拖沓、包装粗糙、娱乐功能弱化等已成通病。

二、深港文化关系的趋向——求同存异,逐渐融合

深港两地文化的殊异,缘于历史与现实的种种原因。然而,从总的交流趋向来看,两地文化正处于一个求同存异、逐渐融合的动态过程中。这同样是取决于两地社会经济条件的演化和文化交流的纵深度,是不以人的意志为转移的过程。随着 1997 年中央政府恢复行使对香港的主权的期限的日益接近,这个进程还会不断加速。理由大致有下述几点:

1. 香港居民 98% 是黑眼睛、黑头发、黄皮肤的华人,文化传统上与内地同根共源,处于同一大的板块上。香港华人对中华民族文化也有认同感,歌曲《龙的传人》在香港的风行一时,正体现了这种向心力。欧风美雨的浸染,也未能溶褪这种文化底色。例如,香港人的家庭伦理道德观,便深受中国传统儒家礼教的影响,女士讲贞节操行,讲"白头偕老,从一而终",连结婚时的礼金也要 9999 元,坐的花车也要找一

块 999 的车牌。而经济上稍微宽裕的家庭，不少人按"夫受命于朝，妇受命于家"的古训，喜欢形成"男主外、女主内"的家庭运作方式，将太太留在家里料理家务带孩子。又如，香港一直有 80 多人编制的中乐团、以推广民族音乐为己任，并有雏凤鸣粤剧团、八和会馆等多家民族戏曲社团。所以，两地有着很多共同的文化语言。

2. 文化上的殊异往往受制于经济上的差别。随着深圳经济的超常发展，生活水准的大幅提升，深港两地的物质生活水平正在逐步拉近。以综合生活指数为例，现在深圳市民的平均工资约为港人的 15%，但香港的物价约为深圳的 150%，房价约为深圳的 3 倍。近些年已有 1000 多名原来赴港谋生的深圳人回家乡定居，便是原来悬殊的生活水平接近的最好证明。这种变化，必然地造成了两地人思想观念、思维方法与生活方式的某种趋同，缩短了彼此间的文化差距。

3. 深港两地的互惠互补、共同发展的关系日趋明显。这不仅是香港人饮的是从深圳潺潺流去的东江水，而且是香港由于地方与劳力的制约，很需要有一个经济舒展的大后方。而深圳则极需要从香港获得信息、技术与资金，将其作为自己走向国际市场的跳板。香港政府的贸易发展局前两年拍了一部电视片，叫《消失中的边界》，对香港与深圳乃至内地的密切关系作了生动的描绘。由于彼此的客观要求，两地在经济、科技、文化等方面的交流与合作越来越活跃，这种频密的、大面积的接触必然产生强烈的化合作用。

4. 未来文化交融的前景大。1997 年后，中央政府恢复行使对香港的主权，按照"一国两制"的方针，香港现行的社会、经济制度和生活方式不变，但由于英国的殖民统治的结束，实行"港人治港"，香港的"殖民文化"色彩会逐渐淡化，中华文化传统得以倡扬和民族文化得以传播的可能性更大。

由此推绎，两地文化既保留各自的文化内核，又逐渐交融，从长远来看，会形成一个类型相似的大文化圈。还必须承认，目前深港两地文化互渗的态势，港方由于经济、资讯发达和传播手段的现代化，是处于一种比较主动的强势。"港式文化"对深圳、珠江三角洲乃至全国各地的覆盖率，远远超出了很多人的想象。在深圳，人们对香港明星、歌曲的熟悉可能并不为怪，但在内陆同样"港风"习习。有的城市对青少年进行"你最崇拜的十大名人"的抽样调查，香港明星屡屡"金榜题名"。笔者出差到辽宁抚顺，街上书报亭挂着琳琅满目的香港明星照，"卡拉 OK"歌舞厅里，东北大汉与姑娘们竟也操起生硬的粤语唱港台歌曲。所以，在今后深港两地乃至香港与内地的文化交流中，必须注意导向的问题。

三、深圳在内地与香港文化衔接中的作用

"衔接"或"对接"是时下广泛使用的概念,最近,有的同志提出了"深港文化衔接"的命题。我认为,深圳文化虽颇具特色,但其内涵与外延都是内地文化的有机组成部分。所以,倘要提"衔接",宜从更高的角度去俯视,以提"内地与香港的文化衔接"为妥。而在这种衔接中,深圳由于其特殊的地理位置和社会经济条件,可以起到中介、淀滤和媒介的作用。

中介作用——深圳是中西文化的交汇点,两种社会制度的临界点。她面对作为西方文化"集散地"的国际性都市香港,又地处文化积淀深厚、文化传统源远流长的祖国大陆。无论是从时空上看,还是从深圳本身介乎于内地与香港间的社会经济机制上看,她都必然地要在内地与香港的文化衔接中起到中介作用,也就是人们通常所说的双向辐射的"窗口"。一方面香港文化透过这里流入内地。无论是香港歌曲、电影电视、服装、装饰,总是形成一个由香港到深圳,再从深圳进入内地的逐步流行的时间差。所以有人讲,从现在深圳人的时尚,可以看出几年后内地人的时尚。另一方面,内地的民族文化又经常通过这里向港澳乃至海外传输,香港人借助深圳来了解内地的动态与信息。从更直观的例子看,早在五六十年代,香港戏迷便时常到深圳戏院观粤剧、赏京剧。而近几年,深圳的"锦绣中华微缩景区"和"中国民俗文化村",在接待数百万港澳游客的同时所起的文化熏陶作用,又有谁能低估呢?深圳在内地与香港文化衔接中的这种中介作用,为深圳特区的发展创造了得天独厚的机遇与条件,借这种内外辐射的优势,举办跨越深港两地、面向海内外的文化节、艺术节、书市和文化研讨会等,大概也正是缘于这个契机。

淀滤作用——香港与内地的社会制度与意识形态不同,价值观念与生活方式也有差别,彼此间想保留各自文化的内质。鉴此,内地在汲取香港文化时,采取或提倡的是扬弃的态度,"取其精华,去其糟粕"、"排污不排外"等正是这种价值的符号。按照汤因比的理论:文化辐射中各种成分的穿透力和传播速度通常与这一成分的文化价值成反比。实践也表明了,现在如潮汐般漫入内地的香港文化,大多并不是香港文化的精华,其主要含量是香港平庸而商业化的小市民文化,包括那些流行歌曲、武打、谐趣甚至黄色的录像带,等等。因而,深圳在发挥其中介作用,向内地转移香港文化的过程中,必须起到淀滤的作用,而不是不加分析、不加选择地将港式文化搬进来后径直运转内地。这不是"犹抱琵琶半遮面"的保守,而是在汲取外来文

化合理内核的同时，又保留传统文化精华的明智。这么一个抽象的原则性问题也有其具体的可操作性。譬如，深圳在移植香港的有关文化娱乐方面的法规与管理办法时，可以充当"试验地"，然后再将成功的经验介绍到内地。又如，深圳应大力加强对香港文化的研究与剖析，进行内地与香港文化比较学的专题研究，在这方面，深圳有责无旁贷的责任。

媒介作用——如前所述，尽管香港与内地迄今在质的规定性等诸多方面有差别，但在总的趋向上，香港与深圳乃至内地的文化会处于一个求同存异、逐渐融合的动态过程中。而在内地与香港的文化衔接中，深圳必须形成一个过滤区域，成为一个结合部，起到媒介的作用，或正如有的学者所称的，深圳很可能成为内地与香港文化衔接的"熔点"。

深圳特区企业文化建设之我见

姜忠

姜忠，原深圳市政协副主席，深圳特区企业文化研究的先行者之一。本文选自郁龙余主编《特区文化论丛》，海天出版社2001年版，略有删节。

企业文化，是80年代初美国学者在总结日、美成功企业的经验后，提出来的管理新理论。其代表作是由狄尔、甘斯迪合著的《企业文化》（1982年7月美国版）一书。该书作者研究了80家公司后得出了"杰出而成功的公司大都有强有力的企业文化"的结论，成为当时最受重视、最流行的管理新观念。它不仅引起了各国学者的强烈反响，同时也引起了中国企业管理学界、企业界有识之士的极大关注。处在改革开放试验场的深圳的企业家们引进了"企业文化"，并把它与自己的企业经营管理实践相结合。一些公司（工厂）已开始了企业文化的建设工作，深圳的宣传理论界也召开了两次企业文化研讨会，并成立了"深圳企业文化研究会"。一股企业文化"热"正在深圳特区兴起。

深圳特区是我国最早建立的经济特区，在短短9年时间里，深圳在发挥四个窗口、两个扇面的辐射作用方面取得了可喜的成效，外向型经济格局已经奠定，已成为国内社会主义商品经济较为发达而产品经济和计划经济的制约、束缚、影响较弱的地方。为了进一步繁荣深圳的商品经济，使深圳经济按国际惯例运作，为在1997年收回香港主权后，实现香港与内地的对接，深圳已开始了借鉴和移植香港的经济法规和管理体制的准备工作，将成为"在内地造几个香港"中的第一个。要"造香港"，首先就要在思想观念上明确"造香港"的意义和作用，使现代商品经济的观念深入人心，为建立社会主义商品经济新秩序而探索。深圳的干部和群众，虽然有比较强的改革开放意识，但由于几千年的封建经济传统的桎梏和几十年的计划经济的囿限，更新观念仍然是深圳特区人的重要任务，特别是深圳的企业家更需在思想上树立起高层次的商品经济观念。企业文化的兴起、提出、形成，就是把员工与企业揉为一体，就是在进步神速的现代社会中、在企业的环境变化万千的时代里接受竞争，并在竞争中求发展；就是用适合商品经济的社会心理氛围、良好的道德修养和精神风貌去改革不适应社会主义商品经济新秩序的惯常心理定势和行为方式。所以，对深圳特区而言，进行企业文化建设，是按国际惯例运作、引入香港乃至于世界上管理经济的先进的管理方式和经济法规的必要的观念准备，是树立适应商品经济迅速发展的各种新观念，加强企业的生产经营及管理的体制改革的重要保证。

在深圳特区进行企业文化建设的另一个重要作用，在于加强中外合作，发展特区的经济。目前，深圳特区的外向型经济已成雏形。企业是社会的基本经济细胞，是独立的经济法人。在深圳现有的1.6万多家工商企业中，"三资"企业（独资、合资、合作）就有1500余家，在这些"三资"企业中，外来资本所有者及其代理人，绝大多数来自港澳、东南亚以及日本、美国等地区和国家，受自由竞争、商品经济观念支配较强。外商投资的工厂中，大、中、尖端型企业占相当大的比重，工业是"三资"企业的主体，1988年度"三资"企业产值占深圳工业总产值的65%。外来资方人员虽人数不多，但在厂里所居位置都相当重要。深圳作为社会主义中国改革开放试验场，其社会主义性质和坚持中国共产党的领导是基本的原则。如何在这两种社会制度的载体——人的身上，找到双方可接受的行为准则，如何找到双方的共同语言，如何使企业和员工团结起来，对1500余家的"三资"企业而言，是个非常敏感、非常复杂的问题，处理不好就会影响企业的正常营运。而进行企业文化建设，就从思想观念上为企业中双方的沟通、合作打下了基础。因为无论是中方还是外方，创办、管理企业的根本目的，都是为了获得利润。而进行企业文化建设，目的就是要增强企业对内的凝聚力、对外的竞争力，保证企业获得尽量大的利润。在"三资"企业中进行企业文化建设，是加强思想教育工作的良好途径和方式，因为在这类企业中使用思想政治工作这一类词语，恐怕很难引起外方人员的良性反应。目前深圳企业文化建设搞得较好的一些公司或工厂，"三资"企业居多，如中华自行车有限公司、光明华侨电子有限公司、三洋电机公司等。实践证明，这些企业文化建设搞得较好的"三资"企业，其中方和外方的关系、劳资关系、中国共产党作用的发挥等，都处理得比较好。可以说，企业文化使受社会主义思想和共产主义思想支配的人与受资本主义思想和封建主义思想支配的人，在特定的条件下寻求到一个共同的基点。企业中的群体和个人，企业内部的各种力量和行为方式，在企业文化的引导、吸引、感染下，汇聚到一个共同的方向，取得一致的见解，共同为企业的发展而努力。

进行企业文化建设，将有力地促进深圳经济特区优秀的社区文化的形成和发展，在特区精神文明建设这一庞大的社会系统工程中起着举足轻重的作用。企业是现代商品经济社会最活跃、最基本的经济细胞。对深圳而言，工商企业是社会财富的主要创造者，是决定深圳社会生产力发展水平和方向的关键因素。企业文化作为一种文化观念、意识形态，只要建设好了，企业就会形成优秀的文化氛围，在其影响、引导下，或者说以优秀的企业文化为龙头，建设具有特区特色的社会大文化。特区处在改革开放的新时代，它应具有新的经济结构，新的政治体制，新的文化形态。这里，企业文化为形成特区新文化奠定了基础。深圳特区的新文化，是以现代商品经济发展为基础，以正确的物质利益原则为动力，以坚定的目标追求、强烈的团队意识、鲜明的社会责任感、可靠的价值观和积极的方法论为内核，具有开拓、创新、求实、文明、多元、开放、改革、民主、法制为特征的文化形态，这种新文化在深圳企业文化建设的实践中已初露端倪。在这种意义上说，以优秀的企业文化为龙头，就能够建设适合社会主义商品经济新秩序要求的特区文化、街道文化、家庭文化、校园文化，建立起与商品经济发展相适应的特区的新民俗文化，从而促进全方位的、多样化的、充满生机和活力的、既有中华民族优秀文化传统又有世界优秀文明成果培育的深圳特区特色的社会大文化体系的确立，进而使特区社会主义精神文明建设进入一个崭新的阶段。

深圳企业文化建设有其独特的内外环境，但就理论认识问题而言，建设深圳的企业文化，有几个观念问题需要弄清楚。

企业没有一定的经济繁荣，不能满足员工的基本物质需要，就无从谈优秀的企业文化建设；没有科学管理的前提条件，优秀的企业文化建设也是不可能的。企业文化的建设，就是提高企业凝聚力、增强员工对企业的向心力，使每个员工都把企业当成"自己的企业"。但企业文化说到底，还是一种观念、一种文化、一种理论、一种意识形态，它必然受企业的经济实力、企业的产值利润等这些物质基础的制约。深圳的实践清楚地说明，搞企业文化建设有一定收效的单位，都是在有了相当强的经济实力，有了一定的经济效益后才开始的。对于初创伊始的企业或亏损严重的企业，面临的主要任务是通过科学的管理、调整企业产业结构等硬性措施，使企业获得相当的利润，进而使员工的物质需要得到一定程度的满足，只有如此，才有可能创造自己的优秀企业文化。

企业经营虽然重在制造、技术、销售、资金，但这一切仍以人为中心，无论任何发展，都在于人。日本著名的企业家松下幸之助就认为"经营的基础在于人"。作为管理理论新发展的企业文化，就是一种以人为中心的、软性的、非严密科学意义的管理方式。它以非计划、非理性的感性因素和情感因素，去协调和引导人的行为。它的理论先导，是美国管理学者麦格里戈的Y理论：认为人的最终需要就是为达到"自我实现"的境界。而Y理论的前提是承认人是"经济人"的X理论。X理论在企业界的直接运用，就是科学管理理论，即严格的科学制、制度化、责任制管理。只有以科学管理作为前提，才有可能建立优秀的企业文化。从企业文化在国内外的兴起来看就是如此。西方学者在考察了日本企业成功的秘诀之后，提出了企业文化理论，而创造出日本式企业文化的日本企业界，其企业管理在60年代前，一直在严格地奉行科学管理的原则。"日本企业的特色在于团体意识。精密的分工、高额的利润、稳定的员工、卓越的技术、这些都不是日本人追求的最终目标；日本的企业经营者最津津乐道的是自己的'经营哲学'，他们以在企业中实践个人哲学为傲。哲学与企业融合为一，使日本企业中滋生出家族式的共同意识，培养出外人无法理解的信任、微妙与亲密的关系。对内，员工社交、工作、生活各方面的需要，都可以在公司的安排下得到满足。对外，企业长期通盘的计划不受短期利润的干扰，可以逐步付诸实施，同时企业各部门不会各自为政，能够进行整体的配合。"（威海·大内《Z理论》）这说明，正是在严格的科学管理的前提下，日本企业界的企业文化培育才有了发展和促进。深圳特区企业文化建设比较有成效的中华自行车有限公司、光明电子公司、广深铁路公司、煤气公司等单位，都是在实行严格科学管理（如岗位责任制等）相当长时间后，才开始转到企业文化建设上来的。企业文化是在科学管理基础之上对科学管理的发展和超越。因此，没有科学的管理，盲目地进行企业文化建设，其结果是不能有效地发挥企业文化应有的作用。

有了科学管理，企业也获得了一定的经济效益，这也只是具有了形成企业文化的条件，企业文化需要人为培养，没有自觉地培育就没有企业文化。有人认为，企业文化从企业诞生之日起就已经存在了，只是我们没有认识到。企业文化是一个整体性的概念，它有着丰富的内涵。一个企业，也许存在着企业文化的某些现象、成分和因素，同时也可能存在着一些与优秀的企业文化相悖的劣质的文化因素。但作为整体或整体性的企业文化，非经人为有意识的培养是不会自然形成的。企业文化是现代企业管理的新理论，属于人文科学范畴。任何一个理论，不经人的创造都不会自发地产生。企业文化又有其非理性的一面，它又是一种企业管理的新方法，不过在这个意义上说，它也是需要培养的，建设企业文化的过程就是企业管理的过程，因为它是一种软科学的管理方法，是观念、精神上的引导，是把员工和企业融为一体，使员工和企业共兴旺、共命运的有利手段和措施，"公司的真正存在是在员工的心灵深处"。这种精神上的东西，同样也是一种人为的创造物。

企业文化搞得好的公司，是他们适应企业的发展要求，主动地创建起来的。一个成功而杰出的企业往往隐含着一个强有力的文化，它对企业适应新的环境、不断地消除障碍而获得成功甚为重要。

进行企业文化建设，还有一个思想观念必须树立，即没有企业家精神就没有企业文化，企业文化建设，就是企业家精神的扩展并泛化为企业员工的群体意识的过程。企业家精神是由企业家群体所创造出来并反映在成功的企业家身上的一整套观念和作风，是优秀企业家思想的体现。一个企业，就是一个正式群体，它要维系、要发展，就必须要有领袖人物，要有企业家，群龙无首不成龙。正如美国经济学家雅各布·马尔夏克所说，企业是一个团体，是一群具有共同目标的相互依赖的决策者组成的团队。这个团队的思想观念就是企业家精神。因为企业家是"企业价值观的化身及组织力量的缩影"。企业家是强有力的企业文化中举足轻重的人物，他们为员工创造了可资遵循的典型。

企业家精神有四方面要素。其一，刻意创新、追求卓越的精神。企业家事业的开端、发展，一般都是先有一个意念，然后努力把它化为事实。企业家需要不断创新，在创新的风险中，采用新方法，追求卓越的目标，为此企业家的思想应该是全方位开放的，敏锐地捕捉信息，正确地预测企业发展的前途。其二，充分的成就趋向。企业家精神的核心是对利润的追求。不求利润就谈不上为企业家，利润是企业家的首要任务。但仅仅追求利润，也不是优秀的企业家所为。优秀的企业家把获取利润大小作为衡量自己事业成功与否的标准，但并不是唯一的标准。成就感是企业家自身价值的最终体现和综合指数；强烈的个人对企业持续成功的责任感，把心放在企业上，也把企业放在心上，这是企业家创业成功的要素之一。其三，尊重员工，重视人的价值，是企业家精神在员工身上的体现。他们深知，是人使得企业运行，人才是企业最大的资源。他们爱才如命，尊重员工的个性，尽量满足员工的成就需要，最大限度地挖掘员工的劳动潜能和充分发挥创造势能，使员工都觉得自己是"受尊重的人"，尽量使员工觉得自己是企业的一分子。其四，重信誉的企业家道德，是企业运作的保证。信誉是一个企业能否在商品经济中立足和发展的直接原因之一。斯堪的纳维亚航空公司1980年亏损达1700多万美元，但让·卡尔松1981年出任该公司总裁，一年后就使该公司盈利5400万美元，成为管理史上的奇迹。卡尔松任职后的第一件事就是推行他拟定的"顾客至上"的政策，也就是说，"顾客至上"的企业家道德，成为他使企业扭亏为盈的起点。深圳中华自行车公司提出的经营理论中就有"创造利润，与顾客和员工分享"这一职业信念；市煤气公司的领导者把"优质服务"定为企业的宗旨，在公司内推广开来。这说明，企业的生存价值除了追求利润外，重要的是创造顾客。企业文化建设正是把"顾客至上"、"信誉为本"的企业家精神融化在企业的经营管理之中，推动了企业两个效益的发展。

基于上述认识，深圳特区目前进行企业文化建设，应主要抓四个方面的工作。

其一，造就企业家阶层，为企业家精神的发展创造条件。企业家是企业的决策者和形象的化身，在企业文化建设中具有举足轻重的作用。企业家一方面利用自己的权力、地位和威信，在员工中倡导企业文化，通过自己的言行向员工展现一种规范；另一方面，企业家还是企业文化的天然传播者，向社会辐射自己的企业文化。一说起"松下"精神，就想起了松下幸之助；一谈起白云药厂，就与贝兆汉联系起来，便是例证。当前，在深圳这个商品经济比较发达的地区，由于种种主客观原因，企业的平等竞争机制尚未完全确立，孕育真正的企业家阶层的条件还不具备。因此，建立、产生特区企业家的社会机制对企业文化建设是非常必要的。为此，（1）政府进一步采取不干预企业的政策，使企业按照法律、经济规律运作，成为自主经营、自负盈亏的商品生产单位；（2）改革企业目前的人事制度，取消行政任命经理（厂长）的做法，使企业家在商品经济的竞争中优胜劣汰，脱颖而出；（3）逐步撤销目前一些行政管理性的公司，树立企业不分大小，彼此都是伙伴的观念，使公司真正成为在商品经济的竞争中自身发展、壮大起来的经济实体；（4）促进尊重企业家的社会风气的形成，在企业界淡化当官意识，当深圳的企业家真正在商品经济的大风大浪中涌现出来成为一个阶层的时候（现在是企业管理者很多，真正的企业家太少），全面、整体的企业家精神就会形成，那时的企业文化建设就会有质的飞跃。

其二，加强对企业文化建设的领导和引导，制定特区企业文化发展规划。企业文化是要人为培育的，企业文化建设也是企业全体员工参与的系统工程，它涉及企业的各个部门，体现在全体员工的言行之中。企业文化建设一定要与企业的经济发展规划、经营战略目标相结合，根据企业的实际，制定企业文化发展规划，切忌那种仅仅为了应付上级任务或赶潮流的做法。否则会适得其反，不仅不能增强员工的向心力，相反会招致员工的反感。广州的白云山制药总厂、南方大厦百货商店等几个单位都成立了企业文化建设的领导机构，深圳光明华侨电子公司最近也成立了企业文化建设指导委员会，集党、政、工、团于一体，共同负责领导企业文化建设，这种积极主动的做法很有借鉴意义。

其三，选准企业文化建设的"突破口"。不同地区、不同行业、不同企业，其企业文化建设应该是有所不同的。比如，服务性强的企业和电器制造公司的企业文化建设，无论是内容还是方法都有很大的区别。广州南方大厦百货商店把"顾客至上、信誉第一"的行为宗旨化为"真诚、效率、多思、奋发"的企业精神，以此为核心去建设自己的企业文化，并形成了优秀的企业文化。深圳市煤气公司以争取气源、优质服务（如送气上门、设 24 小时供气点等）为突破口，概括出了"开拓、创新、从严、服务"的企业精神。"突破口"是有本企业特色的企业文化形成的关键。

其四，重视在职教育，鼓励员工为提高素质不断地学习，把企业变成员工的一所终身大学校。员工的思想文化素质直接关系到企业文化的发展水平和速度，文盲、半文盲充斥的企业是无法建设企业文化的。现代管理的一个重要原则，就是视企业为终身教育的大学。员工的文化科学水平提高了，就会视野更开阔，就会有较高的精神追求，建设和发展企业文化才会真正为他们所理解、所接受。企业为员工的发展提供机会，帮助员工发展成才；反过来，员工将这些知识转化为生产力、转化为干劲，企业本身也就得到了发展。为员工的教育成才提供机会，就为企业文化建设奠定了最丰富的智力基础，为企业上水平、求效益、增强竞争力提供最大的能源，从而给企业带来不断发展和创新的持久力。

"任何企业，都有一个最基本的期望，就是希望自己奋斗的成果能够得到世人的认同，并且流传下去。没有哪个企业希望今天经营而明天难以为继的，这就需要一个能使公司和员工都能接受的企业文化，把员工和企业凝聚在一起，向着共同的目标努力"。深圳中华自行车有限公司总经理的这一席话，恰当地说明了建设企业文化对企业的重要意义。

当然，由于文化背景的差异，我们不可能也不应该生吞活剥外国的企业文化建设的经验与做法，而应该在学习中择其善者并结合深圳特区的实际、结合本企业的实际而行之，且坚持不懈地抓下去，必定能够使深圳特区的企业文化建设卓有成效。

论深圳文化的特色与定位

吴忠

> 吴忠,深圳市委宣传部副部长、文化学者。本文原载《深圳特区报》2003年9月25日"理论观察"周刊,略有删节。

随着全球化进程的加快和知识经济时代的到来,文化与经济、政治相互交融,越来越成为综合国力的重要组成部分,文化要素在经济发展和社会进步中的作用越来越重要。而一种文化的强势和生命力主要取决于三个因素:一是文化的特色和个性;二是文化的开放交往度;三是文化的先进性和整合功能。像巴黎、纽约、法兰克福这样的著名城市正是以其独特的文化性格和鲜明的文化风格奠定了它们在世界文化舞台上引领潮头的地位。

深圳作为经济特区,经过多年的发展,在初步完成中国经济体制改革试验场的任务的同时,实现了自身经济的起飞,正在向国际化城市的目标迈进。循着现代化演进的逻辑,文化的发展便越益提到重要的议事日程。在现代社会,文化的发展要快速推进,显然不能像在农业社会纯自然的积累和演进,而必须对城市文化的特色、定位乃至发展策略有着清醒的自觉。

一、深圳文化特色分析

经过多年的发展,深圳在文化建设上的力度不断加大,亮点日益增多,早已不再是"文化沙漠"。总体上看,随着深圳的文化形态已成雏形,深圳的文化特色正在形成过程之中并已显露端倪。

深圳文化是伴随着经济的快速起飞和现代化建设的迅速推进逐步形成的,这是一种在中国先进文化规范指导下,以市场经济为经济基础,以对外开放为现实背景,与深圳的工业化、现代化相适应的新都市文化,是一种正在焕发勃勃生机的朝阳文化。只要稍稍接触深圳,初步涉猎深圳文化,不难感受到这一文化的表层特色是新颖性、多样性和通俗性,而这种表层特色内涵着以下几个方面的精神特质。

一是创新求异。深圳是我国新文化现象的重要发源地,"深圳的重要经验就是敢闯"。这里曾创造了许多震撼全国的第一,这里是改革开放以来中国产生新鲜事最多的城市。尤其在观念文化上,改革开放的起步阶段,这里发出了"时间就是金钱,效率就是生命"、"实干兴邦,空谈误国"的新呐喊。80年代末90年代初,这里又推出了"按国际惯例办事"的新理念。90年代中后期又提出了"不让雷锋叔叔吃亏"的新思维。这些超前而崭新的观念,呼唤和推动了中国的改革开放、深圳的国际化城市建设以及市场经济条件下的精神文明建设。在其他文化样式以及文化运作方式上,这里较早提出并推出企业文化、社区文化、广场文化、旅游文化、主题公园,较早走出了经济与文化相结合的路子,较早探索了采取人才组合机制制作文化精品。在生活方式上,深圳人在追求时尚和品位中体现出求异、创新和超前。无论是生活环境的美化,还是居室的装修、布置,无论是业余的休闲方式,还是女性的服饰样式,深圳都引领着潮流。正是创新和求异的内在冲动使深圳产生出许多新的文化生长点,并使其文化内涵越来越丰富,文化形式越来越多样。

二是务实致用。深圳文化与市场和经济生活的结合度高,文化发展要服从经济的发展和体制的创新,不尚务虚,讲求实效。因此在社会科学研究上,要求"贴近改革开放、贴近经济建设、贴近领导决策"。深圳书城年售书量多年来居全国单店前列,但它售出的绝大多数是适用于个体竞争需要的实用类书籍。在文艺取向上教育功能必须服从娱乐功能和经济效益。这一特点,既与它所肩负的历史使命有关,又与深圳的文化资源配置方式有关。深圳的文化资源主要是通过市场来配置,深圳的文化产业主要靠企业自主运营。企业从事文化生产自然首先要考虑市场的需求和受众的需要。这种文化与经济和市场的结合与渗透恰恰体现了当下中国文化体制改革的基本方向。

三是宽容大度。深圳倡导"支持改革者,容忍失误者,惩处腐败者"。深圳人胸怀宽阔,气量宏大,宽以待人。在深圳,无论是机关干部,还是打工青年,你都没有作为"外乡人"的心理压力。深圳"排污不排外",不以"非我族类,其心必异"的狭隘心理对待异质文化。人们不嘲笑事业上的失败,不打压观念上的新奇,不歧视生活方式上的独特,体现出一种文化平权主义。只要不涉及严重的意识形态问题,深圳接受和接收一切有差异的文化观念、文化方式和文化模式,给其以存在的合理性。这种宽容大度构成深圳文化创新和快速成长的沃土。

四是兼收并蓄。文化的宽容和平权必然会带来文化的多样化,形成多元共存的文化格局。在深圳,人们不仅能感受到西方文化的影响和港台文化的渗透,更能感受到中原文化的浸润和岭南文化的承传。这里不仅有着遍布全城的西方人爱吃的"麦当劳"和"比萨饼"连锁店,更能享受到全国各地的美味佳肴;这里既有外国人喜欢的酒吧和咖啡屋,又有中国人爱去的茶馆和面馆。深圳实际成了境内外文化汇集的"蓄水库",成了中西方文化展示的"大舞台"。"世界之窗"和"民俗文化村"正是这一"水库"和"舞台"的典型。这种文化的兼容并蓄精神和多元共存格局为继承中华民族优秀传统文化,汲取先进外域文化的成果,实现文化创新提供了良好的条件。

五是大众为先。深圳不处于政治中心,人们更多地关注世俗生活,加上它的文化与市场的结合度又高,文化消费群体主要是几百万的打工青年,这就使得深圳文化在品位上是以通俗性、娱乐性为特色,在文化结构上以大众文化为主体,严肃的高雅文化、精英文化不发达。深圳文化的旨趣注重直观,讲求感性的娱乐,以获得人们心理上的平衡和放松,而较少诉诸理性和思辨,因为它较少承载学术的使命。大众为先体现出深圳文化的平民色彩,正是这一特色使得深圳文化极富活力和生命力。

深圳文化的上述特质表明,深圳的工业化、现代化的精神和文化基础是新市民意识。它是一种以新集体主义为核心内涵的合理主义。与小市民意识相比,虽都以务实为基点,但新市民意识更具理性,更具创新的冲动,更为宽容别人,更为尊重别人的文化选择。深圳作为现代都市不是自然演进的结果,而是政策所使然,因此,不能把深圳文化简单归结为岭南文化,作为岭南文化的一个支脉。但深圳毕竟是在岭南大地上崛起的,深圳的建设者中有一大批岭南儿女,这就意味着岭南文化对深圳文化特色的形成不可能不产生影响。岭南文化的基本特质表现在重商、受用、开放、兼容、多元、怜逆、远儒等方面。从这里我们可以看到深圳文化与岭南文化在基本特质上有许多相通性,可以看出岭南文化对深圳文化的影响,但这种影响对深圳文化特色的形成并不是根本性的,深圳文化更不是岭南文化在一定地域空间的简单复制。

对深圳文化特色形成起根本性作用的是其城市的性质和功能,最重要的是她作为经济特区，作为中国改革的"试验场"和对外开放的"窗口"。这种城市的性质和功能要求深圳必须敢闯敢试，开拓创新，务求实效，从而找到快速实现中国现代化的现实道路。这种城市的性质和功能要求深圳必须打开国门，引进和吸纳对深圳发展有利的经济、政治和文化资源，海纳百川，辩证兼容，从而找到适合中国发展需要的经济体制、政治体制和文化体制。岭南文化与深圳文化的相通性，正在于它们都承载着如何率先实现由农业文明向工业文明过渡，如何在中国工业化进程中起示范带动作用的历史使命。由于地域关系，传统岭南文化在中国工业化和现代化的最初启蒙阶段就承载着率先探路的使命，使这里的商品经济起步较早，经济比较发达，同时成为中西方文化的重要交汇点，只是改革开放前，这种探路还主要局限在较低的技术和器物层面，并没有上升到理性的自觉，而经济特区承载的探路已上升到体制和机制层面，并成为一种自觉的国家发展战略。

对深圳文化特色的形成起重要作用的另一因素是移民城市的性质。深圳是一个典型的移民城市，移民在社会人口结构中占绝大多数。移民的基本心理特征是一切的价值观念、伦理原则和行为习惯，都必须服从个体的生存和发展，该学则学，该变则变。在移民社会，对众多的"外乡人"来说，要在新的土地上生存并发展，唯有拼搏、冒险、开拓、进取。在移民社会，一般来说，特定的地域文化不占绝对主导地位，为了让"别人"尊重你，你就必须尊重"别人"，宽容异己。

二、对深圳文化定位的战略思考

文化的定位是一个地区或城市走向文化自觉阶段的理性选择，但这种选择不是无前提的、随机性的，正确的选择必须考虑到自身的文化传统、文化资源以及地域功能与特色。因此，城市文化的定位与城市文化特色是内在关联着的。从逻辑上说，特色制约着定位，定位应体现特色。

深圳并不处于中国传统文化的源头地区，历史的厚度和传统文化资源十分短缺。从深圳的文化特色看，它大体反映了现代文化世俗化、技术化、市场化和多元化的大趋势；从地域特征看，深圳毗邻现代化的国际大都市香港，社会开放度高，已具有相当浓烈的现代都市气息，且自身要建设国际化城市，这就意味着深圳文化的定位不可能是传统的，而应该是现代的。人们关心和关注深圳，不是因为在这块土地遥远的过去曾发生过什么或留下了什么，而是因为这个城市和地区在现时代曾创造了什么或还应该创造什么。深圳的文化定位只能是现代文化。1996年制定的《深圳市精神文明建设"九五"规划》，将深圳文化发展目标定位为建设"现代文化名城"，使之成为中外文化交流的窗口，文艺精品与优秀文化人才荟萃的中心，现代文化艺术产品生产的基地，文化艺术商品的交易市场。这个定位除了对文化的理解有些过窄外，应该说基本上是科学的，符合深圳城市文化特点和现实发展需要。当下深圳又进一步提出了"文化立市"战略。如何实施这个战略，建设现代文化名城，一般都从文化设施建设、文化产业发展、文化结构布局、文化活动开展、文化体制改革、文化政策调整、文化人才培养等方面做出思考。问题在于，在这个思考过程中，我们不能仅仅着眼于量的扩张，更要考虑到内涵的丰富性和特色的鲜明性。

按照建设现代文化名城的目标定位，深圳的文化建设应充分体现其"现代性"，体现其已露端倪的现代文化特色。深圳的文化建设要突出"现代性"，以下几个方面的问题尤其需要引起我们的足够重视。

首先，要以发展社会主义先进文化为导向，突出文化建设的时代性、先导性和创新性。

文化的力量与其先进性程度成正比，当下中国寻求现代性的本质是为了寻求先进性。先进性就是要体现时代性、先导性和创新性。对一个国家和地区来说，先进的文化可以采取借鉴吸收的办法，即着眼于世界科技文化发展的前沿，勇于把人类一切优秀的文明成果化为自己的血肉。但更重要的方式是提升自身的文化原创力。这是因为，一个只能购置和重组外来文化资源而不能培育和输出自己原创文化作品的民族是不能引领世界文化潮流进而真正弘扬和发展自己的民族文化和地域文化的。提升文化竞争力的关键是增强文化的原创力。对深圳来说，目前提升自身的文化原创力显得十分重要和必要。过去说深圳创新，主要还是着眼于计划经济时代的经济政治和文化背景，局限在中国的内陆范围，现在看来，当时很多的创新，其实不过是借用和移植。当下深圳执意要把自己的文化产业做大做强，在操作思路上，我们就不能简单地将深圳作为文化产品的加工制作基地，而要能够生产和掌握其产品的"核心技术"，即有能力生产出一大批集思想性与艺术性、知识性与趣味性、教育性与娱乐性为一体的原创性作品。

大众为先是深圳文化的一大特点，但深圳追求的大众文化不应该是平面化的无思想深度的技术主义作品，而应该是像《水浒》、《西游记》这样的充溢着丰富思想内涵和高超艺术技巧的通俗文化精品。对深圳来说，不应把大众文化与精英文化绝对对立起来，应实现二者的相互渗透，实现精英文化的大众化，大众文化的精品化。

其次，寻求文化与市场的良性互动机制，形成由多元文化组合、多种板块集成的、结构相对合理的文化体系。

文化立市，建设现代文化名城必须建立相对完善的文化体系。这一体系应是多元文化组合的、多种板块的集成。文化的多元组合不仅指文化样式和活动方式的多样化，还指投融资方式和文化消费方式的多样化，更重要的是价值观念的多样化。对深圳来说，一方面要努力建设社会主义经济特区，建设具有中国特色、中国风格、中国气派的国际化城市，使之成为人们共同追求的社会价值目标，另一方面又允许人们自由选择自己的生活目标和方式，构建自己的价值体系。因此，现代性要求我们不应简单地采取传统的机械方式来提倡什么和反对什么。关键是要建立并完善一种与我们的主流意识形态相协调、并体现多元特质的现代文化机制。这个机制形成的关键是民主与法治。文化从结构上分，一般包括公益文化板块、演艺文化板块、娱乐文化板块、科教文化板块、传媒文化板块、社区文化板块、民俗文化板块和体育文化板块。对深圳来说，目前的问题是包括博物馆、图书馆、纪念馆等在内的公益文化板块及体育文化板块等不够发达，尤其重要的是，包含在科教文化板块之中的学术文化很不发达，而学术文化是文化的灵魂的精髓所在。一个社区文化、娱乐文化欠发达的城市是缺乏生机和单调乏味的，一个学术文化缺乏的城市是没有品味和缺乏创造力的。学术文化的落后，意味着这个城市的文化还不具备真正意义上的现代特质，因为它缺乏与别人平等对话的资格和能力。

多元文化组合的、多种板块集成的，结构相对合理的文化体系的形成，自然离不开党委和政府的规划、协调和政策引导，而从内在机理上说，应寻找文化与市场的良性互动机制。从总的思路上讲：一是要遵循市场经济规律，充分利用企业力量来开发文化资源，促进文化产品的生产和传播；二是充分利用、吸收社会资金和力量来发展和繁荣文化事业与文化产业；三是要利用"藏艺于民"的优势，采用人才组合机制开展具有深圳特色的文化精品生产，提高深圳城市文化的影响力和辐射力。

第三，塑造具有现代科学精神、人文精神和民主法制意识的现代市民群体。

现代文化的主体支撑是现代市民群体的形成。什么是现代人，中外很多学者都从创新意识、开放意识、时效意识、竞争意识、敬业意识等方面做出界定，但这还只是一种经验描述，人的现代化的最本质的东西是具有现代科学精神、人文精神和民主法制意识的公民人格的形成。英格尔斯说:"如果一个国家的人民缺乏能够赋予先进制度以生命力的广泛的现代的心理基础,如果掌握和运用先进制度的人本身在心理、思想、态度和行为上还没有经历一场向现代性的转变,那么失败和畸形的发展就是不可避免的。"英格尔斯强调,在任何社会、任何时代,人都是现代化进程的基本因素。只有国民在心理和行为上都发生了转变,形成了现代的人格,现代的政治、经济和文化机构中的行政人员都获得了人格的现代性,这个社会才能称得上是真正的现代社会。

从整体的深圳市民素质来看,具有现代科学精神、人文精神和民主法制意识的现代成熟的公民人格远未形成,因为人们还不时地看到在一些人身上的子民人格和暴民人格。对子民来说,他的人格是不独立的,依附性的,自己不能代表自己,意识不到自身的权力和利益结构。对暴民来说,自我是唯一的价值所在,什么法律、道德、权威、纪律,一切规范都不能成为束缚他的力量。培育成熟的现代公民人格,需要将法制与德治结合起来,学校、家庭、社会相协作,党政、群团齐抓共管,将科学精神、人文精神以及民主法制精神注入公民的血液中。

第四,营造凝聚现代人类智慧、情感、想象力和审美趣味的城市景观。

城市是现代人类文化发展和展示的平台。城市文化特色既深层地体现在市民的精神品质、文化作品以及日常的生活习俗中,同时也表现在城市的环境设计和建筑风格上。城市建筑的造型、风格、色彩,城市的道路、广场、公园等等都应该具有文化个性和艺术感染力。有人说,打乱了北京中轴线的城市布局,没有了故宫和四合院,我们就难以领略北京的文化;没有了外滩、小洋房、石库门及上海人对逼仄空间的高度敏感,我们就难以领略到上海的城市文化;没有高大的风火墙和精雕细刻的横梁门窗,我们就难以领略到江南的徽州文化。城市文化特色有一个生长发育的漫长过程。城市景观不仅是城市文化特色的体现,它的风格的形成对陶冶市民独特的精神气质有着十分重要的作用。深圳的城市景观建设应该立足亚热带的气候条件和海滨城市的自然地理位置,按照建设现代文化名城的目标定位,营造凝聚现代人类智慧、情感、想象力和审美趣味的栖居空间。这一空间的营造应遵循在多样性中体现出主导性和统一性的原则。其主导性和统一性的基本内涵应该是现代的、先锋的、前卫的、清新的、活泼的。无论是建筑景观、雕塑景观还是园林和小区景观的营造都应遵循这一原则,使深圳的文化特色和文化品位首先在空间上得到充分体现。从深圳目前的城市景观建设来看,存在的主要问题是能够真正体现现代人类的智慧、情感、想象力和审美趣味的标志性建筑过少，琐碎中难见大气。城市布局中，高起点规划、高标准建设、高效能管理尚未真正到位，杂乱中难见优美。在城市公共空间里，作为"凝固的音乐"、"传神的眼睛"的城市雕塑群尚未形成，平淡中难见品位。从文化特色和审美的角度来看，深圳的城市规划和建设还任重道远。

深圳的文化建设已进入理性的自觉阶段，随着建设国际化城市和"文化立市"战略的逐步推进，深圳的文化一定能找准自己的位置，在大发展中体现出自己的鲜明特色、个性和魅力。

深圳文化资源的快速积累

毛少莹

> 毛少莹，深圳市特区文化研究中心学术总监、研究员，主要从事文化理论与深圳社会文化研究。本文选自王京生主编《文化立市论》，海天出版社2005年版，略有删节，题目系编者另拟。

以传统的文化资源眼光来看，建市之初的深圳，是一个十分缺乏现代文化资源的城市。当时深圳仅有一家电影院，一家戏院和一个展览馆，总建筑面积0.28万平方米，总投资约为60万元人民币，许多区镇原有的乡村剧场、文化室等都被"三来一补"工厂占据，文物古迹缺乏管护，文化系统187名工作人员中，只有3名大学生。1979年3月成立了深圳市文化局，但仅内设艺术处及群众文化工作委员会，新闻出版、广播电视等行业及管理机构都付诸阙如。因此，20世纪80年代的深圳，也一度被认为是"文化沙漠"。

特区成立后，深圳市委、市政府大胆探索有中国特色的社会主义市场经济之路，率先开放改革，在创造种种观念、制度优势的同时，站在建设社会主义精神文明的高度，大力投资文化建设，尤其是公共文化设施与服务体系的建设，建立了比较完善的文化行政管理架构并不断提高文化行政管理效率。总的来看，深圳一方面主要依靠政府财政投入，实现了文化设施、机构、基层文化服务网络等基础性城市文化"硬件"的快速发展。此外，坚持弘扬主旋律、扶持发展高雅艺术，深圳艺术事业也获得了很大的发展，涌现了一大批文艺精品。而随着城市规模的扩大，深圳的各类传媒更是发展迅速，形成了规模可观的传媒产业群。另一方面，深圳充分发挥率先建立市场经济体制的优势，繁荣文化市场，扶持文化产业发展，推进了文化、特别是文化产业领域跨地域的资源整合与重组，使文化产业成为城市文化的重要组成部分，并形成了印刷产业等优势产业群，提高了深圳文化资源的利用率和城市的整体文化竞争力。随着文化事业与文化产业的发展，随着城市精神的形成和城市形象的提升，深圳城市文化资源储备获得了跨越式的发展。

一、发挥体制与经济实力的相对优势，推动城市公共文化资源的快速发展

主要由文化设施、文化行政管理机关及文化艺术事业机构等构成的公共文化服务体系是重要的城市文化资源。作为新城市，深圳在薄弱的基础上，发挥经济特区的体制优势，建立健全文化机构，充分发挥经济实力相对雄厚的优势，大力投资文化建设，基础性文化设施和公共文化服务体系迅速发展起来。深圳市迅速形成了市、区两级为主，基层文化馆站为辅的比较完善的文化行政管理架构。适应市场经济体制要求，从1989年起，深圳市政府率先实行了集文化艺术、广播电影电视、新闻出版、版权事业四位一体的大文化管理架构，大大提高了文化行政的效率。市文化局除机关各处室外，现有行政事务机构、直属事业及企业单位共28个，其中直属行政事务机构3个（市文化稽查大队、市文化产业发展办公室、市文物管理委员会办公室），代管行政事务机构1个（市语言文字工作委员会办公室），直属事业及企业单位25个，另有归口管理的事业单位1个（海天出版社）。上述文化事业单位分别属于文化艺术、广播电影电视、新闻出版等文化领域，肩负着宣传贯彻党的路线、方针、政策，发展先进文化的重要使命；承担繁荣文艺，弘扬民族文化，扶持高雅艺术，开展群众文化活动，把握正确舆论导向，发展传媒产业，实施文物保护，提供公共文化产品和服务，满足人民群众的精神文化需求等重要任务，是深圳重要的公共文化资源。

深圳文化设施发展也十分迅速。深圳现仅市级大型文化设施各类建成和在建项目就有24个，总占地面积约40.99万平方米，总建筑面积约70.12万平方米，总投资约47.95亿元。其中，已建成项目17个，续建项目7个。文化设施的发展，特别是基层文化设施网络的迅速完善，为城市文化发展提供了重要的基础性资源保障。以图书馆为例，截至2003年底，全市有公共图书馆323家，其中市级2家，区级6家，基层图书馆315家。图书总藏书量超过620万册，户籍人口人均藏书量达到4.4册，常住

人口（户籍人口加暂住人口）人均藏书量达到 1.23 册，年接待读者近千万人次。区级以上公共图书馆有 4 个跻身为国家一级图书馆，社区（村）达标图书馆 201 个。

目前，深圳已形成了遍布全市的文化馆、图书馆、电影放映院等群众文化网络。全市拥有群众艺术馆、文化馆、文化站 56 个，其中市级群众艺术馆 1 个，区级文化馆 6 个，镇（街道）文化站 49 个。深圳群艺馆建筑面积 5304 平方米，包括培训厅、多功能厅、歌舞厅、影剧院和面积 460 平方米的录音棚，被评为"省文明文化单位"和省特级群众艺术馆。截至 2003 年 11 月，有 5 个文化馆被广东省文化厅评为特级文化馆，有 23 个文化站被评为特级文化站。全市共有电影放映单位 114 家，其中特区内 27 家，有 1 家五星级电影院；宝安、龙岗两区 87 家，深影院线、中影星美院线、南方院线三条院线在运作电影发行，年票房收入 3000 多万元，年观众 150 余万人次。

总的来看，深圳的公共文化资源表现出文化设施建设门类齐全、基层文化设施发达、建设规模和投资额度较大等特点。如 1998 年底动工的位于福田中心区的深圳中心图书馆和音乐厅，作为投资近 30 亿的四大重点文化设施之一，将成为城市的标志性建筑，其规模、档次和现代化程度，都将处于全国领先行列。但是，由于积累时间短等多方面的原因，深圳公共文化服务资源的"软件"还存在许多不足，如公共图书馆藏书量不大，基层文化馆站实力不强等。

二、发挥藏艺于民的优势，推动城市文化艺术资源的快速积累

25 年来，历届深圳市委、市政府始终坚持"两手抓，两手都要硬"方针，坚持弘扬主旋律，扶持高雅艺术发展，采取种种措施，推动了城市艺术资源的快速积累。1998 年，深圳市委、市政府制定了《深圳市文化事业发展 1998—2000 三年规划及 2010 年远景目标》，为深圳文化艺术事业发展确立了比较明确的发展目标。由于特区快速发展，大量社会办、企业办的文艺团体成长迅速，许多文化人才从不同的渠道进入深圳，深圳逐渐显现"藏艺于民"的优势。进入新世纪后，深圳市的文艺队伍更是不断壮大，文艺精品百花齐放。目前，全市有作家协会、音乐家协会、美术家协会、舞蹈家协会、书法家协会、戏剧家协会、电影电视家协会、文艺评论家协会、民间文艺家协会以及摄影学会等 10 个文艺家协会，共有会员 3464 名。其中具有高级职称的文艺家 360 人，加入全国各文艺专家协会的会员近 400 人。此外，我市的 6 个行

政区近年来先后成立了文联和文艺家协会，组成一支3000多人的文艺家工作者队伍，其中，罗湖区文联1350人，福田区文联350人，南山区文联400多人，宝安区文联447人，龙岗区文联400多人，盐田区文联117人。这支队伍成为城市艺术资源的重要组成。

建设专业艺术团体，是城市艺术资源积累的重要方面。作为率先建立市场经济的改革开放"试验场"，深圳一开始就坚持政府办团与社会办团相结合的发展思路，发展各类文体艺术团体。目前全市共有专业艺术团体19个，其中市属（政府办）只有1个，即深圳交响乐团。包括深圳粤剧团、深圳歌舞团等社会和企业办的艺术团体有18个，其中企业办的8个，如世界之窗的五洲艺术团、民俗文化村的民族艺术团等，各区和有关部门办的表演团体有8个、个体企业办的有2个。此外，还有数十家业余艺术团体活跃在深圳的各种舞台。

艺术资源的快速积累，推动了深圳高雅艺术的发展，近年来，深圳涌现出一批具有时代气息和深圳特色的优秀作品。如：电影《花季·雨季》，电视剧《钢铁是怎样炼成的》、《深圳人》，电视专题片《中国博物馆》，粤剧《情系中英街》和《驼哥的旗》、舞剧《深圳故事·追求》、舞蹈《大鹏湾渔女》和歌曲《春天的故事》、《走进新时代》等。据统计，1998年至2000年，深圳宣传文化系统（包括文化艺术、新闻出版、广播影视）共获中宣部"五个一工程奖"、"国家文华奖"、"华表奖"等国家级奖187项，省级奖328项，国际奖31项。2003年我市文化系统（含广播电视、新闻出版）获得省级以上奖项981项，其中国际级71项，国家级186项，省级724项。

此外，深圳还打造系列文化节庆品牌，以文化节庆的形式，建立了各种不同种类、档次、规模的城市文化资源整合与利用的平台。如艺术水准较高的"大剧院艺术节"、"国际水墨画双年展"、"国际双钢琴比赛"、"中外艺术精品演出季"等活动。其中"大剧院艺术节"已举办12届，成为深圳高雅艺术盛事。群众性强，市民参与度高的则有市级、常设性、两年一届的"鹏城金秋艺术节"、"少儿艺术花会"以及一年一届"深圳读书月"等活动。如从2000年起举办的"深圳读书月"活动，目前已举办5届，2003年第4届读书月活动举办了102项活动，参与读者达450万人次，影响遍及全国十几个省市。我市的业余文艺创作硕果累累，仅1999—2001年就获国家级常设大奖55项，省级常设奖74项。文艺精品的不断涌现，文化活动的日益丰富，显示出深圳已经改变了过去"一穷二白"的文化资源贫乏状况。

三、积极采取措施，推动传统文化资源的挖掘与保护

深圳特区成立后，在积累现代文化资源的同时，深圳市委、市政府也十分重视历史文化资源的保护与开发。截至2003年，深圳已查明文物古迹500余处，现有各级文物保护单位118处，初步形成了国家级（1处）、省级（10处）、市级（31处）、区级（25处）、街道级（40处）和村级（11处）六级文物保护单位的格局。其中大鹏古城被列为国家级重点保护单位，大鹏镇鹏城村被国家建设部、国家文物局公布为我国首批"历史文化名村"。从1996年至今，深圳从只有1座博物馆发展到17座，各级政府和有实力的企业兴办博物馆事业的热情空前高涨，除政府办博物馆外，出现了私立、集体、公私合作等不同模式的博物馆，其中，"青瓷博物馆"和"古生物博物馆"填补了我国相关专题博物馆的空白。截至2003年10月，我市各博物馆、纪念馆馆藏文物数量已达40169件，其中，三级以上文物达4967件，一个各具特色的博物馆群体已初步形成。其中，深圳市博物馆总建筑面积1.28万平方米，收藏文物总数2.4万余件，藏品5000余件。常设展览有"古代深圳"、"近代深圳"、"深圳市改革开放历史与建设成就展览"和"海洋生物标本展览"。

发挥城市经济优势，实现现代媒体资源的迅速形成。深圳特区建立之初，深圳仅有一个有线广播站和一个广播转播台，没有一家报社、电台和电视台。市委、市政府高度重视新闻媒体作为党的"喉舌"所具有的重要作用，早在1982年，深圳就建立了第一家报社——《深圳特区报》，短短20多年的时间，深圳迅速建立起以深圳报业集团、深圳广电集团、发行集团为首，包括平面媒体、电视、广播、网络、短信等各种媒体形式在内的现代文化传媒体系，积累了雄厚的现代媒体资源。2003年，深圳新闻出版行业创产值208亿元。全市共有全国公开发行的各类报纸16家，期刊40家，综合性图书出版社1家，音像出版单位3家，内地及香港新闻单位驻深记者站88家。以企业报刊为主的连续性内部资料近200种。全年出版图书638种，报纸出版印数82807万份，各类杂志出版印数2582.40万册，图书出版印数546.30万册，音像制品588个品种、发行242.3万盒（片）。深圳书城经营面积1.5万平方米，销售总额2.8亿元，居全国第二。

随着市场的发展和文化体制改革的推进，1999年11月，深圳特区报业集团成立，2002年9月，深圳特区报业集团与深圳商报社合并，组建成为深圳报业集团，新组建的深圳报业集团拥有《深圳特区报》、《深圳商报》、《深圳晚报》、《晶报》、《深圳都市

报》、《深圳青少年报》、英文《深圳日报》(SHENZHEN DAILY)和《香港商报》8种报纸，以及《深圳周刊》、《汽车导报》、《游遍天下》和《焦点》4种期刊，总资产50亿元，员工5000余人，年营业额约15亿元，2003年营业额23.8126亿元，比上年增长20.25%，跻身我国报业集团中规模最大、现代化水平最高、综合经济实力最强的报业集团行列。深圳报业集团也成为继上海文汇新民联合组建集团后我国第二家报业强强联合的机构。今年，深圳报业集团被中宣部确定为"全国文化体制改革试点集团"，全省仅有两家报业集团获此试点。

与此同时，深圳一批期刊在全国同类期刊中崭露头角，《深圳青年》杂志始终名列全国青年杂志前三名，并进入了新闻出版总署组建的"中国期刊方阵"；《特区经济》等期刊长期入选"中国经济类核心期刊"；《特区理论与实践》、《特区文学》连续多年被评为广东省优秀期刊；《红树林》连续6年在全国性的少儿期刊评比中获奖；《女报》连续4届在全国妇女报刊年会评比中获大奖；《经理人》则以"管理企业，经营自我"为办刊宗旨，成功成为中国最为出色的本土化管理期刊之一。还有大量的深圳期刊在各自行业中成为权威和本行业人士喜爱的刊物，如《涉外税务》、《体育大观》、《世界建筑导报》等等。

2002年，全市共有图书音像出版单位4家，全年出版图书479种（含重版书），总印数488万册，出版音像制品417种，发行653.7万片（盒），专项报批的电子出版单位1家，出版50余个品种，销售额300多万元。有各类光盘复制生产企业7家，总产值2亿多元。同时，全市已初步建立起以新华书店系统为主、社会图书发行网点为辅、邮政及其他报刊零售亭遍布城乡的较为健全的出版物发行格局。全市共有各类书报刊销售网点1900个、出版物经营单位33家。2002年，全市出版物销售总额13.34亿元。

此外，深圳还成为全国重要印刷产业基地，总体工艺设计水平、生产规模和实力、印刷设备和技术、企业管理以及产品质量等指标，在全国同行中名列前茅。深圳共有印刷企业1580余家，2003年总产值超过180亿元，从业人员12万余人，注册资金总额70多亿元。深圳雅昌彩色印刷有限公司曾获得有世界印刷业"奥斯卡"之称的"Benny Award"金奖。

此外，深圳现有深圳广播电台1座，深圳电视台、蛇口电视台等电视台、站26座，广播电视人口综合覆盖率100%；深圳电影制片厂、深圳市广播电视传输中心和中波转播台各1家；影视制作经营单位49家，境内外卫星电视节目接收单位156家，经营视频点播业务的宾馆、酒店15家。深圳广播电台自办广播节目4套，4个频率播出，平均每日播音88小时；深圳电视台自办节目9套，日均播出节目165小时，在网上转播和传输电视节目40多套，有线广播电视节目传输网络总长达32767公里。有线电视用户143.45万户，比上年净增加26.93万户。2003年广电系统资产总额26.8亿元，总收入12.49亿元。目前，深圳已经成为一个拥有各种现代传媒资源，传媒业实力雄厚的城市。

此外，深圳形成了以市社会科学院、深圳大学、市委党校、综合开发研究院（中国·深圳）、深圳市特区文化研究中心等社会科学机构为骨干的研究网络，学术研讨和交流活动日趋活跃。2003年社科各领域完成理论研究成果1.2万多项，上千项成果分获国家、省、市常设奖励。举办"全球脑库论坛"等学术研讨会100余场次，邀请国内外著名专家、学者出席。本地学者到国外学术交流400多人次。首届社会科学普及周、首届社会科学成就展等活动取得成功。

通常，文化资源的增加需要时间、人群和其他资源的漫长积累过程。作为改革开放产物的深圳，深圳城市经济与人口持续高速发展，社会和城市规模不断扩大，深圳文化资源的积累，实际上调动、整合着全国的各种资源，这个地处南方的"北方城市"，从空间意义上，更多地进行跨地域的文化资源借用与重组；从时间意义上，更多地挖掘现代而非传统的文化资源；从"性质"意义上，更多地利用政治、经济、制度等形成的资源优势——将多种非文化资源转化为城市文化资源，或城市文化资本，进行城市文化资本的积累与运营。总结25年来深圳文化资源的开放情况，我们可以将其大致分为两种主要的模式：一是政府部门大量运用行政权力，动用公共资源，推进现代文化资源的快速积累；典型的例子是深圳基础性文化设施的建设。深圳特区成立25年来，据初步统计，每年的文化投资（含硬件设施投资），平均占地方财政支出约1%左右，基本达到了发达国家的水平。如2001年至2003年公共文化设施投资就高达20.8亿元。二是民间力量的投入与对文化资源的跨地域开发。典型的例子是深圳华侨城集团兴建的锦绣中华、中华民俗文化村对传统文化资源的跨地域开发。印刷行业的崛起也是整合香港的印刷资源和全国各地的出版资源的成功例子。总之，集天时、地利、人和，作为一个多种社会力量不断在此寻求出路、释放出新的发展动力的城市，深圳走过了自己文化发展的超常规之路。

深圳文化精神略论

于晓峰

> 于晓峰，深圳大学讲师、文学博士。本文原载《社会科学论坛》2007 年第 1 期。

作为一座现代文化名城，深圳的文化精神是什么呢？所谓文化精神，在笔者看来，简单地说就是指一种文化所独有的精神。就一个地区而言，是创造该地区文化的人们在文化生存的过程中逐渐形成的对自身、生活及世界的认识，并据此形成的诸种观念。因此，所谓深圳经济特区，不仅仅是一个区域性的地理概念，而且，在本质意义上，它还是一种生动的文化精神象征，承载了深圳人对生活对世界的认识和评价，及其所体现出来的价值观和文化意识。不难理解，深圳文化精神既体现了深圳人精神文化发展的历程，同时也成为深圳人身份的一个重要标志。众所周知，在 20 世纪八九十年代，深圳文化及文化精神对广东乃至全国的思想意识、文化观念都产生了重要影响。在面对 21 世纪建设中国特色社会主义和和谐社会的宏伟蓝图之际，探讨深圳文化精神及其意蕴，揭示深圳文化精神的要旨及其内核无疑具有重要的现实意义。

一

那么，什么是深圳文化精神呢？一般探讨一个地区的文化精神，往往注重该地区从古至今的发展历程或从自然地理、社会环境的角度来探讨文化精神的形成与发展。

深圳的历史当然不止 20 多年,但深圳影响全国,进入世界视野始于 20 世纪 70 年代末却是一个不争的事实。本文不准备纵向追溯深圳以前的历史,考查深圳文化精神纵向上的继承性,而是将视角投放在当代深圳文化横向发展方面,即从国家政策影响、时代关系、自然地理和社会环境等方面切入,探讨深圳文化精神的孕育、成长和发展的历程。通过这种横向的考察,我认为深圳文化精神大体上可以归纳为以下四个方面:开放兼容、开拓创新、诚信竞争、团结奉献。诚然,任何归纳和分类不可能绝对化,这四个方面既相互独立又相互影响,是不可分割地联系在一起的。

(一) 开放兼容

深圳地处珠三角地区,海岸线较长,拥有众多的优良港口;又毗邻香港,是大陆与香港乃至世界联结线上的一个重要的交通枢纽。这样一种地理环境,使得开放向外的精神早就内在地蕴涵在深圳文化之中。正是基于深圳的海陆位置及其便于对外开放的特点,中国选择深圳作为改革开放的试验场,将深圳文化的开放精神的能量极大地释放出来了。不仅如此,深圳开放的地理位置和国家实行改革开放的政策,更是吸引了成千上万的建设者来到特区。几百万移民怀着种种理想和希望,不断地填充特区建设的力量之源。移民从小就受到原生地文化及风俗习惯的塑造和影响,而来到深圳——这与原生地完全不同的空间里,一时很难摆脱原生地文化的吸引,甚至有意无意地将原生地文化及风俗习惯带入深圳,这就必然导致不同文化的碰撞和接触。同时,深圳与作为世界文化集散地的香港仅一河之隔,不可避免地要受到香港文化及西方文明的辐射和影响。因此,深圳经济特区不仅是中国改革开放的排头兵,而且是一个跨文化的场地,香港文化及外来的文化因素和中国内地各种文化传统在此互相碰撞和接触,表现出多种文化的互相借鉴和融合状态。

在这样一种开放兼容的文化氛围里,作为一个移民为主体、年轻人占多数的现代城市,深圳已具有不同于传统岭南文化的特质,表现出一种开放、博大的文化胸怀。因为在这种文化交融的过程中,事物现象的日益丰富、精神视野的开阔、价值观念的碰撞,必然影响于移民主体的想象方式和进取精神,激发移民主体求知的热情和创造的能量。"海纳百川,有容乃大",深圳人对外来文化表现出一种强大的包容力和宽容精神,从而使得深圳文化具有一种吐故纳新、兼容创新的能力,对外来的事物都是抱有一种以我为主,为我所用的态度。这在饮食和建筑文化方面表现尤为突出。深圳传统的饮食文化是以粤菜为主，而在今天的深圳，不管你是哪里人，都能享受到自己的家乡菜。深圳成了中国各种菜系的汇聚地，川菜、粤菜、京菜、东北菜、湘菜、鲁菜、闽菜、鄂菜等都在深圳竞相争客，因而有"食在深圳"的美誉。众所周知，城市建筑是城市形象的名片，表征了该城市独特的、不同于其他城市的城市形象设计和文化内涵。如金字塔之于开罗，埃菲尔铁塔之于巴黎，悉尼歌剧院之于悉尼，自由女神像之于纽约，泰姬陵之于阿格拉，故宫之于北京等，虽然都是城市建筑，但却表征了不同的城市文化精神。深圳原本是一个边陲小镇，是在空白的地理和短暂的历史上建立起来的现代文明城市，无论是国贸大厦、地王大厦、会展中心，还是深圳大剧院、特区报社、赛格广场等建筑，虽然体现了深圳人文化形象设计的观念和一定程度的创新精神，但"拿来"的痕迹十分明显，呈现出与北京、西安完全不同的城市建筑景观，因而有人形容深圳是一个"万国建筑博览会"。华侨城的建设更是这种文化融合的产物，它是深圳人策划、设计、建造出来的深圳旅游文化景观，聚古今中外文化经典于一体，体现了深圳人的文化形象观念和现代意识。事实上，由于缺少深厚的历史积淀和传统文化的影响，深圳文化走拿来主义、自主创新的现代文明之路是不可避免的现实选择。

上述可见，由于深圳地理环境的优越和国家政策的选择，在开放兼容的文化碰撞的过程之中，深圳文化实现了跨越式的创新和发展，体现了开放兼容文化精神的无穷魅力。

（二）开拓创新

改革开放是一次思想解放运动，经济特区的创办也是一项前无古人的事业，没有先例可循，因而在经济特区的建设过程中，开拓创新既是时代的需要，也是一种不可避免的现实选择。特区建设的主体是移民，移民走出原生地的行为，本身便寄寓了实现自我，超越自我，向往新的生活方式的开拓进取的精神。因此，移民为了实现自己的"个人意图"，必须要有坚定的理想信念和意志精神作为个体行为的支撑，而这是改造现实世界的永久的推动力量。移民的这种积极进取和无畏前行的精神，随着日益适应特区的环境和文化，也会慢慢地本土化而形成一种城市精神，内化为特区城市的价值观念，推动深圳特区的创造和发展。事实上，深圳的城市发展史就是移民实现"个人意图"的创业史。

1979年4月，在酝酿创办深圳经济特区时，邓小平就告诉深圳人："中央没有钱，你们自己搞，要杀出一条血路来。"的确，要在一张白纸上书写最美丽的图画，没有一种开拓进取的勇气和决心是不行的。为了引进外资，促进特区经济建设，特区人筚路蓝缕，在蛇口建立香港招商局蛇口工业区，同时在税收、地租、管理、工资等方面仿效香港进行。随着蛇口工业区的开发，特区人杀出了一条"血路"，从而揭开了中国改革开放的序幕。众所周知，传统的经济建设都是国家投资，而面对当时全国经济大调整的经济现状，要快速建设特区，走传统的向国家伸、拿、要的老路是行不通的。特区人突破传统思想的框框，大胆革新，发挥敢闯敢干的精神，通过各种渠道为特区建设融资。1979年6月，创办深圳第一家中外合资企业——竹园宾馆；1979年11月，深圳第一家中外合作企业——深圳乌石古石场签约；1980年5月，深圳第一家外商独资企业——新南新印染厂创建。站在21世纪的今天，中外合作、合资和外商独资企业在深圳遍地开花，极大地促进了中国与世界经济的联系，不仅如此，还带动了深圳民营企业的繁荣发展。

深圳经济特区的形成是国家政策的选择所形成的一个地区化案例，是作为中国实行改革开放的排头兵进入当代历史的视野。国家政策的实施、时代的急剧发展，需要一种与特区经济建设相适应的新思想、新观念。经济特区的建设是开创性的事业，是要在没有路的地方走出路来，因而"创新"是特区人不可或缺的素质。在这样的时代背景下，特区要实现跨越式的发展，特区人必须敢为天下先，必须摈弃传统的管理模式和管理观念，摸索特区建设的新路子。1981年建国商大厦时，深港业主就打破了由上级指定承建单位的计划经济的管理方法，大胆探索，决定仿效香港进行工程招标。改革首先总是要遭到非议的，特区人顶住各方面的压力，坚决实行工程招标。中标的中国第一冶金建筑公司提前94天完成大楼建设，创造了深圳建筑史上的第一个奇迹。1981年恢复宝安县制，重建新县城，开发宝安，可钱从哪里筹呢？特区人决定向社会招股，筹集一切可以筹集的资金，办企业，建设新宝安，于是诞生了中国第一股——宝安股。1984年建设国贸大厦时，第一次在全国采用大型滑模工艺技术，创造了震惊中外的"深圳速度"。事实上，由于历史赋予的时代使命，深圳是我国采取众多大胆经济改革举措的试验地，如1981年竹园宾馆的劳动用工制度改革——打破"铁饭碗"，1985年开办全国第一家歌舞厅——深圳西丽湖歌舞厅，1987年首次举行国土有偿使用拍卖会，1999年深圳将传统的"荔枝节"改为"科技节"——中国国际高新技术成果交易会等。这种种创新的举措，没有一种开拓创新的精神是不可能推行的。特区改革开放的现实,时刻在催促着人们观念的更新和超越,可以说特区的建设史就是一曲曲开拓者之歌、创新者之歌。"开拓创新"成了深圳人的代名词。

(三) 诚信竞争

中华民族自古以来就有讲究诚信、信誉的优良传统。何谓诚信呢？孔子认为"信以诚之,君子哉"、"人而无信,不知其可也",可见,诚信即诚实守信、言行一致、无欺无妄的意思。事实上,几千年来讲究诚信一直是中国传统道德的重要规范,即使在今天也是如此。深圳经济特区是中国实行改革开放的窗口和试验场,因其先行一步,在全国率先建立了比较完善的市场化、外向型的经济模式,为市场经济在全国的实行起到了不可替代的先导作用。众所周知,市场经济同时也是信用经济,这就要求人们在经济工作中必须按规则游戏,重视信用问题,讲究诚信美德。也就是说人们必须将诚信、信誉视之为经济工作的生命线,而非行政指令满天飞,更不是欺诈哄骗。深圳人在对外开放的过程中,继承中华民族的优秀传统,以诚信待人,以实现双赢为原则,大力引进外资和先进的技术及科学的管理方法,既促进了特区经济的发展,也为全国垂范,倡导一种诚信经济。1981年美国正大康地有限公司拟在深圳成立正大康地有限公司,根据合同协议,由美商投入资金、技术、设备,中方提供土地及实施"五通一平"。后由于电缆工程等事宜搁浅,美商要撤资。深圳人以诚信兴市,经过多方努力,终于解决了电缆工程的问题,美商的资金又回来了。以诚信筑巢,才能引来金凤凰,特区人深谙此理,在引进外资的过程中,想外商之所想,急外商之所急,使诚信成为特区建设的一种内在的自觉的文化精神。1983年,香港志强发展有限公司与中方签约合作开发香密湖度假村,由于对特区开发区政策的疑虑,志强公司的合作者都撤资了,导致志强公司陷入绝境,濒临破产。深圳人顾全大局,重义守信,通过各种途径帮助志强公司,使香密湖度假村的开发事业步入正轨。

如前所述,移民群体在多元文化融合的时代背景下,极易激发个体的创造力和竞争精神,而传统的平均主义、"大锅饭"现象则在特区经济生活中没有立足之地。特区人敢闯敢拼,在市场经济建设的过程之中,既讲究诚信和信誉,同时也提倡积极进取的竞争意识和竞争精神。"时间就是金钱,效率就是生命"、"深圳不相信眼泪,只相信实力"等口号的提出,反映了正在工业化的特区社会对与之相适应的新文化观念的呼唤,内在地蕴涵了一种竞争精神和竞争意识。立足特区,面向全国,走向世界是特区人创业竞争的三部曲。1985年特区发展公司在竞争特区市场的同时,与香港公司共同组建香港新峰企业有限公司,作为进军香港房地产市场的据点,为最终挺进竞争更为激烈的国际市场做准备。华为公司、中兴通讯公司、赛格集团等企业从小到大,从弱到强,从特区市场到走向国内市场再到挺进国际市场,无不体现了特区人竞争进取的精神。

市场经济也是法制经济,在现代商业社会里,任何竞争都必须遵循共同的游戏规则。特区人崇尚良性竞争的道德准则——对手就是老师,对手就是榜样;而不是与对手比背后使坏,比心狠手辣。1996年两大国际零售企业沃尔玛和家乐福同时进入深圳,深圳零售商万佳、天虹商场、人人乐、岁宝百货等在思考市场变化和生存前景的同时,并不是坐以待毙,而是向对手学习,在商业技术、经营、商品特色及品种、商品成本及售卖方式等方面借鉴和革新,在竞争中成长,使得在深圳的中外零售企业实现了竞争中的普遍繁荣。今天,无论是内地还是世界各地的企业和客商,都愿意到深圳来发展,因为深圳人讲究诚信、倡导良性竞争的美德。

(四) 团结奉献

深圳从一个荒凉的渔村小镇建设成为一个朝气蓬勃的现代城市,造就"一夜城"的神话,团结奉献的精神就孕育于这个"神话"之中。作为一个移民城市,深圳移民的个人性行为有盲目性和利己主义的一面,但这并不妨碍团结奉献成为移民群体的精神特质。如前所述,移民是希求改变个人命运和实现个人理想而离开原生地,但急剧多变的特区现实决定了移民依靠个人奋斗的方式实现"个人意图"是十分困难的,而团结合作则是增强个人力量的行为。所以,特区虽然移民占主体,但却是一个人际关系和谐融洽的城市,特区的建设史就是特区人团结奉献的历史。深圳国贸大厦的建设创造了举世瞩目的深圳速度,这是成千上万的特区人和特区建设者团结奉献的成就。1982年中国人民解放军基建工程兵某部队两万名工程兵奉命开进特区,支援特区建设。部队在深圳承建的第一项工程是市政府办公大楼,随后又承建了电子大厦、友谊商场、泮溪酒家、南头直升机场、火车站东广场等工程。在整个施工建设过程中,工程兵展示军人高度的组织纪律性、团结奋斗的自我牺牲精神、顽强的战斗作风,深深影响了整整一代深圳人。不仅如此,特区的公司大都注重企业文化建设,强调团结、富有亲和力的企业精神。康佳电子公司提出的康佳精神:"我为你,你为他,大家为康佳,康佳为国家",表现了团结奉献精神成了特区人自觉的精神追求。

特区的建设者一直被誉为"拓荒牛",这是非常贴切的。在一片荒芜地上建设一个现代化的城市,不仅要有艰苦奋斗的决心,更要有无私奉献的精神。"社会需要一种全新的人,并将创造出这种新人来"。的确,20多年的特区建设造就了一批批英雄和新人,如两万名工程兵、第一冶金建筑公司和中建三局一公司集体、梁湘、袁庚、舒成友、贺方军、刘远波、杨水桐、罗志明、臧金贵、陈建刚、王九明、古卫红、廖玉添、曾志德、柳献共、张桂娣、陈为炽、丛飞等,没有他们的无私奉献就没有特区的今天。而今天遍布特区社区的义工组织和协会,在继承丛飞等英雄们事业的基础上,更是弘扬了特区人的奉献精神。

二

近几年来,鹏城的学者及媒体都在讨论深圳文化及其文化精神。他们在讨论深圳文化精神时,习惯使用特区精神或深圳精神这一概念,并坚持与时俱进的原则,结合时代及实践的发展要求,挖掘其深刻丰富的文化内涵,以体现深圳人的精神境界。从20世纪80年代的"开拓、创新、献身",到20世纪90年代的"开拓、创新、团结、奉献",再到新世纪的"开拓创新、诚信守法、务实高效、团结奉献",体现了深圳精神是一种开放发展的文化精神。这是深圳各行业、各阶层的人在改革开放的实践中所养成的工作精神和生活方式,大体上反映了特区文化精神的丰富底蕴。可以说,深圳精神是一种与改革开放和发展市场经济相适应的新的思想观念,是20世纪70年代末以来深圳文化精神的集中体现。今天,深圳精神已成了深圳文化精神的代称,"她就像一盏不灭的航灯,引领深圳人与经济特区同行,与改革开放和现代化事业同步,对推动特区现代化建设事业起到了巨大作用,成为我们弥足珍贵的精神财富"。

总之,对深圳文化精神的总结和归纳,"既是对深圳20多年发展经验的高度概括,又是坚持与时俱进,弘扬社会主义人文精神和科学理性精神的集中体现";不仅有利于加强当前深圳文化建设,而且对21世纪建设文化深圳、和谐深圳的宏伟蓝图具有重要的影响。

深圳文化市场现状分析

陈新亮

> 陈新亮,深圳市文体旅游局副局长,曾任深圳市特区文化研究中心主任。本文选自王京生主编《文化立市论》,海天出版社2005年版。

一、深圳文化市场的现状与问题

整体上说,深圳的城市发展背景和历程都是前无古人的。深圳人在创造了一个新的城市的同时,也创造了一个充满活力和希望的文化背景。它可以概括成为四句话:改革开放的试验田,东西文化的交汇点,一国两制的临界线,青春移民的创业地。从文化市场角度看,深圳作为中国最年轻的移民城市,具有口岸城市、高科技城市、国际花园城市和区域性的经济中心城市等特殊的城市特点和城市功能定位。深圳的文化市场不仅具有与全国文化市场相通的一般规律,而且因其经济特区和毗邻港澳的特殊地位,形成了制约文化市场的深层动因:

1. 经济先发优势明显。深圳特区自诞生以来,就是以"改革开放排头兵"的新锐姿态奋进,以经济增长为动力实现社会全面发展。全市国内生产总值以每年平均29.5%的高速增长,高于全国其他城市平均增长率1倍以上。深圳作为一个副省级城市,实现国内生产总值相当于内地一个中等省份,在全国大中城市中居上海、北京、广州之后的第四位,人均GDP按现行汇率为7000美元,为国内人均生产总值最高的城市,财政收入居中国大中城市第三位,显示了强劲的发展势头,并带动了城市建设、绿化环保、社会福利、医疗保险、信息化等全面进步。

2. 文化需求旺盛。以支付能力为基础，深圳市民的文化消费能力非常强。2003年深圳在岗职工年平均工资 3.0611 万元，城镇居民人均可支配收入 2.5935 万元，恩格尔系数 27.9%，连续三年在全国各大中城市中占第一位，显示了强劲的发展势头。2003 年深圳人均消费支出 19960.32 元，同比增长 5.5%。深圳的"新移民"来自祖国四面八方，形成了多元文化的碰撞交融。他们平均年龄只有 30 岁，具有强烈的创业和发展愿望，在娱乐休闲、流行时尚、培训进修等方面，具有旺盛的需求。

3. 毗邻港澳地区。深圳是中国拥有口岸数量最多、出入境人数最多、出入境车流量最大的城市，也是中国唯一拥有海陆空口岸的城市，包括罗湖等 4 个陆路口岸、蛇口等 7 个海港口岸和宝安机场 1 个空港口岸。由于毗邻港澳，吸引了大量客流加入深圳的文化消费市场。特别是经国家批准，从 2003 年 1 月 27 日起，深圳在皇岗口岸与香港特别行政区实行 24 小时通关后，深圳与香港的联系愈加紧密，越来越多的香港居民把深圳作为重要的购物和消费场所。

4. 多元化的文化消费结构。深圳特殊的地理位置、城市特点和城市功能定位决定了深圳文化市场消费群体构成的多元化。除前面提到的深圳常住人口强劲的固定消费群以及大量到深圳消费的港人群体外，每年还吸引了大批来深参观、学习、旅游的中外人士，流动人口也成为深圳文化市场消费的主体之一。

上述诸多的原因使深圳文化市场形成了独特的规律：

包容广。由多元化消费结构组成的社会，乐于吸收中外各种文化消费产品，从世界顶级的精品文艺，到流行化的大众艺术，以及高度商业化的娱乐活动，都能获得相应的消费者群体。

消费旺。旺盛的文化消费能力表现在深圳人的文化娱乐消费支出，始终与经济收入同步，并有扩大增长的趋势；同时，高价位的文化消费长盛不衰，比如少年儿童的艺术培训已成为家庭高消费的重要组成部分。

青春型。深圳社会的文化消费行为具有流行化、时尚化、起伏大和发展型的特色，受流行时尚的影响非常强烈。但是，城市的文化积淀比较浅，主要的艺术门类在深圳缺乏稳定的受众群体。

两极化。一部分高学历高收入的管理和白领层，具有对高层次文化的强烈渴求，一掷千金也在所不惜；而大量的"打工族"渴望改变自己的收入和命运，缺乏稳定的文化消费心态，却有感情交流、排遣压力的强烈愿望。

从地理分布上看，文化市场经营项目的分布特点鲜明，主要商贸区——罗湖区和行政中心区——福田区集中度较高，比如：在歌舞项目包括歌舞厅、卡拉OK厅、音乐酒吧、舞厅方面，罗湖区的数量已经占到全市的28%，福田区占全市的11%；在音像制品销售项目方面，罗湖区的数量占全市26%强，福田区占18%左右；在艺术培训方面，罗湖区的数量约占全市的39%，福田区约占全市的40%，具有举足轻重的地位。同时文化市场经营项目的发展也在逐步向二线关外的两个区延伸。宝安区和龙岗区，由于地理空间广阔，人口数量大，经营成本比较低，是新兴产业的发展区，所以也成为文化市场经营项目的主要生长空间。在歌舞项目方面，宝安区的数量占全市的23%，龙岗区的数量占全市的23%强；在书报刊销售网点方面，宝安区的数量占全市的38%；在音像制品销售方面，宝安区的数量占全市的20%，龙岗区的数量占全市的22%左右。

深圳文化市场同时也存在诸多问题。按前述文化市场的结构要素来看，共性问题有：（1）资金投入量不够；（2）文化经营项目回报率不高；（3）文化经营者整体水平较低，经营手段较落后。

（一）娱乐市场

娱乐市场主要包括歌舞娱乐场所和游艺娱乐场所。

对游艺娱乐场所，根据国家有关规定，自2000年起停止审批新的游艺娱乐场所，现有场所不得增添或更新设备，并通过强化执法和加强年审，逐步压缩总量。因此，目前全市的游艺娱乐场所仅134家，而且政策方面是促进其萎缩，实现最终消亡。但是随着经济发展、科技进步和文化娱乐方式的创新，游艺娱乐也呈现出一些新的特点，将其一概消灭的政策似乎已不合现实。

深圳游艺娱乐场所在经营上主要存在以下问题：1.经营形式单一，经营管理水平较低；2.违规经营和超范围经营行为时有发生；3.歌舞娱乐场所总量趋于饱和且局部地区分布过密出现恶性竞争的现象。

（二）音像制品市场

截至2004年底，深圳音像制品零售经营单位的构成为：经营单位总数421家，其中音像连锁经营单位及其直营门店 120 家，其他独立门店 160 家，从业人员 2580 人。从 2000 年起，深圳开始在音像市场方面进行结构性调整，引导多元投资主体的资本向音像市场有序流动，鼓励发展连锁经营、超市经营等形式，逐步完善了音像制品连锁经营单位的审批制度，从而扶持了一批向规模化方向发展的音像制品经营单位。近两年来，音像连锁经营日益成为深圳市音像经营的主渠道。全国、全省和深圳市内音像制品连锁经营单位有 8 家，这 8 家音像连锁经营单位共开设直营门店 120 家，占全市音像经营单位的 27%。2004 年，音像连锁经营单位实现销售收入超亿元，销售收入占全行业销售收入的一半以上。但是，整个音像市场并未完全脱离规模小、组织化程度低、效益差的状态，侵犯知识产权更是始终困扰音像市场的顽疾。

（三）书报刊市场

截至 2004 年 12 月底，深圳全市共有书报刊发行单位 1297 家。其中，单店营业面积 2000 平方米以上的大型综合书店 6 家、小型综合书店 270 家、专业书店 286 家、便民书店 302 家、报刊零售亭 384 家、报刊专营摊点 23 家，另有书刊批发中心 1 家、书刊批发经营单位 25 家。从业人员 8600 人。从业态分析，目前书报刊市场存在三个主要问题：1. 结构不合理，小而全的书店过多，专业化、个性化书店相应过少。2. 报刊亭小、散、乱、差现象严重，管理不规范，设置欠合理，部分报刊零售摊点已成为损害市容的污点。3. 经营者素质偏低。

（四）艺术培训市场

深圳的艺术培训业起步很早。1985 年 3 月，深圳成立了首家艺术培训学校——飞鹏小学，专门从事业余艺术教育，培养少年儿童的业余艺术爱好，涉及器乐、美术、舞蹈等各大门类。进入 20 世纪 90 年代中期，除了少儿艺术培训外，由于电影、电视剧拍摄在深圳大量增加，面向成年人的影视表演培训班也逐渐增多。随着人口增长和社会经济的不断发展，到 2004 年底，全市各区共有 136 家艺术培训单位。除在社会公开招生办班外，更多的方式是家庭作坊式教学，其中以钢琴培训最为普遍，估计未有合法证照的约为 100 多家，总的经营单位数量约为 240 家。目前，该市场存在的主要问题有：1. 从教人员素质参差不齐，培训者松散而不规范，市场运作不规范；2. 无证营业的家庭作坊式培训点普遍存在；3. 收费后不履行职责，甚至进行欺骗的现象时有发生。

（五）演出市场

演出市场的经营主体包括营业性演出团体、营业性演出经纪机构、营业性演出场所和个体演员。截至 2004 年底，全市共有演出经营单位 85 家。其中，演出团体 30 家，演出公司 2 家，演出场所 53 家，个体演员 800 人。目前演出市场存在的主要问题有：1. 市场机制不完善，价高质次的演出较多，高出场费、高场租、高票价等"三高"现象突出。2. 演出市场发展失衡，有些高雅艺术的演出找不到观众，卖不出票。3. 部分农村演出市场较为混乱，民间剧团和民间艺人缺乏有效管理。4. 地理分布不均衡。目前我市演出场所的分布很不均衡，53 家演出场所中，龙岗区有 14 家，南山区有 12 家，福田区有 17 家，罗湖区 2 家，宝安区 6 家，盐田区 2 家。

（六）艺术品市场

深圳市自 1980 年 10 月博雅画廊成立以来，陆续出现社会投资兴办的美术字画经销企业及画店、画廊等。随着社会经济的持续发展，市民对装饰性艺术品需求大量增加。除经营国画、油画等主要高雅艺术品外，其他不同类型的工艺美术品经营也随之兴起。截至 2004 年 9 月底，全市共有营业性画店、画廊 44 家、艺术品拍卖机构 2 家。相对上海市而言，深圳的艺术品市场还不够活跃。上海市常住人口 1300 万，艺术品经营单位就有 200 多家。布局欠合理性，档次不高也是艺术品市场的软肋。除博雅艺术品公司外，能够形成一定规模的品牌店不多。另外，艺术品市场造假的现象十分严重，制约着这个市场的繁荣发展。

（七）网络文化市场

网络文化市场是文化市场的新项目，诞生时间短，但是发展迅猛。其经营主体包括互联网上网服务营业场所和经营性网络文化单位。2003 年下半年，在全市范围内开展了互联网上网服务营业场所重新审核登记工作。按照国务院《互联网上网服务营业场所管理条例》的条件，通过重审的网吧共有314家。在经营性网络文化单位方面，由于深圳在高科技项目上的优势，全市从事经营性网络文化项目的单位数量很多，目前已向文化部报批的单位共有16家，其中不乏腾讯、中国游戏中心这样的在业内具有很高知名度的企业。但是网络文化市场存在的问题也很明显：1.无照互联网上网服务营业场所数量较多，并且大多规模小、经营不规范，对合法网吧的经营造成冲击，扰乱市场秩序。2.网络文化消费者的范围存在限制较多，不利于市场的开拓。3.对网络文化内容的监管还不合理，某些内容管理力度还不够，比如涉及著作权的内容。这不利于文化生产力的发挥。

二、深圳文化市场的发展目标

综合各方面因素考虑，深圳文化市场的总量将稳步增长，可能性有三种：

1.低限可能：以2004年底深圳市人口557万，户籍人口158万，人均收入达到30611元的标准计算，如果按9.7%的保守增长率，2005年深圳市人均文教娱乐消费支出将达到3474元，居民消费总量将达到167.2亿元。连同流动人口和香港居民来深消费，主要文化消费市场的总量将达222.3亿元。

2.中限可能：如果按12%的平均增长率，2005年深圳市人均文教娱乐消费支出将达到3853元，居民消费总量将达到184亿元。连同流动人口和香港居民来深消费，主要文化消费市场的总量将接近246.6亿元。

3.高限可能：如果按15%的高增长率，2005年深圳市人均文教娱乐消费支出将达到4398元。居民消费总量将达到210亿元。连同流动人口和香港居民来深消费，主要文化消费市场的总量将接近280亿元。

根据国际惯例，在人均GDP跨越6500美元后，人们对物质产品的消费需求会逐渐减缓，而对精神文化的需求会大大增加，这也是人民群众应该行使的文化权利。所以从总体上看，深圳主要文化市场的总量增长率不宜低于下限，否则将导致群众的文化需求无法满足。也不宜超过上限，否则会导致消费结构的失衡。以12%±2%的增长率为最佳。

娱乐市场。根据国家及省的有关政策，目前歌舞娱乐场所仍然实行总量控制、暂停审批。但是考虑到深圳市歌舞娱乐业的实际和市民的消费需求,考虑在禁止新批歌舞娱乐场所的政策调整前,争取上级主管部门的支持,以区为单位,在"停业两家、发展一家"的前提下审批少量歌舞娱乐场所;在国家有关禁止新批歌舞娱乐场所的政策调整后,以每年3%的低增长率,适量审批新的歌舞娱乐场所。新场所侧重设置在商贸旺区、东部沿海和特区外新兴城镇。

新批歌舞娱乐场所主要发展的类型:一是经营面积超过3000平方米的歌舞厅、卡拉OK厅;二是在生活社区发展面向老年人和青少年的健康文明的娱乐项目,将社区会所纳入管理范畴;三是发展适合广大"打工族"消费的娱乐场所,按相对集中、分类引导、提升规模的原则发展。

音像制品市场。全市现有音像制品经营单位,按居住人口配置,基本上可以达到供求平衡。因此,音像制品经营单位的发展将严格控制,通过提高音像制品经营单位的开办条件以及严格从业人员的资质条件,把深圳音像市场保持在一个比较合适的状态。其中音像连锁经营作为深圳市音像市场的主要渠道将进一步得到扶持,向专业化、连锁化、集团化和规范化方向发展,巩固其在我市音像市场的主导地位。

书报刊市场。对书报刊市场的基本政策是调控总量增长,着力调整结构,优化网点布置,提高从业人员素质。2010年底前将总量控制在3000家以内。

艺术培训市场。艺术可以陶冶性情,艺术教育是文化素质教育不可缺少的一部分。深圳作为一个年轻的移民城市、口岸城市、花园城市、高科技城市和区域性经济中心城市,随着经济的快速发展,市民文化素质越来越高,人们对提高自身文化修养的要求越来越强烈,形成了对艺术培训的巨大需求,而且艺术培训本身的内容和形式也在不断更新。因此深圳市艺术培训市场应按照鼓励发展、提升质量、合理布局、规范经营的原则向生活社区发展。要通过宏观调控、政策引导,达到总量布局均衡。使罗湖区和福田区占总数的50%,盐田区和南山区占总数的20%,宝安区和龙岗区占总数的30%,形成5:2:3的格局。

演出市场。随着深圳经济、文化的发展,演艺事业也必将迎来高峰。全市营业性演出场所应达到80家以上。按千万人口城市拥有50家演出公司(如北京、上海)比例来看,演出公司总量可以发展到20家,演出经纪公司要达到30家以上。形成演出场所80家,演出公司20家,经纪公司30家的8:2:3的比例与格局。在结构上,要以深圳音乐厅、深圳大剧院、华夏艺术中心三大演出场所为重点,逐步做到每一个区都有1个重点演出场所和5个以上的经常性演出场所。

艺术品市场。艺术品市场对经济支付能力、艺术鉴赏能力、行业管理能力的要求比较高,并且与礼品、装潢、设计等行业相互渗透,是一个发展中的新兴文化市场。深圳作为一个年轻的口岸城市、高科技城市和区域性经济中心城市,有条件形成一个繁荣的艺术品市场。应当积极鼓励企业、团体和个人等社会力量收藏艺术品,争取在5—10年内使深圳市成为中国南方的艺术品中心市场之一。

提升深圳文化品位的若干认识问题

汪田霖

> 汪田霖，深圳大学副教授，主要从事文化及艺术研究。本文原载《深圳特区报》2005年3月26日。

去年召开的深圳市实施"文化立市"战略工作会议提出了把深圳建设成为高品位的文化城市的重要任务。所谓高品位的文化城市，指的是城市的视觉系统、理念系统以及行为系统具有较高的文明程度和文化含量。建设高品位的文化城市，在操作层面需要加大资金投入，推进文化体制改革，制定文化发展的中长期规划，营造良好的政策法制环境，找准文化发展的战略支撑点等等，但要真正实现城市文化品位的提升，必须着重解决好以下几个方面的认识问题。

一是经济意识与人文意识。传统计划经济体制高扬泛政治主义，希图用政治的手段解决社会发展问题，不承认社会发展的根本动力在经济生活中，不承认人们追求经济利益的正当性与合理性，从而使整个社会的发展失去了现实的动力机制。改革开放，发展社会主义市场经济就是对经济意识的确认，对经济人最大限度地追求自身利益的正当性与合理性的认可，是一种利益机制的转型。很显然，全面建设小康社会，率先实现现代化，是一个以经济建设为中心而达到社会的协调发展和全面进步的过程，要真正践行发展是执政兴国的第一要务，我们就必须强调经济意识，即强调经济发展的前提性作用，强调人们追求经济利益的合理性。但在像上海、深圳、广州这样的经济现代化已经达到或接近人均GDP 6000美元水平的城市，其经济意识更应该受到人文意识即人文精神的引导。尤其作为市场经济发育较早的经济型城市，体现"经济人"人格的功利主义成为有些市民的价值支撑，要提升城市的文化品位，就必须弘扬人文主义精神，以人为本，重视经济发展的人本意义，提倡人文情怀和伦理关怀，善于把经济发展的成就转化为人民群众的福祉和经济、政治、文化权益的实现；重视人与自然和人与人的和谐关系的建立，引导人们树立高尚的生活价值与意义，形成积极进取、诚实守信、宽容友爱、情感高雅的社会人文环境。这不仅是建设和谐社会的需要，也是为经济发展提供持久的"人文冲动力"的需要。对于文化的发展，眼界要宽，目光要远，要有一种境界，切实从战略高度来对待，不可以当下的有用作为文化发展的唯一尺度。人文精神与科学理性精神是相互兼容的，人文精神要以科学理性精神为基础，科学理性精神应该体现人文精神。深圳作为经济特区，承载着突破传统计划经济体制，探索建立社会主义市场经济体制的重任，敢闯敢干、积极进取成为深圳人的创业观念，但敢闯敢干一旦缺乏科学精神的引导，就极易成为盲目的非理性行为，因此，提升城市的文化品位，必须弘扬科学理性精神，突出经济和社会活动中的规范意识，增强法律和制度的刚性和约束力，提高决策的科学化、民主化程度。弘扬人文精神和科学理性精神，既是提高市民素质的根本要求，也是提高各级党委和政府的领导水平和执政能力的基本要求。

二是大众文化与精英文化。当今世界，大众文化已成为一种不可遏制的洪流，影响着人们的文化生活和精神世界。它以其内容上的包容性、形式上的浅显生动性和贴近日常生活的亲和力吸引着众多市民的广泛参与。这是市场经济、市民社会的发展和大众传媒的发达所必然引起的现象。在这种背景下，先进文化建设，必须考虑到面向大众，源于大众生活、符合大众心理、采取大众喜闻乐见的文化形式。这不仅因为文化只有走入大众的生活，才能实现它的教化功能、娱乐功能和经济功能，而且"因为说到底，大众文化才是民族文化最深厚的基础、是最本真的'文化文本'，是民族文化伟力的根源。没有了普通大众的世俗生活，人类文化就将失去生命力的源泉"。深圳由于其特殊的地理位置，加上市场经济的发达，使其成为大众文化发展的沃土，因此深圳的企业文化、社区文化、校园文化、广场文化都比较发达。相对而言，精英文化的发展却捉襟见肘。这里所说的精英文化是从文化品质的角度来看的，指的是人文科技知识分子创造的与大众文化相对应的高雅文化。与以工业制作为基础，以标准化、数量化、同质性、齐一性的非个性的存在形式为特点的大众文化相比，精英文化追求人类生存的基本价值和终极关怀，追求文化创造的"深、新、精"，展示的是文化活动和成果的独特性和前沿性，更具有原创性、想象力和超越性，因此具有更高的真、善、美的含量。对于一个追求现代化国际化的城市来说,一方面需要形成发达的大众文化,因为大众文化不发达,意味着这座城市人们的精神生活的呆板、单调和沉闷;另一方面,更需要精英文化的发达,因为精英文化才能真正代表一座城市的文化发展水平,才真正意味着这座城市的品位和创造力。对深圳来说,强化精英文化意识最关键的就是要追求文化界和广大人民群众公认并能经得起历史检验的传世文化力作。

三是实用追求与审美考量。 实用是人类最基本的追求,社会生产力发展水平越低,在人类多层次追求中,实用所占的分量和比重就越大。但随着生产的发展和社会的进步,任何实用的追求和生理的需要都会获得文化的内涵,即实现文化人类学家所指称的"生物需要的文化转变"。吃,不再仅仅是满足人们口腹之欲;住,也不再仅仅是满足人们遮风避雨之需,而是同时使人们获得美的享受,即出现所谓的饮食文化和建筑文化。因此,一个理想的社会,不仅要满足人们低层次的生理需要,还应满足人们高层次的具有文化意义的需要,实现日常生活的审美化;一个高品位的城市,城市的规划和建设不仅要考虑到人们的方便和实用,而且要考虑到意义的表达和审美的安排。不难发现,在一个经济起点较低而又缺乏历史文化积淀的城市,其文化品位不高的一个很重要的原因是在急速的城市建设和发展中,人们过分地突出了城市建筑的功能性和产品的实用性,缺乏对人们情感和精神需要的关注及其审美的考量。有专家认为,深圳的"城市标志和文化标志性建筑不突出,城市建筑的风格一般化",指的正是我们的城市景观尚未形成鲜明的风格和欠缺美学与艺术的含量。因此要提升深圳的城市文化品位,必须在重视城市功能建设的同时注重审美标准的考量,不仅要以一种实用的、科学的态度来建设城市,而且要以一种艺术的、审美的态度来设计城市。

四是历史传承与文化创新。 城市历史文化的深厚积淀与城市文化品位是紧密联系在一起的。城市自身的文化遗存,流芳千古的人物和精神价值,以及城市自身创造的一系列文化象征与文化符号等,都具有鲜明的资本属性和资本意义。历史文化资源是一种难以复制的稀缺资源。有着优秀历史文化传统的城市,往往会表现出文化的精致与厚重;而没有历史文化积淀的新兴城市,在发展的初期常常会被人们看成是经济机器和文化沙漠。当然,事情并不是绝对的,对于一座历史文化名城来说,如果它对历史文化只是一味地保护而缺乏创新,即不能赋予传统文化以时代内涵,那传统就会成为负担,所谓的文化品位也会因为缺乏与现实的关联度而使其真善美的含量大打折扣。对于现代任何一座城市,提升城市的文化品位,不仅需要文化的传承,更需要文化的创新,二者的统一才是文化发展的现实动力。深圳是一座移民城市,尽管外来人口占绝大多数，但它毕竟是在岭南大地上崛起的，因此，从文化传承的角度，必须首先注重对作为岭南文化构成的深圳历史文化予以保护与发掘，无论是客家民居，还是大鹏所城，抑或铁仔山古墓群等，都要倍加珍视，认真解读并揭示这些文化遗产的独特意蕴和深刻内涵。此外，还必须看到，深圳的文化势能主要不取决于地域所遗存的历史文化，而在于移民所带来的文化优势，这就要求我们必须发扬和整合不同移民群体身上健康的地域文化个性和先进的文化理念，从而丰富群众的文化生活，提升城市的文化实力，增强市民的城市认同感。城市不仅是物质财富的集中地，更是精神文化的创新地。一座城市的文化实力主要取决于它的创新力，移民城市的优势正在于不同文化样式的碰撞而为文化创新提供了条件。文化创新有三个层面的内容，一是理念层面，二是体制和机制层面，三是技术层面。目前，各地进行的文化创新大都从后两个层面作出设计，其实更重要的是第一个层面，因为理念的创新是更根本的创新，它决定着体制、机制和技术层面的创新，"时间就是金钱，效率就是生命"这样的理念当年对社会的推动力要比一项单一的技术设计大得多。理念的创新从意识形态的角度看就是要实现马克思主义对中国传统文化的内化；从文化的角度就是将酒神精神与日神精神结合而产生文化原创意识。政府对发展文化的首要职责就是为文化原创意识的培育与弘扬提供公共空间，这对于作为改革开放试验场的深圳来说更是如此。

五是文化的软实力与文化的硬实力。 城市文化品位是要通过文化实力来体现的。与经济相比文化是软实力，其实文化自身根据表现形态的不同，又有软实力与硬实力之分。文化的软实力指的是与直接的经济价值相距较远主要体现为精神价值的文化力，主要包括历史文化资源、教育科技和艺术水平以及市民文化素质等；文化的硬实力则是指与直接的经济价值相距较近或能直接转化为经济价值的文化力，主要包括文化设施的水平和文化产业的实力。从文化的软实力上看，当下最需要引起重视的是学术文化的发展。学术文化是文化的灵魂，是精英文化的主体和价值支撑。在目前深圳的文化结构中，学术文化是其软肋。而发展学术文化最需要解决的，一是强化问题意识。对学者来说，强化问题意识就是要以超前的眼光，关注学术前沿和时代的变化，深入研究改革开放实践乃至世界变革中的全局性、战略性和前瞻性问题，形成深圳学者自己的声音。二是正确处理理论与现实的关系。综合来看，理论必须与实践相结合，没有这种结合，学术研究就会成为从理论到理论，从概念到概念的文字游戏，从而失去其生命力。但理论又要保持对现实感性材料的超越，没有这种超越就没有提升，就会陷于程式化的公文积累，不可能实现理论的创新和学术的建构。三是发展高等教育。作为高层次人才的积聚之地，大学是文明的象牙塔，是文化的发动机，是学术文化建设的平台和动力源。没有一定规模和层次的高等教育，学术文化的发展只能是纸上谈兵。从文化的硬实力上看，当下深圳文化发展的重中之重是必须紧紧抓住市委三届十一次全会将文化产业确立为深圳第四大支柱产业的地位这一大好机遇，加速推进文化产业的发展，使经济结构和产业结构中的文化层次和附加值不断提高。就目前的情况看，深圳文化产业的发展，必须遵循龙头带动的原则，把现有基础较好的传媒业、印刷业、广告业、文化娱乐业、文化旅游业等骨干文化产业做大做强，提升产业等级，形成产业品牌和产品品牌；有必要以动漫游戏等产业为突破口，抢占先机，培育一批有发展潜力和拓展空间的新兴文化创意产业群，形成新的增长点。当下要做的就是尽快制定产业发展规划，并在市场主体培育、经济扶持、人才培养、产业基地建设以及产品流通等方面尽快出台相关优惠政策。必须认识到，以文化产业发展为核心的文化硬实力的增强，是提升深圳整个城市的文化品位和文化竞争力的关键性因素。

探索中国特色现代城市文化发展模式

黄发玉

> 黄发玉,深圳市社会科学院副院长,文化学者。本文原载《深圳特区报》2009年1月8日"理论探索"专刊。

改革开放以来,深圳不仅在经济建设上取得了世人瞩目的成就,而且在文化建设上也展示出辉煌壮丽的篇章。深圳的文化发展,有着一种特殊的使命。正是有了这种使命感,深圳从一片所谓的"文化沙漠",发展成为一片郁郁葱葱的文化绿洲。

一、经济特区的政治使命赋予和规定了深圳的文化使命

作为我国首批经济特区,深圳承载着特殊的政治使命。这就是在中国经济社会发展面临重大转折时期,以一种特殊的制度安排,建立一种新型的经济形态和经济区域,为我国的社会主义现代化建设"杀出一条血路来"。深圳,它背负着民族的希冀,它承载着历史的重托,它有着崇高而神圣的政治使命。这种政治使命就是邓小平同志提出的"技术的窗口、管理的窗口、知识的窗口、对外政策的窗口";就是江泽民同志提出的"更好地发挥经济特区对外开放的'窗口'作用,经济体制改革的'试验场'作用,对内地的示范、辐射和带动作用,对保持香港繁荣稳定的促进作用";就是胡锦涛同志提出的"深圳要加快发展、率先发展、协调发展",在制度创新和对外开放方面走在全国前面。归结为一句话,就是要做探索中国特色社会主义道路的先行者。

特殊的政治使命,赋予了深圳特殊的文化使命。这是因为,中国特色社会主义道路,不仅包括经济建设的道路,同时也包括文化建设的道路。这是因为,作为一个经济特区,深圳不可能仅仅是一个经济区域,它同时也是一个文化区域;经济特区的物质活动,不仅仅是一种经济行为,本质上也是一种文化行为。这就决定了深圳的文化使命,在建立一种新型的经济形态的同时,必须努力建立一种新型的文化形态;在建立一种新型的经济体制机制的同时,必须努力建立一种新型的文化体制机制;在探索中国特色物质文明建设道路的同时,必须努力探索中国特色精神文明建设的道路。只有这样,才能真正探索出一条有中国特色的社会主义道路,才能真正担当起中国特色社会主义道路先行者的神圣使命。

实际上,在不同的历史阶段,中央对深圳在文化发展和精神文明建设方面都提出过明确的要求,寄予很高的期望。邓小平同志提出:两手抓、两手都要硬。物质文明和精神文明都要搞上去,这才是有中国特色的社会主义。江泽民同志指出:经济特区要"交好物质文明和精神文明两份答卷","经济特区处于改革开放前沿,搞好精神文明建设尤为重要"。以胡锦涛同志为总书记的党中央对深圳的文化发展非常重视。中央先后确定深圳为全国文化体制改革综合试点城市之一,批准深圳举办全国唯一的国家级、国际化、综合性的文化产业博览交易会,希望深圳能在文化发展方面走出一条路子,推动全国的文化发展特别是文化产业的发展。

经济特区的建立和发展处于特殊的历史转折时期,这又规定了深圳担当文化使命的现实条件:一是从计划经济向市场经济的嬗变。经济制度和经济形态的嬗变必然导致文化制度和文化形态的嬗变,市场经济的二重性又必然导致新的文化、新的价值观念的二重性。而深圳最早进行以市场为取向的改革,率先基本建成社会主义市场经济体制,因此市场经济对文化的双重影响,在深圳显现最早、表现最烈、感受最深。二是农业文明向工业文明的跃升。这种跃迁不仅是生产方式的改变,更是思维方式、生活方式、交往方式的改变,必然会出现与农业文明、乡村文化不同的文化特质。而深圳经历了快速的城市化、工业化、现代化进程,两种文明、两种文化之间的冲突尤为明显。三是从封闭社会向开放社会的转型。开放社会不仅充满着物质的交流,更充满着信息的交换、文化的流动,必然带来思想的活跃、观念的多元。而深圳更是一个高度外向型经济的社会,加之毗邻香港,因此深圳最先、最强烈地感受到外来文化的影响。四是从贫穷落后向小康富裕的过渡。这种过渡带来的不仅是社会物质财富的增加,而且是社会精神财富的增加;不仅是人们物质需求的增长,而且也是人们精神文化消费的形成与扩大。而深圳从边陲小镇迅速成为经济实力雄厚、人均国内生产总值全国最高的现代化大都市,人们在精神文化上的需求更为迫切、更为多样。这四个方面是改革开放 30 年中国社会转型的基本方面,深圳则以最集中、最典型的方式经历了这样的转型。

深圳正是在这样一个经历着巨大转型的非常的历史时期,在一个原有文化基础十分薄弱的经济特区,在一个人口快速扩张的移民城市,承当起特有的文化使命的。因此其任务尤为艰巨。

二、深圳的文化创新与文化成就

特殊的文化使命以及特殊的历史条件和现实背景,决定了深圳文化的发展不是也不能简单延续和承接,而主要是探索和创新。一方面,深圳的文化积淀没有那么深厚,这虽然是一个缺憾,但同时也使深圳的文化发展没有那么多的羁绊,没有那么多的包袱;另一方面,深圳人是从全国四面八方在极短的时期内汇集到一起的,这种多元混合的文化,其可塑性很大。这两者都决定了深圳文化需要创新、能够创新。

一是文化理念的创新。文化理念是文化发展的指导思想,包括为什么发展文化和如何发展文化。前者就是文化的目的、作用和地位,后者就是文化发展的格局和路径。在文化发展目的上,深圳在全国率先提出"实现公民文化权利"是文化发展的根本目的。这充分体现出文化发展中的"以人为本"的思想,把文化发展与人的发展有机地统一起来;在文化的作用和地位上,深圳在全国率先明确提出"文化立市"的战略,把文化发展与城市发展有机地统一起来。解决了这两个有机统一,这就保证深圳文化能沿着正确的、理性的轨道发展。在如何发展文化问题上,深圳非常注重发展格局的制定和路径的选择,在全国较早提出并构建"公共文化服务体系",根据自身实际响亮提出建设"两城一都一基地"(图书馆之城、钢琴之城、设计之都、动漫基地),这就使公民文化权利的实现、使文化立市战略的落实,有了坚实的基础和具体的目标。

二是文化体制的创新。文化体制的创新是推动文化发展的关键所在。深圳立足于从传统的计划经济条件下的文化体制解放出来,形成有利于文化生产力发展的体制机制。深圳着力于探索转变政府文化管理职能,即从政府办文化为主向管文化为主转变，从主要管理国办文化事业单位向管理整个文化事业单位转变，从以行政手段为主向以经济手段、法律手段为主转变；着力于改革文化投融资体制，即从完全由政府投入转变为政府、企业和社会共同参与的多元投融资格局；着力于探索国有文化资产的管理与经营，即率先组建并大力推动国有文化产业集团发展，确保国有文化资产社会效益和经济效益；着力于探索经营性文化单位企业化改革，即改变文化的微观运行机制，增强文化主体自身发展活力。文化体制机制的创新，对促进文化生产力的发展起到重要的推动作用。

三是文化内容的创新。文化内容是文化的核心，它是文化的精神实质和价值取向所在。深圳的文化内容，无论高雅文化还是大众文化，都带有鲜明的时代色彩，具有浓厚的现代气息，充分展示了改革开放和现代化建设中我国人民的伟大实践，展示了经济特区勇于开拓、锐意进取的创业历程，讴歌了深圳人民"同在一方热土、共创美好明天"的精神风貌和理想追求。深圳的社会科学研究，着眼于改革开放的现实问题、着眼于经济特区发展问题、着眼于现代城市发展问题，开拓了学术文化的一片新天地。深圳具有浓郁的青春文化的气息、移民文化的特质、岭南文化的风格甚至港澳文化的情调，因此给人一种耳目一新、身心愉悦的感觉。

四是文化形式的创新。形式是内容的载体，内容创新必然要求形式的创新。深圳不仅注意运用传统的文化形式进行表达，更是开创了众多的文化新品种，新的舞台表演形式如大家乐、歌舞厅文化，每个人既是观众，又是演员；新的文学形式如打工文学、青春文学等，创造了新的文学叙述方式；新的舞蹈形式如《梦幻西游》杂技剧，它把杂剧、舞蹈和剧情结合起来；新的音乐形式如《神州和乐》，用西方交响音乐形式表达东方梵贝音乐内容；新的读书形式如读书月，使读书成为一种时尚、一种快乐，成为一年一度的文化盛会；新的公园文化形式如主题公园，充满独特、浓郁、丰富的文化内涵，等等。在群众文化、社区文化领域也创造了丰富多彩、为群众喜闻乐见的文化新品种，满足了不同人群的文化需要。文化形式的创新，使文化的表现领域更加广阔。

五是文化业态的创新。文化业态是文化生产和传播的方式，也是文化的支撑点和生长点。深圳充分运用高新技术发达的优势，有力地促进了文化的发展。一方面，用高新技术改造传统的文化产业，包括运用电脑、网络、数码、激光、光导等新兴技术对传统的印刷、出版、发行、广播、电视行业进行改造，为文化的生产、传播、交流和储存提供了新的手段、新的途径，从而产生出新的文化业态如电子出版发行、数字电视电影、移动电视等；另一方面，促进高新技术与文化内容的融合，从而诞生新的文化业态，如网络游戏、网络音乐、电子书籍、手机报刊、手机视频、软件业等。深圳大力推动文化创意产业，使文化业态呈现出一种层出不穷、百花争艳的局面。

　　通过近30年的探索，深圳文化取得了巨大的成就。一是塑造了一种文化形态。经过近30年的整合和调适，深圳文化的过渡期已经基本结束，一个特色鲜明的现代城市文化形态已露出端倪。这种形态特征表现在：深圳，作为一个城市，有其独特的文化精神，独特的文化形象，独特的文化空间；深圳人，作为一个文化群体，有其独特的文化追求，独特的文化意识，独特的文化行为。作为一种形态的深圳文化，它是移民文化、创新文化、开放文化、现代文化的有机融合体。作为一种移民文化，其特质是多元和谐，艰苦创业；作为一种创新文化，其特质是求新求变，宽容失败；作为一种开放文化，其特质是海纳百川，为我所用；作为一种现代文化，其特质是追求时尚，引领时代。深圳城市文化形态是一种具有中国特色、时代精神、地方风格的现代城市文化形态。二是构建了三大文化体系。这就是：1.公共文化服务体系。深圳已经形成比较完善的公共文化设施体系，为市民文化生活提供了基本的活动空间；已经形成众多文化节庆活动，这些节庆活动涵盖公共文化主要领域；已经形成一系列文化品牌，这些品牌不仅成为公共文化的基本构架，而且塑造了深圳文化的基本特色；深圳已经成为国内文化精品生产的重要基地，创造的众多文艺精品在国内产生了广泛而深远的影响。这些精品不仅是深圳文化的代表作，而且成为深圳人民乃至全国人民共有的精神财富。2.文化产业发展体系。深圳在全国率先确立文化立市战略并确定文化产业发展成为支柱产业；率先成立主管文化产业的政府职能部门——文化产业发展办公室，负责文化产业发展规划、指导与服务工作；制定了推动文化产业发展的一系列政策和措施，确保文化产业发展有良好的社会政策环境；确定了积极的文化产业发展策略，打造了一批文化产业园区，初步产生文化产业发展的集聚效应；形成一批文化产业的优势行业，这些行业在全国具有相当地位和影响；诞生了一批旗舰文化企业，它们不仅是深圳文化产业发展的主力军，而且也是全国文化产业的排头兵；建立了文化产业发展的重要平台——中国（深圳）国际文化产业博览交易会，这对深圳乃至全国的文化产业发展都起着巨大的推动作用。3.精神文明建设体系。深圳建立了一套完整的精神文明建设体制机制，包括领导责任、社会参与、检查考核、指数监测、法制保障等机制；精神文明建设特色明显，进入制度化、规范化、社会化、法制化、科学化运作轨道；精神文明建设形式多样，内容丰富，形成了一系列主题活动和操作模式；

精神文明建设效果显著，市民文明素质和城市整体文明水平不断提高；深圳诞生了一大批有影响的先进典型，深圳的道德楷模感动了全国。

三、新时期深圳文化发展的新目标和新追求

回首过去，深圳没有辜负历史的重托；展望未来，深圳任重而道远。未来深圳文化如何发展，需要对世界发展特别是世界城市发展有清醒的认识。当今时代，文化越来越成为综合国力竞争的重要因素。城市之间的竞争正朝着资源竞争—资本竞争—技术竞争—文化竞争的方向发展，竞争的主战场越来越集中在文化领域。城市作为国家的文化中心，其文化软实力的增强不仅有利于提升城市发展品质、动员城市社会资源、促进城市经济发展、改善城市对外形象，增强城市的竞争力、辐射力、凝聚力和亲和力，而且有利于增强国家的综合实力和国际影响力。因此世界先进城市无不把文化发展战略作为城市发展战略的重要部分，无不高度重视文化因素在城市竞争中的作用和地位。

需要对国家发展有清醒的认识。改革开放30年来，我国经济社会发展突飞猛进，综合国力日益增强，国际地位不断提高，中华民族伟大复兴的光明前景正展现在我们眼前。中华民族的伟大复兴，必然伴随着中华文化的繁荣兴盛。中华民族不仅要为世界经济发展做出重大贡献，更应该为人类文明做出重大贡献。因此大力推动社会主义文化大繁荣大发展，激发全民族文化创造活力，提高国家文化软实力，已经成为我国未来发展的重大战略抉择。

更需要对深圳文化自身发展有清醒的认识。深圳文化发展取得了巨大的成就，但同时必须看到，与世界以及国内先进城市相比，深圳文化还有很大的差距；与深圳的经济硬实力相比，深圳文化软实力明显不足；与人民群众日益增长的精神文化需求相比，深圳文化还有很大发展空间；与文化立市的战略目标相比，深圳文化还有很多工作要做。

要有清晰的历史方位感和强烈的时代使命感。深圳已经具备相当的文化基础和物质基础，更重要的是，深圳已经有了一种文化的自觉和自信，这使深圳能够确立新的文化目标和文化追求，担当历史赋予的新使命。这就是探索中国特色社会主义现代城市文化发展模式，为增强国家文化软实力，为中华民族的伟大复兴做出新的更大的贡献。

从城市文化发展目标看，深圳应以世界先进城市为标杆，努力成为文化先锋城市，成为中国现代文化城市的代表。先锋就是排头兵，就是示范。一个国家的文化发展，与经济发展一样，必须有一些地方（城市）起到引导、带头或示范作用，文化软实力的增强，首先是这些城市文化软实力的增强。这样的城市在文化上敢于探索、敢于创造、敢于标新立异，从而给整个社会带来新的文化活力和动力，推动整个国家和民族的文化发展。作为先锋城市，首先需要的是先锋精神的文化品格，同时需要良好的社会环境、物质条件以及区位优势等。深圳有能力、也应该成为我国的文化先锋城市。要作为中国现代文化城市的代表，必须紧密关切世界文化发展趋势，大胆吸收人类先进文化成果；必须在现代文化发展上有独特的贡献，在世界文化舞台上产生独特的影响；同时必须积极推进中华文化走向世界，代表国家展示中华文化的时代风采。深圳是一个新兴城市，发展现代文化是深圳的优势所在。深圳已经成为世界"设计之都"，深圳还可以在其他文化领域大有作为，与世界文化先进城市相媲美。

从城市文化发展性质看，深圳应该大力提升文化软实力，努力成为知识城市。城市提供完善的文化设施，创造丰富多彩的文化生活，构建充满活力的文化空间，塑造独具特色的城市形象。尊重知识、尊重人才，成为社会的主导价值。城市发展靠知识、靠知识经济取胜，而不靠自然资源和廉价劳动力取胜。未来深圳文化发展方向主要体现在两个层面：1. 力量型文化。这种力量，就是一种自强不息的精神，就是一种不屈不挠的品格，就是一种坚如磐石的意志，就是一种舍我其谁的气概。只有一种在社会主义核心价值体系主导下的多元和谐的文化，才有这种力量。只有一种以知识和理性为基础的文化才有这种力量。2. 智慧型文化。城市不仅生产物质产品，更要生产精神产品；不仅生产文学艺术产品，更要生产学术文化思想。不仅为国家的发展提供智力支持，而且成为国际思想库、智囊团的重要基地。只有力量型文化和智慧型文化，才能形成文化软实力，才能增强城市的竞争力和发展的持久动力。

"深圳市民文化大讲堂"的成功实践

汤庭芬

> 汤庭芬,深圳市社会科学院科研处处长、研究员、博士。本文选自2008年深圳文化蓝皮书《文化软实力与城市竞争力》,略有删节。

构建公共文化服务体系,实现和保障人民群众的文化权益,是新时期文化建设的头等任务和中心环节。2005年6月,深圳从实施"文化立市"发展战略和加快学习型城市建设的要求出发,立足于新兴移民城市人民群众文化需求多样化、高品位的实际,由深圳市委宣传部、深圳市社会科学联合会和文学艺术界联合会共同开办了深圳市民文化大讲堂(以下简称"大讲堂")。这是继文博会、读书月和社会科学普及周之后推出的又一文化品牌,是一个立足实际办文化、服务大众讲文化、推动文化发展的新创举。

迄今为止,深圳市民文化大讲堂在各主办、协办和承办单位的共同努力下,共邀请了汤一介、成中英、余秋雨、金庸、谢芳、王刚、张召忠、毛新宇、易中天、于丹、但昭义、郑晓英等不同行业、不同专业的专家学者231位,推出了246场讲座。讲座讲的是"大文化"的内容,包括政治、经济、文史、教育、军事、养生等不同系列。主讲嘉宾们的讲座寓知识性、趣味性和鉴赏性于一体,聚高雅于通俗之中。"大讲堂"向全社会免费开放,公众参与热情持续高涨,影响越来越大。不仅本地市民听讲人数直线上升,就连许多外地的人也慕名赶来聆听讲座。大讲堂得到社会各界的广泛好评。"大讲堂"开讲不到三年,已显示出蓬勃生机和活力。它对于提高深圳城市文化品位和市民综合素质,增强城市综合竞争力,起到了推动作用。

一、走出一条大讲堂运作的新路子

大讲堂如何办？经过两年多的实践，探索出了一条运作的新路子。这就是在政府的主导下，"大讲堂"由社会化运作。具体表现在以下几方面：

（一）讲座组织者：合力推动，程序化推进

实践表明：开展大讲堂活动，怎样健全组织领导机制，有效整合社会资源，形成整体合力，步调一致打胜仗，是需要创新实践，正确破题的首要问题。

面对这个实际，大讲堂的活动，在政府主导下，创造了由市、区主管意识形态的部门领导组成的组委会，全权负责一切事宜的统筹。即统筹主办单位（市委宣传部、市社科联、市文联、市报业集团、市广电集团和市发行集团）和协办单位（6区委宣传部、企业、学校及相关部门）的职责任务和协调配合；统筹组委会下设各组（学术策划组、联络组、宣传组和办公室）步调一致完成任务；统筹政府部门、专家、市民在活动安排、选题意向等方面意见的合理性、可行性。组委会通过定期召开协调会、多种方式沟通情况、及时解决遇到的问题等办法，妥善搞好3个方面的统筹，把3股力量拧成1股力量，全力以赴地确保了"大讲堂"活动的顺利开展。这说明以组委会为轴心，举政府部门及社会各方之合力是行之有效的。

在坚持常年开展大讲堂活动中，组委会从实践中总结出了一套程序化、规范化的工作运行机制。在选题和选主讲人及相关事宜方面，明确为四个"定期"的工作规范，即定期征集选题，定期评审选题，定期向社会公布选题，定期开展讲座。具体程序是，每月的讲座题目和主讲嘉宾，由各个承办单位在头月上旬向组委会办公室申报并经初定后，中旬提交组委会审定，下旬末由媒体刊发讲座的时间、地点、主讲人及内容等活动安排，并逐一抓落实。在讲座的社会宣传方面，确定每场讲座结束后，由各主要报刊开辟专版、专栏刊登讲座内容；电台、电视台对每场讲座录音、录像，并适时报道，扩大影响。

（二）讲座内容：贴近实际，满足大众需求

组委会十分注重市民对"大讲堂"讲座内容的需求。通过发布公告、网上征集、

电话征询、街头发送问卷和召开座谈会等形式，向市民广泛征求对讲座内容的意见。搜集的大量信息告诉我们，市民对讲座内容的期待与讲座主题的设计，具有高度的一致性。这就为讲座选题标准的确立，提供了明确的依据。组委会坚持讲座主题与市民文化需求的统一，经过与承办单位反复商讨，最终确定讲座以文学、艺术、戏剧、雕塑、音乐、绘画、民俗、舞蹈、书法、服饰、礼仪、健康、养生、环保、国防、人生、科学等市民普遍喜爱的文化艺术和科学知识话题为主，以达到让市民喜闻乐见，雅俗共赏，陶冶情趣，提高修养的目的。今年第三届大讲堂的120场讲座就是按照这样的标准遴选出来的。有城市人文精神建设系列、国学文化系列、养生文化系列、励志教育文化系列、国防文化系列、艺术鉴赏系列和经典名著系列。每个系列都有几位名家主讲。此外，还设了一些诸如音乐、保健、婚姻家庭等轻松活泼、贴近市民生活的选题，照顾市民多样化、个性化的需要。通过这些工作，使"大讲堂"真正成为市民需求、市民参与、市民享用的文化殿堂。

（三）讲座听众：广大市民和外地求知者，蜂拥而至

以往的讲座，多是在学者的圈子里打转，现在是最大限度地调动了广大市民的参与热情；以往听讲的是一个地域范围内的市民，现在把越来越多的外地人也吸引到讲座现场来了。来自四面八方的听众，既有干部、教师、学生、职员、离退休老人和外地来深探亲、出差人员，就连深圳以外的东莞、惠州、广州、肇庆、珠海、佛山、武汉、南京、上海、香港甚至新加坡等地的有识之士也慕名前来求知。深圳图书馆报告大厅是主讲堂。这个容纳400多人的地方根本满足不了听众的需要。每到周六、周日开讲，都是爆满。许多听众只好挤在门外的走廊里、坐在大厅的过道边听讲。这远比一些歌星、明星在深圳举办的音乐会、演唱会还火爆，名气还大。一些常年在大学或研究院所做学问的专家、教授，这次在大讲堂一开讲，就用通俗的话语，把深奥的道理讲得深入浅出，娓娓动听。清华大学人文社会科学院副院长、博士生导师李强教授，在大讲堂讲《谈谈当前的民生问题》时，连门外的走廊上都站满了听众。讲座结束后，许多听众还围着教授，要求签名留念。现在，深圳市民中有近百名听众是大讲堂的"铁杆粉丝"。深圳海关干部二莲就是这样的"粉丝"。每次大讲堂开讲都要带上读高中的孩子来这里听讲。她深有感触地说："在深圳，要教育好孩子，就要来听大讲堂的讲座。"

作为大讲堂的一名主讲嘉宾和铁杆粉丝的蒋开儒,他满怀激情地为大讲堂写下了一首名为"走进大讲堂"的主题歌,歌词全文是:"课程表贴在书房／好奇心回到胸膛／又是一个学生时代／喜气洋洋走进大讲堂／台上的老师,心中的偶像／追星啊追到了知识的海洋／平凡的故事,伟大的思想／一次次一次次在心中闪亮／东方的国粹,西方的经典／在这里汇成华彩乐章／最美的语言,最新的感悟／最好的创意装进了我的智囊／走进大讲堂／世界就变得青春奔放／走进大讲堂／生命就变得快乐芬芳。"这首主题歌,在每次大讲堂开讲前就在讲堂上播放。它是广大听众对大讲堂赞美之声和浓浓情感的表达,是大讲堂为广大听众创造无形资产和精神财富的记录,是深圳这座文化内涵丰富的城市创造和书写历史的方式。这就是大讲堂为何对广大听众如此有吸引力的奥秘所在。

(四)讲座形式:互动交流,生动活泼

大讲堂突破了"你讲我听"的老套路,把"启发式"、"互动式"方式贯穿讲座的全过程。主讲嘉宾以口头、演讲为主,同时辅以即兴表演、多媒体展示和面对面的指导交流。一到两个小时的演讲,一般有半个小时左右由听众提问、嘉宾作释疑解惑、互动互助。让听众与专家在思想接触与交流中享受知识的乐趣,受到文化的熏陶。柯蓝在讲座中邀请听众上台朗诵散文诗,书画家米南阳现场挥毫,但昭义的弟子为听众即兴演奏钢琴,严良堃现场指挥听众演唱《黄河大合唱》等,实现专家与听众的现场互动,使听众受到了文化艺术的生动教育与启迪。

讲座的"互动式"方式,极大地调动了市民的学习情趣。不少听众深有体会地说:用这种方式讲座,听得进,记得住,学得快,越学越想学,越学越感到不足。一种强烈的求知欲,彰显出讲座方式变革的魅力和必要性。

(五)讲座承办单位:突破社科界的圈子,组织社会办文化

"大讲堂"是社会文化的一种形式。市社科联发挥桥梁纽带的职能作用,与市委宣传部、市文联及主流媒体等主、协办单位紧密合作,在主持开展大讲堂活动的过程中,遵循市场规则,将一些适宜的演讲场次,通过社会招聘的形式,用签约的办法,转包给社会一些承办单位全程打理;以区为单位设立演讲的分场地,由各区主管意识形态的部门牵头,网络社会组织和民间力量,具体组织到区的演讲活动;按照演讲场次的内容需要和市场经济的运行法则,组织部分大专院校、科研机构、群众团体、文化企业及社区参与有关承办工作,达到社会文化社会办的效果。

实践证明:这虽是大讲堂承办方式的变革,但更重要的是思想观念的更新,变"圈子文化"为"大众文化"。

(六)讲座经费投入:政府埋单,市民受惠

"大讲堂"的经费列入市财政预算,由市宣传文化发展基金划拨专款,用于活动的各项费用。这为大讲堂的开办和持续进行提供了可靠的物质保证。

广大听众对"政府埋单,市民受惠"的这一举措高度赞扬,这也再次证明"共建共享"原则的正确性。坚持从深圳实际出发,贯彻落实中央精神,进行创造性的工作,大讲堂会越讲越火爆。

(七)讲座基础设施:整合社会资源,充分挖掘现有潜力

随着经济的快速发展,深圳从市到社区基层建设了一大批设施比较齐全、性能比较优良、功能比较先进的文化场、馆。这些丰富的社会文化基础设施资源,使大讲堂演讲活动的开展如鱼得水。对这些基础设施的使用原则是,统一安排使用;合理调剂余缺;充分发挥社区基层文化设施的功能作用。现在,除市、区两级图书馆报告厅提高了讲座使用频率外,像福田区委会堂报告厅、龙岗区迎宾馆会议室和宝安区街道影剧院等都成了大讲堂演讲的场地,有的讲座还在社区文化广场等地进行,让市民在家门口尽享文化大餐的乐趣。

大讲堂的基础设施建设,组委会不在另起炉灶上做文章,而是把着力点放在盘活现有文化基础设施资源的存量方面,这既降低了公共文化建设的行政成本,又避免了文化基础设施重复建设的弊端,市民听众出、进演讲场地也感到方便快捷,只要在此基础上不断完善运行制度,合理调节经济利益,注重总结提高,就会从机制建立健全上走出一条硬件的长续发展道路,让大讲堂之花开得更灿烂。

(八）讲座传播渠道和社会影响：一所没有地域和时空界限的市民大学应运而生，茁壮成长

组委会注重做好讲座内容的立体多元宣传。除电台、电视台录播外，还把讲座内容在主要报刊全文转发，并制作电子光盘和编辑专著向市民发行，多渠道多形式扩大社会影响，使更多的人间接受到文化的熏陶。

为了满足更多听众求知的需要，今年4月大讲堂又同步开通了专门网站（http://www.szcct.com.cn），可同时将讲座的信息及视频挂到全国性门户网站和深圳市政府网、深圳新闻网、深圳社科网、深圳图书馆网等网站上，形成"网上大讲堂"。网站以图片、文字、视频并重的方式全方位还原讲座现场，方便不能到场的市民阅读、点播、网上听讲座。

大讲堂由于实现了传播手段的突破，以"网上大讲堂"的方式，打破了大讲堂在深圳一城、一时的地域和时间的局限，将知识的种子通过网络传播到全国各地的千家万户，建设起一座没有地域、时限障碍的市民大学。有调查资料显示，网上大讲堂开通3个多月来，以深圳市外网友为诸多的访客达7700余人（次），他们纷纷在"市民回音"中，表达了充满感激和赞美之情。一些外地网友深情地说：听了好多期讲座，太好了！讲座内容多样，满足了不同听众的需要，开阔了视野，普及了科学文化知识，培养了人们积极向上的氛围。

二、坚持办好大讲堂的几点启示

立足深圳实际，在探索中创办，在创办中提升，坚持创造性地办好"大讲堂"的实践，具有普遍的现实意义。

(一) 政府主导、社会协同是坚持办好大讲堂的强大支撑力

提供公共文化服务，是政府的重要职能。必须突出政府在公共文化服务中的主体地位，发挥政府的主导作用，切实体现大讲堂这一公共文化形式的公益性特点，以公共财政投入为保障，运用行政的、法律的和经济的手段，优化配置和有效利用社会文

化资源，确保文化产品和服务内容的科学性、先进性和适用性。强化政府公共文化服务职能，加快公共财政建设步伐，加大财政支出中用于公共文化建设的比重，不断提高政府提供公共文化服务的能力。

政府对公共文化建设负有主要责任，但这并不意味着政府是公共文化建设的唯一主体。社会组织的参与有利于提高社会文化资源的配置效率。国际经验和大讲堂实践表明，有些公共文化服务项目可以由企业运作来提供，利用市场手段来实现社会文化建设目标。因此，政府应制定和完善相关政策，积极创造条件，鼓励和引导社会组织积极参与公共文化服务的提供。

（二）市民需求、市民参与、市民享用，是坚持办好大讲堂的强大推动力

坚持办好大讲堂，是新形势下加强公共文化建设的重要任务。在办好大讲堂的指导思想上，必须坚持以人为本，深入贯彻落实科学发展观；在办好大讲堂的思路上，必须面向全体社会成员，按照"均等化"原则，无差别地提供给全体市民群众，消除以往不同程度地存在的外地来深人员与本市户籍人口之间的差别待遇，让公共文化服务的阳光普照所有社会成员，真正把公共文化"共建共享"原则落到实处。在办好大讲堂的路子上，必须坚持先进性文化与多样性文化的有机统一，坚持文化普及与文化提高的有机统一。尊重差异，包容多样，满足不同人群的文化需求，形成惠及全民的公共文化服务，从而增强社会成员的向心力，推动大讲堂的建设。

（三）健全运行机制，是坚持办好大讲堂的强大动力

坚持办好大讲堂，加强公共文化建设，关键就是看有没有通过一定的制度、体制、规范和政策等表现出来的良好的动力机制和平衡机制的有机结合，使之相互配合、协调稳定地发挥总体功能。动力与平衡是决定社会发展状态的最根本的两种机制。动力机制的最重要社会表现是活力，平衡机制的最高表现是和谐，动力与平衡的状态尤其是它们有机结合的程度是我们考察和检验一切事物的根本标准，毫无疑问也是检验大讲堂办得好坏的标准。就动力机制所体现的活力和平衡机制所要求的和谐而言，大讲堂通过全部免费免票开放的政策，社会化运作的办法，开门办讲座的方式，"均等化"的平等对待每一个市民，等等，就足以说明两种机制有机结合的实效达到

了应有的状态。

从事物的另一面分析,动力和平衡机制是所有不同层面和不同方面运行机制的基础,对一切运行机制起制约和决定作用。如大讲堂的文化政策法规促进机制、文化资金持续投入机制和社会化运作机制等在继续发挥作用中,有个别条款则要求充实完善;同时,大讲堂的部门职责制度,财务开支制度,选题选人审批程序制度等,都需要进一步健全、落实。不同层面、不同方面的机制得到了完善,动力机制、平衡机制和运行机制就能进入最佳状态,发挥最大作用,让大讲堂的前景更加绚丽多彩。

(四) 创新文化品牌,是坚持办好大讲堂的强大生命力

从稀缺的角度研究经济创新,就是需要将稀缺的资源优化组合,实现经济效益的最大化;那么大讲堂之所以成为深圳文化品牌,也就是将全国各个行业、各个专业的许多名专家、名学者邀来做主讲嘉宾,实现社会效益的最大化。这两类创新,虽内容不同,但实质一样,创新都是创造稀缺。这就启示我们,在市场经济条件下,企业竞争的主要方式是创新而不是其他。借用这个道理来分析问题,公共文化的竞争力在于创造出自己的稀缺。大讲堂就是目前公共文化的一种稀缺。这种稀缺,从深圳市委宣传部、市社科联等主办单位讲,它是探索出了向市民提供公共文化产品的一种新形式;从市民听众讲,它是培养自身文化修养和健康生活方式的一种新载体;从主讲嘉宾讲,它是用自己的专业知识和专业研究成果走向社会、贴近市民生活的一种新途径;从深圳这座年轻城市讲,它是走出了建设城市人文精神、构建学习型社会的一种创新之路。

文化产业发展与国际化城市建设

彭立勋

> 彭立勋，原深圳市社会科学院院长、教授、博士生导师，《深圳文化蓝皮书》主编。主要从事文学、美学与社会文化研究。本文选自2004年深圳文化蓝皮书《文化立市与国际化城市建设》，略有删节。

深圳已经确立了建设国际化城市的战略目标，同时将加快建设文化强市。建设文化强市实际上是深圳建设国际化城市应当包括的一个重要内容和重要目标。所以，建设国际化城市和建设文化强市，两者是有内在联系的，是密切相关的。而做大做强城市文化经济，大力发展文化产业，既是深圳建设文化强市的一条必由之路，也是深圳建设国际化城市的一种必然选择。

一、发展文化产业对深圳建设国际化城市的作用

做大做强城市文化经济，大力发展文化产业，对深圳建设国际化城市具有不可忽视的作用。国际化城市尽管有不同的类型，但都必须符合国际化城市的基本要求和衡量国际化城市的一般标准。结合国内外对国际化城市所提出的主要衡量标准和基本要求，可以看到发展城市文化产业对促进深圳国际化城市建设具有多方面的影响和作用。

首先，发展城市文化产业能有效地增强城市综合实力，提高城市的国际竞争力。

国际化城市一般都具有较强的综合实力和国际竞争力，这是一个城市之所以具有区域和全球影响力和辐射力的基础和前提。深圳的城市综合实力虽然在全国大中城市中已名列前茅，但与世界上的国际城市相比，仍然差距很大。因此，增强城市综合实力和国际竞争力，是深圳建设国际化城市的核心任务。城市综合实力的构成，既包括具有物质形态的"硬实力"，如基本资源、经济力量、科技力量，也包括精神形态的"软实力"，如城市凝聚力、文化发展程度、国民教育水平等。发展城市文化产业对城市的"硬实力"和"软实力"都会产生重大作用，因为它直接影响到一个城市的经济增长、科技进步和文化水平。按照"世界经济论坛"和洛桑国际管理发展学院在《国际竞争力报告》中对"国际竞争力"的定义，国际竞争力"是指一国或一公司在世界市场上均衡地生产出比其竞争对手更多财富的能力"。城市经济实力、实际产出能力及发展状况是城市国际竞争力的基础。就增强城市经济实力来说，只有发展城市文化经济和文化产业，城市经济增长才有潜力和后劲。诺贝尔奖获得者西蒙·库兹涅茨曾根据统计资料对14个国家近50年的经济增长进行了分析，最后得出的结论是：经济增长不是主要靠生产资源投入量的增加来推动，而是主要靠生产效率的提高所推动，而生产效率的提高又主要依赖于科技、人才、信息等要素。这充分说明，在知识经济日益发展的今天，经济增长是与科技进步、教育水平以及劳动者的文化素质等软实力密不可分的，城市文化软实力越强，越有利于城市经济增长和发展。文化产业以其巨大的文化附加值及其相关产业的带动作用，使整个城市增值，同时，以其强大的创造性激发出城市的活力，提高着城市创新能力，因而直接构成城市竞争力的主要来源。以纽约为例，文化产业在2000年的经济贡献超过120亿美元之多，成为纽约经济发展的一个主要动力，极大地提升了纽约的城市国际竞争力。

其次，发展城市文化产业能推动城市产业结构的优化升级，提高城市的国际性综合服务功能和国际经济参与度。国际化城市一般都是国际贸易、金融中心和交通、信息枢纽，拥有高科技信息技术和高度发达的交通通讯设施，具有大规模集聚效益的知识密集型产业，金融、商贸、信息服务、旅游、会展等第三产业充分发达，能够提供优良的国际性服务。深圳已形成以高新技术产业和物流、金融、商贸、旅游等现代服务业为主体的产业结构，与世界产业分工体系关联度较高，但从规模、比重、质量、效益来看，与国际化城市所要达到的产业结构和城市功能要求仍有相当差距，在国际经济体系中所起的作用也仍然有限。发展城市文化产业，一方面可以有力地促进高科技和高文化的结合，加快信息产业和信息文化产业的发展，并为知识密集型产业注入更多的文化含量和附加值；另一方面又可以通过商业文化、服务文化、旅游文化等推动现代服务业的发展，提高服务业的国际化水平。由于文化产业在很大程度上依靠文化、知识、技术和智能，所以发展文化产业能促使产业结构的高度化。例如由文化产业和信息产业交叉而形成的"多媒体产业"，已成为信息时代的代表性产业之一。据统计，1999年，美国多媒体产业的总产值大约在1.3亿美元，约占美国GDP的14%，是美国增长最快的产业之一。文化产业以其特有的广泛性和渗透性推动着产业结构的根本性变革，不仅对原有的城市第三产业结构有着巨大的提升作用，而且还促使传统的城市第三产业迅速裂变出新的产业群，由此将城市产业结构提升到一个新的档次，从而大大提高城市的综合服务功能。随着经济全球化的加速发展，一个全球性的文化生产、流通和消费体系已经基本形成，文化生产和流通的国际化程度越来越高，文化市场的国际竞争越来越激烈，深圳必须大力发展文化产业，做大做强文化经济，才能参与文化上的全球交流和竞争，提高对全球经济的参与度。

再次，发展城市文化产业能直接提升城市的文化实力和文化品位，增强城市的国际文化吸引力和辐射力。国际化城市不但是国际经济、贸易、金融中心，而且是国际科技、教育、文化的交流中心。它应该拥有众多高水准的科技、文化、教育机构和设施，有发达的信息传播业，有各类专业人才的优势，并能依托这些开展广泛的国际科技文化交流，从而在国际上具有较强的文化吸引力和辐射力。以纽约为例，它是全球传媒中心，出版业聚集地，发行2000多种报刊，有80多家有线广播电视新闻服务机构。有150余座博物馆和204座公共图书馆，包括享誉全球的大都会博物馆和纽约市立图书馆。有38家大型剧院和21家大型音乐厅，其中的林肯中心有全球最大的歌剧院。有100多家大专院校，788个研究机构，仅哥伦比亚大学获诺贝尔奖者就达34人次。深圳的文化建设虽然20多年来成绩显著，但其规模、数量、水平、影响力等离国际化城市水准相距甚远。在当代，发展教育和科学事业，繁荣文化事业，都直接和文化产业的发展相联系。文化的繁荣和发展需要有强大的物质基础支持，需要在融入经济、服务经济中获得持续发展的活力。当代文化经济的发展表明，文化发展中吸收的经济成分越多，科技含量越高，文化的生产力就越高，渗透力就越强，影响力就越大。所以，发展文化产业是实现文化自身繁荣和发展的必由之路，是壮大城市文化实力、提升城市文化品位的一个根本举措。

发展文化产业对形成浓郁的文化氛围，优化城市人文环境，提高城市生活质量，塑造良好的城市形象也发挥着重要影响作用。这也是增加城市国际吸引力的重要条件。城市的文化魅力越强，文化特色越鲜明，环境和生活质量越高，就越能吸引国际投资者和旅游者。此外，以文化经济和文化产业为依托而经常举办的国际性的文化节庆活动和会展活动，借助文化经济和文化产业而广泛开展的国际科技和文化交流活动，都是一个城市亮出的"名片"，能迅速提高城市的国际知名度。

二、按照国际化城市要求做大做强深圳文化产业

深圳具有发展文化经济和文化产业的许多优势和条件。深圳经济特区是我国改革开放的"试验田"和"窗口"，社会主义市场经济的发育和形成较早，文化也较早的走向市场，实现了文化产业化；社会资本进入文化产业不但较早，而且产生了良好的效益，文化的社会效益与经济效益的统一也较快为人们所认识。深圳作为国内国外知识、技术、科学、文化交流的窗口，与国际科技、文化市场有较大的联系度，对国际科技、文化的新发展、新成果有较强的吸纳力，从而为文化经济发展不断注入了新鲜营养。深圳的产业结构近年来不断得到优化，高科技产业特别是信息产业的发展相当迅速，这为文化与高科技、文化与经济结合创造了良好的条件。此外，深圳引进和培养了一批与文化经济相关的各种专业人才，特别是一些懂得经营管理而又精通文化、技术的人才，这是加快发展文化经济和文化产业的必不可少的条件。

但是，从总体上来看深圳文化产业的发展状况与城市整个经济社会发展还很不相适应，同国内外国际性城市和发达国家文化产业状况相比还显得较为弱小。据不完全统计，2002年深圳文化产业总产值为258.05亿元，其增加值占全市GDP的比重仅为3.48%。而上海1998年的文化产业总产值就达到378.60亿元，其增加值占全市GDP的比重为4.3%。据有关统计资料，在美国、日本等发达国家，文化产业占GDP的比重一般在18%—30%之间。相比之下，深圳的文化产业要做大做强，显然还有一段很长的路要走。

从建设国际化城市和文化强市的要求来看，深圳应建成区域性文化产业中心城市，使文化产业尽快发展成为城市的支柱产业之一，增强文化产业的整体实力和国际竞争力，努力做到在全省文化产业发展总格局中发挥龙头作用，并逐步扩大其国际影响力。显然，目前深圳文化产业发展的规模、效益、水平，与此目标和要求相距甚远。因此，必须按照建设国际化城市和文化强市的目标要求，充分发挥深圳在对外开

放、体制创新、产业结构和人才聚集方面的优势,积极借鉴国内外城市发展文化产业的先进经验,对文化产业进一步发展的战略思路和策略选择做出新的思考——以市场主导、外向带动、科技提升、政府催化、人才兴文等战略和策略,形成新的发展思路、发展模式和发展对策,来推动文化产业实现跨越式发展。

(一) 面向市场创新体制,大力培育文化产业微观主体,为做大做强文化产业提供体制保障

深化文化体制改革,是加快建设文化强市的突破口,也是加快发展文化产业的关键。无论从全国来看,还是从深圳来看,当前制约文化产业和文化经济发展的根本问题还是体制问题。文化体制改革是我国体制改革中较滞后的部分,现行的文化体制带有浓厚的计划经济下传统文化体制的色彩,与社会主义市场经济体制的要求不相适应。由于在许多方面还习惯于用计划经济的手段管文化、办文化,把经营性的文化产业混同于公益性的文化事业,一切由政府包揽,结果造成政企不分、政事不分。这种文化体制使国家办的文化单位游离于社会主义市场经济体制之外,缺乏活力,使社会办文化的积极性受到了压抑,严重影响着文化产业的发展。所以,要加快文化产业发展,必须通过深化文化体制改革,扫除制约文化生产力发展的体制性障碍。文化体制改革,既要符合社会主义精神文明建设的特点和规律,又要适应社会主义市场经济发展要求,重点在于通过体制和机制创新,解决好文化特别是经营性文化产业面向市场的问题,推进文化的产业化、市场化、社会化。公益性文化事业由政府主导,但也要面向市场转换机制,增强活力;至于经营性的文化产业,则由市场主导,要以面向市场为核心进行体制创新,充分利用市场手段增强其发展的活力,释放其发展的能量。

深圳作为全国文化体制改革综合试点城市,应当在经营性文化产业如何以市场为主导、围绕面向市场进行体制创新方面,大胆探索,实现新突破。文化市场的主体是自主经营、自负盈亏、自我发展、自我约束的文化企业,这是文化产业的微观基础。重塑文化市场主体,发展各类文化企业,是通过改革促进文化产业加快发展的重点所在。要加快对国有经营性文化单位改革步伐,通过企业转制,培育和壮大国有文化企业。鼓励国有文化企业进行各种形式的股份制改造,与民资、外资合作兴办文化企业。进一步放开民营、外资等非国有经济成分进入文化产业领域,允许各类企业,包括非公有制企业、外商投资企业,投资经营文化产业,通过市场竞争进行优胜劣

汰。要像鼓励发展民营经济那样鼓励发展民营文化产业，进一步发展、壮大民营文化企业，让民营文化企业在深圳文化产业发展中扮演更重要角色。通过各种所有制形式在市场主导下发展文化产业，形成以国有文化企业为主导、多种所有制共同发展的文化产业格局。对各类经营性文化企业要进行公司制改革，改革产权体制，转换经营机制，建立现代企业制度，通过面向市场不断创新体制和机制，以增强企业发展的活力和竞争力。

(二) 实施"走出去"战略，发展外向型文化产业，为做大做强文化产业拓宽发展空间

随着经济全球化的加速发展，文化产业的国际化趋势越来越明显，文化生产和流通的国际化程度越来越高，文化经济方面的国际竞争越来越强烈。国际文化市场成为各国、各地区争夺的一个重要领域。面对这种新的发展趋势，我国在加入WTO以后，要充分利用WTO提供的全球文化平台，积极参与国际文化市场的竞争。发展文化产业不仅要利用国内文化资源、文化市场，而且要利用国际文化资源、文化市场；不仅要"引进来"，而且要"走出去"，参与全球化的文化资源配置。因此，必须大力发展对外文化贸易，实施"走出去"战略，使我国文化产品更多地进入国际市场。深圳是我国对外开放的"窗口"，毗邻香港，和国际市场已经建立起较紧密的联系，应充分利用这一独特的优势，抓住我国加入WTO的机遇，积极扩大文化领域的对外开放，进一步加强对外文化交流与合作。应充分利用落实CEPA的机遇，进一步推动和密切深港文化产业合作。要促进对外贸易发展，特别是要积极发展外向型文化产业，推动文化产品进入国际市场，使深圳成为我国文化产品"走出去"的重要窗口。世界上许多发达国家和国际大都市都把开展对外文化贸易、发展文化出口作为推动文化产业和经济发展的一个重要方面。据联合国教科文组织1998年报告统计，新加坡文化贸易占GNP 24.4%，人均6173美元，文化出口占文化贸易55.2%。香港文化贸易占GNP 11.2%，人均1529美元，文化出口占文化贸易17.6%。这些比例是很高的。美国、英国、日本等国采取种种措施，支持和鼓励文化产业的海外市场开发和文化产品的出口。美国的影视业、图书出版业、音乐唱片业已建成庞大的全球销售网络，控制了许多国家的销售网和众多电影院、出版机构及连锁店，成为美国文化产业长盛不衰的重要保证。深圳要借鉴香港以及国外发展文化贸易、推动文化出口的好经验，通过发展外向型文

化产业和实施"走出去"战略,不断开拓国际文化市场,努力扩大文化产品出口,使深圳成为国内文化产品走向国外的桥梁和窗口。

发展对外文化贸易,扩大文化产品出口,必须努力提高文化产品的质量和水平,积极开发适应国际文化市场需求的对路产品,提高文化产品的国际竞争力。发展文化产业,既要充分利用和开发本土的文化资源,又要融入世界文化的先进潮流,把独特的中国文化元素与国际流行元素结合起来,把本土化和国际化结合起来,通过文化创新,创造出新的文化需求。同时,文化产业要顺应科技创新的时代潮流,积极引进高科技成果,结合自身发展和市场需求,不断开发新门类、新品种、新样式等具有高科技含量的文化产品。这样才能为文化产品进入国际市场创造条件。中国加入世贸组织以后,文化产业全方位对外开放格局将逐步形成,以媒体业的相互准入代理和版权贸易为核心内容的对外文化贸易将成为中国文化产业走向世界的主导形式。深圳传媒业应进一步向外拓展,扩大与境外媒体的合作以加强影响。要加强出版对外贸易和版权对外贸易,推动深圳出版业走向世界。

(三)优化文化产业结构,着力发展支柱产业,为做大做强文化产业奠定坚实的基础

深圳文化产业在全国起步较早,发展也较为迅速,目前已初步形成以印刷制作、大众传媒、艺术表演和文化娱乐、文化旅游为重点的企业群体,产业门类较为齐全,对全市经济增长的贡献率稳步上升。但大多数文化企业规模小,产品的高科技含量不高,产业结构需要优化升级,整体实力和竞争力亟待加强。针对这种情况,应以优化产业结构和壮大产业主体为重点,努力形成一批具有优势的支柱产业和具有实力的龙头企业,以增强深圳文化产业的竞争力和辐射力。

优化文化产业结构,既要放眼全球,准确掌握世界文化产业发展的趋势和前景,又要立足市情,紧密结合深圳经济文化发展和整个城市产业结构的实际和特点。一个城市文化产业结构的定位,是与城市的经济特点、经济结构和城市的文化资源、文化需求相联系、相匹配的。从这些方面看,深圳除了继续发展传媒业、印刷业、旅游业等原有的各种文化支柱产业之外,还应当着力发展一些新兴的文化支柱产业。当前世界文化产业发展的一个主要趋势,就是文化产业和信息产业互相融合、全面渗透,形成了具有高科技、高文化复合特征的信息文化产业。美国等发达国家最新提出的"内容产业",主要就是指信息文化产业。深圳信息产业的发展在全国大中城市居于遥遥领先地位，同时传媒业也较为发达，这为信息文化产业的发展创造了很好的条件。推动信息文化产业成为深圳文化的支柱产业，对提高深圳文化产业的科学技术含量和文化产品的附加值，促使文化产业结构高度化，具有十分重要的意义。此外，随着深圳物流、商贸、旅游等现代服务业的发展，以及更多有影响的国际经济、科技、文化交流和交易活动在深圳的举办，会展业以及与此相关的广告业、设计业也必然会迎来一个新的发展机遇，有可能发展成为文化产业的支柱产业。

文化产业的综合化和集团化是当前世界文化产业进行整合的重要趋势，它有利于推动文化产业集约化发展，形成规模效益。深圳应加快推进集团化建设，做大做强做优一批实力强、效益好、影响大的文化产业集团，逐步实现跨地区、跨行业经营，以带动整个文化产业发展。

（四）完善文化产业政策，健全文化市场体系，为做大做强文化产业创造良好发展环境

党的十六大报告明确指出：要"完善文化产业政策，支持文化产业发展"。这意味着和体制相关的政策问题，是文化产业能否获得加快发展的另一个关键问题。现行的文化产业政策文本系统，在很大程度上带有计划经济体制的痕迹，与社会主义市场经济体制走向完善以及WTO规则对文化产业政策的要求不相适应，因此，随着深化文化体制改革，抓紧制订与之相关配套的政策措施，完善文化产业政策，创新文化产业政策体系。要完善并落实支持文化事业和文化产业发展的各项文化经济政策，综合运用财政、税收、信贷等经济杠杆，支持和鼓励多种经济成分投资经营文化产业及其基础设施，以税收优惠、贴息贷款、园区安置等文化经济政策，引导资金投向，培育和扶持一批具有市场竞争力和发展前景的文化产业和文化企业。在继续加大政府对公益性文化事业的财政投入的同时，设立文化产业发展专项资金，用于促进文化产业发展相关项目。要完善文化投资主体多元化的政策，进一步放开民营、外资等非国有经济成分进入文化产业领域，对非国有经济投资的文化产业项目，按国家有关规定实行与国有文化企业同等的政策待遇，让各种所有制形式在公平的政策环境中发展文化产业。

要规范和完善文化市场体系。通过建立健全统一、开放、竞争、有序的现代文化市场体系，充分发挥市场在文化资源配置中的基础性作用。积极培育产品、服务、人

才、技术等各类文化市场，完善文化市场结构，促进文化产品和文化生产要素的合理流动。积极培育和发展文化中介机构，鼓励其向规范化和品牌化发展，加快建立文化行业协会，推动行业自律。完善文化市场管理机制，实现管理规范化、制度化。具有健全而完善的文化法律法规体系，通过法律法规来管理文化市场，保护文化产业发展，是发达国家发展文化产业的重要经验。加入 WTO 后，中国文化市场的法律法规将逐步与国际市场相衔接。我们应充分利用深圳具有的立法权，加快文化立法进程，按照 WTO 规则的要求，根据深圳文化建设的实际需要，清理和修订文化法规和规章，尽快制订新的文化法规和规章，使文化资源开发、知识产权保护、文化市场管理等均有章可循。同时，要健全文化执法监督机制，加快文化市场综合执法体制建设和执法队伍建设，推进依法行政，营造文化产业发展良好的市场和法治环境。

海洋文化在深圳地区传承的回溯
崔燕

> 崔燕,深圳市特区文化研究中心科研人员。本文原载2005年12月14日《深圳商报》"文化广场"周刊。

关于海洋文化,学者们众说纷纭,并无定论。所谓海洋文化,我以为是一种泛文化意义的文化现象,是与海洋的生态环境相关的物质或精神的文化现象和表现。换言之,海洋文化或是"蓝色文化",所代表的是某种物质文明和精神价值。中国拥有四大海域——渤海、黄海、东海、南海,又濒临太平洋,海域辽阔,因此而形成了璀璨多姿的海洋文化。

岭南地区,北枕五岭,南临大海,海岸线长达8400多公里,与海洋之间有着割舍不断的文化亲缘。地处南海之滨的深圳,东临大亚湾,西抵珠江口,有蜿蜒260多公里的海岸线,有大鹏湾、赤湾、盐田港等港湾和大、小梅沙等天然海滩,可谓占据着海洋地理优势。生活在这里,每当看到大海的潮起潮落,我总是在想,在这浩瀚无垠的海面下,在这波涛起伏的浪潮中,藏着多少深圳先民的故事、历史的风云。于是,我翻开书卷,探寻深圳与大海之间的往事,在那些渐行渐远的文字里,我找到了下面的踪迹——

无论我们是否意识到,大海离我们并不远。海洋文化看似无形,而又灵活多变,但这种富于海洋气息的活力和作用无处不在。它涌动在我们追逐梦想的脚步里,弥漫在我们柴米油盐的日子里,飞扬在我们呼吸的空气里,流淌在我们的血脉里。来到了深圳也就拥抱了大海的文化,因为我们与大海有着割舍不断的往事。

深圳先民的信仰与大海息息相关

考古学的证据表明,深圳地区有着悠久的社会发展史。早在6000年前的新石器时期,就有我们今天统称为"百越"的先民们在这块土地上生息。如同所有居住在海岸的原始人类一样,古越族先民从事着各种跟海洋相关的活动。在珠江入海口的深圳地区,分布着多个新石器时代中期先民社群的文化遗址,如大黄沙、咸头岭、大梅沙、小梅沙、下洞等。这些遗址都面对着大鹏湾,东西两面的大鹏半岛和九龙半岛构成了大鹏湾的天然屏障,而先民们又住在大鹏湾内的小海湾里,风平浪静,海滩沙质细软,海岸坡度平缓,为人类获取食物提供了便利。对先民们来说,这样的环境很适宜生存。渔猎是先民的主要生存方式,正如后来《新安县志》上所云:"民以海为田,以渔为活。"

与他们渔猎的生活方式相适应,在精神上,越族先民断发文身,自称为龙的子孙,以便在大海中捕捞、探险等生产活动中,能受到海洋中的龙祖宗的护佑,免于葬身龙腹,形成了与海洋息息相关的信仰。

盐业发达,但采珠业昙花一现

晒盐是古代深圳居民主要的经济活动之一。早在汉代,深圳地区就是番禺盐官管辖下的主要食盐产地。公元前110年,汉武帝在广东设盐官,深圳南头古城就是当时南海郡所派盐官的驻节之地。秦汉时深圳已成为渔盐贸易重要的集散地。北宋时期,这里盐场的设置数量和盐产量更是达到了前所未有的水平,成为全国著名的产盐区。从社会的角度来说,盐场增加,社会人口、生产总值就增加,社会经济就比较活跃、发达。从民生的角度来看,盐业生产是一种维持生计的手段,充满了辛酸与痛苦。在"砍山煮海劳筋力"、"悍差催盐如虎恶"这样的歌谣中,我们仿佛听到先民无奈的叹息。

在沿海的经济活动中,还要顺便提及一笔的是在深圳地区昙花一现的采珠业。在唐朝灭亡后的十国南汉统治时期,掀起了我国历史上采集珍珠的一个高潮。深圳东南部的大鹏湾海域就是当时的一处采珠场所。史料记载,数百上千的兵士们脚上被绑上大石块,腰间拴上绳子,潜入海底捞取珍珠蚌。兵士们常常要剖开数百个珍珠蚌才能找到一两颗珍珠,他们在没有找到珍珠之前,就往往因窒息而死去。统治者采取这样破坏性的方式来采珠,不仅劳民伤财,而且使这里原有的珍珠资源遭到了毁灭性的打击。因为这个缘故,后世的采珠业没再发展起来。

深圳曾是岭南海上交通的门户

与农业文明的自给自足不同,海洋文化与商业贸易一直有着密切的关联。在历史上,深圳曾是广州海外交通的门户。唐宋时期,尤其是在海外贸易繁荣的宋代,深圳地区的贸易活动相当发达。南头赤湾面临的伶仃洋,曾是从广州进出南中国海的必经航道;设在深圳南头的"屯门镇",也是通往东南亚各国的海上要津。活跃的商业贸易带来了社会经济的繁荣兴旺,居民生活水平的提高改善。深圳地区曾出土了大量宋代窖藏铜钱,这在整个岭南地区都很罕见,令人不由地想象深圳地区昔日的繁华景象。随着航海业的兴盛,"妈祖"或"天后"的信仰也在东南沿海广泛传布。位于深圳南山赤湾的天后庙,修建于南宋,是广东最大的一座天后庙。赤湾天后庙的香火昔日很是兴旺,其信徒不仅仅是普通百姓,还有出使东南亚的外交使臣。在史书的记载中,明永乐八年时,身为钦差大臣的张源就曾在天后庙内焚香顶礼,参拜祈祷。大概是因为赤湾天后庙的广泛影响,"赤湾胜概"在历代的"新安八景"中位居第一。

深圳海洋文化的形成具有排他性

谈到文化,就必须认识文化传承的主体——生活在这片土地上的人民。林语堂在《中国人》中写道:"在中国正南的广东,我们又遇到另一种中国人,他们充满种族的活力……好斗,好冒险,图进取,脾气急躁,在表面的中国文化之下是吃蛇的土著居民的传统,这显然是中国古代南方粤人血统的强烈混合物。"林语堂的描述虽然不尽准确,但却点出了文化与地域之间的关联。

先秦时期的岭南文化基本是走在一条独立发展的道路上,随着一次次移民的涌入,深圳的人口结构也发生了很大改变,众多的移民带来了大量新鲜的血统。比如,秦代落户于岭南的中原移民达50万人之多,在当时岭南的全部人口中占有相当大的比例。再如，清代的移民高潮中客家人大量涌入，到清末新安县的客家人占全县总人口的 60% 以上。据考证，深圳现存家族保留有谱牒者，几乎全是历代移民。

有了如此之多的移民，深圳地区的文化也大为改观。一方面，岭南文化继续存在并发展着；另一方面，在中原文化的影响、碰撞下，深圳地区成为多元文化交融的一个写照。移民带来了先进的生产技术和科学文化知识，为岭南地区的社会发展做出了极为重要的贡献。在深圳汉墓中发现的"九九口诀"铭文砖，代表着当时科学知识的最新成果，正是通过北方移民而传入南海之滨。移民对深圳地区文化的发展产生了很大影响。例如，三国两晋南北朝时期，儒家思想和佛教传入这一地区。在官方的大力倡导下，儒家思想成为本地人们的重要行为规范，并且产生了严格按照儒家传统道德规范生活处世的典型人物。随着时间的推移，古南越族的龙文化和船文化，中原传统文化以及岭南原生文化相互渗透，相互作用。可以说，深圳海洋文化的历史文脉，展现的正是这三种文化的融合，具有独特性。

海洋文化影响这里的人具有开拓性

在人类文明史上，海上航运历来是世界各地区通商、交往的主要手段。海上丝绸之路历时悠久、影响深广，在促进人类文明的进步上可谓是功勋卓著。史籍记载，中国在西汉初年就已通过海上航运，与西方及周边国家进行海上交通和商贸往来，实现文明的"东渐"、"西传"；而早在商、周时期，民间就已经出现了海上的交通和商贸活动。岭南海洋文化的影响早在新石器时代末就已向外散播，如今天密克罗尼西亚、印度尼西亚地方出土的双肩石斧，即为西樵山文化传播产物。

有船就能入海，船文化使深圳先民突破了封闭的自然地理势态，依靠先进的造船和航海技术，从而实现与黄河流域、长江流域居民的物质和精神文化的交换与沟通。

海洋文化具有勇于开拓、自由漂流、四海为家的特质，这种特质不断地激发着岭南人背井离乡，远涉重洋，开拓创业。清末大量华工出洋谋生，据说，目前深圳华侨总数约有 12 万人，福永、布吉、南澳、大鹏等地都是著名的侨乡。

中西社会通过海上通商，移民迁徙，不但繁荣了经济和社会，而且扩大了沿海居民的思维视野和交往空间，成为中外文化交流的先锋。

大海的特性让这里的文化更具自由的活力

　　大海潮涨潮落，充满了无限的活力。大概是因为对活力的误用，冒险性也成为海洋文化的一种表现。海盗、倭寇和侵略就是海洋文化具有冒险性特征的反例。与之相对应的，是沿海人民身上所具有的勇猛和反抗精神，这是海洋的活力在文化上的又一表现。深圳东陲的大鹏所城，与西部的赤湾港，曾作为岭南的海防要冲，在防倭寇、防海盗、镇海御敌中发挥过重要作用。鸦片战争期间，林则徐属下的大鹏所城官兵在协助查禁鸦片、抗击英军中起了重要作用。在虎门销烟之后，英国殖民主义者总是寻机进行挑衅。1839 年 9 月 4 日，英国驻华商务监督义律率领 5 艘兵船，挑衅驻守在赤湾附近的清朝守军。驻守大鹏所城的参将赖恩爵、新安县知县梁星源率兵迎敌，经过 5 个小时的激战，将英国侵略者彻底击溃，写下了深圳历史上光辉的一笔。

　　大海还象征着永恒、自由和博大。尘世的爱情，往往以"海枯石烂"、"海誓山盟"来表达对永恒爱情的追求；大海的襟怀，在"海阔天空"、"海阔凭鱼跃，天高任鸟飞"的表述中得以呈现。唐代大诗人韩愈曾在《赠别元十八协律》中写有"屯门虽云高，亦映波浪没"的诗句，对大海的力量予以歌颂。诗中的"屯门"，即在今天的深圳南山。无独有偶，晚唐时著名诗人罗隐也曾来到屯门镇地区，他还留下了一块因他题诗而被命名为"罗隐岩"的岩石，一口据说他曾饮过的水井。在这些故事中，我们不难感悟大海对人文情操的滋润。

建设国际化城市的文化思考

乌兰察夫

> 乌兰察夫，深圳市社会科学院研究员、《深圳文化蓝皮书》副主编。本文原载2003年9月1日《深圳特区报》"文化聚焦"专刊，略有删节。

文化是城市之魂，它是城市生存的基础和城市人生活的精神支柱，一个城市是否具有竞争力，在一定程度上可以通过其文化资源、文化氛围和文化发展水平来衡量，建设国际化城市更离不开文化的支撑。

深圳在经过20多年的发展后，目前深圳市委工作会议确定了"把深圳建设成为国际化城市"的宏伟目标。它是深圳市委、市政府为推进深圳改革开放和现代化建设实现新跨越的一项重大举措，是深圳发展的里程碑。建设国际化城市不仅是指经济的优势、区位优势、城市规模、基础设施等方面的条件，而是经济、社会政治文化的协调发展和有机结合，深圳市要建设国际化城市，必须坚持全面的发展观，不仅经济建设要再上一个新台阶，而且文化建设要有更大的发展，把文化建设放在现代化战略全局的重要位置上，对深圳经济社会的协调发展，推动建设国际化大城市具有重要意义。

一、文化在国际化城市的地位和作用

（一）文化为国际化城市提供精神动力

"文化是城市之魂。"人们对文化共同价值观念的确定，成为凝聚和激励城市各阶层群体的重要的精神力量，从而为建设国际化城市提供强大的精神动力。

在社会政治、经济、文化三大系统中，文化处于最高层，起着统率和导向作用。它可以依附语言或其他文化载体，超越具体的历史时代和个别人的心理，形成一种社会文化环境，对生活于其中的每个人产生同化作用。特别是一个社会的主体文化，能培养起一代代人对该社会制度的归宿感和认同感；使人们在社会生活的主要方面形成共同的价值观念，成为一个民族的民族精神。民族精神是文化的精华，是文化的最本质、最深刻的体现，我们重视文化建设，就尤其要重视民族精神，正如十六大报告中所指出的"民族精神是一个民族赖以生存和发展的精神支撑"。一个民族，没有振奋的精神和高尚的品格，不可能立于世界的民族之林。一个国家、一个民族的发展离不开民族精神的支撑，同样一个城市的发展更离不开精神培育和提升。尤其在建设国际化城市中，城市各个阶层群体形成一种强烈、深刻的同类价值意识和观念，进而提升为城市精神，就能进一步增强城市各阶层群体的归属感和认同感，增强凝聚力和向心力，调动人们的积极性和创造性，从而为建设国际化城市提供强大的精神动力。

（二）文化为国际化城市提供智力支持

现代化不仅是物质的现代化，最根本的是人的现代化，文化的作用就是引导、规范、激励和提升人的行为方式和精神境界，文化的根本任务就是人的全面发展。

建设国际化城市不仅要体现在一流的城市设施和城市管理上，更要体现在一流的市民和素质上。市民素质的提升，必须以一定的文化知识底蕴为支撑，才能持久。市民素质提高，也就促进了人的全面发展，社会生产力和经济文化发展水平也逐步提高，相互结合、相互促进，成为国际化城市发展的重要动力。

（三）文化成为国际化城市发展的重要经济增长点

文化与经济的相互促进，相互融合已成为当今世界的一个新观点、新趋势。文化在经济发展的地位和作用已被越来越多的国家所认识，人们已清醒地认识到，文化是社会和经济变革的重要支柱。在现代经济活动中，文化起着内在的、无形的支配作用，一个城市，一个地区乃至一个国家文化发展的水平，决定着总产业结构，经济结构的发展水平和增长速度。"21世纪的朝阳产业"文化产业已成为许多国家国民经济的重要支柱产业之一。例如，美国的娱乐业已成为仅次于航天工业的第二大支柱产业，音像制品出口已居出口贸易的第一位；日本娱乐业经营收入超过了日本汽车工业产值，英国的创意工业产值仅次于汽车工业，整个欧洲文化产业在产业结构中已排名第六位。随着科技的发展文化不仅向第一产业和第二产业第三产业渗透和发展，而且新的文化产业门类不断增加，如电视业、策划业、网络公司、翻译公司、猎头公司各种中介服务业行业，宣传包装广告等，正在形成单独的文化产业。因此，建设国际化城市文化不仅是一种精神活动，而且它本身也能创造巨大的经济效益，促进经济社会的发展。

（四）文化为国际化城市塑造形象和提升城市品位

城市形象是城市外在面貌与内在精神的有机统一，是历史文化与现实文化的统一。对民族而言，文化是一个城市的重要组成部分。因此，树立良好的城市文化形象，将成为国际化城市的重要标志。

城市形象包括城市个性、品位和文化内涵，体现着一个城市独特的风格与魅力，这已为世界上不少著名城市所证明。美国权威的经济周刊《幸福》杂志曾评选出20世纪10座最佳商业城市，按其排名顺序为：新加坡、旧金山、伦敦、纽约、法兰克福、香港、亚特兰大、多伦多、巴黎和东京。这10座城市，除了良好的交通、发达的金融、繁荣的商业、丰富的人才等共性因素之外，几乎每个城市都有着各自独立的个性、良好的人文环境，与众不同的文化风格和文化氛围，从而构成了卓尔不群的形象和魅力，也成为其长期繁荣、持续发展的重要因素。一个城市良好的建设，先进的设施、优越的环境，是其必具的硬件与形象；而其独具的文化个性、文化风格、文化品位，则是其不可或缺的软件与灵魂，有如其精气神韵。随着城市人民生活水平的不断提高，人们如今对所居住城市的文化品位和文化特色提出越来越高的要求。一个具有独特文化品位和城市形象，有着巨大的张力、吸引力、感召力和凝聚力的城市文化，对于优化城市经济环境、投资环境、商业环境、人才环境有着重要影响。因此，城市文化形象和文化品位成为国际化城市的重要构成要素。

二、国际化城市的文化战略

文化战略主要是指一个国家和地区发展文化的基本指导思想、目标、方法和策略。20世纪80年代以来，文化与发展的关系问题备受重视，越来越多的国家认识到文化对于当代社会经济生活的巨大影响，认识到文化在人类发展过程不可或缺的重要作用。许多国家的大中城市在世纪之交重新思考和制定新世纪的发展战略政策，不约而同地把文化战略作为整体发展战略的核心。英国政府早在2000年就发布了名为"创造机会——英格兰地方文化战略指南"的报告，要求各地方政府在2002年底之前必须制定出本地区的文化发展战略。如伦敦的文化战略："发展文化战略和创造新的文化多样性能够巩固伦敦作为世界都市的地位。"英国老牌的工业化城市曼彻斯特的文化战略："让曼彻斯特成为'创意之都'或'文化之都'。"并明确提出"21世纪的成功城市将是文化城市"。西班牙的巴塞罗那在世纪之交制订了新世纪第一个十年的文化战略，在报告中开篇提出一个重要观点"城市即文化，文化即城市"。新加坡新闻及艺术部的《文艺复兴城市》明确提出要将新加坡建设成为21世纪的文艺复兴城市，要成为亚洲的核心城市之一。中国香港艺发局于2000年初，提出了名为"香港无限"的"三年计划"基本战略。"三年计划"总策略是"全方位发展艺术"。

随着全球文化的竞争潮流的发展，从20世纪90年代以来，我国一些省市在提出要建设成为国际化大都市的目标的同时，把文化发展战略也作为其重要部分。全国先后有42个城市提出了要建设成为国际性大都市的目标，它们分别是：北京、上海、天津、广州、深圳、青岛、烟台、大连、连云港、威海、南通、宁波、温州、汕头、福州、厦门、珠海、海口、三亚、北海、武汉、南京、长沙、成都、南宁、沈阳、长春、哈尔滨、郑州、济南、无锡、苏州、九江、惠州、昆明、重庆、贵阳、乌鲁木齐、丹东、晖春、黑河、满洲里。上海市1996年通过的《上海国民经济和社会发展"九五计划"与2010年远景目标纲要》指出：根据党中央的战略和总体要求，上海的经济社会发展奋斗目标是："到2010年，为把上海建设成国际经济、金融、贸易中心之一奠定基础，初步确定上海国际中心城市的地位。"与此相应，《上海市宣传和文化事业发展"九五"计划与2010年远景目标纲要》指出："今后15年上海宣传文化事业建设的战略思路是，在'九五'期间，奠定与国际经济、金融、贸易中心之一相适应的国际文化中心城市之一的基础；在下一个世纪头十年，初步形成国际文化中心城市之一的框架。"2001年2月7日，上海市第十届人民代表大会第四次会议再次确认这一奋斗目标，在"十五"期间，上海将初步确定现代化国际大都市的地位，这是上海在 21 世纪前期的重大战略任务。北京市在 2000 年 11 月通过的《关于北京市国民经济和社会发展第十个五年计划的建议》确定：到 2010 年，北京将率先在全国基本实现现代化，构造起现代化国际化大都市的基本框架。到 2020 年，北京将基本建成现代化国际化大都市，到建国 100 周年时，完全实现现代化，使北京成为跻身于世界一流水平的国际化的大都市。与此相应，早在 1996 年 12 月 5 日在《北京日报》上正式颁布了《中共北京市委、北京市人民政府关于加快北京文化发展的若干意见》。这是北京市第一个有关文化发展战略的专门文件。在《关于北京市国民经济与社会发展第十个五年计划的建议》中，进一步确定"文化产业是首都经济的重要组成部分，要适度优先发展"。其他省市如：浙江，2000 年 12 月 21 日中共浙江省委常委会讨论通过浙江省建设文化大省纲要（2000—2020 年）；江苏省，2001 年 6 月 20 日江苏省政府制订"江苏省 2001—2010 年文化大省建设规划纲要"；云南省，2000 年 8 月 17 日中共云南省委、省人民政府召开加快云南民族大省建设为主题的云南民族文化大省建设第二次高级研讨会，会议将进一步修改完善《云南民族文化大省建设纲要》和实施方案。广东省 2003 年第十届人民代表大会第一次会议上，广东省《政府工作报告》中提出建设文化大省的目标，全国不少省市也相继提出"文化强省""文化强市"文化战略目标。

从上述国际化城市的文化标准和文化战略可以看出，文化对于国际化城市的重要性。国际化城市不仅仅是城市经济增长，而是经济社会文化、政治全面的、综合的、协调的发展。特别是当今世界文化的发展成为当今世界的新特点、新趋势，文化发展在城市竞争力的作用日益显现出来，在综合国力竞争力的地位和作用日益突出。建设国际化城市，与文化有着密切的关系，无论是城市综合经济实力的发展，还是城市综合素质等各方面的提高，都离不开文化的发展和提高。文化是国际化城市可持续发展的重要推动力。

三、深圳市建设国际化城市的文化基础

深圳是改革开放的先行地区，在全国率先初步建立了社会主义市场经济体制，拥有全国人大常委会授予的立法权，具有良好的制度和法制条件；深圳毗邻港澳，

面向海外，背靠珠三角和整个华南腹地，具有良好的区位优势；深圳是全国唯一的海陆空三位一体口岸城市，海港、空港、城市交通等基础设施相对完备，具有良好的物质条件；深圳的经济实力比较雄厚，经济规模、经济效益、经济速度、人均经济指标都位于全国大中城市前列。这一切，为深圳建设国际化城市提供了良好的基础和条件。同时，也为建设国际化城市的文化发展提供必须具备的条件，具体表现在以下几个方面：

（一）经济优势

经过 22 年的建设，深圳的综合经济实力已进入国内各大城市的前列。根据国家统计局公布的数字初步测算，2002 年，全国人均 GDP 接近 1000 美元，人均社会全员劳动生产率为 13886 元，人均全员工业劳动生产率 20903 元，而深圳的这三项指标分别为 5561 美元、64723 元和 119881 元，分别比全国高出 4.5 倍、4.7 倍和 5.7 倍。

深圳经济的高速发展，为文化的发展提供了坚实的平台，特别是为文化产业的发展奠定了雄厚的基础。据不完全统计，深圳有各类文化经营单位 6000 余家，从业人员逾 10 万人，全市文化产业总产值约 100 亿元人民币（含出版业、发行业、印刷业、广播影视业、娱乐业及机关产业），约占全市国民生产总值的 2.5%。深圳文化产业从无到有，不断壮大，已成为深圳经济增长的重要组成部分和推动力。

（二）区位优势

深圳毗邻港澳，拥有国内最繁忙的陆路口岸，从深圳口岸出入境人数一度占全国出入境总数的 65%。外贸进出口总额连续位居全国榜首。由于深圳率先形成了对外开放的整体格局，经济运行机制初步实现了与国际惯例接轨，因此作为对外开放的"窗口"和中外文化交流的"桥梁"的作用是明显的。

仅以 2002 年为例，深圳市共接待来自法国、俄罗斯、德国、日本、韩国等各类官方及民间文化艺术、广播电影电视、新闻出版、版权、文物等团体 9 批约 110 人次，并与港、澳、台文化领域合作。近年来，深圳致力于"让深圳走向世界，让世界了解深圳"主题文化交流工作，积极开展多元化、多层次、多渠道的国际文化交流活动。通过在境外国家（地区）举办"深圳文化周"和境外国家（地区）在深圳举办"文化周"的互动方式,使世界性的"中国深圳文化周"不断在世界各国和地区展开。

据不完全统计,每年通过深圳进入国内市场的文艺团体达140多个(批),20多年来,数千个境外文艺团体通过深圳走进中国内地。与此同时,深圳与国外的文化交流也日益增长,每年均有大量的文化互访。在互访中,深圳能不断学习并借鉴国外及地区文化优势和管理水平。

这种地域优势带来的文化影响是潜在而深远的。通过香港这个跳板,港台文化、海外文化大量进军深圳,并且借助深圳这个走廊向内地辐射。深圳的特殊地理位置和对外开放"窗口"的地位,使深圳成了中华优秀传统文化与优秀外来文化汇聚的结合部和"桥梁"。

(三) 观念优势

深圳20多年来在创业发展中形成了独有的文化和特有的城市精神品格。深圳作为一个新兴的移民城市,多年来吸引了大量人才,并在特区发展过程中多种文化经过渗透融入和磨合,形成了开放包容、敢闯敢试、追求卓越、宽容失败的一种深圳所特有的创业精神,即深圳精神。这是潜力无限的无形资产。今年2月发布的《中国城市竞争力报告》深圳城市的竞争力排在第三位,仅次于香港、上海。其中在城市文化竞争力方面,深圳列内地城市第一,超过北京、上海。《中国城市竞争力报告》的城市文化竞争力指标包括价值取向指数、创业精神指数、创新气氛指数、交通操守指数四项内容。这一指标侧重于市民人文精神的观念和追求。它体现了文化的本质,是影响一个城市发展的根本因素。深圳这个20多年前还默默无闻的小镇,目前成为中国经济最活跃的城市之一。其中重要原因,就是敢闯敢试的创业精神,这是深圳文化的核心,也是深圳活力的源泉。

(四) 文化设施优势

一个国际性城市不但需要有高度现代化的城市基础设施和国际服务功能,在生产、流通、消费领域具有显著优势,而是必须拥有高度现代化的文化设施和文化服务功能,拥有高水平的大学、医院、图书馆、博物馆和各类科学、技术、文化研究机构。深圳自 20 世纪 80 年代以来随着经济的飞速发展，人口总量不断增长，文化需求也相应提高，深圳市委、市政府把加大文化设施建设作为一项重中之重的工作来抓，兴建了"八大文化设施"（图书馆、博物馆、科技馆、体育馆、大剧院、电视台、深圳大学和新闻大厦），90 年代又兴建了"新八大文化设施"（关山月美术馆、深圳画院、深圳书城、深圳特区报业大厦、深圳商报大厦、有线电视台、华夏艺术中心、何香凝美术馆）。这些高起点的文化设施为深圳的各种文化活动提供了广阔的舞台。进入新世纪，深圳立足于未来，又在新的城市中心区，投巨资兴建了包括文化中心、音乐厅、中心图书馆、电视中心、青少年活动中心、科技书城等六大文化设施，这些项目将在近期陆续竣工并投入使用。这些文化设施建设以"国际一流，国内领先"为宗旨，代表了深圳的经济文化水平和城市建设成就。

目前，深圳市已建成公共图书馆、影剧院、音乐厅、美术馆、博物馆等 300 多个单体基础设施，总占地面积 1900 万平方米，总建筑面积 139 万平方米，总投资 37 亿元。其中最大的深圳图书馆馆藏图书 130 余万册。深圳的玺宝楼青瓷博物馆、关山月美术馆、何香凝美术馆等不但设施先进，而且因其特色而享誉全国。

今年，市文化系统正在建设和正在筹备的文化设施项目共有 12 个，在建立项的文化设施项目总建筑面积达 27.98 万平方米，已确定的总投资 29.77 亿元。今年政府将投资 9.09 亿元用于市级文化设施建设。不久的将来，这些文化设施将以辉煌的姿容和亮丽的色彩，向全世界展示深圳的文化内涵与特色。

（五）科技优势

高新技术是深圳的主导产业。深圳 2002 年信息产业总产值达 2340 亿元，占全市总产值的 69%；信息产业增加值占 GDP 比重达 36.09%；信息业对 GDP 增长贡献达 50%。截至去年年底，深圳软件行业出口额突破 4 亿元，比位列第二的软件"高地"北京高出 2.7 倍，占全国软件出口总额的 26%。随着深圳高新技术的发展、文化产业的发展，高新技术对文化产业的渗透力越来越强，支配作用越来越大，成为深圳文化最有力的支撑。无论从文化硬件建设，还是文化软件营造，深圳的文化插上了科技翅膀，新兴的文化项目都具有极高的科技含量。从舞台的声光电，到剧院的内与外，都凝聚着高科技的成果。而作为新的经济增长点的深圳文化产业，也偏重于科技型的现代文化制造业。比如电子音像、光盘生产，深圳已占据了全国 54% 以上的半壁江山。

现代印刷业，深圳在国内与北京、上海三足鼎立。此外，深圳成为境外三维动画影视片制作的最大基地。作为全国三大数字电视试验城市之一，深圳有着得天独厚的条件。目前有关方面表示，近期将加大对深圳用于数字电视产业研发的投入，目前深圳正致力于在2005年实现数字电视全网入户工程，在建的4个数字电视重大项目总投资额逾17亿元。未来5年，深圳将在中国数字电视领域继续领跑。

深圳发展旅游产业的文化特征
刘红娟

> 刘红娟，深圳市社会科学院副研究员、博士，《深圳文化蓝皮书》执行编辑，主要从事社会文化研究。本文选自《深圳文化蓝皮书》（2007年），略有删节，题目系编者另拟。

随着深圳经济的高速发展，深圳的旅游产业已形成多元化发展格局，食、住、行、游、娱、购六要素全面、协调发展，形成了比较完整的旅游产业体系和颇具规模的产业框架。目前，全市已建成富有地方特色、自然特色、文化特色的各类主要旅游景点、景区50多处，建成一批中国一流、极具国际水平、文化内涵丰富的主题公园。围绕这些景区、景点，深圳推出了"主题公园之旅"、"自然生态之旅"、"都市风情之旅"、"滨海休闲之旅"、"乡村观光之旅"、"人文历史之旅"、"购物美食之旅"和"高尔夫之旅"等8类特色旅游线路。有关专家表示，当一个国家或地区经济发展到一定程度时，第三产业在国民经济中的比重将持续增加。其中，当人均GDP超过5000美元时，这个国家或地区的旅游业将从观光旅游为主向以度假旅游为主转型。2005年，深圳人均GDP已超过7000美元，旅游业正在实现从观光旅游向度假旅游转型。良好的宏观经济环境，为深圳旅游业的持续稳定发展提供了广阔的前景，显示出明显的文化特征。

一、深圳发展旅游产业的文化特征

深圳旅游资源丰富，不仅有秀丽的山川，而且有悠久的历史渊源。同时，在现代化道路上排头兵的作用，使深圳的都市景观比较突出，尤其是人文公园开辟了中国旅游的新路径。作为改革开放的窗口，深圳的许多建筑和街道还是许多改革开放大事的见证。近年来，深圳的"文化立市"战略的确立和实施，推动着旅游产业朝着文化旅游的更高端发展。深圳的国际旅游节、国际文化旅游研讨会、高交会、文博会，更为深圳旅游产业带来会展旅游大发展的机遇，也使深圳具有鲜明的文化特征。

（一）打造山水旅游文化资源

深圳是一座自然环境优美、地理位置得天独厚、气候条件好、滨海特色突出的旅游城市。以海洋资源为例，深圳的海域面积1145平方公里，超过深圳土地面积的50%，海岸线狭长、岛屿众多。海洋沿岸海域生物资源较为丰富，主要名贵的海产鱼类40余种，有九大港区。自然景观丰富多彩，是全国闻名的旅游胜地。以海滨为例，著名海滨旅游景区小梅沙位于深圳东部大鹏湾，三面青山环抱，一面海水蔚蓝，她的环海沙滩逶迤起伏，海滨浴场洁净开阔，蓝色的大海碧波万顷，茂盛的椰树婆娑起舞，素有"东方夏威夷"之称。每逢节日，浴场周边人潮涌动，一派祥和的假日气氛。以山为例，梧桐山是"深圳河"的发祥地，梧桐山山高林密，主峰山泉汇入天池，池内深不可测，积万年草木之精华，药用价值极高，其间的瀑布、奇石、古树、翠竹、奇景、绝景，令人叹为观止，仅开通的攀山之路就多达9处，周末登山爱好者们趋之若鹜，曾经多次举办过百万人登山比赛的活动。除此之外，深圳还有着世界上罕有的奇观——红树林，它已被"国际保护自然与自然资源联盟"列为国际重要保护组成单位之一，自然保护区内地势平坦、开阔，有沼泽、浅水和林木等多种自然景观，于此可观赏到"落霞与千鸟齐飞、静水共长天一色"的自然美景。

深圳在海滨地带已建成了小梅沙海洋世界度假村、大梅沙公共浴场、明斯克航母世界、红树林保护区、西部海上田园风光、游艇俱乐部等20多个观光旅游项目。深圳以自己的文化打造着这些自然景观，大梅沙的沙滩音乐节、西部海上田园的乡村体验、红树林的群鸟争鸣、明斯克航母的俄罗斯舞蹈等，都已成为中外游客喜爱的旅游项目。而目前华侨城旅游集团在东部投巨资30亿元打造的三洲田度假村，更将山水和旅游巧妙地结合了起来。

(二) 打造历史和人文旅游资源

深圳市人文景观资源丰富，有名胜古迹近百处。在南山发现新石器时代的人类遗址，证明至少 6000 年前，深圳就已经有先民繁衍生息。咸头岭新石器时代文化遗址分布范围达 200 平方米，堆积地层清楚，文化遗存较丰富。追树岭青铜文化遗址为研究几何印张陶文化的发展变化提供了地层依据。铁仔山古墓区发现了 230 多座汉、晋、南朝、明、清各代的古墓葬，被列为 2000 年全国重大考古新发现。沙井龙津古石塔建于南宋，是深圳地区年代最早的古塔。笋岗老围元勋旧址是元末明初岭南著名人物何真的旧居，古堡式村寨建筑保护较为完整。南头城俗称九街，是具有明代风貌的古城，尚有南门遗存。大鹏所城在大鹏湾和大亚湾之间海滨，是另一座明代古城址。赤湾古炮台所在地"扼三面之险"，位置险要，历来是重点设防之地。赤湾天妃庙（又名妈祖庙）是"新安八景"之一，闻名于港澳和东南亚地区。龙田世居是一处较典型的古堡式的客家村寨，对研究客家居民迁徙深圳及其风俗、生活习惯很有价值。在近现代史上，沙头角中英街是中国由贫弱走向富强的见证。省港大罢工委员会接待站旧址在市内罗湖区南庆街 22 号的张氏宗祠。东江纵队司令部旧址在宝安区葵涌镇的土洋村，1944 年至 1946 年间，东江纵队司令部和广东省临时省委机关就设在那里。

深圳非常重视这些文物的保护与开发。围绕我国第一个"文化遗产日"，推出了主题鲜明的系列活动，包括举行举办"深圳 7000 年——深圳市出土文物展"、"深圳市非物质文化遗产成果展"，出版《深圳出土文物图录》，举行"深圳改革开放十大历史性建筑"揭牌仪式，宣传城市紫线，启动第三次全市文物普查工作等。在物质文化遗产保护方面，依法实施大鹏所城文物保护工程，编制了《大鹏所城保护规划》，南头古城的保护工作有新进展，客家围屋的保护有新突破。在非物质文化遗产保护工作方面，开展了全市非物质文化遗产普查工作并取得阶段性成果，确定了 25 个重点普查项目作为第一批市级非物质文化遗产代表作名录报请市政府批准公布；深圳市推荐的"沙头角鱼灯舞"入选广东省第一批省级非物质文化遗产代表作名录。大量的历史人文景观的展示，为深圳的现代都市旅游增添了新的内涵和无限的发展空间。

（三）打造文化旅游公园资源

众所周知，在20世纪80年代末期和90年代初期，主题公园是由深圳最先引进中国内地的。华侨城中的世界之窗、锦绣中华、民俗村和欢乐谷一直是深圳引为自豪的旅游景观。这三个景区是文化和旅游结合的典范，像世界之窗景区的《创世界》这样的演出，当时在国内其他地方是看不到的，只有在深圳这样一个中国通向世界的窗口才看得到。华侨城的成功，很大程度上就在于发扬了中外文化精髓兼收并蓄的深圳文化特色。尽管主题公园这一模式在其他发达国家已经不新鲜了，但在中国却引起了不小的震动，以致在随后的几年里北京和其他一些大城市也大量复制这种类型的主题公园。深圳的主题公园创造着旅游产业销售和收入的神话：世界之窗用了一年零九个月时间就收回了全部的投资；而2005年，仅欢乐谷一个景区就创造下了全年接待旅客量超过300万人次的国内主题公园单个景区接待人次的新高。

（四）打造文化节庆及文化活动旅游资源

深圳文化节庆已经成为旅游产业发展的新优势。深圳十分注重旅游与文化的结合，促进旅游产业不断创新。2005年，深圳举办的深圳国际旅游文化节，最大的一个节目是世界模特小姐大赛，这项大赛在国际上享有盛誉，来自65个国家和地区的佳丽参加了比赛，把人们对深圳的美好印象带到世界各地。此外，深圳国际旅游文化节还举办了精品演出季、国际珠宝论坛交流会、中德足球友谊对抗赛等活动，推进了国际之间的文化交流与发展。

近年来，深圳还加快了大型旅游项目建设，举办更多重大城市盛事。深圳举办高交会、文博会等，加大海外的招商和宣传力度，扩大了深圳的影响；深圳参加世界环保交流活动，取得"全球环境500佳"、"国际花园城市"等荣誉，也为深圳树立了良好的国际形象。尤其值得一提的是，深圳提出要增加城市内涵，从内部提升深圳的层次和水准，"文化立市"战略及其纲要的出台，确保深圳在公共文化服务建设方面走到了全国的前列；连续举办了7届读书月活动，惠及市民的市民文化大讲堂活动以及科学普及周活动，为深圳凝聚了人气，增加了文化交流的内容。

二、深圳发展旅游产业的优势

深圳发展旅游产业一直在全国处于领先地位，尤其以其创新引领全国旅游业的潮流。但是，随着全国改革开放的不断深入，中国其他各大城市的旅游产业也迅猛发展，尤其北京、上海、大连、青岛、哈尔滨、珠海、苏州、宁波等，是国内市场的重要主体。毗邻深圳的香港则以"休闲购物之天堂"吸引着广大外来游客。面对竞争日益激烈的对手，深圳也有着自己的经济和文化优势。

（一）深圳具有强大的经济实力，较好的旅游基础设施

深圳经济发展实力是深圳旅游产业发展的坚实基础和强大动力。深圳的经济持续高速发展，连续10多年外贸出口在全国居第一位，强大的生产力也使深圳的GDP居全国前列，人均收入则列全国第一。

深圳的旅游配套设施较为完善，为深圳旅游产业发展提供了发展条件。深圳是全国唯一的海、陆、空齐备的大型口岸，是全国最大的陆路口岸，年客流量超过1.6亿人次，成为海内外客商和旅游者的主要商务目的地和旅游目的地之一，区位优势明显，"门户"功能显著。目前，深圳已经基本建成现代化国际化的旅游交通格局，拥有国家一类口岸12个，二类口岸5个，皇岗口岸是亚洲最大的陆路口岸，全天24小时通关。深圳机场是中国第四大航空港，2005年旅客吞吐量位居全球第81位。深圳还是中国重要铁路到达城市之一，京九、广九、广深以及即将建设的深厦铁路在深圳交汇。深圳的高速公路密度、长度均在全国居前列。

全市现有星级宾馆酒店161家，其中五星级酒店11家，已按五星级标准建成开业或在建的酒店9家，四星级酒店26家。全市宾馆酒店日住宿接待能力达12.7万人，能够满足各类客人在住宿方面的不同需求。同时，全市还设立了146家旅行社，其中出境游组团社21家，旅行社营业网点遍布各个角落。近两年来，深圳在旅游业吸引了不少外资投入酒店的建设，目前已有四至五家五星级酒店在建。

（二）深圳具有高新技术优势和创新机制

深圳的高新技术产业发展迅速，地位突出，高新技术企业的规模继续扩大。截至

2005 年底，深圳共认定高新技术企业 1144 家，比 2004 年增加 201 家，开发、生产高新技术产品 2061 种，比 2004 年增加 518 种。2005 年高新技术产品产值也达 4885.26 亿元，按现行价格计算比上年增加 49.6%。科研开发和技术创新、产业配套能力在国内处于领先地位。深圳的许多服务业借助高新技术向高端发展，旅游产业更是具有先天的优势，它的投入产出较好为高新技术的投入奠定了物质基础，如今旅游电子服务已经十分普及，例如深圳旅游集散中心，除了在各售票站点及代理点直接购票，集散中心还设立了呼叫中心及网络销售平台，游客在家可通过电话上网了解到集散中心的相关产品信息，并可以直接订购。

（三）深圳具有先进的文化产业和高端的服务业

深圳文化产业是旅游产业发展的强大支撑。深圳的文化产业十分发达，印刷技术、动漫游戏产业、设计产业、电子信息产业，在全国都有着举足轻重的地位；而深圳文化企业，如深圳雅昌印刷有限公司、环球数码有限公司等，都在国际上享有很高声誉。同时，深圳的服务业在国内也是地位突出的。特别是深圳的会展业——服务业的高端产业，为深圳带来了潜力无限的旅游商机。中国国际文化博览会在深圳举行，每年一次，也奠定了深圳在文化产业方面的强大地位。中国高新技术交易会在深圳已经举办了 8 届，也使深圳成为一个国内外商务活动的重要场所。深圳会展中心是一个国际性的会展场馆，每年汇集大型展览 70 多场，成为国内外展览和商务会议的集中地。这些都对深圳旅游业的发展具有巨大的凝聚作用。

三、深圳发展旅游产业的战略定位和前景

旅游产业是一个投入产出较好的产业，是 21 世纪的"朝阳产业"、"无烟工业"，对于解决环境污染、产业急需升级的状况，是一条很好的出路。不仅如此，其对相关经济的拉动和就业的作用也是巨大的。如果按"旅游业每直接收入 1 元，给国民经济相关行业带来 4.3 元的增值效应；旅游业每直接就业 1 人，就给社会提供 5 个人的就业机会"的规律考虑旅游业的乘数效应，旅游业的地位和作用就更加显著。

2003 年深圳市委、市政府提出了要建设"美丽的海滨旅游城市"这一城市发展目

标。东部的黄金海岸是深圳旅游资源最为丰富的地方，在东部规划山海风光旅游区，同西部的海上田园生态旅游相呼应，形成东西两端保持自然、回归自然为主的自然生态旅游，改变深圳目前偏重人造景观旅游的旅游格局，丰富旅游形态。而东部的旅游开发将是高起点、具备国际水准的。据此，深圳市旅游局提出，在东部建设一个国际性的海滨旅游胜地。

目前，东部黄金海岸一期大梅沙海滨公园及配套项目已运作成熟，投资30亿元的东部华侨城（三洲田）一期也已经竣工。根据《深圳市旅游发展总体规划（2005—2020）》规划，在未来15年里，深圳东部海滨旅游圈划分为5个功能片区：沙头角旅游集散次中心区、梅沙—马峦—三洲田片区、葵涌—坝光片区、大鹏—大亚湾片区、南澳片区。该旅游圈包括19个重点景观区（点）：沙头角历史文化景观区、盐田海港观光区、大梅沙公众海滨度假区、小梅沙海滨度假观光区、三洲田山地生态景观区、马峦山自然生态旅游景观区、溪涌滨海景观区、葵涌滨海风情小镇景观区、坝光自然生态景观区、下沙公众滨海休闲娱乐区、大鹏古韵小镇和所城历史文化景观区、大亚湾核电海滨科教旅游景观区、南澳渔家风情小镇、鹅公湾海上渔业观光景观带、西涌国际级滨海度假旅游区、东涌休闲度假海岸景观带、七娘山自然生态景观区、桔钓沙滨海运动休闲度假区、东山新大海滨渔业旅游景观带。整个规划，突出了海滨旅游特色。

2006年3月26日，深圳市四届人大会议审议批准了《深圳市国民经济和社会发展第十一个五年总体规划》。根据这一规划，"十一五"期间到2020年，深圳经济社会发展的战略目标是：建设亚太地区有重要影响的国际高科技城市、国际物流枢纽城市、国际金融贸易和会展中心、国际文化信息交流中心和国际旅游城市，用15年左右的时间，在率先基本实现社会主义现代化的基础上，把深圳建设成为重要的区域性国际化城市。按照这一战略部署，"国际旅游城市"成为深圳未来的城市五个定位之一。建设"国际旅游城市"，是深圳市委、市政府对深圳现状、优势和未来发展的全面评估后所作的目标定位。据专家估算，"大旅游"口径的增加值约占深圳国内生产总值的5%—6%。在深圳未来的发展中，旅游业将被看作是最重要的产业之一，旅游产业是深圳最有潜力和发展空间的领域之一。

深圳建设国际化城市景观体系的若干思考

吴予敏

> 吴予敏，深圳大学传播学院院长、教授、博士，主要从事美学、传播学与社会文化研究。本文选自王京生主编《文化立市论》，海天出版社2005年版，略有删节，标题系编者另拟。

一、建设深圳城市景观体系的基本经验和原则

我国城市化的推进速度，在世界文明史上是前所未有的。深圳作为改革开放的"一夜之城"而令世界瞩目。短短的25年时间，深圳从一个2万人口的边陲小镇，奇迹般地发展成为实际生活人口达到1000万，总体上消融了农村，实现了完全意义的城市化，表现了高速推进和超常规扩张的模式。曾几何时，高耸入云的摩天大厦、川流不息的高速公路和城市干线、航船塔吊林立的港口码头，以及星罗棋布的高级住宅和光怪陆离的商业中心，是作为典型的现代化城市景观深深植入了人们的头脑。

当经济的发展速度和城市的内在承受力形成尖锐的矛盾，当短期利益和长期的可持续发展要求发生冲突，人们的头脑开始冷静下来，现在是认真思考我们这座年轻城市的面貌的时候了！建设国际化城市的目标理念已经被庄严地提到历史日程上，作为社会实践的主体，需要深入思考，未来的国际化城市需要通过什么样的景观向她的居民，向世人表达什么样的价值理念和风范，她能够成为我们在21世纪乃至今后更多世纪里可栖居的家园吗？

深圳市作为我国率先改革开放的地区经过了25年的发展历程。这座城市的诞生

和经济发展速度,在世界历史上至今还是绝无仅有的例子。毋庸置疑,深圳得天时(改革开放的大趋势和党开明的政策)、地利(地处珠江三角洲门户,毗邻香港澳门特区)、人和(特区人民数年如一日的奋斗和探索),诸多因素成就了深圳今天的辉煌。鸟瞰深圳大地,万物繁盛,一片生机勃勃。

在城市发展规划方面,深圳市在改革开放初期就自觉地吸取香港等地城市管理的经验,高度重视以科学精神和对历史、对人民、对后代子孙负责的态度,精心作好发展规划。第一阶段,1979—1986年,是深圳城市规划起步和成型时期,在1984—1986年间编制了深圳特区城市总体规划;第二阶段,1987—1990年,是深圳城市规划改革和转型时期,1989年参照香港规划管理经验,建立深圳市规划图体系,以此作为政府行政和社会投资建设行为导向的蓝本;第三阶段,1991—1999年,开始建立深圳城市规划的完整体系,在1998年通过地方人大立法,颁布施行《1996年—2010年深圳市城市总体规划》。今天深圳市的城市景观,基本上就是在科学规划和系统开发的过程中逐渐形成的。深圳市的经验证明,发展是硬道理,城市景观建设有赖于雄厚的经济基础;科学发展观是航向标,它规范了城市景观建设的总体格局,保证了后续发展的余地和潜力。

不可否认的是,城市规划和建设从来就是在辩证的发展过程中,在不断的矛盾和解决中推进的。当初建立深圳特区的时候,绝大多数人都没有估计到会出现深圳今天的状态。就拿居住人口的估算来说,一次一次地被事实证明是低估的。每当深圳市面临一次新的发展机遇,同时也意味着新的矛盾、新的挑战和新的问题。我们不能沉湎于已有的发展成就,必须面对现实,冷静思考,科学评估和预测,确立未来城市发展的蓝图和原则。

总的来说,深圳市城市景观规划建设的原则,应当体现三个基本原则:维护自然生态基础、凸现新时代经济发展旋律、体现人文关爱与开放自由。

维护自然生态基础原则,要求我们在追求较高的经济发展速度的同时,以不损害原生态的自然环境为底线。即使在将来的某个时候,为了维护自然生态基础,而不得不放慢经济发展速度,放弃暂时的经济利益,也应在所不惜!现在宣告GDP挂帅的时代已经结束,代之以经济发展的高质量以及总体协调进步的水平指标。城市的景观系统首先是以自然生态环境作为客观基础。人类的全部经济社会活动,是深刻影响生态环境的行为,它塑造了一种与自然生态的自发性景观不同的社会实践景观。因此,人类的社会实践活动对于自然生态环境的演化起到了干扰作用,这种干扰往往具有不可逆性。根据景观生态学的观点，人既是生物圈的组成成分，同时又是它的改造者和监护者。景观作为生态系统的载体，通过土地利用及管理活动，使生态系统中的主要成分将完全或部分地受到人类智力的控制。因此人类只有按照科学方法认识客观规律，把关于动物、植物和人类的各门具体科学有机地结合起来，才能实现景观利用的最优化。深圳市位于珠江三角洲，东临大鹏湾，西连珠江口，南与香港接壤，全市总面积1949平方公里。全境大部分为低丘陵地，间以平缓台地，西部沿海一带为滨海平原。从自然生态结构的角度分析，深圳市的景观可以分为自然景观和人文景观两大类别。自然景观又分为第一自然景观和第二自然景观。第一自然景观是原生态的、没有经过或者较少受到人类行为干扰的自然景观。这主要是深圳东部的淡水区和海水区的水体景观及沿海湿地，深圳东部、北部和西北部山脉丘陵。在历年的发展规划中，东部海水区域和山脉地区都得到了自觉的维护，即使纳入发展规划范围，也多半列为环境保护区、郊野旅游区，城市工业发展对其干扰不大。但是，在水体景观范围内，却受到了城市建设的较大的干扰。特别是从深圳湾到蛇口港、西部宝安区沿海一带、深圳河沿岸、红树林自然保护区等地，经济开发引起严重的水土流失、水质恶化，盲目地填海造地开发房地产，使这些地区的生态环境越来越脆弱，海洋生态环境、湿地环境趋于恶化。此种情况在20世纪90年代后期有越演越烈的态势，严重违背了在城市发展过程中坚决维护自然生态基础的原则。深圳市的第二自然景观是指原初的农业、渔业、养殖业所形成的景观。随着深圳地区大面积进入城市化，我们曾经划定的耕牧渔景观区域和果园景观区域，在高速发展成片开发中，不少都被改造成为产业园区、城市住宅和公路。在这个过程中，有些开发计划是必要的，也有些开发计划却违背了自然规律，属于主观上的行政干预和盲目投资。不仅在实际经济效益上得不偿失，在农业发展和环境保护方面付出的代价更是无法估计。从正反两个角度来说，我们都要从尊重自然科学规律的立场，从生态伦理的基本关怀出发对待脚下这片土地，将坚决维护自然生态环境作为城市景观建设的第一原则，并且以立法的程序加以切实保障，以杜绝武断的行政干预和急功近利的投资开发行为。

第二条原则是要在景观建设中凸现新时代经济发展旋律。任何城市的景观都是一个城市的历史的集中体现，是这个城市精神的外化。深圳市作为中国改革开放的典范，作为非常年轻的新城，其特点就是它前所未有的世人公认的经济成就。在今天的深圳市内，我们可以对崭新的建设景观感到自豪。这些景观可分为产业园区景观、城市消费生活景观、商贸行政区景观、市民家居景观、市政交通景观和旅游娱乐景观。

早在20世纪90年代编制《1996年—2010年深圳城市总体规划》的时候，我国城市规划界一批著名专家学者与我市规划编制部门一道，经过全面的勘察与研究，根据深圳特有的自然经济地理条件，确定了深圳城市的空间布局为带状多中心组团式结构。该方案适应东西狭长的地形，结合自然山川，从东到西规划了东部（沙头角、盐田）、罗湖上步、福田、沙河、南头5个组团，分期分片集中开发。各个组团之间规划有800—1200米宽的绿化隔离带；北面为梧桐山、羊台山山脉、南边隔大鹏湾、深圳河，形成了一个将自然生态环境与发达的经济生活融为一体的城市规划。应当说，这个规划经受了历史的考验，被证明是符合自然规律和经济规律的。现在经过多年的建设开发，特区内5个组团区域，在经济生活形态上分别成为港口物流与滨海旅游区（沙头角、盐田）、金融服务与商业消费区（罗湖上步）、市政管理和文化娱乐区（福田）、旅游休闲和高尚住宅区（沙河）及高科技产业与教育园区（南头）。特区外城市化的进程加快，将宝安、龙岗两区逐步改造成为工业园区，并与珠江三角洲产业带形成统一体。这些区域的有计划地渐进发展，完全符合深圳城市发展的规律，实现了相关产业和资源的空间整合，在经济效益和生态环境保护利用两方面都是成功的。各个不同区域也因此形成了不相雷同的景观特色。凸现新时代经济发展旋律，是被深圳市25年建设所证明的景观建设的基本经验，在今后的发展中还应当坚持完善。

  第三条原则是体现人文关爱与开放自由的特点。在这里人文关爱是基本价值，开放自由是地域优势与时代风貌的体现。在城市景观建设中为何要体现人文关爱，又如何体现人文关爱，是我们这座城市应当深入思考的问题。曾几何时，毗邻香港的深圳是人们越境逃港的滩头地。特区开发一声炮响，惊醒了多少人的迷梦，唤起了多少人的雄心壮志。这是一座移民城市，除了早期的2万多原住民以外，990多万居住人口都是陆续从内地移民而来。人们在这里奋斗，探索，付出汗水和眼泪，伴随着城市一同成长。这个特点是古老中国的任何城市都没有的。人文关爱，体现的是人们对这片土地的爱、对自我奋斗历程的肯定、对每一位移民的热诚欢迎。年轻的城市是富有高度包容性和高度自信心的。与古老的城市相比，深圳市也许没有辉煌的纪念碑式的建筑供人敬仰，没有伟大的历史遗存令人惊叹。但是，这是一个没有多少负担的城市，一个用轻松快捷的步伐前进的城市，一个以真诚的微笑对待陌生人的城市。这种精神气质需要化入每一栋建筑、每一片小区。深圳市在建设全国文明城市的历程中，非常注重弘扬这一精神气质，并且自觉地以这种精神气质对待每一位居民，特别是城市的打工者。当然，我们这座城市也有一些不尽如人意的地方。就拿建筑风格来说。相当多的建筑，特别是一些标志性的建筑，在设计理念、建筑用材、环境规划等方面，过多地模仿香港，模仿外国。在金融商业区的密集的建筑群中，充斥着光怪陆离的玻璃幕墙；在旅游商住园区，建筑和景观设计刻意模仿美国拉斯维加斯和西欧国家。这些景观不可避免地反映着我们时代的局限性和这座年轻的城市在文化上的局限性。我们指出这些不足，还应当看到，深圳正在走出自己年轻稚嫩的年代，进入比较成熟的发展时期。开放自由、年轻自信将成为内在的精神气质，而人文关爱与自我认同会互为表里，形成独特风貌的内在源泉。

二、深圳建设国际化城市景观体系所面临的矛盾及其解决

当我们带着对于未来国际化城市的浪漫想象开始新的规划和设计的时候，我们不能无视已经出现的问题和矛盾。如果这些矛盾不及时加以解决，城市的景观建设，就只是表面功夫，成为城市的粉饰和点缀。这显然是和以人为本的可持续发展的科学观背道而驰的。

今天我们城市的景观确有诸多问题。这主要是：第一，土地资源紧缺，水土流失现象严重。深圳大规模的城市建设产生了对沙、石、土等资源的需求，据统计，全市城市建设对普通建筑石料的需求量年均在1500万—1700万立方米。巨大的土石方需求导致大量采石企业应运而生，在高峰时期全市采石取土坑口多达600余处。龙华、观澜、龙岗、坪山等地的一些村镇无序开发建设，造成大面积黄土裸露。经过梳理以后仍有72个采石场。露天采石场的大量存在，对自然生态环境和城市景观造成较大的破坏，少数采石区还存在地质灾害隐患。因盲目采石取土造成水土流失引发山体滑坡、农田淹浸等自然灾害，严重威胁排洪设施、公路交通和居民生命财产安全。第二，河流水系污染严重，长期不能得到有效治理。深圳是缺水的城市，芳洲河、观澜河、坪山河、龙岗河为深圳引水渠支流，起到饮用水、排洪、农业灌溉作用。目前已查明特区内每天约有50万吨未经处理的污水通过3034个市政管线接入点、372个雨水排放口向河流和海湾排放。有108条市政道路129公里未铺设管线，造成污水没有出路，1300多个住宅小区存在雨污混流问题，170个城中村污水错接混排。因此作为生活命脉的河流成了污水沟。第三，因为在改革开放初期没有将原来渔农村的土地及时进行资本置换纳入国有土地开发计划，当城市经济腾飞、外来人口数量膨胀之时，

200多个渔农村一变而成为大大小小的城中村，脱离了城市土地统一规划。村民追求短期地租利益，不断地违章建房，致使城中村景观环境和社会治安相当恶劣。此外在城市发展的备用地带、城乡接合部区域、红树林自然保护区、垃圾填埋处理场等处搭建违章建筑也相当普遍。第四，在特区建设早期规划思想不够成熟，立法和执法管理体制不够严密，有些大规模的开发项目，缺少全方位论证，听凭行政命令急于上马，造成东部大小梅沙的海滩上各单位自行建设楼堂馆所，画地为牢，缺少整体形象和统一管理；西部某些大型旅游项目上马建设，以毁灭了数平方公里的三基鱼塘为代价，换来的是入不敷出的经济状况。这些问题陆续暴露，已经引起党和政府以及社会各界的深刻反思。导致这些问题发生的原因多种多样，根本的原因还是在于单纯追求经济速度和利益的思想作祟，政绩工程观念作祟，将发展简单地理解为经济增长的指标，将城市景观片面地理解为表面上的繁荣景象。第五，城市景观主要局限于实用性和经济性功能，给人以高品位艺术和审美享受的文化景观还不多见。城市居民人均图书馆、博物馆、体育和艺术场馆面积还有所不足，能够真正体现深圳特色的公共艺术、城市雕塑群还没有形成体系。

深圳市委和市政府从科学发展观出发，不仅清醒地看到前进中的问题，更采取强有力的措施着手解决这些问题。截至目前，深圳生态风景林建设经过多年大力营造，全市已完成造林6986公顷，超过总造林面积的10%，植树总株数达835万株。根据有关规划，从2002年起10年内，深圳市将斥资6亿元，建设生态风景林5.4万多公顷。从各区的造林监理报告、检查验收报告和现场检查显示，生态风景林造林质量总体上良好，造林成活率、保存率达到了90%以上，初步显现了多树种、多层次、多色彩的森林景观。在水资源综合治理方面，提出了"截污治污、清淤疏浚、护岸防洪、引水补源、绿化造景、重建生态"的治污方针，并提出了总体推进"五河四库两湾一口"（深圳河、观澜河、龙岗河、坪山河、茅洲河，深圳水库、西丽水库、铁岗水库、石岩水库，深圳湾、大鹏湾，珠江口）水环境综合治理行动计划。力争到2007年市内主要河流消除黑臭，到2010年主要河流、饮用水源水库达到环境功能区水质要求，到2015年各种水体包括近岸海域实现水清岸绿的目标，达到国际化城市的水生态要求。2004年深圳市委、市政府以前所未有的决心和气魄，上下一心，顶住各种压力，行霹雳手段，发动了声势浩大的"梳理行动"，在限期内拆除几千万平方米的违章建筑。整个战役精心计划，周密部署，协同作战，监督得力，特别是采取有力措施，防止梳理后的违章建筑风的回潮。这一行动深得民心。紧接着，趁热打铁，运用行政管理、市场机制、法律规范等各项措施，开始彻底解决多年困扰特区的"城中村"问题，将昔日的城中村改造成美丽的都市家园。为了弥补以往过度开发造成的生态环境损失，有关部门已经通过依法行政的程序尽快解决红树林自然保护区红线范围内依法统一管理问题，收回红树林保护区被占用的土地，并将在保护好原有红树林的基础上，实行滩涂人工种植红树林，种植面积共6万平方米，与现有的红树林连成一片，恢复湿地生态原貌。随着城市中心区、滨海走廊等富于创意的设计规划，可以预见，一大批体现自然环境风光、体现时代文化特色的景观世界将以崭新的面貌出现在世人面前，深圳的前景无限美好。

三、关于国际化城市景观体系的文化与审美的思考

城市文明的成长是一个漫长的过程。城市总是与社会变迁、阶级分化、工艺技术、生活娱乐联系着的一部文明小史。从文化美学的角度研究城市景观，对于城市的规划、建设和管理都具有重要的意义。毫无疑问，城市聚合了现代生活的多种功能；然而，更重要的是，城市是一个有机整体，她有自己的呼吸、节奏、性格、历史，有她的独一无二的生命。

城市景观是城市的整体和局部的美学形象。人们居住在城市里，每日每时亲身体验着这座城市。一切景观都是鲜明而具体的，负载着历史传说和情感追忆。人们也从对象化的立场，与自己的生活空间拉开距离，去评判她，欣赏她，诅咒她，恨她或者爱她。城市景观中有自然与人文之别，高雅与粗俗之分，平易与奇曲之异，现代与传统之悖。景观是城市的生命和灵魂的流露。在一定意义上说，也是人的情感和想象借以表达的符号。

现在，深圳市将"国际化"作为城市景观设计和建筑的理念。那么，究竟什么才是国际化？世界上有没有国际化特点的城市景观呢？我们说，国际化本身并不具备特定的符号意义，也不可能有统一的外在形式。城市景观体系，在自然生态结构的基础上建立，最重要的是她透出的文化的力量。就拿法国巴黎来说，从路易十四决心使巴黎成为欧洲之都，打造出属于法兰西自己的风格开始，划定了与塞纳河平行的巴黎城市中轴线。300多年来，巴黎城市面积不断扩大，城市面貌不断改变，这条中轴线却始终保持不变，显示出强劲的生命力。"富丽堂皇的亚历山大三世桥傲然横亘在塞纳

河上，分享埃菲尔铁塔的光荣。20世纪的巴黎不肯让过去的时代专美于前，德芳斯的大拱门、卢浮宫拿破仑庭院内的玻璃金字塔，以其纯粹近乎抽象的线条体现了艺术与尖端科技的完美结合。今天的巴黎市划分为20个区，按数字排行从小到大，像蜗牛壳一样从市中心呈螺旋形向外围延伸。塞纳河从市中心缓缓流过，仿佛城市的脉搏，在平静而有力地跳动。巴黎是一个万花筒，20个区有着各自的风貌，就像20个性格各异的人，呈现出自己独特的风采：一区到四区是巴黎的摇篮，古雅多姿；五区六区又称拉丁区，充满书卷与青春气息；分布在塞纳河两岸的七区、八区、十六区气派高贵；十八区蒙马特高地一带则弥漫着浪漫甚至诡异的氛围……同时，巴黎又是一个极其和谐的城市，古典与前卫、宁静与骚动、朴素与豪华、沉思与宣泄，甚至光明与黑暗，在巴黎的天空下并行不悖。认识巴黎最好的方式是在城中漫步，巴黎的历史不只是记录在图书馆的故纸堆中，巴黎的精彩也并不只是博物馆里大师们的杰作。漫步在巴黎，如同读一本翻开的大书，如同与一位记忆中装满掌故的老者对话，也如同观赏一出流动的舞台剧。国际化城市，完全是因为其内在生命力的充盈、历史的积淀、结构的和谐和特色的展现而取得国际地位。

日本的东京可谓超级国际化大都市。但是从20世纪80年代起，日本学者自身也抱怨，"日本国实际上早已变成了东京国"。而东京给予外国游客最大的负面观感，就在于西洋文化的摹写复制太多，能够体现自己独自文化传统的元素太少。由于东京"一极高度集中"的积弊，日本全国迁都的呼声不绝于耳。后来采取折中替代的方案，即确定在"京都—大阪—奈良"接壤的地区，尝试建立一个负载有"文化首都"功能，冠名为"关西文化学术研究都市"的试验性样板都市。1987年正式完成了"关西文化学术研究都市建设促进法"的立法工作。作为国家的重点工程项目，所拟兴建的"文化首都"，横跨大阪府、京都府、奈良县结合部的5市3镇，共辖12个功能不同、各有重点又相互联系的小区。这个试验性的样板都市的自我定位在于：正视21世纪"全球化"、"信息化"、"产业高度化"的挑战，以"文化"、"学术"、"科学技术开发"、"研究"来拉动该地域的经济发展，催生新型的高科技产业的临盆，并借助该地域丰沛的学术研究资源和优越的发展环境，吸引海内外一流的专家学者和全球主导性产业在此"安家落户""生根开花"。这座新城坚持"守旧创新"，注重人文关怀，发掘活用现有旅游观光资源，将"文化首都"建成日本传统文化瑰宝的展示场。新建的"文化首都"，在社区规划上重视公园、绿地和公共休闲、娱乐场所的建设，并尽可能体现各区域不同的个性。在住宅建设和生活服务设施上，力图满足多样化的生活需求。

日本城市建设的教训和新思考，对于我们非常有借鉴意义。国际化城市景观体系的设计和建设，显然必须有深邃的历史眼光，综合的全局观念和博大的人文关怀才可能做好。日本过去的教训就在于仅仅考虑尽快实现现代化，实现经济效益的快速增长和产业布局，城市作为人的生存空间和文化聚合的意义，被淹没在经济的庞大阴影之中。中国的城市建设，显然不能走日本已经走过的弯路。

最近十几年，我国国内改革开放和经济建设快速推进，很多城市已经在规划和建设上凸现了优势。例如，上海市通过保留浦西旧区，开发浦东新区的规划，沿着黄浦江两岸，呈现了两种截然区别的城市景观。一边是保留了殖民地时代异国情调的经典建筑，另一边则是赫然耸立的现代化新区，凸现了从近代以来至今的经受欧风美雨洗礼的东方巴黎的形象。苏州和杭州则以大手笔恢复了传统的湖光山色、江南园林的"天堂美景"，在原来的卫星城镇地区另辟新区容纳高新科技产业，形成传统与现代化并行不悖的场景。古城西安，历史上有周秦汉唐建都立国。他们充分发挥一切历史文化遗产资源的形象意义，以唐代大雁塔、明代城墙等古迹为依托，辐射整个城市形成基本建筑格局，重构气象恢宏的中国盛世景象。这座西部城市其经济实力还不如东部及南部各大城市，但是却采取了类似日本京都—大阪—奈良的城建思路，充分调动当地丰厚的学术文化资源，以文化带动经济，使古城面貌发生了根本性的变化。在城市水系的改造方面，广州市对于珠江、南昌市对于赣江、无锡市对于太湖、杭州市对于西湖的治理都非常成功。这些水系逐渐一洗污浊之面，波光粼粼，成为城市的生命文脉。

深圳市在城市规划思想和实际治理方面处于国内城市前列，却仍然有很多地方需要向国内外著名城市学习。毋庸讳言，城市的文化遗产和她的生态环境一样，已经成为特定城市与生俱来的东西，则是无法学习和模仿的。对于深圳这座非常年轻的城市来说，关键的地方，就是应当更成熟地体认自己的特点和定位。深圳在未来的发展岁月中，不需与上海比赛基础设施、金融贸易、第三产业和教科文等项目的国际化指标；深圳也不可能与西安、苏州、杭州、广州等城市比赛传统文化和学术文化优势。深圳的城市定位取决于她的自然和文化地理特征，取决于她的人口素质和产业类型，她的优势在于活力、创新和效益，在于整体的生态协调和产业结构协调，在于应用性科学技术的市场转化和创造现代社会文化价值，在于建构新的道德文明、法制文明和审美风尚。未来的深圳将在很多方面比国内的大城市以更加轻便的步伐前进，继续担任改革开放事业的领跑者。在深港粤澳的衔接地带，深圳将成为经济文化网络上的重要节点，即作为区域性的中心城市而参与经济全球化进程。

改革开放以来深圳学术文化的发展

深圳市委宣传部理论处、市社科院科研处

本文选自2009年深圳文化蓝皮书《改革开放与城市文化发展》。

一、学术和知识的融合汇聚

深圳经济特区建立28周年来,经济社会迅猛发展,工业化、国际化、市场化的各种要素迅速在这座年轻的城市融合汇聚,创造了世界城市发展史上的奇迹。而反映一个城市最内在精神气质的学术文化亦不曾掉队,它同样随着改革开放的浪潮澎湃涌动,在年轻的特区土地上生根发芽、发展壮大,以文化特有的规律书写属于自己的历史篇章。

改革开放以来,市委、市政府高度重视文化,不断发展高端文化,逐步培育起了学术文化发展的土壤。对一个从边陲小镇发展起来的、历史尚不到30年的年轻城市来说,高端文化先天缺失,上层建筑对文化、知识的培育塑造至关重要。从物质文明和精神文明"两手抓,两手都要硬",到实施"文化立市"战略,到提升城市人文精神,再到发展文化软实力,历届党委和政府部门积极的文化发展理念和有力有效的政策措施,为深圳文化的弃俗扬雅、健康发展,为学术文化在深圳的持续提升和有效凝聚营造了良好环境,创造了有利条件,逐渐使追求知识、追求高雅文化成为广大市民的共同心愿,使致力于发展高端文化、学术文化成为众多有识之士的共同追求,这是深圳学术文化得以大力发展的重要前提。

改革开放以来,深圳的学术机构不断发展壮大,学术人才不断聚集成长。短短二三十年，从无到有，从少到多，深圳的学术研究机构如雨后春笋蓬勃发展，涌现出了深圳大学、深圳职业技术学院、深圳信息技术学院、市委党校、市社科院、综合开发研究院、清华大学深圳研究院、北京大学深圳研究院、深圳市特区文化研究中心等学术机构和诸多社科学会、研究会，以及因特虎深商俱乐部、深圳当代社会观察所等民间学术机构，还有市委、市政府各部门的内设研究机构，全市已拥有各类研究机构、学术团体逾百个，为深圳学术文化的发展壮大搭建了广阔牢靠的平台。良好的学术土壤和广阔的学术舞台也吸引了大量的优秀学人。大批高素质学术人才的同城栖息，有效地促进了学术研究的切磋琢磨、交流提升，直接为深圳学术和知识的创造发展注入了无限生机和活力。

改革开放以来，深圳的学术著作大量涌现，学术成果成绩显著。截至目前，全市共出版各种学术理论专著近4000种，工具书、译著等500多种，在国家级学术报刊上发表重要学术论文2000余篇。其中《深圳特区十年》、《邓小平经济特区建设理论与实践》、《走向现代化——深圳20年探索》、《文化立市论》、《和谐城市论》、《八大体系——深圳行政管理体制改革探索》、《十大体系——深圳社会主义市场经济体制的基本框架》、《改革创新与经济特区新使命——中国经济特区成立25周年理论研讨会论文集》、《新加坡为什么能》等理论专著，以及从1999年开始推出的"深圳社会科学文库"各辑著作，更是产生了广泛的社会影响，这些理论著作对深圳学术文化的繁荣发展起到了引领推动作用，同时也带动了邓小平经济特区建设理论、社会主义市场经济理论、和谐文化研究等优势学科的成长。此外，深圳还创办了《特区经济》、《特区实践与理论》、《深圳大学学报》、《南方论丛》、《深圳文化研究》等学术刊物，见证和记载深圳学术文化的发展进程。

改革开放以来，全市共获得国家级社会科学成果奖62项，省部级优秀成果奖282项，深圳市优秀成果奖397项。事实表明，学术和知识已在深圳这座年轻的城市舒枝展叶，开花结果。而学术文化的碰撞融合、沉淀积累，在提升城市和市民的文化品位和人文精神的同时，也为城市的建设发展和改革开放大业提供了强有力的理论指导和智力支持，为深圳率先实践中国特色社会主义道路，探索发展中国特色社会主义理论体系作出了有益贡献。

深圳文化实力的发展，如同经济社会的发展一样备受世界瞩目，"知识资本"概念的提出者、"知识城市"理论权威雷夫·艾德文森（Leif Edvinsson）教授认为，深圳已经走上了"知识城市"的道路，并决定在深圳举办"第二届世界知识城市峰会"。我们为此感到骄傲，但我们也清晰地看到，深圳只是踏上通往"知识城市"的征途，距离真正的"知识城市"尚有一段差距，远未到达彼岸，其中一个很重要的因素就是深圳的学术文化还不够发达，尤其是人文学科。学术是一种有思想的知识，"有思想的学术和有学术的思想"的学术文化在某种程度上代表着一座城市的智慧、思想和精神气质的制高点，是现代城市的文化高地，只有这块高地被高质量地打造起来，方可真正谓之"知识城市"。因此，深圳学人依然任重道远，仍然需要孜孜追求、沉潜反复、开拓创新，努力建立和发展具有中国特色、中国风格、中国气派、吸收岭南学派特点的"深圳学派"，以建筑和夯实属于自己城市的文化高地，促使更高质量的学术和知识在特区的土地上高浓度的融合汇聚，使深圳真正成为一座有文化深度、有知识高度的更受尊重的现代国际化城市。

二、学人和机构的耕耘劳作

当今时代，文化越来越成为民族凝聚力和创造力的重要源泉，越来越成为综合国力的重要组成部分，成为直接推动经济发展、社会进步的文化软实力。从一定意义上讲，现在已经是以文化论输赢，以文明比高低，以精神定成败。

要提升城市文化软实力，行之有效的办法之一就是加强哲学社会科学领域的学术研究，这对科学地把握当今时代文化竞争的发展态势和规律，准确地把握文化软实力的丰富内涵和整体结构，进而提升城市文化软实力具有重要的理论意义和现实意义。

改革开放30年以来，在经济、制度、观念等各方面都走在改革前列的深圳，在文化领域也取得了可喜的成果。深圳哲学社会科学事业欣欣向荣的景象，得益于各大研究机构和广大学人孜孜不倦的探索和努力。

据资料显示，到目前为止，深圳市共有各类哲学社会科学机构91个，其中，综合性哲学社会科学研究机构2个，高等院校10所，市委党校1所，党政部门研究机构7个，民办哲学社会科学研究机构8个，哲学社会科学学会、研究会63个。

这些哲学社会科学学术研究机构切实发挥了思想库、智囊团的作用，他们立足深圳，面向世界，致力于改革开放理论与实践的研究，为推进全市物质文明、政治文明、精神文明和生态文明建设出谋划策，为把深圳建设成为中国特色社会主义示范市提供了一流的智力支持。

经过 30 年的发展，深圳哲学社会科学界已经形成了一批优长研究领域和学科群，在全国都具有重要影响，如中国特色社会主义理论体系研究、经济特区研究、政治经济学研究、城市发展研究、现代化研究、党建理论研究、外向型经济研究、宏观经济研究、资本市场研究、劳动及社会保障制度改革研究、港澳台研究、城市文化研究、行政体制改革研究、公共治理结构研究、城市社区与城中村问题研究等。其中深圳大学中国经济特区研究中心，是教育部与广东省共建的第一个哲学社会科学重点研究基地，在全国学术界享有盛誉。政治经济学是深圳市第一个有博士点的重点学科。优势研究领域的建立和优长学科的形成，为构建"深圳学派"奠定了坚实的基础。

近年来，清华大学、北京大学、哈尔滨工业大学、南开大学等国内知名高校纷纷在深圳建立研究生院或学院，有力地推动了深圳学术研究水平的提升，并为深圳未来的发展和建设培养和储备了大量人才。众多民间组织的学会和研究会，与社会关联度高、思想触觉敏锐，为深圳的哲学社会科学研究注入了无穷的活力。其中深圳经济特区金融学会可谓出类拔萃，它拥有团体会员 64 家，涵盖了银行、证券、保险、金融等科研机构，同时还吸收了一大批高素质、高学历的金融工作者加入学会，个人会员数量已逾千人，通过组织研讨和调研等活动，金融学会取得了许多重要研究成果，为深圳金融事业发展作出了重要贡献。此外，还有一大批各类政府研究机构，亦在政治、经济、文化、社会建设各研究领域，默默无闻地辛勤耕耘着。

深圳特区建立 28 年来，一批接一批中青年学者如新鲜血液从四面八方汇聚深圳，在这座城市的高等院校、科研院所、政府机关、企业找到了自己的位置，为深圳的思想文化建设汇聚了巨大的力量，注入了蓬勃的生机。据统计，目前深圳市哲学社会科学人才队伍约有 2000 人，他们主要分布在哲学社会科学研究机构、高校、各级党校、哲学社会科学学会（研究会）以及民间。他们中以中青年和高学历为主，高级职称人才占总人才数的三分之一左右。其中，享受国务院特殊津贴专家 81 人，国家有突出贡献中青年专家 2 人，深圳大学省级重点学科带头人 5 人。在这支哲学社会科学研究队伍中，不乏国内知名学者。还有一大批学人活跃于各自的研究领域，积极推动着深圳哲学社会科学界的繁荣发展。正是这些对改革开放和思想文化建设充满了热情的"精神建设者"，用思想和学术构筑了深圳的城市灵魂。

文化是一座城市最内在的精神生活，是城市智慧的积淀，是城市理性发展的向导。文化的力量，总是"润物细无声"地融入经济、政治、社会的力量中，成为经济发展的"助推器"、政治文明的"导航灯"、社会和谐的"黏合剂"。文化的总体发展状况，是城市生命活力的一大表现，也决定了一个城市的气质、内涵、精神和个性。30年来，深圳的哲学社会科学研究有力地推动着深圳的城市文化建设与深圳的改革开放大业同步迈进，而哲学社会科学界的一批批学人与学术研究机构，以另一种形式为深圳的城市建设添砖加瓦，与改革开放的策划者与建设者一道，打造经济与文化齐飞的新时代强市——深圳。

三、调研和评论的服务引导

学术是一朵高贵奇葩，但它的根扎在泥土里。真正的学术不应该脱离现实为学术而学术，学术文化的一个重要作用是服务和引导现实社会的理性发展。

学术对现实的服务引导有两种表现方式，一种是潜移默化的感染渗透，比如一些基础学科所起的作用；另一种则是直面现实的建言献策，作为广义学术文化范畴内的调研报告、决策咨询报告和时事评论、理论评论等便是后一种的典型代表，它们对推动一座年轻城市的快速崛起所发挥的服务引导作用也显得更为突出有效。

官方是深圳城市发展问题调查研究的主体，调研过程坚持紧贴改革开放实际、紧贴四个文明建设、紧贴领导决策，同时又坚持像真正的学术研究一样深入实际寻找论据、进行有说服力的论证、作出科学理性的判断，因而所产生的调研报告也往往对制订城市发展战略和出台各种政策举措大有佐助。

每年深圳市委、市政府都会把一些热点、难点、重点问题列为重大调研课题，由市领导亲自带队深入开展调查研究。比如在今年上半年全市进一步解放思想学习讨论活动中，市委、市政府就开展了"总结我市改革开放28年历史经验，进一步推进改革开放"、"加快转变发展模式，争当实践科学发展观排头兵"、"学习追赶世界先进城市"、"创新人才工作体制机制，完善吸引高端人才政策"等24项解放思想重大课题调研，形成了一系列高质量的调研报告，在提炼这些调研报告的基础上，市委、市政府出台了《关于进一步解放思想学习追赶世界先进城市的决定》、《关于坚持改革开放推动科学发展努力建设中国特色社会主义示范市的若干意见》（以下简称《若干意见》）两个重大决策文件，并即将出台《加快建设中国特色社会主义法治城市实施纲要》、《关于全面提升文化软实力的意见》等配套政策，其中《若干意见》是指导深圳今后一个时期改革开放和科学发展的纲领性文件，明确了深圳建设中国特色社会主义示范市的目标任务和重要举措，意义非同寻常。

此外，通过调研形成的各种年度蓝皮书对城市的建设发展也具有积极的指导意义。深圳在这方面做得比较出色，蓝皮书文化发展十分迅速，走在了全国前列，2003年起便开始推出《深圳蓝皮书：中国深圳发展报告》（2008年起改为《深圳蓝皮书：深圳经济发展报告》和《深圳蓝皮书：深圳社会发展报告》两种蓝皮书）和《深圳文化蓝皮书》，2006年起推出《深圳劳动关系蓝皮书：深圳劳动关系发展报告》，2007年又推出了《文化蓝皮书：中国公共文化服务发展报告》，而2004年推出的《因特虎深圳报告2004：十字路口的深圳》更被誉为中国第一部民间"城市蓝皮书"。这些蓝皮书既具备很高的学术性、理论性，同时又具有很强的实践性和针对性，例如《深圳文化蓝皮书》就每年紧扣一个发展主题，2003年的主题是"文化体制改革与文化产业发展"，2004年是"文化立市与国际化城市建设"，2005年是"城市文化战略与高品位文化城市"，2006年是"城市文化产业与发展模式创新"，2007年是"城市文化创新与和谐文化建设"，2008年是"文化软实力与城市竞争力"，这种与时俱进、贴近实际的学术研究方法也让蓝皮书在相关决策部门制定政策时具有很高的参考价值。

媒体是现代社会评论的载体，改革开放以来，深圳各报刊、广播电视、互联网等大众媒体紧扣时代主旋律，及时总结和推广经济特区先行先试、改革创新的伟大成就和成功经验，以特区的实践深刻诠释和大力宣传邓小平理论、"三个代表"重要思想和科学发展观重大战略思想，为全国改革开放和现代化建设提供了许多经验借鉴，充分发挥了特区"窗口"和"示范"的"传声筒"作用。

1984年，邓小平第一次视察深圳，《深圳特区报》大力宣传小平同志对深圳的历史性评价"深圳的发展和经验证明，我们建立经济特区的政策是正确的"。报道一经传开，既大大坚定了特区建设者"杀出一条血路"的信心，也有力推动了全国各地的改革开放迈出更大、更快的步伐。

1992年，小平同志再次视察深圳，并发表了重要讲话，科学回答了"什么是社会主义，怎样建设社会主义"这一根本问题，廓清了长期困扰人们思想的一系列落后僵化观念。《深圳特区报》在全国率先报道了这次历史性的讲话，刊发了著名的"猴年新春八评"，即《扭住中心不放》、《要搞快一点》、《要敢闯》、《多干实事》、《两只手都要硬》、《共产党能消灭腐败》、《稳定是个大前提》、《我们只能走社会主义道路》8篇精评，不久又发表了《东方风来满眼春——邓小平同志在深圳纪实》这一被人称为可与《实践是检验真理的唯一标准》并称为中国改革开放"历史关头的雄文"，《深圳商报》也发表了"八论敢闯"系列评论，它们巧妙但又"原汁原味"地传递了小平同志视察深圳的重要讲话精神，在海内外引起了巨大反响，也掀起了全国新一轮改革开放的热潮，至今仍传为佳话，而"实干兴邦，空谈误国"等评论的经典语句也一直成为激励深圳人不断刷新"深圳速度"的精神动力。

2000年，江泽民同志两次视察深圳，在广东、在深圳提出了"致富思源、富而思进"的著名论断，初步阐发了"三个代表"重要思想，并要求深圳实现"三个继续"，发挥"五个带头"作用。深圳媒体抓住机遇加强宣传，大力营造"增创新优势，更上一层楼"的舆论环境，很好地为特区在"世纪之交"纵深推进跨越式发展摇旗呐喊、鼓劲加油。

2003年，胡锦涛同志视察深圳，要求深圳"不自满、不松懈、不停步"，"加快发展、率先发展、协调发展"，强调特区要继续发挥"试验田"和"示范区"作用，在制度创新和对外开放方面走在前面，为全国提供更多的有益经验。深圳媒体对此进行深入报道评述，既有力鼓舞了特区人们的士气，也为"科学发展观"重大战略思想的最终形成做出了积极的理论探索。

党的十七大以来，全国进入了贯彻落实科学发展观的新的历史阶段，2007年底广东省委发出了继续解放思想、争当实践科学发展观排头兵的号召，深圳媒体积极响应，确保舆论先行。《深圳特区报》第一时间刊载多篇专家学者有关解放思想的理论文章，并率先开辟专栏推出《深圳的眼光要紧盯国际标准》、《解放思想要有胆有识》等24篇系列评论，得到了汪洋书记的充分肯定，号召全省媒体向深圳学习；广电集团也加强策划推出"争当解放思想先锋：对比国际名城"等重大专题，解放思想学习讨论活动期间，深圳媒体共刊登系列评论、人物访谈、观点摘要等400多篇。同时，为纪念改革开放30周年，深圳报业集团陆续推出了《牢记特区使命、继续解放思想、推进改革开放——重温邓小平、江泽民、胡锦涛同志对深圳经济特区的嘱托》、《口述历史》、《深圳改革开放十大经典案例回放》等专题；广电集团继续做深做强高端访谈节目《对话改革》，并推出6集大型电视政论片《珠江》和365集系列评论片《伟大的历程——纪念改革开放30周年》等报道，为深圳进一步解放思想、坚持改革开放、推动科学发展、努力建设中国特色社会主义示范市营造声势，建言献策。

事实证明，在改革开放事业向前推进的每个关键时刻，深圳的报刊媒体都能以特区文化特有的敏锐视角，作出及时而准确的反应，对现实的影响广泛而深远。

四、活动和交流的热力辐射

改革开放使中国步入了敞开大门迎接外来文化的时代，国人的传统观念和思维方式在精神文化的层面上经受了前所未有的全面洗礼，东西方文化产生了激烈的碰撞。进入 21 世纪，全球一体化成为时代的关键词，我们的国家、城市要保持生机、活力和先进性，都必须借助文化的力量，弘扬独特的人文精神，发挥学术的重要作用，并且与整个世界保持全面开放、充分交流状态。与商品贸易、技术交流、文化渗透一起，学术界也展开了形式多样的交流与合作。国家之间、区域之间的学术交流，促使深圳的学术界呈现出多元发展的局面。在广泛拓展与国外知名学术与文化机构的联系和交流，建立国际合作关系，开发优质推广项目方面，取得了不错的成绩。

深圳市的学术科研扎根各科研机构、高等院校，积极开展与社会发展同步的学术研讨会、调研活动，凝聚学术界的高端人才的智慧力量，为改革开放、社会主义建设提供理论参考和科学护航。如"科学发展观与社会主义和谐社会建设"、"改革创新与经济特区新使命"等各种类型的学术研讨会已举办了 80 余场，并举办了 64 场"深圳学术沙龙"系列活动，还组织了 300 多人次的本地学者到国外进行学术交流，接待了国外 10 多个学术团体、30 多所大学和研究院所的专家学者 200 余人，这一系列的学术交流活动，反映了市委、市政府对学术文化工作的重视，也体现了深圳学者不倦探索的精神，在很大程度上扩大了深圳学术文化的影响，并且达到学术资源共享、共同进步的效果。

深圳是改革开放的最先受益者之一，在经济发展、城市建设方面领先于许多内陆城市。虽然，由于城市"年龄"偏低、文化底蕴相对薄弱等原因，其高端学术文化不可避免地与老牌城市存在差距，然而深圳市并没有停下追求文化繁荣的脚步。经过 30 年的努力与积累，深圳的文化活动品牌建设已经成为这座城市的亮点。

从 2000 年起，深圳市连续举办了 8 届深圳读书月活动。每年的 11 月份，深圳市的街头巷尾都会沉浸在一片书香弥漫、读书情绪高涨的氛围中。读书月期间，有关部门先后组织开展了深圳读书论坛等 1000 多项学术与文化活动，参与人数高达 1000 万人次以上，深圳因此也成为全国读书文化的策源地、推广者和领军城市之一，在粤港澳乃至全国有广泛影响，已经成为深圳重要的文化活动。

2003 年起，已连续举办了 6 届深圳社会科学普及周活动，先后组织近 80 个哲学社会科学机构与学会、200 多位专家为市民提供义务咨询，邀请 28 位国内外知名学者和 18 位深圳本地专家为市民开展了 46 场哲学社会科学知识讲座。通过举办社科普及周活动，拉近了科学与市民之间的距离，并达到培育城市人文精神氛围，提高市民文明素质的目的。2005 年，深圳社会科学普及周被列为深圳文化领域 10 件大事之一，2006 年被深圳市民投票推举为"市民最喜欢的'深圳十大文化品牌'"，位居第五，成为深圳新的城市文化品牌。

从 2005 年开始创办的深圳市民文化大讲堂，截至 2008 年 9 月，共聘请了 284 位国内外知名专家举办了 300 场讲座，免费向市民开放，其现场直接听众（按每场 500 人计）有 15 万人，媒体受众上千万人次（含平面媒体、电视媒体和多媒体）。主讲嘉宾们的讲座融知识性、趣味性和鉴赏性于一体，寓高雅于通俗之中，深受市民欢迎以及专家学者的好评。2005 年，被列为深圳文化领域 10 件大事之一，2006 年被深圳市民投票推举为"市民最喜欢的'深圳十大文化品牌'"，位居第三，成为深圳新的城市文化品牌。

参考当今世界的学术研究趋势，结合深圳的实际情况，加强与其他国家、地区、城市的交流与学习是未来学术活动的一大突破点，"他山之石，可以攻玉"，唯有在学习交流的路上永不止步，才会使深圳的学术文化达到新的制高点，在保持原有的学术科研品牌的基础上，积极开拓新的学术研究领域。深圳要继续加强马克思主义理论特别是中国特色社会主义理论体系的学习、研究和宣传，积极推动"深圳市科学发展观研究工程"、"建设中国特色社会主义示范市研究工程"、"经济特区改革开放 30 周年研究工程"、"深圳城市人文精神建设工程"、"和谐文化与哲学社会科学建设工程"、"深圳学派建设工程"等重大课题的研究进程，建设一批具有深圳特色、结构合理的优势学科，推出一批有重大学术影响和社会影响的研究成果，努力形成具有中国特色、中国风格、中国气派，吸收岭南学派特点，具有较大影响力的深圳哲学社会科学研究群体。

深圳文学三十年（节选）

胡经之　黄玉蓉

> 胡经之，深圳大学教授、博士生导师，著名文艺美学家、评论家，主要从事文学与文艺美学研究；黄玉蓉，深圳大学国际交流学院副教授、博士，主要从事文学与文化研究。本文节选自2009年深圳文化蓝皮书《改革开放与城市文化发展》。

作为中国改革开放的"试验田"和"窗口"，深圳以其近30年的发展，创造了城市发展史上有目共睹的成就；深圳文学作为对深圳社会生活的动态反映和艺术观照，紧跟时代脉搏，大胆开拓创新，以多样化的艺术手法反映伟大的社会变革，创造了深圳文学多元共存、众声喧哗的繁荣局面。

创新是艺术的本质，也是深圳的灵魂。二者在深圳的聚合助推30年来的深圳文学走过了一条辉煌的创新之路。开放的环境极大地激发了作家的创造力，瞬息万变的改革现场为这种创造力的发挥注入了丰富的内涵。

回顾深圳文学30年来的发展历程，我们可以发现如下几条清晰的脉络：不管哪一题材，无论何种文体，作家们都在艺术创新的道路上留下了左冲右突的身影。在题材的选择方面，深圳作家突破陈规，大胆地将视野投向轰轰烈烈的改革开放事业，率先塑造改革者典型形象，为中国当代文学贡献了"深圳新观念"，形成了一道极富冲击力的文学景观；在这座鼓励创新、宽容失败的移民新城，一些富有创造力的作家本能地尝试一些先锋、前卫、纯粹的文体实验，其作品从内容到形式都体现出一定的先锋意识，形成了一道另类而经典的文学景观。

一、观念的创新

深圳特区直接诞生于改革开放时代，使得深圳作家能够不受旧有的意识形态桎梏而得以轻装上阵"说真话"，深圳文学的创作主体一开始就找准了历史定位。不论是政治观念形态还是文化观念形态的创新性，在深圳文学中都体现得比较突出。由于科学技术的迅猛发展，城市化进程的日新月异，深圳人的生存环境和生存状态急速改变，相应地，人们的思想观念也不断发展，社会上出现了很多与启蒙运动以来的现代理性根本对立的人生观和价值观，应时而生的文学敏锐地反映了这些与现代理性和主流价值观冲突的"新"观念。这种文学中反映的观念现代性与深圳社会中"特别能改革、特别能开放和特别能创新"的现实氛围完全吻合，体现了深圳文化的现代性。具体来说，深圳文学的观念现代性体现为它在表现"深圳题材"时不着意于一般性地表现特区社会状貌，而是纵笔探究特区社会变革对人们的观念、价值体系造成的极大冲击。

早在1993年，《特区文学》杂志社就打出"新都市文学"的旗帜，并在此后集中推出了一批反映崭新城市经验的优秀作品，这是深圳文艺界人所共知的事实。而较少为人所知的是，在此之前，深圳文学就已明显地体现出题材和观念的"城市化"倾向。当大多数作家们还在执著地传达"都市美，乡村恶"的乡土理念，津津乐道于那点"咱村里的事儿"时，深圳文学就已经别无选择地走上了一条将城市作为审美观照对象、努力探寻人与城的生态关系的现代化道路。可以说，由于产生于社会现代化的宏伟潮流中，深圳文学自发端伊始便以崭新的文学观念指引着前进的方向。

在过去的近30年里，深圳文坛产生了一些在全国具有首发性的文学现象和对人们的思想观念形成较强冲击力的文学作品。1980年代中期，当北京的作家还在慨叹"你别无选择"，还处于理想幻灭、价值失落、个体无法自由言说的迷茫情绪之中时，以刘西鸿为代表的一些深圳作家就已经在以特立独行的艺术姿态为人性的自由舒张而呼号。刘西鸿1986年发表的《你不可改变我》以文化观念上的陌生感与现代性引起了中国文坛的瞩目。作品率先打破主流意识形态话语，开创了个性十足的话语风格，反映了特区文化氛围中时尚青年的时代情绪，引发了广泛的"刘西鸿现象"讨论，一时名噪全国。作品中的女主人公在面临人生选择时，放弃了考研读博的机会，而选择去当模特。她的宣言是："我已经决定了，你不能再改变我。告诉你是尊重你。你不能改变我的。""十年二十年后这个世界上博士、硕士俯首可拾，而大牌模特儿是天生的，不是人人可以。"女主人公鲜明的主体意识和独立的人格气质令人耳目一新，她那种及时展示并且发挥自己长处的人生选择让人不得不佩服她的独到眼光，支配她作出这种选择的思想武器则是1980年代初期改革开放语境下国民价值观转型的时代氛围。

1981年，深圳作家廖虹雷发表了一批反映深圳特区发展变化的散文，1982年，李伟彦、刘学强发表报告文学《深圳湾的驾浪者》，谭日超发表中篇小说《爱的宣言》，朱崇山发表《温暖的深圳河》、《门庭若市》等中、短篇小说，黎珍宇发表《中国ANGEL》、张黎明发表《朗·策史葛舅舅》等短篇小说，韦丘发表诗歌《边城赋》，等等。这些深圳文学史上的开山之作以高昂的热情讴歌深圳社会的改革志士，宣扬与主流意识形态和社会发展进程完全一致的价值观念，记录了一个时代的社会风情。

20世纪90年代中后期，深圳文学作品中频繁出现了"妓女"、"包妹"、"二奶"等改革开放以后出现或复苏的不良事物。比如文夕的《野兰花》系列、缪永的《我的生活与你无关》等。与传统妓女题材的苦难叙事、血泪控诉不同的是，女主人公往往都是在经过了利害权衡后平静地作出这种选择的，无关廉耻，不谈伦理。这类题材通过女主人公闯荡城市的生存经验形象地演绎出转型期社会混杂的伦理经验和道德风尚。遗憾的是批判力度不够，内涵挖掘不深。在缪永的《驶出欲望街》中，主人公迫于生活的困窘和物质的诱惑，貌似平静地接受了"包妹"身份，但内心依然残存传统伦理的影响和独立女性的尊严。正是这种新旧混杂的伦理经验使得她与渴望中的爱情擦肩而过，最后以决绝的姿态告别屈辱，走向自立。

此外，张黎明的中篇小说《李察·黑尔》、李兰妮的中篇小说《他们要干什么》等作品都彰显了超前的观念意识。《李察·黑尔》创造了一个多主题交织、多线索并进的多义性的文本空间。作品中女主人公阿莉强烈的女性意识、种族意识和国家意识都给人留下了深刻的印象。而文中表现得尤为动人的是她与外国勘探专家的跨国爱情。在20世纪80年代中期深圳的文化氛围中，这种感情经过勘探现场自然风雨的严峻考验，又经受了中西文化冲突的风雨摧折，最后以忧伤和失落收场。作品以主人公痛苦的个人体验传达出文化鸿沟的不可逾越，这种文化反思在80年代中期出现于深圳文坛，体现了深圳文学在文化观念上的超前性；李兰妮的《他们要干什么》宣扬了"不是强者莫到深圳来"的竞争意识和拼搏精神，文中主人公洒脱现代的爱情、婚姻观念也令人咋舌。

1986年9月，刘学强有关特区青年更新观念的散文集《红尘新潮：深圳青年观念更新录》出版后曾经引发全国青年展开对"深圳新观念"的讨论，很多内地青年读后毅然南下投奔深圳；1986年10月，由深圳著名诗人、诗歌批评家徐敬亚策划发起,《深圳青年报》和安徽《诗歌报》联合推出了"中国诗坛'86现代诗群体大展"。诗展大规模呈现了中国现代诗歌的艺术力量,体现了中国诗歌界先声夺人的生机,是一场震动中国当代诗坛的诗歌运动,也是一次可以写入中国诗歌史的划时代的文学事件。此次大展推出了数百家诗歌流派,总结了数百种宣言旗号,造就了全新的诗歌观念,推动当代诗歌超越朦胧派,进入新的发展时期。"大展"的另一重要贡献在于发掘了中国现代诗史上重要的"第三代诗人",这些诗人以后现代文化理论作为文化底蕴,力图超越价值规范和理性束缚,反叛传统的文化意识和艺术理念。徐敬亚本人以及王小妮、客人、胡冈、贝岭等深圳诗人都以自己的艺术实践参与了这场现代诗歌运动,显示出1980年代中期深圳诗歌界的现代性求索。

1996年,青年郁秀创作的长篇小说《花季·雨季》一经出版即风靡全国,后被改编成电影、广播剧等多种艺术形式,获得多项大奖。如今,"花季·雨季"已成为中国学生中学时代的代名词,其影响至今犹在;而且,郁秀的写作行为被看作"首开少年写作风气之先"的代表作家,她走红数年后才有韩寒、张悦然、李傻傻等少年作家的登台亮相,之后发展成一种众说纷纭的文学现象——"80后写作";2004年,深圳成立了全国首家以中学生为主体的文学组织——深圳中学生文联,蓬勃发展的中学生写作现象倍显这座年轻城市"阳光写作"的未来前景,"青春文学"成为深圳文坛一道蕴含无限生机的风景线。

谭甫成的中篇小说《小个子马波利》发表于1988年,作品背景是1987年左右的深圳。小说揭示了特区开创之初贫富不均、知识分子待遇菲薄的事实,同时也深层次揭示了物质主义盛行时代特区人的精神真相。作家前瞻性地意识到经济发展后人的精神问题亟待解决,艺术地传递出特区人"富了口袋要富脑袋"的精神诉求。小说中知识分子马波利尽管其貌不扬、收入菲薄、生活穷困,但他执著地关注着人的灵魂问题。"我所在意的,使我十分苦恼而又无能为力的,是这城市几十万人的灵魂。这几十万人每日每时急急遑遑飞蛾扑火一样扑向金钱、扑向商场、扑向灯红酒绿的大街,毫不顾惜自己的灵魂。"他激动地呼吁,"使这个城市健全合理地发展,而不仅仅是经济实验样板,不仅仅是某种工具和手段。"这种远见卓识不正是20年后的今天深圳人上下同心苦苦求索的价值取向吗?

谢宏的长篇小说《文身师》是一个具有超前观念的现代文本,作品体现了一种从快感文化向痛感文化过渡的当代审美新趋向,展示了作家在体察现代都市人精神疾患方面的超前意识。在传媒发达、物质充裕的条件下,人们从丰富的物质景观中感受到的已经不再是审美快感而是审美疲劳，快感已经不能调动人的激情，唯有痛感还可以暂时刺激一下神经，让人获得一种短暂的麻醉。《文身师》除了被动地呈现痛感刺激对都市人的精神冲击之外，还主动地建构起"病人"自我拯救的途径，通过这种拯救展示了人性的复杂和深刻。

二、艺术的创新

如果说题材和观念的创新更多地反映的是社会心理的超前，那么艺术的创新更直接地反映出审美趣味的提升。纵观深圳文学发展史，我们会发现，在这个年轻人云集、知识分子荟萃、本应最具先锋质素的城市，先锋文学的因子却萌发得十分缓慢，特别是先锋文学的物质外壳——文体实验意识在深圳作家笔下呈现得还不够充分，作为文体形式意义层面的现代性体现得不甚明显。当国内外文坛大兴先锋、实验等新思潮、新文本时，深圳文坛却表现得相对平寂。但也有一些作家勇敢地尝试一些先锋、前卫、纯粹的文学实验，其作品体现出一定的先锋质素，在文学圈内备受推崇，而一些圈外人却敬而远之。这批作家以薛忆沩、李兰妮、青年郁秀等人为代表。他们以深层次精神问题的探究为旨归，以一种小众化的路径，充分发挥文学的审美功能，挑战读者的阅读智慧，满足高层次的精神需求。

薛忆沩是深圳文坛上一个传奇式另类作家，一个总是走在时代前列的实力派人物。这位"孤独而才华横溢的'抵抗战士'"、"对当代生活的陈词滥调有自觉反抗意识的作家"，"一个人远离尘嚣，与热闹的文坛始终无涉而迷恋于写作虚构故事的宿命"。他曾与王小波同时获得台湾《联合报》第13届小说奖，也曾与王朔等"当时最出名的作家'同时'在当时最耀眼的文学刊物上出现"。虽然他至今还未曾获得与王小波、王朔等作家相当的知名度，但这丝毫无损于他在深圳文坛的地位。正如他《流动的房间》里两个漂亮的子目录所示，他的小说城市里面还有城市，历史之外还有历史。他得心应手地采用多重叙事驾驭各类题材，并娴熟地将人生感悟穿插在那一个个灵动的词语之间，推动文本直抵存在的真相。读者必须反复阅读、用心品咂方能得其真味，这种"慢些，再慢些"的阅读节奏挑战着读者的阅读耐心和文学智慧，也带给读者少有的思维乐趣和鉴赏愉悦。他作品的意义和价值总是在发表或出版一段时间后才会被人们意识到。长篇《遗弃》1989年3月由湖南文艺出版社首次出版，作家本人说这本小说"真正的读者只有 17 人"。但有知名学者认为，它不同凡响，没有人读并不会影响它的价值。果然，8 年之后它突然成为知识界的"话题"，并于 1999 年 8 月再次出版；《流动的房间》集结了他 18 年间创作的最重要的中短篇小说，出版前迟迟找不到"婆家"，上市后却很快被抢购一空，创造了图书市场上的一个小小的"神话"；他的短篇小说《出租车司机》1997 年在《人民文学》杂志发表后，没有被人注意；后来被香港《纯文学》杂志刊登出来，仍然没有人注意；2000 年秋天，它再次被《天涯》杂志刊登出来，被包括《新华文摘》和《读者》在内的"几乎所有选刊"转载，成为一时雅俗共赏的"名作"和 2000 年度中国最引人注目的短篇小说；他的短篇《通往天堂的最后那一段路程》是一篇经久耐读的艺术佳作。小说以加拿大医生白求恩的故事为原型，通过怀特大夫在支援中国解放事业的辗转流离途中写给前妻的一封长信，展现了一段具体历史之外的一个"另外的"人，一个有别于我们在传统文献中看到的白求恩形象——穿白大褂、紧张地穿梭于手术台、毫不利己、专门利人的国际共产主义战士形象。在作家优雅诗意、节奏感强却又节制理性的语言指引下，我们见识了怀特大夫情感的丰富、情怀的浪漫、人性的高贵和精神的博大。小说塑造的人物形象超凡脱俗，却又真实可信；作家在作品中谈艺术、宗教，谈生命的本质，但它们却毫无概念化、类型化的嫌疑，它们都那么驯服地归顺在简洁优雅的文字统摄之下。小说呈现出多重文体相互整合的特征，读起来像诗歌、像散文，也像哲理小品。从中我们可以看出作家对小说形式空间及审美内涵的用心经营。

《旷野无人———一个抑郁症患者的精神档案》是李兰妮的一部具有创新性的跨文体写作。该书由四部分组成：认知日记、随笔、链接、补白。写认知日记是作者根据医生的建议而进行的一种辅助治疗手段，它如实地记录了作者患病期间的情感状态、意识及潜意识状态，其中作者的潜意识是通过大量的梦境体现的；随笔部分以理性的分析告诉读者自己是如何一步步战胜抑郁走出心灵困境的；链接部分摘录了不少国内外知名心理学家、心理医生以及抑郁症患者对抑郁症的研究文字，这是作者在与抑郁症斗争的 5 年中，从读遍的有关抑郁症的书籍中摘录出来的，有最权威的研究文字，也有最新的学界动态，可看作是关于抑郁症的普及教育和健康启蒙；这部分还包括作者回忆童年生活的一些自况性散文和小说，这些文字描摹出作者被压抑的童年伤痛，由此可以看出作者试图从童年生活、家族经历、工作状态等方面对自己的抑郁根源来一次"全面清扫"。这本积聚着作者生命精气神的文本最大的意义在于它以解剖自我的壮举，试图唤醒人们探究"精神黑洞"、拯救精神家园的建设意识。这本独特的启蒙教材，为那些还在饱受抑郁症折磨的病友减轻了置身旷野的孤独，为尚在黑暗中摸索的抑郁症专家们提供了连贯的病历，它的文学意义和社会价值也由此得以超越个体经验的褊狭而融汇于人类拯救自我的伟大事业。

青年郁秀的长篇小说《不会游泳的鱼》也创造了一种开放式的情节结构。小说为故事情节设计了两种结局：一种是主人公董海自杀未遂，最后考取名校，找到理想的工作，与一位贤淑的女子结婚，两人正平静安详地期待孩子的降生，对少年恋人雯妮莎则已经完全淡忘。而雯妮莎最后以在咖啡馆做侍应生维持生活；另一种结局是董海自杀身亡，雯妮莎与他人结婚并有了自己的孩子，某一天来到墓前悼念她的少年恋人。两种结局为不同文化背景下的读者提供了两种选择的可能。第一种结局完全符合中国传统文化对一个年轻人的期待；第二种结局反映了美国时尚文化中道德堕落的一面导致的残酷现实，衬托出这个移民故事的悲剧性质。从阅读接受的角度来看，这种选择性的情节安排能够满足不同心态阅读者的心理需求，也为探究东西方文化冲突问题开拓了广阔的文本空间，不失为一种有意义的形式探索。

深圳文化评论家王绍培和胡野秋在多家媒体开设个人随笔专栏，可称为深圳的"专栏作家"。他们都属于文学精神纯粹、文学功底扎实、文学视野开阔的 1960 代际，深厚的哲学功底、扎实的文学训练、丰富的人生经验加上媒体的锤炼打磨使得他们的随笔思想深邃，结构精巧，笔力精悍，文字灵动，有些篇章可谓是字字珠玑。他们的取材紧跟时代前沿，关注热门话题，但又不落俗套，常有创见，且以轻快机智的风格呈现，因此拥有大量的读者。而且，他们的文字往往能对深圳发生的文化事件作出快捷而有深度的回应，比如在深圳荣膺联合国教科文组织创意城市网络授予的世界"设计之都"称号的次日，王绍培的藏头文《设计的哲学》就及时见报，他理性的观察、智性的省思和诗性的表达令人耳目一新。王绍培的写作立足深圳而又不拘囿于深圳，而是心忧天下事，打通文史哲，及时地对全球范围内的文化事件、社会问题作出智慧的解读，别出心裁却又自成一家之言。他总能通过自己的思维历险发现"人人眼中有，人人笔下无"的诗意或者哲理。比如在谈到文化人能够赋予城市以生动的灵魂时，王绍培高屋建瓴地作出自己的判断："一个城市，总是先以建筑的形式建设一遍，然后，还需要用文本的形式再建一遍。一个没有被文本重建的城市，不能说它已经完成。"在众多国人为中国足球焦虑时，王绍培却为中国人迟迟不能获得诺贝尔奖而焦虑。"中国足球未来 100 年不能进入世界杯决赛圈不是一件多么了不起的事情。但如果在未来的 20 年内，本土的中国人如果还不能获得诺贝尔奖，那就不是一件小事情，那时候，请任何人都不要再说自己或者自己所属的这个民族有智慧"。片言只语，犹如醍醐灌顶，令人警觉。

胡野秋的随笔往往先以不按常理出牌的跳脱文题吸引眼球，比如《格调是块不干胶》、《网络好了歌》、《金庸是文人的照妖镜》等，在行文中作家嬉笑怒骂、举重若轻，读后令人大快朵颐。尤其可贵的是，他以自己的文化实践探究着深圳的文化出路问题：《我们如何培育"文化细胞"》、《深圳的人口之患》、《城中村应该消失吗》等随笔篇章虽小，分量却不轻，其见解若非在深圳文化中浸淫经年者着实不易炼就。

打工文学是深圳文艺界自主创新的一大文学品牌，目前在全国已经形成较大的知名度。它的出现是历史的必然，是文学策应社会发展的体现，它的发展成熟则体现了深圳文艺界的创新意识。打工文学的出现首先是题材创新的结果。1990年代以前，文坛表现乡下人闯荡城市题材的作品并不多见，而以进城农民工为主人公的作品更是少见。打工文学的出现拓展了当代文学的题材领域，使得"向城求生"、"底层叙事"成为1990年代以来中国当代文坛的重要景观之一，并在21世纪初期成为产生了重要影响的学术话题。20多年来，打工文学打破传统的文学生产模式，由写实到虚构、由单一到多元、由幼稚到成熟的文体演变线索体现了深圳作家的艺术创新：从朴拙写实的报告文学出发，经虚构提炼的小说阶段，发展到高度凝练的诗歌形态。成熟的艺术形态使中国当代文学获得了一种从未表现过的文本经验，增强了文学对现实生活的言说能力，同时也让读者得以窥见一个久被忽视和漠视的社会群体真实的生活状态。

尽管深圳文学现有的成就还难以完全满足国人的期待视野和精神需求，但它正呈现出具有无可限量未来的发展趋向。

深圳建设学习型城市研究

江潭瑜

> 江潭瑜，深圳大学党委书记、副教授。历任深圳市人民政府副秘书长、市教育局局长等职。本文选自2004年深圳文化蓝皮书《文化立市与国际化城市建设》，略有删节。

中国共产党十六大报告在论述全面建设小康社会的目标时，特别提出："形成全民学习、终身学习的学习型社会，促进人的全面发展。"市委领导同志在深圳市委三届六次全会的讲话中也明确提出："要在全市上下强化建设学习型城市的观念，早日把深圳建成教育强市。"国家教育部拟将深圳作为教育综合改革试点城市，要求深圳建设高水平学习型城市。因此，分析研究学习型城市的基本内涵、时代背景和现实基础，研究探索学习型城市的目标体系、运行机制和实现路径，对于深圳建设学习型城市的实践具有重要意义。

一、建设学习型城市是深圳经济社会发展的战略选择

(一) 建设学习型城市是建设国际化城市的奠基工程

建设国际化城市是深圳今后发展的目标定位。国际化要以现代化为前提，现代化首先是人的现代化，全面提升深圳人口的质量，提高全体市民受教育的程度，提高人

口的科技文化素质，才可能实现人的现代化。深圳全民总体素质要达到国际化城市的目标，迫切要求建设学习型城市，为广大市民提供"时时学习、处处学习、终身学习"的机会，优化人口素质。

(二) 建设学习型城市是实践"三个代表"重要思想的客观要求

首先，建设学习型城市是推进先进生产力发展的重要载体。学习型城市建设的指导思想十分明确，就是要抓住人这个生产力中最具有决定性的因素，这个先进生产力的创造主体，坚持以人为本，以人的全面发展为中心，通过提高全民素质，特别是劳动者综合素质、劳动技能和创造才能，加大人力资源开发力度，加速培养各类高素质专业人才，增强城市的创新力和持续发展的推动力。因此，它对于推进先进生产力的发展具有特别重要的意义。其次，建设学习型城市是代表先进文化前进方向的集中体现。学习型城市建设把引导全市人民确立先进的学习理念，构建面向全社会的终身教育体系，开展全民参与的学习教育活动，作为工作的重点，让广大市民通过学习来提高知识素养、文化品位和生活质量。因此，它充分体现了社会主义精神文明建设和发展先进文化的要求。再次，建设学习型城市是实现人民根本利益的重要途径。实现人的全面发展，是现代化建设的客观要求，体现了人民群众的根本利益。建设学习型城市，通过促进人的全面发展，把服务人民和提高人民素质这两个方面统一起来，为每个社会成员实现自身价值和抱负创造条件，使人的主观能动性和伟大创造精神得到充分发挥。因此，它从根本上最大限度地满足了人民群众的物质文化需求。

(三) 建设学习型城市是适应知识经济发展的必然选择

从当前世界经济发展的趋势来看，以知识为基础的产业在产业结构中逐渐占有主导地位，知识在经济增长中起着主导作用，知识对生产力的构成起着关键的影响。有关资料表明，随着网络信息技术发展，知识总量的迅速增长和知识更新的周期日益加快。据专家统计，近30年来，人类取得的科技成果超出了过去2000多年的总和。建设学习型城市的根本落脚点，就是要适应知识快速更新的需要，引导全市人民树立终身学习理念，努力构建全民终身教育体系，迎接知识经济发展时期的到来。

(四) 建设学习型城市是率先基本实现现代化的重要保障

"十五"期间是深圳现代化建设的关键时期。深圳要建成国际型、现代化城市，实现从富裕小康社会向基本现代化社会的跨越，建设学习型城市是一个重要的保障。近年来，美国经济发展速度放慢，欧盟经济的增长速度也只有1%—2%，日本经济则出现了负增长。全球经济最看好的是中国。美国权威机构调查表明，全球约有60%的跨国公司有到中国投资的意愿。要适应这一形势发展的需要，提高管理者、劳动者的素质是非常重要的因素。目前我市每万人拥有人才和专业技术人员数量在全省位居前列，但是，对比世界中等发达国家的水平和我市现代化建设的要求，专业人才在数量、质量结构等方面都存在较大差距，部分专业人才知识老化的情况相当严重，特别是经营管理人才、外向型人才和高技能人才还比较缺乏。因此，努力建设学习型城市，尽快培养一批高素质的企业经营管理人才、外向型人才、科技专业人才和高素质的企业技能人才，可以为经济建设提供源源不断的人才资源，是实现现代化的关键。无论是国际的竞争，还是区域间的竞争，最根本的优势在人才，从本质上说是人才的竞争、知识创新的竞争和学习能力的竞争。深圳要在竞争中掌握主动，保持自己的优势，实现可持续发展，就必须顺应时代发展的要求，努力构建学习型城市。通过组织全民学习，实现市民思想观念和学习、工作、生活方式的转换，提高人才资源开发能力，促进社会全面进步和可持续发展，使城市在发展过程中始终充满生机和活力。

二、深圳建设学习型城市的基础条件分析

(一) 深圳经济发展为创建学习型城市提供物质条件保障

深圳经济发展较快，目前各项主要经济指标在全国大中城市中排位较前。据统计，2002年全市实现国内生产总值2239.41亿元，在全国大中城市中排名第四；地方财政收入265.85亿元，全国排名第三；全年城镇居民人均可支配收入24940.68元，全国名列前茅。随着经济实力的增强，近些年，市、区政府和社会各界办教育积极性都很高，各级财政舍得花钱办教育，社会资金投入教育也比较大。2001年全市教

育总投入达 57.71 亿元，比 2000 年增加 14.36 亿元，增长 33.11%；其中财政性投入 41.09 亿元，比 2000 年增长 35.49%。2002 年教育总投入达 77.12 亿元，比 2001 年增加 19.41 亿元，增长 33.64%，其中财政性投入 55.54 亿元，比 2001 年增长 35.18%。今年比去年还有一定幅度的增长。这为加快教育发展、建设学习型城市提供了较好的经济基础。近些年来，随着社会进步和生活水平的提高，深圳市民对学习的重要性有了更进一步的认识，学习的愿望和动力提升，对教育的需求越来越强烈，呼唤建设学习型社会，学习逐步成为每一个市民的一种生活方式，建设学习型城市的大环境和社会基础非常好。

（二）深圳教育发展为创建学习型城市奠定了坚实基础

深圳历届市委、市政府高度重视教育工作，为教育事业发展提供了良好的政策、环境和机制，全市教育事业逐步实现跨越式发展。

1. 教育规模迅速扩大，教育结构趋于合理，教育发展全面协调，国民教育体系日益完善

据 2003 年 9 月统计，深圳市有各级各类学校（幼儿园）1256 所，在校学生 80 多万人，教职工 6 万人。其中普通高等学校 10 所（包括引进 4 所全国著名高校办学和暨大的二级学院），在校生 3.3 万人；中职类学校（含普通中专、职业中学、技工学校）24 所，在校生 2.1 万人；普通中学 179 所，在校生 17.9 万人；小学 376 所，在校生 46.9 万人；幼儿园 656 所，入园幼儿 12.4 万人；工读学校 1 所，在校生 189 人；特殊学校 1 所，在校生 504 人；成人中专 9 所，在校生 5208 人。此外，非全日制高校在校生 6.1 万人，在册的高等教育自学考试学生 42 万人。全市 1989 年普及九年义务教育，1994 年基本普及高中阶段教育，1999 年实现 6 周岁入学，流动人口子女就读得到较好解决。2003 年户籍人口全日制高等教育毛入学率达到 37%，社会劳动者继续教育率近 40%。形成了高教、基教、职教、成教比较完善的国民教育体系。

2. 教育资源合理配置，办学条件处于先进地位，逐步实现教育均衡优质发展

（1）推进中小学标准化，办好每一所学校。深圳市 20 世纪 90 年代中期基本消除了薄弱学校，结合改造薄弱学校，进行中小学布局调整，撤并农村中小学 46 所，

提高了办学规模效益。在此基础上,按照《深圳市实施中小学标准化建设规划》,从2001年起,用3年时间完成中小学标准化建设。3年来,市、区、镇三级政府按照一定比例共投入资金5亿多元,使近100所未达标的中小学达到区一级以上标准。与此同时,坚持"从起点看变化,从投入看产出"的原则,面向全体学校,实施办学效益评估,并将评估结果与学校的奖励与投入挂钩,重点调动一般学校的办学积极性。几年来,全市奖励近200所办学效益好的中小学校,占公办中小学校的一半以上,促使学校集中精力抓管理,面向全体抓质量,用好经费出效益。

（2）推进教育信息化,构筑教学创新平台。利用全国信息化试点城市、教育部确定的"全国中小学信息技术教育实验区"和省政府确定的全省教育信息化龙头城市等有利条件,深圳把教育信息化纳入《深圳市"十五"国民经济和社会信息化规划》,去年配套制定了《深圳市教育信息化建设五年规划》,推进教育信息化建设。近两年,市、区、镇三级政府共投入5.53亿元用于教育信息化建设,2002年9月开通教育城域网,全市公办学校90%建成校园网,100%装备计算机教室,中小学的人机比为8∶1；小学三年级以上普及信息技术教育,比国家规划的时间提前9年。在建网、建库、建队伍的同时,我们积极推进信息技术与其他学科教学的整合,开发网络教学资源,优化教学模式,实现教学手段现代化和优质资源共享,同时为社会人员提供了更多的受教育机会,为建立学习化社会提供了可能。

3. 教育改革不断深化,教育创新稳步推进,已形成多渠道、多元化、多形式办学格局

深圳充分发挥改革创新"试验场"的优势,创新办学体制和投融资体制,鼓励多方投资、多元办学,把民办教育做大、做优,有效缓解教育需求矛盾,也让市民有多种选择。目前,高等教育基本实现政府办、合作办、民办、股份制办学的多元化跨越式发展,全国还有52所高校在深圳设点办学；90%以上的成人教育机构和幼儿园是社会力量举办,民办中小学218所,占全市中小学总数的40%。基本形成民办教育与公办教育协调发展的格局。运用政策杠杆,鼓励民办教育发展,同时通过规范收费行为、开展等级评估等措施,强化民办教育管理,使其健康发展。近几年,按照国务院提出"两个为主"的要求,多形式解决非户籍子女接受义务教育问题。2003年全市初中和小学解决非户籍子女38万人的入学问题,占义务教育阶段在校生总数的60%；其中民办学校解决了19万人,占就读总数的50%。

4. 教育质量稳步提高，教育特色已经形成，教育实力不断增强

早在 20 世纪 90 年代中期，深圳市教育已形成了德育、英语、计算机等特色。随着经济社会发展对人才素质的要求，又增加了法制、艺术、科学和信息技术教育等。为加强中小学法制教育，深圳市委作出专门决定，市教育局与法制局联合编写《中小学法制教育读本》，中小学普遍开设法制教育课，还广泛开展警校共建活动，全市 496 所学校聘请 645 名公安干警担任兼职法制副校长、法制辅导员（校警），落实一校一警制度，建设文明安全校园。为加强外语教学，先后从国外聘请了 6 批、250 多名外籍教师充实外语教学师资，从小学一年级开始开设英语课，大面积开展"双语"教学实验。为加强科技教育，支持学校组织"学生科学院"、提倡开展"头脑奥林匹克"竞赛、"学校科技节"、"小制作、小发明、小创造"等活动。目前，全市基本形成"校校有特色、人人有特长"的良好局面。近年来全市中小学生多次在国际国内获奖，比如，教育部举办全国第一届中小学生艺术展演活动，经过层层选拔，深圳市有 4 个节目进京参演，占全省一半；深圳中学、深圳高级中学合唱团获得国际奥林匹克合唱节金奖；深圳实验学校的学生获得国际机器人奥林匹克大赛的冠军；深圳市外国语学校的学生获国际日语演讲比赛冠军；南山区小学生的科技成果获得中国少年海尔科技奖。教育质量稳步提高，高考成绩连年处于全省前列。2003 年高考本科上线率为 46%，大学录取率达 92%。

2000 年市委、市政府作出决定，按照广东省部署，力争 2005 年成为"教育强市"。近几年来，我市各级党委、政府高度重视教育工作，市、区两级教育行政、督导部门主动当好参谋，发挥职能作用，有力推动创建工作，加快创建上等级学校和教育强区强镇步伐，取得显著成绩。目前全市公办学校 30% 为省一级学校，80% 为市一级学校；全市 6 个区有 5 个区被评为广东省教育强区，最后一个龙岗区于 2003 年 12 月 22 日已接受广东省的评估，20 个镇有 18 个被评为教育强镇，基本完成教育强区强镇创建任务。这些都为建设学习型城市创造了条件。

（三）深圳的产业发展和人才需求为创建学习型城市营造了良好的氛围

深圳发展以高新技术、物流、金融服务为支柱产业，迫切需要人才支撑和智力支持，同时对人才的知识结构提出了新的要求，促使各类人才自觉地加强学习，更新知识，以适应经济结构调整和产业升级的需要。特别是对百万外来劳务工，只有不断加强职业技能培训，才能适应一线生产需要，才能在激烈的岗位竞争中处于主动地位。因此，"人人学习，天天充电"已成为深圳人一种重要的生活内容。有人把深圳市民踊跃到各类培训机构报名学习的情景比喻为城市的"一道亮丽的风景线"。

三、深圳建设学习型城市迫切要求教育创新发展

（一）明确发展目标

按照建设高水平学习型城市的要求，确定深圳市今后5年教育发展的指标体系是：社区0—3岁婴儿教育指导站覆盖率70%以上；3—6岁幼儿入园率98%以上；中小学优质学校占总学校的比例85%以上；高中毕业生升学率90%以上；高等教育毛入学率50%以上；劳动人口继续教育率80%以上；每万人拥有大专以上受教育人口数1500人以上。

（二）确立发展思路

今后深圳教育改革与发展的基本思路是：围绕建设高水平学习型城市的目标，在完善国民教育体系的基础上，逐步建立终身教育体系；高等教育跨越式发展，在大众化基础上，努力实现高等教育普及化；基础教育以普及化为前提，以均衡化为基础，加快优质化发展；职业与成人教育主动面向"社会化、市场化、专业化"发展。

（三）推进教育创新

1. 适应国际化城市要求，开展教育国际合作试验，提升深圳教育国际化和开放度

第一，要树立教育国际化观念，确立教育国际化的人才培养目标，加强教育国际交流与合作，借鉴国外先进的教育理念和做法，着力培养有国际意识、国际交往能力、国际竞争能力的人才。第二，充分利用国际教育市场，扩大高等教育对外开放，以大学城为依托，加快引进国外著名高校合作办学，创办按国际惯例运作的中外合作大学。第三，开展深圳高校与香港高校联合招生、联合培养、学分和学历互认的试验。第四，

按照"政府扶持，社会办学，惯例运作，依法管理"的创办思路，积极争取教育部的政策支持，规划建设一批国际学校和港人台商子弟学校，满足港台子女和外籍人教育需要，进一步优化投资环境。第五，引进和使用境外先进的基础教育教材，建设有国际特色的地方课程教材体系。第六，成人、职业教育开展职业资格和技能等级的国际认证，开展成人专科及专科以下学历、非学历、职业培训等中外合作办学。

2. 深化职业与成人教育改革，创办社区学院，为社区居民和外来劳务工提供教育服务

据初步统计，全市18—22岁的人口有100多万，90%以上属外来劳务工。职业学校和成人教育机构要按照市长提出的面向"社会化、市场化、专业化"办学的要求，盘活教育资源，鼓励中专、中职学校主动到厂区、社区办学，或与企业合作办学。创办社区学院，从明年春季开始在南山、龙岗试点，把社区学院办到厂区，改革学习制度，做到四个"突破"，即突破户籍概念，在深务工和居住的青年凭工作证入学；突破年龄限制，为各个年龄段的人提供受教育机会；突破办学模式，做到学历教育与非学历教育并举；突破学习时空，引进"宽进严出"、"弹性学制"、"学分制"、"学分互认"等办法，允许分阶段完成学业，解决在职青年和务工人员的工学矛盾，同时建立"网络式"的职业与成人教育体系，做到"多时空入学，多平台毕业，多资格证书"，为在深圳工作、居住的各类人员提供学习机会，培养经济社会发展急需的实用人才和技术工人。

3. 改革教育结构，完善终身教育体系

努力建立和完善以学历教育为主的学校教育体系，以职业资格和技能等级培训为主的行业与企业教育体系，以及以提高公民广泛的社会文化素质为主的业余和闲暇教育体系。当前，从深圳市实际情况看，需要开发0—3岁早期教育和退休后的老年教育。

4. 深化教育体制改革

实施名校带动战略，在总结深圳实验教育集团运作经验的基础上，组建若干个混合所有制教育集团，把名校做强做大，走规模化、集团化、产业化的路子。只要社会经济发展需要，非义务教育阶段的民办教育都可以放开发展，由市场调节，重点鼓励和支持企事业单位、社会团体和公民个人与名校联合办学，促进民办教育上规模、上等级、上水平；鼓励引进国外（境外）优质教育资源来深圳合作办学，依法举办高等

教育尤其是高等职业教育，开办港人台商子弟学校，或独资举办以外国公民为主要招生对象的国际学校；鼓励和引导社会力量举办有社会需求的非学历教育和职业技能培训，创办主要面向社区居民和外来劳务工的社区学院。改革国有教育资产管理办法，重点对学校发展性项目进行前置性评估，作为财政投入的专业依据，对国有民办、民办公助、公办民助等混合所有制学校的国有资产进行监管。深化教育人事制度改革，实行校长职级制、教师全员聘任制，坚持校长、中层干部竞争上岗，建立优胜劣汰的用人机制。

(四) 优化教师队伍，加强教育系统的干部和教师队伍建设

深圳市教育局把2004年确定为"师德师风建设年"，从树立"以德立教、为人师表、敬业爱岗、无私奉献"的教师形象入手，做到外树形象与内强素质结合、思想教育与业务培训并重。实施教师继续教育的"百、千、万计划"，启动校长、骨干教师海外培训工程，建设一支高素质的教师队伍。以良好的师德师风和专业精神，办好教育，回报社会，回报人民。

试论教育在文化立市中的地位与作用

杨移贻

> 杨移贻，原深圳大学高等教育研究所所长、教授，主要从事高等教育与教育文化研究。本文选自《特区理论与实践》2006年第1期，略有删节。

改革开放以来，党中央提出了把科技、教育摆在经济社会发展的优先地位，促进科技、教育与经济社会发展紧密结合的战略思想。在科教兴国的旗帜下，深圳市提出"科教兴市"的战略，切实把科技和教育放在优先发展的位置，有力地推动了物质文明、政治文明和精神文明的建设。

一、教育在文化立市战略中的地位

（一）教育是文化创新的源头

"文化"概念有不同的用法和含义，归纳起来大体有以下四种不同层次的文化概念：从最宽泛的意义上，文化是指人类所创造的所有物质与精神财富的总和，相当于广义的社会文明概念即物质文明与精神文明的总和。从广义上讲，文化是指人类物质活动以外的所有活动及其成果的总和，即人们的精神世界，包括社会心理和社会意识形态，以及用各种符号体系外化的文化资源和文化环境、人际间的文化交往以及相应的制度和机构设施。这种意义上的文化包括所有精神生活和精神生产过程，类似于广义的精神文明概念，也即相对于经济基础而言的上层建筑现象。最一般的文化概念，是指人类除了物质活动和政治法律之外的各种精神活动及其成果，包括教育、科技、卫生、体育、旅游、新闻出版、社会科学、宗教、哲学、文学、艺术等等。而最狭义的文化是指以语文知识为基础的各种知识的总称，人们平时所说的"学文化"、"文化水平高低"指的就是这种意义上的文化。我们所讲的"文化立市"中的文化，主要指的是一般意义上的文化。

不论在哪一层次的文化概念中，教育都占有十分重要的地位。在文化立市的战略中，教育起着基础性、先导性的作用。这是教育的本质属性所决定的。教育具有文化传承、文化批判和选择、文化交流和文化创新的功能。

首先，教育最基础、最主要的功能是文化传承。人类与动物的重要区别是人类有文化，因此，人类要将其属性保存下去，除了生物学上的遗传之外，就是社会学上的文化传承，而文化传承的最主要手段就是教育。无论是原始人的言传身教，还是现代人利用计算机、互联网络、无线电波等现代教育手段，教育首先是前辈向后辈传授文化和技能，后辈接受和继承前人创造并积淀下来的文化和技能。毫无疑问，教育在文化传递和继承中具有核心的地位。无论社会如何进步、如何发展，后一代人总得首先接受前人积累下来的最基本的文化，而这个过程就是教育。教育是人类传递文化价值观、文化知识和技能的最重要途径。

教育在文化传承的同时，还具有文化批判和文化选择的功能。并不是所有前人创造的文化都可以和必须为后人所继承的，因为文化既具有先进与落后的分别、精华与糟粕的区别，文化还具有民族性，同时在阶级社会，文化又具有阶级性。因此，文化传承需要对文化进行分析、批判和选择。在教育过程中，不同的社会阶层、不同的民族、不同的阶级，都会以自己的价值观，去批判和选择文化，抛弃与自己价值观相悖的、不合时宜的文化，将有利于自身存在与发展的文化传承下去。在文化立市中，我们要充分利用教育的文化批判和文化选择功能，扬弃腐朽没落、颓废反动的文化糟粕，将优秀的、先进的文化继承下去，传播开去。

教育的第三个文化功能是文化交流。对于一个民族而言，有本民族的文化，也有外民族的文化。文化发展既需要继承本民族的文化传统，又要广纳众川，吸取异族文化的精髓。当今是一个经济全球化的时代，经济全球化必然带来文化的广泛交流，带来各种异质文化的交汇和碰撞。教育在文化交流中担负十分重要的角色。深圳要建设国际化城市，就要使中外文化交流成为经常的、不可或缺的文化活动。通过教育，学习、吸收外国优秀文化，向世界宣传、推介、传播中华文化，教育具有不可推卸的责任，在这方面是大有作为的。

教育在文化活动中的最高层次功能是文化创新，这一功能的体现主要集中在高等教育上。众所周知，高等教育与基础教育的主要区别是它的学术性，高等教育通过学术活动进行文化传承、人才培养、知识创新和社会服务。高等教育不仅仅将文化从上一代简单地传递到下一代，而是通过学术活动，创造新的文化，推动文化的发展。没有创新就没有发展。深圳在文化立市中要发展大众文化，更应该培养高水平的学术文化。深圳应该通过发展高等教育去发展原创性的文化。一个学者就是一面旗帜，一个学科就是一个阵地，一个高校就是一个文化源泉。深圳如果不是去树立这样的旗帜，不去建设这样的阵地，不去发掘这样的源泉，那么就难以有高层次、深层次的文化，文化立市也就成为无本之木、无源之水。

总之，教育在文化建设中处于核心地位，文化只有依靠教育才能被"激活"，才能得到必要的筛选，才能得到传递、创新和发展。也只有通过教育，才能在不同的地域、不同民族和不同文化传统之间进行交流、沟通、碰撞与更新。因此，教育不仅是文化的重要部分，而且是文化中的一种生命机制，是文化的活力之所在，也是文化健康发展的基础和保障。发展教育，实现教育现代化，是文化立市的基础工程和必然选择。

（二）教育是文化立市的重要基础

教育除了具有文化传承、文化选择、文化交流、文化创新的功能之外，教育在文化变迁中还具有文化适应的功能，在文化冲突中还具有文化整合的功能。毋庸置疑，教育是文化建设的基础工程。无论从教育的"培养全面发展的人"的基本宗旨，还是科学发展观中"以人为本"的人本主义精神，文化立市的根本就是要使全体人民文化素质提高。从一定意义上说，"文化立市"也就是"文化立人"。深圳市委提出：在全面实施"文化立市"战略时，必须从五个方面全面提高全市人口的文化素质：一是全面提升人民群众的精神境界；二是全面提升全体干部群众的制度文化素质；三是全面提升全体干部群众的伦理道德水平；四是全面提升全体市民的科学文化素质；五是全面提升全体市民的国际化文化素质。从文化立市的理论基础看，文化所以能够"立市"，就是因为文化能够提高人的综合素质，能够发展生产力，能够推动社会进步，能够提高人民的"幸福指数"。应该看到,深圳是一个从贫穷落后的边陲小镇迅猛发展起来的"一夜之城",是一个移民城市,又处于改革开放前沿、中西文化交汇之处,肩负率先实现现代化、建设国际化城市的重任,因此,在菲薄的文化基础上建设文化强市、在急剧的文化变迁和多元文化的激烈碰撞中继承中华优秀传统文化、选择和接受优秀的现代文化和外国文化,我们文化立市的任务是非常繁重的。而这些,都要依靠教育。

教育作为文化立市的基础性工程,其功能除了普遍提高全体市民的素质之外,还培养专业文化人才。只有我们的教育能够源源不断地培养出高水平的文学家、编辑、作曲家、音乐家、歌唱家、舞蹈家、画家、摄影家等作家和艺术家,培养出大批出版家、文化产业的经营管理者以至各种文化经纪人,使我们的文化有了层出不穷的"原创性"作品和产品,我们的文化建设才是可持续发展的。

二、充分发挥教育在文化立市中的教化作用

(一) 深圳教育事业的辉煌和缺陷

深圳教育事业发展的迅猛,以一个城市而言,在国际教育发展史中是极为罕见的。创办特区前的1979年,宝安县只有幼儿园19所,小学226所,中学24所,教师进修学校1所,教师2388人,各类在校学生6.53万人。到2008年,深圳市共有各级各类全日制学校1515所,在校学生120.76万人。

深圳市基础教育实现了均衡化和优质化,1989年普及九年义务教育,1994年普及高中阶段教育,基本普及12年教育的时间比国家规定的时间提早了6年。3—6岁儿童受教育率达到98%,九年义务教育入学率达到100%,高考升学率在92%以上。高等教育从零起步,实现了跨越式发展。目前有9所全日制高等教育机构,共有在校生6.56万人,其中研究生已超过8000人。成人教育蓬勃发展,全市有成教机构400余家,学历教育在校生超过3万人,成人教育培训量达220万人次,劳动人口继续教育率达到40%。一批社区学院、企业学院、网络学院正在建设,一个全方位、多层次、现代化、开放式的社区教育网络正在形成。2004年9月,深圳市顺利通过专家评审,在全省第一个成为"教育强市"。

29年来,深圳以前无古人的气势和速度,建设起一个教育强市。但是,教育是一种文化活动,经济可以爆发,文化需要积累。尽管深圳的教育取得突飞猛进的发展,也难免出现时空的滞后和缺失。换句通俗的话说,就是教育的发展,仍然跟不上经济社会发展的需要。

当前深圳教育存在的主要问题和薄弱环节是:高等教育的数量、规模、层次、结构、质量和经济社会发展还不相适应,基础教育的均衡化、优质化有待提高,教育体制和教学方式与信息时代不相适应,教育效能有待提高,公共教育资源与社会教育资源有待进一步整合,教师队伍专业化水平和教育创新能力有待提高,国际化开放式教育体系有待作出新的探索,非户籍常住人口子女入学问题有待统筹解决,等等。其中,高等教育发展的滞后尤为显著,而这是和高新技术产业发展技术基础不稳有着直接因果关系的。深圳市目前只有一所招收本科的综合性大学,刚刚取得博士学位授权,高层次人才培养的能力还不够强大;缺少大师级科技和文化人才;没有国家级重点实验室,难以承担高水平、重大的科学研究课题。因此,深圳高等教育在培养高层次人才的能力、科学研究和知识创新的能力等方面,还不能为深圳高新技术产业的发展提供足够的人才和科技支撑。

(二) 通过教育实现人文文化与科学文化的交融

文化的主体是人,文化建设的目标也是为了人,这就是以人为本的文化观。因此,文化建设的根本是人的建设;文化立市,就是通过文化立人,再达到整个城市经济、政治、文化、社会的全面、协调和可持续发展。文化立市,首先必须用先进文化培育人、塑造人,丰富人们的精神内涵,提升人们的文化精神。

文化精神包含人文精神和科学精神,或者说人文文化和科学文化。这两者是文化的两翼,必须两翼齐飞。但是在一段时期里,却出现人文文化和科学文化被割裂的情况。

远古以来,文化主要是指人文文化。人文文化的核心就是以人为本,把人作为评判一切的标准,作为一切行为的出发点和归宿。换言之,把人作为一切价值的中心。在人文文化的视野中,人的尊严高于一切。这就是以人为中心,关心人,爱护人。人文文化关注人生的意义和价值、人的尊严等问题,以人道、道德作为知识的判据。工业革命以后,科技勃兴,人类的生产力被极大地激发出来,物质财富急剧增长。同时,科学文化也就应运而生。科学文化的最高层次就是科学精神。如果说人文精神是关注主观世界的,那么科学精神就是关注客观世界的。科学精神包括探索精神、求真精神、实干精神、创新精神,其要旨是实事求是、追求真理、坚持真理、坚持严谨、重视实践、敢于怀疑、勇于探索、勇于创新,等等。

在科技高歌猛进的时候,人们对科技产生了顶礼膜拜的心理,科学至上主义出现了。科学至上主义的主要理论是科学万能论。在他们眼里,科学成了我们这个时代的新的宗教,科学成为衡量一切真理的标准,非科学莫谈,非科学勿做。科学确实成了一种意识形态,这种思潮在哲学上的代表就是实证主义或者说科学主义及分析哲学。实际上,科学至上主义已经把科学非科学化了。正因为科学至上主义是非科学的,因此导致了人的机械化、非人性化生存,导致了核弹对生命的涂炭、生态失衡、污染、物种灭绝及生物多样性的丧失、土地沙漠化等灾难性后果。因而又出现反对科学的思潮,认为科学是毁灭人类的魔鬼,只能永远囚禁在潘多拉魔盒里。无论是对科学的盲目崇拜还是对科学的深恶痛绝,都是对科学的误解,都是没有摆正科学的位置。科学既不是唯一的真理,也不是十恶不赦的魔鬼。科学不过是一种工具,是中性的,它本身无所谓好坏,它究竟能给人带来什么东西,完全取决于人类对它的运用。

在对科学的作用产生了误解的同时,对人文的作用也产生了误解。一方面是科学精神的过渡膨胀导致人文学科的衰微。由于人文学科研究的对象是观念性的东西,不能带来立竿见影的经济效益,因此人文学科被科学排挤到边缘的地位。另一方面的误解来自批评科学的那一派,他们指出了科学的种种弊端和不足,认为只有人文精神才能拯救人类。

对科学和人文的误解导致了科学文化和人文文化的相互隔绝和割裂。正确的做法是使两者交融起来。科学文化和人文文化首先是一种互补的关系。科学文化和人文文化是人类文化的两翼,只有这两种文化的互补才构成完整的人类文化。在文化建设中,注意科学技术的人文化,促使人文文化和科学文化的互补和交融,是教育应该担负的重任。

(三) 教育发展中必须树立超前的文化视角

在迄今为止的人类文明发展史中,绝大部分时间里,教育的发展要相对滞后于经济社会的发展。这是因为人类文明史中最漫长的是农业文明。根据玛格丽特·米德的文化适应理论,在农业文明时期,文化传递方式是从上一辈向下一辈的单向传递,教育是上一辈人把通过经验积累形成的知识向下一代传授。这种积累—传授—继承的模式，必然产生时间的滞后。到了工业文明时期，科技发展使经济发展和社会变革变得快速和激烈，知识的产生和更新越来越快，文化传递方式产生了同辈人之间的信息交流的新模式，教育逐步与经济社会趋于同步。到了后工业的信息文明时期，以信息产业为代表的高新科技成为经济增长的主要支柱，数字化生存成为新文明的象征，科技发展一日千里，信息呈现爆炸式的增长，文化传递出现后一代向前一辈逆向传递的"文化反哺"。这个时候的教育，必须有很强烈的超前意识，才能适应社会的发展。

以国际互联网的广泛应用而产生的网络文化为例。国际互联网的普及不过是十来年的时间，但是它产生的网络文化已经成为信息时代文化的代表，其影响的巨大是如何估计也不过分的。什么是网络文化？网络文化是以电子为介质的高科技文化，是一种高时效性的文化，它具有共享性、开放性、交互性、虚拟性。从我国东汉造纸术发明算起，历史上以纸为媒介的"纸文化时期"已经持续了近两千年。活版印刷发明后，文化传播以纸质印刷物为主要载体。直到电影电视和无线广播的发明，文化传播开始有了影视、音像、广播等新的载体。而网络文化是以电子为介质的高科技文化，电子这种新媒体远比纸媒体优越，既便于大量存储又便于迅速传播，借助高科技手段还可以实现多媒体传播，从而使信息的传播更形象更生动。网络文化引起阅读方式的变革、写作方式的变革和传播方式的变革。网络上的各种专业知识库，各种论题的讨论会，大量的共享信息资源，满足着各个专业领域的各种层次的用户的需求。而网络的瞬时性和广袤的覆盖性，将全社会紧密地联结在一起，将地球缩小了，将时空拉近了，极大地加快了社会生活的节奏，大大提高了文化传播的时效性和国际化。它低廉的成本，使文化传播轻而易举。以往一个人要出版一本书，需要许许多多繁复的程序，耗费大量的时间和金钱，而现在只要在键盘上敲击，任何人都可以在互联网上发表作品。网络文化又是个性化的，它让每一个人可以随意张扬自己或塑造自己。网络文化的交互性和虚拟性可以实现一对多、多对多、一对一的互动关系，志趣相同的成员可以在"赛博空间"中组成虚拟社会，自由交流。国际互联网正以惊人的速度改变着人们的工作方式、学习方式、思维方式、生活方式，其中最为重要的应用是电子商务和远程教育。其次网络文化中的娱乐服务功能也是非常强大的。人们可以同时以文字、声音、图像接受来自世界各地的文化信息和娱乐节目。虚拟现实技术使人如身临其境，它为人类创造力的发挥提供一个巨大的文化空间。

网络文化在带给人们无穷好处的同时，也带来了许多负面影响。网络上黄色、反动的文化糟粕泛滥，无孔不入地侵害人们特别是尚无识别能力的青少年；占有科技和经济优势的西方文化，轻而易举地在网络上占有绝对优势，对处于劣势的民族文化是极大的冲击。当今互联网络上 90% 以上的信息都是英文信息。阿尔温·托夫勒在《权力的转移》中说："世界已经离开了暴力和金钱控制的时代，而未来世界政治的魔方将控制在拥有信息强权人的手里，他们会使用手中掌握的网络控制权、信息发布权，利用英语这种强大的文化语言优势，达到暴力金钱无法征服的目的。"一种"新形式的殖民主义"正在跃跃欲试。发展中国家和民族如何建设自己的网络环境，努力做到既参与世界文化的交融，同时又保持自己的独立性，抵制来自网络上的外来文化侵袭，是当前和未来文化建设的一个重要课题。对此，教育不能处于被动、滞后的局面，而必须具有超前的文化视角，提前介入，努力培养适应信息化社会的人才。

大众传播与深圳移民文化的融合

王晓华

> 王晓华，深圳大学传播学院副院长、教授，主要从事传播学与社会学研究。本文选自《新闻记者》2001年第9期，标题略有改动。

大众传播具有多方面的功能，从最早的"子弹理论"到"有限效果论"（霍夫兰、库珀和贾戈达、拉扎斯菲尔德等人的研究），伯格纳及其同事在宾夕法尼亚大学安南堡传播学院发展出的"教养理论"以及麦克卢汉的媒介决定论等从不同角度研究传播的效果，这些理论在传播影响人们的方式、影响的程度及传播效果持续时间等方面有所不同，但有一点是相同的：大众传播影响人们对社会的认识，从而影响人们的生活。最近备受关注的"议程设置理论"（美国传播学家 M.E. 麦库姆斯和 D.L. 肖于1972年提出）更暗示"传播媒介是从事环境再构成作业的机构"。现代社会，由于大众传播是人们获得外界信息的主要渠道，这种"再构成"必然影响人们对周围环境的认识和判断。麦克卢汉认为：传播最大的效果在于它影响了我们理解与思考的习惯，改变人们对世界的观念，一个逐渐形成自己世界观的过程，可以被表述为对真实的社会建构。耶鲁大学传播学者拉斯韦尔认为：大众传播媒介有三个显著功能：监视周围环境；联系社会各部分以适应周围环境；一代代传承社会文化。每个社会中形成并传播的价值观构成了支持整个社会网络的意识形态，媒介通过提供给个人一个使其认同的社会而减少了个人对社会的疏离感和漂泊无定的感觉。

大众传播在人的社会化过程中担任着越来越重要的角色，社会现代化程度越高，人们对大众传播的依赖越强。深圳是20世纪最后20年迅速崛起的现代化城市，来自各地的移民带着家乡的文化积淀在短时间内聚集到这里，形成了人口的主体。要打破移民之间的心理隔阂，减少移民之间以及移民与本地人之间的疏离感，需要进行全面的再社会化，在移民之间以及移民与本地人的文化碰撞中逐渐形成能被大家认可并接受的文化，是移民城市长期面临的任务。本文着重研究移民对大众传播的依赖以及大众传播在深圳移民文化的融合中的作用。文化融合是一个广泛的概念，在这里主要指语言、饮食、生活习俗几个方面。

一、移民来深圳后对大众传播的依赖程度增强

移民对大众传播的依赖表现在：信息获取渠道单一化为大众传播；对大众传播信息信任度提高；人们接触大众传播的范围扩大、接触时间增加几个方面。

调查显示：移民来深圳前对于家乡所在地发生的重大事情，55.6%的人是通过大众传播获知，同时有41.7%的人通过各类人际传播而得知，大众传播和人际传播在信息传递中占有同样重要的地位，广泛而亲密的人际关系网络是传统社会信息传递的基础。来深圳前生活在城市和乡村的移民对大众媒介的依赖程度差异较大，重大事情主要通过大众传播了解的比例分别是：直辖市74.5%；省会级城市67.5%；地级市54.6%；县级市40.7%；县城48.5%；乡镇48%；农村36.4%。深圳户籍移民中的20%和非户籍移民中的60%左右来深圳前主要生活在乡村，他们在相当程度上对信息的获取是依赖人际传播的途径。

来深圳后，移民进入了一个完全陌生的世界，高节奏、高效率的生活，竞争的压力，移民间心理的隔阂等使人际关系疏远，人际传播的基础格局被打破，移民信息获取途径发生了根本的变化，有82.3%的移民表示对深圳的了解主要是通过大众传播，通过人际传播了解深圳的只有9.6%，可见在信息获取途径上移民形成了对大众传播的依赖。大众传播在移民文化生活中扮演着重要的角色。

来深圳后移民提高了对大众传播的信任度。面对这样的问题"当大众传播的信息与亲友告知内容不一致时，您会相信哪一个？"结果如后面图示。

移民相信大众传播的比例增加了12.3%，而相信人际传播的比例降低了9.3%。根据传播学的研究，受众接受信息的前提是对传播者的信任，接受信息传播者才会接受其传播的信息。移民来到深圳后，原来赖以维系人际关系的亚文化基础丧失，各地移

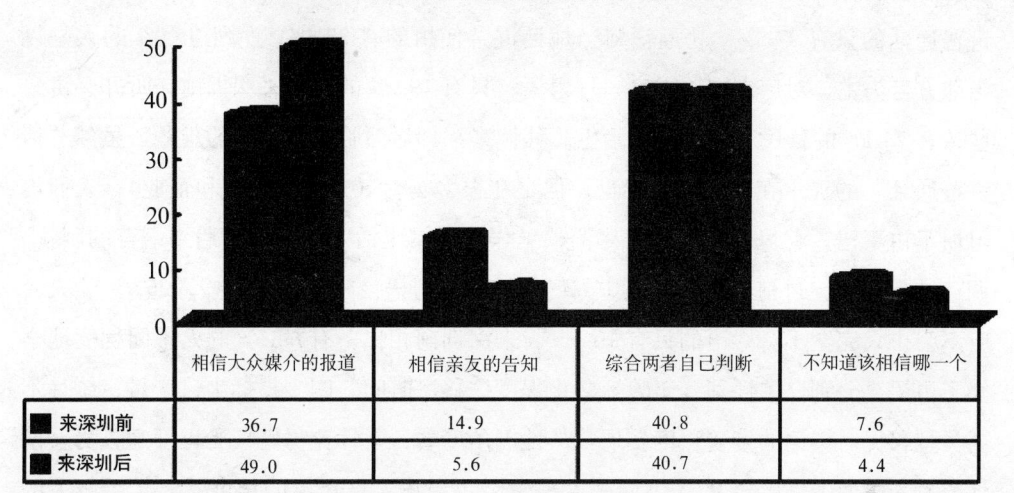

移民来深圳前后对各种传播途径的信任度柱状图

	相信大众媒介的报道	相信亲友的告知	综合两者自己判断	不知道该相信哪一个
来深圳前	36.7	14.9	40.8	7.6
来深圳后	49.0	5.6	40.7	4.4

民原有亚文化的差异导致了人际关系的疏远和人际间信任度的降低，而媒介的多样化使移民在从不同的媒体反复得到雷同的信息时增加了对媒介的信任，导致了移民对媒介的依赖。

移民用于接触大众传播媒介的时间更长，接触媒介的范围扩大，来深圳前后休息时间主要看电视的人数分别占 19.5% 和 24.5%，而主要用于与亲友聚会的分别是 21.3% 和 15.9%。看电视人数的增加和人际交往人数的减少说明来深圳后更多的人把时间用到了大众传播媒介上，尤其是大量来自乡村的移民，来深圳前接触媒介的机会有限，接触报纸的机会更少，来深圳后接触大众传媒的条件得到了充分的改善。有 57.7% 的人认为来深圳后每天用于读报纸的时间增加了，有 63.5% 的人表示阅读报纸的份数增加了。可见移民来深圳后接触大众传播媒介的人数增加了、接触大众传播媒介的时间长了、接触媒介的范围更广了，与大众传播媒介的关系更密切了。

二、大众传播促进了移民对粤语的接受

语言是人类交流的工具，共同的语言是移民相互理解和互相交流的基础。中国尽

管官方提倡普通话，但是地域方言在民间仍是语言的主体。调查显示，移民来深圳前讲普通话的只有 27.5%，普通话与当地话混杂使用的有 25.5%，另外 46.9% 的人是以当地方言为主，对广东主体方言——粤语，只有 19.9% 的移民来深圳前会听并会讲一些，有 74.1% 的移民对此话完全陌生。移民来深圳后面临学习粤语的难题，虽然"请讲普通话"的提示在深圳并不少见，但是在很多场合（尤其是商业和企业），人们仍习惯于讲粤语，移民若不能学会粤语，工作和日常生活中随时都会遇到语言的困扰。调查结果表明，目前深圳的移民中 63.3% 的人对粤语会听并会讲一些，25.9% 的人会听不会讲，完全不会粤语的只有 10%，与来深圳前相比，有 64.1% 的人不同程度地学会了粤语。分别以"性别、年龄、文化程度、移民时间"四个指标为自变量，统计不同类型移民对粤语的接受程度发现：从性别角度看，女性比男性接受程度高，男女两性分别有 87% 和 90.2% 的人不同程度地学会了粤语；从年龄的角度看，年龄越大的移民，接受粤语的程度越低，各年龄段移民不同程度接受粤语的比例分别是：20 岁以下年龄段 90.4%；20—29 岁年龄段 92.7%；30—39 岁年龄段 85.6%；40—49 岁年龄段 84.6%；50 岁以上年龄段 75.4%。从文化程度的角度看，高中文化程度的移民学会粤语的比例最高，92.2% 的人不同程度地学会了粤语，学会粤语比例最低的是本科以上文化程度的人，83.3% 的人不同程度地学会了粤语，这与他们的工作性质有很大关系，本科以上文化程度的人多数从事管理或专业技术工作，普通话是最合适的工作语言，而高中文化程度的人很多在第三产业从事商业、服务业的工作，需要多种语言。从来深圳时间看，移民时间越长，学会粤语的比例越高，来深圳 3 年以下的移民中有 87.6% 不同程度地学会了粤语，而来深圳 13—25 年的移民中 94.7% 的人不同程度地学会了粤语。

　　大众传播对移民学习粤语的影响不容忽视。移民在深圳可以收看普通话、粤语和英语等多种语言的电视频道，大量粤语为主的电视频道如香港的翡翠台、本港台，广东的珠江台以及深圳本地的电视频道对移民语言的学习起到了积极的促进作用。以在深圳地区收视率最高的翡翠台和本港台为例分析对移民语言的影响。分析对象是来深圳前完全不会讲粤语的移民，研究中把喜欢看翡翠台和本港台节目的移民归为一个群体，喜欢看以普通话为主的凤凰卫视和深圳台节目的为另一群体，分析两组移民对粤语接受程度的差异，结果发现：喜欢看翡翠台和本港台电视节目的移民不同程度学会粤语的比例分别、92.3% 和 93.5%，而喜欢看凤凰卫视和深圳台节目的移民学会粤语的比例分别是 89% 和 86.7%，可见喜欢看普通话频道的移民掌握粤语的比例明显低于喜欢看粤语频道的移民，电视传播潜移默化地影响了移民对地方语言的接受，促进了移民语言的融合。

三、大众传播影响了移民的饮食习俗

俗话说，一方水土养一方人，饮食习惯是在长期的生活、尤其是青少年成长过程中形成的，中国各地丰富的饮食形成了灿烂的饮食文化，走在深圳的街头，红红火火的各地风味餐厅正说明了移民饮食习俗的多样化。长期在深圳生活，能否改变原来的饮食习惯意味着一个人能否与新的生活环境融合。移民来到深圳既要适应当地（广东口味）的饮食，也要面对来自各地移民带来的各地风味饮食的诱惑。调查显示：有73.1%的移民表示来深圳后饮食习惯发生了不同程度的变化，目前还保持喜欢家乡口味的移民占20.7%，喜欢广东口味饮食的移民占10.8%，居于两者之间，即喜欢家乡与广东口味结合的有20.1%，另外有48.4%的移民饮食喜欢各种口味的饮食，在各地风味饮食的诱惑下接受了各地的美味佳肴。

从性别角度看，女性中的75.2%和男性中的70.7%的移民饮食习惯发生了变化；从文化的角度看，本科以上文化程度的移民饮食习惯发生变化的占69.5%，比高中文化程度的移民低6个百分点。从年龄的角度看，40—49岁年龄段的移民饮食习惯变化的比例最低，只有64.1%，而20岁以下群体移民中有76.2%的人表示饮食习惯发生了变化。

影响移民饮食变化的因素很多，其中大众传播的影响不容忽视，移民接触大众传播媒介越多，越有机会接触媒介信息，受其影响而改变原来饮食习惯的可能性越大。报纸经常介绍各类食品烹制办法的文章，电视也有大量教人如何烹制的节目，移民在接触这些信息时，既了解了当地物产，接受了当地的饮食理念，也学会了如何烹制当地食品，这样移民在大众传播信息的潜移默化影响下逐渐改变了原来的饮食习惯。

从媒介接触内容来看，在信息时代，生活在信息包围中的人们只能选择性地接触与自己有关的信息，通常人们首先关注的都是自己生活的地域发生的事情，其次是与自己生活或兴趣密切相关的信息，因此从移民关注信息的内容可以推断移民的心态。以新闻为例，移民生活在深圳，自然关注与深圳有关的信息，同时割舍不断的乡情也使移民情不自禁地关注自己家乡的变化，从移民对新闻关注的情况能够看出，关注

"深圳新闻"的移民饮食习惯发生"很大变化"和"没有变化"的百分比分别是14.1%和25.4%,而关注"家乡新闻"的同样百分比分别是12.3%和27.2%,很明显关注"家乡新闻"的移民保持原有饮食习惯的比例高于关注"深圳新闻"的移民,对新闻内容的关注反映的是其心理和文化更倾向于哪里。

四、不同的媒介信息影响了移民的生活习俗

习俗是一个人长期生活在某个地方而接受的地方行为规范,它虽然不像法律那样具有强制作用,但是对人的行为具有极大的约束力,是通过人们对当地行为方式的理解而自觉遵守的游戏规则。移民来到深圳,受商品经济文化的影响,许多行为方式和习俗都与内地有很大的差异,虽然有"入乡随俗"之说,但是由于深圳人口的主体是移民,原有的当地人占人口总数的不到十分之一,其习俗不足以成为城市的主流。移民文化的碰撞中逐步形成这里特有的习俗,移民面对着如何将家乡的习俗与深圳习俗融合的问题。调查显示,移民在深圳做事,60.3%的人以自己的习俗为标准,按照深圳习俗做事的有37%,按照家乡习俗做事的只要回到家乡,有56%的移民会按照家乡的习俗做事,说明移民受家乡习俗的影响更大,家乡习俗和文化对移民有更大的约束力,脱离家乡的生活环境,家乡习俗的约束在相当程度上消失了,但是人们并没有完全按照新的生活所在地——深圳的习俗做事,说明在深圳人们在相当程度上还有身份的匿名感,地方习俗对移民的约束力还有限,人们更愿意按照自己的方式,而不是社会的习俗做事,移民行为的自由度大大增强,但是从态度倾向上看,移民中的63%喜欢的是深圳的习俗,喜欢家乡习俗的只有15%,说明生活在深圳的移民尽管在行为上还没有完全受到深圳习俗的约束,但是在心理上逐步在接受深圳的习俗,接受深圳的游戏规则,这是移民之间沟通的非常重要的标准。

大众传播影响着移民对深圳习俗的接受,移民城市游戏规则的确立和被参与者的认可需要以一定的方式传播给受众,而深圳移民接受信息最佳的方式就是大众传播,大众传播不断向人们展示新的游戏规则,并以奖励或惩罚的方式不断向人们传递这样的信息:在这里生活要遵守这里的游戏规则,否则会受到惩罚,包括事业的失败、亲情、友情的丧失等,移民在接受这些信息的同时也就接受了这里的习俗。表现为经常看"深圳新闻"的移民接受深圳习俗的比例高于喜欢看"家乡新闻"的移民,分别是

66.4%和58.7%，而喜欢看"家乡新闻"的移民保留家乡习俗的占23%，比喜欢看"深圳新闻"的人高9个百分点，可见"深圳信息"和"家乡信息"同时在争夺移民，移民选择接触哪里的信息，就倾向于接受哪里的习俗。

综上所述，传播学有关理论详细论证了大众传播对受众心理和行为的影响。以此为指导分析深圳移民文化融合中大众内传播的作用发现：大众传播在移民语言的融合、饮食习惯的改变和生活习俗的变化等方面都起到了积极的推动作用，在深圳移民文化融合、深圳特有的移民文化形成中扮演重要的角色。本地传媒在传播角度、内容选择、传播方式方面若能有意识地增加凝聚移民心理、弱化移民之间疏离感方面的内容，必将会为移民调整心态、增强对深圳的归属感和移民之间的凝聚力起到更大的促进作用。

下篇
文化名家论深圳文化

深圳，新兴的"文化开发区"
刘梦溪

> 刘梦溪，《中国文化》主编、教授，著名文化学者。本文系《深圳特区报》副总编辑侯军对其进行采访的访谈笔录，选自苏伟光、杨宏海主编《市场经济与特区文化》，海天出版社1995年版。

当今之世，我们应当如何弘扬与发展中华文化呢？进而言之，作为当今中国最大的经济特区，深圳在弘扬与发展中华文化的进程中，又将担负怎样的历史使命呢？

侯军把这些硬邦邦的提问，一股脑掷给了坐在对面的刘梦溪教授。这位鬓霜初染的著名学者不禁陷入了沉思……

刘梦溪，兼有文学家的才思与学者的睿智，不惮于迎接思维的挑战。作为中国文化研究所所长和在中外学术界享有盛誉的《中国文化》杂志主编，他在致力于传统思想文化研究的同时，也非常关注深圳这块新生的土地，近年来几乎每年都要来深考察。对于特区的文化建设，他显然有相当深入的思考。而此时此刻的沉思，不过是想把那些久贮于心的思绪整理得更加严谨、更加缜密。

于是，在银湖宾馆一隅，在"二者"（记者与学者）之间，便开始了一番有关深圳文化的对话。当时在座的还有刘梦溪夫人、著名报告文学作家陈祖芬女士。

深圳文化的优势何在？

侯军（以下简称"侯"）：刘教授，现在举国上下商潮滚滚，我们却在谈论文化，而且是在深圳这个商味十足的城市里谈深圳文化，这是不是有点不合时宜？

刘梦溪（以下简称"刘"）：我觉得这个时候在深圳谈文化问题是适宜的，也恰逢其时。原因是，眼下内地许多地方正在经受市场经济大潮的第一轮冲击，而深圳由于发展市场经济领先了一步，现在已经度过了这一阶段。当市场经济发育到一定阶段之后，必然会呼唤文化建设的跟进，深圳刚好处在这样的关口。我们在这里随处可以感受到这种对文化的呼唤——你们记者有职业的敏感，今天约我访谈，为什么不谈别的，专谈文化？说明你和你的读者，都有这种文化需求。

侯：那么，是否请您谈谈对深圳文化的看法？

刘：首先应当肯定深圳文化是中华文化的一部分，它具有中华文化的许多共通性因素。而就文化区域来说，深圳文化的基础，属于岭南文化的范围，当然带有岭南文化的某些特征。然而更重要的，深圳是一个移植文化区，是全国各个地区的文化、各个方面的文化乃至各种不同的文化系统进行嫁接和移植的特殊区域。上述三点是互相联系密不可分的，前两者是深圳文化的血脉和渊源，后者是深圳文化的新的生命所在，也可以说是深圳文化的特殊优势。

在这样一个移植文化区里，各种文化因素会相互交流，进而出现融合。而融合则会孕育出新的文化因子，从文化发展史的角度说，这种由融合而产生的文化因子，常常是最新的、最有生命力的。许多新兴的文化都是多种文化融合的结果。

当然，浅根嫁接不排除会出现文化枯萎现象，但不应忘记，深圳文化还是一个与现代文明的嫁接点，它可能比较容易同国际上的各种文化系统接轨。因此，我认为深圳这个文化区虽有根浅的弱点，但优势与潜力都相当大。深圳可以说是一个新兴的"文化开发区"。

文化更多地存在于现实生活中

侯：您的这个观点，深圳人听了当然会受到鼓舞。不过，您似乎只强调了深圳文化的优势，却没有涉及深圳文化的劣势，比如说，深圳在历史文化的积存方面匮乏……

刘：我说的根浅已包括这方面的内容。

只不过在谈文化问题时，可以有不同的把握方式。按照人们习惯的思维方式，一谈到某个地域文化，常常是最先看它有多少文化积存，比如说，有多少名胜古迹，有多少出土文物，有多少成型的文化作品……只是把眼睛向后看，倘若用这种观念来看深圳，结论是不言自明的。但我认为这种观察方法只触及了文化问题的一个方面。

文化是个包容性极大的概念，也可以说是包罗万象，单讲文化的定义，就有几百种之多。但是如果我们从另一个角度加以区分，可以把文化分成两个部分：一部分是历史积存下来的文化成品，另一部分是渗透到社会生活之中、与社会生活化为一体的文化。目前一些文化研究者存在一些对文化的误解。误解之一，是站在知识者的立场，容易看重文化的历史积存部分，而轻视现实生活中的文化；误解之二，是对文化与现代文明的关系还不够了解。现代文明恰恰是现代社会生活的总和，文明的素质体现在生活方式上。也就是说，文化更多的存在于现实生活中。这对文化研究来说，往往容易成为被忽略的部分，因为它不仅承继着以往的文化习惯与文化传统，而且每天都在产生新的文化因子。

事实上，我所说的这两部分文化，并不是截然分开，毫无关联的。它们也在互相转化。比如唐诗，现代人看来当然属于历史积存的文化了。但是在唐代，诗歌恰恰是文人生活的一部分。孟浩然很有抱负，但不得志，便写诗给当朝宰相张九龄，诗中说自己是："欲济无舟楫，端居耻圣明。坐观垂钓者，徒有羡鱼情。"希望得到荐引。这在当时就属于渗入社会生活之中、与社会生活融为一体的文化。到了现代，则转化为文化遗产了。反过来说，历史上留下来的文化遗产，同样可以渗入现代生活，比如，秦代的兵马俑现在不是涌入旅游业了吗？《红楼梦》里的饮食文化，不是也被现代人拿来开餐馆办宴席了吗？老舍先生写了个《茶馆》，现在不就有了"老舍茶馆"吗？其实，你只要稍稍留意就会发现，许多历史文化积存都已经进入了现代生活。换句话说，在历史文化积存中，能够融入现实生活的部分，往往也是最有生命力的部分。当然古代的文化精神如何进入现代生活，比历史积存物的利用要复杂得多，需要专门文章探讨，不是几句话能够说得清楚。

我是说，那种两眼只盯着历史文化积存，认为没有文化积存或文化积存较少，便是没有文化、便是文化沙漠的观念，该更新一下。从文化研究的角度说，越是活跃在现实生活中的文化，越能代表着未来的文化发展方向——我把深圳称作一个新兴的"文化开发区"，这也是理由之一。

深圳，传统文化与现代文明的融合点

侯：您的这番阐述，很开脑筋。那么随之就产生了深一层的问题：在当今中国文化的发展进程中，您认为深圳特区将担负怎样的使命呢？

刘：这个题目很大，恐怕不容易回答清楚。况且我又是一个局外人，对深圳的现实情况缺乏深入透彻的了解，只能是隔雾看花，谈一点粗略的想法。

我以为，中国文化当前面临的首要任务，是在弘扬传统的基础上求发展，使传统文化与现代文明相融合，实现现代化。

中国传统文化历史悠久，浩如烟海，如何使之现代化？对这个问题，专家学者们开了不知多少研讨会，但总是理论上讲的多，实行得比较少。但是在深圳，这个问题实际上已经进入了实行的层面。深圳在经济改革上先行一步，已经为传统文化与现代文明的融合，提供了一个必要的契机。在深圳兴起的诸多文化现象中，已经包含着传统文化与市场经济运行相交融的成分，比如在深圳日益活跃的企业文化、商业文化等等。

商品经济发展到一定程度后，就必然要对文化产生不可遏止的需求。商品的质量竞争既是科技的竞争，也是文化的竞争。如商品的包装就是文化与技术的融合。商标、广告都有文化潜入其中。一旦商品生产、销售等等都需要文化的参与，那么，这就等于为传统文化融入现代生活提供了强大的动力。恩格斯讲过，社会需要带给科学技术的推动力，强过不知多少所大学。其实文化又何尝不是如此？商品经济给整个社会注入了活力，同样会给古老的中华文化带来广阔的发展空间。在深圳，你会发现这样一个趋势，越是高档次的商业行为，它的文化含量就越高。好的广告，不仅要富于鲜明突出的时代特点，更要有文化韵味，这就必须同传统文化结合起来。现在已经有越来越多的企业家意识到：不重视商品的文化内涵，无法在市场竞争中稳操胜券。我想，一旦这种认识成为全社会的共识，那么，传统文化同现代文明的融合便会成为自觉的行为，传统文化如何经过整合与现代化相适应也就有了一个良好的途径。

文化滑坡与文人"下海"

侯：刘教授，坦率地讲，眼下，面对汹涌而来的市场经济大潮，更多的文化人是感到深深的忧虑，有人甚至预言，在商品经济大潮的冲击下，中国将面临大面积的文化滑坡。对这种议论，您是怎么看的呢？

刘：的确，商品经济的发展，对文化事业、对学术研究乃至对学校教育都会有冲击。比如说现在有些学生不安心读书，只想赚钱；有些高雅艺术面临经济困境，学术研究也有些难以为继；不少文人被迫"下海"，弃文经商，等等。对这些负面影响当然不能漠视，但也不必惊慌失措。我认为这只是发展市场经济的一个过程而已。世界上许多发达国家也都经历过类似的历史阶段。也可以说，这就是发展的代价，现代化的代价。但问题也有另一方面，就是我们固然要正视商品大潮的冲击，但同时也要看到商品经济对各类新型人才提出了新的需求，也给教育与文化的发展带来了机遇。你可以采取多种形式多种渠道办学。市场可以逼出教育发展的新思路，这是比冲击力更重要的推动力。市场经济的发展也对学术研究提出了许多新的课题。知识被推向市场可以使知识的价值更直接地显现出来。这样，知识分子的生存空间就会更加拓宽，创造的机会也将随之扩大。

商品经济的发展还会催生出大批新兴的文化，如前边提到的企业文化、商品文化、广告文化、消费文化等。社会上的许多经济活动，都将有文化的渗入，这对传统文化的普及大有好处。商潮的冲击有可能使文化出现暂时性的滑坡，但商品经济的发展也会为文化建设铺路搭桥，这是更具深远意义的大趋势。有眼光的企业家，不仅善于利用现有的文化成果为自己的商品生产服务，而且，当其积蓄了一定实力之后，即使是出于塑造企业自身的良好形象考虑，他们也会拿出相当的力量来投向文化事业。这对传统文化的保存、研究与弘扬，对有专长的文化人聪明才智的发挥，都是大有裨益的。我听说，在深圳已经出现了这种由企业资助文化事业的趋势。这，恰好说明深圳这块文化开发区确实具有某种超前的示范作用。

侯：从您的这番谈话，不难看出您是发展社会主义市场经济的热情拥护者。但您做的是学术研究工作，既然您如此热衷于市场经济，那么您是不是也会"下海"呢？

刘：我得郑重声明，我这个文化人不会"下海"，也无意经商。我不具有这种能力。古人有"守死乐道"的说法，我个人的兴趣始终在学术研究上。但我确实很关注"文人下海"问题，因为这是一个新的文化现象。

我并不认为所谓"文人下海"，一部分人弃文经商是个了不起的问题。明清之际就有过这种现象，大学者顾炎武就从事过商业活动。现在我们各个领域都是既缺乏人才，又人浮于事。实际上存在着严重的文化错位现象。从国家整个的人才构成来看，文化队伍中少了一个作家，经济队伍中则多了一个有文化有知识的商人，两者相比较，能简单地断定孰轻孰重吗？不能。依我看，中国的现实情况倒是商人阶层的文化素质普遍偏低，正急需充实一些文化人呢！况且，在"下海"的文人中，真能成功的毕竟是少数，大多数文人过不多久还会"诸神归位"的。即使是那些"下海"游得很好的文化人，一旦他们羽翼丰满了，实力雄厚了，绝大多数还会"回归文化"，或者重操旧业，或者解囊赞助，总之，他们是永远也割不断与文化的联系的！

侯：您这话算说到点子上了——事实确实如此，目前深圳那些热心于投资文化事业的企业老总们，几乎都是文化人出身，如万科公司的王石、三洲集团的唐大进，还有"锦绣中华"的马启谋等？都是。他们一方面热情地充当新型的艺术保护人、资助人，另一方面则直接参与文艺活动，唐大进亲自创作电影剧本，马启谋则是一位卓有成就的业余作曲家，他创作的歌曲还出过个人专辑录音盒带呢！

刘：我们《中国文化》也得到深圳一位企业家的资助——南亚实业公司董事长谢永健先生，他为振兴中华文化做了许多好事。可见传统文化绝不是现代化的阻力，而现代社会则为传统文化的保存和弘扬创造了条件。

特区文化研究责任重大

刘忠德

> 刘忠德，原国家文化部部长。本文是其给"第二次全国特区文化研讨会暨特区文化研究中心成立大会"的贺信，标题系编者所拟。

同志们：

我热烈祝贺深圳"特区文化研究中心"的成立，热烈祝贺第二次特区文化研讨会的召开！

10多年来，在党的基本路线指引下，随着特区经济的腾飞，特区文化事业也有很大发展和繁荣，在各个文化部门工作的同志都作了辛勤努力，取得了显著成绩，这是应当充分肯定的。但是，特区文化究竟怎么搞，对我们来说仍是一个新课题。特别是在当前建立社会主义市场经济的条件下，特区文化如何与特区经济的发展相适应，又怎样促进和有利于特区精神文明的建设，这是一个根本的问题，还需要我们作认真的研究。

近来有人提出能不能建立"文化特区"的问题，我认为在文化上是不应该有"特区"的。我们的文化，不论在哪个地方，都必须坚持"为人民服务、为社会主义服务"的方向和"百花齐放、百家争鸣"的方针，必须坚持党的一系列文艺方针和政策，这一点不能动摇。所以，我们是搞"特区文化"，而不能搞"文化特区"，这里虽然只是两个字的顺序颠倒，其实质却大不相同。在这个问题上我们必须有个明确的认识。

然而，特区文化毕竟是有特点的，它的优势和意义也正在于此。那么，特区文化的特点究竟是什么？与其他地区的文化相比，特区文化有哪些共性和特殊性？对特区文化的特点，它的长处和短处，正面和负面，应当如何正确地认识、评价和取舍？这些问题，涉及特区发展的战略决策和基本政策，都需要作深入的研究和正确的把握。而这也正是特区全体文化工作者的任务。加之 1997 年香港回归在即，内地与香港文化的对接问题已提到面前，我们更应该感到责任的重大和紧迫。

深圳"特区文化研究中心"的成立为特区文化研究工作的深入开展提供了一个基地，标志着特区文化研究开始进入一个新的阶段，这是一件很有意义的事。在"特区文化研究中心"筹建过程中，深圳市党政领导给予了大力支持和热情关怀。对于他们的远见卓识和出色的工作，我表示由衷的钦佩和感谢，并希望"特区文化研究中心"在今后的工作中继续得到市委、市政府及有关方面的大力支持！

祝"特区文化研究中心"不断取得丰硕成果，为特区的两个文明建设作出自己应有的贡献！

祝大会圆满成功！

刘忠德
1993 年 12 月 1 日

深圳是个有独特文化的地方

孙家正

> 孙家正，原国家文化部部长。本文是作者接受《深圳特区报》记者杨波、陆云红、杨峥采访时的谈话记录。原载《深圳特区报》2005年9月1日，标题略有改动。

"深圳是个有文化的地方，是个有独特文化的地方，是有着生机勃勃、洋溢时代精神的中华民族文化的地方。我们应该这样评价深圳的文化，这是我们现在需要提倡的"。

"我们期待深圳为全国的文化建设、文化发展，乃至经济发展、社会进步、构建和谐社会，提供更多新鲜经验"。

他是一位经常躲避记者镜头的部长，但是在8月25日深圳经济特区成立25周年纪念日前一天，刚刚赴外地考察归来的他却顾不得洗去一路风尘，就向我们敞开了办公室的大门。谈文化立市、谈构建和谐深圳、谈文博会，博学儒雅、宽容平和的国家文化部部长孙家正对深圳经济特区文化建设的关注与期待之情溢于言表。

"深圳是个有独特文化的地方"

"有人说深圳在经济上有很大的发展，但文化上比较贫瘠，缺乏积淀。这话基本不正确。"文化部部长开篇先为深圳文化"正名"。

孙家正指出，文化并不仅指拥有多少历史悠久的文化遗迹，并不仅指图书馆、博物馆有多少珍贵的典藏。文化有物质文化、精神文化、方式文化三种形态。在物质形态方面，深圳创造的大量先进物质产品，便有大量文化内涵渗透其中。这种产品既有中国特色，又有世界领先的技术，融民族精神与现代科技于一体。人们在消费深圳产品的同时，也在消费它体现出来的深圳文化，自觉不自觉地领略这种物质产品渗透出的文化之光。从精神文化产品来看，《春天的故事》唱响长城内外、《走进新时代》红遍大江南北，深圳在新时期无论是音乐、美术，还是戏剧、舞蹈、文学等，均是精品迭出，这些精神文化产品不仅丝毫不比其他地区逊色，而且散发出强烈的时代气息。从方式文化形态来看，商务文化、礼仪文化等均在其中。作为改革开放的先行先试地区，深圳对全国贡献最核心的是一种紧跟时代的发展、适应社会主义市场经济需要的改革开放和创新的文化，深圳提供了适应时代需要、又有民族特色的珍惜时间、讲究效率、注重诚信等方式文化。因此，从文化这三种形态来看，深圳是个有文化的地方，是个有独特文化的地方，是有着生机勃勃、洋溢时代精神的中华民族文化的地方。我们应该这样评价深圳的文化，这是我们现在需要提倡的。

孙家正在阐述文化时说，文化最基本的载体是人，深圳人来自五湖四海，他们把中国四面八方的优秀文化都带到了深圳。可以说中国多民族、多地域的文化（包括国外的优秀文化）在这里交流、融会、熔铸成一种特有的深圳精神。这种多元一体的文化，其本质仍是中华民族的文化。深圳是一片神奇的土地，它从未脱离母体文化，它的母体文化通过四面八方来的移民裹携而来，是把历史与现代，中国与世界汇聚于现代熔炉中锻造冶炼而成的。

"因此我们要理直气壮地讲，深圳精神是中华民族步入改革开放新时期后在一个特定地区形成的一种独具魅力、充满时代气息的精神。深圳市委、市政府将深圳精神的新内涵概括为'特别能改革、特别能创新、特别能开放'，弘扬深圳精神、弘扬深圳文化，就是弘扬以改革创新为核心的时代精神。在构建和谐社会中创造更加灿烂的深圳新文化，为新世纪中华民族文化发展增姿添彩，这既是深圳的责任，也是种光荣！"孙家正这番话对深圳文化工作者来说，既是鼓舞，又是鞭策。

从经济特区到文化立市

"从经济特区到文化立市，反映了深圳 25 年来走过的一条光辉而正确的道路。"多年来,孙家正一直将关注的目光瞄准深圳,他对深圳特区文化事业 25 年的发展如数家珍,谈及深圳正在实施的文化立市战略,他进行了高屋建瓴的深刻论述。

孙家正说,深圳一开始是以经济特区的名义出现的,大家把关注的目光投向其经济改革和发展,这是很自然的事。而且深圳在发展历程中已成为改革开放中国的缩影,成为世界观察中国现状和发展趋势的"窗口",深圳走过的道路就是改革开放中国的发展道路,从党中央、国务院到全国各地,对深圳的情况均非常关注,很重视研究深圳的经验。深圳在新形势下提出实施"文化立市"战略,构建"和谐深圳"的目标,不仅对深圳本身意义深远,而且作为中国改革开放最早、现在仍蓬勃发展中的特区,深圳的举措和实践必将对全国继续发生深刻影响。文化部作为国务院文化行政管理部门,对于深圳的文化建设、发展态势也是异乎寻常地关注。

"现在很多人关注文化产业。毫无疑问,文化产业将成为我们国家,包括深圳新的经济增长点。文化产业在整个经济发展中的比例将会以较快速度增长。但文化立市的内涵绝不仅仅是经济意义上的。"孙家正语重心长地强调。

孙家正说,文化是人的生存状态,是人的愿望和诉求,是人对未来命运的一种设计。"文化立市"第一位的东西还不是文化产业占国民经济的比重多大,一个地区、一个单位真要用文化把自己"立"起来,首先在于发展战略的选择。从人的需求来说,实施文化立市,落实科学发展观,其核心是人。我们认识文化、研究文化的发展,实际上是认识我们自身,是探寻我们向何处去,构建一个什么样的社会。将人的全面发展和社会的全面进步实行良性互动,这才是文化追求的状态。深圳实施文化立市战略,一定要把人的全面发展、素质的提高、精神世界的丰富多彩作为很重要的一个方面来建设。

"从经济特区到文化立市,深圳更加明确了追求目标,我们期待深圳为全国的文化建设、文化发展,乃至经济发展、社会进步、构建和谐社会,提供更多新鲜经验。"文化部长一席话,饱含对深圳特区的厚望与深情。

新时期文化发展要适合时代需要

深圳正在建设和谐深圳、效益深圳,文化在其中应该承担何种责任?发挥什么样的作用？深圳应建设什么样的文化？孙家正结合自己最近在《光明日报》发表的《和谐社会构建中的文化责任》一文阐述了自己的观点。

孙家正指出，坚持以人为本的科学发展观，构建社会主义和谐社会，为中国人民展示了光明幸福的现实前景，也为实现最高理想指明了现实的途径，当代中国文化建设应以此作为自己的奋斗目标和价值取向。建设富强、民主、文明的社会主义现代化国家是文化建设的社会目标；促进人的全面发展，培养有理想、有道德、有文化、有纪律的社会主义公民，是文化建设的育人目标。这两个目标互为前提，相辅相成。坚持以人为本的科学发展观，把文化的社会目标和育人目标科学地统一于构建社会主义和谐社会的实践之中。当代中国文化建设应以此作为自己的价值取向和目标追求，广泛地展开，深入地推进。

孙家正说，我们正处在一个迅速变化的时代，新科技、新事物、新情况、新问题不断涌现，利与弊交织，机遇与挑战并存。中国特色社会主义文化建设，特别需要有面向未来的前瞻性谋划，需要有实事求是的科学态度和引领潮流的进取精神。孙家正强调，在新时期谈文化发展问题，一定要有适合时代所需要的文化思想。要适合时代的需要，既要从纵向的，从时间流程来考量；又要从横向的，从地域、国家、民族方面来衡量。具体到深圳来说，深圳是中华大地上一个具有特殊意义的地方，它是改革开放的前沿，是又一座新兴的城市。只要使用时间、历史的纵坐标和地域范围的横坐标，深圳不难找到文化未来的发展方向。

孙家正最后强调，文化绵延不断、水乳交融、浑然一体，建设文化当然应从具体做起。而繁荣和发展社会主义文化，满足人民群众日益增长的精神文化需求，是文化建设的中心任务、根本目的。

采访时间在不知不觉中过去，孙家正谈兴不减，话题转到由文化部、国家广电总局、新闻出版总署、广东省与深圳市联合举办的文博会上。

孙家正说，文博会是我国举办的第一个综合性、国际性的文化产业博览会，也是继中国国际高新技术成果交易会之后，在深圳举办的又一个常设性国家级大型展会。文博会从筹备期开始，文化部就旗帜鲜明地支持。文博会的意义在于：1.充分运用社会主义市场经济杠杆推动文化的发展，给文化的发展输入强劲的生机和活力；2.文化产业的发展一定要注重文化产品的质量，主流意识形态和我们倡导的价值观必须通过优质的文化产品，通过广大人民群众自主选择来发生作用，文博会提供了这样一个平台。因此，在深圳召开的文博会的意义重大而深远。深圳在成功举办首届文博会之后，面临着激烈的挑战与竞争，要继续办好文博会，还需要付出心血。最主要的是要办出特色，能够吸引更多海内外的真正优质产品，办出档次，在挑战与竞争中越办越好！

"今年是深圳特区成立25周年，愿深圳鼓起经济与文化的双翼，再展鹏程。"孙家正最后对年轻的深圳发出真诚的祝愿。

附录
深圳文化三十年大事述略（1980—2010）
胡鹏（辑编）

一、1980—1990年

1. 出台《关于深圳特区思想文化建设的初步意见》，明确在抓好特区经济建设的同时，必须大力抓好思想文化建设

遵循中央领导同志的指示，1981年3月，广东省委组织调查组来深圳调查思想文化建设情况，深圳市委组织有关部门积极配合调查组开展工作。在各方面共同努力下，4月14日，省委宣传部起草了给省委并报中宣部的报告，提出了《关于深圳特区思想文化建设的初步意见》（以下简称《意见》）。《意见》认为，深圳特区发展很快，但相应的文化设施却十分缺乏。在抓好特区经济建设的同时，必须大力抓好思想文化建设。《意见》提出，要把宣传、文化、教育、科学、体育、卫生等事业建设纳入特区的总体规划，实行远期与近期相结合，从长远着眼，从近处入手，因地制宜，量力而行。《意见》为深圳特区初期的文化建设勾画了初步轮廓。

2. 制定《深圳特区经济社会发展规划大纲》，阐明特区精神文明建设的目标和步骤

1982年2月，深圳市委、市政府制定的《深圳经济特区经济社会发展规划大纲》（以下简称《大纲》）正式出台。《大纲》要求"在建设高度物质文明的同时，努力建设高度的社会主义精神文明"，并专门列出《精神文明建设》一章，阐明特区社会主义精神文明建设的目标和步骤。《大纲》的制定，有力地推动了特区初期精神文明建设的稳步发展。

3. 决定兴建"八大文化设施"，打好深圳文化发展的"硬件"基础

1983年，深圳市委、市政府决定兴建科学馆、博物馆、图书馆、大剧院、电视

台、深圳大学、体育馆、新闻中心等八项重点文化设施（俗称"八大文化设施"）。市委书记梁湘在干部大会上说，"我们就是勒紧裤带，也要把八大文化设施建设搞上去，并确保这些设施50年后不落后，留给后人一个艺术精品"。八大文化设施全部在80年代动工兴建，80年代中后期绝大部分投入使用，至90年代初，全部投入使用。

4. 召开深圳市第一次思想政治工作会议，确定特区思想政治工作的任务与重点

1983年9月，深圳市委召开了深圳市第一次思想政治工作会议。会议总结、交流了深圳特区建立以来的思想政治工作经验，明确当前和今后一段时期思想政治工作的任务与重点，要求坚持四项基本原则，宣传贯彻党中央关于特区问题的一系列方针政策和指示，培养一代新人，树立一代新风，搞好特区的两个文明建设。

5. 创办深圳大学，告别深圳无大学的历史

1983年1月，深圳市委作出筹办深圳大学的决定，成立以市委书记兼市长梁湘为主任的深圳大学筹备委员会，确立"把深大办成试验性、开放性的高水平的经济特区大学"的指导思想。5月10日，经国务院批准，深圳大学成立，于9月27日开学。清华大学副校长、中国科学院学部委员张维出任深圳大学首任校长。邓小平同志1984年视察深圳特区时，赞赏深圳大学当年开办、当年招生是"深圳速度"，并明确指示要"办好深圳大学"。

6. 加强深圳本土主流媒体建设，掌握舆论宣传的主动权

深圳特区建立以后，为了尽快改变无本土主流媒体的现状，市委于1981年初决定创办自己的机关报。1981年6月，《深圳特区报》试刊版面世；1982年5月24日，中共深圳市委机关报《深圳特区报》创刊，第一期周报正式出版。1983年12月1日，该报由周报改为日报，向国内外公开发行。1984年11月1日开始，深圳电视台正式开台并播出自己的新闻节目。1982年6月15日，市委组织部主办的《特区党的生活》创刊，市委书记梁湘撰写了发刊词。1982年5月1日，市文联主办的大型文艺季刊《特区文学》创刊，国内外公开发行。

7. 提出"时间就是金钱，效率就是生命"的口号，推动思想观念更新

1980年，深圳蛇口工业区管委会主任袁庚提出了"时间就是金钱，效率就是生命"的口号，1981年底，这句口号以标语牌的形式矗立在蛇口工业区。这句口号很快在全国引起轰动，被誉为"冲破思想禁锢的第一声春雷"。1984年1月26日和2月4日，邓小平同志两次肯定和赞誉这句体现全新思想观念的口号，推动了全国的思想观念更新。

8. 建立"孺子牛"大型雕塑，弘扬特区精神

1984年初，深圳市委决定在市政府办公大楼前建立一座以"拓荒牛"为主题的大型雕塑，并委托广州美术学院进行设计和制作。7月27日，市委书记梁湘亲自为这座被命名为"孺子牛"的大型铜雕揭幕剪彩。从此，这座雕像既是特区人敢闯敢试敢为天下先的开荒牛精神的象征，也是特区领导干部甘当人民公仆、俯首甘为孺子牛的精神象征。

9. 制定并实施《深圳经济特区社会主义精神文明建设大纲》，进一步明确社会主义精神文明建设的战略地位、中心任务、总体目标及具体任务

1985年11月20日至23日，深圳市召开了全市"四有"（有理想、有道德、有文化、有纪律）教育经验交流会议。会议讨论通过了《深圳经济特区社会主义精神文明建设大纲（草案）》（以下简称《大纲》）。《大纲》进一步明确了深圳特区社会主义精神文明建设的战略地位、中心任务、总体目标及具体任务和措施，是新形势下深圳特区精神文明建设的纲领性文件，也是全国第一个关于社会主义精神文明建设的总体规划性文件。《大纲》的颁布实施，标志着深圳特区精神文明建设走上了系统化、规范化、目标化管理的轨道。

10. 召开首次深圳市科学技术工作会议，充分发挥科学技术在发展外向型经济中的作用

1985年11月26日，深圳市召开首次科学技术工作会议。市委书记梁湘在会上作了题为《加速发展特区科技事业，发挥窗口和扇面作用》的报告。报告强调，深圳特区要发展外向型经济，起决定作用的是科学技术的发展和应用，特区科学技术发展水平如何，是特区成败的重要标志之一。

11. 召开深圳市第二次思想政治工作会议，积极探索改革开放新形势下思想政治工作的新思路和新方法，响亮地提出要继承发扬"开拓、创新、献身"的深圳特区精神

1987年6月至8月，深圳市委采取集中与分散相结合的方法，召开了全市第二次思想政治工作会议。会议期间，市委书记李灏作了题为《保持清醒头脑，进一步发展大好形势》的讲话，市委主管领导作了《关于加强思想政治工作的几点意见》的总结讲话。会议讨论了市委提出的《坚持党的十一届三中全会以来路线的两个基本点，加强和改进特区思想政治工作》的征求意见稿。会议要求，特区思想政治工作要自觉坚持两个基本点，要结合特区实际，有的放矢，讲究实效。会议经过认真讨论，决定用"开拓、创新、献身"6个字来概括特区精神。

12. 培养与弘扬"深圳精神",激励深圳人的使命感和责任感

1990年下半年,中共深圳市委常委会通过讨论,决定将特区精神加以补充、完善,作出新的概括,增加"团结"二字,并将"献身"改为"奉献",提出"开拓、创新、团结、奉献"的新精神,同时把"特区精神"改名为"深圳精神",以增强深圳人的自励自豪感和使命感、责任感。

13. 推行"文化网络枢纽规划",建立国家、集体、企业合办文化的新格局

1985年,市委、市政府推行"文化网络枢纽规划",以图书馆、新华书店、电影公司、艺术中心为主干,建立读书指导网络、电影发行放映网络、图书发行销售网络、群众文化辅导网络。1989年又发展艺术广场网络。到1990年,全市形成了条块结合,纵横交错,国家、集体、企业合办文化的格局。实施"文化网络枢纽规划",使特区群众性的文化活动由自我封闭型转向开放型,由文化部门主办转向社会参与共办,由强制灌输转向群众自娱自教,从而使整个特区的文化工作从"小文化"向"大文化"转变,从单纯群众文化向多样化的高雅文化方向发展。

14. 支持综合开发研究院(中国·深圳)在深圳成立,加强决策咨询和社情调研

1989年初,深圳市委、市政府会同国务院发展研究中心,积极支持一批经济学家和社会活动家关于在深圳成立一个以应用性研究为主的综合性研究机构的设想,借此加强决策咨询和社情调研。同年2月,经国务院批准,综合开发研究院(中国·深圳)在深圳市成立。该院是全国性政策研究咨询机构,也是中国首家由民间创办的大型科研机构,由深圳市政府代管。研究院的宗旨是为中央和地方政府及大型企业提供经济决策咨询和政策实施结果分析、国民经济发展预测分析服务,并与国内外优秀经济学家和研究机构进行广泛合作,建成由专家群体组成的研究网络。

15. 制定并实施《深圳市社会主义精神文明建设"八五"规划》,对新形势下的文化建设与文化发展进行新的规划和部署

1991年9月21日,中共深圳市委举行一届二次全体(扩大)会议。会议审议通过了《中共深圳市委关于深圳市国民经济、社会发展十年和第八个五年计划的建议》、《深圳市社会主义精神文明建设"八五"规划》和《中共深圳市委关于加强党的建设的意见》等三个决议。这标志着在新的形势下,深圳的文化建设与文化发展又有了新的规划和部署。

16. 组织部署海天出版社正式复业,推进《深圳商报》复刊

1985年7月,深圳海天出版社成立,后因故停业。1990年6月1日,经深圳市

委、市政府认真组织部署,报国家新闻出版署和省新闻出版局批准,海天出版社正式复业。

1989年1月8日,《深圳商报》创刊,当年10月,因违规停刊整顿。深圳市有关方面对此高度重视,积极推动《深圳商报》复刊。后经国家新闻出版署同意,省新闻出版局批准,《深圳商报》于1991年元旦正式复刊。

17. 深入开展创建文明城市活动,营造文化建设与文化发展的良好氛围

1990年2月22日,市委书记李灏就在市委工作会议的总结讲话中强调,要广泛深入开展"做文明市民,创文明单位,建文明深圳"的活动,"努力造成讲文明、讲团结、讲奉献的良好风气,共同努力,把深圳建设成一个经济繁荣兴旺,社会全面进步的社会主义文明之城"。邓小平同志再次视察深圳并发表"南方讲话"之后,深圳进一步加大了创建文明城市的力度,深入开展文明市民评选活动和文明单位达标评比活动,明确提出建设文明城市是整个90年代深圳经济和社会发展的总目标,确定了深圳建设文明城市的总体要求。

二、1991—2000年

18. 制定教育发展战略,加快教育发展

1991年,深圳市委、市政府研究制定了下一阶段教育发展战略,计划于1991—2000年的10年间,以"加速普及高中教育,提升基础教育水准,发展各类高等教育,加大教育投资力度"为重点,实现深圳教育的"适度超前发展"。是年起,深圳教育便以建立适应外向型经济发展需要的,具有深圳特色的社会主义大教育为目标,逐步实行一系列加快教育发展的措施。

19. 树立邓小平画像,展现深圳改革开放的欣欣向荣面貌

邓小平同志南方重要讲话之后,为了表达深圳人民对改革开放总设计师邓小平同志的深厚感情,展现深圳改革开放的欣欣向荣面貌,深圳美术广告公司遵照市委宣传部的指示,设计创作邓小平大型画像。1992年6月28日,邓小平画像创作完成,矗立于深南大道和红岭路交叉路口。画面右上角选用了小平同志在深圳讲话中的一句话:"不坚持社会主义,不改革开放,不发展经济,不改善人民生活,只能是死路一条。"后来修改时,画像的背景有所更改,画面上的字改为:"坚持党的基本路线一百

年不动摇。"画像第一版曾得到小平同志的亲自认可。画像上变化的是不断增加的建筑群，不变的是小平同志坚定的目光，成为深圳著名的人文景观。

20. 加快文化设施建设，构筑现代城市文化景观

深圳市在前10年发展中兴建了八大文化设施，初步打下了文化事业发展的基础。但是，随着经济的高速增长和人口的急剧膨胀，文化基础设施不足与人民群众文化需求日益增长的矛盾又凸显出来。1995年9月15日，市政府发出《印发〈关于加强我市文化设施建设的议案办理情况报告〉的通知》，决定将公共文化设施建设纳入城市发展总体规划，重新修订并严格执行《深圳市城市规划标准与准则》，拟在"九五"期间乃至下个世纪的头10年，分期兴建一批面向未来、具有较高文化科技含量的标志性文化设施，以提高城市的文化品位。至1997年底，计划新建的文化设施全部进入或立项招标、或主体完工、或建成竣工的阶段。

21. 进行文化体制改革试点，探索建立大文化管理架构和综合执法机制

90年代初，深圳大力推进文化综合执法改革试点，探索建立文化、新闻出版等四局合一的大文化管理架构和综合执法机制。按照"两级政府、三级管理、四级网络"和"重心下移、属地管理"的要求，将文化稽查大队升格为副局级的文化市场行政执法总队，各区镇也相应成立了大队和分队，承担文化执法职能。

22. 创办深圳职业技术学院，扩大技术应用型人才培养规模

1992年，深圳市委、市政府着手调整高等教育结构，决定扩大技术应用型人才培养规模，筹建一所高等职业技术学院。同年11月，深圳高等职业技术学院筹备组成立。1994年4月，广东省政府批准成立深圳高等职业技术学院。1996年国家教委将深圳高等职业技术学院定为全国高等职业教育改革的试点院校。1997年9月，李岚清副总理为学院批示："希望把这所学校办好，为我国高等职业学校提供经验。"同年10月，深圳高等职业技术学院更名为深圳职业技术学院。2000年教育部印发简报，对深职院的成功经验给予充分肯定。2005年8月，温家宝总理视察深圳职业技术学院，鼓励深职院更上一层楼，办得更好。

23. 成立特区文化研究中心，加强文化理论研究

1993年12月，由国家文化部和深圳市文化局联合创办的深圳市特区文化研究中心正式成立，文化部部长刘忠德发来贺电。研究中心业务上接受文化部、广东省文化厅指导。其主要职能是："承担文化部门委托的项目，开展特区文化的应用研究和对策研究；开发文化信息资源，促进国内外文化交流。"特区文化研究中心成立以后，

成为深圳文化研究的重要阵地,在组织文化研究队伍,推进文化理论研究,开展文化现状调研,协助市委、市政府制定文化发展战略等方面,发挥了重要作用。1998年,由广东省文化厅与深圳市文化局联合创办的"广东省邓小平文艺理论研究基地"在深圳成立,"基地"办公室设在研究中心。2005年,研究中心被批准为"国家文化部对外贸易文化研究基地"。

24. 实施以"五个一工程"为龙头的文艺精品创作工程,推进文艺创作繁荣发展

深圳市委、市政府高度重视文艺精品创作,从90年代初开始实施以"五个一工程"为龙头的繁荣文艺创作的精品工程。此后,文艺精品不断涌现。在影视艺术方面,重点推出了反映时代精神、具有鲜明艺术特色的主旋律作品,一批优秀影视作品相继在国际国内获奖。1990年由市委宣传部主持摄制的电视政论片《世纪行——四项基本原则纵横谈》更是轰动全国,受到中央的充分肯定,中央领导同志为该片题词。江泽民总书记的题词是:"人民创造历史的颂歌,社会主义优越性的明证",李鹏总理的题词是:"光辉的历程,时代的强音。"还有李先念、王震、胡乔木等也分别题词。中央宣传部、组织部发文件,把《世纪行》列为全党全民的思想政治教材。在文学、戏剧方面,创作了多部反映深圳改革开放题材的长篇小说、报告文学及戏剧作品。在音乐舞蹈及其他艺术方面,有一大批作品在国际国内各类评奖活动中获奖。

25. 开展"怎样做个深圳人"大讨论,培育一代新人

1994年3月14日,《深圳商报》和《深圳晚报》同时在一版头条显要位置刊登读者王大可的来信。王大可在信中热情赞扬了深圳特区的建设成就和深圳人的良好形象,同时也尖锐地指出了在一部分深圳人当中客观存在的道德观念淡漠、创业精神减退、贪图享乐思想抬头等不良现象,建议在报上开展"怎样做个深圳人"大讨论,通过讨论激励广大市民发扬深圳精神,再创新的辉煌。两报对这封读者来信非常重视,加了"编者按",决定接受建议在报上开展"怎样做个深圳人"大讨论。讨论引起广大市民的共鸣和积极参与,前后延续达8个月之久。市委宣传部、市文明办、市总工会、共青团市委、市妇联等单位都发出关于组织开展大讨论的通知。市委领导高度重视,热情支持,使这场大讨论不断引向深入。这场大讨论是发扬人民民主的一种好形式,对提高城市文明水准和增强市民的文明意识很有意义。

26. 制定《深圳市民行为道德规范》,推进公民道德建设

1994年5月,由市委组织部、市精神文明建设办公室组织有关方面专家起草《深圳市民行为道德规范》,经过一年多的讨论修订,于1995年6月26日正式颁布。

《规范》由基本准则、社会公德、职业道德、家庭美德、个人品德等5个部分组成,共24条1600余字,条目四字一句,易诵好记。《规范》既继承了中华民族的传统美德,又吸收了整个人类进步的文明成果;既符合深圳人的实际,又具有一定的超前性。如"有约守时,无约不访"、"不干涉别人隐私"等提法,均体现出全新的思想文化观念。

27. 制订文化发展规划,推进特区文化发展

1995年3月13日,深圳市文化工作会议召开。会议提出了未来文化发展的目标与措施,并讨论了《深圳市1995—2000年文化发展规划》。会议首次提出将深圳建成"现代文化名城"的战略目标。1998年3月2日《深圳市文化事业发展三年(1998—2000)规划及2010年远景目标》(以下简称《规划》)正式颁布。《规划》确定的深圳文化事业发展的总体目标是:与建设现代化国际性城市的要求相适应,努力把深圳建设成为社会主义现代化文化名城。《规划》提出的实施文化发展战略的步骤是:3年打基础(1998—2000),10年上水平(2000—2010)。《规划》还对文化建设的具体工作任务进行了明确规定。

28. 成立深圳市社会科学联合会,促进社会科学繁荣发展

1995年11月16日,深圳市社会科学联合会第一次代表大会召开,来自全市各社科团体的代表及社科界的专家学者和市五套班子领导出席会议。这次会议宣告深圳市社会科学联合会正式成立,标志着深圳市社科理论研究工作迈上了新的台阶,对于促进深圳学术文化建设,提升深圳文化品位,具有十分重要的意义。

29. 制定深圳精神文明建设"九五"规划,对新阶段的精神文明建设进行整体部署

1996年11月9日召开的市委二届四次全会审议通过了《深圳市社会主义精神文明建设"九五"规划》(以下简称《规划》)。制定《规划》既是世纪之交深圳精神文明建设的实际需要,也是贯彻落实《中共中央关于加强社会主义精神文明建设若干重要问题的决议》的具体行动。《规划》对深圳16年来社会主义精神文明建设的显著成就与存在问题进行了客观的基本评价,明确了深圳市社会主义精神文明建设的指导思想与奋斗目标,提出了深圳市精神文明建设的基本任务和保障措施,具有鲜明的深圳特色和时代特征,是推进世纪之交深圳文化建设与文化发展的纲领性文件。

30. 树立先进典型,充分发挥精神文明建设先进单位和先进个人的示范作用

市委、市政府高度重视先进单位和先进个人在精神文明建设中的示范、带头作

用，把他们视为深圳精神的突出体现者，有选择地树立先进典型，积极地在全市推广。在群众性精神文明创建活动中，先后树立了"共同富裕的南岭村"、"爱的熔炉——元平特殊教育学校"、"精神文明好六连"、"沙头角模范中队"、"中英街上的活雷锋——陈观玉"等先进典型，宣传他们的先进事迹，弘扬他们的创造精神与奉献精神。1997年，南岭村作为建设社会主义新农村的重要典型推向全国后，引起很大反响，被中宣部确定为全国文明村镇创建活动示范点。江泽民、胡锦涛等中央领导同志都先后到南岭村视察，高度赞扬南岭村共同致富和致富思源、富而思进的精神风貌。

31. 加快实施科教兴市战略，推进教育现代化

2000年4月10日，深圳市委颁发了《中共深圳市委、深圳市人民政府关于加快实施科教兴市战略，推进教育现代化的决定》（以下简称《决定》）。《决定》明确指出："必须进一步确立教育在现代化建设中的先导性、全局性、基础性地位，以教育创新推进教育现代化，以教育现代化促进深圳率先基本实现社会主义现代化。"《决定》确定的发展目标是："到2005年基本实现教育现代化，2010年实现教育现代化。"

32. 创建深圳大学城，构建集产学研于一体的高等教育发展城区

2000年7月，为适应深圳高新技术产业发展对人才的需求，深圳市政府三届五次常务会议讨论并原则通过《创建深圳大学城总体方案》，决定成立大学城筹备规划建设领导小组。同年9月，深圳大学城建设办公室成立，并着手进行大学城建设和洽谈引进名校工作。深圳大学城以高层次教育为核心，旨在塑造出国内一流、国际知名、集产学研于一体的高等教育发展城区。大学城有选择地引进国内外名牌大学及其一流学科，面向国内外招生，主要发展以理工科为重点的全日制研究生教育，兼顾本科教育和继续教育。

33. 建立邓小平塑像，凝聚永久的纪念

2000年11月14日，在深圳特区建立20周年之际，历经7年精心雕塑而成的邓小平塑像在深圳莲花山顶向世人展现，中共中央总书记江泽民同志亲自为塑像揭幕。这是全国第一个由中央批准、以城市雕塑形式树立的邓小平塑像。塑像的造型极具动感：小平同志大步向前的姿态，象征着他朝气蓬勃的精神面貌，也象征着改革开放的中国正大步迈向未来。塑像凝聚着深圳人民对小平同志的深切怀念之情，也成为深圳城市精神的标志和象征。

三、2001—2010年

34. 进一步凝练、充实"深圳精神",强化社会主义核心价值观

2002年,在市委、市政府的引导下,在全社会开展了"深圳精神如何与时俱进"大讨论。经过讨论,普遍认为在新的形势下,应进一步提炼和充实"深圳精神",使之更符合深圳发展的实际。2003年1月,在深圳市委三届六次全会上,对"深圳精神"进行了新的概括和表述,保留了经过历史和实践验证的"开拓创新、团结奉献",增加了"诚信守法、务实高效",形成了新形势下"深圳精神"的完整表述:"开拓创新、团结奉献、诚信守法、务实高效。"新的表述从新的高度体现了深圳干部群众强化法制观念、加强道德修养的自觉意识,反映出新形势下反对虚夸浮躁、盲目自满,追求高效率、高境界的科学态度。

35. 制定《深圳市社会主义精神文明建设"十五"规划》,明确新阶段精神文明建设的指导思想、奋斗目标和基本任务

2002年4月14日,中共深圳市委颁发了《深圳市社会主义精神文明建设"十五"规划》(以下简称《规划》),《规划》明确规定了"十五"期间深圳市精神文明建设的指导思想、奋斗目标和具体任务,决心把深圳建成有中国特色、中国风格、中国气派的现代化国际性城市,成为中国特色社会主义示范地区,努力把市民素质提高到一个新水平,居民生活质量提高到一个新水平,城市规划建设管理提高到一个新水平。

36. 构建公共文化服务体系,为实现市民文化权利创造良好条件

深圳市委、市政府把市民文化权利的实现程度作为衡量政府文化工作绩效的基本指标,积极构建公共文化服务体系,为市民文化权利的实现创造良好的环境和条件。市委主管领导明确指出,"构建公共文化服务体系以实现公民的文化权利为目的,以服务外来劳务工、服务基层为重点,努力使文化体制改革获得新的突破,社会化运作获得新的突破,社团文化管理获得新的突破"。在这一指导思想指引下,从加快公共文化设施建设、创新公共文化活动形式、加强文艺精品创作、开展文化进社区活动、加强公共文化信息服务、完善公共文化服务的保障体制等多个方面,探索和构建公共文化服务体系,取得了明显成效。

37. 深化文化体制改革,建立推进文化发展的宏观管理机制

2001年9月,国务院体改办领导要求深圳在文化体制改革方面进行超前探索。2003年,深圳被中央确定为全国9个文化体制改革综合性试点地区之一。深圳的文化

体制改革在原有基础上继续深化,着力于建立与社会主义市场经济体制相适应,与社会主义政治体制相协调,与社会主义精神文明建设要求相符合的文化管理体制和文化产品生产经营机制,具有明确的指导思想、改革目标和具体举措。2002年,深圳特区报业集团与深圳商报合并成立"深圳报业集团"。此后相继组建深圳广电集团、深圳发行集团。深圳报业集团、深圳广电集团于2003年6月被中央确定为全国文化体制改革试点单位,中央主管领导李长春(2003年)、刘云山(2004年)先后到深圳报业集团考察,高度肯定和赞赏《深圳特区报》的改革经验和办报成就。

38. 组建深圳信息职业技术学院,进一步扩大技术应用型人才的培养规模

2001年,深圳市政府决定将深圳教育学院、深圳工业学校、深圳财经学校这三所学校合并,组建深圳信息职业技术学院。2002年4月19日,广东省人民政府正式下达《关于建立深圳信息职业技术学院的批复》,6月6日,深圳信息职业技术学院建立获国家教育部备案,同年9月开始招生。2003年12月,学院被教育部批准为国家首批35所试办示范性软件职业技术学院之一。2004年,广东省教育厅确定学院为省级示范性软件职业技术学院。同年,教育部、国防科工委等将学院计算机辅助设计与制造专业确定为全国数控技术应用领域技能型紧缺人才培养培训基地。2005年12月,学院成为中央财政支持的计算机应用与软件技术职业教育实训基地。

39. 创办读书月,营造书香社会

深圳自2000年开始创办读书月,由市委宣传部、市文化局统率相关文化宣传单位联合主办。每年一届,至今已经办了10届。创办读书月是为了推动城市文化建设,实现市民的文化权利,创造深圳文化的"新传统",扩大深圳的文化辐射力和文化影响力。第6届读书月组委会发布读书月宣言:《我们爱读书》,提出"让深圳成为一个因爱读书而受人尊重的城市"。每届读书月都有一个鲜明的主题。第10届读书月的主题是:"城市推崇阅读,阅读改变城市。"读书月逐渐发展成为深圳的文化品牌,产生了广泛的社会反响,具有强大的文化辐射力。全国先后有近万个单位前来考察,20多个省市借鉴其运作模式开展读书活动。

40. 创办社会科学普及周,让社会科学走向社会

深圳市首届社会科学普及周创办于2003年9月14日—20日,此后,每年举办一届,至今已举办了6届。一届又一届社科普及周越办越好,影响也越来越大,成为又一个深圳文化品牌。深圳创办社会科学普及周的基本理念是:"发展走向社会的社会科学","实现社会科学社会化"。宗旨是:"宣传普及社会科学知识,推广社会科学研

究,营造崇尚科学的良好人文氛围和社会风气。"每一届社会科学普及周都有一个围绕社会科学发展和深圳文化建设中心任务的主题。明确的思想理念与明确的宗旨和主题,为社会科学普及周的成功举办确定了方向和内涵,也界定了社会科学普及周的文化品位。

41. 创办文博会,促进文化产业发展

2004年11月,深圳举办"中国(深圳)国际文化产业博览会"(简称文博会),由国家文化部、广东省人民政府、深圳市人民政府共同主办。首届文博会确定了"政府支持、社会参与、市场运作、规范管理"的十六字办会方针,开创了"企业办展、政府办会"的新模式。首届文博会成功打造了文化产品展示平台、文化项目交易平台和文化信息交流平台,扩大了深圳的文化辐射力和影响力。至2010年,文博会已连续举办了6届。从第2届起,文博会更名为"中国(深圳)国际文化产业博览交易会",冠"交易"名,强化了交易功能,力图打造成资源最丰富,品种最齐全,规模最宏大,集国际化、市场化、专业化为一体的综合性文化产业交易平台。主办单位也由第1届的3个增加到5个,即增加了国家广电总局和国家新闻出版总署。文博会受到了党和国家的高度重视。中共中央政治局常委李长春同志先后两次到文博会现场视察,国务院副总理吴仪、中央政治局委员中宣部长刘云山、国务委员刘延东等中央领导先后到会讲话。文博会现已成为深圳又一个文化品牌。

42. 创办"市民文化大讲堂",提升市民的文化品位

深圳市民文化大讲堂创办于2005年6月,由深圳市委宣传部、市社科联和市文联及相关文化宣传单位联合主办,聘请国内著名学者和文化、艺术大家主讲。为方便市民免费听讲,基本上安排在周六、周日进行。讲授内容涉及人文修养、文学欣赏、书画艺术、戏剧欣赏、电影欣赏、音乐舞蹈欣赏、婚姻家庭、保健养生等多个方面,受到广大市民的热烈欢迎和积极参与,至2009年底已成功举办了400多讲。市民文化大讲堂的宗旨确定为:鉴赏、品位,表明旨在提高市民的鉴赏能力和文化品位。它既不是单纯的学术讲座,也不是文化知识普及讲座,而是介于这两者之间,深入浅出,通俗易懂,贴近市民的日常生活,引导市民提高文化修养,努力实现人生的诗化和艺术化。

43. 创建全国文明城市,提升城市整体素质

2004年4月,深圳市委、市政府发出动员令:深圳争创首批全国文明城市。一年后,市文明委召开(扩大)会议,就建设首批全国文明城市工作进行了再部署、再动

员。市委领导反复强调，深圳在争创首批全国文明城市的同时，要高度重视文明城市建设的丰富内涵，既要看重闪亮的"金牌"，更要看重人民群众的口碑，力争以过硬的创建成绩既得到"金牌"，又赢得口碑，不辜负中央和省委对深圳的期望。深入扎实的创建活动，最终结出了硕果。2005年10月26日，全国精神文明建设表彰大会在北京人民大会堂举行。会上，深圳市与张家港市、厦门市等12个城市荣获了"全国文明城市"荣誉称号。

44. 实施"文化立市"战略，努力建设高品位文化城市

2003年，中共深圳市委三届六次全会作出实施"文化立市"战略的重大决策。2004年3月2日，召开深圳市实施"文化立市"战略工作会议。这是深圳建市以来第一次召开这样的会议，也是以市委、市政府名义召开的研究和部署文化发展战略的规格最高的会议。广东省委副书记、深圳市委书记黄丽满同志在会上作了题为"大力实施文化立市战略，努力把深圳建设成为高品位文化城市"的报告。报告指出：实施"文化立市"战略，建设高品位文化城市，是全面贯彻科学发展观的必然要求，是建设国际化城市的时代要求，也是率先基本实现社会主义现代化的重大战略决策，必将从根本上提升深圳市的综合竞争力和持续发展能力。"文化立市"战略不仅是文化自身发展的战略问题，更是经济社会发展的战略全局问题。报告要求把"文化立市"战略渗透到各级政府工作、各个公共事业领域和社区工作中，渗透到各项经济活动中，渗透到城市生态—人文环境建设和社会技术环境建设中，渗透到制度创新和制度建设中，务求把"文化立市"战略的各项任务落到实处。

45. 组织开展"关爱行动"，让社会充满爱心

2003年9月，市委领导指示在全市开展"关爱行动"。2003年11月，正式确定"深圳关爱行动"活动由市文明委主办，市委宣传部、市文明办、深圳特区报业集团、深圳电视台、深圳广播电台承办，文明委全体成员单位以及社会各界50多家单位协办。12月18日，首届"深圳关爱行动"启动。"关爱行动"的主题确定为："用爱拥抱每一天，用心感动每个人"，活动项目共有147项，至今已连续举办了7届。"深圳关爱行动"内容广泛，包括资助困难职工、救助病患儿童、慰问孤寡老人、帮助困难家庭、为外来工办实事等。关爱行动促进了深圳市民奉献意识和道德水准的提高。以第2届关爱行动为例，各种活动超过1000项，参加人次近千万人，爱心账户共收到捐款4225.9万元。深圳市委主管领导在第2届关爱行动启动仪式的讲话中，热情洋溢的指出："在这座崭新的城市里，我们正在缔造一种新的传统——爱的传统！""这座城市

因爱而感动!"

46. 颁发一系列关于繁荣发展深圳文化事业和文化产业的文件、规定,加强政策引导和制度保障

2004年10月22日,《中共深圳市委关于进一步繁荣发展文学艺术事业的意见》(以下简称《意见》)正式颁发。《意见》进一步明确了繁荣发展文艺事业的指导思想和发展目标;2005年1月11日,深圳市委、市政府颁发了2005年1号文件《深圳市文化发展规划纲要(2005—2010)》(以下简称《纲要》)。《纲要》立足于将深圳建设成为国际化城市、文明城市和高品位文化城市的发展目标,提出了深圳文化发展的目标定位、主要任务、实施步骤及保障措施等;2005年11月10日,深圳市召开文化产业工作会议,会议决定把文化产业确定为与高新技术产业、金融业、现代物流业并重的第四支柱产业;2005年12月,经过会议讨论和修改的《中共深圳市委、深圳市人民政府关于大力发展文化产业的决定》(以下简称《决定》)正式出台。《决定》确定了深圳市发展文化产业的总体目标:到2010年形成以文化产业集团为龙头、多种所有制文化企业共同发展,体系完备、结构合理、特色鲜明、竞争有序、市场繁荣、效益显著的文化产业发展格局,全市文化产业总值占GDP比重达10%以上,城市居民人均文化娱乐消费支出占全部消费支出的比重达20%左右,文化产业成为重要支柱产业,深圳成为具有国内领先地位和国际影响力的文化产业发展中心城市之一。《决定》还就创新文化管理体制和运作机制做出了明确规定。

47. 举办"2005深圳设计论坛暨设计邀请展",打造"设计之都"的世界形象

2005年11月24日,"2005深圳设计论坛暨设计邀请展"在深圳大学国际会议厅举行。这是由深圳市文化局和深圳大学联合主办,深圳现代艺术与设计研究中心和深圳大学艺术与设计学院承办的一个学术性、国际性高层次设计论坛暨设计展。本次论坛与设计展的主题为"设计与都市生存",邀请了美国、英国、德国等国家在国际设计领域享有盛誉的著名设计师参加,同时还邀请了国内31所著名设计院校的代表一同参加交流和研讨。深圳市委常委、宣传部长王京生到会致辞。此后,设计论坛将每两年举行一次。

48. 举办首届深圳城市/建筑双年展,打造"设计之都"的标志性品牌

2005年12月10日,为期3个月的首届深圳城市/建筑双年展在华侨城OCT艺术中心开幕。中国城市规划学会、中国建筑学会、广东省建设厅、省文化厅和深圳市的有关领导,以及来自世界各地的艺术家、设计师、建筑师出席了开幕式。"双年展"

是当今世界常见的一种制度化的艺术展览形式，旨在反映当代世界艺术的前沿探索与当前面貌。由深圳市人民政府主办的深圳城市／建筑双年展，是第一个以城市为固定主题的、具有专题性和周期性的国际艺术展览，是双年展览的新品种。本次展览的主题是"城市，开门！"旨在向观众揭示当代城市发展的现状，打造"设计之都"的标志性品牌。此后，每隔两年将举办一次。

49. 支持深圳大学申报博士学位授予权，提升深圳学术文化地位

深圳市委、市政府高度重视教育发展，充分认识高校在城市文化建设尤其是学术文化建设中的重要地位，积极支持深圳大学申报博士学位授予权。2006年1月，经国务院学位委员会第22次会议审议，深圳大学晋升为博士学位授予单位，新增光学工程、政治经济学、信号与信息处理等3个博士点和中国哲学等26个硕士点，形成了从学士到硕士再到博士的完整人才培养体系，办学水平迈上了一个新的台阶，同时也提升了深圳的学术文化地位。截至2009年底，深圳大学已经拥有3个博士点和79个硕士点。

50. 主办首届中国（深圳）国际封面文化博览会，营造"设计之都"的文化氛围

2007年8月3日，由国家新闻出版总署与深圳市人民政府联合主办的首届中国（深圳）国际封面文化博览会拉开帷幕，这是继文博会之后在深圳举办的又一个国家级、国际性展会，也是新中国成立58年来，整个封面艺术界首次以独立的行业面貌亮相。新闻出版总署署长柳斌杰到会祝贺，高度肯定"封博会"在深圳实施"文化立市"战略、建设"设计之都"中的影响与作用。据不完全统计，参加本届"封博会"活动的人数达8万多人，28个省市自治区的880多家企事业单位参展，展会期间实现交易380多万元。

51. 筹建南方科技大学，建立深圳大学新校区，加快高等教育跨越式发展

2007年7月28日，深圳市筹建南方科技大学办学方案专家论证会在深圳五洲宾馆举行。专家们认为，深圳市委、市政府高瞻远瞩，决心创办一所高水平大学，很有远见，很有气魄，深圳也完全有必要、有条件新建一所新机制、新模式的高水平科技大学。2007年9月，教育部正式受理了深圳市筹办南方科技大学的申请。与此同时，深圳大学新校区的建设也抓紧进行。深大新校区将以医学院、研究生教育为主体，与南方科大建设同步。2008年2月28日，在动工仪式上，广东省委副书记、深圳市委书记刘玉浦宣布南方科技大学和深圳大学新校区动工，全面启动校园基本建设。南方科大计划2010年开始招生，初定办学规模1.5万人。

52. 启动"鹏城学者计划",促进重点学科快速发展

2007年7月,深圳市出台《深圳市高等学校鹏城学者计划实施办法(试行)》(以下简称《办法》),《办法》规定,由市政府财政专项经费支持,在深圳的全日制高等学校设立60个"鹏城学者"特聘教授岗位,聘请国内外著名教授和学科带头人,以促进我市重点学科快速发展。《办法》对特聘教授的标准、任期、待遇等都有明确规定。

53. 兴建"深圳未来乐园",提升文化产业发展水平

2008年4月,深圳又一高端文化主题公园"深圳未来乐园"进入规划建设阶段。计划兴建的深圳未来乐园是一项大型国际合作项目,规划占地面积60万平方米,建筑面积49.8万平方米,计划投资45亿元人民币。未来乐园以缔造国际一流文化创意产业基地为目标,以特色影视、动漫、网络游戏及电子竞技、高科技娱乐产品为核心表现形式。市领导要求该项目建设突出文化主题,突出现代科技和文化发展趋势,突出公众参与性,突出项目的国际合作性,努力打造成为提升深圳文化产业发展水平的一个亮点。

54. 创建全国首家劳务工博物馆,激发外来建设者的奋斗精神与文化自豪感

2008年4月28日,全国首家以收藏劳务工历史、生活、工作记录为题材的专题博物馆在深圳宝安石岩街道开馆。该博物馆目前已征集各类史料及文物标本3000多件,对改革开放30年来劳务工的历史进行展示,真实地记录了他们的奋斗足迹和多彩生活,这对于激发外来劳务工的奋斗精神和文化自豪感,具有十分重要的意义。

55. 号召全面提升文化软实力,促进文化大发展大繁荣

2008年6月6日,中共深圳市委四届十次全会通过了《深圳市委、市政府关于坚持改革开放推动科学发展努力建设社会主义示范市的若干意见》(以下简称《意见》)。《意见》号召全面提升深圳的文化软实力,加强社会主义核心价值体系建设,实施中国特色社会主义示范市理论研究工程,提升城市人文精神水平,加大文化建设投入,推进高等教育跨越式发展,加大对高校的支持力度,大力发展文化产业,进一步完善保障和促进文化产业发展的相关配套政策,从各个方面推进深圳文化的繁荣发展。

56. 积极推进公共文化服务,荣获"全国文化信息资源共享工程示范市"荣誉称号

2008年6月上旬召开的全国文化信息资源共享工程工作会议上,深圳市被国家文化部正式命名为"全国文化信息资源共享工程示范市"。深圳的胸前,又多了一枚闪闪发亮的荣誉勋章。全国获此荣誉的仅3个城市。这是深圳文化软实力和公共文化服务体系建设的又一突出成果。全国文化信息资源共享工程作为一项由国家文化部、

财政部组织实施的全国性文化工程，采用现代信息技术，对各类文化信息进行联合编目，实现包括图书文献、优秀地方剧目、影片、音乐作品、美术作品、珍贵文物、文化史料、文化旅游、文化科技等文化资源的数字化，通过网络最大限度地服务社会公众。深圳市从 2003 年开始实施共享工程，迄今为止，已经建成 1 个市级支中心，6 个区级支中心，316 个基层服务点，遍布市、区、街道、社区图书馆、外来工图书馆和部分文化站。

57. 出台"1+7"文件，规范国有文化资产监管

2008 年 6 月 27 日，深圳市召开国有文化资产监督管理工作会议。会议原则通过了深圳报业、广电、出版发行这《三大集团国有文化资产监督管理暂行办法》以及关于考核、薪酬、投资、产权变动、资产评估、贷款担保、资产减值准备和损失核销等方面的监管办法（以下简称"1+7 文件"）。"1+7 文件"首次明确了国有文化资产的责任主体，市委宣传部受国资委委托对三大集团进行直接管理，体现了激励与约束机制相结合，宣传效率与市场规律相结合，经济效益与社会效益相结合，具有较强的操作性，是一个重大的制度创新。

58. 举办"改革开放与深圳社会科学"成果展，打造具有全国影响力的深圳学派

2008 年 7 月 20 日，伴随着第六届深圳社会科学普及周大幕的开启，"改革开放与深圳社会科学"成果展（1978—2008 年）在深圳图书馆二楼大厅正式开展，这是深圳建市以来首次全面总结深圳社会科学研究成果的大型展览，全面盘点了 30 年来深圳社会科学界的丰硕成果。深圳社科院院长乐正在开幕式接受记者采访时指出："深圳是中国改革开放的前沿，深圳的发展浓缩了改革开放的成功经验，深圳市哲学社会科学界坚持为人民服务、为社会主义服务的方向和百花齐放、百家争鸣的方针，30 年来取得了丰硕的成果，这些成果见证了深圳哲学社会科学从无到有、从弱到强的发展过程，为构建'深圳学派'夯实了基础，充分发挥了我市社会科学界作为思想库和智囊团的作用，为进一步增强我市文化软实力，提升城市文化品位，促进文化的大发展和大繁荣提供了智力支持和思想保证。"

59. 创办文化产业园区和基地，做好文化产业发展的基础工程

2008 年 10 月 10 日上午，深圳市召开文化产业园区和基地建设经验交流会，为深圳报业集团等首批 23 家文化产业园区和基地授牌。会议提出，我市将高起点、高水平规划建设国家级创意产业园区。截至 2008 年 9 月，深圳市已建、在建、规划待建文化产业园区和基地 54 个，园区基地建筑面积规模达到 344.46 万平方米。其中建成

园区基地 36 个，在建园区基地 8 个，规划待建园区基地 10 个。目前的园区基地在产业类型上基本涵盖创意、制作、流通、服务等环节，经营种类多种多样。按经营范围来看，包括创意设计、艺术创作、动漫游戏、工艺礼品、珠宝首饰、休闲娱乐等。为进一步加快文化产业发展，充分发挥文化产业园区、基地的示范、辐射和带动作用，深圳市文化产业发展办公室根据《深圳市文化产业园区和基地认定管理办法（试行）》有关规定，经过严格评审和社会公示并征求深圳市委宣传部意见，命名华侨城文化产业园区为深圳市文化产业园区，命名深圳报业集团等 23 家单位为深圳市文化产业基地。深圳市文产办有关负责人表示，这是深圳首次命名深圳文化产业园区及基地。年底将再认定一批深圳市文化产业园区和基地，并在明年一并进行严格年审和考核。

60. 召开全市文艺精品创作工作会议，催生无愧于时代的精品佳作

2008 年是中国改革开放 30 周年，时代的热力激发着深圳文艺工作者的创作热情，深圳市各级部门和民营文化企业都积极投身于以讴歌改革开放时代为主题的文艺创作，为改革开放 30 周年献礼。2008 年 3 月，市委常委、宣传部长王京生主持召开全市文艺精品创作工作会议，听取市、区各有关部门和民营文化企业的创作情况汇报，研究部署下一阶段工作，他要求精打细磨，重点扶持，强力推动文艺创作开展，催生无愧于时代的精品佳作。王京生指出，市委、市政府高度重视改革开放 30 周年文艺精品创作，对各项活动提供了有力支持。各有关部门要进一步增强紧迫感和责任感，"一把手"亲自抓，努力出作品出人才。各单位、团体和文化文艺工作者要"深谋远虑"，着眼明年建国 60 周年、后年深圳经济特区成立 30 周年推出精品力作，拿出在全国叫得响的，无愧于改革开放伟大时代的好作品。

61. 与中国作协联合主办"中国改革开放 30 周年文学论坛"，丰富深圳文化的文学意蕴

2008 年 12 月 1 日，由中国作家协会和深圳市委、市政府联合主办的"中国改革开放 30 周年文学论坛"在深圳隆重开幕。中国作协主席铁凝，中国作协党组书记、副主席金炳华，中国作协副主席、书记处书记陈建功，中宣部文艺局局长杨新贵，广东省委副书记、深圳市委书记刘玉浦，深圳市有关领导和来自全国各地的作家、评论家、专家学者百余人参加论坛开幕式。这次论坛是 2006 年 9 月由中国作协和深圳市委、市政府共同策划、推动、实施的"中国改革开放 30 周年文学创作工程"的重要组成部分，论坛主体活动包括"改革开放文学成就展"和"30 年中国文学学术研讨会"两大部分。中国作协和中宣部文艺局领导同志在开幕式致词和接受记者采访时，

称赞"深圳是作家汲取文学创造力的重要源泉","深圳的文学生态丰富多样,这里的打工文学、青春文学,都带有新兴城市特有的阳光气息,成为改革开放30周年文学风景的重要亮点,丰富了整个当代中国文坛";认为这次论坛"必将对深圳文化大繁荣大发展产生巨大的推动作用"。

62. 推出深圳原创影视精品,展现深圳的文艺创新能力

2008年,为纪念中国改革开放30周年,深圳集中推出了三部以纪念改革开放为主题的深圳本土原创影视作品。它们分别是大型电视政论片《风帆起珠江》、大型文献记录电影《中国1978》和电视纪录片《巨变》。《风帆起珠江》通过改革开放以来珠江流域的历史变迁,反映了中华民族走向复兴的伟大历程;《中国1978》艺术地展现了东方古国华丽转身的1978,用现代人的视角去解读改革元年,被誉为是"一部融思想性和艺术性为一体的优秀文献记录作品";《巨变》是共和国30年发展历程的全景式记录,既述说了普通百姓30年来点滴生活的共同记忆,也是改革开放30年风雨历程的真实见证。三部作品先后在中央电视台播出,受到普遍的欢迎和好评,充分展现出深圳的文艺创新能力。

63. 增建深圳博物馆新馆,做好深圳文化的积淀和展示工作

随着深圳经济社会的快速发展,作为深圳早期"老八大"文化设施之一的深圳博物馆,无论是面积和馆藏都已经不能适应深圳文化发展的需要,为此,深圳市委、市政府决定增建深圳博物馆新馆。2008年12月26日,深圳博物馆新馆暨深圳改革开放史展览开幕典礼隆重举行。中共中央政治局委员、国务委员刘延东专程来深出席典礼并为展览开幕剪彩。参加开幕典礼的还有教育部、科技部、文化部、国务院研究室、国家文物局、国家博物馆、广东省委省政府、深圳市委、市政府的有关领导。深圳博物馆新馆是"以地方性为主的综合性现代化博物馆",除了展示文物展品、历史文件、图片外,还通过浮雕墙、版画油画、沙盘模型、硅胶仿真人、3D影视等多元化的艺术陈列手段展现深圳城市发展史和深圳改革开放史。深圳改革开放史展览生动地展现了特区建立28年来的辉煌历程,再现了几代特区建设者艰苦创业的难忘岁月,再现了特区建设者担负特区新的历史使命的信心与决心。刘延东在参观展览后,对深圳改革开放史展览给予了高度评价。

64. 申报"设计之都",扩大深圳文化的世界影响

2007年6月4日,深圳"申都"办公室成员参加联合国教科文组织在意大利博洛尼亚举行的世界直接投资论坛,并在会上向联合国教科文组织全球创意城市网络项目

负责人递交了市长信,正式表达深圳申都意愿。2008年4月初,深圳成立了"申都"工作领导小组。市长先后两次主持召开全体会议,就申都工作做出全面部署,并提出了"精心策划,严密组织,全力申都,志在必得"的十六字方针。2008年5月28日,"申都"办成员向中国联合国教科文组织全国委员会汇报深圳申都工作,全委会把深圳"申都"工作提升为"国家行为"。2008年6月11日,中国联合国教科文组织全国委员会专门听取深圳"申都"工作汇报。此后,全委会正式发函给教科文组织,推荐深圳为中国申请"设计之都"的唯一城市代表。2008年11月21日,"申都"办收到联合国教科文组织总干事松浦晃一郎于11月19日签署的给深圳市市长的亲笔信,确认深圳已被批准加入全球创意城市网络,取得"设计之都"称号。2008年12月7日,中国联合国教科文组织全国委员会和深圳市人民政府联合在北京召开新闻发布会,公布这一喜讯。中国联合国教科文组织全国委员会主任章新胜,深圳市有关领导,联合国教科文组织北京办事处主任辛格等参加了新闻发布会。章新胜在致词中指出,深圳获得"设计之都"称号,既是深圳的荣誉,也是中国的荣誉。深圳市市长表示,深圳申报"设计之都",源于深圳自主创新战略和以创新推动城市发展的理念,取得"设计之都"称号是深圳大力推动创新鼓励创意的结果。

65. 举办"创造中国第一的深圳人传媒大典",进一步激发深圳人弘扬"拓荒牛精神、敢为天下先的气魄

2008年12月,由驻深记者协会、深圳报业集团、深圳广电集团联合主办的"创造中国第一的深圳人传媒大典"活动在深圳举行。本次活动旨在重温经济特区初创时期特区人敢闯敢试的拓荒牛精神,高举经济特区这面旗帜,坚定不移地推动改革开放,再创特区的新辉煌。核心活动是评选"改革开放初期最具影响力的深圳十件大事"。活动受到海内外的广泛关注,评委会共收到来自全国各地和海外的选票146万张。最后,由评委会结合公众投票结果,进行集中评议认定,最终评出"改革开放初期最具影响力的深圳十件大事"。它们分别是:

1979年,蛇口炸响"中国对外开放的第一声开山炮";

1982年,"时间就是金钱,效率就是生命"被誉为"知名度最高,对国人最有影响的口号";

1984年,国贸大厦"三天一层楼"被誉为"深圳速度";

1982年,深圳率先终止计划经济体制下的票证制度;

1983年,深圳第一家股份制企业诞生,发行第一张股金证;

1987年，率先放开土地市场，擂响土地拍卖"第一锤"；

1981年，率先打破"铁饭碗"，实行劳动用工"双向选择"；

1978年，深圳的"三来一补"企业，走出中国第一代"打工妹"；

1989年，创立内地第一个义工团体；

1992年，邓小平视察深圳，发表南方谈话，给中国带来了又一个思想解放的春天，《深圳特区报》发表长篇通讯《东方风来满眼春》。

66. 成立深圳创意文化中心，对"设计之都"品牌进行有效的运营管理

深圳获得"设计之都"称号后，为了加强对"设计之都"品牌的运营管理，决定成立深圳创意文化中心。2008年12月30日，深圳"设计之都"品牌运营执行机构——深圳创意文化中心揭牌仪式在深圳报业大厦举行，联合国教科文组织中国全国委员会主任、深圳"设计之都"领导小组顾问章新胜和深圳市有关领导为创意文化中心揭牌。章新胜代表联合国教科文组织中国全委会对深圳创意文化中心成立表示热烈祝贺。他指出："深圳作为中国第一个'设计之都'，要勇于开拓，勇于创新，勇于挑重担，积极推动创意文化走向世界，被世界所认同，产生广泛影响力。在全球平台上展示深圳的文化资源。"深圳市主管领导强调，深圳创意文化中心作为"设计之都"品牌运营执行机构，除了与联合国教科文组织对接外，还承担着几十项基础工作建设重任，与"设计之都"建设相关的各部门、各单位、各企业一定要继续全力合作，推动深圳创意文化产业走向更广阔的发展舞台。

67. 支持深圳读书月申报并荣获2008年度公共阅读文化推广奖

2009年1月上旬，由中国出版集团主办的"'30年300本书'揭榜盛典暨首届中国公共阅读文化论坛"在北京举行。深圳读书月荣获论坛颁发的2008年度"公共阅读文化推广奖"。该奖由关注中国阅读文化的权威媒体《中国图书商报》社等单位设立，2008年度首度评选出十大年度阅读推广人／机构。深圳读书月组委会、北京杨鹏原创文化发展有限公司等十大阅读推广人／机构获奖。颁奖词指出：从2000年11月1日首届深圳读书月在深圳书城正式启动以来，到现在已成功举办9届，深圳读书月已经不仅是由深圳市委、市政府创立的深圳文化品牌，也是全国城市营造书香社会的学习典范。深圳读书月组委会办公室常务副主任、深圳出版发行集团副总经理何春华代表深圳读书月受奖并参加论坛，详细介绍了深圳读书月的宗旨、模式、理念和基本经验，引起与会者共鸣。

68. 举办"饶宗颐敦煌学艺展"，进一步促进深港文化交流

2009年1月16日，由深圳市文化局、香港艺术发展局、香港大学饶宗颐学术馆主办，深圳美术馆、《深圳特区报》"文化星空"承办的"我与敦煌——饶宗颐敦煌学艺展"在深圳美术馆开幕，年过九旬的国学大师饶宗颐先生专程从香港赶来参加展览，吸引了深圳各界的学者、专家和普通观众前来一睹大师风采。深圳市委常委、宣传部长王京生，深圳市人大常委会常务副主任庄礼祥和深圳市老领导李海东、李友烈等出席了开幕式，中国工程院院士、香港大学饶宗颐学术馆馆长李焯芬，香港艺术发展局主席马逢国也到场对展览表示祝贺。

此次展览全面展示饶宗颐教授在敦煌学方面的学术、艺术成就，共展出饶宗颐教授敦煌彩绘、敦煌白描、敦煌风光、敦煌写经、敦煌木简残纸等80余幅书画作品，虽然体量并不惊人，却件件文气厚重、意韵非凡，具有丰沛的学术含量、沉实的人文底蕴。饶老特别把其中两幅作品捐赠给深圳市永久收藏。

这次展览对于进一步促进深港文化的交流与合作，全面加强深港合作，具有重要的意义。

69. 进一步强化文化设施的公共性特征，把深圳雕塑院更名为深圳市公共艺术中心

2009年3月17日，"深圳雕塑院"正式更名为"深圳市公共艺术中心"。作为深圳建设"设计之都"的一项重要举措，市公共艺术中心今后将承担公共空间艺术的研究、策划、推广、创作等工作并承担政府委托的其他事项。作为新机构的前身，深圳雕塑院在城市雕塑的规划和创作中曾经创造了骄人的成绩，《孺子牛》、《邓小平》、《深圳人的一天》等作品成功塑造了深圳积极创新、勇于开拓的城市形象，已成为中国城市雕塑中的标志性作品。近年来，随着深圳市公共文化服务意识和市民文化权利的观念不断深化，尤其是深圳荣膺"设计之都"美誉之后，深圳雕塑院城市公共艺术的研究与创作思路也在创新、拓展。公共艺术中心负责人、深圳雕塑院院长孙振华告诉记者，不同于传统艺术，公共艺术是贴近百姓、服务百姓的艺术形式，强调从创意到策划的过程，而这两点恰好与"设计"不谋而合。在深圳处于从速度转向效益，从制造走向创意的重要转型阶段，向社会公众推出"公共艺术"的概念，有利于"设计之都"的建设。

70. 举行深圳女作家李兰妮作品《旷野无人——一个抑郁症患者的精神档案》学术研讨会，弘扬深圳文学的精神内涵

2009年3月17日，李兰妮长篇自传体散文《旷野无人——一个抑郁症患者的精神档案》学术研讨会在深圳中心书城举行，研讨会由深圳市委宣传部、改革开放30

周年文学创作工程组委会办公室、人民文学出版社、深圳市文联、深圳报业集团、广电集团和出版发行集团主办，市文联主席董小明主持。省委宣传部文艺处处长吴佳联、省作协副主席温远辉、复旦大学中文系主任博导陈思和教授、中国作协创研部主任胡平、人民文学出版社社长潘凯雄、省文艺批评家协会名誉主席黄树森、省作协副主席陈志红、中山大学中文系教授谢有顺以及我市宣传文化部门专家学者等数十位作家、文艺批评家、大学教授、媒体老总、出版社编辑参加研讨会，共同品评研讨该书的意义、价值和闪光之处。出席会议的中国作协党组成员、副主席、书记处书记陈建功，形象地把该书称为"旷野上的尊严之光"，并对高扬生命的尊严之旗，以顽强毅力完成这部力作的李兰妮表示由衷敬意。李兰妮用文字记录了自己5年来与抑郁症做抗争的过程，是中国第一部由抑郁症病人自己写下的病状报告，也是中国第一部详细记录抑郁症患者精神历程的书。

71. 支持企业集团打造文化出口重点企业，提升文化产业的发展水平

鉴于深圳华强集团已经形成了以文化为核心、以科技为依托的"文化科技产业"形态和发展模式，在国家文化部与中国进出口银行合作协议框架下，深圳市委、市政府积极支持华强集团充分运用政府、银行、企业三方合作的发展条件，努力打造文化出口重点企业。2009年3月9日，中国进出口银行与深圳华强集团在北京签订贷款额度为100亿元战略合作协议。文化部部长蔡武、广东省省长黄华华、财政部副部长李勇、中国进出口银行行长李若谷、深圳市有关领导见证了签约。深圳市市长明确表示，国家级金融机构给予华强集团大规模的信贷额度，支持华强文化科技产业走出去，这是深圳文化产业发展中的一件大事，是对深圳文化产业发展的有力支持，深圳市委、市政府一定全力支持华强集团在深圳的发展，着力营造最佳环境，创造最好条件，提供最优服务，不断提升文化产业的发展质量和发展水平。

72. 主办全国第7届金钟奖流行音乐大赛，推动深圳音乐文化发展

2009年3月18日，随着中国音协主席傅庚辰、中国文联国内部主任夏潮、深圳市委宣传部副部长段亚兵共同敲响清越的编钟，第七届金钟奖流行音乐大赛宣告花落深圳。中国音乐金钟奖是由中宣部批准的、全国唯一常设的音乐综合性大奖。本届流行音乐大赛由中国文学艺术界联合会、中国音乐家协会、中共深圳市委宣传部共同主办；深圳广播电影电视集团与中国音乐家协会流行音乐学会承办；深圳市文化局、深圳市文学艺术界联合会、深圳报业集团、深圳市音乐家协会为联合制作单位。第7届中国音乐金钟奖流行音乐大赛，是继2007年第6届中国音乐金钟奖首届流行音乐大赛后的又一

次金钟奖流行音乐赛事和音乐盛典,赛事将充分体现出权威性、时代性、开放性的独特风格,整合利用宣传资源,进一步打造金钟奖流行音乐品牌。中国音协分党组书记、著名作曲家徐沛东在新闻发布会上表示,金钟奖作为政府大奖,它的意义不止在遴选和推优,更重要的还是一种导向的作用。当前,文艺界还存在一些作品质量不高、低俗之风横行,人民群众不满意、影响文艺事业健康发展的不良现象。金钟奖要着力在改进和完善评奖机制上下工夫,破除评奖指挥棒,带动原创音乐创作群体的活跃发展,真正做到"评奖一次、活跃一片、带动一方",从而实现文艺赛事促进文化繁荣、带动产业发展的最终目标!近年来,深圳流行音乐蓬勃发展,相继推出一大批优秀流行音乐作品享誉全国,产生了较大社会反响。中国音协也于去年授予深圳"改革开放30年流行音乐先锋城市"勋章。

2009年9月20日中国音乐金钟奖流行音乐大赛颁奖典礼在深圳举行,深圳获颁"中国流行音乐发展杰出贡献奖"。

73. 组织开展"深圳音乐工程"系列活动,推动音乐文化进一步发展

为了推动深圳音乐文化进一步发展,深圳决定在原创音乐稳步发展,涌现出《春天的故事》、《走进新时代》等一批优秀音乐作品的良好基础上,与中国音乐家协会联合举办"深圳音乐工程"。2009年3月30日,"深圳音乐工程"暨"中国音乐家深圳行"活动在深圳音乐厅正式启动。文化部副部长陈晓光、中国音协主席傅庚辰、中国音协分党组书记徐沛东、深圳市政协和市委宣传部的主要领导,以及20多位全国著名音乐家参加了启动仪式。徐沛东代表中国音协对"深圳音乐工程"启动表示祝贺。他认为,深圳的文艺精品层出不穷,音乐创作队伍不断壮大,为中国流行音乐的繁荣发展发挥了独特的作用。深圳市委宣传部领导同志受市委书记和市长的委托,代表深圳市委、市政府致辞。他表示,深圳将以更大的力度,更多的投入,整合资源,完善机制,营造出更加健康的文化生态环境,努力办好这一深圳音乐发展史上具有重大意义的系统工程,进一步带动深圳的音乐创作,突出深圳的文化品格,扩大深圳的城市影响力,为中国特色社会主义文化繁荣发展作出贡献。

74. 支持深圳大学成立文化产业研究院,打造文化产业重点研究基地

深圳大学作为深圳特区一所学科门类比较齐全、办学层次较高的综合性大学,集聚了一批文化理论和文化产业研究人才。深圳市有关方面对此高度重视,积极支持深圳大学成立文化产业研究院,努力打造深圳文化产业理论研究基地。2009年5月13日,在第5届文博会深圳大学3号艺栈分会场开幕之际,深圳大学文化产业研究院宣告成

立。深圳市人大常委会副主任邱玫，市政协副主席姜忠、陈观光、姚欣耀等出席开幕仪式。深圳大学副校长、文化产业研究院院长李凤亮表示，深圳大学文化产业研究院是一个跨学院、跨专业、综合性、多样化的文化产业研究平台，研究院将充分发挥深圳大学人才、学术优势，为深圳第四大支柱产业——文化产业提供战略规划和决策咨询服务。邱玫在开幕仪式上指出，深圳文化产业日新月异的发展，迫切需要得到来自高校的理论研究的支持，深圳大学文化产业研究院将肩负起为深圳文化产业发展提供理论依据和支持的重任。这说明深圳大学作为特区唯一的综合性大学，已经自觉地将大学的发展与城市的经济社会发展结合起来，希望深大今后在探索高校原创艺术及其价值实现的体制机制方面走在全国前列。

75. 成立非物质文化遗产保护中心，加强深圳文化积淀

2009 年 6 月 11 日，深圳市非物质文化遗产保护中心正式挂牌成立，该中心设在深圳市群众艺术馆。省文化厅、省非物质文化遗产保护中心、省群艺馆和市文化局、财政局负责人出席了挂牌仪式。该中心是按照文化部和省文化厅关于开展非物质文化遗产保护工作要求，经深圳市机构编制委员会办公室批准成立的，其主要职能是，按照国家、省、市的总体规划，组织实施和指导开展全市非物质文化遗产的普查、认定、申报、保护以及交流传播工作。深圳市的非物质文化遗产保护工作一直保持良好态势，2005 年成立了深圳市非物质文化遗产保护工作领导小组和专家委员会，经两年普查，在全市范围内挖掘出 200 多个非物质文化遗产资源项目，其中 25 项被列入深圳市第一批市级非物质文化遗产代表作名录。目前，深圳有 12 个项目被列入《广东省非物质文化遗产代表作名录》，包括沙头角鱼灯舞、石岩客家山歌、龙岗舞龙、舞草龙习俗、深圳舞麒麟、福永醒狮舞、平乐郭氏正骨术、黄氏宗亲祭奠、赛龙舟、"辞沙"祭妈祖大典、疍家人婚俗、大鹏清醮。其中沙头角鱼灯舞、舞草龙习俗、平乐郭氏正骨术、黄氏宗亲祭奠、大鹏清醮 5 个项目正在经广东省推荐申报国家级文化遗产名录。2009 年 1 月，深圳市政府下发了《关于批准并公布深圳市第二批市级非物质文化遗产名录的通知》，正式批准了包括《应人石的传说》等 14 个项目列入深圳市第二批市级非物质文化遗产名录，至此，进入深圳市市级名录的非物质文化遗产项目已达 39 个。

76. 开通"深圳文献港"，加快"图书馆之城"建设

2009 年 6 月 14 日，"深圳文献港"开通仪式在深圳图书馆隆重举行，文化部社会文化司巡视员贾璐、国家图书馆馆长詹福瑞、北京大学图书馆馆长朱强、中科院国

家科学图书馆副馆长孙坦等和深圳市政府、市文化和教育部门负责人共同见证了"深圳文献港"的正式诞生。从这一天开始，深圳市民只要登录"深圳文献港"(http://www.szdnet,org.cn/)，就可对6亿页的中文图书进行全文检索，包括280万种图书，1.5亿条中外期刊论文、学位论文、会议论文、专利、标准等题录信息，拥有一座"市民身边的图书馆"，深圳"图书馆之城"建设因此迈上了一个新台阶。

77. 率先完成文化体制改革各项试点任务，荣获"全国文化体制改革先进地区"称号

2009年8月16日，全国文化体制改革经验交流会在南京落下帷幕，深圳作为率先完成文化体制改革任务的12个先进地区之一受到中央表彰，深圳文化体制改革的经验和成绩更得到中央的充分肯定。会议期间，深圳市委常委、宣传部长王京生向中宣部及有关部委的主要领导汇报了深圳进一步深化文化体制改革、大力发展文化产业以及精品生产创作的情况，受到了中央和部委领导的高度肯定，并勉励深圳在文化体制改革和文化产业发展中不断取得新的成绩。

中共中央政治局委员、书记处书记、中宣部部长刘云山在大会讲话中表示，受到表彰的12个文化体制改革先进地区和58个先进企业，在改革实践中进行了积极探索，做出了突出贡献，是近年来文化领域改革发展成果的集中展现，具有重要示范意义。

78. 与中国社科院、社会科学文献出版社在京联合发布2009年文化蓝皮书，报告深圳文化创新成就

2009年10月10日，深圳市文体旅游局与中国社科院、社会科学文献出版社在京联合发布了2009年文化蓝皮书，其中区域报告指出，深圳文化建设顺应经济社会变革趋势而不断创新，近年来，深圳市委、市政府落实科学发展观，把创新贯穿于文化建设的全过程，着力在文化的理论观念、内容形式、传播手段等方面大力创新，取得了显著的成绩。报告指出，深圳创新文化发展理念，坚持以先进科学理念引领政府文化工作方向，确立并实施"文化立市"战略，率先提出实现公民文化权利的理念，从理论与实践结合上探索公共文化服务体系建设，作出培育文化产业为深圳市第四大支柱产业的战略决策，提出塑造深圳文化特质和文化品位的基本定位。报告还指出，深圳创新城市文化品牌，增强城市文化软实力，创新了文化管理方式，坚持依法行政，强化市场监管，确保文化安全；创新文化体制机制，大力推进文化体制改革，激发文化发展活力；创新文化传播，不断完善文化传播体系，扩大文化影响力和辐射力。

79. 实施"人才高地"战略,大力提升深圳教育竞争力

2009年8月30日,中国社科院在京发布了《中国城市教育竞争力比较》研究报告,将国内32家城市的教育竞争力排出了座次,结果显示,全国5个计划单列市中,深圳的教育竞争力位列首位,同时深圳的教育竞争力还位列全国15个副省级城市首位。该报告研究视角独特,分别按照计划单列市、副省级城市、长三角地区、浙江省等不同区位对32家城市的教育竞争力进行了多角度的透视。综合各个指标,国内32家城市的教育竞争力排名显示,全国5个计划单列市的教育竞争力排名依次是深圳、厦门、青岛、宁波和大连。中国城市竞争力课题组负责人、中国社科院财政与贸易经济研究所博士倪鹏飞介绍,一个城市的可持续发展必须有可持续的人力资源开发作为重要的支撑,为了谋求城市竞争力的加强,许多城市开展并实施了"人才高地"战略,深圳就是较早实施这一战略的城市之一。如深圳筑巢引才、搭台引才、腾岗引才、项目引才、柔性引才、共享式引才、合作式引才、虚拟式引才等8项吸引人才的措施"惊艳"国内诸城市。

80. 召开推进文化立市工作会议,争当推动文化大发展大繁荣排头兵

2009年8月28日,深圳市委、市政府召开学习贯彻全国文化体制改革经验交流会精神推进文化立市工作会议。会上,广东省委常委、代市长王荣把深圳荣获的"全国文化体制改革先进地区"的牌匾移交给深圳改革开放博物馆永久保存。广东省委副书记、深圳市委书记刘玉浦表示,深圳作为率先全面完成文化体制改革试点任务的城市之一受到表彰,荣获"全国文化体制改革先进地区"称号,成绩来之不易,值得肯定。当前,深圳的发展正处在新的历史起点上,文化体制改革和文化立市工作也面临着新的形势。继续坚定不移实施文化立市战略,争当推动社会文化大发展大繁荣的排头兵,要力争在社会主义核心价值体系建设、深化文化体制改革、公共文化服务体系建设、文化产业发展、文明城市建设这五个方面走在前列,以建设"全国文明城市标兵"为目标,以更高的标准、更大的力度推进文明城市建设工作。

81. 举办首届深圳动漫节,打造年轻时尚健康的城市形象

2009年8月7日,首届深圳动漫节在深圳会展中心8号馆开幕。本次动漫节由深圳市知识产权局、深圳广播电影电视集团主办,共吸引了来自上海、江苏、浙江、湖南、广东和港澳台地区的120家企业参展。首届深圳动漫节以发展深圳创意产业,打造年轻、时尚、健康的城市形象为定位,旨在丰富青少年暑期文娱生活。据主办方介绍,本届动漫节参展企业不仅展示了目前国内动画制作的高端技术,还带来了众多时

尚新颖的动漫衍生产品。主办方特意结合深圳特区青少年青春、时尚的特点，推出一系列受青少年喜爱、参与性强的活动，包括电子竞技大赛、城际街舞大赛、青少年动漫创意大赛、Cosplay挑战赛和摄影大赛等。此次动漫节为动漫企业和消费者之间搭建了直接有效的交流和供求平台。

82. 全球遴选南方科大校长，推进深圳高等教育改革

经过历时一年多、在全球范围的严格遴选，中国科技大学前校长朱清时院士最终成为南方科技大学（筹）创校校长的最佳人选。2009年9月10日，广东省委常委、深圳代市长王荣会见朱清时，并代表市委、市政府向他颁发了聘书。这标志着南方科技大学的筹建工作取得了里程碑式的进展。王荣在会见朱清时时表示，深圳正处在新一轮改革开放的重要时期，筹办南方科技大学，是城市发展战略和产业结构优化的需要，也是提升深圳国际竞争力、实现可持续发展的需要。他指出，深圳29年的发展就是不断开拓创新的历程，创办南方科技大学依然要靠开拓创新的精神，通过机制和体制创新吸引高端人才，勇于探索，追求卓越，把南方科技大学办成高水平的大学，在我国高等教育改革中发挥先导和示范作用。朱清时在会见时表示，经过近30年的发展，深圳具备了创办一所新型的现代化高等学校所需的雄厚物质基础和良好的政策及软件条件，自己将把创办南方科技大学视为"一生中最重要的工作"，按照教育规律办学，创新机制体制，吸引华人一流学者乃至世界杰出人才加盟，把南方科技大学办成高质量的研究型大学。

83. 组织开展"走进博物馆"活动，引导市民感受深圳城市文化

2009年9月9日，深圳市庆祝新中国成立60周年"走进博物馆"活动在市博物馆新馆启动，该活动将以组织学习参观、博物馆专线旅游、网络博物馆等形式，吸引市民走进博物馆、走进历史。市委常委、宣传部部长王京生寄望该活动能长期坚持下去，从而带动和促进博物馆的建设，使其成为市民了解深圳历史文化的重要场所，成为培养爱国情感和民族精神的重要阵地，成为青少年学习科学文化知识、陶冶道德情操的重要课堂。"走进博物馆"活动由市委宣传部、市文体旅游局、市教育局、市总工会、团市委联合主办，从深圳市现有的41家博物馆、纪念馆和美术馆中，精选了10家场馆作为此次活动的重点推荐单位，分别为：深圳博物馆、中英街历史博物馆、大鹏古城博物馆、南头古城博物馆、东江纵队纪念馆、招商局历史博物馆、深圳（宝安）劳务工博物馆、深圳古生物博物馆、玺宝楼青瓷博物馆、客家民俗博物馆（鹤湖新居）。该活动将广泛组织机关干部、市民群众、来深建设者和青少年等走进博物馆

参观学习，同时文体旅游部门将会同新闻媒体，设计开辟专门旅游专线，吸引市民游客利用周末和节假日到博物馆参观。

84. 举办深圳青年文学季，推动深圳文学发展

2009年9月8日，深圳市文联召开新闻发布会，宣布正式启动深圳青年文学季这一文学节庆，其间将举行第6届深圳青年文学奖评选颁奖、深圳作家研究生班开班、青年作家粤北采风创作等8项系列文学活动，系列活动以"作家贴近生活、走进群众，社会关注文学、了解作家"为宗旨，时间持续到11月中旬，将为步入金秋的深圳再掀一股文学热浪。深圳青年文学奖是为鼓励青年文学创作、推动深圳市文学事业的繁荣与发展而设立的，是深圳市具有权威性、专业性的传统文学奖项，旨在集结深圳青年作家的原创群体，打造深圳青年的文学品牌。该奖于1992年设立，分别于1993、1995、1997、2003、2006年举办了5届。即将全面展开的"第六届深圳青年文学奖系列活动"，将被赋予全新的概念和内涵，冠之于极具深圳城市特点和文学特色的"深圳青年文学季"这一文学节庆之下。

85. 支持深圳大学创办医学院，建立精英式医学人才综合培养体系

2009年9月10日，深圳大学医学院正式揭牌与开学。深圳经济特区高等医学教育由此正式起步。从医学院"高端、精英、超前、精湛"的办学定位，到钟南山主持学术、国内外众多专家加盟学科梯队；从与多所国际著名大学医学院开展合作，到创新招生制度、实行"小规模、研究型、精英化"教学；从实行全额奖学金制度资助学生，到实施双导师制、让学生早期接触临床——深圳大学医学院高起点、高水平的建设，令人期待与向往。作为落实深圳市委、市政府提升深圳医疗卫生事业水平、发展深圳高等教育的重要战略决策，深圳大学医学院所属机构目前在研国家自然科学基金及"863"、"973"等国家级课题13项，生物医学工程系的整体学术水平已居国内先进行列；两个附属医院一个是三级甲等综合性医院（市第二人民医院），一个是正在建设中的、规划为面向国际、水平先进的综合性医院（学府医院），深圳从此将拥有高端医学研究平台与医学人才培养基地。

86. 参加联合国教科文组织（UNESCO）成员大会展，展现创意深圳的风采

2009年10月，第35届联合国教科文组织成员大会展在法国巴黎举行。这次展览的主题是"文化与发展"，UNESCO旗下"创意城市联盟"的城市被指定为重要参展城市，"设计之都"深圳是其中一员。展览期间，作为中国重要参展项目的"创意深圳"，包括"深圳概况"、"深圳设计产业"、"创意园区"、"深圳设计师"、"多元文

化"、"对外交流"等 8 大部分内容，借助最新版本的卷轴式多媒体可触摸互动虚拟电子书载体，以精美的画面、丰富的内容和有趣的互动，吸引了来自全球 190 多个成员国代表的眼球，受到 UNESCO 官员的高度评价，并将在其巴黎总部长期展出。

87. 承办全国美术作品展览——艺术设计展，扩大"设计之都"的影响

2009 年 10 月 11 日，由国家文化部、中国文联和中国美术家协会联合主办，深圳市委宣传部、市文体旅游局和市文联承办的第 11 届全国美展艺术设计展在深圳关山月艺术馆隆重开幕。全国美展自 1949 年第 1 届起，每 5 年举办一次，是中国美术界水平最高、规模最大、影响最广的展览，是我国连续举办时间最长的国家级文化活动之一。本次展览，深圳共有 57 件作品入选参展，充分展现了深圳作为"设计之都"的实力。市领导在开幕式的致辞中表示，艺术设计是创意文化的一种重要形式，办好本次艺术设计展，将为深圳文化建设添上浓墨重彩的一笔，为增强深圳城市软实力、实施"文化立市"战略翻开崭新的一页。

88. 决定 12 月 7 日为"深圳创意设计日"，营造全民创意氛围

2009 年 9 月 24 日，深圳市四届人大常委会第 33 次会议决定，将每年的 12 月 7 日设立为"深圳创意设计日"，这是发展创意产业的一大创举。它既宣示了深圳将继续以创新、创意为城市发展的主要战略，同时也营造了全民创意氛围，必将进一步激发全市创意产业和设计师的热情，增强从业人员的自豪感和荣誉感，提升深圳创意产业的总体地位，从而推动深圳创意产业进一步发展。

89. 支持深圳大学成立轨道交通学院，为深圳地铁建设与发展培养应用人才

2009 年 10 月 30 日，深圳大学与市地铁集团有限公司共同组建的深大轨道交通学院在深大正式揭牌。深圳大学与地铁集团达成合作意向后，于 2009 年 8 月签署合作协议。按照协议，深大轨道交通学院依托机电与控制工程学院进行建设和管理，初期将开设地铁集团急需的三个专业：轨道交通车辆工程、轨道交通控制工程和轨道交通运营管理。今后再逐步增加其他专业。双方的合作期限暂定为 12 年。今后 12 年，地铁集团每年都将接收 200 名以上毕业生，并为交通学院提供 90 万元的办学经费，用于奖学金、助学金及科学研究。

90. 协办全国全民阅读活动经验交流会，大力倡导崇尚读书的社会风尚

2009 年 11 月 1—2 日，由中央宣传部、中央文明办、新闻出版总署主办，深圳市委、市政府协办的全国全民阅读活动经验交流会在鹏城举行，中央多个部委、全国几十个省市宣传部及新闻出版局的相关负责人汇聚深圳，分析总结当前全民阅读活动的

形势和进展情况，交流经验表彰先进，共商阅读大计，推动全民阅读活动深入开展，进一步在全社会倡导"多读书、读好书"的文明风尚。中央三部委和广东省、深圳市的有关领导出席了会议。与会代表认为，深圳的读书月创办早、规模大、一以贯之，市民崇尚读书已蔚然成风，深圳经验值得好好学习借鉴。深圳读书月组委会等六个单位分别介绍了推动全民阅读的经验和做法。会上，深圳读书月组委会当选全民阅读活动先进单位，深圳市妇联"书香家庭"创建活动获得优秀项目称号。

91.编辑出版《深圳文化蓝皮书》，加强文化发展的理论探索与实践总结

自2003年起，遵照市委领导的指示，深圳宣传文化部门联合组成了《深圳文化蓝皮书》编委会，围绕深圳文化建设与文化发展的理论与实践问题，编辑出版兼有理论研究和实践总结双重内涵的《深圳文化蓝皮书》（一年一本）。截至2009年，已出版了《文化体制改革与文化产业发展》(2003)、《文化立市与国际化城市建设》(2004)、《城市文化战略与高品位文化城市》(2005)、《城市文化产业与发展模式创新》(2006)、《城市文化创新与和谐文化建设》(2007)、《文化软实力与城市竞争力》(2008)、《改革开放与城市文化发展》(2009)等7本文化蓝皮书。蓝皮书涉及面广，研究内容切合深圳文化发展实际，关注深圳文化发展的重大事件，发掘深圳文化创新的亮点，梳理文化政策的着眼点，探索文化发展的方向，既总结、提升了深圳文化的发展进程，积淀了深圳文化的新现象、新特色，也为深圳文化的发展提供了新思想、新理念。

92.主办世界知识城市峰会，荣获"杰出的发展中的知识城市"称号

2009年11月5日，由世界资本学会、新巴黎俱乐部和深圳对外文化交流协会共同主办的第2届世界知识城市峰会在深圳召开，30多个国家和地区的100多名专家学者围绕"成长中的新兴知识城市"主题展开了热烈的学术交流。峰会授予深圳"杰出的发展中的知识城市"称号，表明世界知识界对深圳开展创新型、智慧型、力量型城市主流文化建设的成果给予充分肯定。中国社会科学院、中央文献研究室、中华文化促进会、中国文联及深圳市有关领导出席了会议。出席会议的还有世界资本学会主席哈维尔·卡里洛，新巴黎俱乐部主席雷夫·艾得文森等。

93.成立深圳文化产权交易所，打造永不落幕的文博会

2009年11月16日，深圳联合产权交易所和深圳文化产权交易所同时挂牌成立，这是深圳进一步完善多层次资本市场的重要步骤，也是巩固提升我市高新技术、文化创意和现代金融产业优势的创新之举。文交所将实现文化产业与金融资本的有效对

接，打造一个永不落幕的文博会。广东省委副书记、市委书记刘玉浦，省委常委、代市长王荣，中宣部改革办副主任黄志坚、文化部文化产业司司长刘玉珠、国务院国资委产权局巡视员邓志雄一起为联交所、文交所揭牌。揭牌仪式由市委常委、宣传部长王京生主持。刘玉浦指出，在国家和省有关部门的大力支持下，深圳市委、市政府决定全面整合产权交易资源，成立深圳联合产权交易所和深圳文化产权交易所，这是我市贯彻落实珠三角改革发展《规划纲要》、《文化产业振兴规划》和中央有关部署的实际行动，是巩固提升高新技术、文化创意和现代金融产业优势的创新举措。文化部文化产业司司长刘玉珠表示，深圳充分利用区域性金融中心城市的优势，大力推动文化产业和资本市场的结合，着力构建文化产权交易和文化产业投融资服务平台，在推进文化与市场对接、文化与科技对接、文化与资本对接上都取得了突破，为文化产业的进一步发展创新打下了坚实的基础，也为优化经济结构，寻求新的经济增长点，提高产业竞争力和抗风险能力走出了一条新路。

94. 举办"图书馆之城"建设成就展，营造"图书馆之城"的书香氛围

2009年11月16日，为迎接四海书界嘉宾来深参加首届公共图书馆国际高峰论坛，在深圳图书馆二楼的银树大厅，一个名为《城记》的深圳市"图书馆之城"建设成就展在这里举行。这是深圳自2003年起建设"图书馆之城"以来首次举行关于"图书馆之城"建设成就的大型汇报展览，也是本届公共图书馆国际高峰论坛的重要组成部分和第10届深圳读书月的一大亮点。深圳图书馆馆长吴晞自豪地对记者说："'06年至2010年五年规划中涉及的基本指标，目前已经基本实现。"截至2008年12月底，全市各级公共图书馆已达604家，按常住人口计算达到人均馆藏1.533册，提前实现了五年的建设目标。

95. 大力支持创意产业发展，荣获中国创意产业年度大奖

2009年11月27日，中国创意产业领域最具权威性奖项——"光华龙腾奖——第四届中国创意产业年度大奖"在京揭晓，深圳13家单位从参与角逐年度大奖的上千家参评机构中脱颖而出，捧走多个奖项。其中，深圳市委宣传部夺得"'09中国创意产业推动奖"。"光华龙腾奖——中国创意产业年度大奖"是每年度创意产业领域的盛事，以推动中国创意产业发展，表彰先进园区、企业、个人和团体，建立促进中国创意产业发展和互动交流的平台，推动企业创新发展和创意人才培育培养为根本宗旨。在10大类百余个入选企业单位中，活跃着众多深圳企业单位的身影。

96. 积极推出原创文艺精品，《走向复兴》唱响国庆盛典

在举世瞩目的新中国 60 华诞之际，深圳文艺界推出了一批讴歌伟大时代、反映人民心声的原创文艺作品，深圳的文化元素在一系列国庆重大庆典上闪亮登场。深圳原创歌曲《走向复兴》分别在国庆天安门广场群众大游行、首都各界群众联欢晚会和大型音乐舞蹈史诗《复兴之路》上热烈唱响，成为传唱大江南北的时代新经典，被称为"新时期的《义勇军进行曲》"。此外，《祖国万岁》等一批深圳原创歌曲在国庆重大庆典活动上推出。深圳美术家的作品被选入《新中国美术 60 年庆典展览》。一批深圳文艺家积极参与了国家重大庆典活动的筹备与创作。

97. 举办首届深圳学术年会，推动学术文化发展

2009 年 12 月，首届深圳学术年会举行，主题是"学术文化与城市软实力"，共有主题学术研讨、高端学术讲座、学科学术研讨、学会学术研讨等四大类型的 12 项学术交流活动。学术年会以繁荣深圳学术文化、培育深圳学派为宗旨，为学术文化提供了相互交流的平台，通过各类思想的碰撞，激发更多的智慧与创作力。

98. 召开影视创作座谈会，启动影视发展工程

2009 年 3 月，深圳召开影视创作座谈会，启动影视发展工程。2009 年，"深圳制造"影视精品创作继续强劲势头。深圳原创公益电影《走路上学》入围第 12 届上海国际电影节亚洲新人奖，获第 13 届中国电影华表奖优秀少儿影片奖、优秀少儿男演员两项大奖和第 27 届中国电影金鸡奖最佳儿童片奖，"深圳制造"再获全国电影大奖。深圳出品的电视剧《天地民心》、《马文的战争》、《一锁五十年》荧屏播出反响热烈，《马文的战争》获第 3 届东京国际电视剧节海外特别奖。电视剧《命运》、《兵峰》制作完成。电视剧《火烧云》和动画电影《天籁》等孵化工作进展顺利。

99. 加强文艺精品创作的组织推动，荣获多项"五个一工程"奖

2009 年，在中宣部第 11 届精神文明建设"五个一工程"奖评选中，电影《夜明》、歌曲《我生在 1978》和广播剧《拔鲁》等 3 部深圳文艺精品获优秀作品奖，占广东省获奖数量一半。17 部深圳文艺作品喜获广东省第 7 届精神文明建设"五个一工程"奖，获奖数量居全省各市之首。时隔 10 年后重新举办的广东省鲁迅文学艺术奖中，深圳文艺界同样收获颇丰。

100. 进一步推进公共文化服务体系建设，市民文化大讲堂、24 小时自助图书馆获国家文化创新奖

2009 年 12 月 7 日，文化部第 3 届文化创新奖在深圳颁奖，深圳的市民文化大讲堂和城市街区 24 小时自助图书馆两个项目摘得创新奖，深圳建设公共文化服务体系

的经验受到全国瞩目和专家肯定。其中，深圳市民文化大讲堂创办5年来，先后邀请390多位名家学者，共举办402场讲座，探索出政府为市民提供公共文化服务的新形式，开拓了一条专家学者走向社会、走进市民生活的新途径。12月初，文化部在深召开城市街区24小时自助图书馆系统现场会，向全国有条件的地方推广使用这种被专家称为"第三代图书馆"的新型图书馆服务系统。深圳首创的城市街区24小时自助图书馆系统启动一年半以来，共服务读者51万人次，文献处理量近130万册次，相当于一个中等规模图书馆一年的文献处理量。

101. 加快深圳文化走出去的步伐，扩大深圳文化的国际影响

2009年，深圳文化走出去的步伐明显加快，扩大了深圳的国内外声誉。7月16日，深圳卫视国际版登陆中国长城美国平台，覆盖全美。9月，由深圳本土美术机构策划的"墨非墨——中国当代水墨艺术展"在波兰、匈牙利、罗马尼亚和克罗地亚等东欧四国进行长达半年的巡展。9月，由文化部和贝宁国家文化促进部主办、深圳画院联合国外机构承办的"非洲艺术家眼中的中国"艺术展在贝宁举办。10月，深圳福永怀德醒狮队参加了比利时首都布鲁塞尔举行的"欧罗巴利亚中国艺术节"。10月，深圳交响乐团在德国纽伦堡民歌手音乐厅上演《神州和乐》大型梵呗交响音乐会。由瑞士卡斯卡维利唱片公司录制的深圳交响乐团交响乐专辑唱片在全球发行。11月初，第2届深圳国际友城文化艺术周活动迎来了来自深圳国际友好城市的数百名艺术家，多姿多彩的异域文化精品，让深圳人感到了友谊的热力。

编后记

　　深圳经济特区建立30周年，其中23年我是在深圳度过的。我自1987年到深圳大学工作后，一直没有离开过这块改革开放的热土。深圳文化对于我，不仅仅是一个研究对象，而且是与我的工作和生活密不可分的精神空间。我欣赏她，认同她，享受她，反思她，无时无刻不在关注、感受着她的发展与变化。

　　1988年11月，我在《深圳特区报》发表第一篇研究深圳文化的文章：《社会大文化与深圳特区文化》，此后陆续有研究深圳文化的文章发表。20多年的感受与研究，使我自觉或不自觉地形成了一种"深圳文化情结"，每当听到或看到对深圳文化肯定、赞誉的评价，我就为之高兴，而当听到或看到贬低、否定深圳文化的观点，我也很自然地为之不平或焦虑。久而久之，我对深圳文化的发展多了一些理性的思考，产生了对深圳文化的发展进程进行历史梳理的念头。在深圳特区建立30周年之际，我的这一念头越来越强烈，演变成一种按捺不住的冲动，于是就有了这本《深圳文化三十年——民间视野中的深圳文化读本》。

　　本书的副标题所以要加上"民间视野"这四个字，是因为编辑这本书，既没有哪个领导授意，也没有哪一级组织安排，文章的选定也完全取决于编者个人的价值取向和文化视野。事实上，这里所说的"民间"只是一个相对概念，文化建设与文化发展，离不开党和政府的决策与推动，深圳文化的建设与发展更是如此。

　　文化是物质生产与精神生产的总和。广义的深圳文化应包括政治、经济、法律、文艺、教育、体育等各个方面。由于此前已有姜威先生主编的以文学作品为主要内容的《深圳读本》出版，故本书侧重收集反映深圳文化现象和文化研究的文章，文艺的各个门类只收了李意珍同志关于深圳文艺的讲话（节选）和胡经之、黄玉蓉的《深圳文学三十年》(节选)。其他一些文化层面，有的未加涉及，有的涉及不多。因此，本书反映的不是深圳文化的全貌，而是深圳文化的创新与发展历程，或者说，本书突出的是深圳特区30年发展历程的文化记忆，旨在从文化的角度展现深圳这座新兴城市30年来所发生的历史巨变。

为了使读者对深圳文化30年有一个整体把握，编者特地加强两个环节：一是文章选取注重"历史感"，尽量收集能反映深圳文化发展不同历史阶段的文章；二是撰写长篇前言，对深圳文化发展与评价的焦点进行客观评述，以形成深圳文化30年发展概貌。相信读者一定能感受到这一点。

本书在编写过程中，得到深圳大学"纪念中国经济特区成立30周年丛书"编委会的赏识和支持，并将其纳入丛书系列，著名文化学者胡经之教授为本书撰写了热情洋溢的序言，许多文章的作者及时给编者提供电子文本，谨此一并表示感谢。

30年在历史的长河中只是短暂的一瞬，却造就了深圳的辉煌和巨变。本书编定出版之际，作为编者，作为一个热爱深圳的学者，我坚信：深圳的明天一定更美好。

编者
2010年3月

深圳大学学术著作出版基金资助
Subsidized by Shenzhen University Foundation for the Production of Scholarly Monographs